公共财政学

（第四版）

洪银兴　尚长风　编著

南京大学出版社

图书在版编目(CIP)数据

公共财政学 / 洪银兴,尚长风编著. —4版. —南京:南京大学出版社,2017.6
(商学院文库/洪银兴)
ISBN 978-7-305-18587-8

Ⅰ.①公… Ⅱ.①洪…②尚… Ⅲ.①公共财政 Ⅳ.①F810

中国版本图书馆 CIP 数据核字(2017)第 097018 号

出版发行	南京大学出版社		
社　　址	南京市汉口路 22 号	邮　编	210093
出 版 人	金鑫荣		
丛 书 名	商学院文库		
书　　名	公共财政学(第四版)		
编 著 者	洪银兴　尚长风		
责任编辑	府剑萍	编辑热线	025-83592193
照　　排	南京紫藤制版印务中心		
印　　刷	丹阳市兴华印刷厂		
开　　本	787×1092　1/16　印张 25　字数 630 千		
版　　次	2017 年 6 月第 4 版　　2017 年 6 月第 1 次印刷		
ISBN	978-7-305-18587-8		
定　　价	55.00 元		
网　　址	http://www.njupco.com		
官方微博	http://weibo.com/njupco		
官方微信	njuyuexue		
咨询热线	(025)83594756		

* 版权所有,侵权必究
* 凡购买南大版图书,如有印装质量问题,请与所购图书销售部门联系调换

《商学院文库》编委会

主 任 委 员　洪银兴　赵曙明
副主任委员　刘厚俊　金鑫荣
委　　　员　（按姓氏笔画排序）
　　　　　　刘厚俊　刘志彪　刘　洪
　　　　　　陈传明　杨雄胜　张二震
　　　　　　沈坤荣　范从来　金鑫荣
　　　　　　洪银兴　赵曙明　裴　平

目 录

第一篇 绪 论

第一章 公共财政和财政学的对象

第一节 公共财政 ……………………………………………… 3
第二节 财政的产生和发展 ……………………………………… 5
第三节 财政学的对象 …………………………………………… 8

第二章 财政的职能及其效益

第一节 政府职能赋予的财政职能 ……………………………… 12
第二节 财政分配的机制 ………………………………………… 18
第三节 财政的效益 ……………………………………………… 22

第二篇 公共支出

第三章 负外部性

第一节 负外部性概述 …………………………………………… 29
第二节 克服外部性与政府干预 ………………………………… 31
第三节 气候变暖 《京都议定书》与碳交易 ………………… 35

第四章 公共品

第一节 公共品的性质 …………………………………………… 39
第二节 公共品的需求与供给 …………………………………… 42
第三节 非纯公共品的供给 ……………………………………… 45
第四节 准公共品提供与生产的公私伙伴关系 ………………… 49

第五章 公共选择和政府规模

- 第一节 直接民主制 …… 54
- 第二节 代议民主制 …… 57
- 第三节 公共支出的增长 …… 60

第六章 财政支出概论

- 第一节 财政支出的分类与方式 …… 66
- 第二节 财政支出的原则 …… 71
- 第三节 财政支出的结构优化 …… 76

第七章 购买性支出

- 第一节 投资性支出 …… 84
- 第二节 财政"三农"支出 …… 89
- 第三节 文教科卫支出 …… 95
- 第四节 行政管理和国防支出 …… 100
- 第五节 政府采购制度 …… 105

第八章 转移性支出(一)

- 第一节 转移性支出概述 …… 114
- 第二节 财政补贴 …… 115
- 第三节 社会保障理论与社会福利 …… 122

第九章 转移性支出(二)

- 第一节 社会保险的理论依据 …… 129
- 第二节 社会保险制度的基本框架 …… 130
- 第三节 国外社会保险制度实践 …… 132
- 第四节 中国的社会保险制度 …… 138
- 第五节 社会保险的经济效应分析 …… 145

第十章 财政支出效益

- 第一节 财政支出的效益观 …… 149
- 第二节 成本和收益的衡量标准 …… 151
- 第三节 财政支出效益评价方法 …… 156
- 第四节 财政支出效益实例分析 …… 159

第三篇　公共收入

第十一章　税收原理

第一节　税收及税收分类 ············· 165
第二节　税收制度的构成要素 ············· 167
第三节　税收原则 ············· 170
第四节　中国税收制度改革 ············· 176

第十二章　税收负担和税收效应

第一节　税收负担与税负转嫁 ············· 182
第二节　税收的经济效应分析 ············· 184
第三节　税收的经济负担分析 ············· 189
第四节　最适税制研究 ············· 194

第十三章　现行税收制度

第一节　流转税 ············· 200
第二节　所得税 ············· 206
第三节　财产税和行为税 ············· 211

第十四章　国际税收

第一节　国际税收概述 ············· 218
第二节　国际税收协定 ············· 220
第三节　国际避税 ············· 224
第四节　国际重复征税 ············· 226

第四篇　国家预算与体制

第十五章　国家预算

第一节　国家预算概述 ············· 233
第二节　国家预算的程序 ············· 238
第三节　复式预算 ············· 244
第四节　国库管理制度 ············· 248

第十六章　财政赤字

第一节　财政赤字的概念及其产生 ············· 253

第二节　财政赤字的经济效应 ·············· 262
　　第三节　财政赤字的控制和管理 ············ 264

第十七章　国　债

　　第一节　国家信用和国债 ·················· 269
　　第二节　国债的结构 ······················ 275
　　第三节　国债市场 ························ 278
　　第四节　外　债 ·························· 282
　　第五节　国债绩效与管理 ·················· 288

第十八章　预算管理体制

　　第一节　预算管理体制概述 ················ 297
　　第二节　预算管理体制比较 ················ 301
　　第三节　分税制 ·························· 308
　　第四节　预算外资金 ······················ 315

第十九章　地方财政

　　第一节　地方财政支出 ···················· 325
　　第二节　地方财政收入 ···················· 333
　　第三节　分税制下地方财政困境的解决 ······ 337

第五篇　财政政策

第二十章　财政政策

　　第一节　财政政策概述 ···················· 343
　　第二节　财政政策的机制 ·················· 350
　　第三节　财政政策与货币政策的配合 ········ 357
　　第四节　财政政策实践 ···················· 361

第二十一章　经济全球化的国际财政关系问题

　　第一节　经济全球化与财政利益配置 ········ 371
　　第二节　国家财政关系的国际协调 ·········· 376
　　第三节　自由贸易与关税政策 ·············· 381
　　第四节　全球利益视角的国际财政援助 ······ 385

参考文献 ·································· 390

后记 ······································ 392

第一篇 绪 论

第一卷 介

第一章 公共财政和财政学的对象

第一节 公共财政

一、国家和公共部门

财政是以国家为主体进行的分配活动。公共财政是以市场对资源配置起基础性调节作用为基础,为市场经济提供公共服务的政府分配行为。公共财政的基本职能是弥补市场的缺陷。其收入的基本来源是依法取得的税收收入;其分配的目的是满足公共需要。公共财政学要研究政府的收支活动及其对资源配置与收入分配的影响。

在现代经济中,国家(政府)机构的活动在整个经济中占很大的比重。财政活动是政府活动的主要方面。国家为了履行其职能,需要消耗一定的社会产品,但国家作为非生产机构,本身不能生产自身所需的产品,因此,国家需要凭借其权力参与社会产品的分配,以取得履行职能所需要的社会产品,这样就产生了一种特定的分配,即财政分配。

财政作为国家的集中性分配,表现为国家集中性收支的形式。国家的公共需要,不仅包括维持公共权力的需要,还包括国家执行社会职能的需要,例如用于科学教育、文化、卫生和公共工程的支出等。在我国,国家还执行经济职能,例如重点建设项目的投资、基础设施的投资以及国有企业的投资等。

在市场经济条件下,社会产品的分配大部分要利用货币进行。财政分配也必然利用货币,表现为货币资金的一种特殊运动。

财政参与社会产品哪一部分的分配,可根据马克思主义经济学做出的规定来确定:在任何社会生产中,"总是能够区分出劳动的两个部分,一个部分产品直接由生产者及其家属用于个人消费,另一部分即剩余劳动产品,总是用来满足一般的社会需要,而不问这种剩余产品怎样分配,也不问谁执行这种社会需要的代表职能"[1]。用一部分剩余产品满足"一般的社会需要",这种经济现象是任何社会都有的,但只是在国家出现以后,才由国

---

[1] 《马克思恩格斯全集》第25卷,人民出版社,1985年版,第992—993页。

家执行一般社会需要的代表职能,从而产生财政。因此财政是国家集中分配部分剩余产品用于满足一般的社会需要而形成的分配活动和分配关系。

财政集中分配部分剩余产品是从本质上讲的,在现实中财政分配并不只是进入作为剩余产品的利润分配领域,它还进入企业财务、个人所得等领域分配收入。但是不管它是从哪个环节上取得收入,归根到底,分配的是剩余产品,政府不可能集中分配劳动者的必要产品。分配是社会再生产过程的一个环节。财政介入社会产品的分配过程,使剩余产品在国家、企业和个人之间的分配比例很大程度上反映了政府的意志。

在宏观经济学中,所有经济主体分为公共部门(public sector)和私人部门(private sector)两大类。公共部门主要是指政府及其附属机构,私人部门是指企业和家庭。无论政府还是企业和家庭,都以各自的方式参与国民经济运行,影响着国民经济的发展方向和速度。在宏观经济学关于国民收入决定的理论中,公共部门、企业和家庭是三个平等的主体,相互关联,而又各有自己的运行规律。如果不考虑国际市场的因素,一国国民经济就取决于这三者的经济活动。家庭向企业提供劳动、资本、土地、企业家才能等各种生产要素,并从企业取得相应的报酬。居民再以这些报酬向企业购买商品和劳务。企业向家庭购买各种生产要素并向家庭提供各种商品和劳务。公共部门通过税收、服务性收费和公共支出来与企业和家庭发生联系,参与国民经济。经济要保持正常运行,不仅要使企业的投资等于家庭的储蓄,而且要使公共部门从企业和家庭取得的税收和收费与其向企业和家庭的支出相等。国民经济运行出现不均衡时,政府可以通过调节税收和支出,居民可以通过调节消费与储蓄,企业可以改变投资与生产来使国民经济重新恢复均衡。

虽然公共部门与企业、家庭共同参与国民经济,但是其行为方式和目的却大相径庭。企业和居民作为私人部门是以收益最大化为前提和目标的,公共部门却必须以全社会公正和公平为前提和目标,虽然它的经济活动也不能忽视收益与成本。公共部门与私人部门在职能方面也有所不同,政府部门一般是对全体公民负责,而非政府部门(厂商)的行为则主要是对投资者负责;政府部门的行为往往具有强制性,而非政府部门的行为对于其行为接受者来说则是自愿选择的。

二、公共财政

公共财政是以市场对资源配置起基础性调节作用为基础,为市场经济提供公共服务、满足社会公共需要的政府分配行为和活动。公共财政所涉及的问题主要是政府的收入和支出,其收入的基本来源是依法取得的税收收入;公共财政的职能限于弥补市场的缺陷。其分配的范围限于市场失效的范围;其分配的目的是满足公共需要。其作用是以非市场机制的方式,去克服和纠正市场机制自身的弱点。

相对于私人经济,公共经济包括政府的活动和公营企业的活动,政府的活动即公共财政的活动。在现实的经济活动中,每个人都离不开公共财政。一方面人们向政府缴纳各种税收,如所得税、增值税、消费税、营业税等,认购政府发行的国债,上缴法规和制度规定的红利和费用;另一方面人们从政府那里得到收入和公共服务,例如公务员、事业单位工作人员从政府那里得到薪水,企业职工因生产政府部门购买的产品而从政府得到收入,孩子在政府资助的学校接受教育,人们享用公园、公路和其他公共设施。政府的环境政策和对自然资源的保护给居民提供良好的生存环境。

政府的活动包括国防、外交、施政、立法等,这些都是政府向社会提供的公共产品和公共服务行为。政府管理本身也是一种公共产品。这样,政府不仅要提供和分配公共产品,还要为公共产品的产出解决费用。公共产品并不是一定要由公共活动来生产,它也可以由私人部门生产,但需要政府部门参与其费用及分配。

与私人产品相比,公共产品有两个特征:① 非排他性。人们在消费公共产品时,不能排除他人同时也消费该产品。如街道上的路灯谁都可享用,不会被谁独占。② 非竞争性。对公共产品来说,新增他人参与消费的边际成本为零。由于公共产品的这两个特点,因而存在着"免费搭车"问题,即某些人付费提供公共产品,而他人可以免费享受该产品。这就使得现实中的公共产品基本上由政府提供,并通过征税为其提供资金来源。

公共产品不等于公有产品。公有产品尽管不能排除社会或集团的所有成员都来消费(即非排他性),但公有产品的消费不一定是非竞争性的。当新增他人参与消费的边际成本大于零时,公有产品就不是公共产品,如公共绿地。需要指出,公共产品还存在着纯度的差别,因为不同的公共产品的非排他性、非竞争性有强弱程度之分。公共产品的纯度越高,"免费搭车"问题越严重,公共产品就越是要由政府来提供。

公共财政存在的必要性在于政府的公共职能:① 市场机制有效配置资源依赖于具备各种产品市场和竞争因素的条件。这些条件是由政府法令和规章条例提供的。② 市场交易中契约的签订和执行需要政府提供法律上的保护。③ 某些产品由于生产和消费上的特点,即使排除了竞争上的一切障碍,亦无法通过市场来供应,必须由公共部门来解决。④ 市场调节资源配置,未必能自动实现高就业率和稳定的物价水平及适度的增长率,这就需要政府的调节和公共政策。⑤ 所得和财富分配的不均也需要政府的介入。所有这些公共产品的提供,都要以政府活动即公共财政为基础。

财政的本质或内涵可以从两个方面来理解:一方面是指财政作为一种经济活动区别于其他经济范畴的性质,另一方面是指财政活动所体现的分配关系。财政的一般本质,是社会再生产过程中为满足社会共同需要而形成的以国家为主体的分配关系。它包括两个基本规定:一是满足社会共同需要的分配;二是以国家为主体的集中化分配。财政的这两个基本规定,是区分财政分配与其他分配形式的根本标志。

第二节 财政的产生和发展

一、财政的产生

财政的产生同国家的产生相联系,但不等于说国家权力创造了财政分配关系。

出现剩余产品,并产生需要由剩余产品去满足的共同需要,是财政关系产生的物质条件。恩格斯在《反杜林论》中指出:"劳动产品超过维持劳动的费用而形成的剩余,以及社会生产基金和后备基金从这种剩余中的形成和积累,过去和现在都是一切社会的、政治的和智力的继续发展的基础。"[①] 当然这也是财政关系产生和发展的物质基础。

---

① 《马克思恩格斯选集》第3卷,人民出版社,1985年版,第233页。

在原始社会,生产力极为低下,劳动产品没有剩余,因而也谈不上用剩余产品去满足社会的公共需要。后来,随着分工的发展出现了剩余产品,相应地产生了社会的共同需要。氏族首领作为社会组织的代表,集中分配一部分剩余产品,用于满足共同需要。原始社会后期出现的贡品、礼物便是财政关系的萌芽。

随着劳动生产力进一步发展,剩余产品逐渐增加,氏族首领开始凭借自身权力占有剩余产品,私有制由此而产生,社会分化为不同的阶级,国家作为阶级压迫的工具也应运而生。这时,社会的共同需要变为统治阶级的需要,国家作为这种社会需要的代表集中分配一部分剩余产品,于是产生了财政。因此,虽然财政的产生同国家的出现相联系,但其根本原因还是生产力和生产关系的发展。财政产生以后,决定财政发展的根本原因还是经济条件,而不是国家权力,"在一无所有的地方,皇帝也和其他暴力一样,丧失了自己的权力"[①]。

财政产生后,在各个社会形态中,其分配形式、作用范围、规模和数量有不同的特点。这些特点也在一定程度上反映了财政的发展。

在奴隶制中,奴隶主占有一切生产资料和奴隶,奴隶的剩余劳动和剩余产品全部归奴隶主所有。这时,财政关系和一般分配过程没有完全分开。奴隶主国家的支出主要包括军事支出、维持政权机关运营的支出、王室的享用以及宗教祭祀支出等。奴隶主国家的主要收入来源是直接占有奴隶的剩余劳动,此外,其财政收入还包括附属国和居民的贡品,但这部分贡品在奴隶主国家的收入中不占主要地位。由于奴隶社会生产力发展水平低下,自然经济占据主导地位,社会产品的分配一般采取实物的方式,因此财政分配也采取实物的形式。总的来说,奴隶制国家的财政关系和直接占有剩余劳动的过程是混为一体的。

进入封建社会以后,国家的财政收入和地主的地租逐渐分开,于是,财政关系与一般分配关系逐渐分开,国家的一般费用与维持各级官吏的生活费用也逐渐分开。这是社会生产力发展和剩余产品增长的结果。赋税收入、官产收入和诸侯缴纳的贡品及专卖收入是国家财政的主要来源。到了封建社会后期,开始出现国债这种筹资方式。财政支出包括军事支出、行政开支、皇室享乐支出、宗教文化支出以及少量的农田水利建设支出。早期封建社会自然经济占据主导地位,随着生产力的日益提高,商品经济、货币关系也日益发展,与此相适应,财政分配的形式在封建社会早期以实物为主、货币为辅,到了封建社会中后期则以货币为主、实物为辅。例如中国古代税赋从产生直到唐朝中期,主要缴纳实物;公元780年开始,唐朝税制实行"两税法",以货币计税,并以货币缴纳。

资本主义打破了封建生产关系,市场经济关系得到了充分发展,生产社会化程度也大大提高。相应的,财政关系得到了空前的发展。首先,资本主义利用现代科学技术提高了社会劳动生产率,提高了剩余产品在社会总产品中的比重,从而为财政关系的扩大提供了物质基础。其次,随着生产社会化的发展,国家承担的社会职能在不断增加,相应地提供公共产品的范围也不断扩大,国家的财政不仅要给政府管理国家提供经费,而且要提供不可缺少的社会福利资金,甚至要承担某些经济投资。

二、现代财政

20世纪30年代西方国家经济大危机后,根据凯恩斯的国家干预理论,财政成为资本主义

---

① 《马克思恩格斯全集》第20卷,人民出版社,1985年版,第235页。

国家调节国民经济的主要杠杆。财政在经济生活中的作用大为提高。在现代的资本主义国家,财政在国民经济中占有越来越重要的地位,财政收入在 GDP 中的比重一般在 30% 以上,有的已接近 50%;财政支出占 GDP 的比重一般在 50% 左右。相比较而言,中国这一比重偏低(见表 1-1、表 1-2)。财政已成为资产阶级政府用以摆脱经济危机,对付通货膨胀,克服高失业率的主要武器,"由于现代政府的巨大规模,没有财政政策就等于宣布死亡"[①]。

表 1-1　世界部分国家政府支出占国内生产总值的比重(1998 年)　　(单位:%)

美国(1999 年)	28.3	德国	46.9
澳大利亚	32.9	日本	36.9
法国	54.3	瑞典	60.8
加拿大	42.1	英国	40.2

资料来源:Harvey S Rosen,*Public Finance*,6th ed. McGraw-Hill,2002,12.

表 1-2　中国财政支出占国内生产总值的比重　　(单位:亿元,%)

年份	1978	1985	1990	1995	2000	2005	2009
财政支出	1 122.09	2 004.25	3 083.59	6 823.72	15 886.50	33 930.28	75 874
GDP	3 624.1	8 964.4	18 547.9	58 478.1	89 468.1	184 088.6	335 353
财政支出/GDP	30.96	22.36	16.63	11.67	17.76	18.43	22.63

资料来源:《中国统计年鉴 2009》、2009 年统计公报和 2009 年国家财政决算报告。

政府的职能是由财政支持的,因此财政规模与政府职能相关。政府执行公共职能,相应的财政就是公共财政。政府执行公共职能包含其经济职能。政府的微观经济职能,即政府影响资源配置和收入分配的方式;政府的宏观经济职能,即运用税收、支出以及货币政策来影响就业总水平和价格总水平。在现代西方发达国家,尽管政府职能限于公共职能,财政是公共财政,但绝不意味着财政规模不大,从其政府支出占国内生产总值的比重,可见财政在一国经济中是举足轻重的。

社会主义国家财政以公有制为主体、各种经济成分共同发展的所有制结构为基础,代表着广大人民的根本利益,为整个国民经济发展服务。社会主义财政关系的物质内容是按照再生产的客观需要在全社会范围有计划地分配剩余产品,保证整个社会再生产顺利进行。社会主义国家财政在相当长的时期中是国家财政,与公共财政的一个重要区别是,社会主义财政是社会主义再生产过程中的一个重要环节。国家财政除了以国家权力为依托参与社会产品的分配外,还以资产所有权为依托参与社会产品的分配,从国有企业取得的收入在财政收入中占很大比重。因此在国家的财政分配中,经济建设支出所占的比重一般都高于资本主义国家。

总的说来,我国长期以来实行的国家财政的含义和公共财政的含义有不重合之处。例如公共财政把国家的全部经济活动都归结为公共财政,国家财政仅限于财政分配;再如公营经济部门的活动也具有财政的性质,而国家财政分配虽然也要进入国有企业的财务分配领域,但企业的财务分配并不具有财政性质,其原因是在实行公共财政的西方国家,公营企业的范围很

---

① 萨缪尔森:《经济学》上册,北京:中国发展出版社,1992 年版,第 215 页。

小，仅限于公共部门，而我国国有企业面广量大；还有，我国国家财政承担的经济建设职能要比西方的公共财政大得多。现在我国已明确建立市场经济体制的改革目标，在财政制度上转向公共财政是不可扭转的改革目标。

第三节 财政学的对象

财政学的研究对象既不同于研究全部生产关系的一般经济学（如政治经济学），也不同于以部门经济活动为对象的部门经济学（如国际经济学），而是研究某一方面经济活动中的生产关系及其运行的规律。财政学的具体研究对象和范围是随着财政的发展及相应的财政学的发展而发展的。

一、财政学的建立和发展

经济学作为一门科学在18世纪后期由以亚当·斯密为代表的古典学派创立，与此相联系，财政学体系也在这时建立。

对政府财政问题的研究是经济学最早的领域之一。早期的经济学家都是从国家或君主的收支出发论述经济问题的。在他们看来，经济学不过是政府的"官房学"。古典政治经济学家威廉·配第（1623—1687年）在1662年发表了《赋税论》，他把国家经费分为六个项目：① 军费。② 官员俸禄和司法费用。③ 宗教事务经费。④ 大学及其他学校经费。⑤ 孤儿赡养费和无工作人员的生活救济费。⑥ 修路架桥费用和其他公共福利费用。配第在这本书中分析了上述六项国家经费增加的原因、人民对赋税的反对和税收征课的办法以及国家筹集资金的方式与手段，从而开创了财政学的先河。

古典政治经济学的另一位创始人亚当·斯密（1723—1790年）在其1776年发表的巨著《国富论》中也具体地论述了国家财政问题。恩格斯说，亚当·斯密"在1776年发表了自己关于国民财富的本质和成因的著作，从而创立了财政学。在这以前，全部财政学都纯粹是国家的；国家经济被看作全部国家事务中的一个普通部门，从属于国家本身"[①]。亚当·斯密虽然主张经济自由，政府不要干预私人经济活动，但同时又强调政府的存在仍然是必要的。他指出，在市场经济中，政府负有保卫本国安全、维持社会治安、建设和维持公共工程和公共事业的职责。为了使这些职能得到充分地行使，政府必须支出和筹集经费。为此，亚当·斯密详细地分析了政府收入的来源、征税的原则、方法与时间以及政府公债问题。以此为标志，财政学作为一门独立的学科走上历史舞台。大卫·李嘉图则以"赋税论"为题直接从财政分配入手研究经济学。

马克思生前没有写出系统的财政理论，但他做了写作财政学的计划和准备。他在《〈政治经济学批判〉序言》中指出："我考察资产阶级经济制度是按照以下的次序：资本、土地所有权、雇佣劳动；国家、对外贸易、世界市场。"[②]在《〈政治经济学批判〉导言》中他又列出了所要考察的"资产阶级社会在国家形式上的概括。就它本身来考察。'非生产'阶级、国债、公的信用、人

[①] 《马克思恩格斯全集》第1卷，人民出版社，1985年版，第675页。
[②] 《马克思恩格斯选集》第2卷，人民出版社，1985年版，第81页。

口、殖民地、向外国移民"①。其中前五个问题都同财政直接有关。在马克思的研究顺序中，财政是作为资本主义社会总体考察的分配关系来研究的。显然，财政不能单纯作为国家的职能来研究，应该把它放在社会再生产过程和关系中考察。

从16世纪中叶的产业革命到20世纪30年代经济大危机的这段时期内，西方国家基本上实行的是自由放任的政策，政府及其他公共部门的活动，相对来说并不重要。在这一时期内，财政学只研究财政收支本身，而对财政收支的研究又集中于对税收的研究。这是与当时的社会背景有密切联系的。主张"最好的政府便是最少的干预"，这反映了当时新兴的资产阶级要求摆脱封建残余制约、放手扩展市场的内在要求。

1929—1933年经济大危机迫使资本主义国家政府不得不对经济活动实行大规模的干预，同时也使经济学发生了重大变革。以凯恩斯的国家干预理论为代表的宏观经济理论成为各国政府干预经济活动、稳定经济运行的理论基础，而美国罗斯福总统推行的"新政"为凯恩斯的国家干预理论提供了完整的注释和成功的典范。与此相应，由于政府职能加强和支出范围的扩大，财政学研究范围进一步扩大到了财政政策研究。财政支出被当作稳定经济、调节供求的重要杠杆，税收也不像古典学派那样只是当作支出的来源，而是作为调节经济、促进发展的手段。

第二次世界大战以后，一些经济学家进一步发展和完善了国家干预理论。他们强调现代经济是"混合经济"，在混合经济中，"市场和政府这两个部分是必不可少的。没有政府和没有市场的经济都是一个巴掌拍不响的经济"②。这样，现代财政学的范围也就是公共经济学的范围从最初强调政府收入的征集与分配扩展到关注政府干预经济的各个方面。

在社会主义制度下产生的财政学，以马克思主义经济学为指导，强调财政是以国家为主体的分配，即国家凭借自身的政治权力，参与社会产品分配，以取得履行自身职能和满足社会一般需要的社会产品。社会主义国家的财政既要执行全民所有制经济的所有者职能，又要执行管理国家职能。因此财政不仅参与国民收入的再分配，还参与国民收入的初次分配，并代表国家部分地直接介入生产和流通活动。目前我国正在进行的市场化改革的一个重要方面是，凡是市场作用更有效率的领域都应交给市场，与此相应，政府的职能就主要限于公共领域，国家财政也就转向公共财政。

二、财政学的研究对象

从财政学产生至今，在不同时期财政学的研究对象和范围有所不同，具体可分为三个阶段。

早期财政学代表人物是亚当·斯密，他认为财政学仅仅研究收入、支出本身，且支出只限于政府正常的行政活动开支。他在《国富论》一书中将国家财政分为收入论、支出论和公债论三部分予以阐述。基于自由放任的经济思想，他认为政府应充当"守夜人"的角色，主张财政支出应局限于私人力量所不能办到的或因微利而不愿办的项目，例如国防、司法、教育、宗教、公交和公共工程等。收入应局限于地租、利润和工资，他提出了著名的税收四原则，即能力原则、确立原则、便利原则和节约原则。对公债他持否定态度，认为公债会导致政府支出的浪费，会加重后代人的负担。斯密时代的财政学被称为旧公共经济学。

---

① 《马克思恩格斯选集》第2卷，人民出版社，1985年版，第111页。
② 萨缪尔森：《经济学》，北京：中国发展出版社，1992年版，第86—87页。

斯密的财政理论一直影响着西方的财政思想,达150年之久,直到20世纪30年代经济大危机爆发后才有所突破。凯恩斯提出了政府要运用财政、金融政策干预活动的政策主张,而后者在经济萧条时期,旨在刺激需求的利率下调可能会落入"流动性陷阱"之中,从而丧失刺激需求的作用。财政支出则直接形成有效需求,故凯恩斯主义又被称为财政学派。以凯恩斯为代表,20世纪30年代财政学研究的首先仍是政府支出。由于政府职能的加强,支出范围相应扩大,一方面为满足帝国主义扩张需求,军事支出膨胀;另一方面为缓解国内矛盾而采取怀柔政策,使福利支出不断增长,更重要的是将支出作为稳定经济、调节供求的重要杠杆。收入方面财政学派不像古典学派那样仅将税收作为支出的资金来源,而是当作调节经济、促进发展的手段。

在国家干预理论和实践的推动下,政府的经济作用日益扩大,从单向的财政收支扩大到对经济进行调节和管理。政府开始直接进入生产领域,并形成相当规模的公共企事业。这样就给财政学提出了许多新的课题。这些课题主要有:第一,要搞清公共部门应该从事哪些活动以及这些活动是如何组织的。第二,尽可能地理解和预测政府经济活动的全部结果。第三,评价政府的各种经济政策。显然,这些都不是财政学所能回答的问题。随着时代和经济环境的变化,要求人们从更广的范围、更深的层次上去研究政府的经济活动,仅仅研究财政收支已经无法解释和说明现代国家对国民经济的影响及其政府本身经济活动的合理性。于是,新公共经济学应运而生。上述三个问题也就成为新公共经济学的主要研究内容。

随着西方国家政府对经济活动的干预程度不断加强,政府及公共生产、公共服务部门的规模日益扩大,由此导致20世纪60年代中期以后兴起的公共经济学研究热。这一领域的经济学家开始悉心分析各种经济关系,研究政府及其他公共部门的经济行为、经济职能和效率及其对国民经济的影响。1959年,美国经济学家马斯格雷夫(R.A.Musgrave)出版了《财政学原理:公共经济研究》,该书首次引入了"公共经济"这一概念。马斯格雷夫在这本书中一开始就指出:"的确,我一直不愿把本书看作是对财政理论的研究。从很大程度上说,问题不是财政问题,而是资源利用和收入分配问题……因此,最好把本书看成是对公共经济的考察。围绕着政府收入—支出过程中出现的复杂问题,传统上称为财政学。……虽然公共家庭(政府)的活动涉及收入和支出的倾向流量,但基本问题不是财政问题。它们与货币、流动性和资本市场无关,而是资源分配、收入分配、充分就业以及价格水平稳定与经济增长的问题。因此,我们必须把我们的经验看成是研究公共经济的原理,或者更准确地说研究的是通过预算管理中出现的经济政策问题。"[①]该书被认为是公共经济学这一研究领域的里程碑。

关于公共经济学的研究内容,斯蒂格利茨在《政府经济学》和《公共经济学》中从公共财政的角度作了探讨。他认为公共经济学的研究主要包括三个方面的问题:一是以政府为主体的公共部门经济活动的范围和组织,二是公共部门各种经济活动的结果和效率,三是政府各种经济政策的评价。

就政府的宏观调控职能来说,财政学派认为,执行财政政策,通过公共支出和税收可以促进经济稳定增长;货币学派则主张执行货币政策,控制货币供应量和利率水平可避免经济衰退。20世纪60年代后期,经济学家认识到,衰退、失业、通货膨胀等问题不是哪一个政策可以单独解决的,因而主张财政、货币的混合政策。财政学研究的重点是财政体制、财政政策以及财政政策和

---

① 彼德·M.杰克逊:《公共部门经济学前沿问题》,郭庆旺等译,北京:中国税务出版社、北京腾图电子出版社,2000年版。

货币政策的配合与协调。

　　财政有各种形态,如财政政策、财政制度、财政分配关系等。财政学作为一门专门的经济学科,不仅研究财政政策和财政制度本身,而且研究比它们更深一层次的内容,即制定财政政策和确定财政制度的客观依据。财政作为经济范畴,反映经济过程的分配关系。财政学研究财政分配关系,但不是一般地描述它,而是要揭示财政分配关系中的规律性。因此,财政学的研究对象是人类发展的不同阶段国家集中分配一部分剩余产品的规律性。财政学的研究不能脱离财政政策和财政制度,财政理论为财政制度的制定提供理论依据,财政理论正确与否需要财政政策的实践来检验。脱离现实的财政政策和财政制度来研究财政理论,会使财政理论成为空洞的说教。

　　迄今的许多财政学书籍,或者以解说财政法规和实务为中心,或者阐述过于抽象的财政理论。这些财政学书籍忽视了财政学的一个重要内容,即国民生活、产业活动与财政活动的关系。财政分配是社会再生产过程和国民经济系统的一个环节,财政分配必须执行国民经济系统所赋予的职能,服从经济运行和发展的目标。因此,财政学不只是讨论财政分配的形式,还要讨论各种分配形式在经济运行和发展中的功能,讨论财政分配所采取的形式和分配的数量对经济的影响和效应,特别要研究它们对达到主要经济目标——经济增长、经济稳定、公平和效率的影响。从这一意义上说,财政学不只是研究财政分配关系的规律性,还要研究体现这种规律性作用的财政分配的机制和功能。在这种研究中,实证分析方法和规范分析方法都是不可缺少的。

本章小结

　　财政是以国家为主体的分配范畴,是国家集中分配部分剩余产品用于满足一般的社会需要而形成的分配活动和分配关系。公共财政的作用是以非市场机制的方式去克服和纠正市场机制的失灵。出现剩余产品,并产生由剩余产品去满足的共同需要,是财政关系产生的物质条件。国家产生后,国家便作为社会共同需要的代表集中分配一部分剩余产品,于是产生财政。社会主义国家财政代表广大人民的根本利益,为整个国民经济服务,以"取之于民,用之于民"为宗旨。财政学的研究对象是财政分配和财政分配关系的规律性。财政学的研究不能脱离财政政策和财政制度的分析。

复习思考题

　　1. 什么是财政?财政是如何产生的?
　　2. 财政学的研究对象是什么?

第二章　财政的职能及其效益

第一节　政府职能赋予的财政职能

财政是以国家为主体的分配。财政分配包括财政收入和财政支出两个方面。财政收支是财政分配的中心环节。财政收支服务于政府执行的职能。总的来说,政府执行的公共职能涉及两个领域,一是市场失灵的领域;二是与公共利益相关的社会福利领域。

一、市场失灵和政府职能

在市场经济条件下,市场机制在资源配置中起基础性的调节作用,政府干预经济活动的范围基本上同市场失灵的范围相适应。

著名的"看不见的手"理论认为,每个人追求自己的利益,在市场这只看不见的手的调节下,最终实现社会利益。针对这个理论,福利经济学认为,单靠市场调节,并不能自动实现社会利益。其原因是,人们进行私人决策时,只考虑其行为的私人成本,并不考虑由此带来的不由他本人承担的社会成本,这部分成本转嫁给了社会。当私人行为的成本和收益不对等时,资源就得不到有效配置。而且随着资本主义经济的发展,存在着收入分配的不平等、垄断以及公共产品的需求等一系列市场机制无法自行解决的问题。福利经济学认为:假想的自由市场情形并非真能在没有政府的情况下实现。事实上,没有理由相信市场能够以"无政府经济"中假设的方式运行。对于现代市场经济运行而言,财产权立法、控制货币和金融活动、维持市场经济秩序,都是国家干预的具体内容。具体地说,政府主要进入以下市场失灵的领域。

一是弥补市场不完全的缺陷。达到帕累托最优的基本条件是,经济处于完全竞争状态,存在完整的市场、完备的信息。现实中这些条件不可能完全满足,于是产生市场失效,从而产生政府干预的要求。首先,市场功能难以充分发挥。完全竞争状态不可能达到,但可以借助政府干预创造有效竞争状态。其途径有两方面:一方面是通过反垄断法等法规,防止单个或少数几个企业垄断市场,反对企业串谋;另一方面是对某些部门中存在的完全垄断的企业进行拆分和管理,防止其以影响消费者福利为代价谋取垄断利润。其次,达到帕累托最优的一个重要条件是对于未来所有有关时间和风险存在完整的市场,如远期市场和保险市场。在市场不完备的条件下,缺少的市场的功能就要由政府的干预来承担。再次,在获取信息的成本十分高昂的情况下,不是每个人都能获得充分的信息,不完全信息也可能造成垄断力量的产生。政府介入就是要克服这种不完全信息问题,为厂商提供在现有市场上不能获取的全局性的长期性的信息,并强制要求厂商披露有关信息。

二是提供市场制度不能提供的公共产品。国防、保安、基础研究等公共物品可能是私人部门生产的,但它们是公共产品。公共产品是由政府为社会提供集体利益的物品和劳务,与私人产品相区别,它们被集体消费时有两个特点:非排他性和非竞争性。消费的非排他性是指无法排除他人从公共物品中获得收益。消费的非竞争性是指消费者的增加并不引起生产成本的增加,即增加的消费者引起的社会边际成本为零。如街道的路灯对任何人都一样照明,清洁的空气、平坦的道路,不会被某个消费者所独占。由此产生的问题是,第一,对公共物品的消费按市场价格分配,管理成本太大;第二,"免费搭车"现象难以避免。许多公共产品的使用没有排他性,因而不可能向市场销售,既然公共产品的效应人人都可以分沾,消费者便不会自愿向其供应者付款。每一个人都消费它,而不论是否为此支付费用,于是产生消费公共产品的"免费搭车"现象,其结果便是公共产品的私人供应的失灵。因此需要政府介入公共产品的供应过程。将税收作为消费公共产品的代价,可克服市场难以解决的"免费搭车"问题。再有,有些非营利事业,如博物馆的建立等,应是公共部门的职责,由公共部门给公益事业和公共设施建设配置资源。因此公益事业和公共设施的建设费用不可能由市场来自动解决,只能靠财政来配置资源。

三是克服市场制度可能产生的外部性问题。外部性是在相互作用的经济单位中,一个经济单位的活动对其他经济单位的影响,而该单位又没有根据这种影响从其他单位中获得报酬或向其他单位支付赔偿。外部收益或损耗是不纳入生产者私人成本的,从而造成私人成本和社会成本的不一致。具体地说,具有外部经济性的产品与其他产品不同,它们不仅对当事人有效果,而且对别人也有作用。这种外部性有正负两种效用。产生有利效果的即正外部性,如为灌溉农田建造一个水坝,不仅可灌溉,还能防洪、发电、开辟风景区,产生有益的外部性。产生不利效果的即负外部性。例如某些生产会排出污染,违反经济合同等问题,产生负的外部性,造成企业内部成本外部化。这是市场失灵的反映,靠市场调节是无法克服的,这就提出了政府干预的要求。政府要通过法律等途径克服这些负外部性问题。其目的是要使外部化了的企业成本内部化,由企业自己承担造成的外部化成本。

以上政府作用的范围基本上是依据发达国家的市场失灵提出来的。在发展中国家,政府干预的领域需要扩大。发展中国家与发达国家的市场背景不尽相同,即使是独立后一开始就走市场经济道路的国家,市场的发育程度和完善程度都远远落后于发达国家。这意味着,政府对经济干预的范围和程度,在发展中国家有特别的内容。

发展中国家政府作用的必要性和范围还同其市场的不完善相关。发展中国家市场的作用不同于发达国家,由于市场的分割、信息流动的障碍、价格、利率的管制等使现实市场中的价格、信息和流动性等严重背离了"完全"市场的客观要求。价格对商品和服务的供求调节作用没有发达国家那么大;市场无论是在结构上还是在功能上都是不完全的:生产要素市场缺乏良好的组织,市场信息既不灵敏也不准确,不能及时正确地反映商品的真实成本。在这种情况下,政府干预实际是弥补市场作用的不足:在促进价格的真实性、信息的可获得性以及资源的流动性等方面弥补市场不完全的不足。政府要采取有效的措施培育市场,要采用多种诱导的办法发展私人经济,还要像企业家一样去投资,并以自己的实际行动刺激和指导经济发展。当然,政府的这些职能会随着经济的发达程度和市场的发育程度的提高而逐步减少,直至市场发育成熟,政府得以退出这一过程。

二、社会福利和政府职能

政府干预经济并不都是与克服市场失灵相关的,它还在其他场合起作用,其职能是实现国家的福利目标。因此政府对市场不仅仅是替代,还是补充的机制。

人们进入市场的决策存在着个人选择和社会(集体)选择的区别。社会是个人的集合,每个个人具有一系列独特的偏好,因此定义"社会需要什么"就成为社会选择的问题。所谓社会选择,就是整合个人偏好的过程。

在市场上存在单独个人选择偏好的条件下,所形成的集体选择,是由社会福利函数来说明的。根据探讨社会福利函数或社会选择函数的文献,社会福利是社会中的个人所购买的货物和所提供的生产要素以及任何其他有关变量的函数,即社会所有个人效用水平的函数。在现实中,社会保障、国家安全、公共卫生和教育等属于社会福利函数的内容,不可能靠在市场调节下的个人追求个人效用函数来实现。运用社会福利函数理论研究社会福利最大化,就是在已知社会成员个人偏好次序的情况下,通过一定的程序,将各种各样的个人偏好序归纳为单一的社会偏好序,寻求总和条件或准则。所有这些实现社会福利函数的程序和准则均是通过国家政府来进行的。政府在这方面承担的职能主要涉及以下方面。

(一)调节收入分配、解决收入分配悬殊问题

效率和公平是任何一个政府都要面对的问题。财政的分配职能是从宏观公平分配的角度提出来的。市场自发运行的结果所出现的收入、财富和福利的最终分布,并不总是与社会所公认的公平标准相一致。就是说,帕累托效率不能保证竞争过程导致的分配与广为接受的公平概念相一致。因此,政府必须通过税收和转移支付等财政支出方式来调节收入分配,实现社会收入分配的公平。我国正在转向市场经济体制,收入的差距已经拉开,为了贯彻效率优先、兼顾公平的分配原则,财政的公平收入分配职能应得到重视。其目标是适当缩小不同阶层、不同劳动者之间的收入差距,以防止不同所有制企业、不同集团、不同阶层的收入过于悬殊。政府主要通过税收和财政的转移支付等途径调节再分配收入,实现公平目标。

(二)干预自然垄断行业

水、电、气等行业属于自然垄断行业,在同一个地区建立多个相互竞争的水、电、气企业是不经济的,这意味着自然垄断不可能被打破。市场上只有一个卖者的完全垄断会损害消费者利益。而且自然垄断借助其垄断地位所获得的垄断利益不应完全被其经营者所享有,应该由全社会分享。为了维护消费者利益,为了使全社会得以分享自然垄断产生的垄断利益,政府必须介入。此时的政府至少面临着两种选择:一是通过制定和执行相应的法规对自然垄断厂商的定价行为做出限制,即限定厂商最多只能使价格达到平均价格水平;二是为避免私营部门垄断,政府通过直接投资的方式建立公营公司,生产并出售自然垄断行业生产的产品。

三、宏观经济平衡和政府职能

（一）推动经济发展

对发展中国家来说，许多社会福利问题需要通过发展来解决。经济发展需要政府推动。财政具有促进经济增长的职能，意味着财政不是一般的分配收入，财政收入和支出如何安排都要使财政产生促进经济增长的功能。对我国这样的发展中国家来说，为了实现发展的目标，一方面要安排好消费和储蓄的关系，引导更多的收入用于储蓄和投资；另一方面要引导资金投向需要重点和优先发展的领域，并提高投资效率；再一方面是解决好发展的不平衡问题。财政分配不仅要介入这些发展过程，还要起主导作用。在西方发达国家，一些垄断性企业的产值规模大到超过许多发展中国家一国的产值总量，其竞争能力也很强。在这样的国家，政府作用越大越是压制企业的竞争力，因此在这里奉行减少直至取消政府干预的自由主义理论是非常自然的。而在我们这样的发展中国家，企业总体规模小，竞争能力弱，这样的企业成长到能同发达国家的垄断企业抗衡需要相当长时间的磨炼，政府扶持成长性强的企业并使其尽快形成规模就显得非常必要。再者，发达国家的经济主要是增长问题，而不是发展问题，因此发达国家的经济结构调整完全可以交给市场。而在发展中国家，经济的主要问题是发展，制约发展的主要是经济结构问题。产业结构、区域结构等结构性问题不仅在于其失衡，尤为突出的是处于低水准。没有政府的推动，单靠市场调节，结构性矛盾不可能在短期内克服。因此政府对经济结构调整的作用不可缺少。有重点地扶持主导产业和高新技术产业的发展，增强国家竞争力，是政府推动发展的重要内容。有些风险大、投资周期长的项目如道路建设、能源基地建设、高科技开发等也往往需要由公共部门来创办，所有这些部门都需要通过财政配置资源。

在原来的计划经济体制中，由于财政集中的财力较大，政府可以通过财政分配结构直接推动经济增长。转向市场经济体制后，政府对经济增长的推动作用，固然还要体现在政府利用财政集中的财力直接推动增长，但由于财政集中比重的相对下降和政府经济职能的转变，国家财政对经济的促进作用将主要体现在借助合适的财政分配关系和有效的财政机制来调动各微观主体推动经济增长的积极性，并对其推动经济增长的投资进行引导。这样政府对经济发展的推动作用将由直接推动为主转向间接推动为主。

（二）稳定宏观经济以维持健康的经济增长

宏观的福利目标一般要求公平分配，防止和克服通货膨胀，充分就业，国际收支平衡等。稳定经济的职能是指借助合适的财政政策克服高的失业率和通货膨胀。因为市场机制的运行不能自动解决宏观总量不均衡以及由此而引起的问题——高失业率和通货膨胀，防止和克服通货膨胀，保障充分就业是政府的职责，这就需要政府的宏观调控，而财政是其中重要的宏观控制手段。财政的调节作用主要体现在如下几方面：首先，财政调节国民经济的比例关系，税率结构和财政支出结构调节社会生产比例或经济结构，财政分配的数量调节积累和消费的比例关系。其次，财政调节国家、集体和个人的分配关系，调节中央和地方的分配关系。再次，财政调节经济增长速度和宏观总量平衡。如我国20世纪90年代末期的通货紧缩问题需要政府以扩大内需为内容的宏观政策来调节。

（三）以国有资本的所有者身份经营和管理国有资产

我国国有经济的比重较大，但国有经济的效率明显不高。适应转向市场经济体制的要求，政府在这方面的功能会有两个转变：一是国有资本会退出相当一部分没有必要进入的领域，这个过程要由政府推动。二是政府要从计划体制下形成的"全能管理者"的角色中脱离出来，政府职能与企业职能分开。政企分开的关键是政资分开。在促进政府职能转变和政府机构调整的过程中，按照国有资本所有权和行政管理权、宏观调控权相分离的原则，重新构造国有资本管理体制。国有资本由行政部门和各级政府代理转向由经营性的公司代理。由代理国有资本所有权的公司对国有资本进行投资、经营，达到国有资本保值增值的目的。

四、垄断与政府干预

市场经济强调的是竞争法则，是一种契约经济。为了保障市场公平竞争和市场契约的顺利贯彻与遵循，需要一整套完善的法律和规则，即市场游戏规则。市场本身并不能提供这些法规，需要由国家权力机关和政府部门来制定并监督执行。使守法者从公平的市场经济环境中受益，违法者受到严厉惩罚。

（一）垄断的种类

市场经济强调的是竞争，但多种原因可能导致垄断行为的产生。垄断将阻碍竞争，对竞争秩序产生破坏作用。

一种情况是自然垄断行业的垄断行为。经济活动中的某些行业属于自然垄断行业，这类行业可能存在规模收益递增现象，规模较大的厂商以较低的成本进行生产从而强迫小规模厂商退出经营，如果此规模经济可以维持足够的产出，那么这个行业将最终成为垄断行业。由于垄断定价使价格不会等于边际成本，从而不符合帕累托最优条件，不能实现资源的有效配置。因此，自然垄断行业将严重阻碍市场竞争行为。自然垄断行业产生的问题是市场所不能解决的，此时就需要政府干预。

另一种垄断行为可能产生于竞争性市场中。在一些竞争性行业，众多市场参与者自由竞争的结果是，少数规模大、技术强、实力雄厚的厂商占据市场主导地位，多数综合实力薄弱的小厂商将不得不退出市场，形成寡头垄断。在一个市场上，商品的供给只有少数厂商来决定，各种针对消费者的强制行为将不可避免。例如微软公司向消费者供应其视窗操作系统，同时捆绑式销售其浏览器，严重损害消费者的选择权以及其他厂商的利益。

除了上述两种垄断外，在中国还有一种特有的垄断——行政性垄断：政府部门以法规或行政审批的方式阻止其他进入者从事某些行业的经营活动，如烟草、电信、邮政等领域。这些行政性垄断行业或是由于某种特殊原因，或是历史体制制度的原因而形成，除了少数行政性垄断性行业，与其他形式的垄断行为一样，多数行政性垄断行业对消费者、潜在的生产者利益都造成巨大的损害。

（二）垄断可能产生的后果

无论是竞争形成的垄断还是自然垄断，都将产生各种不良的后果。

(1) 从经济效率角度看，垄断行为将会导致社会净效率的损失，即哈伯格社会净损失三角形，见图2-1。

不存在政府干预的时候，产出量为Q_0，价格为P_0。图中的A、C及其以上、需求曲线以内部分为消费者剩余，B、D及其以下与供给曲线以内部分为生产者剩余。如果政府采用各种方式进行干预，如许可证、管制、税收等，将导致产量减少至Q^*，价格上升到P^*，整个社会因干预导致的净损失C和D，即DWL。

(2) 破坏竞争的秩序。任何垄断行为一旦形成以后，都将对潜在的进入者形成障碍，自由

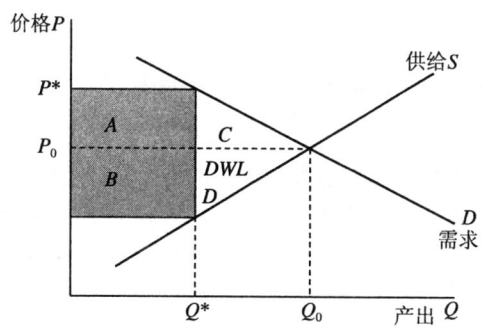

图 2-1　政府干预导致社会净损失

竞争的环境难以形成。

(3) 损害消费者利益。生产过程中由于垄断行为的存在,供给的非竞争性将导致生产者的定价高于边际成本等于边际收益的价格,而是按照高于竞争价格的垄断价格销售商品,同时为了维护垄断价格,将商品的数量保持在不能完全满足需求的水平。商品的供给量往往小于充分竞争时的供给量,而且价格维持在高水平,将严重损害消费者的利益:消费者对商品的需求既不能得到充分满足,同时还必须增加消费支出。

(4) 损害其他生产者的利益。行业内的垄断者为了使自己的垄断地位得到维持,往往不惜采取各种手段阻止其他厂商的进入,严重影响其他投资者的投资行为选择,损害潜在竞争对手的利益。

(5) 可能导致腐败现象的产生。商品生产的垄断者为了避免垄断格局被打破,不惜向政府管理部门和官员寻租,期望通过政府管理部门设置政策或制度障碍,限制其他投资者进入。政府管理部门通过设置制度性障碍,形成行业进入壁垒,包括政策限制进入、许可证制、资金规模限制或技术壁垒等。这些来自政府部门的各种限制可能是政府部门设租、垄断者寻租的结果,利益与权力的交易以及腐败现象因此而产生。

(三) 政府干预的手段和方式

无论是竞争形成的垄断还是自然垄断,或是行政性垄断,都在边际成本之上定价,结果导致产出水平下降,消费者剩余减少;垄断妨碍市场竞争,最终损害其他市场参与者和消费者的整体利益。因此,为了保障市场充分竞争的展开,也要求政府进行市场干预:通过制定和执行反垄断法,来维持市场竞争的秩序。

为了维护竞争秩序,避免因为垄断而导致社会经济效率净损失状况的产生,需要政府进行干预。政府干预手段主要有以下几种。

(1) 通过制定反垄断法,消除垄断行为。以法规的方式限制垄断行为,这是世界各国通常采用的做法,也是减少垄断行为强有力的法制保障。

(2) 通过制定和执行相应的法规对自然垄断厂商的定价行为做出限制,即限定厂商最高定价只能达到平均价格水平。

(3) 政府通过直接投资的方式建立公营公司,生产并出售自然垄断行业生产的产品。[①]

[①] 这三种做法是目前西方国家普遍采用的干预自然垄断行业的方式。比较而言,美国更多地采用第一、二种方式,而欧洲各国普遍地采用第三种做法。

五、财政职能

由政府职能决定的财政职能主要包括以下几方面。

（一）分配资金

分配资金是财政最基本的职能，包括筹措资金和供应资金两个环节。财政融资的方式很多，其中最重要的是税收。为了高效率地筹措资金，需要完善税制，将该收的税收上来；还需要通过发展经济不断开辟新财源。财政供应资金，在控制总量的前提下，需要制定合理的财政支出结构，解决财政支出中可能存在的越位与缺口问题。

（二）合理配置资源

合理配置资源是指资源在不同用途和不同受益者之间的最佳配置。财政配置资源必须要处理好与市场机制之间的关系。只有在市场机制失灵的地方，才需要财政进行资源配置。

（三）公平收入分配

市场按照经济效率原则对收入分配进行调节的结果是收入差距的不断拉大，财政需要按照社会公平的原则对既定的收入分配状况进行调节，以实现收入分配结果的公平。真正的公平是起点的公平，因此，财政还需要采取相应的政策手段，为不同的社会公众提供一个公平的起点。

实现收入公平分配的基本手段是税收和转移支出以及其他的公共支出。当然财政职能所实现的公平是相对的，如果实现绝对公平，将导致经济效率的巨大损失。

（四）实现经济平稳增长，保持宏观经济平衡

由于市场调节宏观经济总量的平衡是失灵的，需要运用财政政策实现宏观经济平衡。具体包括针对通货膨胀的财政政策手段以及针对通货紧缩的财政政策手段。

（五）监督职能

监督职能是中国社会主义国家财政所特有的，它是指财政在分配社会产品过程中对国民经济各方面状况进行监督，具体地说，就是财政对社会经济活动和资金运动的监督作用。国家财政通过财政法规和审计制度监督各级地方政府、各部门、各企事业单位的经济活动，保证各种经济活动的合法性，保证国家财政政策和收入分配政策的正确贯彻。我国财政除了在筹资、供应资金过程中对国民经济各方面的活动进行监督外，还在日常的财政、税收管理活动中，通过审计、督促、检查、制裁等形式进行监督。

第二节　财政分配的机制

财政是以政府为主体的分配。财政作为分配范畴在国民收入分配和再分配中发挥作用。财政在参与分配的过程中贯彻政府的意志，服从于社会福利和公平目标。

一、国民收入分配中的财政

在目前的经济分析中比较关注的是财政在国民收入中的比重。在研究收入分配关系中的财政功能时，需要运用国民收入指标，讨论财政在国民收入中的比重。国民收入即一年中的新创造价值，也就是可以在社会各个成员分配收入的总量。如果将各种收入看作是各

种要素的报酬的话(暂不考虑政府的介入),那么国民收入就是各个要素所有者所得之和(工资+利息+地租+利润)。国民收入分配有初次分配和再分配两个过程,政府通过财政参与国民收入的初次分配与再分配。

宏观经济学将社会分为三大部门:政府、企业和居民。与此相应,参与国民收入初次分配的主体主要有三个:政府、企业和居民。他们的收入涵盖了全部的国民收入。这里说的政府包括立法、行政、国防、科教事业等社会及公共服务机构;企业则包括在各种生产和服务领域的经营性组织,不仅包括各类公有制企业,也包括各类非公有制企业;居民指提供各类生产要素的个人。

国民收入的初次分配是对生产和服务部门的经营收入进行分配。企业的经营收入首先要在各个生产要素所有者之间进行分配,由此形成个人收入和企业收入。个人收入是指个人提供劳动或提供其他各种要素后从企业所得的收入,其形式有工资、利息、经营所得、知识产权所得等。企业收入是指企业经营所得减去支付给本企业职工的各类收入,即企业利润。国家财政参与国民收入的初次分配主要通过税收进行。例如以所得为课税对象的企业所得税和个人所得税,以流转额为课税对象的增值税。同时国家也会以所有者权益取得国有股权收益、国有土地有偿使用费等。这样,经过财政参与的国民收入初次分配形成政府收入、企业收入和居民收入:个人收入是指减去应缴纳的个人所得税后的收入。企业收入是指减去应向政府缴纳的各种税收后的收入,即税后利润。

国民收入在初次分配的基础上,还要在整个社会范围内进行国民收入的再分配。国民收入的再分配主要是通过政府的财政支出实现的。根据政府的职能和活动范围的不同,财政支出可以分为经济建设支出、科教文卫与行政国防支出、转移支付的支出等。

国家财政参与国民收入分配和再分配的必要性在于:首先,它是实现政府作为社会管理者职能的需要。政府作为社会管理者,需要保卫国家,维持社会秩序以及提供其他各种公共产品。这些活动虽然不直接创造物质财富,却是国民经济不可缺少的,因此必须通过国民收入再分配来为这些活动提供物质支持。其次,它是政府宏观调控国民经济的需要。社会有效需求的不足会引起经济的衰退,造成失业;而需求过于旺盛又会带来通货膨胀。国民收入再分配中,政府通过改变财政收入和财政支出,中央银行通过公开市场业务、调整再贴现率、调整存款准备金率等货币政策工具,来控制有效需求,使经济平稳运行。第三,它是发展重点部门、新兴产业、薄弱环节和落后地区的需要。这些部门、产业或地区由于种种原因是私人企业所不能或不愿投资的,如能源、交通等基础产业的发展,落后地区的开发等。但这些部门、产业和地区的发展又是国民经济持续、快速、健康发展的必要条件。通过国民收入的再分配,政府对这些部门、产业和地区直接投资,使社会生产力在全国范围内得到合理配置,从而满足这些条件。第四,由于个人劳动能力,尤其是个人拥有要素禀赋不同,个人收入存在很大差异,通过国民收入再分配来调节个人收入,缩小这种差异,从而起到维持社会公平的需要。最后,社会保障基金的设立、社会后备基金的建立以及国家物资储备的保证都离不开国民收入的再分配。

财政在国民收入分配中起主导作用,这种作用可从三个方面表现出来:一是财政分配的量占国民收入很大的比重。二是财政分配直接调节积累和消费的比例。三是财政通过财政制度和政策制约和调节国民收入其他部分的分配。例如财政要规定统一的税种和税率,规定统一的成本费用开支范围、统一的折旧率。财政不只是直接参与分配剩余产品价值 m,还调节

m 的其他部分的分配以及国民收入在工资和剩余产品价值之间的分配比例。

财政在国民收入中的分配,涉及对国家、集体和个人三者利益的调节。在社会主义社会,国家、集体和个人三者的根本利益是一致的,但是也存在着矛盾。只有处理好三者之间的关系,才能发挥各方面的积极性,使社会主义经济得到顺利发展。在计划经济时期财政集中财力的体制中,积累过多,忽视劳动者个人的利益,损害企业的利益,其结果是妨碍人民群众生活的改善,影响企业积极性的发挥。党的十一届三中全会以后,党和国家采取了一系列改革措施,调整国家、集体和个人之间的分配关系,集体所得和个人所得的比重有了较大幅度的提高,国家财政所得的比重下降幅度较大。这种分配比例的调整与我国经济形式从计划经济向市场经济转变是相适宜的,但也带来了资金过于分散的新问题。

国家、集体和个人各自应在国民收入中占多大的比例为宜,是需要进一步研究的问题。从理论上说,大致有以下几点原则:首先,为了满足国家重点建设和社会消费的资金需求,必须保证财政收入在国民收入中的必要比例。其次,国内生产总值中还必须有必要的比例保证企业扩大再生产和技术改造以及集体福利的财源。再次,职工必须在国民收入增长中得到实惠。国家、集体和个人在分割国民收入上的矛盾将长期存在,正确处理和协调三者的利益矛盾是财政分配的重要任务。

二、财政与其他分配范畴的关系

参与国民收入分配和再分配的范畴,除了财政分配外,还有工资分配、价格分配、信用分配、企业财务分配等,这些分配与财政分配存在着有机的联系,一方面它们直接或间接地影响财政分配,另一方面受财政分配制约。

(一) 财政与工资分配

工资分配主要包括两个部分:一部分是生产和服务的经营单位劳动者的劳动报酬,这是属于国民收入初次分配中 v 的部分。另一部分是科、教、文、卫和行政、国防部门劳动者的工资收入,由财政再分配国民收入而形成。

经营单位劳动者的工资虽不直接通过国家财政进行分配,但它同国家财政有着密切的关系。工资属于 v(必要产品),国家财政分配的主要对象是 m(剩余产品)。在一定时期内国民收入为一个既定的量,v 和 m 相互消长。v 的部分的扩大或缩小,会导致 m 部分相应减少或增加,从而影响可供财政分配的 m 的数量。就业人数的增加,工资水平的提高,在生产规模和水平不变的情况下,会使国家财政收入减少。与此同时,当经营单位劳动者的工资水平提高时,由国家财政直接拨款的文教、行政、国防等部门劳动者的工资也要相应提高,这就要增加国家财政的支出。可见,国民收入分配中,工资分配与财政分配在量上存在着相互联系和制约的关系。当劳动生产率不变时,若要提高工资就会在初次分配中减少财政收入,在再分配中增加财政支出。如果提高工资同时又不至于对财政产生负面影响,必须通过提高劳动生产率来降低 v 在新创造价值中的比重,相应地使利润提高,从而增加财政收入。当工资增长幅度低于劳动生产率增长幅度的时候,提高工资才是可行的。

财政分配对工资分配也产生制约作用,一方面国家财政通过宏观调控措施限制经营单位劳动者工资增长幅度,另一方面财政通过控制机关、事业单位人员经费的拨款数直接控制这些单位人员的工资水平。值得注意的是,如果国家要实施扩大内需的政策,可能通过直接提高政府机关和事业单位人员工资的途径带动经营单位工资水平的提高。

（二）财政与价格分配

价格分配是在流通领域中伴随着商品交换而实现的一种价值分配。在价格背离价值的场合，有的产品价格高于价值，有的产品价格低于价值，在按市场价格进行的不等价交换中对国民收入进行了再分配。从宏观上看，国家财政分配是在一定的价格条件下对社会产品进行的分配。价格的变动虽然不会增加或减少社会产品的实物量，但是它会使财政参与的分配活动发生价值量变化。

首先，价格的变动会影响企业的商品流转额或营业额，进而影响财政收入。在成本不变的情况下，价格和税金、利润之间是水涨船高的关系。应税产品价格的调整会影响从价计征的商品流转额，从而影响财政的税收收入和国有企业上缴利润额。反过来，财政分配也会影响价格分配。例如，流转税税率的变动会影响价格结构的变化，从而使价格分配发生结构性变化。

其次，价格的变动会在不同方面影响财政分配。若提高产品的收购价格，销售价格不变，生产企业的税收和利润增加，而经营这些产品的商业、供销部门的利润减少或亏损增加；若生产资料价格提高，生产生产资料的企业会增加税利，使用这些生产资料的企业会增加成本，并相应减少税利；若提高建筑材料价格，会直接影响工程造价，从而需要财政增加基本建设投资。在一部分价格变动（或者是自发波动，或者是有意提价）时，为调节生产和需要的矛盾，稳定经济和安定人民生活，国家财政一般要采取减税和价格补贴的措施。例如，对某些无力消化生产资料价格上涨影响的企业减税；对某些经营收购价格上涨的商品的供销单位实行价格补贴，以免销售价格上涨；在基本生活品价格上涨时，国家财政还要对消费者直接补贴，在一定程度上减轻消费者的负担，安定人民生活。显然，价格的调整，特别是提价，要考虑到国家财政的承受能力。

（三）财政与国有企业财务分配

国有企业财务分配属于企业再生产过程中的分配环节。计划经济时期的财政学将国有企业财务列入社会主义财政范围，其根据是，财政和国有企业都属于国家所有，国家财政和国有企业财务之间没有所有制上的区别，而且在数量上，国家财政收入大部分来自国有企业，财政支出的相当部分也用于国有企业。现在，随着改革的深入，企业成了自主经营、自负盈亏的商品生产者和独立法人，企业财务分配成了企业内部事务，不再是国家集中分配。其实，企业财务也不只属于分配范围。企业资金的筹集、使用，生产消耗的补偿，生产经营的核算等属于生产问题，这些不可能列入财政分配，即使国有企业上缴财政的比重高也不能作为企业财务属于国家财政的理由。任何社会中占主导地位的经济成分上缴财政的资金都占财政收入的最大比重。把企业财务看成是财政的组成部分，同过去政府机构直接经营企业有关，它否定了企业财务的自主性，也否定了企业的经营独立性。市场经济体制要求政企分开、出资者产权和企业法人产权分开，相应地要求财政与企业财务分开。只有这样，才能保证财政和企业财务充分发挥自己的职能，促进社会主义市场经济的发展。同时还要指出，国有企业财务虽不直接属于国家财政，但同国家财政有着极为密切的联系。

首先，国有企业与国家财政之间还会发生一定的资金往来。国有企业一般是财政投资建立的。在国有制经济中，国家为了有计划地安排扩大再生产中的比例关系，财政会根据需要拨给某些企业基本建设资金和一定量的流动资金，这些财政拨款（含"拨改贷"）形成企业资金。企业收入的一部分要以流转税、所得税及所有者权益的形式上缴国家财政，成为财政收入的主要来源。企业的收入如何分配，以多大的份额上缴国家，多大的份额留给企业，这对财政收入有重大影响。反过来,财政分配也直接影响企业财务分配。如税率的高低会影响企业留利水平;财政支出规模和结构会影响财政对企业资金支持的数额。

其次,企业财务还包括对企业资金运动的核算和管理。这类财务活动同国家财政分配也有密切的联系。例如,生产成本的确定直接影响剩余产品的价值量,从而影响财政分配的收入量。因此,财政需要统一规定成本、费用开支的范围和标准。再如,折旧是企业用于补偿固定资产消耗的价值,它的提取和使用是企业财务活动,但是,提取折旧的标准(折旧率)是否合理,直接影响国民收入的核算,从而影响财政收入。国家也可能通过实行加速折旧的政策来推动企业技术进步。

综上所述,社会总产品分配包括财政分配、价格分配、企业财务分配和信贷分配。它们各司其职、分工协作,形成完整的国民收入分配体系。其中,财政是国民收入分配的中枢,各种分配形式都同财政分配相通。

根据以上分析,财政在整个经济运行中的地位可用图2-2表示。

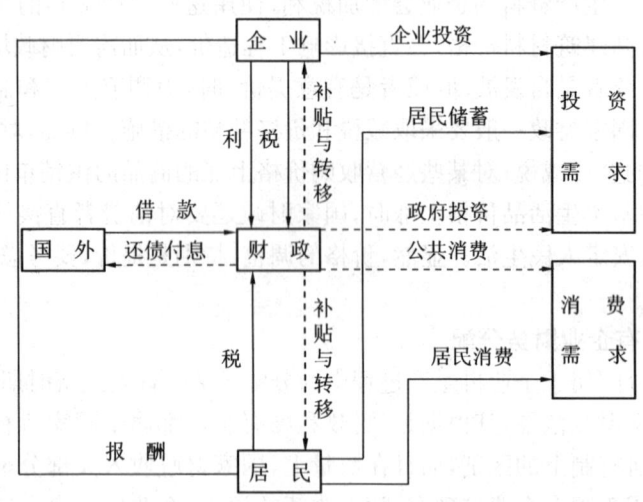

图2-2 国民经济运行中的财政运行地位

就目前的分配结构来说,财政在国民收入中所占的比重不到20%(2003年财政收入占国民总收入的比重为18.62%,占GDP的比重为18.5%),企业和居民收入在总量上所占的比重较高。尽管如此,财政在参与国民收入分配时所起的作用仍然最大,原因是,第一,企业和居民是分散的,国民收入分摊到各个企业、居民的份额很小,而财政却是一个相对集中的量。第二,财政在参与国民收入分配时,会影响到其他分配范畴。在分配过程中,财政会通过对分配范围和形式的选择,直接影响和调节国民经济的运行。因此,财政机制在运行过程中不仅仅是分配收入的问题,它还承担着重要职能。

第三节 财政的效益

财政效益即财政活动的经济效益。财政无论是参与国民收入的分配,还是在分配中执行其职能都必须讲求经济效益。这种效益不仅包括其自身活动的效益,还包括财政资金进入社会再生产活动的效益。财政效益是财政体制运行和财政分配的结果,也是财政关系的全面体现。提高财政活动经济效益是一国制定财政制度和财政政策的任务。研究财政效益的目的在于寻求有效的财政体制和制定正确的财政政策。

一、公共选择效应与政府干预失灵

针对市场在许多领域中调节的失败,政府广泛地采用财政政策和货币政策干预经济。然而,政府干预并不像人们所说的那样灵。在许多国家出现了高通货膨胀、高政府赤字、低增长等一系列问题。这又促使人们探究政府在市场经济条件下能干些什么,应该怎样干等问题。人们发现,在旧的经济学框架内去寻找这些问题的答案几乎是不可能的,这就出现了将经济理论扩展到公共部门和政治过程的尝试,由此产生了公共选择理论。

公共选择理论是关于集体决策或非市场决策的学说。正如公共选择理论的代表人物詹姆斯·布坎南(James M. Buchanan)所指出的那样:"公共选择是一种对政治的看法,它是在把经济学家的工具和方法扩大应用于集体的或非市场的决策的过程中产生的。"公共选择的主题就是政治学的主题,如国家理论、选择规则、选民行为、党派政治、官僚体制等。但公共选择的方法却是经济学的方法,如经济理性主义、效用极大化、交换以及供给需求分析等。因此公共选择实际上是把经济学方法运用于政治领域,把经济学的研究对象从市场交易扩展到政治交易。人们对由市场提供的产品选择和对由公共财政部门提供的产品的选择区分为市场选择和公共选择。市场选择的效益依赖于市场机制的充分发挥,公共选择的效益则取决于有效的财政体制、财政分配方式和财政政策。

任何一种财政安排(政策和体制)都会产生一定效应,财政效应体现在对一定财政安排的公共选择决策中。例如,个人所得税对于个人在工作与闲暇之间进行选择产生影响,累进的所得税率高到一定程度就会出现替代效应;工商税收对于经营效率会产生影响,税收过高会影响企业提高效率的积极性;农业补贴对于农业产出产生影响,补贴是用于"输血"还是"造血"所产出的效益是不一样的;赤字或盈余的财政预算政策对收入、就业与价格也会产生影响,实行赤字政策可能对经济增长和扩大就业产生积极影响,但会付出通货膨胀的代价,必须对这个问题进行权衡。

根据公共选择理论,居民同样也选择如何在私人产品和公共产品之间配置他可能取得的收入,财政制度的结构必定也影响这一选择。居民的这种选择直接影响财政效益,其中最突出的是两个效应。一是"免费搭车"问题,即某些人为享用公共产品不愿付费,这就影响财政的效益。二是财政的挤出效应,即政府的购买支出、转移支出及扩张性财政政策执行的结果,可能导致企业投资的减少,这种状况同样会降低财政的效益。

针对外部性问题的政府干预可以将外部效应内在化,如政府的补贴、惩罚性的征税、许可证管理等办法实际上就是将外部成本内在化,对于外部负效应的行为确实可以加以限制。

公共选择理论说明,个人选择存在非效率,集体选择也存在着大量的非效率。如果说有市场失败,那么也同样有政府失灵。特别是在政府集中分配的资源较多、计划性较强的国家,一旦发生政府失灵,其损失之大远远超过市场失灵。主要原因是,政府干预是一种以政府为主体的行为,由于政策是由人制定和实施的,而人的行为反过来受各种法规、习惯、激励因素等的影响。统治者的偏好和有限理性、意识形态的刚性、官僚政治、集团利益冲突和社会科学知识的局限性可能导致政府政策的失效。他们是在信息不完全以及各种约束条件下作决策的。而且,政府的管理者往往以自身的偏好指导其行动,甚至政府的决策可能反映不同利益集团的相对力量。

公共选择理论提供的政府失效理论,不是以政府能力缺陷为基础,而是以制度性缺陷为基础。政府效率所面临的突出问题是官僚主义,其原因是,进行政治活动的主体也是经济人,对成本、收益的计算引导他的行为。政治活动主体往往是在为自己服务的前提下服务社会。政府机构的官僚在现存的制度约束下追求自己的利益最大化,他们的行为目标同整个社会福利最大化目标未必一致,甚至有可能发生冲突。

以上政府失效会反映在财政安排的效率上。如果由政府以补贴的方式进行管理,则存在着监督的困难;如果由政府以直接支出的方式提供公共产品,监督中就会出现"免费搭车"行为;如果政府以许可证的方式限制进入,有可能导致这些领域的产品或服务定价过高,形成垄断性价格,导致社会效率的净损失;政府如果采用许可证、审批、管制等方式来对外部负效应活动进行控制,就有可能导致一些微观主体为了获得经营许可的权力,而向拥有许可证以及审批权的政府官员进行寻租,由此可能导致腐败行为的产生。

二、财政效益的评价

以较高的效益进行财政分配并有效地履行财政职能,这是任何国家财政所要追求的目标,也是贯穿本书的主线。研究财政效益,涉及两个方面,一是财政作为政府行为参与资源和收入分配以后对资源配置效益的影响,二是财政自身行为的效率评价。

财政自身行为的效益评价实际上是一种成本效益分析,即为取得一定量的公共产品和劳务(财政支出)应付出多大的成本和代价(税收)。整个财政过程包含双重选择:一是对公共支出项目和规模的选择,二是对税种税率的选择和决策。财政效益可从以下几方面进行评价。

(1) 财政收入与支出的效益评价。在公共财政理论中,税收是人们为享用公共产品和劳务所必须付出的代价,取得公共产品的代价除了税收这种形式外,还有一种方式就是为享用公共产品而直接支付费用。这就从理论上将公共产品的供应与成本直接联系起来。

(2) 每一单位税收的成本。政府征税是要付出成本的,这里的成本有两种:一是纳税人为交纳税收所做出的牺牲,二是征税的费用。这个层次成本效益分析的基本要求是,所选择的税种税率一方面要使纳税人因交税做出牺牲而产生的抵触情绪最小,另一方面征税费用最小。如果通过某税种取得的财政收入低于其征管成本,那么开征这种税便无任何意义。

(3) 每一单位财政支出的效益。这是一种投入产出(效用)的比较,虽然财政投入的不一定是有盈利的项目,但仍然需要采用必要的评价方法来衡量和比较其效益。

(4) 财政政策效果的评价。实行低税率政策还是高税率政策,实行低补贴政策还是高补贴政策,对现实的经济运行会带来不同的效果,比较这种财政效果是财政选择的重要依据。

我们可以用提高财政收入占国民收入的比重为例来说明财政效益问题。

一是增税与征管的效益问题。20世纪80年代至90年代的税制改革期间,财政收入占国民收入的比重不断下降,其症结不在于税率过轻,而在于征管过松。除了纳税人偷漏税行为严重外,各级政府也经常开减免税的口子。过松的税收征管不仅导致应缴税款的流失严重,还造成了税收的不公平,并反过来影响效率。以上情况意味着在提高财政集中度方面存在轻税率重征管和重税率轻征管两种选择。

二是多征税和多收费的选择问题,这里也有一个财政效应的评价问题。在市场经济体制中,国家筹集财政资金也应进入市场,更多地利用市场的方式,收取公共物品和设施的使用费就是一种方式。过去公共设施一直为税收提供资金来源,但在税收与公共物品之间这种取之于民、用之于民的关系是隔开的、不透明的。纳税人不一定在增缴税收时看到扩大公共物品和劳务的效益,因而难免会对增加税收产生抵触情绪,甚至力图逃避税收。如果对公共物品和设施的消费收取使用费,就把财政行为很自然地变成市场行为。对公共物品和设施的消费收取使用费,不仅体现受益原则,而且比税收更能体现公平原则。如果采取征税方式,不论纳税人是否消费公共物品,也不论消费多少公共物品,都要交同样的税,这显然是不公平的。如果对公共物品的消费不收费或少收费,又会造成本无须消费的人也去消费的浪费现象,而现有的公共物品和设施是无法承受这种畸形消费和过度需求的。如果实行收取使用费的办法,谁消费谁付费,多消费多付费,这样就能体现公平的受益原则,公共物品和设施供不应求的压力也会减轻。当然,像治安、保卫、公园、体育场所、道路、桥梁等公共物品和设施的使用收费,也有一个标准问题。公共物品不等于福利物品,其费用只有从消费者的付费中得到补偿,才能在不断的"再生"中发挥新的作用。过去对公共物品和设施的使用或者不收费,或者只收很低的费用,所收费用通常不足以补偿它们的财务成本,结果公共设施就会恶化,其规模和范围的扩大及质量的提高就会受到财政资金缺乏的限制。

按公共物品或设施的实际价值定价,使其成本得到补偿,公共物品或设施便可得到有效的发展、改善和提高。对使用公共物品和设施收取使用费,与用税收作为公共物品和设施的资金来源相比较,具有更高的效应。首先,收取使用费可以增加财政收入,且不会影响资源配置的效率;其次,支付公共物品使用费后,支付者对公共物品和设施便形成市场选择和消费者的监督制约机制,使用费的收取者也面临着经营和管理好公共物品和设施的压力,由此可提高公共物品和设施使用的效率和效应。

财政效益的另一个方面评价是其参与收入和资源分配后对整个资源配置效益的影响。我国正在转向市场经济体制,市场失灵在我国同样存在,财政合理配置资源的职能也就显得越来越重要。这里的问题是合理确定社会资源在公共部门和非公共部门间的配置比例,既要充分保证各个企业自主经营提供市场产品所必要的资源,又要保障公共部门提供公共产品所必要的资源。

财政配置资源的职能可从两个角度来说明,即分配资金和配置资源。从本质上说,资金是资源的一个重要部分。分配资金包括筹集资金和供应资金两个方面,前者是指取得为满足政府执行职能所必需的财政收入,后者是指将财政收入通过各种方式安排出去。从筹资方面看,国家需要积极开辟新的财源,不断挖掘财政收入新的增长点。因为目前财政收入主要来自于税收,因此首先要完善税制,加强征管,将该收的税收上来,尽可能避免税款的流失。在供应资金方面,需要确定合理的财政支出结构,关注财政支出的效益,加强财政的监督力度,形成合理有效的财政资金使用机制。

资源的合理配置是指资源在不同的用途和不同的受益者之间的最佳分配。由于存在市场失灵,自发运行的市场机制在某些场合难以有效配置资源,这就需要财政的介入:一方面合理配置公共经济内部的资源,另一方面在私人经济与公共经济之间有效配置资源。

国民收入分配分为初次分配和再分配两个过程,贯彻效率优先兼顾公平分配原则的财政机制主要有两个特征:第一,初次分配领域以市场调节为主,按效率原则拉开差距;再分配领域则以政府的财政分配机制调节为主,以贯彻公平分配的目标。第二,在国民收入初次分配领域,为保障市场机制充分发挥作用,实现效率目标,介入初次分配的财政手段(如税收)应坚持中性原则。一方面对各类企业一视同仁,另一方面从企业取得收入的政策要规范透明。

正如市场要在一定的制度约束下才能良好运转一样,政府也要在一定的规则下履行职能。市场上的每一个人都有各自的效用函数,由于市场参与主体遵守共同的市场规则,只要交易达成,就意味着交易双方的福利状态得到了促进,或至少任何一方的福利不会受损。同样的,把政治过程看作是市场过程,政治过程交易的对象是公共产品,进入政治领域的人们也有着各自不同的价值观和偏好,这些价值观和偏好需要有一定政治行为规则来保障。

本章小结

财政的职能实际上是财政执行的政府职能。财政的职能不仅涉及市场失灵的领域,还涉及与公共利益相关的社会福利的领域。财政执行分配资金、合理配置资源、公平收入分配、促进增长和稳定经济、监督经济活动等职能。财政参与国民收入的初次分配和再分配过程,在分配的各个环节中起主导作用。财政的效益不仅包括其自身活动的效益,还包括其作为政府行为参与资源和收入分配以后对资源配置效益的影响。

复习思考题

1. 如何认识财政在经济和社会运行中的职能?
2. 财政是在什么样的机制中执行其职能的?
3. 如何评价财政效益?

第二篇 公共支出

第三章 负外部性

市场机制调节经济运行过程中,经常会出现调节失效的问题。市场失灵的领域很多,包括外部性问题的解决、公共品的提供、垄断消除以维护竞争的秩序、公平收入分配的实现、宏观经济总量平衡的实现与维护等等。市场失灵需要政府干预。尽管也有学者认为,现实中市场存在失灵,政府干预同样会出现政府失灵,因此在政府与市场之外,还有其他的解决方式,但理论界较为一致的观点就是资源的配置应该由市场和政府通过分工协调的方式来进行。目前理论界关于市场失灵领域较为一致的看法主要有如下几方面:外部性、垄断行为、公共品、公平收入分配、实现宏观经济总量平衡、实现弱势产业(如农业)以及高科技产业的发展等方面。本章就负外部性问题进行研究。

第一节 负外部性概述

一、外部性概念

外部性是一个定义并不十分明确的说法,其含义及程度可能受到市场结构的影响。尽管这样,外部性还是有一个基本公认的概念:成本或者收益对于决策者而言是外在的,即潜在的成本或者利润不是由决策单位来承担或享有,而是转化到其他主体上。外部性也可以理解为,成本和收益在时间和主体上的不对称。它有两种具体的表现形式:正的外部性与负的外部性。前者是指决策者(或行为主体)不能拥有或完全享有其行为产生的收益,使得其他主体与其同样分享收益(如治理污染所带来的清洁的空气);后者是指决策者只享有其行为所带来的收益,而将成本转移给其他主体承担(如从事化工产品生产而导致的环境破坏)。假定私人的收益与成本分别用 P_r 和 P_c 表示,社会的收益与成本分别用 S_r 和 S_c 表示,外部性可在以下几种情况中得到反映。

(1) 若 $P_r=S_r$,$P_c=S_c$,则不存在外部性;
(2) 若 $P_r<S_r$,$P_c>S_c$,则存在正的外部性;
(3) 若 $P_r>S_r$,$P_c<S_c$,则存在负的外部性。

作为正外部性的典型代表就是公共品的提供,负外部性在现实中最常见的就是经济发展的同时产生环境破坏与污染。

二、外部性的特征

按照美国财政学家哈维·罗森的观点,外部性的本质主要表现在以下几个方面[①]:

外部性可以由生产者产生,也可以由消费者产生。例如在一个拥挤的房间里,如果有人抽烟,那么他就是通过消耗公共资源——新鲜空气减少了他人的福利。生产者生产的外部性现象则更为常见。

从本质上说,外部性具有相互性。例如甲希望利用一条小河排污,乙则希望在这条河中养鱼。对乙而言,甲是外部性的生产者;但对于甲而言,乙的养鱼行为则影响自己排污,乙的行为也具有外部性。最终选择哪一种行为,取决于两种活动成本的比较。

外部性可以是负也可以是正。某一行为主体的活动对周边环境造成污染,这是一种典型的负外部性问题。但有时行为主体的行动会增加他人的福利,此时就产生正的外部性。

公共品可以看成是外部性的一个特例。当一个人创造了一种有利于经济体中每一个人的正外部性时,这种外部性就是纯公共品。

三、外部性种类

日常生活中,外部性现象普遍存在,种类繁多。根据不同分类方法,可对外部性作不同的划分。

(1) 根据外部性的社会效果,可以将外部性分为正外部性和负外部性两种。正外部性的情况下,社会收益大于私人收益,社会成本小于私人成本;负外部性情况下,社会成本大于私人成本,社会收益小于私人收益。

(2) 根据外部性影响范围的大小,外部性包括人际之间的外部性、区域之间的外部性和国际之间的外部性。以负外部性为例,邻里之间因为负外部性现象而引起的纠纷十分常见,如楼上住户发出的噪音影响楼下住户的正常生活;一条跨省际的河流,上游地区的排污影响下游地区居民的生产生活,是一种典型的地区之间的负外部性;类似的状况如果发生国家之间,就是国际间的负外部性。

(3) 按照外部性影响时间的不同,可将外部性分为当前正在发生的外部性和未来的外部性(代际外部性)。前者在经济生活中比较常见,如造纸厂排出未经处理的污水导致周边环境和水质受到严重污染。人类过度活动导致的气候变暖则是一个缓慢的过程,根据科学研究结论,导致目前正在发生的气候变暖的原因中,有80%左右是由于发达国家工业化过程中的过度排放而形成的。这是比较典型的代际外部性。此外,(不可再生)自然资源的过度开发和利用将严重影响到国家和民族的可持续发展和子孙后代的生存,这同样是我们目前正在面临的代际外部性问题。

[①] Harvey S Rosen: *Public Finance*, Sixth Edition. McGraw-Hill, 2002, p.81.

第二节 克服外部性与政府干预

一、克服外部性的理论

产生外部性的一个非常重要的原因是由于较高的交易费用的存在,而有的外部性可能是由于法律对资源使用与交换的限制而产生。无论是哪一种外部性的存在,都无助于市场产生最有效率的资源配置和最好效果。因此通过适当途径解决外部性问题是十分必要的。

理论界对于克服外部性、将外部效应内在化的探讨存在着以下几种观点。

(一)政府干预

政府干预是传统经济学理论所持有的观点。目前,这种方法在经济学理论界已经被许多学者所批判,并在理论上被一些其他的方法所替代,但在现实中,依然是被普遍采用的方法,也是本书阐述的内容。

(二)界定产权

持有界定产权观点的代表者是 R.科斯。他认为,在产权不明确的情况下,就存在着外部性,此时的市场是无效的。如果采用传统的方法弥补市场失灵,只存在一种选择:对正的外部性由政府提供补贴,对负的外部性通过征税的办法加以解决(或责令决策者对外部负效应的承担者进行赔偿)。科斯提出,如果明确了相关主体的财产权利(即产权),那么解决外部性就存在一种以上的选择。如甲有权利进行某种可能对乙造成危害的活动,乙也有权利要求甲不要对自己造成损害,双方可以通过谈判的方式达成协议,总效应最大化的安排就是最佳的社会安排。明确产权的主要功能就是将外部效益内在化,如果产权被明确界定了,那么外部性就不存在,此时的市场便是有效市场。

(三)制度安排

认为采用新的制度安排可以克服外部性的代表人物是新制度学派的 D.诺斯。诺斯认为:无论外部成本和收益何时存在,它们都无助于市场产生最有效的结果,而一些允许对所有的成本与收益进行计算的(无论是私人的还是社会的)新的制度安排将会增加社会总的净收益。外部性之所以存在,是因为在现有制度下无法获取潜在的利润或者无须承担成本;如果改变现行制度,外部性就可以内在化。例如专利制度的制定与实施就起到了将外部效应内在化的作用,可以大大刺激技术创新活动。

(四)纵向一体化

研究企业制度的学者认为纵向一体化能够解决外部性的问题,其主要代表是奥利弗·威廉姆森。他认为,企业不仅仅是一种简单而有效的工具,而且有时还拥有超越市场的潜在协调能力,也就是说,企业的纵向一体化可以将市场失灵的外部性内在化;纵向一体化的实行可能是因为产权界定的不完全性。假定存在甲乙两方,甲的活动增加了乙的成本,产权的适当转让要求甲补偿乙,如果产权被界定为甲不必补偿乙,并且假定在边际上包含了外部性因素,那么只有当乙贿赂甲以调整甲的行动——必须进行谈判时,有效的适当转让才会出现。同样,如果甲的行动对乙有利,产权的适当界定将要求乙给予甲充分的补偿。通过纵向合并将交易内部化来协调原来利益分歧的双方当事人,或许能消除当产权未界定或未适当界定时所产生的讨价还价成本。研究产业组织理论的学者也认为纵向一体化能够将外部经济内部化,从而纠正因外部化所引起的市场失灵。例如,麦当劳通过拥有或控制它所有的餐馆就可以保证统一的质量,这对其声誉产生一种积极的影响(正外部性),当消费者在各地旅行时就可以在任何一家餐厅获得统一的质量保证。

(五) 讨价还价

南京有一个成功案例。在南京市后大树根有一个居民小区。小区附近的电信部门新建立了一栋玻璃墙面的高层办公大楼,建成后的大楼对居民小区造成比较严重的光污染,经过多次的讨价还价,最后电信部门同意向遭受光污染的168户居民一次性赔偿逾41万元。类似的因为一方的经营活动而造成另一方利益损失的外部性问题通过讨价还价方式解决的案例很多,如化工厂造成渔民损失的经济赔偿。

(六) 加强传统文化宣传

将增强传统道德约束与法规约束相结合,解决民间和社会管理中普遍存在的外部性问题。针对类似邻里干扰、随意破坏公共设施和公共环境等外部性行为,通过加强传统文化宣传,提高市民的文明素质,同时加大对不文明行为的处罚力度,可以取得较好的效果。

以上是有关克服外部性的一般理论。除了政府干预以外的其他几种方式,都可以在一定程度上解决外部性问题,但每一种方式都存在缺陷。采用界定产权的做法在解决外部性的过程中,可能因为存在着较大的交易或谈判费用而难以达成协议,导致外部性难以解决;以一种新的正式制度安排代替旧的制度安排在克服外部性的同时,依然会产生新的外部性和"免费搭车"问题,因为制度安排并不能获得专利,当一种制度安排被创造出来以后,其他人可以模仿这种创新并大大降低他们组织和设计新制度安排的费用,因此,创新者的报酬将少于作为整体的社会报酬;就纵向一体化来说,消除外部性仅仅是企业是否进行纵向一体化的考虑因素之一,且并非是一个重要因素,是否纵向一体化主要出于其他方面的考虑,如交易费用、保障供应、避免干预、增强市场势力等。从适用范围看,这几种方式主要在小范围的微观层面上对解决外部性能够发挥作用,但从大范围及宏观层面上(如向社会提供公共产品、治理某一个地区的空气污染等)来克服外部性问题,这些方法可能就显得无能为力了。因此我们认为,解决外部性问题,最具有理论意义及现实意义的方式应该是政府干预。

二、政府干预的目的

采用政府干预的方式来解决外部性问题的理论由来已久,最早对此进行阐述的是福利经济学鼻祖——庇古。他认为,当外部性存在的时候,市场自身对此不能进行调节,社会福利不能达到最大。为了使社会福利最大化,政府必须进行干预,采用补贴的方式对外部正效应活动加以鼓励,而对产生外部负效应的活动进行征税(即斯蒂格利茨所谓的庇古税)加以限制。在此之后,有众多经济学家对因外部性而进行的政府干预做了大量研究,这些研究内容零星地分布在众多的文献中。政府进行干预的主要原因可以归纳为以下几个方面。

(1) 为了使社会福利最大化。无论是正的外部性还是负的外部性存在,都对社会福利产生影响,通过政府干预,可以克服这两种外部性,从而使社会福利实现最大化。

(2) 私人活动不能实现社会目标。由于私人活动的主要动机是利润最大化或财富最大化,私人活动目标与社会目标并不总是一致的,当两者之间产生矛盾与冲突时,私人活动仅仅追求自己的目标,而不可能去实现社会目标,此时的社会目标对私人而言具有较强的外部性。

为了促使社会目标的实现,就要求政府进行干预。

(3) 存在着未能获得的潜在利润。城市化与工业社会的发展,产生了广泛的外部效应。大量人群在大城市的复合居住,他们的生产活动集中在一起,使得"邻里效应"大规模发生。某些邻里效应已经为自愿组织内部化,有些邻里效应则没有。因此,未获得利润的存在是诱使政府干预经济的主要力量。

(4) 外部性不能内在化。斯蒂格利茨认为,当市场不完备、信息不完全的时候,就存在着逆向选择和道德风险,个人或厂商所采取的行动具有外部性。如果吸烟者决定多吸烟,则提高了火灾发生的可能性,保险金中必要的保险费用部分也提高了,这种行为对所有买保险的人来说都产生了负的外部效应,而这种外部效应不能被个人或厂商轻易地内部化,就需要某种形式的政府干预,如政府通过征税的方式来减少道德风险,由此而获得的福利收益足以抵消因征税而产生的社会净损失(即哈伯格社会净损失三角形)。

三、政府干预的方式

正如斯蒂格利茨所言,政府干预实际上就是采用财政政策进行的。根据政府干预的程度,可以将政府干预区分为两种:被动干预与主动干预。前者是指政府通过执行某些财政政策工具使得微观决策者的外部效应内在化;后者是指政府直接进行某种活动,以减少或消除某些市场失灵。

针对不同的市场失灵,政府进行干预的手段存在很大的差别。对于公共品提供、正外部性较强的活动等方面,政府干预的方式主要有以下几种。

(1) 财政补贴。财政补贴包括直接向决策者或行为主体提供补助(补贴),或者采用财政贴息方式,以鼓励他们从事具有外部正效应的活动。政府向他们提供的财政补贴,实际上是将经济活动所产生的外部正效应内在化为他们的收益,补贴使他们的活动变得有利可图,由私人在一定程度上向社会提供公共品,有助于外部正效应强的事业发展。

(2) 直接参与。对于一些外部正效应较大的活动,例如纯公共品的生产与提供,可以由政府部门直接进行投资决策。如对环境污染的治理、公益事业等,这些项目可以通过国家财政直接拨款的方式进行。

对于负外部性强的领域,公共财政政策可以运用下列手段进行干预。

(1) 征税。对于产生外部负效应的决策或行为由财政进行征税,将因其行为或决策而产生的社会成本通过税收的方式让行为者自己来承担,这样会使其活动的总成本提高,从而降低利润,甚至无利可图,最终减少产生负外部性的活动。这种税又被称为庇古税(Pigouvian tax),最早是由英国经济学家庇古(A.C.Pigou)在1930年提出的。

(2) 许可证管理。有的公共资源在使用上存在很大的外部性,如果缺乏管理将会导致资源过度使用。为了促进资源合理利用,政府可以通过向相关使用者发放许可证的办法来加以控制。类似的方法还有时间控制,即规定在一定的期限内使用共有资源。如在特定的旅游景点向从事导游活动者发放许可证;为了限制海洋渔业的过度捕捞而规定休渔期等。

(3) 执行强制性的政策法规。现实经济中,经常可以看到经济发展、财富增长的同时,居民的生存环境遭受到严重的破坏。这种现象的产生往往是某些地方、利益集团和个人为获取暴利而降低成本、将负外部性转嫁给社会的结果。频繁发生这种状况,反映了管理部门政策、法规可能存在的漏洞。

可能产生环境污染、环境损害等的行业,如造纸、矿产资源的开采、某些食品的生产(味精)等,这些行业的产品在生产过程中将会对周边环境产生很大的破坏。理论上说,为了减少环境破坏而需要付出的治理成本应该由生产者承担,并最终计入产品的成本中。由于治理污染的成本很高,加上市场竞争的激烈,因此很多生产者对生产中产生的负外部性根本不予考虑,而将这类成本全部转嫁给社会,由此而获得的收益由自己享有。这种高收益的后果就是社会和民众承担负外部性成本,对环境和社会造成损害。

针对上述负外部性现象,政府干预的最重要手段就是以政策、法规的方式将相关利益主体转嫁的成本内在化,并在产品的成本核算中加以反映。

四、政府干预的效果评价

尽管政府干预是弥补市场机制的失灵,但不可否认的是,政府干预不是万能的,在政策执行过程中,由于各种原因可能会导致政策效果实现的程度与政策预期之间存在明显差距。从公共财政政策的理论看,反对政府干预的经济学派坚持认为,政府的政策干预是无效的。即使赞成政府干预的经济学者也不否认政府失灵的存在。理论界有关公共财政政策的效果评价主要有以下几种观点。

(1) 政府干预不一定会如预料的那样取得成功。按照新制度学派的观点,政府干预实际上是一种以政府为主体进行的正式制度安排,即强制性的制度变迁。由于统治者的偏好和有限理性、意识形态的刚性、官僚政治、集团利益冲突和社会科学知识的局限性、信息不完备等诸多原因,可能导致政府干预失效。

(2) 政府干预的效率可能不高。根据斯蒂格利茨的观点,政府干预的效率不高可能是由于以下几个原因造成的:一是成本和收益由不同的主体承担,在公共领域(容易产生正外部效应的领域)尤其如此。二是监督困难以及"免费搭车"行为。如对于正外部效应活动,如果由政府以补贴的方式进行管理,则存在着监督的困难;如果由政府直接支出提供公共产品,监督中就会出现"免费搭车"行为。三是政府预算缺乏硬约束。由于政府干预所采用的财政政策手段在执行中的软预算约束以及缺乏合适的补偿政策而产生的激励不足,导致国有企业的效率不高。

(3) 因政府干预而形成垄断导致社会效率净损失。如政府以补贴的方式或直接支出的方式对正外部效应的活动进行干预,或者以许可证的方式限制进入,有可能导致这些领域的产品或服务定价过高,形成垄断性价格,导致社会效率的净损失,即哈伯格社会净损失三角形。

(4) 政府干预可能导致寻租行为的产生。例如,政府如果采用许可证、审批、管制等方式来对负外部效应活动进行控制,就有可能导致一些微观主体为了获得经营许可权,而向拥有许可证以及审批权的政府官员寻租,由此可能导致腐败行为的产生。

(5) 可能会导致政府干预成本高而效果差的后果。因为信息不完全的原因,使政府干预意图难以完全得到贯彻,或者是政府为克服外部性而花费很多,但因信息不完全的原因,并未能取得预期的政策效果。

(6) 如果政府对污染企业的污染行为进行控制,会减少污染物的排放,使周围环境更清洁,但也可能产生其他负面效果。一是失业可能会增加。环境保护的反对者认为工人失业将导致他们的贫困,环境清洁导致收入分配更加不公平,这种观点被环境保护者称为"工作讹诈"(job blackmail)。二是导致相关商品价格提高,对相关商品的需求结构(高、低收入者)不同,对公平的影响也不相同。维尔斯和汉森的实证研究(1999)得出了一个二律背反的结论:执行卡车排放收费制度的成本与年收入成反比,对于最底层的低收入者而言,这项政策承担的成本为2.65%,对于最高端的高收入者而言为0.35%。

第三节　气候变暖　《京都议定书》与碳交易

经济发展与环境保护是各国在发展经济过程中面临的棘手问题。在经济发展过程中,以牺牲环境为代价的现象处处存在,甚至很多地方政府以及环境保护部门为了本地利益或利益集团的利益,不惜与外部性的制造者勾结在一起,结果让社会公众和后代来承担沉重的环境被破坏的代价。

各种环境问题产生的根源,除了政府制定和执行的政策本身值得探讨以外,主要原因在于缺少将外部性内在化的机制。如果通过法规或其他制度建设的方式将生产者、消费者所造成的社会成本完全内部化:制造负外部性将付出巨大的成本代价,解决负外部性将获得直接的收益,那么环境破坏者将约束自己的行为,负外部性问题可以在相当程度上得到解决。如对于造纸企业产生的水污染,强制要求生产者将所有的社会成本(通过治理污染的方式)在财务上加以反映,那么产品的价格将会提高,缺少控制污染能力的企业自然会退出竞争,生产秩序得到规范,让社会承担负外部性的社会示范效应将能够得到控制。但是这种解决举措如果缺乏制度法规保障和严格的监督执法,将会产生更多的问题。如产煤大省山西的焦炭企业众多,除部分规模较大的企业投资建立了粉尘站(投资额约6 000万元),多数没有任何污染处理设备,粉尘满天飞,空气污染严重。由于前者污染处理设施的使用需要运营费用(如电力),成本提高,竞争力削弱,结果几乎所有的焦炭厂都随意向空中排放粉尘,导致城乡空气污染严重。粗放型经济发展的恶果之一就是全球气候变暖。

一、气候变暖与《联合国气候变化框架公约》

全球变暖是指全球气温升高。近100多年来,全球平均气温经历了冷—暖—冷—暖两次波动,总的趋势是温室气体排放导致全球气候变暖,气温呈现上升态势。20世纪80年代后,全球气温明显上升。

1981—1990年全球平均气温比100年前上升了0.48℃。导致全球变暖的主要原因是人类近一个世纪以来使用矿物燃料(如煤、石油等),排放出大量的二氧化碳等多种温室气体。由于这些温室气体对来自太阳辐射的可见光具有高度的透过性,而对地球反射出来的长波辐射具有高度的吸收性,也就是常说的"温室效应",导致全球气温上升。

出现全球变暖趋势的具体原因是,人们焚烧化石矿物以生成能量或砍伐森林并将其焚烧时产生的二氧化碳进入了地球的大气层。政府间气候变化问题小组根据气候模型预测,到2100年,全球气温估计将上升1.4—5.8℃(2.5—10.4°F)。根据这一预测,全球气温将出现过去10 000年中从未有过的巨大变化,从而给地球环境带来潜在的重大影响。

为了阻止全球变暖趋势,1992年联合国专门制订了《联合国气候变化框架公约》,该公约于同年在巴西城市里约热内卢签署生效。依据该公约,发达国家同意在2000年之前将他们释放到大气层的二氧化碳及其他温室气体的排放量降至1990年时的水平。另外,这些每年的二氧化碳合计排放量占到全球二氧化碳总排放量60%的国家还同意将相关技术和信息转让给发展中国家。发达国家转让给发展中国家的这些技术和信息有助于后者积极应对气候变化带来的各种挑战[1]。据联合国有关资料,截至2009年底,已有192个国家和地区批准了《公约》。

《公约》第一届缔约方会议于1995年在德国召开。在这届会议上,与会代表们通过了"柏林授权",要求各缔约方进行谈判,以通过量化目标和规定时限进行减排。这在1997年12月于日本京都举行的第三次缔约方会议上促生了《公约》的第一个附加协议,即《京都议定书》。《京都议定书》自1998年3月16日至1999年3月15日在纽约联合国总部开放供签署,期间有84个国家和地区签署了《京都议定书》。

二、《京都议定书》

《京都议定书》规定了《公约》附件一国家的量化减排指标,即在2008年—2012年(第一承诺期)其温室气体排放量在1990年的水平上平均削减5.2%。《议定书》中规定了6种温室气体,分别是二氧化碳(CO_2)、甲烷(CH_4)、氧化亚氮(N_2O)、氢氟碳化物(HFCs)、全氟化碳(PFCs)、六氟化硫(SF_6)。《京都议定书》还规定了3种灵活机制来帮助附件一所列缔约方以成本有效的方式实现其部分减排目标,这3种机制是排放贸易(ET)、联合履行(JI)和清洁发展机制(CDM)。排放贸易和联合履行主要涉及附件一所列缔约方之间的合作;而清洁发展机制涉及附件一所列缔约方与发展中国家缔约方之间在二氧化碳减排量交易方面的合作关系[2]。

《京都议定书》2005年2月正式生效。它规定从2008年到2012年,工业发达国家要将二氧化碳等六种温室气体的排放量在1990年的基础上降低5.2%。在CDM机制下,发达国家缔约方提供资金和技术,在发展中国家缔约方开展减排项目,以抵消其减排承诺,因此CDM是一个双赢机制。作为发展中国家缔约方的中国可充分利用CDM机制,获得节能减排所需要的资金和技术。CDM项目旨在减少温室气体、特别是二氧化碳的排放,在其减排过程中,必然也会带动二氧化硫等污染物的减少,从而有利于环境优化。

三、CDM项目及碳交易

CDM是英文Clean Development Mechanism(清洁发展机制)的缩写,是《京都议定书》规定的跨界进行温室气体减排的三种机制之一。按照2005年生效的《京都议定书》规定,截至2012年,发达国家缔约方总减排量约50亿吨。其中在境外的减排量需求占一半,约25亿吨。减排1吨,在发达国家至少要花费20—30欧元,而在中国购买价格只有7—10欧元,这样的价格对于发达国家来说显然很划算。

由于发达国家单靠自身挖掘减排能力有限,成本较高,很难满足《京都议定书》所设定的目标。因此《京都议定书》第12条规定,发达国家可以通过向不承担减排义务的发展中国家购买"可核证的排放削减量(CER)"核定减排量(CERs),例如,通过在发展中国家投资一些清洁能源的项目建设来购买减排量。由此产生了由企业、技术服务公司、国际买家共谋的碳交易。

据联合国和世界银行预测,全球碳交易市场潜力巨大,预计2008—2012年,全球碳交易市场规模每年可达600亿美元,2012年全球碳交易市场将达到1 500亿美元,有望超过石油市场

---

[1] 美静:"全球气候变暖原因 全球变暖历史与预测",慧聪环保网,2009年11月19日。
[2] 文钊:"《联合国气候变化框架公约》及其《京都议定书》发展沿革",中国环境报,2007年10月10日。

成为世界第一大市场。

在国际范围内,CDM 项目的实施由 CDM 执行理事会(EB)负责监管。执行理事会目前由 10 个专家组成,执行理事会授权某些经营实体(DOE)对申报的 CDM 项目进行审查,这些经营实体代表是一些私人公司,如审计和会计事务所、法律事务所。

通过核实项目产生的减排量,并签署减排信用文件证明使这些减排量成为 CERs,减排量成为 CERs 之后,一个 CDM 项目就完成了。

CDM 项目的完成需要一个复杂的周期,这个周期包括七个基本步骤,分别是项目设计和描述,国家批准,审查登记,项目融资,监测,核实/认证,签发 CER。

四、CDM 在中国:三个层次

中国 CDM 活动的主要法规依据是 2005 年 10 月 12 日开始实行的《清洁发展机制项目管理暂行办法》,根据这一办法,中国设立了三个层次的相关机构。

首先,国家发改委作为中国政府展开清洁发展机制项目活动的主管机构。

其次,成立国家气候变化对策协调小组,由发改委等 15 个政府部门的代表组成,主要审议 CDM 项目的相关国家政策。

第三,国家清洁发展机制项目审核理事会(即理事会),由发改委和科技部作为理事会的联合主席,其主要职责是评审 CDM 项目建议书。

在程序上,首先是潜在 CDM 项目承建单位通过相关机构和地方政府向发改委提交申请,发改委组织评审并向理事会提交申请报告,理事会审核之后提交合格的项目,最后发改委联合科技部、外交部出具批准文件。

中国开展 CDM 项目的重点领域是以提高能源效率、开发利用新能源和可再生能源及回收利用甲烷和煤层气为主。截至 2011 年 1 月 27 日,国家发改委批准的全部 CDM 项目 2 888 个[①]。

五、我国碳交易面临的障碍

我国的碳交易量目前占到全球的半数以上,也是全球最活跃的碳交易市场之一。但是我国目前碳排放的交易价格却远远低于国际市场:国际市场上碳排放交易价格在每吨 30 欧元左右,而国内的交易价格在 8—10 欧元。造成国内外碳交易价格如此大差距的一个主要原因就是,我国缺少第三方机构。按照联合国规定的碳交易流程,企业递交的碳排放指标必须经过指定的第三方机构认证后才能生效。

对照发改委已经批准的 CDM 项目数量来看,中国在 CDM 执行理事会成功注册的项目只占到 16%。

2008 年,北京环境交易所、上海能源环境交易所以及天津排放权交易所相继建立,中国迈出了构建碳市的第一步,但由于政策法规配套未到位等原因,在国际上已经进行得如火如荼的碳交易市场,在国内却一直未能启动。

CDM 项目的方法学与程序的复杂和难度增加了交易成本。一个项目从申请到批准最顺利也需要 3—6 个月时间,不论是否注册成功,前期的设计、包装等费用至少需要投入 10 万

---

① 数据来自国家发改委气候司清洁发展机制网 http://cdm.ccchina.gov.cn,2011 年 2 月 17 日。

美元。

从制度层面来讲,国内碳交易市场目前面临的主要障碍集中在这样几个方面:首先,第三方审核机构 DOE(指定经营实体)数量少,且我国本土的机构只有一家可以进行试营业,另外三家还没有获得试营业资格。其次,一些有潜力的领域缺乏 CDM 方法学。再次,发达国家2012 年后承担量化减排温室气体义务的谈判正在进行中。

中国的 CDM 项目主要为风电、水电和 HFC-23[①]。实施此类项目只能带来减排量上的收益,而不能带来先进的技术。而印度和巴西利用 CDM 项目发展了一系列项目,如生物质能发电、太阳能利用、甘蔗渣发电和燃料转换项目等,促进了能源消费结构的多元化,保障了能源安全。

本章小结

经济生活中只要存在成本收益不对称现象就会产生外部性问题。当社会成本大于私人成本、社会收益小于私人收益时负外部性就会产生。日常生活中,外部性现象普遍存在,其种类繁多。负外部性将对人们的正常生产生活产生影响,需要采取相关措施以及某些制度安排加以解决。政府干预是解决外部性的一种有效方法之一,当然政府干预也可能产生一些负面效应。从可持续发展角度看,人类面临的最大挑战就是全球气候变暖,只有各国政府积极合作,通过制定和执行合理的制度安排,才有助于缓解气候变暖的趋势。

复习思考题

1. 举例说明负外部性现象。
2. 解决负外部性问题有哪些方式?政府干预的手段是什么?
3. 节能减排的意义是什么?

---

① HFC-23 又称柜式三氟甲烷,是一种温室效应极强的温室气体。HFC-23 分解装置(浸没燃烧系统)在炉内产生热气并且将热气注入水中以达到快速淬熄从而最大限度减少二恶英产量的目的。

第四章 公 共 品

第一节 公共品的性质

公共品的性质,解释了一些产品和服务为什么必须通过公共部门来提供的原因,公共品从理论上可以说是公共财政理论的核心内容之一。政府参与经济活动的各种行为,都可以在公共品理论中寻找依据并获得理论指导。同样,对公共品理论的研究也有助于我们对政府介入经济活动的行为及其效率有更深刻的认识。

一、公共品与私人产品的区别

西方经济学中所分析的私人产品,是指由市场提供的,需要通过市场交易获得的产品。这些产品之所以必须通过市场交易,原因是其具有竞争性和消费的排他性特征。

然而,现实经济中,还有大量的非私人产品存在,这些产品通常在同一时间可以被不同的消费者共同消费,并获得各自的效用,例如,一个国家的国防、公共体育设施、法律体系以及防洪堤坝等。同时,这些产品的供给也因为其特有的一些因素而出现非效率的问题,从而表现出与私人产品消费截然不同的特征。这些产品被称为公共品。

公共品的概念是对应于私人产品而产生并存在的。从人类发展的历史来看,公共品的最早产生要比国家的出现早得多。早在原始社会的母系氏族公社阶段,社会共同需要就有了大规模的发展,如氏族公社的防卫性设施、公共祭祀、公共仓库、公共集会场所等,这些构成了人类社会早期的公共品。

剩余产品的出现和社会共同需要是公共品产生的基本条件,而在国家存在的情况下,公共品通常表现为由国家的公共财政支出来提供,并以税收的形式获取其费用。需要明确的是,即使在现代市场经济中,公共品的存在并不意味着由公共部门来生产这些产品,而仅仅是表明这些产品由公共部门向社会公众提供。公共品既可以由公共企业(或国有企业)来生产,也可以由私人部门来生产。

在现代经济生活中,人们几乎每天都要与公共部门打交道,并消费各种各样的公共品。然而,作为同时被不同消费者共同消费的产品,如何区别一个滨海城市的防洪堤坝、公共水资源以及一条收费的高速公路的产品属性呢?它们都属于公共品吗?显然,对于共同的消费者,它们之间表现出了不一样的特征,这就需要更进一步准确地界定公共品的性质与类别。

萨缪尔森把公共品定义为:"每个人对这种产品的消费,都不会导致其他人对该产品消费的减少。"因此,在他看来,社区的和平与安全、国防、法律、空气污染控制、消防、路灯、天气预报以及大众电视等都是典型的公共品的例子。公共品所具有的特征有两个:非排他性和非竞争性。

(一) 非排他性

对于私人产品,拥有所有权的个人可以独享产品给他带来的效用,并可以排斥其他任何人对该产品的占有和消费,这就是排他性。然而,对公共品来说,排他性的技术特征在这里失效了。首先,排斥其他消费者在技术上可能是无法实现的。比如,由国家提供的国防服务。要把居住在这个国家的任何居民排除在保护范围之外是极其困难的。同样,地区防洪设施、社区环境以及城市道路、桥梁和公共照明所提供的公共服务在技术上都很难实现对其居民的排除。其次,即使这种排他在技术上是可行的,但排他的成本却可能是非常昂贵的。当排他的成本超过了使用该产品所能获得的收益时,排他在效率上就不可行。公共品的非排他性意味着这些产品的提供者无法通过消费者的付费与否来决定他是否有权消费这些产品。不仅如此,对于纯粹的公共品,不仅具有非排他性,而且还具有非拒绝性。不管消费者是否愿意,他都无法拒绝公共品提供的服务。对于一国的居民来说,不管他是否乐意,他都无法向其他人出售他所享有的类似于国防保护那样的公共服务,也无法拒绝消费这些公共品,除非他迁移到另外的国家或地区。

(二) 非竞争性

对私人产品来说,新增他人消费便会增加边际成本,由此消费私人产品具有竞争性。而对于公共品,在一定范围内,任何人对某一公共品的消费都不会影响其他人对这一产品的消费。例如,并不因为人口的增加而使一个地区居民对防洪设施的消费减少,同样,对于一个容量足够大的网站,在网络不拥挤的情况下,增加一个在线用户对其他网上的使用者的影响是微不足道的。具有这种特征的产品被认为在消费上具有非竞争性。公共品消费的非竞争性意味着增加一个人消费的边际成本等于零。增加一个或者更多的消费者(直到容量约束界限)并不增加公共品提供的可变成本,因此不会增加其边际成本。

但必须注意的是,非竞争性产品未必是非排他的。例如,对于一个公共剧场或者一条高速公路,在其合理容量范围内,消费具有非竞争性,但供给者却可以通过在这些地方的入口设置收费的手段比较容易地实现排他。

二、对公共品进行界定时需要注意的几个问题

与私人产品相比,非竞争性和非排他性是公共品的最重要特征,但对公共品本身进行界定和认识时还需要注意以下几点[①]。

尽管每一个人都消费同样数量的公共品,但不同的人对于公共品的评价不尽相同。实

---

① Harvey S Rosen: *Public Finance*, Sixth Edition. McGraw-Hill, 2002, pp.56-58.

上,不同的人对于同一件公共品的价值到底是正还是负的看法也不完全一致。例如为了保护国家安全而生产导弹的价值,不同的人评价显然存在差异。

对于公共品的分类不是绝对的,一件物品是否为公共品,取决于一定的市场条件和技术状态。例如,灯塔可以为所有航行的船只导航,此时的灯塔为纯公共品;但是当某种人为干扰设施被发明以后,船只不交费就不可能享受到灯塔的导航服务,此时灯塔的非排他性特征消失,它不再是一件纯公共品。

一件物品可能满足公共品的某一个特征,但不满足公共品的其他特征,也就是说,非竞争性和非排他性不一定同时具备。例如非高峰期的城市马路可以看成是公共品,但交通拥挤时则车辆之间具有竞争性。

许多在传统上不被当作商品的东西具有公共品的特征,比较典型的就是诚信。如果在经济交易过程中每一个人都遵循诚信标准,那么整个社会的交易费用可以大大降低,这种成本的降低是非竞争性和非排他性带来的重要特征。

私人产品不一定完全由私人部门生产。现实中就有很多公共部门提供具有竞争性和排他性的私人产品的案例,医疗服务和住房就是两个典型的例子。

公共部门提供公共品并不必然意味着公共部门生产公共品。例如垃圾回收服务,有的社区自己提供这一项服务,有的社区则由政府部门提供。在美国约有37%的消防服务以合同外包的方式由私人部门提供。

三、公共品的种类和判别

许多自然地被视为公共品的消费品或多或少地包含有竞争性成分。比如,如果人口密度不大,市中心的城市广场自然满足公共品的定义。然而,当周末或节假日广场上人山人海,以至于出现明显的拥挤现象时,情况就不同了。这时对于新增加的消费者,城市广场可能不再是非竞争性的。情况严重时,公共部门不得不采取一定的排他手段,例如,设置栏杆、疏散,甚至戒严等。超过容量的公路、互联网以及公共体育设施等也具有类似的特点。在这种情况下,这些产品是否还是公共品呢?这样看来,萨缪尔森对公共品的定义,突出考虑了公共品的消费数量特征,却忽略了质量问题。随着公共品消费者数量的增加,公共品的质量可能降低,消费者享用公共品的效用就有可能减少。因此,有必要对公共品的判别作进一步的研究。

(一)纯公共品

通常,对于萨缪尔森所定义的公共品,我们称之为纯公共品,具有完全的非排他性和非竞争性。然而,现实生活中,我们还不断接触到大量的产品,它们不完全具有公共品的两个特征,但却又具有公共品的某些特征。

(二)公共资源

公共资源又称共有资源,表现为产品具有消费的非排他性但却具有竞争性。公共资源由于产权没有(或无法)明确的界定和分割而可以被具有可得到的任何人免费使用,例如共有草地,每一个附近的居民都可以在这片草地上牧牛。然而,由于资源总是有限的,对公共资源的共同消费并不意味着每个人享用相同的共有资源。客观上,增加了一个人对公共资源的消费就意味着减少了另一个人的消费。因此,对公共资源消费的边际成本并不总是等于零。不仅如此,由于公共资源是免费使用的,这就是说,使用者并不需要承担增加公共资源消费的边际成本,这往往导致了对公共资源的过度使用。例如前述的共有草地,就会出现居民的竞争性过度放牧,从而导致草地的破坏,这就是著名的"共有地的悲剧"。

(三) 非纯公共品

非纯公共品是处于公共品和私人产品之间的一种产品,它在日常生活中比那些纯公共品更为常见。私人产品消费可以实现完全的排他,而非纯公共品则可能是部分竞争性的,因而也往往是排他或部分排他的。主要表现为以下几种情况:

(1) 有些公共品,例如道路、社区的绿地等,随着越来越多的人使用该产品,增加一个人使用这种产品就会逐渐使公共品的质量降低,从而减少其他使用者的效用和收益。这样,消费者的增加超过了一定程度就意味着存在机会成本。这种部分竞争的现象被称为拥挤,由此带来的机会成本,也即其他人消费收益的减少,被称为拥挤成本。对于那些随着消费者人数增加可能导致拥挤的非纯公共品,具有部分的排他性,我们称之为拥挤性产品。如果具有比较完全的排他性,则被称为俱乐部产品,例如游泳池、大剧院和公共图书馆等。

(2) 对于一些公共品的使用来说,即使是被所有人同时同量地消费,但消费者所处的地点和距离这些产品的远近都可能对其效用和收益具有较大的影响。比如,生活在警察局、消防局或者公共花园周围的居民通常会获得更大的收益。另外,还有一些公共品只有居住在特定地区或满足特定条件的人才可以享用。因此,公共品的消费往往还具有地域性,这为把公共品按其地理区域划分为地方公共品、区域公共品或国家公共品提供了依据。

(3) 并不是所有的公共品都可以被当成消费品来分析。例如,对于渔民来说,海洋预报可能更多的是一种生产者产品或者生产要素。除了天气和海洋预报,典型的例子还有知识与技术创新、公共信息等。除非能够对厂商实行有效的排除,公共生产要素所具有的公共品性质阻碍了市场对使用这些产品的定价,因此,这些产品通常也只能由公共部门来提供。

基于以上对各种类型具有公共品性质的物品的分析,可以作如下判别:如果公共品可以服务于任意数量的使用者,则称为纯公共品;当有可能发生拥挤时,则称为非纯公共品。[①] 所以,滨海城市的防洪堤坝显然是公共品,而且是地方性公共品;城市的公共水资源则是公共资源;至于收费的高速公路,作为可以排他的并可以导致拥挤的产品,如果是由公共部门提供的,则是典型的非纯公共品,而且是具有俱乐部性质的公共品。

第二节 公共品的需求与供给

对公共品的需求是客观存在的,通过对公共品需求的分析,能够得出反映公共品需求的一般规律并给出分析性的描述。假设在某种社会伦理和制度框架下,能够完全获得人们对于公共品的偏好,即可以准确地知道每个人愿意消费的公共品数量,以及他所愿意支付的价格。在这里,公共品的价格即是消费者愿意缴纳的税负。和所有的商品一样,人们对公共品的边际效用通常都是递减的,这样,和私人产品需求曲线相类似,可以推导出个人对公共品向下倾斜的需求曲线[②]。必须强调的是,根据公共品的性质,即使所有人同时消费相同数量的公共品,但

[①] 加雷斯·迈尔斯:《公共经济学》,北京:中国人民大学出版社,2001年版,第248页。
[②] 关于公共品需求曲线的推导可以参阅 C.V.布朗,P.M.杰克逊:《公共部门经济学》(第四版),北京:中国人民大学出版社,2000年版,第55—56页。

每一个人所获得的效用和收益也是不相同的,因此,理论上他所愿意支付的价格(即税负)也是不一样的。这就是说,对于相同数量的公共品,每个人都有自己不同的需求曲线。公共品的社会需求曲线可以由每个消费者的公共品个人需求曲线纵向相加得出,其条件是,既定数量的公共品可以被所有社会成员无竞争地、等量的同时使用。公共品需求曲线的得出为寻求公共品均衡提供了基础。然而,问题是,如果真的像前面分析的那样,公共品为什么通常由公共部门通过预算来提供而不由私人部门来提供呢?或者说,是不是每一个人对公共品消费的偏好都可以被方便、准确地捕捉到呢?

一、公共品供给的市场失灵

市场通过价格机制将那些不愿意付出市场价格的个人排除在某一商品的消费之外而得以运作。同时,市场还通过价格机制使厂商生产每一个产品的边际成本可以得到弥补并获得最大化利润,从而保持了某一种商品对厂商的吸引力。不仅如此,经济学还证明,市场通过价格机制实现了资源的最优配置。因此,市场是有效率的。

然而,如果一种物品的消费缺乏排他性,意味着商品的供应者在任何情形下都无法根据使用者是否付费来决定他是否具有消费的权利,这决定了消费者可以免费使用这种产品。因此,自发的价格机制在这里就失效了。这种由于非排他性导致的自发价格机制的失灵被称为"免费搭车"。由于共同消费和非排他性,"免费搭车"者就会寄希望于由他人支付使用的成本,这时,追求利润最大化的生产者就不具有供应公共品的动机,因为他一旦提供了这种产品,就无法排除"免费搭车"者对该产品的使用,而且无法收费。

当非排他的公共品无法实现自发的价格机制时,就必须通过其他的定价方式。在小范围内,私人合作制可以发挥作用。例如,一幢楼里的居民可以达成协议共同承担安装和使用楼道里公共照明的成本。这种协定对于小规模的群体也许是可行的,随着群体规模的扩大,个人成为"免费搭车"者的可能性也不断提高,这样的协定也就越来越难以发挥有效的作用。这时,公共品通常就只能通过公共部门来提供,并必须执行某种强制性定价手段,例如,通过收费或征税的方式为公共部门提供资金保障。

另外,即使公共品使用时存在排他性,自发的市场机制仍然面临着诸多的困境。首先,虽然所有的个人同时消费相同数量的公共品,但由于每个人的偏好不一样,他们从相同的公共品中获得的边际效用和总效用也许各不相同,因此,每个人承担的公共品价格就应该因人而异,这样才符合消费者均衡的效率原则。然而,问题在于,如何才能准确地获知消费者使用某一公共品所得到的边际效用呢?其次,把某个具有正常权利的消费者排除在公共品的享用之外,从效率的角度看也是不合理的,因为公共品消费的非竞争性决定了增加一个人使用公共品的边际成本为零。这样,在公共品的容量限度内,任何对公共品的边际消费都会增加使用者的效用,因而能够增进福利。因此,任何排除某个人的定价方案都是非帕累托改进的,都是无效率的。公共品的存在和性质导致了基于价格机制的市场失灵,也为政府干预提供了必要的理由。

二、公共品由政府供给的效率要求

公共品所导致的市场失灵提供了政府公共部门干预市场的理由,公共品消费的非排他性和非竞争性决定了公共品主要还是应当由公共部门来提供。事实上在大多数国家里,即使有私人介入或者私人捐助,公共品主要还是由政府公共部门来提供,这是不可否认的事实。制度经济学认为,一些产品之所以必须由政府提供和管理的原因在于,对这些产品缺乏相关的制度安排来界定可以据以获取收益的产权。典型的例子是经常被经济学家作为公共品案例的灯塔。灯塔发出的灯光不仅可以被过往的船只非竞争性地消费,而且,也很难在技术上把某一只航船排除在外。因此,作为公共品,灯塔似乎只能由公共部门来提供。

但是,政府供给公共品并不能保证效率,甚至会造成扭曲而产生非效率结果。事实上,恰恰是那些使市场机制无能为力的原因构成了政府公共部门决策中让人头痛的问题。前面分析了个人享用公共品"免费搭车"问题,出于同样的原因,政府在制定公共品的强制性价格,即税收时,消费者往往隐瞒自己对公共品的享用。这不仅使消费者支付的边际税额不足以等同于公共品给他带来的边际收益,而且往往导致了公共品供给数量不足。相反的,如果政府不是出于征税的目的,而是为了获取社会对某一公共品的需求量,从而决定这一产品的供给量而向社会公众要求披露他们的偏好时,人们就会有夸大其边际偏好的倾向。这是因为,在给定的税负水平上,人们总是希望能得到更多的公共品收益。这样,就会导致公共品供给过多。因此,人们不愿意准确披露他们对于公共品的真实偏好,这样就给政府带来了决策信息缺乏的难题,因为要决定需要提供多少公共品,政府计划者就必须知道公共品的需求总量,因此,政府就必须寻求其他的一些非直接的手段,例如投票表决、采访调查等。

在政府决策过程中需要明确的是,政府部门应当提供多少公共品,公共品与私人产品的最佳组合是什么;公共品经济分析的核心问题是讨论社会资源配置于公共品的供应所需的效率条件,或者说,需要寻求满足公共品生产和供给的资源配置效率的边际条件是什么;如果公共品的费用完全是由税收提供的,那么这种税收应该如何在社会成员之间分配并保证其公平和效率。

英国经济学家庇古在对各国财政问题的讨论中对公共品和私人产品之间的资源配置问题进行了开创性的分析。庇古认为每个人都从公共品的消费中受益,从而获得正效用;同时又为公共品提供支付作为税收的价格,从而导致了负效用。缴纳税收产生的负效用,即为享有公共品而放弃的私人产品消费的机会成本。这样,对每个人而言,当公共品带来的边际效用等于缴纳税收产生的边际负效用时,公共品的供给就是有效的,并实现了均衡,从而使个人预算中所有的私人产品和公共品都达到资源的最优配置状态。这就是所谓的庇古均衡。

个人愿意为公共品支付的价格,也即他愿意缴纳的税收应等于他消费公共品的边际收益或边际效用。因此,即使是所有的人同时等量地消费一定数量的公共品,他们应支付的价格可能是不尽相同的。这就是说,理论上,应针对不同的消费者,根据他的实际收益对他征收相应的税负,实行差别税收制度。这通常被称为税收的受益原则。

萨缪尔森模型解决的核心问题是描述存在公共品的经济中资源应该如何最有效地实现帕累托最佳配置。萨缪尔森首先假设每一个消费者都应该,而且也能够准确地流露自己对公共品的偏好,从而可以获得所有个人的消费效用函数。其次,他还假设,存在一个万能的计划者,他知道每个人的效用函数以及该消费者为了消费公共品而愿意支付的价格,并能把这些价格反映到总计划中去,从而计算出私人产品和公共品供给的社会组合。

然而,不仅是公共品的性质决定了通过市场机制无法准确地获知消费者对公共品的偏好,而且民主经济中也不存在这样一个万能的计划者。即使在中央计划制度中,政府也无法准确地获知全部信息。因此,萨缪尔森的分析只是在理论上规范地给出了公共品与私人产品的理想分配方案。在现实中,也许根本不可能产生这样的公共品最优供给结果。

公共品消费的非排他性决定了每个人都有低估或隐瞒其边际支付愿望从而"免费搭车"的内在动力。由于存在市场失灵的问题,公共品供给的决定主要是通过政治程序进行。在民主制度下,通常投票表决来进行公共决策,在这方面,已经形成了具有一定理论积累的公共选择理论。这种理论将以投票机制为主的政治机制视为把公共品的个人偏好理性地转化为社会偏好的一种方法,同时也将其作为政治决策过程的经济分析方法的一种拓展。

三、公共品可能由私人生产

公共品由政府提供,不意味着不能由私人生产。诺贝尔经济学奖得主科斯通过对英国灯塔制度的详细考察发现,1610—1675年,英国领港公会并没有建立一座灯塔,而私人建立了至少有10座。私人为什么愿意建造灯塔呢？在制度经济学家看来,其中的关键是灯塔服务产权及其收益权的确立。同时,当可行的排他性安排所需成本大大低于从公共品的私人供给中获取的收益时,私人供给成为可能。当然,对于灯塔的消费,要完全排除"免费搭车"者在技术上可能是困难的,但即使如此,灯塔的提供者也愿意承担全部成本。对于那些航船主来说,如果其经营的价值足够大,他们也愿意承担灯塔的费用。事实上,在当时的英国,在国王允许私人建立灯塔并收取费用之前,船主和货运主们递交了一份联合签名的请愿书,表示他们将从灯塔获得极大的好处并愿意支付使用费[①]。同时,科斯还证明了灯塔的私人经营能够比政府经营具有更高的效率。因此,在技术上能够实现有效可行的排他性安排条件下,一些公共品(或非纯公共品和准公共品)的供给似乎可以通过确立产权并设立专营权来解决。

此外,现实经验还告诉我们,生活中不乏许多公共品由私人来提供的例子。例如,个人捐资兴建的希望小学、对灾民的救济、私人赞助的基础研究,还有私人兴建的免费公园等等。这在经济学中被解释为利他主义。显然,私人在向社会提供公共品时,他自己也从该公共品中得到了收益。然而,如果一个人有强烈的公益心,他就有动机使他的支出超出其边际收益等于边际成本的那一点,从而向其他人免费提供公共品。当然,他还获得了其他的一些效用,例如,责任感、道义感等等。但是,其结果却不一定向私人产品那样是帕累托有效的,平等和效率往往是不可兼得的。

在现实生活中,公共品由公共部门来提供,并不意味着由公共部门来生产。公共部门只是提供这些产品,而其生产则可以通过招标、承包等方式由私人部门来完成。公共品和私人产品一样,都是根据一定的生产函数生产的,且都应该符合要素的边际技术替代率相等的最优化条件。当然,处于实现某种控制或者政治等方面的原因,政府也可以设立公共企业来生产公共品。然而,究竟什么样的公共品应该由政府设立公共企业直接生产并供给,或者说,公共部门和私人部门的分界线应该怎样划分,这是一个重要的理论和现实问题。

第三节 非纯公共品的供给

在现实生活中,纯公共品(例如国防)并不多见,更为常见的是非纯公共品。非纯公共品同

[①] 更详细的介绍参阅刘东主编:《微观经济学新论》,南京:南京大学出版社,1998年版,第138—140页。

时具有公共品和私人产品的特征。

一、非纯公共品供给的优化

拥挤性非纯公共品随着消费者人数的增加可能导致边际拥挤成本,且具有部分的排他性,例如社区的绿地、公共公园和国家图书馆等。对于拥挤性产品来说,消费者的消费收益取决于使用者的数量。由于存在拥挤性,当消费群体规模增加时,原有的消费者所获收益在给定的非纯公共品供给水平下将会降低。这种因新成员的加入而导致的消费收益下降会抵消由于成本分摊而引起的对该非纯公共品的规模消费收益递增。这意味着对于拥挤性公共品,存在着最佳的使用者规模。

一项俱乐部产品是可以排除他人消费的拥挤性非纯公共品。桑德拉和谢哈特给出的定义是:"一个群体自愿共享或共担以下一种或多种因素以取得共同利益:生产成本、成员特点或具有排他利益的产品。"[1]典型的例子如游泳馆、电影院、收费的高速公路和桥梁等,在容量约束范围内,这些产品许多人同时消费;而一旦超过了容量约束范围,该产品的消费就开始变得拥挤,这时,拥挤成本的存在和增加将使消费的平均受益不断下降,尽管人数的增加也会同时使得每个成员分摊的成本减少。所以,对于一项俱乐部产品来说,十分重要的是确定俱乐部的有效规模。

对于俱乐部产品的分析,首先需要假设:俱乐部排除非会员时不需要成本;俱乐部会员具有平等的地位;俱乐部会员各自分摊相同的成本和收益。因此,在布坎南看来,俱乐部类似于人们自愿形成的协会。[2]

以上的分析表明,存在着依靠市场机制来优化提供拥挤性公共品或俱乐部产品的潜在可能性。如果能够实现有效的排他且无需成本,如果供给这些产品的边际成本是不变的,如果可以准确地捕捉到人们对这些产品的边际效用偏好,完全可以依靠竞争的市场机制以最优的群体规模和最佳的产出数量来提供这些产品,并且可以实现帕累托有效配置。这时,由于消费者承担的价格即该产品的平均成本,因此,竞争性的供给将使这些公共品企业以零利润的方式运营。反之,如果无法实现有效的排他,如果相对于消费群体的最优公共品数量过于庞大或者由于成本递减等其他原因导致无法通过竞争的市场环境予以供给,那么市场方式也许就是无能为力的。然而,在政府或集体通过预算的方式供应公共品时,与纯公共品的情况一样,公共部门将面临严重的信息不完备问题。因此,公共品的实际供给往往与理论上的效率规模不相一致。

事实上,由于非纯公共品同时具有公共品和私人产品的部分性质,因此,在现实经济中,往往也是由政府和私人同时供给。就拥挤性公共品来说,虽然只具有部分的排他性,但由于其使用数量超过一定程度后会产生消费的竞争性,这为收费提供了效率上的依据。因此,只要在技术上实现某种方式的排他,就可以通过一定的市场途径来供给这类产品。当然,政府也可以提供这种公共品。这取决于排他的手段与目的以及供给的成本—效益分析。例如,作为典型的拥挤性公共品,公共教育的供给往往在私人部门和公共部门都可以得到。显然,政府提供教育和私人提供教育具有不同的目的导向,因此,在排他的具体操作

---

[1] Sandler T. & Tschirchart J.: The Theory of Clubs: A Survey. *Journal of Law and Economics*, 1980, XVIII.

[2] Buchanan J.M.: An Economic Theory of Clubs. *Economics*, 1965, 32.

上也各不相同。正是两种教育服务所具有的不同程度的排他功能为不同层次的消费者获得教育提供了可能。

另外,随着科学技术的发展以及理论与实践上的种种创新,一些在过去看起来是公共品或拥挤性公共品现在可能具有了部分或完全的竞争性与排他性,如特定的气象服务、城市道路、污染控制等,这些变化为政府职能转变以及市场化改革提供了依据。例如,城市道路作为拥挤性产品,由市场来提供的困难通常被认为在于向使用者收费的困难,然而,排他性在技术上却可以通过其他的途径获得。例如,政府赋予城市道路的私人提供者以道路两旁的商业用房地产某种程度上的特许经营权,这就使私人具有了投资的激励。作为"城市经营"的重要思路,这种方法已在我国许多大中城市有了成功的经验。

然而,必须注意的是,类似的非纯公共品不管是由谁来供给,在其最佳规模上,都存在着一定程度的拥挤。只有在消费者的边际支付愿望等于边际拥挤成本时,才能达到均衡。从非纯公共品供给的效率上看,拥挤似乎是必然的。只有当某些公共品的不可分割性必须要求一个最小规模,或者是某些公共品的供给本身从规模上就能获得直接收益(例如,规模成本递减)的情况下,才能说建一座无拥挤的公共设施是合理的。即使这样,也应该按照这个最小的必须规模来提供这种不拥挤的非纯公共品。当然,如果存在对将来的考虑,例如考虑未来人口的增加或迁移等因素,那有可能现在就建造一项目前不拥挤的公共品。

二、外部性和准公共品

当某一经济活动所花费的成本或所产生的收益大于该经济活动主体实际支付的成本或实际获得的收益时,即产生了外部性。例如,某户居民在装修新房时承担了装修费用,但他却并没有承担其周围的邻居遭受的噪音所产生的机会成本,这时,负的外部性就产生了,类似的例子诸如生产部门所产生的"三废"问题、公共资源的过度使用问题以及一些不符合社会公德的行为所导致的问题等。负的外部性又被称为外部不经济。同样,当一个房主在雪后打扫干净门口的积雪时,正的外部性就将使所有过往的行人受益。然而,过往的行人并没有向这位房主支付劳务报酬,类似的例子包括人们为预防传染病而花费的行为对其他人健康的益处、养蜂者的蜜蜂同时传播花粉而对花园和果农产生的免费服务以及私人的某一项科学发现或技术创新对整个社会带来的贡献等。正的外部性常常被称为外部经济。对于具有外部性的一些产品,由于这类产品在性质上完全具有与公共品一样的特征,即消费的非竞争性和非排他性,因此,这类产品常常又被称为准公共品。

外部性和公共品有着密切的联系且同样源自共同使用的特征。如果个人或者厂商的经济行为对其他个人或厂商的效用可能性曲线或生产可能性曲线产生了一定的影响,却没有承担相应的成本或没有获得应有的报酬,经济行为的社会边际收益与社会边际成本就会与私人边际收益和私人边际成本不相一致,这种不一致的部分导致了外部性产品的存在。外部性产品部分地具有公共品的性质,在其效应范围内,外部性的影响往往是在一定程度上具有某种强制性的。例如,对于一家火力发电厂所产生的污染,周围的居民所遭受的不利影响通常是不可避免的。当存在正的外部性或者外部经济时,某一经济行为的社会边际收益大于私人边际收益;当外部不经济时,某一经济行为所产生的社会边际成本大于私人实际承担的边际成本。

负的外部性或外部不经济产生的原因通常是因为公共资源的产权缺乏明确的界定,或者界定和维护产权的成本过于高昂。例如,对于洁净的空气,人们很难有效地界定其产权,所以,那些受到诸如空气污染不利影响的人无法要求必要的赔偿,或者将造成损害者排除在洁净空气使用之外。

除了正的外部性和负的外部性,对外部性的分类还包括以下几种。

(1) 生产者—生产者外部性。指一个厂商的某一生产行为对其他厂商的生产可能性曲线产生了有益或不利的外部性影响。例如,一个公司的技术创新带动了整个行业生产率的大大提高;一个加工企业对地区某种矿石的大规模开采导致同行业的其他企业面临原材料的短缺;某家公司为一种新产品所做的广告同时为其他公司的类似产品开拓了市场,等等。

(2) 生产者—消费者外部性。指厂商行为在一定条件下对个人的消费效用产生的外部性影响,这种影响可以是外部经济的,也可以是外部不经济的。例如,工业企业产生的环境污染对企业周围的居民生活产生了不利影响;房地产开发商修建的商业设施或公共设施给周围居民的生活带来了方便,并使他们的房产价格趋于上升;偏远地区一家厂矿企业的成立不仅使周围的居民不同程度上免费享用了这家企业兴建的基础设施,还给这些居民带来了新的就业机会,等等。

(3) 消费者—消费者外部性。指一个消费者对某种产品的消费或对要素的提供在价格机制之外对其他消费者的效用水平或要素供给产生有利的或不利的影响。例如,一位某种传染病疫苗的消费者在接受这种疫苗注射时,客观上使他人的健康有了更好的保障;抽烟者往往使其周围的人被动吸烟,从而对他们的身心产生不利的影响;个人接受教育不仅提高了自身的素质,获得了较高的报酬,同时还对整个社会产生了良好的作用,等等。

和公共品一样,外部性的存在往往会导致某种程度的市场失灵。首先,即使外部性产生了额外收益或额外成本,厂商或个人在对一些产品供给和消费时仍然依据其个人边际成本等于个人边际收益的原则,从而存在没有被纳入价格机制的边际收益与边际成本,这与帕累托有效的边际条件实际上产生了偏离,这就导致了资源配置的非效率。这时,价格机制的优化配置功能失效了。

其次,由于免费外部性产品的存在,就会产生"免费搭车"问题。如果"免费搭车"的理性行为成为大多数的选择或者提供这类产品的私人承担成本过高时,一些产品就会因为外部性的存在而使私人部门不愿意提供,从而从整个社会来看出现短缺。例如,为了获取一项技术或工艺创新,企业往往需要投入大量的研究与开发(R&D)费用,然而,如果创新得不到有效的保护,开发企业很难保证不被其他生产厂商模仿,这往往大大缩短了一个新产品的生命周期,并且企业由创新获得的超额利润被那些"免费搭车"者免费地分享了,这样,企业就没有足够的积极性从事研发活动,从整个社会来看,研发投入就会不足。另外,基础研究可能是更为典型的例子。所以,从效率的角度来说,必须存在一定的价格补偿机制。然而,即便如此,对于正的外部性,作为准公共品,对外部经济的补偿和公共品一样存在着普遍的信息难题。这是因为,与公共品的供给一样,外部经济的受益者没有直接的动力披露他们对该产品的真实偏好。因此,披露公共品偏好的机制也同样适用于外部经济导致的准公共品。

再次,外部不经济导致的效率损失也要求生产企业承担外部边际成本,但问题在于如何有效地衡量外部边际成本的大小。显然,市场机制无法让生产企业主动显示他的边际支付愿望,而如果让负外部性的承担者显示其意愿价格,则同样存在着"免费搭车"和信息难题。因此,自发的市场价格机制又一次失灵了。

不仅如此,外部性的非效率结果还表现在对公共资源的使用上。通常,公共资源由于缺乏明确的产权界定可以被免费使用,然而具有一定质量的公共资源又是稀缺的,从而具有使用的竞争性,这为外部性的存在提供了机会。例如,地下水通常是可以免费使用的公共资源,然而,作为稀缺资源,地下水会随着开采者的增多或开采量的增加而趋于减少甚至枯竭。这意味着增加一个开采者的社会边际收益可能小于每个开采者的平均收益(假设每个开采者具有相同的生产可能性曲线)。公共资源的免费使用导致的外部边际成本并不需要使用者来承担,因此,公共资源会产生普遍的过度使用问题,这往往导致了公共资源的破坏性开发和利用,并给人类社会福利带来严重的损害。

从外部性的产生过程来看,一定经济行为所产生的边际收益一定是以付出一定的边际成本为代价的。私人将选择边际成本等于边际收益这一点作为他的决策选择,但却忽视了其他人在价格机制之外所承担的外部边际效应。而有效的资源配置要求经济行为所产生的边际成本和由此产生的所有边际收益即社会边际收益相等。因此,在理论上,如果存在一定的措施,使外部性行为人有足够的激励将外部性效应考虑在其行为选择内,就可以实现对外部性的纠正,从而达到帕累托最优配置。通常,自发的价格机制对于纠正外部性显得无能为力。这给政府干预提供了足够的理由,政府可以通过多种途径使外部不经济所产生的机会成本得到应有的承担(政府干预的具体手段见第三章)。

第四节 准公共品提供与生产的公私伙伴关系

尽管理论上认为,市场失灵需要政府干预,但从现实看,政府干预不一定是最有效的,甚至出现政府失灵。为了弥补市场失灵而由政府提供公共品、公共服务,也会带来诸多问题:财政面临的巨大资金压力、公共部门效率低下、提供的公共品和公共服务质量难以满足公众需求,等等。在这种情况下,从20世纪80年代开始,很多国家出现了在传统的政府(公共部门)活动领域引入私人资本的实践活动,最为典型的就是"公私伙伴关系"(public-private partnerships),简称PPP。所谓公私伙伴关系是指公共部门和私人部门之间多样化的制度安排,结果是传统上由政府提供的公共活动或服务部分或全部由私人来安排,公私伙伴关系泛指政府与私人部门之间的任何协议。PPP的最早形式就是BOT,在20世纪80年代初期由土耳其总理Targut Ozal首先在基础设施建设项目中采用;1988年澳大利亚也开始运用公私合作建设基础设施项目;1992年英国保守党政府不仅在基础设施项目中引入私人资本,还将范围扩大到公共服务领域;葡萄牙、意大利、希腊、荷兰和爱尔兰等国家也广泛运用PPP模式;此外,公私合作关系在美国、加拿大以及众多的发达国家和发展中国家的基础设施建设、公共服务和社会服务等项目中得到广泛而充分的运用。PPP模式的最大特点是,将私人部门引入公共领域,从而提高了公共设施服务的效率和效益,避免了公共基础设施项目建设超额投资、工期拖延、服务质量差等弊端。

公共管理领域引入市场机制是新公共管理的核心内容之一,即在公共部门领域实行民营化。尽管PPP是民营化的内容之一,但与纯粹的民营化之间存在十分明显的区别:公共项目和国有企业完全民营化以后(典型的是政府从国有单位完全撤资),公共部门不再参与其中;而PPP任何一种形式里,政府部门始终在其中扮演重要的角色。

一、PPP中公共部门的作用

由于实行PPP的项目基本上都在传统的公共部门活动领域，带有很强的外部性特征，引入民营资本以后，如果政府部门撒手不管，私人资本在追求自身利益最大化的同时，损害公众利益的行为将不可避免地出现。高效率地提供(准)公共品以及兼顾和维护社会公众的利益，是政府部门的基本职责，因此，PPP项目实施过程中，政府公共部门需要始终参与其中。政府的作用主要表现在以下几个方面：严格制定各种标准，以公开招标的方式选择合适的私人资本参与者，实行强制性的制度安排对民营资本提供激励和监督，维护社会公众的经济利益和社会利益，等等。

二、PPP项目的选择

并非所有的基础设施建设项目以及其他的公共品(和公共服务)都适于采用PPP模式，在采用PPP模式之前，公共部门和私人部门应充分考虑各方面的因素。按照加拿大的做法，对拟实施的PPP项目制定了六项评价标准供参考[①]。

(1) 财务标准。评价项目财务的可行性，项目能否独立运转，能否确立一个公平、合理的定价机制。

(2) 技术标准。评价公共部门的技术规范，是否存在私营企业合伙人无法解决的内在技术限制，能否确立有效的监督机制。

(3) 运营标准。评价公共部门订立的运营标准，是否存在私营合伙人无法应付的运营问题，私人合伙人能否承担相应的运营风险。

(4) 可接受性标准。评价公众和利益相关者是否愿意接受PPP模式和私营部门的引入。

(5) 实施标准。评价公共实体使用PPP方法的司法程序和责任，从公营到私人的移交是否可行，在实施PPP的过程中可否引入竞争机制。

(6) 时间标准。评价规范运营的时间进度。规范运营的操作规程不及时出台导致的结果是使资产转移时的残余价值减少。

一个成功的PPP项目的实施，也有赖于电子政府的支持。PPP项目成功与否的关键在于选择合适的合作伙伴，而如何确保招投标工作的公开、公平、公正则是政府必须解决的问题。电子政府为公共部门与潜在的投标者和公众之间搭建了一个沟通互动的平台。政府通过电子政府平台发布招投标信息，公开全过程情况，公众在信息对称下实行监督，从而保证了招投标工作公平、公正。

三、公私伙伴关系适用的领域

从目前国外PPP的实践看，该模式涉及的范围十分广泛，以美国和英国为例，PPP适用的范围包括：① 海洋游艇救护工作(传统上是由海岸警卫队从事，纳税人出资)。② 环保。民营环保企业通过购买或收回捕捞权的方式对北大西洋鲑鱼提供保护，效果优于政府行为。③ 民营团体保护公共土地免于被开发。④ 公园承包给民间机构或组织进行维护和管理。⑤ 会馆和公共图书馆承包给私人经营管理。⑥ 密歇根州的民间"市政服务公司"承担了几个市镇传统的市政公共工程。⑦ NASA将无人卫星的管理承包给私人。⑧ 监狱。美国现在有3%的

---

① 丘健明："加拿大安大略省基础设施建设投融资经验对深圳市的启示"，《中国工程咨询》，2004(11)。

犯人关押在民营监狱中,民营监狱发展前景十分看好。⑨ 美国国防部将武器的生产也交给承包商。⑩ 英国甚至将国有博彩业和铸币厂的业务也实行公私合营。⑪ 英国首都的地铁也在推行民营化。⑫ 基础设施项目的建设。⑬ 社会保障和社会福利,包括私人退休计划、医疗、民间各种社会福利,等等。

四、公私合作的类型与方式

公私伙伴关系建设公共设施项目(或提供公共服务)有多种多样的类型,见图 4-1①。

(1)	(2)	(3)	(4)	(5)	(5)	(6)	(7)	(8)	(9)	(10)
政府部门	国有企业	服务外包	营运维护	合作组织	租赁建设经营	建设转让经营	建设经营转让	外围建设	购买建设经营	建设拥有经营

完全公营 ←――――――――――――――→ 完全私营

图 4-1 公私伙伴关系的类型

图 4-1 说明:除了(1)、(2)完全公营,(9)、(10)完全私营以外,其他的 6 种类型都属于公私伙伴关系的具体类型。

PPP 的主要方式是凭单制和合同承包。

凭单制(vouchers),美国最早是在高等教育中采用,包括各种助学基金、教育贷款、学费税收豁免等,有些州用以发放奖学金等,后推广到中小学。凭单制是指将凭单发给学生家长,家长选择学校后将凭单交给学校,学校用凭单到发放凭单的机构兑换相应的资金。凭单制现在已经在众多的公共服务领域得到运用,除了教育以外,社会保险和社会福利领域也普遍采用。

合同承包制在基础设施、公共品提供等领域得到广泛的采用,也是 PPP 中采用最多的一种做法,主要是通过合同外包的方式建设需要的公共项目。承包合同项目面临的主要挑战是,① 必须引导足够多的符合条件的投标者,尤其是在农村地区。② 对合同中的细节问题做出足够详尽的界定。③ 有效的管理合同。

五、公私伙伴关系在中国的运用

当前中国经济和社会处于转型过程中,政府的职能正在从多领域干预向公共管理和服务的方向转化,在公共财政框架下,政府执行为公众提供公共品和公共服务、从事公共管理等职能,这一观点已经为各界所接受。从中国国情出发,政府执行公共管理的职能也将会产生诸多问题:提供公共品在资金上难以得到保障,公共品和公共服务的质量难以完全满足社会公众的需求和偏好,公共部门活动的效率低下、成本过高、腐败,等等。其中最重要的就是各级财政难以承受城乡地区各种公共品对资金的需求。在这种状况下,在一些带有私人产品性质的公共品(即混合产品)的提供上,引入私人资本是完全可行和必要的。这些领域包括:城市基础设施项目的建设,公益事业项目,农村公共品以及水、电工程,城乡社会事业的建设(如教育、医疗、社会保险和社会福利事业)等等。在城乡地区有形公共品和无形公共品的提供上引入私人资本,采用公共部门和私人部门合作伙伴的方式,可以在很大程度上解决目前在公共品提供和管理方面的诸多问题。

---

① E.S.萨瓦斯:《民营化与公私部门伙伴关系》,北京:中国人民大学出版社,2002 年版。

实际上,在一些城市混合产品提供上,公司伙伴关系在中国的很多地方已经得到了广泛运用,如道路、桥梁的建设,一些公共事业项目的提供,甚至在教育、医疗等社会服务领域私人资本也不断渗透。可以说,PPP模式在中国的运用前景十分广阔。

伴随着中国经济进入新常态,一方面经济增长速度放缓,另一方面大量的民间资本缺乏合适的投资领域。在此背景之下,从2014年开始中央政府出台引入民间投资参与混合产品投资的公共政策,各级政府积极参与,一场PPP模式的投资序幕在各地全方位拉开。

1. PPP政策

2014年9月24日,财政部下发《关于推广运用政府和社会资本合作模式有关问题的通知》,以便尽快形成有利于促进PPP模式发展的制度体系,拓宽城镇化建设融资渠道,促进政府职能加快转变,完善财政投入及管理方式。2015年5月,国务院办公厅转发财政部、发展改革委、人民银行关于在公共服务领域推广政府和社会资本合作模式指导意见的通知,明确了PPP模式的领域、总体要求、制度体系、政策保障等基本框架。2016年7月17日,为规范政府和社会资本合作项目财政管理行为,切实保障PPP项目合同政府履约能力,提高财政资金使用效率,防止公共资产和资源流失,财政部制定并发布了《政府和社会资本合作项目财政管理办法》(征求意见稿),并于2016年10月20日正式发布了《政府和社会资本合作项目财政管理暂行办法》,规范总投资超过12万亿元的PPP的财政管理制度,严禁以PPP项目名义举借政府债务。2016年7月底中国财政部官员对外宣布,PPP条例正在加快起草中。

2. PPP模式应用领域

根据上述政策文件规定,2014年在全国各地施行的PPP模式投资领域主要围绕增加公共产品和公共服务供给展开。具体包括:能源、交通运输、水利、环境保护、农业、林业、科技、保障性安居工程、医疗、卫生、养老、教育、文化等公共服务领域。这些领域投资广泛采用政府和社会资本合作模式,对统筹做好稳增长、促改革、调结构、惠民生、防风险工作具有战略意义。

3. 规模

中央政府对基础设施等领域投资推广PPP模式,调动了各地投资的积极性。2014年到2016年6月,国家发改委、财政部向社会共推介了三批PPP项目。根据财政部PPP综合信息平台项目库的信息,截至2016年10月底,全国各地方政府推出PPP项目8 000多个,项目金额达12万亿元,而2年前该数据为0。

4. 需要解决的问题

根据媒体和官方调查,在地方政府推出总投资额超12万亿的8 000多个PPP项目中,存在诸多问题。比如:社会资本尤其是民间资本真正介入不太积极一直困扰着官方;考虑到PPP项目回报率低,且担忧政府不兑现承诺等问题,一些民资也多在观望;再如:一些地方政府选择合作伙伴时,PPP项目设定门槛较高,将部分民营企业自动过滤。还有一个比较普遍的问题是,政府和民营企业相互之间缺乏信任,由于PPP项目投资额大且涉及公共服务领域,出于信任,地方政府在筛选社会资本时优先考虑国企或民营上市公司,一些项目方案设计中通过排他性条款自动过滤民企;民营企业也担心政府不兑现承诺。

本章小结

公共品的概念是对应于私人产品而产生并存在的。消费的非竞争性和非排他性构成了公共品界定的基本标准。这两个特征在不同的产品中不同程度地存在,由此产生纯公共品与非纯公共品的区分。正外部性的广泛存在是公共品的提供和生产中市场失灵的重要原因,这给政府干预提供了必要条件。在一定条件下价格机制对于公共品的提供以及纠正外部性问题仍然有效。政府可以通过财政提供公共品和非纯公共品,以及通过管制、界定产权以及强制性或鼓励性的价格补偿等手段对外部性进行纠正。当然,政府的干预仍然面临着效率不高、服务质量不能保证、财政资金短缺等诸多的问题。为此,在很多准公共品的提供与生产中,可以引入一种新的模式——公共部门与私人部门的伙伴关系。将私人部门引入公共品领域的生产,实际上也就是在公共品领域引入了竞争机制,这样做,有利于解决由公共部门包办产生的诸多问题。

复习思考题

1. 什么是公共品?如何界定公共品?
2. 政府如何有效提供公共品?
3. 非纯公共品有哪些特征?
4. 准公共品的提供与生产为什么可以引入私人资本?你认为我国哪些方面的公共品和公共服务可以采用 PPP 模式?

第五章 公共选择和政府规模[①]

政府是社会公众利益的代表。由于与公共利益有关的公共品和公共服务的提供存在着市场失灵,因此需要政府进行干预。在绝大多数情况下,公共品和公共服务由政府直接提供。理论上说,政府提供的公共品(服务)必须是公众需要的,这就需要通过某些机制将社会公众的需求与偏好传达给政府,以便使公众的偏好转化为集体行动。在实行民主制的发达国家,不同的民主制度下,个人偏好转化为集体行动的模式存在差异。

第一节 直接民主制

在直接民主制度下(direct democracy),采用不同的规则将导致不同的结果。

一、一致同意规则(unanimity rules)

所谓一致同意规则,指如果通过投票方式决定是否提供有效数量的公共品,那么在一种合适税制提供财源的条件下,就有关公共品有效数量的投票应该全体通过,无一反对。林达尔(Lindahl)模型揭示,在公共品提供的数量以及为提供公共品而征收的税收两方面,必须要同时为全体社会成员所接受,即公共品的提供与成本(税收)之间达到均衡。实践中要达到这种均衡存在着巨大的困难。林达尔模型设计的程序中存在着两个主要问题:一是假设人们都十分诚实地投票,而实际上每一个投票人出于自身利益的考虑,策略性的行为会阻止投票人的投票行为达到均衡点;二是需要很长的时间去发现投票人都接受的税收份额,出台一个能够让每一个人都接受的税收方案需要极高的决策成本。结果,所有人都达成一致的意见是不可能的,按照一致同意规则进行投票和决策,意味着没有任何决策形成。

二、多数投票规则(majority voting rules)

由于一致同意规则难以达成任何决策,因此采用半数以上同意的多

[①] 本章的"公共选择"部分的内容参阅了 Harvey S. Rosen: *Public Finance*, Sixth Edition. McGraw-Hill, 2002, pp. 107-125。

数投票规则,提案就可以顺利通过。尽管多数投票机制为大家所熟悉,但仔细考察这种规则依然是十分有用的。这种规则能够达成一致意见,但其中还是存在着很多问题。

（一）多数投票规则可能会产生投票悖论（voting paradox）

假设一个社区里有三个投票人:考斯默、爱雷恩和乔治。他们需要在提供导弹量的三个不同水平 A、B、C 之间做出选择,A 最小,B 适中,C 最大。三个人的偏好见表 5-1。

表 5-1 导致均衡的投票者偏好

选择	考斯默	爱雷恩	乔治
第一	A	C	B
第二	B	B	C
第三	C	A	A

假如投票决定是选择 A 或者 B。考斯默选 A,而爱雷恩和乔治选 B,结果 B 以 2∶1 取胜。同理,如果投票决定在 B 和 C 两者之间做出选择,那么 B 同样 2∶1 胜 C。按照多数投票规则,B 水平的提案都会击败其他提案而胜出。

然而按照多数投票规则并不总是产生上述明确的结果。如果考斯默、爱雷恩和乔治的偏好如表 5-2 所描述。假如投票者投票决定他们偏好的导弹提供量,在 A、B 之间选择,A 胜出;在 B、C 之间选择,B 胜出;在 A、C 之间选择,C 胜出。这是一个令人不安的结果。第一次投票时,A 强于 B,第二次投票 B 又强于 C,按照通常的偏好一致性的主张,那么 A 应该强于 C,而实际投票的结果正好相反。尽管每一个投票人的偏好是一致的,而由个人组成的社会的共同偏好则不是一致的。这种状况被称为投票悖论。

表 5-2 导致循环的投票者偏好

选　择	考斯默	爱雷恩	乔治
第一	A	C	B
第二	B	A	C
第三	C	B	A

进一步分析,由表 5-2 所描绘的偏好,最终结果完全取决于投票的顺序。如果先在 A、B 之间选择,然后由胜出者与 C 对决,那么 C 将最终胜出;如果先在 B、C 之间选择,然后由胜者与 A 对决,那么 A 将被选中。在这种状况下,控制投票顺序的能力——议事操纵（agenda manipulation）——会授予操纵者极大的权力。议事操纵是指建立投票顺序的过程,以实现操纵者预期的偏好结果。

投票悖论所以会出现,主要原因在于不同的投票人个人偏好的"峰"（peak）存在差异。所谓"峰"是指邻近的所有偏好点都低于偏好峰的那一点（见图 5-1）。一位选民如果拥有单峰偏好,那么当他从自己最喜欢的偏好峰游动向其他任何方向,他的效用总会下降;如果他具有双峰偏好,那么从他最喜欢的偏好转向后效用会下降,但随后效用会再上升。图 5-1 中的考斯默具有单峰偏好,偏好值为 A;乔治也是单峰偏好,偏好值为 B;爱雷恩拥有双峰偏好,偏好值分别为 C 和 A。爱雷恩的偏好是导致投票悖论产生的偏好。

在现实的投票过程中,有的投票人是单峰偏好,有的投票人拥有双峰偏好,正是由于双峰

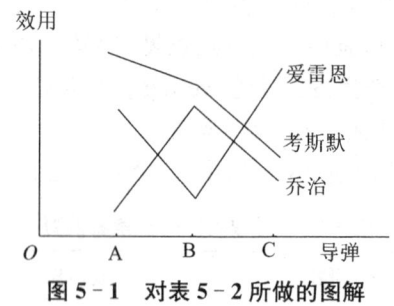

图 5-1 对表 5-2 所做的图解

偏好的存在,才导致投票悖论。如果所有选民都是单峰偏好,就不会产生投票悖论。

(二)中位选民定理(the median voter theorem)

当所有的偏好都是单峰时,多数投票会产生一个稳定的结果,这一结果也反映了中位选民的偏好(the median voter),表 5-3 的休伊就是中位选民。

假设各种事务只按照其某一特征方面的数量大小加以考虑,人们只是以这一单独特征为基础对每一事务进行排序,例子之一就是获得多少数量的公共品。中位选民是指她的偏好正好位于所有选民偏好的中间位置的选民,一半选民对物品的需求多于她,而另一半选民的需求则少于她。中位选民定理表述如下:只要所有选民的偏好都是单峰的,按照多数投票规则投票的结果将反映的是中位选民的偏好。我们以下例证明中位选民定理。

假设有五位选民:唐纳德、戴丝、休伊、德维和路易斯。他们正在决定举办一个多大规模的聚会,他们每一个人对于聚会规模都具有单峰偏好。每个人的偏好水平见表 5-3。

表 5-3 聚会支出额的偏好水平

选　民	支出(美元)
唐纳德	5
戴丝	100
休伊	150
德维	160
路易斯	700

从表 5-3 可以发现,如果聚会支出水平为 0—5 美元,所有选民的偏好都会偏好于不花钱;5—100 美元变动,则戴丝、休伊、德维和路易斯四人会批准;100—150 美元,休伊、德维和路易斯三人会批准;任何超过 150 美元以上的支出,至少会有三人投反对票(唐纳德、戴丝、休伊)。这样,多数人会选择 150 美元的支出。150 美元正是休伊的偏好值,而休伊是中位选民。因此这一投票的结果正好反映了中位选民的偏好。

(三)互投赞成票(logrolling)

简单多数投票规则可能产生的一个问题是,它不能允许选民显示自己对某一方案的喜恶程度。一个特定的投票人是勉强认为 A 好于 B,还是特别偏好 A 方案,都不会影响投票结果。互投赞成票规则允许人们进行投票交易,从而显示自己对不同方案偏好的程度。假设投票人史密斯和约翰不太喜欢有更多的导弹,同时布朗希望拥有更多的导弹。在互投赞成票规则下,布朗可能会说服约翰为更多的导弹方案投赞成票,条件是他自己许诺为修一条公路到约翰的工厂的方案投赞成票。

投票交易行为是存在争议的。赞成者认为,就像商品交易导致私人品的有效供给一样,投票交易也会导致公共品的有效供给。赞成者还强调,投票交易可能会显示偏好的程度,从而建立起一种稳定的均衡,而且,隐含在投票交易中的相互妥协对于民主体制的运行而言是必不可少的。反对者则认为,互投赞成票会让利益集团获利,而这种获利不足以抵消因此而产生的普遍损失,由此将导致大量浪费。

(四)阿罗不可能定理(Arrow's impossibility theorem)

我们已经看到,无论是简单多数规则,还是互投赞成票都不能完全令人满意。人们还提出了多种投票方法,但都存在缺陷。一个重要的问题是,任意一个将个人偏好转化为集体偏好、在伦理上可以被接受的方法是否可以避免问题的产生?这取决于"伦理上可接受"的含义是什么。诺贝尔经济学奖获得者阿罗(Kenneth Arrow,1951)提出,在一个民主社会里,一项集体行动规则必须满足下列六项标准。

(1) 无论投票人的偏好结构如何,它必须能产生一种决策。
(2) 它必须能对所有可能结果进行排序。
(3) 它必须对个人的偏好做出反映。
(4) 它必须在下列意义上具有一致性:如果 A 好于 B,B 好于 C,那么 A 必定好于 C。
(5) 社会对 A 和 B 的排序只取决于个人对 A 和 B 之间的排序。
(6) 排除独裁,即社会偏好不必反映仅仅是单个人的偏好。

将上述标准放在一起是相当合理的,它们表明:社会偏好机制是合乎逻辑的,并尊重个人偏好。但阿罗的分析结果却表明,要发现一个完全满足上述标准的规则是不可能的。阿罗不可能定理的含义是,针对公共品或其他公共决策,民主制本质上会导致一种不一致。

第二节 代议民主制

尽管在一些重要问题上有关公共决策的讨论给了我们启迪,但这些都是建立在不太现实的、有关政府的观点的基础上。该观点认为,政府是一台了解公民偏好的巨大计算机,充分利用这些信息进行集体决策;政府没有自己的利益,他是中性而仁慈的。

实际上,政府是由人来运作的——政治家、法官、官僚以及其他主体。现实的政治经济模型必须要研究运作政府的这些人的目标和行为。下面的研究假设:与个人一样,作为政府中的人力图追求自身利益最大化。

一、当选的政治家(elected politicians)

前述直接民主制中中位选民定理认为,当所有的偏好都是单峰时,多数投票会产生一个稳定的结果,这一结果也反映了中位选民的偏好。在现实中,针对财政事务进行直接投票是很不正常的。通常的做法是,人们选举能够代表他们利益的代理人进行决策。在这种状况下,中位选民定理依然有助于我们了解选民的代表如何决定他们的立场。

设想一下,在史密斯和琼斯两位候选人之间进行选举。假设投票者对于政治观点具有单峰偏好,投票人为了自身效用最大化而投票,候选人希望得到最大数量的选票。这样的选举将会产生什么样的结果?

唐斯(Downs,1957)的研究表明,在上述条件下,追求选票数量最大化的政治家会采用中位选民偏好的那个方案。因为采用这一方案他将得到半数以上的选票。用一种代议民主制代替直接全民选举将不会对选举结果产生任何影响,两者都只是反映中位选民的偏好。这样,政府的支出不可能超额,因为候选人之间的政治竞争将导致政府的支出水平正好是中位选民所希望的水平。

二、公务员(public employees)

下面看一下另一个集团——公务员,也就是官僚。理解官僚的作用,请注意由当选的政治家制定的法律总是很模糊的。执行一个方案的具体方法掌握在公务员的手中。

官僚一向是被激烈批评的对象。他们被指责为无动于衷,制造过多的繁文缛节,过分地干预公民的私人事务。但必须记住,如果没有官僚,现代政府则很难运转。在设计和执行方案时,官僚们提供了有价值的、技术性的专家意见。他们在政府部门工作的时间长于当选的政治家,这一事实使政府的工作具有制度上的连贯性。官僚们的另一个重要作用就是他们提供了公共部门处理事务的准确档案材料,以确保符合条件的公民平等地得到特定公共部门提供的服务,避免各种形式腐败行为的发生。

另一方面,如果认为官僚的唯一目的就是解释和被动地实现选民及他们代表的意愿,未免天真了些。尼斯卡宁(Niskanen,1971)认为,在市场导向型的私人部门,个人尽可能地通过使自己的公司利润最大化实现领先地位;个人的工资随公司利润上升而增加。相反,官僚由于获得货币收益的机会很少,因此更倾向于注重下列事项:职务的额外补贴、公共声誉、权力、保护人的身份。尼斯卡宁认为,权力、地位等因素与政府的预算规模呈现正相关,因此,官僚们的目标是追求预算规模最大化。

三、特殊利益集团(special interests)

前面的分析都假设公民只能作为投票人来影响政府政策。实际上,拥有共同利益的个人会联合行动以产生更大的影响力。这种影响力可能来自于作为集团的成员其投票参与率高于全民整体的投票率;也可能是因为集团成员更愿意为竞选赞助和进行贿赂。例如,2000年美国参议院和众议院竞选共收到超过8亿美元的赞助。

形成利益集团的基础是多种多样的,主要包括以下因素。

收入来源——资本和劳动。按照传统的马克思主义观点,人们的政治利益由其是资本家还是劳动力的地位决定。这种观点对于解释当代美国利益集团的形成过于简单了些。尽管高收入者部分收入或多或少为资本收益,但他们的相当部分收益来自于劳动,很难判断谁是工人,谁是资本家。实际上,研究美国以及其他西方国家收入贡献的文献表明,正是由于劳动收入的差异才导致了收入分配的不公平。

收入规模。在对待很多经济政策问题上,富人和穷人的观点存在差异,这种差异与他们的收入来源没有什么关系。穷人倾向于政府的支出项目放在收入再分配方面,而富人则反对这样做。同样,每一个集团都会支持政府对自己主要消费的商品提供明补或暗补,因此,富人会支持政府对自住房的补贴方案,而穷人则希望政府对于出租房特别对待。

收入来源——就业的产业。在对待政府支持某一产业的方案时,同一产业内的雇工和雇主拥有共同的利益。例如,在钢铁、纺织和汽车产业,工会和管理者在对待游说政府采取措施对付国外竞争者的问题上会并肩作战。

地区。居住在统一区域的居民往往拥有共同的利益。美国太阳地带(Sun Belt)的居民对于石油税收优惠政策更有兴趣;中西部地区的居民关心农业补贴;东北部的居民则为城市发展支出进行游说。

人口与个性特征。老年人偏爱医疗补助和丰厚的养老金;年轻的夫妻对好学校和低的工薪税感兴趣;在关于堕胎基金和州政府向私立学校提供资助的问题上,宗教信仰发挥主要作用;对于双语教育项目不同种族意见不一;利益集团形成过程中,性别也是一个重要因素,在美国2000年的选举中,妇女将众多的选票投给了民主党,而共和党则对于性别差异表现出更多的关注。

类似的因素可以一直列举下去。只要存在着如此多的形成利益集团的基础,对于人们在某一个问题上处于对立面,而在另一个问题上又站在同一个战线上的事实也就不足为奇了。

四、铁三角(the iron triangle)

前面谈到了当选的政治家、公务员和特殊利益集团,下面来看一下三者之间的互动关系。按照一些社会评论家的观点,它们之间的三边关系——铁三角——是现代美国政治学的最重要方面。批准项目的国会议员、管理项目的官僚和从项目中获利的特殊利益集团在项目背后联合起来。这样我们会注意到,建筑商、木材商、电力设备制造商同住房与城市发展部的官僚、拥有都市宪法制定权的国会议员联合起来共同支持城市住房项目。

为什么属于铁三角成员利益的项目会得到多数人的支持?原因可能有两方面:一是铁三角拥有完全信息,且组织得当;而成本承担者全然不知已经发生的事情,且组织不易。即使有人拥有完全信息,由于成本由全体公众承担,个人承担数量有限,故为避免"免费搭车",也犯不着去抗争。二是一些代表可能已经卷入了他们自己的铁三角,通过投票交易,以获得别人对自己偏爱项目的支持。

五、其他参与者

对集体行动以及政府公共支出项目产生影响的其他主体还有:审判员(the judiciary)、记者(journalists)、专家(experts)等。

(一)审判员

法庭对于各种税收合法性的审判对政府财政有着重要影响。美国最高法院统治税制最有名的一个案例是1895年判定的、联邦个人所得税税制是违宪的,这是1913年宪法第16次修改的焦点问题。法院对于政府预算支出也会产生很大的影响力。法官曾要求公共支出用在公立学校的双语教育和监狱改造等项目上。

(二)记者

拥有将一些事项公布于众以引起社会公众关注的能力,使新闻记者具有相当的影响力。例如,对于倒塌的桥梁和破损的道路进行广泛的报道,会促使很多地方政府加大基础设施建设支出的力度。政治家、官僚和特殊利益集团经常试图利用媒体对具有争议性的财政事务的结果施加影响。例如,近年来美国艾滋病患者的支持者就通过媒体对大量事件的报道,引起公众对这一问题的关注。这种关注直接促成了联邦政府增加对艾滋病研究的补贴支出。

(三) 专家

信息是一个潜在的、重要的力量源泉,在某些方案上具有专业技能的法律助手们在法规起草过程中经常发挥重要作用。他们还可以利用自己的能力去影响立法议程事项的结果。还有一些非政府部门的专家,包括很多社会科学家试图利用他们的专业技能来影响经济政策。当然,这些社会科学家是否影响了经济政策,或者这种影响是通过何种渠道而发生的,对此问题作出回答是非常困难的。

第三节 公共支出的增长

很多人关注公共选择问题源于政府公共支出的增长。很长一段时间以来,美国的公共支出无论是在绝对量上还是在相对量上都快速增长。这并不是美国特有的现象,很多西方国家都有同样的情况(见表5-4)。因此有必要对政府公共支出增长的原因进行解释。

表5-4 几个发达国家公共支出占GDP的比重　　　　(单位:%)

年份	加拿大	瑞士	英国	美国
1930	18.9	15.9	26.1	9.9(1929)
1940	23.1	19.2	30.0	18.4
1950	22.1	19.9	39.0	21.3
1960	29.7	17.7	31.9	22.7
1970	31.2	21.3	33.2	27.5
1980	37.8	29.3	41.8	29.1
1991	43.0	33.6	39.1	30.6(1990)
1998	42.1		40.2	28.3(1999)

资料来源:Harvey S. Rosen: *Public Finance*, Sixth Edition. McGraw-Hill, 2002, p.12, 126.

理论上就公共支出增长以及对其原因的解释有三个不同的模型:瓦格纳的公共支出不断上升规律、马斯格雷夫的经济发展阶段理论、皮考克和魏斯曼的意外事件理论。

一、瓦格纳的公共支出不断上升规律

早在19世纪80年代,德国经济学家阿道夫·瓦格纳(Adoph Wagner,1883)就提出了"公共支出不断上升规律"。该规律表述为:随着以人均收入衡量的经济增长,公共支出的相对规模也增长了。其原因在于:在社会经济日益工业化的过程中,国家的职能在内涵方面和外延方面都在扩大,也就是说,不但旧有的职能在扩大,而且新的职能陆续出现,随着国家职能的扩增,政府从事的各项活动不断增加,所需的经费开支也就相应上升。他对今后50—100年的预测是,社会工业化水平继续上升,人民将对政府施加更大的政治压力,公共支出将持续膨胀。

二、马斯格雷夫的经济发展阶段理论

马斯格雷夫在《美国财政理论与实践》一书中也用美国近现代的统计资料证明了公共支出不断上升的规律。马斯格雷夫认为,公共支出不断上升的原因可能是多方面的,他将各种根源归纳为两类:经济因素和条件因素。

在对经济因素进行分析时,马斯格雷夫认为,经济不同发展阶段财政执行职能的重点不同,导致公共支出增长。他认为,一个国家的经济发展可以分为三个不同的阶段,不同经济发展时期,尽管政府公共支出的重点不同,但结果都导致公共支出不断增加。在经济发展的初期,政府的公共资本形成至关重要。为了开发并使自然资源与市场相联结,就必须提供交通设施,提供私人资本形成的先决条件的道路、港口;改良的农业技术需要灌溉;机械的使用需要基本的技能等。所有这些类型的投资,其受益基本上是外在的,因而必须由公共部门来提供。[①]到了经济起飞阶段,政府对于公共资本的投资支出减少,但由于收入水平提高导致消费需求增加,社会对于公共品的需求上升,因此公共财政对于公共品的投资支出大幅上升。到了经济发展的后期,随着人均收入的提高,预算结构会发生变化。需要互补性公共投资的私人产品可能会出现,而这又可能提高公共投资的份额。[②]此外,在经济发展的成熟阶段,公平问题更加突出,实现社会公平将成为财政的重要职能之一;因此,公共支出中更加注重转移性支付力度,这样公共支出比重依然上升。

马斯格雷夫分析的条件因素,具体包括人口状况的变化、技术的变动、社会因素、文化因素、政治因素,等等。人口绝对量的增加要求基本的公共服务扩大,相应增加公共支出;不同年龄段的公民需求不同,因此,人口年龄结构的变化要求公共支出相应进行调整。随着技术的变动,新产品的获得成为可能。根据技术变动的性质,外在效应密集型产品或社会产品的相对重要性也可能会发生变化,汽车的发明和出现就是一个很好的佐证。[③]社会的变动,如对个人社会福利意识的增强,大大增加了对政府转移支出的需求,财政转移性支出的比重大幅提高。政治结构的变化同样导致公共支出增加,如从独裁政府向代议制政府的转变,增强了对社会产品的有效需求。[④]

三、皮考克和魏斯曼的意外事件理论

英国的皮考克(Peacock)和魏斯曼(Wiseman)用现代统计资料验证了瓦格纳的思想。皮考克和魏斯曼运用了意外事件和重大的社会经济事件对此做出解释。由于战争或者经济大萧条等重大事件发生,出现对社会价值的重新评价或政治集团权力对比发生变化,这可能会导致社会对公共需求和私人需要格局的变化,最终导致公共支出份额增加。[⑤]

美国的财政学家哈维·罗森认为,公共支出不断上升的原因有以下几方面[⑥]:一是选民偏好。为了满足选民的偏好,公共部门增加的收入部分的很大比例用于公共支出,即收入的需求

[①] 马斯格雷夫:《比较财政分析》,上海:上海人民出版社,三联书店,1996年版,第72页。
[②] 马斯格雷夫:《比较财政分析》,上海:上海人民出版社,三联书店,1996年版,第73页。
[③] 马斯格雷夫:《比较财政分析》,上海:上海人民出版社,三联书店,1996年版,第80页。
[④] 马斯格雷夫:《比较财政分析》,上海:上海人民出版社,三联书店,1996年版,第81页。
[⑤] 马斯格雷夫:《比较财政分析》,上海:上海人民出版社,三联书店,1996年版,第85页。
[⑥] Harvey S. Rosen: *Public Finance*, Sixth Edition. McGraw-Hill, 2002, pp.126-129.

弹性大于1(收入是指公共财政收入;需求是指选民对公共支出的需求)。二是马克思的思想。资本家生产过剩,为了消化过多产能,导致政府的公共支出增加。三是偶然事件。四是社会态度的改变。社会对于鼓励个人发展的态度转变趋势,导致人们对政治体制要求过高,普遍的电视广告导致人们忽略公共支出的成本。五是收入再分配的要求。

总之,经济学家对众多国家抽样的数据进行分析时发现,政府开支同国家的经济发展水平、人均收入水平相关。低收入国家(指人均收入不到300美元的国家),政府开支占国内生产总值的21%,中等收入国家则达28%,工业国家则达37%。[①] 由此可见,人均收入的增长对政府开支具有向上的压力。在人均收入提高的条件下,为政府开支筹资的能力也大。

四、中国财政支出的不断增长

财政支出不断上升的趋势在我国同样存在。2002年财政支出是1950年的323倍(未扣除物价因素),在这52年的时间里,财政支出年均增长6倍有余。

表5-5 新中国成立后中国财政支出变化趋势

年份	财政支出(亿元)	财政支出较上年增长(%)	财政支出/GDP(%)
1978	1 122.09	—	30.96
1980	1 228.83	—	27.2
1985	2 004.25	—	22.36
1990	3 083.59	9.2	16.63
1995	6 823.72	17.8	11.67
1997	9 233.56	16.3	12.4
1998	10 798.18	16.9	13.78
2000	15 886.50	20.5	17.75
2001	18 902.58	19.0	19.42
2002	22 053.15	16.4	20.97
2003	24 649.95	11.77	21.02
2004	28 486.89	15.57	17.82
2005	33 930.28	19.11	18.43
2006	40 422.73	19.13	18.52
2007	49 781.35	23.15	19.07
2008	62 592.66	25.74	20.81
2009	75 874	21.22	22.63
2010	89 575	11.41	22.51

资料来源:1998—2008年数据来自于《中国统计年鉴2009》,2009年数据来自于当年国家财政决算报告,2010年数据来自于2011年1月11日财政部新闻发布会和2011年2月28日国家统计局新闻公报。

我国财政支出不断上升,总的原因在于两方面:一方面是由于经济的发展,社会财富的增

---

① 参见:"经济发展过程中预算情况方面的国际经验及其对中国的意义",载《1983年世界银行报告》,北京:气象出版社,1984年版,第17页。

加,国家的财政收入总量不断上升,按量入为出的原则安排财政支出,收入的增加推动支出的增长;另一方面,由于现有的支出项目具有支出的刚性,难以削减,而新的支出项目又不断地出来,导致财政支出不断上升。具体有以下五方面的原因。

(1) 随着收入增加和消费水平的提高,政府的支出份额也必须相应的增加。经济发展水平提高,消费从低收入状态向高收入状态发展过程中,公共产品必须随之增加。例如,人们收入水平提高后,旅游的需求增强,对公路、饭店等服务设施的需求增加;私人购车的增加,要求停车场、公路等基础设施建设同时跟上,这样对社会公共产品的投资必须增加。为满足社会对公共产品的需求,政府的财政支出必须相应地增加。

(2) 技术的发展、生产社会化程度的提高,要求政府提供的产品也随之增加。例如,因内燃机的发明而带来的汽车制造业的增长,推动了公路交通的建设,所以,内燃机时代比马车和蒸汽机时代更需要发挥政府公共部门的作用。另外,随着科学技术的日新月异,各种产品(包括公共产品和私人产品)更新换代的周期越来越短,各种产品重置的费用也日益增加,这样政府的支出也会相应地增加。

(3) 人口变化对政府支出增长的压力。一方面,随着人口数量的绝对增长,即使维持原来的消费水平,政府财政支出的绝对量也必须相应地增长;另一方面,随着人口结构的变化,人口素质的提高,对政府转移支付的需求不断增加,同时社会公众对社会公共产品的需求也日益上升。为满足人口的增长和人口结构变化对社会公共产品的需要,政府的财政支出必须增加。例如新中国成立初期实行鼓励生育的政策,十年的"文化大革命"使生育处于无政府状态,由此带来的问题就是在现阶段必须支付大量的教育费用和住宅建设费用才能缓解在教育和住宅方面的供求矛盾。

(4) 都市化的发展对基础设施和公共服务提出更高的需求。随着社会经济的发展,都市化程度日益提高,对城市市政建设和基础设施建设的需求越来越大,相应地,政府的基础设施建设支出也越来越大。

(5) "十一五"规划将建设社会主义新农村作为一个重要的经济和社会发展目标。由于制度和现实财力压力等方面的原因,历史上国家财政对于农村、农业和农民的支出规模不大,支出的基数很低;建设新农村意味着各级财政将在农村公共品的提供、农业生产条件的改善、农业科技的研发与推广、农民收入水平的提高和生活条件的改善等方方面面,都将加大支出的力度。因此,国家财政对于"三农"支出力度的不断加大,将成为推动中国公共财政支出规模增长的重要因素。

财政支出的不断增长,对财政收入的增加也就形成了较大的压力。考虑到支出的需要,结合中国的实际情况,我国财政收入占国民生产总值的比重应适当提高,同时需要对财政支出的范围进行科学的界定,以免出现因财政支出中的"免费搭车"现象而不适当地扩大财政支出。根据社会主义市场经济体制的特点以及中国公共财政的职能,政府财政的活动范围大致如下。

(1) 企业、个人力所不及的公共品及公共事务,如国防、行政、公共卫生。

(2) 企业、个人所不愿意干的、具有很强外部性的项目,如跨区域的基础设施项目、公共工程等。

(3) 涉及国家重大利益,必须由国家参与的领域以及自然垄断行业,如烟酒专卖、航空、水、电、气等项目。

(4) 涉及国家政治经济安全且具有良好宏观效益的事项,如为实现宏观经济总量平衡、维护经济和社会稳定的宏观调控支出。

（5）为了执行再分配职能,实现社会公平,维护社会稳定和安定团结的局面,通过社会福利制度对低收入者进行转移支付。

以上几个方面是政府活动所必须涉及的范围,规定了社会主义国家的财政支出范围的界限。明确这些界限,便能有效地防止财政越位和财政缺口。

五、公共支出规模的控制

对于公共支出规模的控制,哈维·罗森从理论和政策层面介绍了三种思路[①]。

一是尼斯卡宁的改变官僚激励。尼斯卡宁认为官僚是政府无理由增长的原因,他建议创造一种金融激励以减缓官僚制造自身帝国的倾向。如政府管理者的收入与官僚规模成负相关,官僚削减其预算可以获得升迁。尼斯卡宁还建议,在公共品和公共服务方面扩大引入私人资本,即使政府依然融资也应该这么做。

二是改变财政体制(change fiscal institutions)。1985年美国国会通过并经里根政府签署通过了 GRH 法案(Gramm-Rudman-Hollings Act)来限制政府预算赤字,希望从 1986 年开始逐步减少财政赤字,最终在 1991 年实现预算平衡。但实际上困难重重,难以在该法律规定的期限内实现预算平衡。直到 1990 年该法案也未能运作,此时又颁布了强制预算法案(Budget Enforcement Act,BEC),该法案将焦点放在政府开支和收入上,而不是赤字上。尽管为政府可以随意决定的开支设置了上限,但控制支出量依然存在困难。

三是建立制宪上的限制(institute constitutional limitations)。美国有人提出将预算规则放入宪法之中,一系列的宪法修正也因此提出,以期望通过宪法来限制政府的开支。该议案 1997 年在美国国会以微弱优势被否决,但类似议案可能将来会继续提出。

作为一个经济处于快速发展阶段以及转型时期的发展中国家来说,中国财政支出呈现快速增长态势,从总体上看是合理的,也是需要的。但从财政收入和支出规模比较看,当前的财政状况不允许公共支出规模随意增加,否则将导致财政赤字以及相应的国债规模难以控制。满足中国公共财政支出对资金的需求,应该主要从两方面着手：一是发展经济总量,将财政收入的增长保持在一个较快的水平上。当然这一目标的实现以税收不能扭曲经济活动为前提。二是调整政府资源配置领域和财政支出结构。解决财政支出越位问题,将越位支出的资金用于支出的缺口项目；将收回的存量经营性国有资产用于公共和社会项目支出。此外对于一些投资量大、存在外部性的准公共品项目,通过多种方式引入私人资本,这样既可以减少公共财政支出,又可以通过引入竞争机制提高这类项目的供给效率和服务质量。

---

① Harvey S.Rosen: *Public Finance*, Sixth Edition. McGraw-Hill, 2002, pp.129-133.

本章小结

本章研究的是个人偏好如何转化为集体行动以及公共支出规模问题。在不同的制度下，个人偏好转化为集体行动的机制是不一样的。在直接民主制度下，采用不同的规则将导致不同的结果。一是一致同意规则要求有效数量的赞成意见应该全体通过，无一反对。要使所有人都达成一致的意见是不可能的，因为一致同意的决策成本过高。多数投票规则可能会产生投票悖论。最终采用哪一种决策，可以通过控制或操纵投票顺序来实现个人的偏好。投票悖论所以会出现，主要原因在于不同的投票人个人偏好的"峰"存在差异。当所有的偏好都是单峰时，多数投票会产生一个稳定的结果，这一结果也反映了中位选民的偏好。互投赞成票显然是解决投票悖论的一个方法。互投赞成票允许投票者进行交易，从而显示其对各种不同的方案会有多强烈的偏好。阿罗的分析结果却表明：针对公共品或其他公共决策，民主制本质上会导致一种不一致。

在代议民主制度下，个人偏好转化为集体行动的方式主要是通过他们的代表来实现的。这些可以代表个人的主体包括选举出来的政治家、公务员、特殊利益集团。三者被一些现代社会评论家称为"铁三角"，他们在项目背后联合起来，推进项目的通过与实施。对集体行动以及相应的公共支出项目产生影响的其他主体还有：审判员、记者、专家等。

从各国历年公共支出的经验数据看，公共支出总量以及占GDP的比重不断上升，中国的数据也对此提供了佐证。不同的财政学家对这一现象做出了不同的解释。中国公共支出不断上升有其合理因素，但在总量和结构方面还需要进行调整。

复习思考题

1. 在不同的民主制度下，个人偏好通过什么样的机制转化为集体行动？
2. 结合中国实际分析，在中国将个人偏好转化为集体行动有何意义？
3. 公共支出为什么不断上升？中国的公共支出将继续呈现不断上升态势，可能是由哪些因素推动的？

第六章 财政支出概论

第一节 财政支出的分类与方式

马克思在《哥达纲领批判》一书中阐明了社会主义条件下社会产品分配的原理,即社会总产品在进行个人分配之前,首先要进行如下扣除:第一,用于补偿消耗掉的生产资料部分;第二,用于扩大再生产的追加部分;第三,用来作为应付不幸事故的后备基金或保险基金。上述分配后剩下部分在分配给个人消费之前还要进行以下扣除:第一,与生产没有关系的一般管理费用;第二,用于满足社会公共需要的部分,如教育、保健等;第三,为丧失劳动能力者设立基金。在社会主义国家,除了第一项以外,其余的几项扣除都主要由社会(其中相当部分须通过国家财政)来进行,这也基本上决定了社会主义公共财政的支出结构。

一、财政支出项目的分类

财政支出的内容很多,依据不同的标准,财政支出可作不同的分类。

按财政支出的具体用途划分,财政支出的项目有:基本建设投资支出,企业挖潜改造支出,科学技术三项费用支出,地质勘探费支出,支援农村生产支出,工业、交通、商业等部门的事业费支出,城市维护费支出,文教科学卫生事业费支出,抚恤和社会福利救济费支出,行政管理费支出,国防支出,价格补贴支出和其他支出等。

按国家的职能分类,财政支出项目有,经济建设支出、文教科卫支出、行政管理支出、国防战备支出、债务支出以及其他支出。这种分类又被称为按费用类别分类。

按财政支出在再生产中的作用划分,可将财政支出分为补偿性支出、积累性支出和消费性支出。在整个财政支出中,补偿性支出所占比重很低,主要有增拨企业流动资金等。属于积累性支出的主要有基本建设投资支出、挖潜改造资金支出、国家物资储备支出以及新产品试制、地质勘探、支援农业、城市公用事业等支出中增加固定资产的部分。属于消费性支出的包括文教科卫、行政管理、国防、抚恤和社会救济等项支出。按这个标准进行分类,主要是便于分析、研究和恰当地安排国民经济中积累和消费的比例关系。

按财政支出的经济性质划分,可分为建设性支出和非建设性支出。建设性支出项目包括生产性的基本建设、企业挖潜改造资金支出、新产品试制费、增拨企业流动资金、地质勘探费、支援农业生产、城市维护建设、支援经济不发达地区经济建设等支出。非建设性支出包括非生产性基本建设支出、事业发展和社会保障支出、国家政权建设支出、价格补贴支出、中央地方预备费以及其他支出。1992年我国开始编制的复式预算就是按照这种分类进行的。

按财政支出有无补偿进行分类,可将财政支出分为购买性支出和转移性支出。购买性支出是指政府为执行各种国家职能而用于购买商品和劳务的支出,这种支出意味着政府对经济资源的索取和消耗,故购买性支出又被称为消耗性支出。购买性支出项目具体包括各种经常性费用支出和建设性费用支出。转移性支出是指经财政之手,将一部分纳税人的钱无偿地转移给另外一部分人使用。属于转移性支出的项目包括各种补贴、债务利息支出、社会保障支出、资本转移等。此类支出的分类,具有较强的经济分析功能,有助于政府利用公共财政政策对宏观调控力度的有效把握。

二、财政支出的具体项目

我国现行国家预算的支出项目是按照财政支出的具体用途安排的。

(一) 基本建设投资支出

基本建设投资支出是国家财政对各部门的基本建设投资项目的拨款和财政贷款支出,用于满足各种生产性的和非生产性固定资产的新建、改建、扩建等工程项目的资金需要。这项支出构成了我国固定资产投资的主要部分。在改革开放之前,这项支出一直是我国财政支出中最主要的支出类别,所占比重不低于财政支出的30%,目前该比重依然很高。

(二) 企业挖潜改造支出

企业挖潜改造支出是指国家财政用于国有企业挖潜、革新、改造等方面的财政拨款支出,其主要目的在于支持企业对原有设备进行技术改造,以充分挖掘企业的生产能力,提高经济效益。这项支出也构成了固定资产投资的一个部分。

(三) 科学技术三项费用支出

科学技术三项费用支出是指国家财政用于科技方面支出的费用,包括新产品试制费、中间试验费、重要科学研究补助费等。其中属于全国性的项目由中央财政拨款,属于地方安排的项目由地方财政拨款,企业自己安排的新产品试制费由企业的新产品试制基金解决。财政用于科技三项费的支出,是我国促进科学技术事业发展的一项重要措施。

(四) 地质勘探费支出

地质勘探费支出是指财政用于地质勘探单位的勘探工作费用,包括地质勘探管理机构及其事业单位经费、地质勘探经费。地质勘探主要是为国家的基本建设服务的,但由于这项工作大部分是在资源未查清、建设工程未确定之前进行的,而且地质勘探的普查阶段没有具体的服务对象,所以这部分支出不列入基本建设投资,而是单独设立科目,单独管理。

(五) 农村生产支出

农村生产支出是国家财政对农村集体(农户)各项生产的支出。包括对农村举办的农村水利和打井、喷灌等方面的补助费;对农村水土保持措施的补助费;对农村举办小水电的补助费;特大抗旱的补助费;农村开荒补助费;扶持乡镇企业资金;农村农技推广和植保补助费;农村草场和畜禽保护补助费;农村造林和林木保护补助费;农村水产补助费;发展粮食生产专项资金、对粮食生产的直接补贴支出等。

(六) 工业、交通、商业等部门的事业费支出

工交商等部门的事业费支出是财政对工业、交通、商业等部门事业机构的人员经费和业务费的拨款,主要包括这些部门的勘察设计费、科学研究费、中等专业教育费、干部训练费和其他事业费等。

(七) 城市维护费支出

城市维护费支出是指以城市维护建设税和地方机动财力作为资金来源,由财政拨款安排的城市维护费支出。主要包括道路、桥涵、给水、排水、公共污水处理、防洪堤坝、供气、供热、消防、路灯、交通标志等公共设施的维护费;园林绿化设施维护费和公共环境卫生补助费;公共事业、公共设施维护费和中小学校舍维修补助费;环境保护补助资金和城市水资源建设资金等。

(八) 文教科卫事业费支出

文教科卫事业费支出是指财政用于文化、教育、科学、卫生、出版、通信、广播、文物、体育、地震、海洋、计划生育、党政群干部培训、自然科学、社会科学、科协等项事业的经费支出和高技术研究专项经费。具体费用项目包括工资、补助工资、福利费、离退休费、助学金、公务费、设备购置费、修缮费、业务费、差额补助费等。

(九) 抚恤和社会福利救济费支出

抚恤和社会福利救济费支出是指国家预算用于抚恤和社会福利救济事业的经费,包括由民政部门开支的烈士家属、牺牲病故人员家属的一次性或定期抚恤金,革命伤残人员的抚恤金,各种伤残补助费,烈军属、复员退伍军人生活补助费、退伍军人安置费,优抚事业单位经费,烈士纪念建筑物管理、维修费,自然灾害救济事业费和特大自然灾害灾后重建补助费等。

(十) 行政管理费支出

行政管理费支出包括行政管理支出、党派团体补助支出、外交支出、公安安全支出、司法支出、法院支出、检察院支出和公检法办案费用补助等。

(十一) 国防支出

国防支出是指国家预算用于国防建设和保卫国家安全的支出,包括国防费、国防科研事业费、民兵建设以及专项工程支出等。

(十二) 价格补贴支出

价格补贴支出是经国家批准的,由国家财政拨付的政策性补贴支出,主要包括粮食加价款,粮、棉、油差价补贴,棉花收购价外奖励款,副食品风险基金,市镇居民日常生活品的价格补贴,平抑市价差价补贴以及经国家批准的学生用课本、报刊新闻纸等价格补贴。

(十三) 其他支出

此项支出主要包括国家物资储备支出,总预备费,债务支出,对外援助支出,等等。

新中国成立后我国财政一直是按财政支出的具体用途安排的。1992年的国家预算开始复式预算的方法编制试点,1995年全面编制复试预算,这样就将财政支出按经济性质进行划分,财政支出分为建设性支出和经常性支出(即经济性和非经济性支出)。在此框架下的支出

仍然是按具体用途进行分类的。

三、购买性支出和转移性支出

这种分类方法一直是西方财政学所采用的,并且经常作为财政政策和宏观经济分析的重要工具。我国传统的财政学没有采用这种分类方法,主要原因在于我国过去的财政支出中,转移性支出比重很低,项目也很少,这与西方国家进行经济调控的手段不同有很大的关系。我国过去采取的是直接调控手段,而西方国家是利用公共支出对总需求进行间接调控。随着我国市场经济体制的建设和发展,传统的国家财政已经逐步转向公共财政体系,其收支预算关系从过去的重经济建设转变为重社会发展,在我国的财政支出中,转移性支出的项目和比重都在不断地增加。主要表现在三个方面:① 与价格改革配套,我国的财政补贴支出不断上升。② 我国从1979年开始举借外债,1981年开始发行内债,随着债务规模的扩大,支付债息的压力也越来越大,债务负担占财政支出的比重也日益提高。③ 与企业改革和社会主义市场经济建设相适应,需要建立社会保障体系,财政的社会保障支出也不断上升。市场按照经济效率原则进行分配的结果,导致劳动者之间的收入差距不断加大,客观上也需要政府有效地运用转移支付方式去实现社会分配的公平。

随着政府对经济调控方式从直接调控为主转向间接调控为主,政府在运用财政支出政策调控宏观经济时,也相应地从过去的资金支付方式直接调节经济,转向更多地利用影响总需求的购买性支出和转移性支出来间接调控宏观经济(见表6-1、表6-2)。

表6-1 美国1986年财政支出

项　　目	三级政府总支出	联邦政府支出
总支出(10亿美元)	1 487	1 032
其中各项目的比重(%)	100	100
转移性支出		
社会保险	20.0	28.4
公共补助	7.7	8.1
净利息支出	7.0	13.1
生产补助	3.0	4.3
联邦对州和地方的补助		7.9
消耗性支出		
国防	21.9	31.5
教育	15.5	
公民退职费	3.6	
其他购买支出	21.3	6.7

资料来源:J·斯蒂格利茨:《公共部门经济学》,中国人民大学出版社,2005年版。

表 6-2　中国财政转移性支出① 　　　　　　　　　　　单位：亿元

年　份	1995	2000	2001	2003
财政总支出额	6 823.72	15 886.50	18 902.58	24 649.95
价格补贴	364.89	1 042.28	741.51	617.28
企业亏损补贴	327.77	278.78	300.04	226.38
债务支出	882.96	1 579.82	2 007.73	2 952.24
抚恤和社会救济	115.46	213.03	266.68	498.82
转移支出总额	1 691.08	3 113.91	3 315.96	4 294.72
占财政总支出的比重(%)	24.78	19.60	17.54	17.42

资料来源：国家统计局编，《中国统计年鉴2004》，北京：中国统计出版社，2005年版。

在西方财政学中，关于公共支出的分类也没有统一的规定。因为各国的经济发展水平存在差异，就一个国家来说，在不同的历史时期，经济发展水平差距很大，故财政支出的分类方法也很多。有的根据政府职能分类，目的在于强调政府在干什么，说明政府活动和服务的性质，这样可将财政支出分为国防支出、社会支出、经济支出和行政支出；有的根据支出目的分类，将财政支出分为基本设备支出、劳力支出、服务支出和保险支出；有的根据组织单位分类，将财政支出分为政府各部门的支出、地区的支出等；有的根据支出有无补偿，将财政支出分为购买性支出和转移性支出；有的根据支出的利益，分为一般利益支出和特殊利益支出，前者如国防、警察、司法、行政管理支出等，这些支出项目的受益对象为全国人民；后者包括教育、医药、居民补助和企业补助等，这些支出的受益对象为一部分人民。

例如，美国中央统计局将公共支出作如下分类。

1. 政府费用支出

(1) 各部经常业务和维持支出：① 政府总支出。② 保护生命财产支出。③ 保健支出。④ 环保卫生支出。⑤ 公路支出。⑥ 慈善事业、医院和教养支出。⑦ 教育支出。⑧ 文化娱乐支出。⑨ 其他支出。

(2) 公共服务事业的经常业务和维持性支出。

(3) 利息支出。

(4) 资本支出。

2. 非政府费用支出

(1) 公债支出。

(2) 转移支出。

(3) 调换债券基金。

(4) 信托基金及其他。

现在多数学者主张根据政府的职能分类，将财政支出分为国防、对外事务、能源、教育和培训、雇佣和社会服务、保健、社会保险、退伍军人救济金和服务、司法行政、农业、自然资源和环

---

① 由于统计和体制因素，转移性支出没有包括社会保障支出和政府间的转移性支出。以2003年为例，如果将社会保障支出(社会保障补足1 262.12亿元)考虑进来，则转移支付占财政支出的比重将达到22.95%。

保、商业和住宅信贷、运输、地区发展、一般财政补助和政府费用、一般科学和空间技术、津贴补助、债务利息等。这种分类有助于广泛了解政府的支出情况，但无助于达到其他目的，故也有经济学家主张将财政支出按政府的机构分类。

四、我国财政支出的方式

（一）无偿拨款

财政资金的性质决定了财政支出应该采用无偿的方式，因此无偿拨款是财政支出的基本方式。目前我国财政对于非建设性支出采用无偿拨款方式进行；对于没有还款能力的建设性支出项目，也采用无偿拨款方式。

（二）有偿贷款

有偿贷款又被称为财政贷款。如果对建设性支出完全采用无偿拨款方式，可能会导致各地方政府、各主管部门和各国有单位争项目、争投资，使国家有限的财政资金使用效益不高，浪费严重。为了解决这个问题，从1979年开始，我国对于有还款能力的经济建设项目，进行改无偿拨款为有偿贷款（简称"拨改贷"）的试点工作，从1985年开始对于有还款能力的经济建设支出项目全面推广"拨改贷"。尽管财政贷款与银行贷款存在本质区别，它并非以追求利润为目的，但对使用贷款的单位来说，毕竟要还本付息，因此使用单位的压力较大，这样有利于提高财政资金的使用效果。

（三）补贴支出

财政补贴支出是财政支出的一种特殊支出方式。我国财政补贴的方式主要有：价格补贴、企业亏损补贴、财政贴息等。直到目前，财政补贴涉及范围广，补贴数量多，占财政支出的比重高。从20世纪80年代中期到90年代初，财政补贴支出占财政支出的比重为1/3，这种补贴不仅无益于商品价格体系的理顺，而且还使国家财政背上了巨大的包袱。随着市场化改革的深入，在价格改革的同时，对财政补贴也进行了改革，财政补贴的范围和数量逐年缩小。随着我国价格体系的进一步理顺，支持原价格体系的财政补贴项目和数量还会进一步缩小，将补贴资金主要用于市场失灵、属于经济发展和社会稳定所必需的项目上。

第二节　财政支出的原则

一、公共财政支出的基本原则

印度财政学者薛莱士（G.G.Shirras）与英国财政学者毕佛瑞（W.Beveridge）提出了几条财政支出需要遵循的原则。薛莱士的财政支出原则主要如下。

（一）利益原则

财政支出的利益原则是指政府的财政支出应以社会最大多数人的最大幸福为前提。例如对外抵御侵略、对内维持安定、增进社会生产、平均国民所得，都是最大社会利益的理想原则。因此，财政支出不能考虑某些特殊私人、集团或阶层的利益而使资金分配产生人为的倾斜。虽然财政支出不能考虑某些特殊私人、集团或阶层利益，但只要在这些人、集团或阶层上的支出能够有利于整个社会利益的增进，也应列入财政支出。例如对某些私人企业以补贴，能够扩大就业、稳定经济;对发明创造者的奖励,将会鼓励科学技术的创新。

(二) 经济原则

经济原则也被称为节约原则。经济或节约原则要求财政支出应做到:增加生产支出、削减消费支出,讲求支出效果,监督支出用途,防止铺张浪费、随便挪用资金、挤占资金,等等。

(三) 法定原则

政府所要做的事情很多,但财政收入是有限的,政府往往是以法律的形式,规定哪些是首先必须满足的,哪些是以后可以满足的,哪些是不可以安排的。财政资金按法律规定的程序和用途进行分配,就是支出的法定原则。

(四) 剩余原则

剩余原则是指政府财政必须保持有适当的剩余,以避免因预算的不足而增加国民负担,导致政府开支的浪费。

毕佛瑞提出了财政支出三项原则,这三项原则是建立在凯恩斯思想基础上的:① 为了达到充分就业,需要扩大公共支出的原则。② 根据事项的轻重缓急来决定经费支出的多少与先后,这就是优先的原则。③ 政府的经常性支出,应由赋税收入来供应;资本性支出,一般指有益性的投资应由公债资金来供应。这三项原则从支出的目的、方向及财源方面做出概括并做出具体规定。这些原则对财政支出政策的具体实施颇具价值。

目前西方财政理论中比较普遍奉行的财政支出原则主要有效益原则、公平原则和稳定原则。市场机制的调节,导致了私人或企业注重局部利益和具有内部效益商品的生产以及事业的兴办,而某些具有显著外部性效益的事业如公共工程、教育、公共卫生等,私人或企业就不愿意兴办或投资,这时为了达到社会整体效益的最大化,财政支出应该主要用于私人不愿意干的事情,从而达到局部效益和整体效益、内在效益和外在效益的平衡,以弥补市场机制调节的不足,增进社会效益,这就是支出的效益原则。支出公平原则主要是对低收入者实行补助的原则,以缓和阶级矛盾和冲突。财政支出的稳定原则,就是指通过财政支出杠杆来调节资本主义经济周期,时而扩大支出,时而收缩支出,以调节市场的供求,避免经济大起大落,促使经济稳定发展。

二、收支关系协调原则

收支关系协调涉及"量入为出"和"量出为入"两个方面。

所谓"量入为出",就是根据财政有多少收入安排多少支出,坚持收支平衡,不搞赤字。如果确有必要的支出项目不得不安排,并且满足这些支出可能导致收不抵支时,就要对支出项目进行重新审查,根据轻重缓急砍掉一些尽管是必要的但不是急需的项目,力求不出现赤字或少出现赤字。如果万一出现了赤字,必须通过发行国债的方式,及时使赤字得到弥补。简而言之,量入为出就是有多少钱办多少事。

所谓"量出为入",是根据支出所需要的多少来安排收入。当支出需要超过收入时,便安排筹措更多的收入,来满足支出的需要。当支出超过收入出现赤字时,便通过发行国债来弥补赤字。

资本主义国家财政支出的基本原则在不同的时期有着本质的区别。在自由资本主义时期,受亚当·斯密理论的影响,资本主义国家的财政支出一般坚持量入为出的基本原则,不搞赤字财政预算。资本主义进入垄断阶段以后,周期性的经济危机日益严重,尤其是20世纪

20年代末开始的经济大萧条,使资本主义国家预算的指导思想发生了本质变化。在凯恩斯理论的指导下,财政支出量出为入原则代替了量入为出原则,而量出为入的结果,往往是财政赤字规模巨大、持续时间长久。因此量出为入也就成为资本主义国家安排财政支出时所遵循的一条常规性原则。

新中国成立以来,量入为出的原则一直是我国奉行的财政分配原则,因为从我国的国情出发,我们不存在用赤字财政政策调节经济的经济基础和经济条件。如果我们不考虑经济的客观状况,违背经济规律去搞赤字财政政策,最终必然会影响经济稳定、社会稳定与政治安定。

量入为出是我国安排预算时遵循的基本原则,也是我国财政支出的指导思想,但量入为出并不意味着国家财政要年年实现收支平衡,并略有结余。因为从一年来看,略有结余是合适的,并不会导致财政资金的浪费,但从若干年看,如果财政严格按收支平衡、略有结余的原则安排支出,势必会出现财政的大量结余,结果造成本来就有限的财政资金以及与其相匹配的物资的大量浪费。因此,为了使财政资金得到充分的使用,提高财政资金的使用效益,在量入为出原则的指导下,财政收支略有盈余和略有赤字可以交替出现,以上年的盈余弥补下年的赤字。

我国从新中国成立到1978年,财政支出不仅在指导思想上坚持量入为出,政策实践上也基本按量入为出的原则去做。在这一时期,财政盈余和赤字基本是交替出现,弥补赤字的方法是以财政结余来进行。从1979年开始至2011年,这33年中财政有32年赤字,且赤字的绝对量日益增加。也就是说,从20世纪70年代末期开始,我国财政已很难做到量入为出,坚持收支平衡的原则了。这种现象的出现有其深刻的历史背景。从改革开放时起,我国开始解决几十年来积累的老问题,改变不合理的价格体系,增加职工工资,较大幅度地调整了不合理的分配格局;为增加商品供给,大量增加轻工业和农业的投资。在财政支出不断增加的同时,财政收入的增幅相对逐年放缓,其结果必然是财政赤字。这种财政赤字是在我国经济转轨时期的迫不得已之举。1997年以来,我国宏观基本面出现了新的变化,相当部分商品总量从供不应求变为供大于求,同时,为满足各方面发展的需要,我国经济发展速度必须保持在一个较高的水平。而在面临着周边国家金融危机、货币贬值对中国商品出口产生负面影响的情况下,扩大国内投资、拉动国内需求以刺激经济增长就显得尤其重要。在这种经济环境下,1998年国家采取了积极的财政政策,适当扩大基础设施建设的投资支出,从而拉动国内的投资、消费需求,以保持适当的经济发展速度。类似的背景,同样的政策在2008年又开始执行。当然从长期看,随着我国市场经济的建设和各方面关系的逐步理顺,财政赤字将逐步缩小直至最终消除。

三、优化支出结构原则

优化支出结构包括两方面的含义,一是指合理确定财政支出的项目以及各项财政支出的规模;二是指正确安排财政支出中的各种比例,使之实现结构的最优组合,以促进经济的协调发展。

(一)财政支出的越位和缺口

要说明合理的财政支出项目以及各项支出规模的确定问题,首先必须明确财政支出的越位和财政支出的缺口两个概念。所谓财政支出的越位是指财政支出了不该由财政支出的项目,或者财政应该少支出而实际多支出了。如果财政支出出现越位,不仅造成有限的财政资金的浪费,同时也意味着政府职能的越位,出现过多的行政干预,对微观经济主体从事社会、经济活动产生负面影响。所谓财政支出的缺口是指财政没有支出应该由财政支出的项目,或者财政应该多支出而实际少支出了。如果财政支出出现缺口,意味着政府执行正常的职能在资金上未能得到充分的保障,会影响到各项公共事业的顺利进行和社会经济持续、健康的发展。

在支出的越位方面,比较典型的是经济建设方面的支出。在计划经济时期,财政几乎包揽了所有的经济建设项目,90%以上的投资资金来自于国家财政预算。经过20世纪80年代以来数次的投资、融资体制改革,财政的投资范围有所缩小,但与目前政府经济职能的转变相比,财政投资的领域仍然偏大,比如说纯粹生产私人产品的生产性投资,应该由微观经济主体在市场的引导下进行自主投资,政府的财政投资应该从这个领域中完全退出,而将有限的建设资金投向公共项目,同时还要通过制定各种优惠政策吸引其他主体的资金投资。随着政府经济职能的转换和政企的逐步分开以及国有经济的退出,建设性支出越位的问题将会得到解决。财政支出越位的另一典型表现就是行政管理支出规模过大。由于我国在行政管理方面机构臃肿、编制过多的问题比较严重,导致国家财政用于满足"吃饭"问题的支出规模居高不下,很多地方基层财政因此变成了纯粹的"吃饭财政"。其结果必然是挤占宝贵的财政资金,使其他方面所必需的投资资金得不到保证。如果进行彻底的机构改革,同时对消费性的拨款单位进行改革,那么"吃饭财政"中存在的支出越位问题也会得到改变。

支出的缺口问题也同样存在。比如说我国的社会保障支出远远不足。从1997年开始,在城镇地区逐步建立起来了养老保险制度、失业保险制度、医疗保险制度等保险制度,社会福利制度在县级以上的城镇地区也已经建立起来,但各种社会保障的覆盖面有限,保障程度也不高。尽管社会保障基金所需要的资金可以通过向劳动者及其所在单位征收社会保险税的方式来筹措,但这并不意味着财政可以对社会保障撒手不管。当社会保障基金收不抵支的时候,需要国家财政通过拨款的方式予以解决。各种社会福利所需要的资金,应该全部由国家财政以拨款的方式予以满足。通过财政的这种转移支付,既可以在一定程度上缩小社会分配的差距,同时又可以避免因各种改革措施的实施而可能引起的社会震荡。目前我国的社会保障支出缺口很大,为了保证各项改革政策的顺利实施,国家财政加大对社会保障支出的力度是非常必要的。

财政支出的缺口还表现在其他方面,比如教育中的基础教育支出问题。20世纪90年代初,我国通过了《义务教育法》,但至今为止,在一些经济欠发达地区,财政对基础教育所需的资金拨款不足,导致部分适龄儿童不能如期入学。教育是一国的立国之本,基础教育尤其重要,因此国家财政填补基础教育的资金缺口乃是当务之急。

(二) 宏观总量平衡

积累和消费(即投资需求与消费需求)是国民经济中直接影响总量平衡的最重要的比例关系。在市场经济中这个比例不是事先安排的,而是最终形成的,但财政安排可以起导向作用。为此,在安排财政支出时必须注意以下几点:

(1) 财政支出顺序的安排和控制。在安排财政支出时,要保证必不可少的各项支出,先要安排好消费性支出。消费性支出可分为维持部分和发展部分。维持部分是维持上年已经形成的消费水平,在正常情况下这部分是难以压缩的,属于最低限度的消费性支出,应当首先予以保证,然后才能安排积累性支出。在安排积累性支出的同时,还必须相应地增加消费性支出中必不可少的发展部分。积累性支出中,储备资金和必不可少的流动资金属于保证当年生产所必需的,应当优先安排。更新改造资金和基本建设支出都属于固定资产投资,最终形成固定资产。因此应当根据先更改后基建的原则,先保证更新改造资金的需要,再安排基本建设支出。

(2) 基本建设投资资金的综合平衡。正确处理财政支出的积累与消费比例关系,关键是要处理好基本建设支出与其他方面支出的关系。这是因为,基本建设支出是财政积累性支出的主要部分,基本建设支出占财政支出的比重,对积累率的高低以及积累与消费比例关系的形成都有重要的影响。在目前的投资体制下,用于基本建设方面投资的资金来源是多渠道的,预算内资金只是其中的一部分,此外还有预算外资金、企业资金、银行信贷资金和利用外资等。在社会资金总量既定的前提条件下,这些资金之间存在着相互消长的关系。因此,财政安排基本建设支出时,要考虑到国家财政的投资资金与其他各投资主体之间的资金进行综合平衡,否则,仍然有可能造成基本建设投资规模过大的不良后果,而且也可能会造成重复建设。同时,还要对基本建设投资的资金和物资进行综合平衡。用于基本建设投资的资金最终要用来购买设备、材料等生产资料和通过支付建筑工人工资形成对消费品的需求。如果基本建设规模过大、资金过多,超过了物资供应的可能,就会挤占更改、维修资金,造成物资供应紧张,影响社会的生产和人民的生活;造成基建战线过长,延长建设周期,影响投资效果。

(三) 国民经济各部门之间的比例关系

国民经济的协调发展要求各部门之间必须保持恰当的比例关系,为此,在安排财政支出时,必须按照客观存在的比例关系要求,按比例分配财政资金。这里最重要的是处理好两个方面关系。首先是农、轻、重之间的比例关系。农业是国民经济的基础,农业的发展状况制约着国民经济其他方面的发展。安排财政支出时,首先要安排好农业发展的资金支出,并使其逐年保持一定的增长速度。其次是处理好基础工业和加工工业的关系。基础工业是为整个工业提供原料和能源的,因此,在财政支出中应以基础工业为重点,尤其是能源工业,它是国民经济的先行官,能源不足,即使有生产能力也不能正常发挥出来,所以,开发能源的投资也要优先保证。而对加工工业的投资应该适当控制。

(四) 生产性支出与非生产性支出之间的比例关系

过去,在较长时间内,由于我们过分强调生产性支出,忽视非生产性支出,不仅影响了人民生活的改善,而且也影响到生产建设的发展,如多年来我们在文教、卫生、住房建设方面积累了大量的"欠账",这说明二者之间的关系是不协调的。要保证二者之间关系的协调,一般情况下,合理的消费性支出应该优先保证,在新增的用于满足生产性支出需要的同时,也要合乎比例地安排好各种非生产性支出。生产性支出的优先增长,会加速国民经济,特别是工农业生产的发展。国家的物质基础雄厚了,就可以促进各项事业的发展,包括非生产性建设事业的发展。但是非生产性支出也不是可有可无或可多可少的,非生产性支出也是进行扩大再生产的必要条件,尤其是有助于劳动力素质提高的教育、卫生等设施的建设,需要优先加以保证。科学技术是第一生产力,是我国能否实现现代化的关键,故财政应该较大幅度地增加发展科学技术的投资,加速我国科学技术的现代化建设。而对行政管理等支出,应该在讲求实效的前提下,最大限度地节约。

四、经济效益原则

我国财政支出一直强调厉行节约、讲求效益的原则,即经济效益原则。我们面临的现实是一方面财政资金不足,一方面又存在着大量的浪费,财政资金使用效益不高。这就提出了厉行节约、讲求效益的要求。

厉行节约、讲求效益就是要求坚持艰苦创业、勤俭办一切事业。这里所说的效益既包括经济性支出的效益,也包括非经济性支出的效益。从经济性支出来看,财政支出方式的"拨改贷",对有还款能力的经济建设项目投资,采取财政资金有偿使用的方法,这本身就是节约使用财政资金、提高财政资金使用效益的措施;在非经济性支出方面,精简机构,提高办事效率也是节约资金、讲求效益的一项措施。从当前情况看,尽可能理顺财政支出结构,采用科学的方法来确定各支出项目的合理规模,是节约使用财政资金、提高财政资金使用效益的关键内容。另外对于财政的投资项目要实行投资决策民主化、科学化,改革投资体制也是讲求效益的一种方式;对于非建设性支出,要制定有效地对资金使用主体的约束机制,同时在资金使用过程中加强财政的监督力量。

西方公共财政理论也提出了经济效益原则。西方国家的公共支出可以分为两类,即购买性支出和转移性支出。前者是把资源直接置于政府的配置之下,将资源在政府各部门之间进行配置,作一次性使用;后者是政府将其财政收入在社会成员之间进行再分配,将税收在社会上作个人之间的转移。无论是属于哪一种支出,财政支出都要通过成本—效益分析法来增强政府对各项支出的选择性,通过对公共支出项目的各种成本、效益(包括直接的和间接的、短期的与长期的、内部的和外部的、微观的和宏观的等)进行综合分析,评估公共支出方案的得与失,为决策者提供丰富的资料,以提高他们的决策水平,从而提高公共支出项目的经济效益。

第三节 财政支出的结构优化

财政支出的增长是社会事业发展和政府职能转型的客观要求。面对规模日益庞大的、由纳税人缴纳的财政收入,如何使用得当、分配合理,使政府向社会提供的公共品和公共服务完全与公民的偏好与需求一致,是摆在政府面前的头等大事。因此,财政支出结构的合理和优化自然成为财政支出工作的核心。如果财政支出结构不合理,财政支出的综合效益则不可能得到提高,必将造成巨大的浪费,同时也不能满足公民对政府服务的需求。

经济体制改革实践表明,只有构建具有中国特色的公共财政体制,才能规范政府财政的支出行为,促进市场经济的发展。在发展市场经济的今天,我们要处理好财政经济建设性支出与社会性支出的关系,以保障在社会主义原则下推进市场经济的步伐。

一、财政支出结构优化的意义

财政支出结构是根据政府的宏观社会经济目标安排的财政各项支出的数量比例关系,因此,财政支出结构的选择不仅会影响财政职能的发挥,而且将直接和间接地影响社会经济结构各个方面,包括社会总供求结构、产业结构、社会技术水平构成以及社会事业各个方面构成。

(一) 促进财政职能的转变

为保证和促进我国市场经济体制的建设与发展,必须进行政企分离,因此政府财政职能的转换尤其重要。随着我国社会主义市场经济的发展,财政职能有了很大的变化,从过去的建设性财政转变为公共财政。为实现财政职能的转换,财政支出结构必须进行调整。

由表6-3可见,我国财政经济建设性支出比重从改革前的近60%下降到"十五"时期的31.33%,下降了近30个百分点。同时,财政不断加大对教育、科学等领域的投入,特别是"九五"时期以来,社会文教支出增长比较明显,从改革前的平均15%,上升到"十五"时期的27%左右,提高了12个百分点。

表6-3　中国各时期财政支出的结构　　　　　　　　　　　　　（单位:%）

时期	经济建设费	社会文教费	国防费	行政管理费
"四五"时期	57.7	10.9	19.1	5.0
"五五"时期	59.9	14.4	16.4	5.3
"六五"时期	56.1	19.7	11.9	7.8
"七五"时期	48.4	23.2	9.1	11.8
"八五"时期	41.5	25.7	9.5	13.8
"九五"时期	39.2	27.0	8.6	15.0
"十五"时期	31.33	26.84	7.71	18.76

资料来源：根据《中国财政年鉴2004》计算得出。

显而易见，财政支出结构的变化促进了财政职能的转型，使得财政职能与市场经济发展愈加吻合，为我国社会主义市场经济的发展奠定了良好运行基础，充分体现出我国公共财政体制的内涵。

（二）优化经济结构

由于我国正处在经济转轨时期，市场体系不发达，市场体制的独立调节能力仍比较弱。因此，政府仍须以财政支出结构控制为主要工具，通过财政支出结构的调整，配合市场体系的完善，促进资源向市场失灵的产业、领域等流动，实现经济结构的优化组合。

财政支出结构对经济结构的影响作用有直接影响和间接影响的区别。

购买性财政支出，在发生购买时便形成当期总需求。在社会经济中，社会总需求与社会总供给平衡是保证国民经济持续发展的前提条件。当两者失衡时，政府通过直接购买支出的调整和控制，可直接对社会总需求产生影响，从而直接达到促进社会产品总供需平衡的目的，促进经济社会的稳定发展。另外，通过财政购买性支出所形成的采购产品类别、采购定单向不同地区的分配，将会引起产品结构、生产部门结构、各地区的生产能力结构等的变化，并使之趋于合理和优化。

财政转移性支出，即收入再分配，可以调节需求总量和改变需求结构，社会需求的变化进而要求供给结构，包括部门结构、产品结构等与之相适应，从而影响到经济结构。

财政投资性支出将会从需求和供给两方面对经济结构产生影响，其特点在于直接影响生产力布局，影响产品生产结构和产业、部门的发展状况。而且，财政投资支出会引导私人投资方向，共同决定下一个时期供给能力构成，从而影响长期经济结构的各个方面，包括产业结构、部门结构、产品结构、地区结构和所有制结构等。

财政支出结构合理安排对经济结构优化配置所产生的作用及影响，在各国政府的财政实践中时有体现。例如，美国联邦政府在"二战"时期把大部分军事订货分配给西部，西部得到军事订单后，其军事工业，特别是航空和造船工业迅速发展，航空港、军用公路建设加快，石油工业、化学工业及黑色冶金业得到较大发展，工业结构中采掘业比重下降，制造业比重上升。"二战"结束后，日本钢铁工业百废待兴。政府为支持其发展，直接对之进行财政资金分配，政府直接的财政支出投入钢铁工业的资金高达10%，并由此引导民间资金不断涌入，使得日本钢铁工业迅猛发展。

(三) 繁荣社会事业

随着社会生产力水平的不断提高,公众对政府提供社会事业方面服务的要求也不断提高,财政支出中用于这方面的开支比重也相应提高。

社会事业类的财政支出对经济、社会发展起到直接和间接的重要影响作用。社会事业类支出一般包括文化、教育事业、科技发展、社会福利事业等财政支出。这些方面的财政支出既体现了政府在市场经济中的公共品提供职能,又反映了该国社会文明进步程度。良好的文化、教育、科技、卫生事业以及福利水平,不仅能够促进劳动力素质的提高,而且可以为资本投资、物质生产、科技创新创造优良的环境。

我国财政的这类支出在总支出中的比重逐年增长,根据表6-3的有关数据,社会文教费随经济发展和社会进步,在财政支出中日益成为一个较大的项目。反映在比重上的变化,从"六五"时期开始,该支出项目的比重就超过20%,到目前该比重已达到财政支出的近1/3,这无疑对我国各项社会事业的发展起到推动作用。

在财政社会事业支出中,我们尤其要重视教育、科技和社会保障支出。科教兴国是实施我国经济建设战略发展的主导思路,社会稳定是我国经济可持续发展的政治基础。虽然近年来我国的财政社会事业支出有了较快的增长,但与国外相比较,仍处在较低水平(见表6-4)。

社会事业方面的财政支出虽然不会产生直接的经济效益,但从广义上讲,它是一种特殊的投资,即良好的教育、文化设施以及医疗卫生环境,能为经济建设提供更高质量的劳动者,构建各项事业发展的优良环境,这对于社会发展的意义更为重大。同时,在政府支持下健全社会保障体系,可以解决许多经济、社会发展中产生的问题,有助于减少发展障碍,促进经济的持续增长。因此,我们应当进一步提高科技、教育、卫生等方面的财政投入,增强社会保障的政府扶持力度,以确保我国经济的持续稳定发展,早日实现全面进入小康社会的宏伟目标。

表6-4 中央财政社会事业主要支出占财政总支出的国际比较(1991—1995年) (单位:%)

等级	国家	教育支出	医疗卫生支出	社会保险与福利
高收入国家	美国	1.8	16.9	28.5
	德国	0.8	16.8	45.3
	日本	6.2	1.5	37.5
	韩国	18.8	1.1	10.0
中等收入国家	巴西	3.5	5.9	30.6
	希腊	8.2	7.7	14.2
	泰国	21.3	7.6	3.6
	菲律宾	15.7	3.8	2.7
低收入国家	肯尼亚	5.6	20.3	0.1
	尼加拉瓜	15.4	13.4	16.3
	斯里兰卡	10.2	5.5	16.9
	中国	2.4	0.4	0.1

资料来源:世界银行:《1997年世界发展报告》,北京:中国财经出版社,1997年版。

二、中央与地方的财政支出结构

国家政治制度以及中央与地方政府职能的划分决定了中央与地方财政支出结构框架。中央与地方财政支出结构反过来又促进中央地方各级政府社会经济职能的完善。

在计划体制下，中央高度集权，中央对地方事权和财权的划分是高度一致的，地方政府的职能就是执行中央下达的任务，没有其独特的职能。在社会主义市场经济条件下，地方政府的利益逐渐清晰起来，要求地方政府拥有相对独立的事权和财权，并有一定的自主决策权，于是地方政府在自发地追求本地区繁荣的同时，其经济行为演化出地方利益最大的倾向。在这种情况下，应对中央和地方各自的政府职能进行界定和划分，防止和减少中央与地方政府职能相互交叉的现象。

按照社会主义市场经济的客观要求，一般而言，有关收入分配和宏观调控以及涉及全国利益的权限，应当划归中央政府的职能；有关地区利益分配、地方资源配置的权限，应当归属地方政府的职能；有关区域社会经济的资源配置和调控职能，应当在中央指导下，由中央和地方协同调节。

市场经济发展必然会产生收入差距的扩大，导致生产要素的不合理流动，包括人力资源和资本的流动，使得地区间经济发展的不平衡现象加剧。因此，从全国一盘棋角度考虑，此职能应由中央来执行，当然各地方可以掌握地区内部的收入分配调节职能。

由于社会经济的各类资源属于各级地方辖区，具有较强的地域性。出于对资源构成情况、地区发展的实际需要等各种信息的敏感性与及时性的考虑，地方政府较适宜直接掌握本地区的资源配置权。当然，中央具有对涉及全国范围内资源配置的宏观调控权。因此，该职能应本着效率与公平兼顾的原则，在中央和地方之间划分。

宏观调控职能是一项超出地域限制的政府事权，政府行使该职能的经济手段主要是财政政策与货币政策，对经济实行反周期操作。在经济衰退时，刺激需求，带动供给，加速其复苏；在经济过于繁荣时，稍微紧缩，抑制需求，使经济平稳发展。由此看出，行使或操作此工具的主体应当是中央政府，这样可以保持政策的统一与全国经济的稳定。如由各地自行实施反周期操作，则会因各地发展不均衡，引起地区间经济的摩擦和矛盾。

中央和地方政府的职能的科学划分，奠定了中央和地方财政结构的方向，即各级财政支出反映与政府级别相适应的收入分配职能、调控经济职能和资源配置职能。地方财政支出要体现对本地区收入分配以及经济发展的调控作用，最重要的是体现对本地区资源的配置职能。中央财政支出相应体现的是全国范围的收入分配、经济调控职能以及关系到全体人民利害关系的资源配置职能。

由表 6-5 可以看出，我国中央财政支出主要侧重于维护国家整体利益的支出项目，例如，全国性的重大基本建设支出，包括跨地区的和涉及国家整体利益的大型基础设施、基础产业方面的基建项目。虽然从整体上看，中央财政基本建设支出比重略有下降，但仍然占有近50%的政府基建份额。能够体现中央财政主导作用的财政支出是国防支出，占到99%，说明此项支出是关系到全国人民共同利益的，必须高度集中。由于我国的市场机制尚不完善，面临国际竞争的压力愈益加大，因此需要从维护国家整体利益角度出发，对某些行业和环节增强财政补贴力度，中央财政补贴增长尤为突出，20世纪90年代，我国的政策性财政补贴增长了186%，其中，地方财政补贴增长了118%，中央财政补贴增长了625%。为了维护全国统一市场秩序，中央财政有责任通过财政补贴手段来均衡全国的福利水平以及缓冲区域经济差异,因此,中央财政补贴的比重得到大幅度提高,从1991年的13.4%上升到2003年的38.5%,增加了近2倍。

表6-5 我国中央和地方财政支出比重结构　　　　　　　　　　（单位:%）

比重年份 项　　目	1991中央	1991地方	1992中央	1992地方	1993中央	1993地方	1994中央	1994地方	1997中央	1997地方	1999中央	1999地方	2003中央	2003地方
一、综合支出	32.2	67.8	31.3	68.7	28.3	71.7	30.3	69.7	27.4	72.6	31.5	68.5	30.1	69.9
二、基本建设支出	65.3	34.7	59.7	40.3	52.3	47.7	54.2	45.8	42.7	57.3	49.8	50.2	44.4	55.6
三、企业挖潜改造支出	6.0	94.0	5.3	94.7	6.8	93.2	11.3	88.7	8.1	91.9	8.7	91.3	24.6	75.4
四、工业、交通、商业部门支出	28.4	71.6	31.6	68.4	31.5	68.5	36.5	63.5	41.1	58.9	31.2	68.8	10	90
五、支农支出	9.4	90.6	10.2	89.8	10.0	90.0	11.2	88.8	10.0	90.0	10.1	89.9	11.9	88.1
六、文教支出	11.8	88.2	11.4	88.6	10.8	89.2	10.8	89.2	9.8	90.2	10.7	89.3	11.3	88.7
七、抚恤和社会救济费	0.8	99.2	1.0	99.0	0.9	99.1	1.0	99.0	0.8	99.2	0.2	99.8	1	99
八、国防支出	99.1	0.9	99.2	0.8	99.2	0.8	99.3	0.7	99.3	0.7	99.3	0.7	98.8	1.2
九、行政管理费	9.0	91.0	8.5	91.5	8.2	91.8	8.1	91.9	6.7	93.3	7.6	92.4	19.5	80.5
十、补贴支出	13.4	86.6	16.9	83.1	25.8	74.2	29.5	70.5	40.4	59.6	45.0	55.0	38.5	61.5

资料来源:根据《中国统计年鉴2004》数据计算整理。

地方财政支出主要是从地区利益角度出发,负责地方政府及其所属行政机构的经费,地区性安全、法制机构等的支出,地区性的教育、卫生、医疗、文化、环保等社会事业的支出。这类事业的特征是地方利益性强,与地方资源利用具有较强的相关性,所以传统上主要由地方财政支付。改革开放以来,从总体上看,我国地方财政支出在国家财政总支出中的比重有了较大的提高,从1978年的52.6%上升到2003年的69.9%,提高了17.3个百分点,显然在很大程度上增加了地方的财政自主权,调动了地方的积极性,但是由于中央、地方的事权界定没有相应调整,所以事权和财权的关系仍不很清晰,财政收支因此也未能真正配合事权有效地进行,仍存在众多中央政府的"缺位"和地方财政的"越位"现象,使得中央财政的宏观调控能力有所削弱。近年来,在我国经济高速增长的前提下,我们进行了一些必要的调整,使中央财政支出比重得到了一定的提高,2003年中央财政支出比重达到30.1%,在一定程度上增强了中央政府的宏观调控和协调的职能。

三、财政支出结构的调整

判断一国财政支出结构是否合理,应从三个方面考察:一是政府所追求的主要经济和社会发展目标;二是该国经济发展和体制变迁所处的阶段;三是财政支出各项目间的相对增长速度。我国通过 30 多年的经济发展和体制改革,现有的财政支出结构水平基本能够达到一定经济发展水平下政府对经济建设的支持作用。随着社会主义市场经济体制建设的深入,面对经济全球化,我们在构建我国的公共财政框架的同时,需要调整好财政支出结构,以加强政府的宏观调控能力和支持国民经济的可持续发展。

(一)经济建设支出的调整

近年来,财政支出中经济建设项目支出的比重呈连年下降趋势,当然这与我国计划体制向市场体制转轨进程有关,是正常的现象,但是,财政经济建设支出的长期低迷,造成了我国基础产业发展的瓶颈,特别是我国经济全面对外开放后,将会出现投资环境建设的滞后现象,尤其是在中西部地区和广大的农村地区。由于单纯依靠优惠政策吸引外资受到一定的制约,更显现出投资环境的不足。因此,在我国目前许多基础设施、基础产业缺乏资金投入时,政府财政应起到弥补市场缺陷的作用,适当增加财政对基础项目的投入,保持合理的经济建设方面的支出水平,并控制其合理投向。

我国现今仍处在经济发展水平不发达的阶段,国家干预机制仍未能完全像经济发达国家那样通过市场机制的传导进行,因此国家干预还是较大程度地反映在政府财政支出上,现阶段的一定时期内我们仍需保持国家对经济建设的直接投入,但对于支出的投向结构一定要控制在市场配置资源无效或低效的领域,如基础设施、产业环境建设和风险特别高的高新技术领域等。

(二)科技教育支出的调整

长期以来我国政府把发展科技教育事业视为基本国策,从中央到地方的各级财政把科技教育支出列为优先确保的支出。20 世纪 80 年代初,国家财政的科教事业费不足 130 亿元,2009 年达到 13 182.07 亿元。时至今日,财政科教支出已成为国家财政支出中的第一大项。从地方财政角度看,科教支出占国家财政该项总支出的比重更高,2009 年达到 84.82%;同年该项支出占地方财政支出的比重为 18.32%。

从现有财政科教支出结构看,中央财政的科教支出主要投向重大科研项目和非义务教育,地方财政的科教支出主要投向地方科研项目和义务教育。可见我国科教支出的地区和部门隶属性较强,支出项目过多,支出金额分散。因此,我国的财政性科教支出应当在总量增长的基础上,进行结构性调整。首先要解决财政科教支出中人员经费比重过高和投资方式单一的问题,适度压缩科教投资的人员经费,增加基础设施条件的投资。其次,在高等教育领域,财政资金投入的一部分可改为有偿投入,以低息或无息形式把钱贷给低收入和中等收入家庭子弟;在政府教育支出的总体投向上,更要解决基础教育和高等教育两者本末倒置的问题。第三,重视应用型科技项目的投入和科技与现实生产力转换环节的投入。

(三)行政管理支出的调整

改革开放以来,虽然我国进行了若干次行政机构改革,精简了一批行政机构和人员,但是财政行政经费支出比重增长的势头不但没有相应减少,而且有较大幅度增长。行政管理经费占财政总支出的比重从 1985 年的 4.7% 上升到 1991 年的 10.1%,1999 年已升至 11.6%,15 年间提高了 7 个百分点。2003 年为 8.35％,这种相对量的下降与同期进行的行政机构改革有关。

从财政行政管理支出的变动趋势来看,在 20 世纪 80 年代之前较为平稳,此后,特别是进入 20 世纪 90 年代以来,该类支出在总支出中所占的比重一路攀升,增长速度远远超过其他项目。近年来我国行政管理费的扩张主要因素在于人员方面经费的增长。现实中存在着机构膨胀、效率低下、权力相互牵涉、关系复杂、服务质量不高等问题。然而,行政管理费支出迅速增长并不能带来高效率和高质量的政府服务,并对其他用途财政支出有一定程度的"挤出"作用。因此,应适当地控制财政总支出中用于行政管理方面开支的比重,并调整该支出内部各项目构成的比重。在明确政府职能的前提下,精简机构、控制行政机关人员、削减集团消费性支出,加强财政管理,是进一步优化财政支出结构的必要措施。

(四) 社会保障支出的调整

多年来,在我国财政支出体系中把社会保障事业排除在外,交由企业和主管部门负责,实践证明,这种做法不利于社会公正以及人民的基本保障。因此,在财政预算中,安排社会保障支出是构建中国公共财政的必然选择。当然,中国的国情决定了社会保障制度应有中国特色,它不可能像西方发达国家或福利国家那样。

鉴于以上认识,我国财政从 1997 年开始全面参与了社会保障体系的建设。从总体上看,社会保障支出占财政支出的比重在逐步提高。1999—2003 年中各年财政社会保障支出[①]分别达 505 亿元、739 亿元、982 亿元、1 362 亿元和 1 760.94 亿元。2000—2003 年,社会保障支出保持高速增长势头,分别增长了 46％、33％、38.6％和 29.3％。与此相适应,财政支出中的社会保障支出比重也得到提高。关于财政社会保障投入的方向,除了常规的支出项目外,为配合企业改制的顺利进行,财政参与了各级政府再就业服务中心的建设,再就业服务中心所需资金的很大一部分源自国家财政,其中中央财政负担中央企业,地方财政负担地方企业。另外,为了确保低收入阶层的基本生活保障,近年来,国家财政设立了帮困基金,各级财政分别把这部分资金列入预算。对那些因经营困难而暂时发不出工资的国有企业,国家财政拿出一些资金贴息,帮助企业从银行贷款发工资。国家各级财政还拨付一定数额专项资金用于下岗职工分流安置费。上述这些措施对缓解失业人员和低收入阶层人员的生活困难起到了重要作用,使这些人员感受到政府和社会的关心,从而为改革的推进创造了相对稳定的条件。

---

① 财政社会保障支出包含抚恤和社会福利支出、社会保障补助支出。

本章小结

　　财政支出是为了实现国家的各种职能,把集中起来的财政资金有计划地进行分配。为了正确处理财政支出中的各种关系和矛盾,需要遵循一定的原则。从长远发展角度出发,我们应当坚持"量入为出"的财政支出原则;优化支出结构原则和经济效益原则也是非常重要的财政支出原则。随着政府职能的不断扩大,财政支出呈现出不断增长的趋势。财政支出结构的合理和优化是财政支出工作的核心。财政支出结构不合理,财政支出的综合效益则不可能得到体现。财政支出结构的优化是在不断调整的过程中进行的,就我国国情而言,有必要对中央与地方财政支出结构和各项财政支出具体项目结构进行优化。

复习思考题

1. 我国财政支出的方式有哪些?财政支出的变化趋势如何?
2. 试分析财政支出的"量出为入"原则和"量入为出"原则。
3. 我国财政支出应遵循哪些原则?
4. 我国财政支出结构调整的重点在哪里?为什么?

第七章　购买性支出

第一节　投资性支出

一、财政投资性支出概述

财政投资性支出是指政府以直接进行经济建设为主要任务的财政性支出,含有直接和间接参与国民经济建设的特征,对于我国财政运行具有特殊意义。

(一) 改革开放之前的投资性支出

在我国改革开放之前,投资性支出是整个社会最主要和最基本的投资资金来源(改革以后,尽管经济建设资金来源多样化,但国家财政的投资仍然是非常重要的投资来源,且这项支出占财政支出的比重仍然较高)。国民经济的增长在很大程度上依赖社会总投资的增加,而社会总投资可以分为政府投资和非政府部门投资两部分。由于社会经济体制和经济发展阶段的不同,这两部分投资在社会总投资中所占的比重存在着相当大的差异。影响这个比重的因素主要有以下两个。

(1) 经济体制的差异。一般来说,在实行市场经济体制的国家,非政府部门投资在社会投资总额中所占比重较大;在实行计划经济体制的国家,政府部门投资所占比重较大。

(2) 经济发展阶段的差异。一般来说,发达国家中政府投资占社会总投资的比重较小;欠发达国家和中等发达国家的政府投资占社会总投资的比重较大,特别是在工业化发展阶段。

(二) 改革开放以后的投资性支出

我国改革开放以来,虽然政府的投资规模逐年有所下降,但是对社会投资的主导作用非常明显,其主要原因有以下三个方面。

(1) 财政投资项目的基础性特征,对社会投资起到刺激和引导作用。

(2) 财政投资项目的单件资金规模巨大,必将产生社会投资的乘数效应。

(3) 财政投资的市场化操作,有利于调动社会资本的投资积极性。

显然,财政投资性支出是关系到我国经济发展的一个关键性因素。根据我国国家预算的支出分类结构,投资性支出主要包括基本建设支出、挖潜改造资金支出、流动资金支出和农业投资支出。

二、基本建设支出

(一)基本建设支出的内涵

基本建设支出是形成固定资产再生产的主要内容。固定资产是固定资本的实物形态,是社会再生产正常进行的物质基础。固定资产分为生产性固定资产和非生产性固定资产。前者是指参加生产过程和直接为生产服务的固定资产,如厂房、机器设备、铁路、桥梁、电站等;后者是指不参加生产过程和不直接为生产服务的固定资产,如学校、医院、住宅、俱乐部、文化馆等。

无论是生产性固定资产,还是非生产性固定资产,在长期的使用过程中,都会不断地磨损、损耗,以至报废。为了保证生产活动的连续进行,需要对固定资产不断进行补偿和替换。同时,由于生产的发展、技术的进步和社会需求的增加,又需要不断地进行固定资产的扩大再生产。

基本建设支出是指在购置建筑材料和机器设备等物资的基础上,经过建筑与安装,增加新的固定资产和形成新的生产能力。可见,基本建设支出的范围既包括扩大再生产支出,也包括简单再生产支出,不应该把基本建设同固定资产的扩大再生产完全等同起来。其实,固定资产更新改造作为一种生产过程来看也是基本建设支出的范畴。

(二)基本建设支出分类

在我国,用于基本建设的资金称为基本建设支出。为了加强对基本建设支出的管理和监督,就必须对基本建设投资从不同的角度进行分类。

(1)按费用构成分类的基本建设支出可分为三大类:① 建筑安装工程费用。这部分支出需要通过施工活动才能实现,一般占基本建设投资总额的50%—60%。② 设备、工具、器具购置费。这部分支出是通过基本建设部门的采购活动来实现的。③ 其他基本建设费。这部分包括土地征购费、青苗补偿费、原有建筑物拆迁费、建设单位管理费、生产人员培训费等。

(2)按规模分类的基本建设支出可分为大型、中型、小型三类建设项目支出。不同性质的基本建设、相同性质不同行业的基本建设,划分基建支出规模的依据和标准都不一样。

(3)按固定资产用途分类的基本建设支出可分为生产性支出和非生产性支出两大类,前者如经济建设项目的基建支出,后者如事业单位的基建支出。

(4)按项目性质分类的基本建设支出可分为新建、扩建、改建和重建等四种。新建一般是指从无到有、新开工建设的基建项目,基本上是属于外延扩大再生产,但也有些是属于简单再生产,如以新建的矿井代替报废的矿井等。扩建,一般是指在企业原有生产能力的基础上,加以扩充,以增加原有的生产能力,基本属于外延扩大再生产。改建是对原有的固定资产进行技术改造,或者为了平衡生产能力,而增建一些附属的设备或工程,这是在简单再生产的基础上进行的内涵扩大再生产。重建是对因自然灾害、战争等而被破坏不能使用的固定资产,依照原来的规模进行恢复性的建设,显然这属于简单再生产。

(5)按投资最终用途分类的基本建设支出可分为对生产资料的购买和对消费资料的购买。一般说来,无论是生产性基本建设支出还是非生产性基本建设支出,都是直接购买生产资料,但由于基建过程中,必须要招聘各类劳动力,且涉及基建办公用品,这样就有一部分基本建设投资转化为对消费资料的购买。据测算,转化为购买消费资料的比重约占基本建设支出额的 40%。

(6)按资金来源分类的基本建设支出可分为国家预算内基建支出和国家预算外基建支出两类。

(三)基本建设支出指标

基本建设支出可用两项指标表示,即基本建设投资额与基本建设拨款额,这两项指标既相互联系又有区别。

基本建设投资额是以货币形式表现的当年基本建设工作量,是反映基本建设规模的综合性指标。影响基本建设投资额大小的基本因素主要是国民经济和社会发展的需要与可能状况。从需要方面看,一定时期国家社会经济发展计划决定着固定资产投资的总规模。在投资效果一定的条件下,计划期工农业生产增长总值与新增生产性固定资产的生产能力之间存在着客观的比例关系,没有生产能力的增加,就不能使预期的生产增长计划得以实现。所以必须首先考虑经济发展对增加生产性固定资产的需要。其次,商品流通、文教卫生事业的发展客观上也要求在流通领域和非生产性领域增加固定资产投资。根据社会经济发展计划和生产性固定资产投资与非生产性固定资产投资的内在比例关系,我们可以大体测算出一定时期内增加生产性和非生产性固定资产所需要的投资,这是确定基本建设投资额的基础。从可能方面看,固定资产的再生产需要在长期内投入大量的财力、物力和人力,因此要充分而又稳妥地考虑为满足基本建设投资所能提供的人、财、物的可能性。一般来说,基本建设投资额的确定首先受到财力的制约,如果不考虑财力的可能性,硬性扩大投资规模,必然会受到物资能力的制约,结果造成通货膨胀,拉长建设周期,降低投资资金的整体使用效果。总之,基本建设投资额的确定,必须建立在既要考虑需要,又要充分考虑可能的基础之上。盲目地扩大或者不必要地缩小固定资产投资规模,都会给国民经济的发展和人民生活带来消极的影响。

基本建设拨款额是指国家财政对当年的基本建设项目的投资性支出。它是基本建设投资的重要资金来源,但不是唯一的来源。从所有制来看,集体所有制经济组织和居民个人的基本建设,其资金来源主要靠自身的积累,不足部分则通过银行贷款以及其他方式解决。属于全民所有制的基本建设投资,其部分投资资金来自于国家财政拨款,还有银行贷款、企业和地方的自筹资金,以及利用外资(指不通过财政的部分)进行的投资。由于投资资金来源多渠道,而财政拨款只是其中的一个来源,因此基本建设投资额和拨款额在量上有差异。

即使靠财政资金进行的基本建设投资,投资额与拨款额之间往往是不相等的。这主要是因为基本建设需要的时间较长,一般都要跨年度,许多工程项目从施工准备到建成,要超过一年,有的是几年、十几年甚至几十年,这样国家财政在预算年度内的拨款数要受到两个因素的制约,一是上年度投资剩余的资金,二是为下一年度准备的储备资金。考虑到这两个因素以后,基本建设投资额与拨款额之间的关系如下:

基建拨款额=基建投资额-上年度的投资积余资金+为下年度储备的资金

如果上年度的积余资金正好等于为下年度的储备资金,那么投资额与拨款额相等。

当然,从一个建设项目来看,如果建设项目是在当年开工并在当年建成投产,既没有上年结余又没有为下年的储备,且投资资金全部来自于财政拨款,这样全年拨款额同当年的投资额是相等的。

(四) 基本建设支出效果

所谓基本建设支出效果,是指进行基本建设投资活动所取得的有效成果与所消耗或所占用的劳动量之间的对比关系,即基本建设支出的"所得"与"所费"之间的对比关系。基本建设支出活动的"所得"可以表现为固定资产和生产能力的增加,也可以表现为产品数量的增长、质量的提高、GDP 增长等。基本建设支出效果的提高,直接决定着国民经济的发展速度。

1. 基本建设支出效果指标

衡量基本建设支出效果可分为宏观和微观两方面。

分析基本建设支出微观效果的主要指标有以下三个。

(1) 建设工期指标。在保证建设质量的前提条件下,基本建设项目的工期越短,说明基本建设项目的投资效果越好。

(2) 单位生产能力投资指标。基本建设项目的新增单位生产能力投资额越小,投资效果越好;反之,效果就越差。

(3) 投资回收期指标。基本建设项目的投资回收期越短,说明建设项目的投资效果越好。

分析基本建设支出宏观效果的主要指标有以下两个。

(1) 建设周期。同样数额的基本建设项目,其建设周期愈短,投资效果就愈好;反之则愈差。由于建设周期延长会增加在建工程,推迟建设项目的竣工投产和降低新增固定资产的形成比重,因此从综合的投资效果考察,通常用固定资产形成率(新增固定资产占投资额的比例)和建设项目竣工投产率(竣工项目占建设项目的比例)来表示。

(2) 投资效果系数。投资效果系数指标是指每年新增的国民收入同基本建设支出额的比例。此指标综合反映每单位投资能够提供的国民收入增长额,该指标越高,说明投资效果越好。但是,当年新增的国民收入不一定都是当年投资所提供的,因此,投资效果系数只是近似地说明投资效果的趋势。

提高基本建设支出效果的途径主要有以下三个方面。

(1) 基本建设支出规模优化。这是指基本建设投资规模一定要与国家所能提供的用于基本建设的人力、物力、财力相适应。基本建设支出规模的适度是提高基本建设投资宏观效果的重要前提。

(2) 基本建设支出结构优化。因为投资结构决定经济结构,从社会再生产的角度看,投资结构安排得比较恰当,才能使国民经济结构符合社会再生产的内在要求,从而能够提高国民经济整体的效益,基本建设支出效果也会有明显的提高。为此要正确处理生产性投资与非生产性投资的比例关系,固定资产简单再生产与扩大再生产之间的比例关系,以及沿海与内地、大中小型项目之间、农轻重及其各部门内部的比例关系等等。在动态的经济社会中,必须注意及时调整基本建设支出分配方向,改善分配结构,矫正国民经济中已经出现的比例失调现象。

(3) 基本建设管理体制优化。为了调动各方面的积极性,改革高度集中的基本建设管理体制,建立一个责权利相结合、能够调动各方面积极性的管理体制,是全面提高我国基本建设投资效果的关键。其具体措施是在各级政府、各个企业强化预算约束的基础上改变财政的基本建设支出方式,加强对投资项目的宏观控制。

2. 注重现有企业的技术改造

固定资产更新改造也是固定资产再生产的一种重要形式。国家财政用于对现有企业、事业单位固定资产更新和技术改造方面的投资称为固定资产更新改造资金支出。这也是国家对固定资产投资支出的重要组成部分。

我国目前已经建立了比较完整的工业体系和国民经济体系。按照经济发展的一般规律，我国经济的继续发展，除了仍然需要建立一些新的现代化的大型企业外，更重要的是要把重点放在对老企业的更新改造上，这是增加生产能力、提高技术水平的重要途径，因此固定资产更新改造支出对我国经济发展有着特殊重要的意义。对现有企业进行技术改造，具有投资少、见效快、效益高的特点，既可节约投资，又可缩短投产时间。对于我国资金短缺、物资紧张的现状来说，这是一条既经济又现实的提高生产力的好办法。

更新改造资金的具体使用范围是，更新设备、厂房和生产性建筑物；改造生产工艺，对原有生产能力进行技术改造；综合利用原材料和治理"三废"等措施；试制新产品措施；改善劳动保护和安全生产措施；购置零星固定资产、零星自制设备和零星土建工程等。更新改造资金的来源和运用都比较分散，为了防止资金的挪用和盲目建设，提高投资效果，必须加强对此项资金使用的宏观管理。

三、流动资金支出

流动资金是垫支于原材料等劳动对象和支付工资的资金，其价值一次性全部转移到产品的价值中去，并随着产品价值的实现一次性完全得到补偿。流动资金是保证生产和商品流转正常进行的必要条件。社会再生产规模的不断扩大，不仅需要追加一定数量的固定资金，而且需要追加一定数量的流动资金。财政性流动资金支出，是指国家财政对国民经济各个部门因其发展需要对国有企业增拨的流动资金。新中国成立以来，对流动资金供应与管理方式曾发生过多次变化，因此，国家财政对流动资金的支出，在不同时期，其具体内容也不尽相同。

对国有企业来说，财政性流动资金的供应方式自新中国成立以来发生过多次变化，总的来说可分为两种供应方式。

1951—1958年，实行流动资金由财政和银行分别供应和分别管理的办法。企业流动资金中，属于保证企业再生产所必需的最低需要的流动资金，称为定额流动资金，实行定额管理，即由财政核定定额，并由财政直接拨款供给企业；对因季节性和其他原因属于临时性需要的流动资金，称为超定额流动资金，由银行贷款解决，并由银行计划管理。国有企业的流动资金由财政和银行分别供应、分别管理的方式，称为"双口供应"。

1959—1961年上半年实行全部流动资金由银行供应的办法，称为流动资金的"单口供应"。其具体内容是，财政以前拨给国有企业的流动资金全部转给银行作为信贷基金；以后企业每年新增的定额流动资金，仍由财政核定定额，但要由财政拨给银行，再由银行贷放给企业，这样企业全部流动资金均通过银行贷款进行供应。

1983年7月起，实行企业流动资金改由银行统一管理的办法。其具体内容是，企业原有的国拨流动资金，仍然留给企业使用，但由银行进行管理；对一般企业需要增加的流动资金，由银行贷款供应，国家财政不再拨款，财政只对核工业部、航天工业部和国家物资储备局的流动资金负责拨款供应；建立企业补充自有流动资金制度，企业应从本身的积累中提取一定比例，补充自有流动资金，地方和部门用自筹资金所建的企业，在安排基本建设投资的同时，要安排一定的自有流动资金。

现在我国国有企业流动资金由银行单独供应和统一管理,其优点在于:① 银行把资金供应和资金管理结合起来,统一负责,有利于加强对资金的管理。② 企业所需要的流动资金更多地依靠信贷方式提供,采取有偿使用,这样可以促进企业健全经济责任制,精打细算,节约资金。③ 银行把信贷杠杆和行政措施结合起来加以运用,从而有利于挖掘流动资金的潜力。④ 建立企业补充自有流动资金制度,有利于企业的自我发展。

由于国有企业对政府的依赖关系尚未割断,缺乏自我约束机制,自有流动资金补充不足,在改变资金供应渠道之后,国有企业流动资金占用过多的问题并未得到根本解决,其结果是导致国有企业利息负担过重,银行资金周转不灵。这一问题的根本解决有待于国有企业体制和银行体制的深化改革。如果国有企业改革没有实质进展,银行不实行企业化经营,要使我国流动资金管理上存在的问题得到根本解决是困难的。

第二节 财政"三农"支出

财政"三农"政策是指政府对农村、农民和农业所执行的政策,包括财政对"三农"的税收政策和公共支出政策。现有文献很少就财政"三农"政策进行系统研究,但从经济和社会发展的现实看,加强财政"三农"政策研究具有十分重要的现实意义和政策意义,有利于城乡经济和社会的统筹发展。

一、财政"三农"政策执行的必要性

产业政策是政府财政政策的作用领域之一,对于国内幼稚产业、起步阶段的高科技产业、在国民经济中拥有重要和基础地位而自身发展又并非完全受市场调控的产业,需要政府运用多种财政手段进行调控。农业属于国民经济的基础行业,农业经济能否健康发展将影响到整个国民经济和社会的健康、稳定发展。由于农业经济本身具有的特殊性,受自然影响较大,其发展状况并非完全受市场调节,因此,从产业政策发展的角度看,政府运用财政政策方式对农业及农村经济进行调节是非常必要的。

从理论上说,财政支出主要满足的是政府执行各种职能对资金的需求,对经济活动进行调节、向社会提供各种公共品和有益需要,是市场经济条件下政府最重要职能的构成部分。毫无疑问,政府职能范围包括其管辖的所有地区,向农业经济和农村地区以及农村居民提供相应的公共品同样是政府部门必须履行的职责。在中国,由于历史、自然和制度原因,从整体水平看,目前中国农民的收入状况、文明程度基本上是最低的。由于同样原因而形成的城乡二元经济结构日益严重。二元经济导致农业经济、农村地区的落后,以及农民收入缓慢增长,已经从宏观层面影响到中国经济的健康发展。"三农"问题成为中国社会当今最严重的经济和社会问题之一。为了辅助和支持农业经济发展,维护广大农民的利益,国家财政预算加强对农业经济发展支出是农民尽早摆脱贫困的重要因素。这一点是理论界和政府部门达成的共识。可以说,"三农"支出是政府职能和公共财政职能的重要表现之一。

财政实施"三农"政策是政府执行公平收入分配职能的要求。公平收入分配是财政的基本职能之一。如果按照地域来划分,中国当前的收入分配最大的不公平是在城乡

之间。

　　理论界衡量贫困的方式有两种：绝对贫困和相对贫困。尽管城乡之间收入差距拉大造成的农村居民贫困属于相对贫困，但收入分配过于悬殊，既影响到低收入者的生活，也容易引起社会问题。为了缩小城乡居民之间收入分配的差距，需要政府运用财政政策手段直接进行干预。

　　农业经济活动本身具有的外部性特征，也需要政府实施"三农"政策。农业经济活动范围广泛，包括农业经营性活动、农业基础设施项目建设、农业科技开发与运用等。其中很多项目都具有较强的外部性特征，如为保障农业生产而建设的农业水利工程，除了可以用于农业灌溉外，还可以防洪和发电，甚至作为旅游观光项目，带动第三产业发展。农村道路的建设也具有类似的外部性特征。由于市场对外部性项目资源的配置失灵，需要国家财政运用多种政策手段对这些领域进行资源配置。

　　实施财政"三农"政策，加大财政对"三农"支出的力度，也是目前世界各国普遍采用的做法。从各国的经验看，财政"三农"支出资金得到多层次的保障。首先，财政对"三农"支出的依据是法律。各国通过制定农业法以及其他的相关法规，为财政"三农"预算支出提供充分的法律保障和预算依据。其次，财政除了为农业生产和农民生活提供较为完善的基础设施外，对"三农"支出的主要方式是对农业生产以及农场主采取多种方式的农业生产补贴。再次，在农业支出资金方面，很多国家采用多渠道筹措资金，多层次为农业生产提供资金帮助。总之，发达的市场经济国家在财政"三农"支出依据、支出主体、所需要的资金等各方面，都有充分的保障。作为WTO成员方，在"三农"政策方面需要符合WTO规则的要求，为了与各国一般的做法接轨，我国也需要实施自己的财政"三农"政策。

二、"农"的含义

　　新中国成立至今，国家财政每年都有一定的资金用于对农支出。从传统意义上说，财政支农的含义是：为了支持农业生产而进行的支出，财政支农资金的使用也主要放在相关部门的事业经费和农业生产经营性各种项目上。从经济和社会发展现实看，财政对农支出不仅仅限于上述方面。

　　从中国城乡发展的现状看，我国一直存在着十分明显的城乡二元经济，造成农村与城市地区相比存在多方面的巨大差异。主要表现在以下几个方面：农村经济发展落后、产业结构单一，因为农业自身积累薄弱导致经济发展和产业结构升级难以进行；农村劳动力相对过剩，导致农民失业率居高不下；因为缺少资金投入，广大农村地区基础设施和基本公共品匮乏，道路交通状况较差，水、电等公用事业产品供应不足，娱乐设施几乎空白；生活在农村地区的广大农民受教育水平普遍较低，自我提高能力很弱，再加上基本教育、培训条件的缺乏，导致农村地区社会发展落后，文明程度较低。

　　二元结构所以能够在中国存在且在近一段时期以来还有加剧趋势，除了自然条件、历史因素以外，更重要的原因在于政府长期以来实施"城乡分治"的管理制度，在城乡不同地区政府发挥作用和执行职能的范围、程度存在天壤之别，并且将这种职能差异制度化。长期以来，农村经济被看成集体经济，其发展主要依靠集体自身力量，国家财政通常不对集体经济发展提供必要的资金。与此同时，由于财权主要集中在国家财政中的中央财政和地方的上级财政手中，基层财政的财权和事权严重不对称，因此而造成的基层财政赤字转嫁到农村居民头上，结果，农民在收入缓慢增加的情况下,还承担名目繁多的税费和地方政府为提供基本公共品所进行的摊派。

诸多不公平的管理制度严重限制了农村经济和社会发展,农村居民收入水平普遍很低,且增长缓慢。市场经济强调的是公平和效率原则,为了统筹兼顾城乡经济和社会发展,在农村地区实施公平的制度,促使国家财政承担起在农村应该履行的职责,向农村、农民以及农业生产提供必要的、有益需要和公共品,是国家财政义不容辞的责任。

根据上述分析,财政实施的对农支出政策中,"农"不仅仅是指农业生产性经营支出和与农业生产有关的事业费用支出,而应该涵盖所有内容,即农村、农业和农民。国家财政支出是解决中国"三农"问题的重要手段和途径。

三、财政"三农"政策的内容

财政政策的实施总是通过政策手段进行的,财政"三农"政策也不例外。其内容有两类:农业税收政策和财政对农支出政策。

(一)财政对农的税收政策

税收是调节经济活动和社会发展的最重要经济杠杆之一。在财政对农政策上,税收是最重要的手段之一。自从1958年我国农业税税制实施以后,在农村地区从事农业生产经营活动,无论收入多少,都必须上缴农业税。除了农业税外,还有耕地占用税,农民从事税法规定的农产品种植还需要交纳农林特产税。农民为财政做出的贡献不仅表现在纳税上,更重要表现是向农村基层政府缴纳的、名目繁多的收费项目。如果执行适当的农业轻税政策,减少或杜绝不合理收费,那么将大大减少农民财政负担,相应增加农民收入。这一政策进入新世纪以后得到了很好的贯彻,从2004年开始逐步降低农业税,从2006年起在全国所有地区全面取消农业税。

(二)财政对农支出政策

总的来看,我国财政农业支出主要由以下几部分构成:财政预算内资金支出、预算外资金支出、财政对农业补贴支出、中央财政和地方财政中的上级财政对基层财政的转移支付等四个部分。由于历史上国家财政对农民补贴支出数量一直较少,因此,农业补贴支出属于财政预算内支农资金使用的一个构成部分。转移支付资金中相当一部分用于县级和乡镇级政府的人员费用和办公费用,基层政府部门公务员中的一部分主要工作职责与"三农"相关,如提供农村公共品,从事农业生产经营的开发与管理工作等。如果转移支付资金中的一部分解决了这些人员的费用,就可以将财政预算内和预算外支农资金尽可能多地投向"三农"项目。因此,中央财政以及地方财政中的上级财政对基层财政的转移支付,也可以看成是财政支农资金的构成部分。当然,由于转移支付资金总是与财政预算管理体制相联系,其本身属于财政管理体制的研究范畴,因此,国内很多学者并没有将转移支付包含在财政支农资金之中。我们认为,真正完善财政"三农"支出的制度,需要将这类转移支付与财政预算内和预算外资金进行统筹考虑。

四、传统的财政对农支出以及总体评价

(一)传统的对农支出方式

新中国成立以后,国家财政对农支出一致被称为对农业的支援,在国家预算中,财政对农

支出被称为"农业发展支出"。理论界一直认为：农业经济属于集体经济，农业发展所需要的资金首先依靠农业集体自己解决，只有当资金不足时，才需要财政资金给予适当援助。受这种观点影响，财政对农支出被称为财政对农业的"支援"或"支持"，财政支出资金的使用方向与农业生产经营活动和农林等单位的事业费用支出有关。国家为了促进农业发展，增加农业发展财力，采取了多种方式，主要有以下几个方面。

(1) 国家财政对农业发展的直接支援。这种方式是国家财政以预算拨款的方式支援农业，是财政资金对发展农业的直接投入。

(2) 国家财政对农业发展的间接支援。这是财政对为农业服务的生产、事业单位所提供的资金支援。例如，财政对为农业服务的农机、化肥、农药等工业生产部门以及与发展农业相关联的交通、运输、邮电和农业科研等单位的基本建设投资和科研经费拨款。这些拨款虽然不是农业生产投入，但在提高农业生产能力、科学种田等方面起到了推动作用。

(3) 税收支援。这是指国家利用税收政策，减轻农业税负，增加农民收入，从而增加发展农业的财力。1958年我国开始征收农业税以来，一贯实行"稳定负担、增产不增税"的轻税政策，把增产的收入留给农民，农业工商税收采取优惠和减免政策。执行这些政策，虽然减少了国家财政收入，但减轻了农民负担，增加了农业积累。

(4) 价格支援。这是国家通过调整价格，即提高农副产品收购价格，降低支农工业品销售价格，使农民获得增加收入和减少支出的好处。当然价格支援和财政收支之间有密切关系：前者会使财政增加支出，后者会减少财政收入。

(5) 信贷支援。这是以银行贷款的方式对农提供的资金支援。我国历来对农业贷款采取低息和无息政策，银行的农贷资金，是农业现代化建设的重要资金来源。此外，财政也可以增拨专款给国有银行，由银行向农业发放长期贷款。

(二) 农业发展支出的内容

按财政资金的投向划分，财政农业发展支出，主要包括以下内容。

(1) 农林、水利、气象等方面的基本建设投资支出。农业和农垦部门的基本建设投资，主要包括对国有农场和生产建设垦区的基本建设投资；对林业的基本建设投资，包括建筑厂房、购买设备、种苗等费用；对水利基本建设的投资，包括根治大河、修筑水库、桥梁等基本建设费用；对气象方面的基本建设投资，主要包括建设气象台站、购买设备等费用。此外，还包括属于上述系统的事业单位的基本建设投资。

(2) 农林企业挖潜改造资金支出。此项支出是指国家财政用于农垦、农牧、农机、林业、水利、水产、气象等企业的挖潜改造资金。

(3) 农林部门科技三项费用。此项支出是指国家财政用于农业、畜牧业、农机、林业、水利、水产、气象等部门的新产品试制、中间试验和重要科学研究补助费等科学技术三项费用。

(4) 农林、水利、气象等部门的事业费支出。此项支出是财政用于农垦、农场、农业、畜牧、农机、林业、水利、水产、气象、乡镇企业，以及农业资源调查和土地管理等方面的事业费。

(5) 支援农村生产支出。这是国家财政对农村集体单位和农户的各项生产性支出，主要包括：小型农田水利和水土保持补助费、支援农村合作生产组织资金、农技推广和植保补助费、农村水产补助费、农业发展专项资金和发展粮食生产专项资金支出等。

（三）对传统农业支出的总体评价

通过上述对国家财政农业发展支出政策所进行的描述，可以对当前财政农业政策评价如下。

(1) 由于缺乏财政对农支出的理论依据，财政对农支出的名称欠妥当。从上面描述可以发现，财政对农业支出无论采用哪一种方式，都被称为对农业的"支援"，显然，财政对农支出并没有被当作政府应该执行的职责，而是政府对弱势产业的扶持与帮助。缺少对农支出的理论依据以及存在认识上的误区，很容易导致资金投入规模以及投资结构的非正常化，缺乏理论依据和制度保障导致财政对农支出不能成为正常的预算支出项目。

(2) 在财政资金投入上缺乏稳定的增长机制，财政对农支出资金在不同年份呈现较大波动。

(3) 在财政对农支出资金使用结构上，存在着较明显的越位与缺口现象。从前的财政支农资金主要投向两方面：农业生产性经营支出和与农业有关的事业单位的人员费用，其他方面的支出很少。从政府首要的职能看是向农村地区提供公共品，但从现实看，财政支农资金少有投向公共品的提供上，对农民的转移支付也很少；相反，财政支农资金的50％左右用于事业单位的人头费。资金使用结构严重不合理，过多的人员费用挤占了财政资金对于农村公共品的提供以及其他生产经营和开发性支出资金。

五、财政"三农"支出政策的调整

政府重视农业发展是一个全球性的政策现象。无论是发展中国家还是发达国家，各国政府都将农业发展放在重要甚至首要位置并制定和实施一系列的经济政策，尤其是财政政策，鼓励和支持农业经济和农村社会的发展。

支持农业经济的发展，是世界各国普遍采用的做法，这种状况在发达国家更为常见，由于发达国家采用过度农业生产与贸易的补贴政策和优惠的税收政策而引起的国与国之间的贸易纠纷屡见不鲜（本书将在第八章就农业补贴问题进行研讨）。借鉴国外的经验，结合中国当前的财政对农政策实践以及"三农"问题的现实，笔者认为需要对当前的财政支农制度进行改革与调整。

（一）中国财政对农支出资金调整的基本原则

首先，财政对农政策是政府职能的正常体现。财政所有的支出项目都是政府履行职能在资金上的保障。对于"三农"方面政府需要履行的职能很多：公平城乡居民之间的收入再分配，向农村地区的居民提供必要的公共品，对农业生产经营活动进行调节等，都属于政府本身应该负起的职责。因此财政对"三农"的税收政策和支出应该是政府正常职能的反映，财政对"三农"的支出属于正常的支出项目。财政资金的使用范围不仅仅是农业，还包括农村和农民，而后两者完全是政府提供公共品和调节收入分配职能的具体表现。

其次，财政的"三农"政策需要统筹考虑城乡经济和社会的共同发展。当前中国社会出现城乡之间的巨大差异原因是多方面的，但不可否认的是，长期以来实施的城乡分治的二元经济结构（强制性的制度）是最重要的原因之一。改变这种状况的根本手段在于制度变迁，财政政策显然是政府执行的强有力的制度手段之一。因此，财政"三农"政策需要考虑城乡之间的发展差异，并力求缩小这种差异。

再次，财政对农支出应该符合WTO的要求。成为WTO成员方的中国经济开放度也越来越高，因此相关政策的制定和实施需要与WTO的基本规则相一致，尤其是在财政对农支出政策方面，如果违背了WTO的规则，很容易引起国与国之间的贸易摩擦。

（二）财政对农政策的调整思路

为了真正地从根本上解决"三农"问题，在公共财政框架下，政府财政的"三农"支出应该政策化和制度化，并按照政府职能和WTO规则的要求，对财政的农业支出进行调整。我们认为需要做好以下几个方面的工作。

（1）在国家财政预算中，将财政支农资金项目正式改为"三农支出"，或"新农村建设支出"，以体现政府的职能和公共财政职能。

（2）尽早建立地方公共财政体系，按照公共财政的要求，准确定位地方政府，尤其是与"三农"之间关系密切的乡镇级政府的职能。按照成熟市场经济国家的通常惯例，地方财政（尤其是基层财政）的主要职责就是为地方提供各种公共品和公共服务。我们认为，在我国公共财政框架下，身处农村地区基层地方财政的主要职责应该与其他国家的做法一样，地方政府侧重于为农村地区提供多种公共品和公共服务。对农村基层政府重新进行定位，可以减少地方政府的管理职能，并相应地减少政府官员的数量，从而减少人员费用的支出，可以将更多的财政支农资金从大量的人员费用支出中解脱出来，真正用在解决农村生产活动、提供农村公共品等方面。

（3）对当前与农业有关的事业单位管理体制进行调整，重点将农业管理人员全部纳入事业或行政管理编制，相应的人员费用通过财政正常预算加以解决。如果"吃饭"财政存在困难，可以通过政府间转移支付资金解决。这样就可以将财政支农资金中的相当部分从事业费，尤其是从人员费用支出中解放出来，实现财政"三农"支出资金的专款专用。

（4）财政"三农"资金的使用，首先应该表现在财政在农村地区应该承担的责任上：向农村地区和广大农民提供必要的公共品以及有益的需要。如农村地区的基础设施建设，包括农村道路交通建设、路灯、水、电等项目。其次，需要加大农业生产基础设施建设方面的支出，如农村水利工程项目、农业科技开发与应用、农业产业结构升级应该具备的条件建设等。

（5）财政对农业生产和农民提供补贴，是当前世界各国普遍采用的支农资金使用方式。考虑到农业生产的条件因素以及农民收入水平等现实情况，将我国财政支农资金中的一部分作为农业和农民的补贴是非常必要的。但是在经济全球化的环境下，为了与WTO规则一致，避免引起贸易纠纷，需要对财政补贴的方式进行调整。按照WTO规则的基本要求，将更多的资金用在农业"绿箱"上，逐步减少"黄箱"支出。例如，强化政府一般性的服务，增加农业结构调整方面的支出，加大实施地区援助计划的力度，增加对农村和农业经济落后地区的支出，等等。

（6）将财政"三农"支出资金的一部分用于对农民的培训。从事农业生产活动的农民文化水平普遍较低，依靠农民自身的条件来提高其农业活动的技能非常困难。而在农业经营活动日益开放的环境下，通过提高农业劳动力的劳动技能、调整产业结构，从而增强国内农产品的竞争力将是大势所趋。因此，政府出资（至少部分资金）对农村劳动力进行知识和技能的培训，有助于改善和提高农业生产状况，缩小城乡差距。

第三节 文教科卫支出

一、文教科卫支出的性质及意义

(一) 文教科卫支出的经济性质

各国的经济发展历史证明,局限于纯经济领域中寻求发展经济的动力,是一种十分狭隘的做法,只有大力发展文化、教育、科学事业和提高人民的健康水平,方能收到事半功倍之效果。随着社会生产力的发展和生产社会化程度的提高,在社会的共同需要中,逐渐增加了发展文化、教育、科学和普遍提高人民健康水平的内容,与这一过程相适应,政府的财政支出中也出现了用于这方面的支出项目。

文教科卫支出的经济性质究竟是生产性的还是非生产性,我国理论界曾有过十分激烈的争论,至今恐怕还不能说已经得出了明确的、为大多数人普遍接受的结论。在此,我们沿用国内各种统计口径所普遍采用的做法,将文教科卫支出归入非生产性的范畴,列入国民收入再分配范围。在做这种归类的时候,需要强调的是,将文教科卫支出归入非生产性范畴,只有某种静态的、相对的意义;而从动态的、绝对的意义上说,文教科卫事业的发展将不断提高劳动者、劳动工具和劳动对象的素质和质量,并改善三者的结合方式,促使他们对物质财富生产的贡献越来越大。因此,要求社会在安排国民收入的用途时,应全面考虑生产的当前需要和未来发展的需要,文教科卫支出应当占有一个适当的比例,并且随着劳动生产率的提高和国民收入的增长,这一类支出的比例应不断提高。

(二) 文教科卫支出的意义

科学技术是第一生产力。纵观人类社会发展的历史,可以看到,人类社会发生巨大变革的直接动因是生产技术的变革,而生产技术的变革则是以科学发明及其应用于生产为基础的,据专家估计,经济发达国家劳动生产率的提高,有60%—80%归因于采用了新的科学技术成果。

我国目前正处于经济高速发展的时期,但这种发展主要是靠要素的投入,是靠拼资源消耗取得的,如不尽快改变这种状况,加大科技在经济发展中的含量,我国经济发展将是难以为继的。而我国科技从整体水准来说,还是落后的,这就要大力发展科技事业。不仅如此,当今世界科技革命来势凶猛,正在进入知识经济时代,为使我国不再落后,在这场新科技革命中不再落伍和被淘汰,需要大力发展我国的科技事业。

由于科技项目投入见效期比较长,特别是基础科技需要长期投入大量资金,仅仅依靠企业投入是远远不够的,因此科技事业的快速发展需要财政资金的支持。财政科技支出不仅可以在较短的时间内奠定我国科技发展的基础,集中力量突破关键性高尖端科技瓶颈,而且可以带动和引导企业及民间资金的投入,共同努力加快我国科技事业的发展。

如果说科学技术是生产力,那么,教育则是这种生产力的源泉和基础。首先,前人积累起来的科学知识只有通过教育才能一代代地继承,新的科学知识也只有通过教育才能传播开来并留给后世。其二,教育是劳动力再生产的重要条件。在现代生产条件下,劳动者的科学文化知识、劳动技能和管理技能,主要是通过教育途径获得的。事实已经证明,劳动者受教育的程度同劳动者的素质,进而与劳动生产率呈正相关。其三,教育是解决经济发展过程中因结构变化而导致的结构性失业问题的最主要手段。所谓经济发展,在一定意义上说,就是"创造性地破坏"原有的产业结构,它意味着新产业、新部门的不断兴起和旧产业、旧部门的衰落。劳动力结构一时难以适应,于是便出现新产业部门职位空缺和旧产业部门失业严重并存的局面。显然,要让失业人口走上新的工作岗位,必须对他们进行"再教育"。其四,从更广泛的社会意义上看,教育是建设社会精神文明的主要因素。提高民族整体素质的传统文化和现代文化水平,主要是通过教育手段向全体人民传播。

全社会教育水平的提高需要长期的大量投入。财政性教育支出是促进我国整体教育水平提高的主导力量,特别是基础教育的投入,关系到全民整体素质的提升。因此政府应当将教育支出看作为利国利民的战略投资,大幅度地增加教育支出的拨款数额,提高教育支出与财政支出的比重。改革开放以来,我国政府加大了教育支出力度,对促进我国教育事业起到巨大作用,教育支出占财政总支出的比重从1980年的9.41%提高到1998年的13.13%[1],但是此水平在世界上仍处于较低水平(见表7-1)。财政教育经费占国民生产总值的比重,一般的国际标准是4%,而我国的同类指标1998年才达到2.17%。显然,这个比重有待进一步提高。因此,我国今后要持续扩大财政教育经费的投入,以保障我国社会经济的可持续性发展。

人民健康水平是经济社会发展的重要指标。文化卫生事业不仅是社会公共需求的一部分,而且直接关系到人民的文化生活水平的提高和健康状态的改善,也直接和间接地服务并且促进我国的现代化建设。

表7-1　中央预算教育支出国际比较　　　　　　　　　　(单位:%)

国家 \ 时期	政府教育支出/财政总支出	
	1981—1990年	1991—1995年
赞比亚	11.6	12.8
斯里兰卡	8.6	10.2
美国	19.7	21.3
巴西	3.9	3.5
韩国	18.9	18.8
法国	7.5	7.0
中国	2.1	2.4

注:中国数据包括香港地区。
资料来源:《1997年世界发展报告》表A.3,北京:中国财政经济出版社,1997年版。

正是由于文化、教育、科学、卫生事业在现代社会经济发展中发挥着日益重要的作用,各国政府无不投入大量资金,而且支出规模越来越大。我国财政支出结构的变化也充分反映了这种变化趋势(见表7-2)。

---

[1]　资料来源:"中国财政经济增长化",《中国财政年鉴》,北京:2000年版,第413页。

表7-2 我国财政文教科卫事业费支出　　　　　　　　　　（单位：亿元）

年份	文教科卫支出额	较上年增长(%)	占当年财政支出(%)	占当年GDP(%)
1980	156.26	18.32	12.72	3.44
1985	316.7	20.34	15.8	3.51
1990	617.29	11.56	20.02	3.31
1995	1 467.06	14.78	21.5	2.4
2000	2 736.88	13.65	17.22	2.76
2001	3 361.02	22.8	17.78	3.07
2002	3 979.08	18.39	18.04	3.31
2003	4 505.51	13.23	18.28	3.32
2004	5 143.65	14.16	18.06	3.22
2005	6 104.18	18.67	17.99	3.33
2006	7 425.98	21.65	18.37	3.5

资料来源：《中国财政年鉴2007》。

二、文教科卫支出的资金来源

文教科卫支出应当在财政支出中占据一定的份额，且这一份额应不断增大，这个观点看来是没有异议的。长期以来，我国财政支出一直在整个社会的文教科卫支出中占了主要的地位，提供着大部分的财力。改革开放以来，国家统包大揽各项事业的状态已经打破，这意味着，文教科卫的事业发展不仅需要继续得到财政支持，还需要开辟非财政的经费来源。

教育是可以由微观主体提供（兴办）的，需要接受教育的人们也可以通过花钱"买"到这种服务。所以，人们对教育的需要，原则上可以不必都由政府予以满足，看一看目前兴起的各种私人办学的情况，我们就能够理解这个道理。社会主义制度的建立，使得广大劳动人民享受到广泛的权利，加之教育对国民经济发展的促进作用日益显著，因而，义务教育问题提上了政府的议事日程，由政府出资来满足广大劳动人民享受教育的普遍需要，就作为社会共同需要产生了。然而，教育作为一种社会共同需要，毕竟与人们对安全和秩序的需要有所区别，对安全和秩序的需要只能由政府予以满足，而对教育的需要则可以由私人予以满足。更重要的是，安全与秩序所提供的利益是被全体社会公众无差别地享受到的，或称为外在化的利益，一个人得到安全和秩序的保护，并不排斥他人得到同样的利益，而教育所提供的利益则是内在化和私人化的，专业教育尤其如此。一个人接受专业教育，就可能会减少另一人受教育机会。特别是教育投资是可以得到回报的。接受较高的教育后，能找到较好的工作并享有较高的收入水平，则基本上由教育者自己独占。从这一意义上说，教育也可以作为私人产品提供。因此，在国家财力不足、广大社会公众的收入水平日益提高的情况下，全社会用于发展教育的经费，应该由政府和接受教育的人们以及从教育中得益的经济实体（如企业）共同分担。文化事业的情况也与此相仿。

科学研究可分为基础性研究和应用性研究两类。后者的研究成果可以有偿转让，前者研究的成本与运用科研成果所获得的利益不易通过市场交换对称起来，所以基础性研究的经费应由政府承担，而应用性研究的费用则可以通过市场交换来实现研究成果的价值，从而弥补科学研究的成本。

卫生事业是由医疗和卫生两个部分组成的，它们的经济性质是有所区别的。卫生服务与医疗服务不同，私人不可能也不愿意提供这项服务，这项服务也不可能进入市场交换，而卫生服务的利益也是由社会公众无差别地享受,所以,卫生事业所需要的资金主要应由政府出资提供。公共卫生费用毫无疑问应该由政府提供。医疗服务固然可由政府提供,但也可由私人提供。提供医疗服务的费用是可以通过市场交换得到补偿的。据此可以认为,医疗服务并不一定要求政府出资提供。我国对国有企业事业职工实行公费医疗制度,这在一定范围内体现了公平原则。但如果从经济原则或效率原则角度考察,就发现这种公费医疗制度存在严重的弊端,如药品的浪费、门诊和床位的拥挤、医疗费用屡屡超支等。西方所谓高福利国家所实行类似我国公费医疗的社会保障制度,也同样存在管理上的难题。

以上分析表明,文教卫生事业虽然为社会共同需要,但它们并非是完全意义上的社会共同需要。在许多方面可以由政府和社会公众共同出资。具体地说,在文教事业方面,政府应当为那些有助于普遍提高全民文化素质的教育和文化事业出资;在科学研究方面,应当主要为基础科学研究出资;在医疗卫生事业方面,则主要为卫生事业出资。除此之外的文教科卫事业,原则上都是可以由政府和社会公众(特别是受益者)共同出资。当然,如果政府财力充裕,部分地出资兴办这些事业,也未尝不可。

基于上述分析,我们可以考察一下若干国家教育费和医疗卫生费在政府和社会公众之间的分担情况。表7-3表明,若干国家政府和家庭支出的教育费和医疗卫生费都是由政府和社会公众共同负担的。中国目前正在对由政府独立举办文教科卫事业的情况进行改革,由政府和微观经济主体共同出资来兴办文教科卫事业。实践证明多渠道筹措文教科卫资金以及多层次兴办文教科卫事业的思路是可行的,其效果比政府单一出资更好。

表7-3 若干国家教育费和医疗卫生费在政府和公众之间的分担情况

国　　家	中国	印度	泰国	法国	加拿大	美国
政府教育支出占财政支出(%)	9.9	14.1	19.3	9.3	14.2	12.0
政府医疗卫生支出占财政支出(%)	1.3	3.9	4.9	19.1	15.7	2.5
家庭教育支出占消费支出(%)	0.64	4.0	6.0	7.0	12.0	11.0
家庭医疗卫生支出占消费支出(%)	0.62	3.0	6.0	13.0	5.0	14.0

资料来源:世界银行:《1989年世界发展报告》,北京:中国财政经济出版社,1989年版。

三、文教科卫事业费的内容

我国财政性文教科卫事业费支出是由人员经费和公用经费两部分构成,按不同事业划分为不同类型的支出项目。

(1) 文化事业费。包括:文化部门事业费、出版事业费、文物事业费等。
(2) 教育事业费。包括:教育部门事业费、培训事业费等。
(3) 卫生事业费。包括:卫生部门事业费、中医事业费、公费医疗经费、计划生育事业费等。
(4) 体育事业费。包括体育竞赛费、优秀运动队经费、业余训练费、体育场馆补助费等。

除此之外,还包括新华通讯社及专业通讯社的通讯事业费和各级广播电台、电视台、广播电视事业费等。

四、文教科卫事业支出的预算管理方式

为了发展我国的文教科卫事业,除了运用市场经济原则来动员社会资金以外,政府还应对

自己兴办的文教科卫事业支出加强预算管理。根据各事业单位的性质和收支情况,我国对事业单位分别采取全额预算管理、差额预算管理和经济核算管理三种管理办法。

(一)全额预算管理

全额预算管理是指把事业单位的各项收支全部纳入国家预算,单位的收入全部上缴,支出全部由财政拨款。这种办法适用于没有经常性业务收入的单位,如学校、某些科研单位和卫生部门等。目前,我国采用全额预算管理有两种管理形式:① 全额预算包干、结余留用;② 部分预算包干、结余留用。

全额预算包干、结余留用,这种管理方式是在国家核定单位年度支出预算的基础上核定单位经费数量,由单位包干使用,若无特殊情况不再追加或追减预算。单位在完成事业计划的前提下,年终如有结余,则全部留归单位在下年度继续安排使用。

部分预算包干、结余留用,这种管理方式是在国家核定单位年度预算的基础上对其中一项或几项费用由单位包干使用。在完成事业计划的基础上,包干部分的经费年终如果超支,财政一般不予弥补;如果经费有结余,则全部留归单位在下年度继续使用。

(二)差额预算管理

差额预算管理方法是先以事业单位本身的收入抵补支出,不足部分由财政拨付。这种管理方法一般适用于有经常性收入的单位,如医院、剧团、某些科研单位等。现行的差额预算管理方法有三种形式:① 全额管理、定额补助;② 全额管理、定项补助;③ 全额管理、差额补助。

全额管理、定额补助,这种管理方式是指事业单位的全部收支由财政部门管理,收支差额,按确定的定额,由财政拨款补助。若无特殊情况,要求单位自求平衡。

全额管理、定项补助,这种管理方式是指事业单位的全部收支归财政部门管理,财政根据单位的性质和收支状况,确定一个或几个项目的开支进行定额拨款补助,其余项目的开支由单位的收入抵补,结余留用。

全额管理、差额补助,这种管理方式是指事业单位的收支由财政管理,根据核定后的单位收支差额,由财政拨款补助,结余留用。

(三)独立经济核算

独立经济核算的管理方式又称为企业式管理,即事业单位不仅要以收抵支,而且还须向国家财政上缴。这种管理办法适用于有经常性业务收入,且收入数额较大、比较稳定的事业单位。在性质上,政府将这些单位视同国有企业。因此,要求这些单位自求收支平衡,并在保证事业发展前提下,向国家缴纳税收。

(四)事业单位管理体制改革

我国事业单位众多,规模庞大。在新的经济社会环境下,我国社会事业发展相对滞后,一些事业单位功能定位不清,政事不分、事企不分,机制不活。公益服务供给总量不足,供给方式单一,资源配置不合理,质量和效率不高。因此需要重新定位事业单位功能,对事业单位管理制度进行改革。2011年开始事业单位全面改革的序幕拉开,将现有事业单位按照社会功能划分为承担行政职能、从事生产经营活动和从事公益服务三个类别。

对承担行政职能的,逐步将其行政职能划为行政机构或转为行政机构;对从事生产经营活动的,逐步将其转为企业;对从事公益服务的,继续将其保留在事业单位性质,强化其公益属性。

按照政事分开、事企分开和管办分离的要求,以促进公益事业发展为目的,以科学分类为基础,以深化机制体制改革为核心,总体设计、分类指导、因地制宜、先行试点、稳步推进,进一步增强事业单位活力,不断满足人民群众和经济社会发展对公益服务的需求。强化事业单位的公益属性,是此次事业单位分类改革中尤为突出的主导理念。

根据职责任务、服务对象和资源配置等情况,将从事公益服务的事业单位划分为两类:承担义务教育、基础性科研、公共文化、公共卫生及基层的基本医疗服务等基本公益服务,不能或不宜由市场配置资源的,划入公益一类。承担高等教育、非营利性医疗等公益服务,可部分由市场配置资源的,划入公益二类。

这次事业单位改革的总体目标是:到2020年,建立起功能明确、运行高效、治理完善、监管有力的事业单位管理体制和运行机制,构建政府主导、社会力量参与的公益服务新格局,形成基本服务优先、供给水平适度、布局结构合理、服务公平公正的中国特色公益服务体系。

第四节 行政管理和国防支出

行政管理支出是财政用于国家各级权力机关、行政管理机关行使其职能所需要的费用支出。行政管理支出属于非生产性支出,用于社会性消费。虽然这种支出不创造任何物质财富,但它是保证国家行使其职能的物质条件。在我国,行政管理支出对于巩固人民民主政权、维护社会秩序、加强经济管理、开展对外交往等具有重要意义。因此,在合理限度之内的行政管理支出是社会所必需的。

一、行政管理支出的增长及控制

进入20世纪90年代以来,由于经济全球化的影响,全世界都在考虑政府的重新定位问题。在激烈的全球经济竞争以及政治多极化的大背景下,各国政府的功能有所放大,导致政府的职责范围大幅度扩大,发达国家的变化尤其明显,发展中国家政府规模的扩张也不甘示弱。此现象在国家财政预算中的直接体现,就是政府财政总支出的上升(见图7-1)。

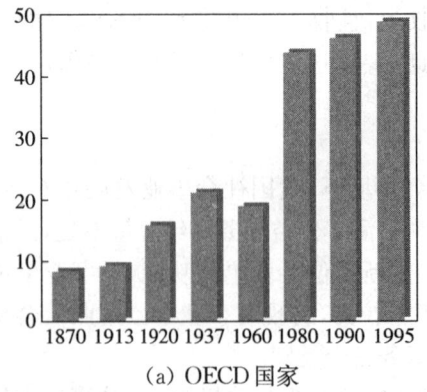
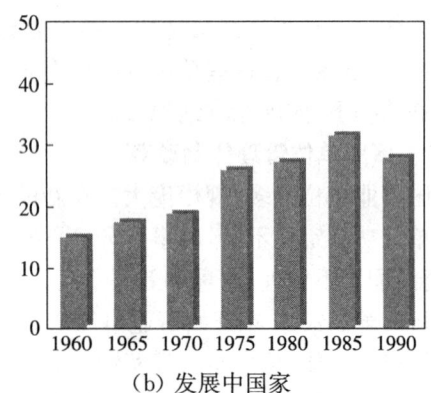

图7-1 全球政府规模的扩大

资料来源:《1997年世界发展报告》,北京:中国财政经济出版社,1997年版。

政府职能扩大的核心内容一般包括五个方面:第一,建立法律基础;第二,保持非扭曲性的政策环境,包括宏观经济的稳定;第三,发展基本社会服务体系与基础设施;第四,保护低收入阶层的基本需求;第五,保护环境。[①]

我国自20世纪90年代以来,对外开放与体制改革步伐进一步加快,因此,政府的国内外协调任务日益繁重,虽然政府多次进行了精简机构的改革,但因为国际形势的变化以及国内积极财政政策的实施,使得政府协调国内外经济社会秩序的调节性支出以及因公务员收入增加的支出大幅增长,所以,我国财政性行政管理支出的增长在所难免。由表7-4可知,行政支出的年增长率大部分均超过当年的财政支出增长率,不仅如此,行政管理支出的比重基本也是逐年提高。这说明,我国财政行政支出的增长是世界政治经济以及我国经济市场化改革发展的必然体现。

表7-4 我国行政管理支出的增长及比重

项目 年份	行政支出 (亿元)	行政支出增长 (%)	行政支出占财政支出比重 (%)
1991	414.0		12.2
1992	463.41	11.9	12.4
1993	634.26	36.9	13.7
1994	847.68	33.6	14.6
1995	996.54	17.6	14.6
1996	1 185.28	18.9	14.9
1997	1 358.85	14.6	14.7
1998	1 600.27	17.8	14.8
1999	2 020.60	26.3	15.3
2000	2 768.22	37.0	17.4
2001	3 512.49	26.89	18.58
2002	4 101.32	16.76	18.6
2003	4 691.26	14.38	19.03
2004	5 521.98	17.71	19.38
2005	6 512.34	17.93	19.19
2006	7 571.05	16.26	18.73

资料来源:根据《中国统计年鉴(2007)》计算整理得出。

目前我国机构臃肿,人员过多,支出过大。据统计,解放初期,全国"吃皇粮"的党政机关和公务人员只有400万人,到20世纪90年代初期达4 000多万人。现在的事务比当年要复杂得多,相应地增加机关和人员是正常的。但是,如今的机构臃肿程度确实到了不能容忍的地步,过多设置的机构和人浮于事,导致国家机关和工作人员职能交叉,职责不清,遇事互相推诿、相互扯皮,办事效率低下。行政部门的机构臃肿和人员过多现象,必然带来行政管理支出数量过

[①] 世界银行:《1997年世界发展报告》,北京:中国财政经济出版社,1997年版。

大、增长过快。我国2003年的行政管理支出与1980年和1990年相比,分别增长了62.11倍和11.32倍,而同期财政支出则分别增长18.73倍和7.39倍,前者增幅大大高于后者增幅。这意味着行政管理成倍地耗费着同期新增的财政收入,挤占了国家财政用于其他方面的支出。

随着社会经济事业发展,公共事务也日益增多,行政管理费增加有一定的必然性,但增长如此之快,所占比例如此之高,在世界各国则是少见的。根据行政管理费的政治需求和非生产性的特点,应该按照保障供给和厉行节约的原则,加强对行政经费的管理和控制。解决这一问题,首先是精简机构、压缩编制;其次是转变政府的职能。而这有待于政治体制和经济体制的深化改革。

为解决财政用于行政管理支出规模过大的问题,新中国成立以来,我国已经进行了八次机构改革,但始终未能走出"精简—膨胀—再精简—再膨胀"的循环怪圈,每次机构精简的结果是机构越来越多,人员也越来越多,财政支出规模越来越大。1998年3月九届全国人民代表大会通过了国务院机构改革方案,这是新中国成立以来第七次机构改革方案。根据这一次的机构改革方案,国务院的组成部门由40个减少到29个,国家行政工作人员减少1/2,机构改革和人员精简工作将在1998年年底前完成,人员安排将在3年之内全部结束。与市场经济的发展和政府职能的转变相适应,此次精简的机构主要是政府的经济管理部门。2003年3月第十届全国人民代表大会又将国务院的组成部门调整到28个,主要是结构性的调整,基本把管企业的部委都去掉了,这是为了更好地实行政企分开,为企业的发展创造良好的环境。这次机构改革受到中国加入世贸组织的影响,但主要动因在国内,旨在适应完善市场经济体制、转变政府职能、加强宏观调控等要求。2008年中国政府再一次进行机构改革,构建俗称"大部制"的体制。本次国家机构改革突出了三个重点:一是加强和改善宏观调控,促进科学发展;二是着眼于保障和改善民生,加强社会管理和公共服务;三是按照探索职能有机统一的大部门体制要求,对一些职能相近的部门进行整合,实行综合设置,理顺部门职责关系。总的看,改革从促进经济社会又好又快发展的需要出发,着力解决一些长期存在的突出矛盾和问题,既迈出了重要的改革步伐,又保持了国务院机构相对稳定和改革的连续性,并为今后的改革奠定了坚实基础[①]。这次国务院改革涉及调整变动的机构共15个,正部级机构减少4个。

二、行政管理支出的内容

财政行政管理支出的内容取决于国家行政管理机关的结构及其职能。我国财政的行政管理支出划分为行政管理费支出、公检法支出和武装警察支出三类。

(一)行政管理费支出

(1)行政支出。包括各级人大机关经费、各级人大常委会和各级人大会会议费、人民代表视察费、选举费等,以及政府机关经费。

(2)党派成本补助。指各党派补助费、政协经费、人民团体补助费等。

(3)外交支出。包括驻外机构经费、出国费、外宾招待费和国际组织会费等。

(二)公检法支出

(1)公安支出。包括各级公安机关经费、公安业务费、警察学校和公安干部训练经费及其他公安经费等。

[①] 华建敏:《关于国务院机构改革方案的说明》,2008年3月11日。

(2) 安全支出。包括国家安全机关经费、安全业务费等。

(3) 司法检察支出。包括司法检察机关经费、司法检察业务费、司法学校与司法检察干部训练经费及其他司法检察费等。

(4) 武装警察支出。包括对境内警卫部队的经费支出、边防部队和消防部队的经费支出。

三、国防支出

国防支出是财政用于国防建设、国防科研事业、军队正规化建设和民兵建设方面的费用支出。国家的一个重要职能就是防御外来侵略,保卫国家安全和领土、主权的完整。国防支出则是执行国家这一职能的财力保证,因而是完全必要的。当今世界并不太平,在这种情况下,加强我国的国防建设,对于保卫我国社会主义建设和国家安全以及维护世界和平,均具有重大意义。但是,国防支出毕竟是一项消耗性很大的非生产性支出,它要受国力、财力的制约。

(一) 国防支出的规模

合理安排国防支出规模是个重要问题,但这很难找出一个明确的标准,只能从影响国防费规模的因素方面作些分析。首先,国防支出规模受国际局势变化的影响。当国际局势紧张,战争危险随时存在,国家安全受到威胁时,要适当增加国防支出;当国际形势趋向缓和,国际环境比较安宁时,则可适当减少国防支出。例如,1950—1953年,由于抗美援朝战争,我国国防支出占财政支出的比重高达36.5%;"三五"时期,由于实施备战备荒,这一比例由"二五"时期的11.9%提高到21.8%;1979年由于进行对越自卫反击战,这一比例由1978年的15.1%提高到17.5%;1986年以来这一比例已降到10%以下,到目前为止不到8%。在经济建设时期,国家有限的财力将主要用于经济建设项目的投资,而且国防建设要以经济建设为基础。在这种情况下,适当控制国防费用,以便多集中一些财力用于经济建设,从发展来看更有利于加强国防建设。当然在战争时期或者面临战争威胁的时候,即使国家财力有限,也要想办法增加国防费用的支出。

自20世纪90年代以来,我国国防支出呈逐年增长态势,但相对规模(占财政总支出的比重)则略有下降(见表7-5)。我国年度国防费的增加,主要是在社会经济发展和城乡居民人均收入提高的情况下,保证军队人员的生活水平能够同步提高,官兵的生存生活条件得到改善。根据1990—2003年的资料分析,14年间我国国防支出总量增长了5.6倍,而在此前的10年,国防支出规模则只增长约1.3倍。

表7-5 中国国防支出规模 (单位:亿元)

年份 项目	国防支出	财政支出	国防支出/财政支出(%)	GDP	国防支出/GDP(%)
1990	290.31	3 083.59	9.40	18 598.4	1.56
1991	330.31	3 386.62	9.8	21 662.5	1.52
1992	377.86	3 742.2	10.1	26 601.9	1.42
1993	425.8	4 642.3	9.2	34 560.5	1.23
1994	550.71	5 792.62	9.5	46 670	1.18
1995	636.72	6 823.72	9.3	57 494.9	1.11

续　表

年份＼项目	国防支出	财政支出	国防支出/财政支出(%)	GDP	国防支出/GDP(%)
1996	720.06	7 912.75	9.1	68 577.1	1.05
1997	812.57	9 233.75	8.8	74 547.7	1.09
1998	934.70	10 798.18	8.7	76 967.2	1.21
1999	1 076.40	13 187.67	8.2	80 579.4	1.34
2000	1 207.50	15 886.50	7.6	88 189.6	1.37
2001	1 442.04	18 902.58	7.63	97 314.8	1.48
2002	1 707.78	22 053.15	7.74	105 172.3	1.62
2003	1 907.87	24 649.95	7.73	117 251.9	1.63
2004	2 200.01	28 486.89	7.72	159 878.3	1.38
2005	2 474.96	33 930.28	7.29	183 217.4	1.35
2006	2 979.38	40 422.73	7.37	211 923.5	1.41

资料来源：《中国统计年鉴2009年》和《中国财政年鉴2007年》。

从表7-5可以看出，我国国防实力随国民经济的发展而得以增强，对维护国家主权做出了巨大贡献。但是国防支出增长的规模相对于财政和国内生产总值规模而言略有下降，这说明，我国以经济建设为核心的战略方针始终一贯，我国不参与世界军备竞赛，为致力于世界和平事业做出了表率。

由于我国经济的高速发展，世界上有一些反华势力竭力鼓吹"中国威胁论"，大肆扬言中国发展军事力量将会对世界和平构成威胁。然而事实如何呢？我们可以通过财政军事支出的国际比较，进而驳斥"中国威胁论"（见表7-6）。这个数字与其他国家相比我国是比较低的。

表7-6　1997年度国防费占GDP和财政支出比重的国际比较　　　　（单位：%）

国　家	国防支出/财政支出	国防支出/GDP
美国	16.20	3.40
俄罗斯	19.70	3.80
英国	8.20	2.80
法国	12.10	2.40
日本	6.40	0.99
韩国	20.40	3.20
中国	8.80	1.09

资料来源：国务院新闻办公室：《中国的国防》，1998年7月。

（二）国防支出的内容及管理

1. 国防支出的内容

我国的国防支出内容按经费性质划分，包括国防费、国防科研事业费、民兵建设事业费以及用于专项工程和其他支出，其中主要是用于陆、海、空各军种兵种的经常费用，国防建设和国防科研费,还包括战争时期的作战费用。

按项目划分,国防支出的内容包括:人员生活费,主要用于军官、士兵、文职干部和职工的工资、伙食、服装等;活动维持费,主要用于部队训练、工程设施建设及维护、日常消耗性支出;装备费,主要用于武器装备的科研、试验、采购、维修、运输和储存等费用。

由表7-7可知,我国国防支出中人员生活费、活动维持费、装备费呈"三足鼎立"之势。国防费的大部分用于人员生活和正常活动的维持,而武器装备的研制、试验、采购、维护较少。面临高新技术发展的日新月异,为维持国家安全,我们在减少国防从业人员的同时,应当适当增加武器装备费的投入,加强我军现代化的建设,以保证我国经济在高度复杂的国际关系中,稳定持续发展,保障人民长居久安。

表7-7 1997年度中国国防费构成

类　　别	数额(亿元)	比重(%)
人员生活费	291.62	35.89
活动维持费	265.36	32.66
装备费	255.59	31.45

资料来源:丛树海主编:《公共支出分析》,上海:上海财经大学出版社,1999年版,第96页。

2. 国防支出的管理

国防支出的目的是保卫国家不受侵犯。侵犯之敌或可能的侵犯之敌位于何方,可能动员的侵犯力量有多大,都是可以接近准确地估计出来的,而且是可以量化为若干指标的,这就为确定国防支出奠定了基础。一国可以首先确定所需的军事打击力量规模,然后为此制订军事计划,再为执行各个计划项目拟定各种可以替代的实施方案,以各个方案的成本效益进行分析比较,选定成本最小而效益最大的方案。最后,根据被选定的方案所需资金,编制国防支出的预算。这样一种制度,一般被称为"计划—方案—预算"制度,最早由美英等国在第二次世界大战期间使用。

我国财政用于国防支出的数量占财政支出的比重,从1985年的10%以上水平,降到2003年的7.65%。但是,国家财政用于国防支出的总量是比较大的,在财政资金有限的情况下,节约使用资金、提高国防费用支出资金的使用效益就显得尤其重要。从当前来看,首先可以适当精减人员,通过提高军队的整体素质和军事装备的科技含量,同样可以达到保卫祖国的目的。其次,应加强军品与民品的结合。在20世纪60、70年代,由于决策者对当时的国际局势判断出现偏差,将相当多的国家财力以"山、散、洞"的方式建立了很多的军事工业基地,生产各类武器装备和军事产品,造成了很大的浪费。在冷战结束后的和平时期,军工企业转为生产民用产品,不仅可以增加消费品市场的供给,而且还会增加军工企业的收益,减少国家财政对军工单位的费用支出,节约财政资金。再次,对于正常的国防建设项目投资,应采用成本—效益分析法和最低费用选择法,对军事支出项目的成本和效益进行充分的分析,尽可能提高国防支出的使用效益。

第五节　政府采购制度

按照公共财政的准则,财政购买性支出应当通过政府采购制度加以实施。因为购买性支出直接与商品劳务相联系,是在市场交易中完成的,必须遵循市场规律,按照等价交换原则进行。所以,政府购买主体与供应商一样,共处在同一个市场之中,以公开、公正、透明和效率的准则进行交易。如果政府购买性支出不按照政府采购制度而采用行政性配置,那么,社会主义市场经济制度就是不完善的,同时也不利于政府职能的转换。2002年6月29日,全国人民代表大会通过了《中华人民共和国政府采购法》,并于2003年1月1日起实行,这标志着我国财政改革和政府职能转轨,在社会主义市场经济体制建设中迈出了至关重要的一步。

一、政府采购概述

(一)政府采购概念

现代政府采购概念起源于1947年关贸总协定中的有关国民待遇的例外规定条款。20世纪60年代,OECD出台了"关于政府采购政策、程序和做法"的文件草案,将政府采购正式纳入国际组织文件之中。

美国学者Donald W.Dobler曾给政府采购作了简短的说明,他认为政府采购是公共采购部门履行管理人的职能,其花费的资金来自于税收和别人的捐助,雇主依靠这些资金代表他们的人民或捐助人提供服务,因此非营利机构或政府的采购职能就成为一个受管制的,然而却透明的过程,受到众多法律、规则和条例、司法或行政决定以及政策和程序的限定和控制。

西方国家政府采购又常常被称为"公共采购"。如英国研究采购的学者贝雷在其《采购与供应管理》一书中,依据采购职能的范围和目标将采购分为商业领域采购、公共领域采购和制造业采购。公共采购是中央和地方政府以及其他公共服务部门,为了向公众提供公共产品和服务而进行的采购。严格地讲,政府采购与公共采购是有差别的,因为公共部门的范围不仅包括政府,还包括一些公共服务部门,甚至国有企业。

我国《政府采购法》中所称的政府采购,是指各级国家机关、事业单位和团体组织,使用财政性资金采购依法制定的集中采购目录以内的或者采购限额标准以上的货物、工程和服务的行为。

(二)政府采购原则

政府采购必须遵循公开、公平、公正和诚实信用四项原则。

1. 公开原则

政府采购的资金是公共性资金,因此采购规则必须置于全体人民的监督之下,符合全体人民的利益。同时要有利于引导企业诚实经商、规范经营、公开交易市场,构筑一种公开竞争的市场环境。具体而言,公开原则是指市场信息要公开,采购市场的透明度要高。在内容上,凡是可能影响供应商投标的采购信息都应当公开。公开的形式包括向社会公告,将有关信息刊登在报纸或刊物上,将有关资料置备于有关场所,供公众随时查阅等。公开的信息还必须及时、完整、真实。

2. 公平原则

公平原则是指所有商品生产者不分性质、不分大小、不分地域都具有平等竞争的地位,其参与政府采购的权益都应受到公平的保护,他们在竞标过程中,应当机会均等、待遇相同。

3. 公正原则

公正原则是指政府采购部门在采购管理和交易中的有关事务处理上,要在坚持客观事实的基础上,做到一视同仁,对所有参加采购的供应商给予公正的待遇。

4. 诚实信用原则

诚实信用原则是针对政府采购的供求双方而言。政府采购部门在采购过程中,除了提供真实的采购信息和按照采购合同准确支付外,而且还要充分考虑公众的利益,不能为了部分消费者的偏好,随意采购,追求豪华奢侈,从而损害公众的利益。政府采购供应商也应当信守各项承诺,严格按照政府采购合同所规定的条款提供相应的货物、工程和服务。

(三) 政府采购的意义

20世纪80年代以后,在许多市场经济国家,政府采购制度受到了前所未有的重视。政府采购制度成为公共财政体制中的一项主要财政支出制度。究其原因,是由于政府采购工作对于市场经济制度的完善、对于财政资金的有效管理、防止政府官员贪污受贿等方面产生巨大的积极作用。

1. 有利于市场经济体制的完善

市场经济体制的最大特点是按照制度化、法制化的轨道运行。政府采购作为一种制度化的财政支出手段,可以促使政府的采购行为遵循价值规律的要求,以市场化的方式实现政府的某种目标,避免政府过多的行政干预。而且,政府的采购行为在不违反市场规律的前提下,可以弥补市场的失灵。所以说,政府采购制度是现代市场经济发展的产物,有助于市场经济体制的发展和完善。

2. 有利于缓解财政收支矛盾

无论哪一个国家,财政收支矛盾都是政府所面临的一个难题。一方面,政府有很多花钱的事要做,另一方面财政支出又受制于政府的预算和议会的批评。在想方设法增加收入的同时,政府都想用尽量少的钱做更多的事情。因此,节约财政资金、提高资金使用效率就成为解决财政赤字的关键因素。政府采购中最主要的是通过招投标机制来节省财政资金。公开竞争是招投标的核心,将竞争机制引入公共支出的使用过程中,符合纳税人对政府少花钱、多办事的愿望,同时提高了采购活动的透明度,便于纳税人监督公共资金的分配和使用。

3. 有利于宏观经济调控

在现代市场经济国家,政府广泛运用经济手段和法律手段干预国民经济活动,其重要手段之一就是政府通过财政支出兴办公用事业,如直接兴办公共工程、采购物资等,以便克服市场缺陷,纠正市场失灵,调整或干预国民经济的运行和发展。由于政府采购规模巨大、影响力大,所以政府采购完全可以成为国家对经济进行宏观调控的重要手段。美国20世纪30年代经济危机时期的"罗斯福新政",正是通过增加政府公共支出、兴办公共工程,来扩大就业、恢复经济。

4. 有利于国内市场的保护

由于国际贸易的发展,私营领域早已基本成为国际贸易一体化的领域,各国对这一领域的保护已非常有限。但各国都通过政府采购对国内市场进行保护,政府采购市场已成为贸易保护的最后保留地。因此,对本国政府采购市场进行保护,鼓励在政府采购中优先购买本国产品,促进本国民族工业的发展,已成为一项重要的政府采购政策。从政府采购制度对一国经济发展的作用来看,政府采购制度在日本、韩国都曾为其支柱产业的振兴立下过汗马功劳。如日本在振兴汽车工业时,其政府和公共团体的采购资金均投入了本国汽车工业;在振兴电子工业时期,政府办公自动化建设和通信设备的采购,为日本刚刚起步的电子工业提供了一个不小的市场,帮助日本企业顶住了美国跨国公司电子产品的冲击。

5. 有利于促进政府观念转变

政府采购有助于树立政府与纳税人之间契约关系的新观念。实行政府采购制度后,纳税人与政府之间的契约关系更加明朗,即纳税人是委托方,委托政府在管理公共事务中用其缴纳的税收采购公共产品;政府是受托方,政府在市场上采购货物、工程和服务的行为是代理纳税人采购。这种委托与受托关系的确立,可以增强政府的公仆意识和公民的主人翁意识。

6. 有利于抑制政府官员的腐败行为

谈到政府中的腐败问题,大多数人马上会想到政府在购买商品、授予合同中的行贿受贿等问题。这的确是转轨时期政府部门中最常见的腐败形式。无论哪一个国家,都要想方设法防止官员的贪污受贿,因为官员的贪污受贿会影响政府的形象,严重的甚至会导致执政党下台。而政府采购制度可以使政府行为置于财政、审计等部门以及公众监督之下,有效地遏制采购活动中经常发生的各种贪污受贿现象,有利于维护政府官员廉洁奉公的良好形象。因此,政府采购制度也是政府实行政务公开、向公众负责的一项重要措施。在市场经济国家,政府采购被称为"阳光下的交易",规范政府采购的法律被称为"阳光法案"。

从1995年起,中国的一些省市如上海、河北、深圳、重庆等地陆续开始了政府采购的实践。1999年中央国家机关的政府采购工作也逐步展开,民政部、卫生部、国务院机关事务管理局、国家测绘局、国家税务局、海关总署等部门开展了政府采购的尝试。1999年4月,我国《政府采购管理暂行办法》出台,对我国政府采购的管理作了原则性规定,标志着我国政府采购的立法工作迈出了第一步。同年8月《中华人民共和国招标投标法》在经过五年多的起草、修改后,终于获得通过,使得招标采购的方式首次以法律的形式应用于公共采购或政府采购。2002年6月29日,全国人大正式通过了《中华人民共和国政府采购法》。我国政府采购法案的出台大大促进我国政府采购事业的发展。

二、政府采购制度的结构及类型

政府采购制度是根据国家的经济及财政管理体制的要求,在对财政购买性支出实施市场化交易过程中,为政府采购的买卖双方制定的一系列规范的行为准则。虽然政府采购制度类型有差异,但其基本制度结构却是一致的。

政府采购制度的基本结构一般由政府采购法规、政府采购机构、政府采购管理三个部分组成。政府采购法规是政府采购行为的依据和规范,政府采购机构是政府采购活动的具体执行单位,政府采购管理则是政府采购制度的操作程序。

(一) 政府采购法律体系

政府采购法律一般涵盖了政府采购的各个方面,有直接与政府采购相关的法规,也有与政府采购发生联系的间接法规。直接与采购有关的主要法规有:政府采购法、招标投标法、采购合同法、公共资金管理法和公共救济法等。这些法规所涉及的具体规则包含:对供应商准入政府采购市场管理的规定,对社会中介组织参与政府采购业务代理资格管理的规定,对政府采购官员和从业人员资格的规定,对政府采购投诉或仲裁程序的规定,对集中采购目录编制和实施的规定,对政府采购投标保证金和合同履约保证金的规定,对政府采购电子商务管理的规定,对小额采购的规定,对大型复杂设备采购的规定,对大型工程采购的规定,对服务采购的规定以及对保护本国产品采购的规定等等。间接性的政府采购法规体系的范围则更广泛,如民法、经济法、刑法等法规都可能与政府采购发生关系。随着政府采购的范围和规模的不断扩大,需要通过法律规范的对象将更加具体。

在政府采购法律体系中,主要的法规是政府采购法、合同法、招投标法等。政府采购法一般是政府采购的基本法,但这一名称各国有所区别,如美国是《联邦采购条例》,新加坡称《政府采购法案》。

有关政府管理的法规是采购法规体系中的主要内容。政府采购制度成熟的国家都有一套以招标程序为主,适应各种采购环境的完整采购程序。各国政府采购法律都对政府采购的主要方式及其限制条件做出明确规定,将公开招标采购方法作为政府采购的首选方法,规定在一般情况下,政府采购机构必须采用公开招标。同时考虑到公开招标方法也有一定的缺陷,不是在任何情况下都适用的采购程序,各国的采购法律又都规定了适应特殊条件和环境的其他招标方法,如询价采购、定点采购、采购卡制度等,并规定了它们适用的条件,从而既保证了政府采购的公开、公平、公正、经济等原则,又最大限度地促进了政府采购厉行节约目标的实现。

(二)政府采购机构

政府采购机构是政府部门为了满足政府消费需要而专门设立的从事采购业务的机构。它们的采购活动需要得到专门的授权。政府采购机构的权利来自于宪法条款、有关法律和地方政府法规。与私营机构采购相比,政府部门采购最大的差别在于受到很多法律的约束,既受到国内法律的限制,还可能受到国际性法律或区域间法律的限制(如果该国是某一国际组织或区域组织的成员)。

政府采购主体包括采购人和采购供应商。采购人是指依法进行政府采购的国家机关、事业单位、团体组织,根据采购人的性质不同,可以分为集中采购机构和非集中采购机构。集中采购机关在我国部分省市又被称为政府采购中心,属于非营利事业法人,它负责统一组织纳入集中采购目录的政府采购事项;组织由财政拨款的大型政府采购项目;受其他采购机关的委托,代其采购或组织招投标事宜;办理财政部门交办的其他政府采购事务。集中采购机关一般都设在财政部门,其经费来源大多数由财政全额拨款,也有的实行自收自支办法。其他政府采购事项,由各非集中采购机关按照有关规定自行组织采购。

政府采购供应商是指具备向采购机关提供货物、工程和服务能力的法人、其他组织或者自然人。政府采购供应商必须具备一些基本条件,主要包括:独立承担民事责任的能力、良好的商业信誉、健全的财务会计制度、履行合同所必需的能力、依法缴纳税收和社会保障资金的良好记录以及经营活动中没有重大违法记录(三年内)。

采购机关可以委托具备政府采购业务代理资格的社会中介机构承办政府采购具体事务。对政府采购代理的中介机构,要求很严格,规定其必须满足:依法成立且具有法人资格;熟悉国家有关政府采购方面的法律、法规和政策,接受过省级以上财政部门采购业务培训的人员比例达到机构人员的20%以上;具有一定数量能胜任工作的专业人员,其中具有中级和高级专业技术职称的人员应分别占机构人员总数的60%和20%以上;具有采用现代科学手段完成政府采购代理工作的能力;财政部及省级人民政府规定的其他条件。

政府采购机构的业务必须按照采购法规定的程序进行,并接受公共部门和公众的监督。从政府采购职能执行的顺序来看,政府采购机构的活动和任务应包括:确定采购需求,制定采购决策,实施采购活动以及进行物料管理等方面。

政府采购机构一般由政府采购管理部门和采购运作部门组成。一般而言,政府采购委员会作为管理机构,主要负责政府采购法规、政策的制定、修订和监督执行。该机构一般在财政部门内部专设,隶属于各级财政部门。美国将政府采购的管理职能交给政府采购委员会,由该委员会负责对法律进行解释,制定有关采购规则。采购的实际操作则由各部门依照法律文本,组成专门小组执行。也有一些国家没有专门设置采购委员会,而是由有关部门,如财政、银行、审计等参与的协调性机构专负此责。如英国是由政策与资源部成立政府采购委员会,该委员会负责制定采购规定的细则。

政府采购机构还包括相关的中介机构。中介机构是政府认可的具有独立行使政府采购资格的各种采购事务所,或经政府认可的有能力从事该项业务的其他机构。中介机构接受政府采购中心委托,主要通过招标或其他有效竞争方式,选择合格的供应商推荐给用户。同时,接受政府采购中心所反馈的有关供应商提供商品(劳务)的质量或标书中规定的相关指标存在问题的投诉,并负责代表仲裁机构对供应商提出质询乃至诉讼。国外中介机构一般只是接受政府采购中心的委托,负责具体招标事宜,与政府没有行政隶属关系。

(三)政府采购管理

政府采购管理的内容相当烦琐,大致可以分成以下四个方面的主要内容。

1. 采购计划

制定采购计划是政府采购过程中的第一步,按照政府采购法规和政府经济政策的需要,在既定的采购原则下,制定合适的采购目标。采购计划是由政府部门有关采购单位自行做出的,不需要征求其他各方的意见,因此这是在政府采购全过程中争议最少的阶段,也是采购部门最有主动权的阶段。制定采购计划也是一个最重要的阶段,政府采购的政策、采购中要达到的目标、采购进行的程序、组成的人员、选用的采购方式、采购的各项规则,甚至合同的主要内容都要在计划中确定下来。因此政府采购的计划必须要有细致、周全的考虑。

2. 采购活动的管理

采购活动管理的内容主要有:① 记录采购数据和基本信息。具体包括记录一般采购数据,保持存货和消费记录,保存供应商价格、服务和质量记录,采购研究分析,进行价格成本分析,开发新的货源和替代物料,参与价值分析研究等。② 采购程序管理。包括审查授权的请购书,签发投标邀请书,决定投标商名单,投标信息发布,分析报价或建议书,决定非响应投标,选择供应商,确定交货进度,谈判和决定合同,追踪交货,检查及接收货物,检查和批准发票,同供应商商谈调整,谈判合同变更等。③ 其他业务管理。包括准备并更新采购手册,评价采购业绩,评价员工业绩,进行培训和改进工作项目,进行成本改进项目,采购咨询及特殊服务,管理信息档案等。

3. 监督或审计

监督或审计是政府采购管理的一个重要内容,一个健全的监督或审计制度,是顺利完成政府采购任务的保证。对政府采购过程进行监督或审计,有助于协助解决采购中遇到的问题,可以防止某些漏洞的出现,纠正不正确的操作方法和程序,从而达到预定的采购效果。

4. 采购风险的预防和补救

关于采购风险,总的来说,就是采购结果未达到预期目标,其表现形式有:招标时没有投标人响应,造成全部废标;合同执行中出现预算大幅度增加或减少;履约纠纷等。

（四）政府采购的类型划分

政府采购制度的类型可分为如下几类。

(1) 按政府采购的集中程度，可将政府采购制度划分为集中采购制度、分散采购制度和半集中半分散采购制度三种类型。大多数国家都规定限额以上或采购目录范围内的采购应尽量采用集中采购制度，如新加坡的政府采购就是由单一的机构负责运作，更多的国家采取分散采购制度，各个地方或者一些公共机构按照采购法规进行采购活动。个别国家在限额以上或大宗商品采购目录范围之内的采购实行集中采购，而在限额以下或采购目录以外的采购一般由各个地方自行采购。目前我国各地推行的采购制度属于分散采购制度。

(2) 按政府采购对象的不同，可将政府采购制度分为货物、工程采购制度和服务采购制度两种类型。货物和工程采购制度发展得相对早一点，如关贸总协定关于货物和工程采购制度在 1981 年就出台了，直到 1993 才将政府采购的内容扩展到服务领域。欧盟的服务采购制度出台也比较晚。服务采购制度晚于货物和工程采购制度的主要原因在于，服务业在现代经济运行中的作用比较重要，各国政府对服务市场的开放都非常谨慎，一般不轻易让外国厂商进入重要的服务行业，如通信、运输、金融等。

(3) 按政府采购的适用范围划分，政府采购制度可以分为全球性政府采购制度、区域性政府采购制度、多边政府采购制度、双边政府采购制度和国内政府采购制度。全球性政府采购制度是适用于所有国际性经济组织成员的协议、规则等，如世界贸易组织的《政府采购协议》、联合国贸发委的《示范法》和世界银行的《采购指南》。区域性政府采购制度最具代表性的就是欧共体（或欧盟）的《公共指令》、亚太经合组织关于政府采购的非约束性规则（实际上也是多边性的政府采购制度）、北美自由贸易区关于政府采购的规定等（同时也是一个多边和双边政府采购协定）。国内政府采购制度是指尚未对外开放，仅适用于该国居民的政府采购，我国现行的政府采购就属于这一类型。但随着我国成功加入 WTO 后，我国参与国际政府采购市场以及我国政府采购市场的对外开放已不会太远。

三、政府采购的方式

政府采购方式有以下类型。

(1) 按政府采购方式的公开程度，可将政府采购分为公开招标采购（open tendering）、邀请招标采购（invited tendering）、竞争性谈判采购（competitive negotiation）、询价采购（shopping）和单一来源采购（one-source procurement）等方式。我国的《政府采购法》基本采用此划分标准。

公开招标采购是指采购方以招标公告的形式邀请不确定的供应商投标的采购方式。邀请招标采购是指采购方以投标邀请书的形式邀请五个以上特定的供应商参加投标的采购方式。以上两种采购方式适用于各级政府或财政部门规定的限额标准以上的单项或批量采购项目。竞争性谈判采购是指采购中心直接邀请三家以上合格供应商就采购事宜进行谈判的采购方式。询价采购是指向三个以上供应商发出报价，对其报价进行比较以确定合格供应商的一种采购方式，适用于对合同价值较低且价格弹性不大的标准化货物或服务的采购。单一来源采购是指采购中心在适当的条件下向单一供应商征求建议或报价进行的采购。

(2) 按政府采购机构的参与程度划分，政府采购可分为政府采购机构直接组织采购和委托招投标机构采购两种方式。前者适用于技术规范和要求相对稳定、批量大、规模效益显著的商品、服务和小型工程采购;后者适用于技术性能复杂且升级换代快的大型设备、专用设备和高新技术产品以及大型建筑工程的采购。

(3) 按采购方式的技术要求分类,可将政府采购方式分为传统采购方式和现代采购方式。传统采购方式是指依靠人力完成整个采购过程的一种采购方式,如通过报纸杂志发布采购信息,采购实体和供应商直接参与每个采购环节的具体活动等。这种采购方式适用于网络化和电子化程度较低的发展中国家或地区。现代采购方式也称网上采购或电子采购,是指主要依靠现代科学技术的成果来完成采购过程的一种采购方式,一般通过互联网发布采购信息,网上报名,网上浏览和下载标书,网上投标等。这种采购方式适用于网络化和电子化程度比较发达的国家和地区。

(4) 按供应商所在地域划分,可将政府采购分为国际性招标采购(international competitive bidding)和国内招标采购(national bidding)。前者的适用条件是:采购实体所在国家或地区已加入国际或区域性政府采购协议,按协议规定必须采用国际性招标采购的;或采购实体所在国家或地区虽未加入国际或区域性政府采购协议,但国内供应商不能满足采购需求的。后者的适用条件是:采购实体所在国家或地区未加入国际或区域性政府采购协议,凡是在本国或地区能够组织生产或承建并能满足采购需求的;或采购实体所在国家或地区虽已加入国际或区域性政府采购协议,但预期国外供应商对采购项目不感兴趣的;或国外供应商在国内没有相应的售后服务机构的。

从政府采购的一个方面或部分内容方面而言,以上这些采购方式分类对政府采购的划分有现实的指导作用和理论意义。确定合理且科学的政府采购方式,不仅对政府,而且对供应商也具有很强的操作价值。

我国的政府采购可以采用公开招标、邀请招标、竞争性谈判、询价、单一来源等采购方式。其中公开招标是最常用的方式。采用公开招标方式的政府采购数额标准,属于中央预算的政府采购项目,由国务院规定;属于地方预算的政府采购项目,由省、自治区、直辖市人民政府规定。

如果招标后没有供应商投标或者没有合格标的、技术复杂和性质特殊的,或者采用招标所需时间不能满足用户紧急需要的采购项目,可以采用竞争性谈判方式采购。如果发生不可预见的紧急情况且不能从其他供应商处采购,或者为保证原有采购项目的一致性和服务配套且添购资金总额不超过原合同采购金额10%的采购项目,可以采用单一来源方式采购。如果需采购的货物规格、标准统一,现货货源充足且价格变化幅度小的采购项目,可以采用询价方式采购。

本章小结

　　财政购买性支出是我国财政最大和最主要的支出类别。我国购买性财政支出主要包括投资性支出、科教文卫支出、行政管理支出、国防支出和对"三农"的支出等。购买性财政支出不仅对于我国财政发展具有特殊意义,而且对于我国整个国民经济也具有重大意义。提高基本建设投资效果是个十分重要的问题。流动资金是保证生产和商品流转正常进行的必要条件。"三农"支出是指国家财政用于发展农业、改善农业生产条件、实现城乡统筹发展、缩小城乡差距和公平收入分配等方面的支出。由于文化、教育、科学、卫生事业在现代社会经济发展中发挥着日益重要的作用,财政性科教文卫支出直接和间接地服务于并且促进着我国的现代化建设。行政管理支出是财政用于国家各级权力机关、行政管理机关行使其职能所需要的费用支出,行政管理支出过于膨胀,易造成政府管理效率低下、官僚主义猖獗,所以要严格控制行政费用开支,加强对社会集团购买力的管理与控制。国防支出是财政用于国防建设、国防科研事业、军队正规化建设和民兵建设方面的费用支出,对于保卫我国社会主义建设和国家安全,以及维护世界和平,均具有重大意义。财政购买性支出的运行需要一套科学的制度予以规范,政府采购制度就是建立在市场经济基础上对各项财政购买性资金进行有效管理的制度。

复习思考题

1. 如何提高财政基本建设支出的效果?
2. 为什么我国发展农业需要财政支持?
3. 财政文教科卫支出的管理方式有哪些?
4. 怎样有效地控制财政行政管理费的膨胀?
5. 为什么要建立政府采购制度?

第八章 转移性支出（一）

第一节 转移性支出概述

转移性支出是指经由财政之手，将某个部门、集团和个人的部分收入转移到另一部门、集团和个人的手中。从本质上说，转移性支出属于一种收入再分配的方式。

根据转移性支出的主体不同，可以将转移性支出分为两种类型。

一是政府对微观经济主体的转移性支出。这类转移性支出的主要构成部分是各类补贴、补助金和津贴（统称为补贴）、公债利息支出、社会保障支出、资本转移等。在我国目前的转移性支出中，比重较大的是各类财政补贴、社会保障支出和国债利息支出。其中财政补贴在20世纪80年代中后期以后占财政支出的比重很大，该比重一直维持在1/3以上。90年代以后这个比重呈现不断下降的态势，2003年企业亏损补贴和（政策性）价格补贴两项占支出的比重为3.42%。由于近年来政府加大了对"三农"补贴支出的力度，如果将这一项补贴考虑进来，那么目前该比重约为10%。今后，随着价格改革的到位，这一比重将继续降低。国债利息支出过去比重很小，90年代以后不断上升。由于90年代中后期以后我国的国债发行规模不断扩大，由此而产生的利息支出不断增加，2009年债务本息支出占财政支出的比重约为2%。预计债务利息占财政支出的比重在今后相当长的时期内还将进一步提高。由于历史上我国的社会保障主要由单位提供，因此社会保障支出占财政支出的比重一直很低。随着社会保障制度改革的进行以及新型的社会保障制度的逐步建立和完善，这一比重逐年提高。2008年社会保障与就业支出占财政支出的比重为10.87%。

二是政府上下级之间的转移性支出。这类转移性支出有两种类型：中央政府对地方政府的转移性支出和地方政府中的上级政府对下级政府的转移性支出。政府间的转移支出对平衡地方财政收支、维持地方财政的顺利运转发挥着重要作用。政府间的转移性支出属于预算管理体制的研究对象。政府对微观经济主体的转移性支出属于本章和第九章的研究内容。

在西方国家，转移性支出具有自动稳定器作用，突出表现在社会保障支出功能上。社会保障支出包括社会保险支出和社会福利支出，这类支出是按社会保障制度有关法律和规章提供的,所以政府很难随意增加或减少这类支出。再加上政府的转移支出政策是依照法律规范实施的(或是累进,或是累退,或是比例)。在实行累进的转移支出政策时,收入越低者,得到的经济补助越多,累进程度越高,越能减少分配不均的现象。这样,在经济处于高涨时期,充分就业自然使劳动者收入水平得到保障;而在经济衰退阶段,失业率较高,转移性支出能够自动起到稳定劳动者收入水平的作用。

财政的转移性支出除了具有自动稳定器作用之外,它对实现社会公平分配也有重要意义。转移性支出直接增加了受益者的收入水平,因而影响着收入分配状况。其中的社会保障支出和财政补贴支出,直接改善社会分配不均的问题;转移性支出还被经常用于解决地区性分配不均问题。政府对富庶地区多征税,用于对贫穷地区的补贴,便能缩小不同地区间的收入水平的差距。

中央政府对地方政府的转移支付,通常与分税制紧密相连。由于留给地方政府掌握使用的收入资源远低于其支出所需,这就促使地方政府在财政方面增强了对中央政府的依赖。中央政府可以采取收入分成、补贴和贷款等方式转移资源给地方政府。在更多情况下,"政府喜欢用补贴方式来转移资源,而不是用收入分成方式。收入分成采用的是某种统一应用的公式和比例进行的,补贴则是有选择性的,能随着补贴目的变化而调整"[①]。

上述有关转移性支出作用的分析,基本属于西方公共财政学中的转移支出理论。我国正在建立和完善社会主义市场经济体制,随着我国公共财政框架的逐步建立,转移性支出在政府公共支出中所占的比重也将大幅地增加,无论从政府的职能,还是从转移性支出的地位角度看,转移支出在整个国民经济中的作用都将不断得到强化。由于社会保障支出是转移性支出的最重要内容,在公共财政中,社会保障中的社会保险支出是各国最大的一个支出项目,因此有必要对社会保险用专门的章节进行研究(参见第九章)。本章主要研究我国转移性支出中的财政补贴支出和社会保障之一的社会福利支出。债务的利息支出问题将在有关国债的章节中介绍。

第二节 财政补贴

财政补贴是国家根据一定时期有关政治、经济的方针和政策,按照特定目的,对指定事项由财政安排专项资金进行的一种补贴,它体现政府对企业和个人经济活动的干预。财政补贴属于财政转移性支出。

一、财政补贴的特征

从本质上说,财政补贴是一种转移支出,属于收入再分配,即不同经济利益主体之间的利益再分配。财政补贴,使某一部分集团、单位和个人的收入水平增加了,但是社会价值总量并未有任何增加。与其他的财政分配形式相比,财政补贴有以下三大特征。

1. 政策性

财政补贴是由财政部门全面负责管理的,所有的财政补贴事项都须经财政部门同意和批

[①] A.普蕾姆詹德:《预算经济学》,北京:中国财政经济出版社,1989年版,第423页。

准,补贴的对象、数量和补贴实施的期限由财政部门制定,故补贴事项的出台具有政策性;另外从补贴的依据看,财政补贴依据一定时期国家的方针和政策制定,是为了国家方针政策的实施。

2. 灵活性

由于补贴的对象具有针对性,补贴的支付具有直接性,因此财政补贴是国家可以掌握的一个灵活的经济杠杆。财政补贴在调节经济活动、协调各方面的经济关系时,比税收杠杆的调节作用来得更直接、更迅速,而且国家也可以根据变化了的情况及时对财政补贴进行修正和调整。

3. 时效性

国家的方针、政策会随着政治、经济形势的变化而不断地进行修正、调整和更新,故以国家方针、政策为依据而出台的补贴项目也必将随之进行修正、调整和更新。当某项政策作用实施完结时,相应的财政补贴项目也将因完成其历史任务而随之中止。

在财政收支科目中,我国财政补贴的处理方法有两种:一是作为负数列在财政收入栏目以冲减财政收入。这种处理方式适合于企业亏损补贴,具体做法是将应给予企业的补贴数额从企业上缴的税收收入中如数退还。1985年以前的价格补贴就是采用这种处理方法;二是在财政支出栏目中列支,然后拨付给补贴单位。这种方法适合于1986年以后的价格补贴和其他项目的补贴,如财政贴息等。

二、财政补贴的种类

目前国家财政预算项目中明确列为财政补贴的有两项:一是价格补贴,列在财政支出项目中;二是国有企业亏损补贴,作为负数列在财政收入项目中,以冲减财政收入。这两项补贴在过去数额一直很大。其中1990年国有企业亏损补贴达578.9亿元,价格补贴达380.8亿元,两项合计达959.7亿元,占当年财政支出额(3 083.59亿元)的31.12%。随着财税体制的改革深入,财政补贴数额有所下降,1995年价格补贴为364.89亿元,企业亏损补贴为327.77亿元,两项合计692.66亿元,占当年财政支出总额(6 823.72亿元)的10.15%;2003年上述两项补贴支出占财政支出的比重为3.42%。近几年来,由于政府对于"三农"问题的重视,财政对农业生产的补贴支出呈现较快的增长速度,因此补贴占财政支出比重会逐年上升。

财政补贴分类方法很多,依据不同的标准可对财政补贴作不同的分类,相应地有不同的补贴环节。

(一) 对企业与个人的补贴

从补贴对象看,财政补贴可分为对企业的补贴和对个人的补贴两类。对个人的补贴主要是物价补贴,即当消费品价格提高,职工工资未变时,国家为了保证职工实际生活水平不下降,财政给予物价补贴。对企业的补贴既有物价补贴,也有亏损补贴。接受补贴的企业包括工业企业、商业企业和外贸企业。① 对工业企业生产者的补贴。由于自然资源条件限制,比如经批准开采地质构造复杂、经济价值较低的矿产品,其平均开采成本高于国家规定的售价,因而发生亏损;由于原材料提价,使企业生产成本上升、盈利减少,甚至发生亏损;由于按国家规定,某些产品定价低于产品平均生产成本,使生产厂家发生亏损。所有这些非企业主观原因造成的亏损,被称为政策性亏损,这种政策性亏损由国家财政给予政策性亏损补贴。② 对商业企业经营者的补贴。由于执行国家规定的价格,商品的进价大于售价,或购销同价,或购销差价不足以支付合理的流转费用而发生的亏损,也属于政策性亏损,国家财政给予政策性亏损补贴。③ 对从事进出口商品业务的外贸部门经营者的补贴。由于国际市场产品价格高于国内市场同种产品价格,而进口商品按国内市场价格投放市场发生的亏损,或由于出口商品换汇成本高发生的亏损,由财政给予补贴。

(二) 不同经济活动环节的补贴

按补贴的社会再生产环节划分,财政补贴可分为生产环节的补贴、流通环节的补贴、分配环节的补贴和消费环节的补贴。对个人的物价补贴,就有在分配环节补贴和在消费环节补贴之分。在消费环节上补贴,即居民消费的某种商品(如粮食)采用低价销售的方式,其收购价大于销售价的差额由财政补贴,这种补贴被称为"暗补"。在分配环节上的补贴,即当某种商品(如粮食)销售价格提高时,财政直接给居民提供相应的货币补贴,这种补贴被称为"明补"。在不同环节上补贴的效应是不一样的,在消费环节上补贴,意味着只有消费才能得到补贴,势必造成补贴商品的供不应求。在分配环节上补贴,由于得到的是货币补贴,补贴的收入不一定都用于消费相应的补贴物品。显然"明补"效果要比"暗补"效果好。因此在改革过程中人们普遍提出了由"暗补"变为"明补"的主张。

(三) 不同的项目补贴

按照补贴的内容,财政补贴由三部分构成:价格补贴、企业亏损补贴和财政贴息。价格补贴是由于商品的价格变动而引起的,向商品经营者和消费者提供的补贴。企业亏损补贴是指由于政府政策性的原因而导致的企业亏损,由财政提供的补贴。该项补贴针对的是政策性亏损企业。财政贴息是指利息补贴。这种分类是当前我国的国家预算所采用的。

(四) 根据处理方式不同

包括作为负数冲减财政收入的补贴和在财政支出中列支。

三、财政补贴的正负效应分析

财政补贴作为国家财政的一个重要经济手段,对经济运行有正效应,也有负效应。原因在于无论是企业亏损补贴,还是物价补贴,都与一定的相对价格体系相关。正效应在于,当一定的价格体系对生产和流通产生不利影响时,财政补贴能起到弥补市场价格机制缺陷的作用。负效应在于,当一定的价格体系对生产和流通起到积极的调节作用时,财政补贴起抵制市场机制的作用。此外,财政补贴会产生增加收入的收入效应,也会产生引导受补贴者生产、经销或消费受补贴商品的替代效应。

(一) 财政补贴的正效应

在价格体系不合理或扭曲的状况一时不可改变的条件下,或者在价格体系发生变动的条件下,财政补贴的正效应主要体现在以下几方面。

(1) 保护生产者利益,促进商品生产的效应。根据一定时期内国家某些政策的特殊要求,某些商品不能按照其价值进行等价交换。为此,国家给予生产和经营这些商品的企业财政补贴,使这些企业不至于因非主观因素造成的亏损而无法生存下去,既保护了企业的利益,也能促使企业扩大生产能力,提供更多的产品,满足市场需求。例如,为了扶持农业生产,按优惠价供应农业生产资料形成的财政补贴。对农业机械、农村用电、农用塑料薄膜、农药等农业生产资料实行优惠价格供应,由此,生产这些产品的工业企业会发生政策性亏损,国家对这些生产企业就得提供财政补贴。

(2) 在价格改革的进程中,为了加快改革,同时又要保障人民群众的生活不致因价格的结构性调整而受到影响,国家要根据相应商品的提价程度给居民提供财政补贴,这就可减少改革的摩擦,稳定市场,安定人民生活。

(3) 支持对外贸易的效应。就进口补贴来说,为了平衡国内市场供求,国家要从国际市场进口一些国内现有生产能力不能满足市场需求的产品,如化肥、农药等。但这些产品进口价高于国内定价,国家财政便承担了价差造成的外贸亏损补贴。从1978—1983年的6年间,国家财政用于这方面的补贴达283.64亿元。

(二) 财政补贴的负效应

一般说来,财政补贴的正效应产生在市场机制作用产生扭曲时,而在市场机制正常作用时,财政补贴则可能产生负效应,原因是它抵制市场价格机制对经济的调节作用。在转向市场经济体制、价格体系趋向合理时,财政补贴的负效应将愈来愈明显。

(1) 各类商品之间,在客观上存在着一定的比价关系。由于财政补贴是在价格之外,对某些商品价格进行补偿,掩盖了补贴商品的真实成本、价值以及与相关商品的比价关系,使本来不合理的价格结构更加不合理;补贴金额越多,价格背离价值的程度越大。实践证明,财政补贴的范围过大、数额过多,商品的比价关系和经济关系就越乱。突出表现是,财政补贴扭曲了价格的杠杆作用。价格的杠杆作用只有在基本符合价值的条件下才能充分发挥。财政补贴使价格在商品价值、评价企业经济效益、调节社会再生产、促进竞争和传递价格信息等方面应发挥的作用受到很大限制。

(2) 财政补贴不利于准确考核企业的经济效益。国家对于商品的进价大于售价,进销同价或进销差价不足以支付合理的流转费用而发生的政策性亏损一律给予财政补贴,这部分补贴是不计入企业产品成本的。同样,国家给职工的物价补贴,也是不包括在工资总额之中,无法像工资那样计入成本,这样就人为地压低了企业成本,掩盖了企业成本的真实性。财政补贴越多,对企业经济核算的负面影响就越大。范围过大、金额过多的财政补贴将导致商品成本的虚假,严重歪曲各类商品的实际成本。

(3) 财政补贴不利于改善企业经营管理。企业发生的亏损,有一部分是由于价格政策造成的政策性亏损,有一部分是由于本身经营管理不善造成的经营性亏损。在实际工作中,这两部分亏损混在一起,很难区分,往往是国家一律给予补贴。这种企业亏损补贴模糊了企业盈亏的透明度。政策性亏损掩盖了经营性亏损,使经营管理不善合法化,同时也抑制了企业加强经营管理的积极性,造成了经营中的浪费,不利于企业提高经济效益。对亏损企业无限制的补贴,实际上是政府对企业承担了无限的责任,并造成了企业的预算约束软化。

(4) 财政补贴对商品生产和流通产生不利影响。由于一些补贴商品的销售价格一般都比较低,这就抑制了生产,助长了消费,造成供求紧张的效应。生产和经营的补贴商品越多,亏损就越严重,企业往往限制生产和限量供应,结果形成卖方市场,使消费者选择性很小,不利于充分满足消费需求,削弱了生产、流通与消费之间的联系。

(5) 进口补贴和出口补贴对我国外贸的负效应。进口补贴鼓励了外贸企业加大对补贴商品的进口量,这样势必会对国内的产业结构调整带来负面效应。出口补贴的作用程度也是有限制的,而且在国际贸易中一国的出口补贴往往会受到别国的反补贴报复,特别是加入世界贸易组织后,出口补贴将受到更大的限制。

从世界范围来看,财政补贴引起的贸易摩擦也不断发生且日趋尖锐。最为典型的是欧洲经济共同体与美国的贸易争端就起因于双方对农产品进行出口补贴以争夺市场,从而导致1986年开始,计划于1990年年底结束的《关税及贸易总协定》乌拉圭回合谈判,最后拖了4年,直至1994年年底才勉强达成协议。美日之间关于日本大米市场的开放问题所引起的争端,也起因于日本采用补贴的方式以保护本国的大米市场,使美国的农场主难以将自己生产的大米打入日本市场。在现行的WTO框架下,一国政府为刺激本国商品出口而执行财政补贴政策很容易引起他国的反补贴,从而引发贸易纷争。

四、国外的财政补贴种类以及中外财政补贴比较

财政补贴是一个世界性的财政再分配现象。由于成熟的市场经济国家财政补贴政策实施得比较早,相关的操作也较规范、成熟,因此了解这些国家的财政补贴做法,可以为我国的财政补贴改革所借鉴。

(一) 国外财政补贴的种类

从目前情况看,多数西方国家通常在两种情况下进行财政补贴:一是当价格过低,影响到生产者的积极性时,对生产者进行补贴;二是对多子女、赡养人口多及单亲家庭提供补贴。具体来说,西方国家的财政补贴一般有以下六种情况。

(1) 无偿支付给企业和个人的资金。

(2) 实物补贴,即政府以低价出售商品或免费供应商品,类似于我国的"暗补"。

(3) 购买补贴,也就是政府以高于市场价格的价格从私人企业手中购买,从而使私人企业受益。

(4) 税收支出,即减免税。减免税实际上是将两项政府活动合二为一:先向纳税人征税然后再以补贴的方式将税款支付给纳税人。

(5) 财政贴息。

(6) 规章制度补贴,也就是政府有意识地规定某些产品的价格或进入市场的某些条件,使特定的集团获利[1]。

总体来看,西方国家财政补贴的对象是农产品生产者、出口商品经营者以及生活特别困难的家庭,而补贴的重点又是农业生产者。

(二) 中外财政补贴比较

将我国的财政补贴与西方国家相比可以发现,我国的财政补贴与西方国家的财政补贴的主要区别表现在以下五个方面。

(1) 目的和环节不同。西方国家的财政补贴侧重于对生产者利益的保护,故补贴一般在生产环节;而我国的财政补贴目的更多的是为了保护消费者的利益,故补贴发生在经济活动的各个环节,即使在生产和流通环节对生产者提供的补贴,最终受益人依然是消费者。

(2) 补贴的方式不同。西方国家一般采用"保护价格制",如果价格上涨影响到居民的生活,采取工资与物价挂钩的方法。例如在意大利,物价每上升1%,则工资提高0.5%。我国过去对农产品采用的是"购销倒挂制",由此对生产和生活产生影响,则采用财政补贴的方式予以解决。20世纪90年代后期开始取消了"购销倒挂制",也采用"保护价格制",但由于当时国有粮食企业是粮食流通领域唯一的经营者(独家垄断),政府的保护价格对农业生产者的利益实际上起不到任何保护作用,甚至在一定程度上损害了农民的利益。

(3) 补贴支出的数量差距较大。西方国家财政补贴支出占财政收入的比重一般控制

---

[1] 李扬:《财政补贴经济分析》,上海:上海三联书店,1990年版,第43页。

在3%之内,而我国这一比重一直很高,20世纪80年代中期至90年代初期高达1/3左右,此后该比重逐年下降,但目前仍达到10%左右。财政补贴依然是财政的一个巨大的包袱。

(4) 补贴的资金来源不同。西方国家的补贴除了来自于国家预算外,还有其他的途径。如对农产品的补贴可以通过各方筹资建立农产品价格基金,像日本的农产品安全基金,其资金就是由全国农协组织的成员缴纳和地方政府筹措,由基金向农协组织成员提供补贴;再如瑞典通过对进口农产品征收关税,用以对国内的农产品生产进行补贴。我国的补贴资金则来自于国家财政预算,即使有的公开和隐性补贴资金由非财政部门提供,但间接来看,其资金同样来自于国家财政。

(5) 政府对财政补贴进行管理的依据不同。西方国家通常以相关的法律作为对财政补贴进行调整的依据,如农业法、农产品价格法等;我国到目前为止还没有类似的法规,政府对财政补贴进行调整的主要依据是政策。

五、我国财政补贴制度的改革

中国从改革开放以后开始出台实施的财政补贴,到20世纪80年代中后期达到最高峰以后开始下降,但到目前为止,财政补贴的状况依然存在着很多问题,具体包括以下几方面:一是财政补贴的规模巨大,加重了政府的财政负担。尽管与最高峰时期的财政补贴支出在财政收入中占1/3以上的比重相比,目前的财政补贴比重已经大幅下降,但与其他的市场经济国家相比,该比重依然很高。二是财政补贴出现刚性,其时效性特征正在逐步消失。政府实施财政补贴项目的初衷主要是为了配合当时的经济体制改革措施的实施,一旦作为财政补贴依据的政策环境发生了变化,那么相关的财政补贴项目就应该随之取消。例如价格补贴和部分的企业亏损补贴,一旦当商品的价格改革完全到位,即当商品的价格由市场竞争来决定时,政府相应的补贴项目也应该同时取消。实际情况是,尽管有的财政补贴项目已经取消,但与价格制度改革的进程和市场经济建设的步伐相比,还有很多不合时宜的财政补贴项目依然在继续实施,结果财政补贴产生了本不存在的"刚性"特征。

在中国市场经济体制逐步建立和完善过程中,尤其是在中国成为WTO成员方以后,更应该注重政府政策干预的国际惯例,需要遵循国际公认的国际规则。因此,针对当前存在诸多问题的财政补贴进行清理与调整是非常必要的。

对财政补贴进行改革与调整,首先需要明确财政补贴的原则。一般情况下,财政补贴应该遵循下列两个原则。

(1) 财政补贴是为了弥补市场机制的缺陷。财政补贴是政府干预经济活动的重要方式和基本方式之一。在市场经济条件下,政府对经济活动领域进行干预的前提条件之一就是,当市场机制的调节失灵的时候。在自由市场机制无效的情况下,为了保证资源的最佳、合理的配置,需要政府以政策手段进行干预以弥补市场机制的不足。因此,政府的财政补贴只能是为了市场更为有效地运转,而不能代替市场机制的作用。

(2) 财政补贴应该符合国际惯例。在经济全球化的环境下,商品、服务贸易越来越频繁,交易量也越来越大,国际市场的竞争也越来越激烈。为了争夺有限的国际市场,很多国家可能会采用财政补贴的方式对本国的出口提供支持,这样因为财政的出口补贴而引起的国与国之间的贸易摩擦就成为一种常见的现象。为了解决因为财政补贴而引起的贸易争端,世界贸易组织针对补贴问题制定了一些相关的条款。因此我国在对财政补贴政策进行改革的时候必须要与国际惯例相符合。

根据上述原则,需要确定合理的财政补贴范围。由于财政补贴是政府干预经济活动的重要经济杠杆之一,只有当市场失灵时才需要政府补贴,且财政补贴需要与国际惯例接轨,因此对财政补贴进行改革,首先需要明确财政补贴的范围。体制型的财政补贴应该全部取消,对市场机制调节失灵之处由财政提供适当的补贴。过去国家财政对居民(或消费者)提供的大量直接和间接补贴都应该取消,消费者因各种原因而面临的生活方面的困难主要通过现行的社会保障制度加以解决。因此从补贴的对象看,财政补贴的重点应该是生产者。比较而言,各种生产者中,提供商品和劳务的生产者更多的是受到市场机制的影响,只有农业生产,不仅受到市场机制作用的调节,还在很大程度上受到各种自然因素的制约。因此财政对生产者提供的补贴重点应该是农业生产者。对于其他行业的生产者及消费者提供的补贴,随着补贴制度改革的进行,应逐步取消。

借鉴其他国家的做法,财政对农业补贴的方式进行适当的调整。农业补贴是各发达国家财政补贴最重要的领域。以美国为例。美国从20世纪30年代开始就实施了农业补贴政策,采用的主要补贴方式是目标价格制,对农产品进行差价补贴:当市场价格低于目标价格时,农场主按市场价格销售农产品,政府向农场主提供市场价与目标价之间的差价补贴。为避免因供给过多而导致农产品价格下跌,美国政府还实施了休耕补贴。1996年美国调整了农业法案,改变了对农产品价格提供支持的政策,将政府对农业的部分价格支持改为对农民收入的支持,并计划在新法案实施的7年期间,给农户提供约356亿美元的收入补贴,取消了过去的差价补贴,保留了最低保护价。1998年美国政府又推出了两项农业生产支持计划:一是作物收入保险计划;二是市场损失补助,以帮助农场主克服市场经营风险和自然风险。2002年美国立法机构又通过新的农业法案,进一步增加政府对农业的拨款。该法案规定,在今后的十年里,美国政府对农业的拨款将达到1 900亿美元。法案的内容包括:对已经享受补贴的谷物和棉花种植者增加补贴;对近年来已经取消补贴的羊毛、蜂蜜生产者重新给予补贴;对过去基本上不提供补贴的奶牛养殖者和花生种植者提供补贴。新农业法案还规定将用于土地保护方面的开支增加80%。

欧盟的农业补贴更是多层次、全方位地进行。尽管欧盟的农产值占其GDP的比重仅有1.5%左右,但农业补贴却占欧盟财政预算的一半。1992年为协调关税和贸易总协定乌拉圭回合谈判中的立场,欧盟对其农业政策进行了改革。主要内容如下:将农业保护政策从以价格支持为基础的机制,过渡到以价格和直接补贴为主的机制。1999年欧盟对农产品补贴政策进行了更为彻底的改革,改革的中心是将欧盟农产品价格支持体系转变为与农产品产量限制相结合的价格补助体系。具体措施有两方面:一是降低主要农产品的行政定价,二是对因降价给农民带来的损失提供直接补贴。尽管共同的农业政策改革使农业补贴结构发生了很大的变化,但补贴的数量并没有减少。例如法国1991年的农业补贴为68亿欧元,到1999年上升到92亿欧元,其中市场方面的补贴为33亿欧元,直接补贴给农场主的达59亿欧元。

根据WTO的要求,各国都从2002年起对农业补贴政策进行了调整,有下列几点改革趋势值得关注,也值得我国农业补贴借鉴:① 各国都继续实施对农业资源环境保护、乡村基础设施建设、农业科技、农产品市场信息等方面的支持政策。② 各国都根据WTO农业协议的要求,对部分农业补贴进行了削减,但力度十分有限,有的甚至还有所增加,即从总量上看,农业补贴并没有减少。③ 农业补贴方式发生了很大的变化。各国对农产品价格补贴、出口补贴("黄箱"政策)进行了削减,但其中被削减的相当部分又以收入补贴等形式进入了"绿箱"政策①范围。在 WTO 规则的约束下,改变的仅仅是农业补贴的方式而已②。

第三节 社会保障理论与社会福利

从相互之间的关系看,社会保障包括社会保险和社会福利。由于社会保险涉及范围更为广泛,影响更大,属于社会保障制度最重要的构成部分,因此下一章将专门探讨社会保险问题。本节将就社会保障的理论问题以及其构成部分之一的社会福利进行研究。

一、概念和内容

(一)社会保障支出的概念及其内容

所谓社会保障支出是指国家为城乡居民在年老、疾病、待业、灾害或丧失劳动能力时,以集中或分散的形式,提供的必不可少的基本生活保障。社会保障支出体现社会福利政策和公平分配的要求。在现代社会,建立社会保障体系、通过社会保障系统向生活贫困者提供必要的基本生活保障,是国家(或政府)义不容辞的责任。

社会保障体系包括社会保险、社会救济、社会福利、优抚安置和社会互助、个人储蓄积累保障等。我国目前的社会保障支出包括两部分,即社会保险支出和社会福利支出。

(二)社会福利的概念及其内容

社会福利支出是指国家为生活困难的城乡居民提供的资助,包括各种抚恤(即社会优抚安置)、社会救济和自然灾害救济。

抚恤包括由民政部门开支的烈士家属和牺牲病故人员家属的一次性、定期抚恤金,革命伤残人员的抚恤金,各种伤残补助费,烈军属、复员退伍军人生活补助费,退伍军人安置费,优抚事业单位经费,烈士纪念建筑物的管理费、修缮费等。

社会救济是指公民或居民不能维持最低生活水平时,由国家和社会按照法定标准向其提供满足最低生活要求的资金和实物资助。包括孤、老、病、残救济,如以"五保"(保吃、保穿、保住、保医、保葬)方式供养的孤老就属于此类救济。对于因个人能力无法适应激烈的市场竞争而陷入贫困的居民提供的救济,被称为城乡贫困户救济。从 1999 年开始,在我国县级以上城市普遍建立的最低生活保障制度,就是一种典型的社会救济。

自然灾害救济是指对遭受自然灾害的灾区和灾民提供的救济。自然灾害分为轻灾、重灾和特重灾害三类,根据我国现行的救灾政策和法规,城镇居民、轻灾民和一部分生产条件较好、经济富裕地区的重灾民都不列入自然灾害救济的对象,只对经济欠发达地区的农村发生的重

---

① "黄箱"补贴是指那些容易引起农产品贸易扭曲的政策措施,包括政府对农产品的直接价格干预和补贴,种子、肥料、灌溉等农业投入品补贴,农产品营销贷款补贴,休耕补贴等。"绿箱"政策是指对农业资源环境保护、乡村基础设施建设、农业科技、农产品市场信息等方面的支持补贴。这些不需要削减、可计算的农业补贴称为绿箱政策补贴。

② 上述有关美国和欧盟的农业补贴政策参阅了国务院郭玮的研究报告"美国、欧盟和日本农业补贴政策的调整及启示",《经济研究参考》,2002(56)。

灾和特重灾害的灾区和灾民提供灾害救济。其费用包括自然灾害救济事业费和特大自然灾害灾后重建补助费等。

二、社会保障理论

福利经济学的鼻祖——庇古(A.C.Pigou)在对社会福利问题进行研究时发现,如果仅仅靠市场对经济活动进行调节,那么在收入分配领域将会出现严重的不公平问题。市场本身对公平收入分配是无能为力的,而收入分配的不公平将不能实现社会福利的最大化。在这种状况下,为了实现社会福利最大化,使资源实现最佳配置,就需要政府通过制定和执行相应的政策,对收入分配的不平等进行调节:对高收入者进行征税,对低收入者进行转移支付。

新古典学派从实现社会福利最大化的角度发现市场调节的失灵,并提出了政府运用政策对收入分配进行调节的主张,看起来并不是现代意义上的公共政策,但至少可以这样认为,理论上最早主张政府政策干预的领域就是收入分配,而新古典学派提出的转移支付应该是现代社会保障制度理论的萌芽。

20世纪20年代末期经济大危机爆发后,以凯恩斯理论为基础的社会保障政策开始产生。经济危机导致大量工人失业,同时老年退休者以及因各种原因丧失劳动能力者的基本生活得不到保障,社会贫富差距拉大,低收入群体的不断增加可能会成为社会不稳定的因素。在私人保险市场不能解决这些问题的前提下,各国政府开始为年老、贫困、失业者提供相应的保险计划。起初所需要的费用一般是通过政府扩大支出的方式加以解决,不久各国普遍转为实施以各种形式的社会保险税为筹资手段的社会保障制度。凯恩斯的国家干预理论同样为社会保障政策奠定了理论基础。社会保障与工薪税制度以法律的形式在各国固定下来,成为资本主义国家经济制度和税收制度的重要组成部分。此时的社会保障制度的建立有两项基本的政策意义:一是作为一项有效的反经济危机措施,以国家为主体而形成的"税收—支付"制度,承担起私人市场难以承担的社会责任,维持资本主义经济的正常发展;二是作为一种收入再分配的工具,通过"税收—转移支付"的特定方式,在一定程度上解决贫富差距的问题。

20世纪六七十年代以后兴起的、反对政府干预的各自由经济学派(包括供应学派、货币主义学派、理性预期学派等)从理论上对社会保障制度存在的依据做出了重新评价,他们开始强调完善的社会保障制度对经济的发展可能造成的负面影响。他们的基本观点有两方面:① 正是由于市场的失灵,才使社会保障制度在一定范围内存在有其合理性和必要性,且社会保障制度只能是私人保险市场的补充。② 社会保障制度的设置与调整应该是在解决社会问题的同时,尽量减少其对私人市场可能造成的负面影响,在公平与效率的前提下重新构建社会保障制度与工薪税。他们强调的第一点是社会保障制度存在的理论依据,第二点则指出了社会保障制度的改革方向。

以政府为主体提供的社会保障制度,其主要目的之一就是为了对收入分配不公平的状况进行调节:对高收入者通过所得税的方式进行调节,而对于低收入者则加强转移支付的力度。因此,社会保障制度是公平收入分配最重要的手段之一,同时也是向低收入者提供生活保障强有力的手段。

三、社会保障支出与公平分配

(一) 收入分配不平等的描述

在经济理论界,作为政府制定公平收入分配政策依据和衡量收入分配公平与否的方式主要有两种。

一是洛伦兹曲线和基尼系数。将某一个国家或地区所有的人口按照收入状况的不同从低到高分为5个1/5(20%),即从收入最低的20%人口,依次排列,到收入最高的第五个20%,将不同等级的人口的收入状况连成一条线,即为洛伦兹曲线。如图8-1中的OE曲线。将洛伦兹曲线和OE对角线所构成的部分除以OE对角线以下的三角形,即图8-1的$\frac{A}{A+B}$,即基尼系数。

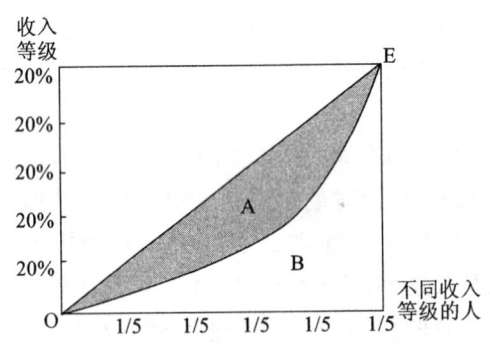

图8-1 洛伦兹曲线和基尼系数

图8-1表明,如果洛伦兹曲线与对角线OE重合,则意味着社会收入分配的绝对均等,即每个人所得到的收入分配额完全相等,此时的基尼系数为零。这显然是不可能的。如果洛伦兹曲线与对角线OE下面的两条等腰线重合,即图中(灰色)A部分与A、B之和完全重合,则意味着收入分配绝对不公平,其含义是所有的收入都由最后的20%的人口拥有,这时的基尼系数为1,显然这也是不可能的。因此,从理论上说,基尼系数在0—1。经济理论界、国际组织(如世界银行)较为一致的观点是,如果一个国家或地区的基尼系数超过0.45,那么则意味着这个国家的收入分配非常不公平,已经到了政府必须采取措施进行调节的时候了,否则将会引起严重的社会问题,对国民经济的健康发展是十分不利的。

二是生活在最低贫困线以下的人口数量。衡量收入分配差距的另一种方法是在贫困线以下生活的人口的数量。按照美国财政学家哈维·罗森的观点,贫困线是指为了维持最基本的生活水平而必须拥有的一个固定的真实收入水平。在确定最低贫困线的时候至少要考虑到以下两个问题:① 最低生活贫困线是指人均收入标准,而非家庭收入水平;② 满足最低生活标准的收入是真实收入水平,即该收入标准在确定时已经将通货膨胀因素考虑进去。

以最低贫困线为标准对低收入者(或家庭)在全社会中所占的比重进行衡量,并采取适当的措施加以解决,是目前世界上很多国家或地区通常采用的一种方法。例如1992年的美国,一个四口之家,最低贫困线为14 335美元,按照此标准,生活在贫困线以下的人口占总人口的比重为14.5%。

近年来在我国的理论界和政策层面,也开始采用类似的做法。如至1999年年底,全国所有的县级以上城镇地区已经建立起来的最低生活保障制度,实际上就是一种以该标准计算生活在最贫困状态下的人口的数量的方法;同样,理论界也在探讨确定高收入者的方法,如人均(或家庭)年收入超过一定的标准,如 5 万元(或三口之家年收入在 10 万元以上)就可以算作是高收入者。根据最低生活保障标准和高收入的划分标准,就较容易计算出高、低收入者所占的比重,得出收入分配公平与否的基本资料。

政府的社会保障支出的意义在以下几个方面:首先,建立社会安全网是政府最基本的职能之一,也是公共财政最基本的要求之一。在市场经济条件下,靠市场机制对收入分配领域进行调节的结果,往往是收入分配的不公平。过大的收入分配差距,很容易引起各种社会问题,导致社会的不稳定,从而对经济和社会的发展产生长期负面的影响。为了维护社会的稳定,政府有必要对低收入者提供生活保障资金。其次,社会保障支出是公平收入分配的基本手段之一。针对收入分配不公平问题,市场调节是失灵的,需要政府运用财政政策进行干预。基本的干预手段就是对高收入者征收各种类型的税收,而对于低收入者进行转移性支付。因此,社会保障支出是公平收入分配的基本手段和方式。再次,社会保障支出可以为低收入者提供必要的生活费用,在最大限度地减少生活极端困难者的数量。

(二) 以公平为目标的收入再分配

为了实现公平目标,财政通常采用的调节机制是税收—转移支付:对高收入者进行征税,对低收入者进行转移支付。这里只研究对低收入者的转移支付。

转移支付是对低收入者(或家庭)进行的无偿支出,以提高低收入者的收入水平。通过转移支付,可以在一定程度上缩小社会收入分配的差距,并基本上能够解决低收入者的生活困难。转移支付的具体方式很多,包括通过社会保障体系向收入低于保障标准的人直接支付货币资金,使其收入达到社会保障的标准;以财政补贴的方式增加低收入者的收入;采用暗补的方式向低收入者提供食物补贴等等。对低收入者(或家庭)提供的转移支付,实际上就是社会保障制度中的支出。政府的社会保障支出是实现公平分配、解决低收入者生活问题最直接和最有效的政策。

当然,以转移支付的方式来改善低收入者的收入状况,只是一种短期的行为,这种方式不可能从根本上改变他们的收入状况,解决这一问题的有效方法就是提高低收入者的劳动技能,从而增强他们在劳动力市场上的竞争能力,靠自身的能力来摆脱贫困,这就需要大量的教育费用支出。受劳动者财力状况的制约,要增加教育和培训的投资显然是很困难的。因此,政府有必要加大教育和劳动培训支出的力度,尤其是基础性的教育费用支出以及劳动技能的培训支出,赋予劳动者拥有解决贫困的能力。

四、社会福利制度简介

(一) 美国的社会福利制度[①]

美国的社会福利是主要提供给低收入者的、由多达 80 多个项目构成的受益制度大拼盘。该制度需要对这些项目的受益者进行收入调查,只有收入低于某一水平的个人才具有受益资格。福利项目包括医疗保健、现金资助、食物受益、住房支持、教育、服务、就业培训、能源帮助等等。

---

① Harvey S. Rosen: *Public Finance*, 6th ed. McGraw-Hill, 2002, pp.156 – 157.

社会福利的资金主要来自于联邦政府和州以及地方政府,其中联邦支持占一半以上(见表 8-1)。1968 年,这类福利支出占 GDP 比重为 1.8%,1998 年上升到 4.6%。增长的转移支付部分绝大多数为实物形式的资助。1968 年现金支付占福利支出的 48%,到 1998 年则下降到 24%。

表 8-1　1998 年美国社会福利支出的主要项目及规模　　（单位：10 亿美元）

项　目	联邦政府支出	州和地方政府支出
医疗保健	113.8	82.6
现金资助	73.9	20.7
食品福利	33.5	2.1
住房福利	26.9	2.6
教　育	17.0	1.1
服　务	7.3	5.2
就业/培训	3.8	0.071
能源资助	1.3	0.064

(二) 中国的社会福利制度

历史上,我国财政的社会保险支出是分散拨付给国家行政事业单位的,主要由职工福利费和离退休人员退休费用组成。社会福利支出主要包括各种抚恤费、各种社会福利救济费以及自然灾害救济费。这类支出在国家预算中反映在"抚恤和社会福利救济费"科目中。

表 8-2 表明,从绝对量上看,国家财政用于行政事业单位的社会保险、社会福利支出量是逐年递增的,但从相对量看并无太大的变化,甚至还略有下降。这说明,财政用于社会保障方面的支出力度过小,显然难以满足社会经济的发展对社会保障事业的需求。

表 8-2　中国国家财政用于抚恤和社会福利支出的数量　　（单位：亿元）

年份	支出合计	抚恤支出	离退休费	福利救济	灾害救济	其他	支出占财政支出(%)
1978	18.91	2.93	2.34	4.62	9.02		1.69
1985	31.15	7.13	4.88	7.71	10.25	1.18	1.55
1990	55.04	16.61	9.6	12.07	13.33	3.43	1.78
1995	115.46	29.11	29.11	24.19	27.27	12.11	1.69
1996	128.03	32.78	32.78	28.98	39.06	16.54	1.61
1997	142.14	37.62	13.51	36.57	34.51	19.93	1.54
1998	171.26	40.38	16.24	35.29	52.32	27.03	1.59
1999	179.88	54.57	19.68	48.52	34.05	23.06	1.36
2000	213.03	59.72	23.72	59.71	28.73	41.15	1.34
2001	266.68	69.86	30.26	89.99	35.17	41.40	1.41

续 表

年份	支出合计	抚恤支出	离退休费	福利救济	灾害救济	其他	支出占财政支出(%)
2002	372.94	60.03	41.28	141.63	32.93	97.10	1.69
2003	498.82	99.15	41.19	217.69	55.71	84.08	2.02
2004	563.46	107.92	49.57	266.58	49.04	89.54	1.98
2005	716.39	148.28	55.57	324.22	62.97	125.35	2.11
2006	907.68	187.47	66.11	421.42	70.99	161.69	2.25

资料来源:《中国财政年鉴2007》。

此外,城镇地区最低生活保障制度是一项比较典型的社会福利:为了给城镇低收入者提供基本的居住保障,各城市还建立了住房保障制度,包括经济适用房和廉租房制度。居民只要符合当地住房保障制度的规定,就可以申请经济适用房或廉租房。

社会福利与社会保险虽然都属社会保障,但两者有不同的特点。社会保险尽管也含有一定的社会福利性和收入再分配的意义,但作为一种保险,其范围涉及全体国民,参加保险的人仍然需要自己付出一定保险成本,对于社会保险的参与者而言,本身带有受益的性质,因此社会保险就有可能建立起收支对应的专项基金。社会福利实际上是社会救济,对象是丧失劳动能力以及受自然灾害影响等各种原因,不能取得劳动报酬,或劳动所得甚少,不足以维持个人和家庭生活的人,其涉及面比较狭小。提供社会福利实际上是一种单方的施予,受接济者不需要也不可能为之付费,属于一种纯粹的转移性支付,因而不可能建立专项的收支对应的社会福利基金。社会福利支出的特点决定了社会福利费用没有相应的固定来源,只能由财政开支,即从预算的经常性收入中支付社会福利费用。

目前我国的社会福利事业除了财政提供保证外,还在一定程度上依靠社会举办,如社会团体、集体组织对于社会福利的捐款和资助,残疾人举办社会福利工厂进行生产自救等。国家财政对社会福利救济实行优惠政策,包括社会福利事业的减免税收、自养自助等,这些也是政府财政对社会福利的一项支出,这种支出比一般的补助效果更好。

五、社会福利制度与经济效率

社会福利制度常常被评价为社会安全网,它可以为生活特别贫困的居民提供起码的生活保障,从而维护社会的稳定。但完善的社会福利制度可能产生一些问题。

一是对福利接受者的激励问题。如果居民生活特别贫困就会得到现有福利制度提供的生活资助,那么可能会导致受益人对福利制度的依赖(welfare dependence),结果会减弱受益人的自立能力。另外,按照很多国家的福利制度规定,如果社会福利受益人拥有就业岗位而得到劳动收入后,那么他的福利受益就会被取消。这种规定实际上抑制了受益人再就业(自立)的积极性,尤其是当他工作以后所得收入有限时,就更缺乏工作的积极性,因为这种制度规定相当于对他的劳动所得征收重税。例如,某市低保额为320元,如果某人得到一份工作,收入为500元,那么他一个月的收入只有500元,与吃低保相比,收入增加180元。这相当于对其全部收入按照64%的税率征税;如果工作所得为320元,则他的实际税收负担为100%。显然,这种社会福利制度对受益人的再就业产生了负的激励。

二是社会福利的受益人范围的确定,存在着较大的管理难度。受益人不一定是政策规定的人。除了贫困者受益外,收入水平高的个人以及家庭同样从社会福利制度中受益。比较典型的是中国很多城市为低收入家庭建立的经济适用房,申请者中不乏中高收入者。

社会福利制度因为出于社会公平的考虑而建立,同时需要兼顾效率原则。最有效的社会福利制度就是既能够为生活贫困者提供基本生活保障,同时又可以避免经济效率的损失。

本章小结

转移支付是经政府之手将一部分纳税人的钱无偿地转移给另外一部分人使用。这种方式的财政支出,涉及收入再分配。转移支付有各种各样的方式,其中规模和影响都较大的转移支付方式是,社会保障支出、国债利息支出、财政补贴支出等。财政补贴是政府依照相关的法规、政策,对制定的事项和主体提供的补助。在市场经济条件下,政府的财政补贴应该主要限于市场机制调节失灵之处。财政补贴还需要考虑经济全球化的因素,补贴项目需要与国际上的一般做法接轨。因此从对象上看,财政补贴的重点应放在农业生产领域,向农业生产者提供补贴,其他补贴项目应该相应取消。社会保障支出实际上是以政府为主体而向社会提供了一个安全网。社会保障包括社会保险和社会福利。比较而言,社会福利制度是一种真正意义上的转移支付,该项制度的受益与资金来源之间不存在直接关系。通过社会福利制度可以解决贫困群体基本的生活问题,但社会福利制度本身也可能产生一些效率扭曲的问题,它对工作选择产生一种负的激励,同时社会福利制度在受益人的确定方面可能存在着管理的困难。

复习思考题

1. 财政的转移性支出有哪些作用?
2. 说明财政补贴对经济运行的正负效应,应如何对财政补贴进行改革?
3. 社会福利制度有什么作用?如何避免该制度导致的效率损失?

第九章 转移性支出(二)

人生充满了不确定性,各种意外事件都会对人造成伤害。人们可以通过商业保险为自己的财产和生命提供某种保障,还有一些以政府为主体为人们难以控制的项目提供的保险,这就是社会保险。社会保险支出是指国家对劳动者在生、老、病、死、伤、残、失业时,给予的货币和物质帮助。社会保险不同于商业保险,两者的主要区别:一是资金来源不同。商业保险的资金来自于被保险者,由投保者个人缴纳,而社会保险的资金则由劳动者及其所在单位共同缴纳;二是保险的手段不同。商业保险是自愿参加的,而社会保险是强制的,被保险者无论是否愿意,都必须参加。与社会福利一样,社会保险也属于社会保障,但社会保险有不同于社会福利的特征:一是社会保险受益与其过去的缴费之间存在着直接联系;二是社会保险受益不需要进行收入调查,只要是某种可确定的事件发生了,就可以从社会保险制度中受益。从内容来看,社会保险包括:养老保险、医疗保险、失业保险、工伤保险、生育保险等项目。

第一节 社会保险的理论依据

一、信息不对称理论

第八章在讨论社会保障的理论依据时提到,现代新古典各流派认为,由于市场失灵,才使社会保障制度在一定范围内存在有其合理性和必要性。这些经济学派所强调的社会保险制度存在的理论依据具体如下:社会保险制度之所以有存在的必要性,完全是由于私人保险市场存在的某些市场失灵造成的。在私人保险市场上,如果保险人与被保险人双方都掌握完备的信息,则该市场就可以提供社会所必需的保险系统,这个系统的运行也将是有效的。但信息往往是不完备的,也是不对称的。一般情况下,被保险人拥有其个人的全部信息,但提供保险者对被保险对象所掌握的信息则相对有限,这就是不对称的信息结构。此时,私人保险市场至少存在着两种市场失灵现象:一是逆向选择。提供保险者无法在众多的被保险人当中辨别出谁的风险最大,而这些风险与不同的被保险人的特性相联系,私人保险市场缺乏足够的信息,使提供保险者难以对被保险对象的状况做出较为准确的判断,不可能作出有利于自己的选择。二是道德风险。被保险人能够通过某些提供保险者无法觉察到的行动,改变可能发生风险的概率,使自己从中受益,同时造成提供保险者的损失。由于私人市场的上述失灵,就不可能通过该市场向社会提供有效的、系统的社会保险制度。无论是从公平收入分配角度,还是从保障特别困难的居民基本生活、维护社会稳定的角度看,社会保障都是一个国家经济健康发展所必需的。因此,社会保障职责应该由政府来承担。

上述关于现代社会保险制度的理论基础,在20世纪80年代以后兴起的新凯恩斯经济学派那里也得到了认同。如新凯恩斯经济学派的代表者之一、诺贝尔经济学奖获得者斯蒂格利茨的基本观点也与此相同。

二、建立社会保险制度的其他理论

需要建立以政府为主体的社会保险制度,除了上述理论外,哈维·罗森还提出了其他的理论依据[①]:一是家长主义。这一观点认为,个人缺乏远见,以至于不能为了自己的利益而购买足够多的保险,因此政府充当起家长的角色,必须强迫他们购买。二是节省决策成本。因为保险和年金市场是十分复杂的,个人往往缺乏必要的知识和精力去进行分析与决策。这些事宜若由政府统一进行则可以免除个人单独决策可能产生的所有麻烦,且集中统一进行可以产生规模效应,从而大大节省决策成本。三是收入再分配。因为社会保险制度实施的时候,主要是通过现有的社会保障体系向低收入家庭和个人提供必要的基本生活保障,增加他们的收入水平,这样就可以在一定程度上缩小收入分配差距。

以政府为主体提供的社会保险制度,其主要目的之一就是为了对收入分配不公平的状况进行调节:对高收入者通过所得税的方式进行调节,而对于低收入者则加强转移支付的力度。因此,社会保险制度是公平收入分配最重要的手段之一,同时也是向低收入者提供生活保障强有力的手段。

第二节　社会保险制度的基本框架

一、社会保险的模式

社会保险本身由很多项目构成,如养老保险、医疗保险、失业保险、工伤保险、女职工的生育保险等。社会保险的受益面覆盖到所有的职工,因此可以通过向被保险人及其所在单位收费(或缴纳税收)的方式为社会保险筹措资金,尽管这些资金通过财政的渠道进入了国家金库,但最终都将用于这些项目。社会保险金的筹措与使用符合利益对等原则或受益原则。因此,就各项社会保险而言,可以建立专门的社会保险基金。

从世界各国社会保险制度实施的状况看,目前主要有三种社会保险模式:现收现付制、积累制、现收现付制和积累制相结合的混合模式。

---

① Harvey S. Rosen: *Public Finance*, 6th ed. McGraw-Hill, 2002, pp.179－180.

(一)现收现付制

现收现付制是指通过向现在正在工作的劳动者以社会保险税(费)的方式筹措资金,来解决当前各种社会保险费用的支付。这种模式下所筹措的社会保障资金将全部进入社会统筹账户。从操作上看,现收现付制最大的优点是,能够对当前社会保险资金需求提供保障。因为当前就业的人数通常规模较大,所筹措的资金规模相应也很大,因此,一般不会出现当前社会保险费用支付的困难。但现收现付制也存在问题,主要表现在:① 可能会形成被保险人之间的不公平。由于所有职工的缴费都进入了统一的社会统筹账户,同时个人的交费比例和数量却差距很大,享受社会保险的金额并不是完全由个人缴费的数量决定,结果缴费多的不一定多享有社会保险费,而缴费少的享受额却可能很高。② 可能会导致将来支付的困难,尤其是当老龄化现象越来越严重的时候,现收现付制意味着将来巨大的社会负担。③ 现收现付制可能会产生代际之间的负担转移。当代劳动者缴纳的保险费用养活了上一代的人,而当自己退休的时候就需要下一代劳动者来解决自己的社会保险费问题。随着老龄化趋势的日益加重,将来总会有一天会出现社会保险费用的巨大缺口,这样社会保险的负担就将不断地往下推。上一代人的社会负担相应地转移给下一代人。④ 可能造成巨大的财政负担。如果上述状况持续下去,最终社会保险基金可能难以为继,所有的社会保险问题集中到财政那里,必成为国家财政的巨大包袱。因此,现收现付制并非是理想的社会保险模式。

(二)积累制

积累制是指劳动者在就业期间个人缴纳的社会保险税(费)直接进入个人账户,待其将来需要使用社会保险金时,所有的费用都来自于其个人账户。积累制可以克服现收现付制模式下产生的诸多问题,但开始实施的时候存在着明显的困难:社会保险制度建立之时就实行积累制,意味着当时需要使用社会保险资金的人没有任何费用可支。如果这些人的养老、医疗、失业等现实问题都由财政来解决,无疑是一笔巨大的负担;如果财政不能满足相应的资金需求,那么社会问题就不可避免。此外,资金的价值可能会受到通货膨胀的侵蚀。

(三)现收现付制与积累制相结合

现收现付制与积累制相结合,即部分现收现付制和部分积累制的模式,在这种模式下,社会保险税(费)中,由单位缴纳的部分进入社会统筹账户,个人缴纳的部分进入个人账户。这种模式既考虑到了当前养老、失业、医疗等社会保险的需要,又兼顾到了职工个人的利益,因此作为一种过渡的模式还是比较可取的。

二、社会保险基金

采用基金制的社会保险制度是目前世界各国通常的做法。社会保险基金本身是一种笼统的概念,它由很多种基金构成,包括养老保险基金、失业保险基金、医疗保险基金等。同任何基金一样,社会保险基金同样涉及资金的来源、运作及使用。

(1)资金的来源。社会保险基金的资金主要是通过社会保险税或社会保险费的方式,按照职工工资总额的一定比例,由被保险人及其所在单位共同缴纳,进入社会保险基金账户。当资金不足时国家财政也可以予以拨款。在不同的社会保险模式下,社会保险税(费)进入的账户种类也有所不同。

(2)资金的运用。按规定的标准支付各种社会保险费用。社会保险基金的资金都具有专门的使用方向。如养老基金的资金就是用于退休金的支付,失业保险基金的资金是在劳动者失业的时候用于支付他们的失业金等。由于任何一项社会保险基金的资金都是与劳动者的利益直接相关,直接影响到他们的生活与生存问题,都属于"养命钱",因此,社会保险基金的资金是不能被任意挪用的。

(3) 资金的运作。根据国外的经验,如果社会保险资金的使用是靠社会保险基金的运作产生的收益来进行支付的,那么这是一种最为理想的状态。如果通过对社会保险基金中的积累部分进行运作后能够产生很高的收益,且这些收益能够满足对社会保险费用支付的需要,那么社会保障就不会对政府、对社会形成负担;反之,将会对财政和社会的社会保障将形成很大的压力。这就对社会保险基金的资金运作提出了很高的要求:社会保险基金的资金在投资、运作过程中,不仅要做到完全控制风险、实现资金的保值,还要力争较高比率的增值。

第三节 国外社会保险制度实践

一、美国的社会保险制度[1]

美国社会保险制度的创立要比世界上许多国家晚。在经历了 20 世纪 30 年代初的经济大危机后,人们才感到个人、私人企业和地方政府没有能力为失去工作的人提供保障。1935 年,美国国会通过了"社会保障法案",该法案规定,整个社会保障系统分为两大部分:一是联邦政府系统的老年保险,二是联邦和州系统的失业救济。老年保险计划刚开办时,只针对老年人的保险,1939 年增加了遗属的抚恤计划,1957 年加入了残疾人的福利计划,1966 年又增加了 65 岁以上老人的医疗保险。目前,该计划通称为社会保险。表 9-1 是美国社会保险的主要项目。

表 9-1 美国主要的社会保险项目　　　　　　　　(单位:10 亿美元)

项　　目	法规颁布年份	2000 年
社会保险(OASDI)[2]	1935	406
医疗保险	1965	216
失业保险	1935	21
退伍军人医疗保险	1917	19
社会保险占联邦支出的比重(%)		35.9%
社会保险占 GDP 的比重(%)		6.6%

资料来源:Harvey S. Rosen, *Public Finance*, 6th ed. McGraw-Hill, 2002, p.179.

如表 9-1 所示,美国的社会保险主要包括年老、遗属、残疾人保险(OASDI),失业保险,医疗保险等项目。其中 OASDI 是最大的单项支出项目。

1. 美国社会保险模式

美国社会保险模式采用的是部分基金制(partially funded financing)。1935 年社会保险

---

[1] 美国的社会保险制度参阅了 Harvey S. Rosen: *Public Finance*, 6th ed, McGraw-Hill, 2002, pp.178-217。
[2] OASDI:是 Old Age, Suvivors and Disability Insurance 的简称,即年老、遗属和残疾人保险。

制度开始建立的时候采用的是完全基金制,1939年基金制很快被现收现付制所代替。导致模式转变的一个重要原因在于:大萧条吞噬了很多老年人的积蓄,他们应该得到的远远超过几年的缴费。随着二战以后出生者退休高峰的到来,导致对现收现付制融资方式的修改。1983年建立了社会保险信托基金制度,社会保险出现大量剩余。改革的结果,现行的社会保险既不是现收现付制,也不是完全的基金制:对于现在已经退休者来说是现收现付制,对于未来的退休者,部分来自于现收现付制,部分来自于社会保险信托基金。所以现行的社会保险制度被称为部分基金制。

2. 保险受益额的计算和影响因素

个人的保险受益取决于他工作时的收入状况、年龄以及其他个人条件。计算的第一步是计算指数化的月平均工资(average indexed monthly earnings, AIME, 工作期间的平均工资)。计算的第二步是将指数化的月平均工资代入受益计算公式算出个人的原始保险额(primary insurance amount, PIA),这就是支付给65岁以后退休或丧失劳动能力以后的人的基本受益金。

个人的实际福利数额不仅取决于原始保险额,还受到以下两个因素的影响。一是获得福利受益的年龄:62岁可以退休,但这样做的受益将减少(减少20%);如65岁以后退休,福利将增加,每年增加3%。从现在开始将逐步提高获得全额福利的年龄,到2022年将达到67岁。二是受益人的家庭状况:单身者退休时获得的保险额与原始保险额相等;有需要抚养的配偶或孩子的人能够额外得到原始保险额的50%。

此外还有两点规则对受益结构产生影响:收入超过特定基数的个人受益福利应该缴纳联邦个人所得税,应税福利最高可以达到受益福利额的85%;福利数额随通货膨胀进行调整。

3. 社会保险融资

通过工薪税(the payroll tax)进行融资。由于福利不断增长,因此工薪税税率也相应地不断调整,2001年为6.2%(雇工和雇主各自缴纳)。此外,还有附加工薪税(additional payroll tax),雇工和雇主各自缴纳1.5%。

4. 社会保险的再分配功能

美国的社会保险不仅仅是一个保险项目,它还具有明显的再分配功能。主要表现在以下几个方面:① 工作时缴税的年限不同、工资水平不同的个人,退休后的受益替代率不同,高收入者替代率低,低收入者替代率高。② 女子的受益多于男子。③ 配偶没有参加社会保险的已婚者受益多于单身者。④ 只有一人工作的夫妻所得多于两人都工作的夫妻所得。社会保险制度的再分配功能表明,同社会福利支付一样,社会保险也是转移支付的重要手段。

5. 社会保险的长期压力

目前,社会保险工薪税超过保险受益的余额部分正在被逐步耗尽,估计剩余部分可以使用到2014年左右。社会保险基金的余额主要投资于政府债券和投资于社会保险互助基金。长期来看,社会保险制度的压力来自于老龄化的现实。目前老龄化的比重为1/3,到2030年(当出生高峰期的一代人口也到了退休年龄时),这一比重将达到1/2。随着老龄人口比重的不断提高,应对现收现付制造成的养老压力的主要办法是,要么提高工薪税的比重,比如在2030年将工薪税从现在的雇工和雇主联合缴纳的12.4%提高到20%;要么将养老受益减少1/3。

社会保险融资压力问题已经引起了广泛的关注,对于社会保险制度如何改革的问题经济学界正在进行激烈的争论。主要有两种思路。

一是保持现有制度,在当前的制度框架内进行调整,且越快越好。主要选择是,提高税收;或者降低受益额;或者双管齐下。

二是实现社会保险制度的私有化改革。近年来,政策制定者和学术界对于社会保险私有化问题提出了各种观点。所谓私有化是指拥有下列共同特征的各种方案:雇工和雇主被强制地为每一个个人账户缴费;雇工投资于拥有各种金融资产的基金,尤其是互助基金;在工作的后期阶段,劳动者个人可以在个人账户的积累之外再储存一笔养老金。

二、美国的失业保险(unemployment insurance)

1935 年由美国国会颁布法律建立了失业保险制度,目的是当劳动者失业时为他们提供收入补偿。覆盖面为所有的在职劳动者,2000 年有 720 万人受益,平均月受益额为 213 美元。之所以由社会来提供失业保险,主要原因还是在于由于逆向选择和道德风险而导致的市场失灵。

失业以后受益期限通过一个复杂的公式进行计算,该公式根据劳动者工作的历史状况以及工作所在州等具体因素而确定。在多数州领取失业金的最长期限为 26 周。当然如果一个州的失业率超过特定水平,则时间还可以延长。在多数州,受益公式的设计使得毛补偿率——失业保险金与税前收入的比例为 50%。失业保险金需要缴纳个人所得税,但不需要缴纳工薪税。

1. 失业保险金的融资

通过工薪税融资。与社会保险制度不同,在很多州失业保险金的工薪税由雇主缴纳。失业保险工薪税一个很重要的特征就是采用经验税率(experience rated)——税率根据该公司过去的失业经验来确定,因此不同的雇主缴纳的失业金税率是不相同的。

2. 失业保险的效应

关于失业保险的效应一直存在争议。有人认为失业保险制度将导致失业率上升,原因在于不完善的经验失业率。当公司的生产暂时面临不景气时,暂时解雇工人对双方都有好处,因为雇主由于失业保险税率增加而增加的成本小于工人得到的失业金。来自学术界和政治层面更多的争论集中在相对较高的补偿率对失业的影响,主要是道德风险问题,如失业者寻找工作的时间延长,倾向于到容易失业的行业就业等。

三、美国的健康保险

政府参与健康保险的原因主要有以下几方面:一是信息贫乏。一般情况下,消费者对他们所购买的商品拥有充分的信息,但医疗服务则不同,掌握充分信息的人却是出售服务的人——医生。市场不完全和信息不对称需要政府干预。二是逆向选择和道德风险。只有最容易生病的人才会去参加医疗保险;一旦投保后容易扭曲自己的行为,不会主动避免伤害身体健康的行为,如明知道吸烟有害,依然会吸。三是家长主义(paternalism)。人们可能会因为不了解健康保险的运作或者缺乏远见而不购买保险,家长主义观点认为出于人们自身利益的考虑,应该强制他们参加医疗保险。社会也存在一个强烈的共识,即每一个人都应该得到基本的医疗服务。

(一) 概况

美国的健康保健产业巨大,由众多方面和领域构成。健康保健包括医院、疗养院、医生、护士、牙医、眼镜生产商、处方药和非处方药、假肢以及其他设备。该行业就业者达到 1 000 万,产值占 GDP 的 13.5%。两个最大的支出项目是医院费用支出(占 33%)和医生服务支出(占 20%)。

美国的消费者仅仅支付医疗费用的 17%,其余由第三方支付——私人医疗保险支付 35%,政府支付 45%,其余由慈善事业以及其他方面的资金解决。

(二) 私人保险(private insurance)

(1) 雇主提供保险金。美国私人保险市场的一个很重要特征是 90% 的参保者资金由雇主以福利的方式提供。这种现象可以看成是"二战"期间政府对工资和价格进行控制的一个意外的副产品。当然这可能意味着一旦工人失去工作,同时也将失去健康保险。有人据此推测健康保险将降低劳动力的流动性,即"工作锁定"现象("job-lock" phenomenon)。为了解决"工作锁定"问题,1996 年国会颁布了帮助工人持有健康保险而转换工作的法案,即健康保险可携带性和有效性法(Health Insurance Portability and Accountability Act),又称为凯恩蒂—卡森博格法。该法案规定雇主必须在 12 个月之内为新雇员提供健康保险,即使该雇员过去的保费很高将增加公司的保险金支出。该法案还要求保险公司将保费总额支付给离开原来公司的工人。显然,该法案提高了劳动力市场的有效性。

(2) 提供的多样化。有关雇主提供保险的一般的讨论集中在健康保险的数额与工人工资水平的权衡上。然而雇主也不断变换他们提供保险的方式。20 世纪 80 年代以前大部分雇主采用以病人接受治疗的实际费用为基础提供保险,称为按费用报销制(cost-based reimbursement, or fee-for-service)。这种制度对医疗费用节约的激励作用有限,反而刺激费用增长,因为病人治疗的资源越多,医疗服务提供者得到的就越多。面对日益增长的费用支出,承保者开始尝试一些可供选择的报销方式,其中一项重要创新就是按人数报销制(capitation-based reimbursement)。在这一制度下,医疗服务提供者每年按每个病人得到一定的费用支付,并不考虑病人实际接受的医疗服务的多少。这种做法的结果是激励医疗服务提供者在服务质量上马马虎虎。

(三) 医疗保险中政府的作用

健康保险方面,政府发挥着巨大的作用,如颁发行医执照,检测环境变化对健康的影响,拥有一些医院,主办疾病防治研究,实施儿童免疫方案等。这里集中讨论政府在健康保险方面的作用。政府的作用主要有三种:医疗补助(medicaid)、医疗保险(medicare)以及通过联邦个人所得税制度对私人保险市场提供的隐含补贴(implicit subsidy for private insurance embodied in the federal income tax system)。下面介绍后两者。

1. 医疗保险

美国从 1965 年开始建立医疗保险,主要为 65 岁以上的老人和残疾人提供健康保险,目的是为了增加老年人获得高质量医疗服务的机会,减轻其经济负担。2000 年该项支出为 2 160 美元,是仅次于社会保险的第二大国内支出项目。医疗保险者只要符合条件都可以参加,不需要进行家计调查。医疗保险的受益有三种:医院保险(hospital insurance, HI)、辅助医疗保险(supplementary medical insurance, SMI)和医保+选择(medicare+choice)。医疗保险的融资方式为:HI 是通过工薪税进行融资,税率为雇工、雇主各自 1.45%;SMI 资金则来自于预算支出,也可以从每月的保费收入中取得,目前两者分别为75%和25%。目前,美国医疗保健支出的增长速度快于联邦收入增速,按照现在的趋势,HI互助基金到2025年将用完。为了解决这一问题,人们也提出了一些解决办法:一是增加保险费率,提高受益者年龄;二是控制服务提供者的收费价格(price controls);三是进行保健管理;四是临终关怀可以通过救护所或家庭医护进行;五是建立医疗储蓄账户,账户剩余资金归受益人所有,可以用在其他方面。

2. 隐含补贴

政府对健康保险市场产生影响的一个重要途径是通过联邦税法的某些条款实施的。根据联邦税法,个人的工资收入应该交纳社会保险工薪税和个人所得税,但雇主对医疗保险计划的缴款不需要纳税。隐含补贴的结果是,该制度促使工人要求补偿的较大份额以健康保险的形式提供。这一结论得到计量研究结论的证实。

(四)美国健康保险市场存在的两个问题:进入和成本(the twin issues:access and cost)

1. 进入方面

总体上看,没有参加健康保险的人数总量在上升,即健康保险的覆盖面下降。原因是多方面的:与收入水平有关,拥有保险的概率随着收入水平提高而降低;与公司规模有关,一般而言,公司规模越大,实施保险的行政管理成本越低,参保率越高。所以,健康保险覆盖面下降与成本增加的问题紧密联系在一起。

2. 成本方面

美国的保健支出一直以令人吃惊的速度增长,主要原因如下:老龄化、收入的增长推动、第三方支付、技术和医疗质量的改进导致医疗支出大幅增长等等。

四、智利的养老保险制度

智利是拉美国家中最早建立社会保障制度的国家。1924年,智利建立了旨在对不同部门、职业的劳动者提供经济保障,以基金制为运行机制的养老保险制度。这一制度规定养老保险金由政府、企业和职工三方共同承担,政府负责养老保险基金的管理,并在职工退休之后提供一定的养老金。但到20世纪70年代后期,由于人口老龄化加快、政府财政补贴日趋严重等一系列问题,这一养老保险制度难以为继。

1973年皮诺切特军政府上台以后,强行推动实施了对社会保险制度的根本性改革,于1980年开始实施的新社会保险制度的主要特征是个人账户和私营化经营管理。在财务机制上,该制度是完全的基金制,职工缴费全部进入个人账户,退休后的待遇也完全取决于个人退休账户的积累额和投资收益。考虑到新旧模式的过渡问题,智利政府规定,1981年以后参加工作的职工一律进入个人退休账户计划,而对原有社会保障体制下的职工则采取志愿原则,可以选择是保留在原有体制内还是加入新的个人退休账户计划。若选择加入个人退休账户计划,政府通过发行认购退休债券的方式承诺其在原有体制下积累并应享受的社会保障权益。智利新社会保险模式的运行取得了非常好的结果。由于实施了商业性的基金管理模式,智利的养老金投资收益率一直一枝独秀。在欧美国家由政府主管的养老金的投资收益率是负数或只有极小的收益时,智利养老金的投资收益率在改革后的最初10年,年平均收益率达到13%。智利改革成功后,秘鲁、阿根廷、哥伦比亚、乌拉圭、墨西哥、玻利维亚、萨尔瓦多等拉美国家都参照智利模式进行了改革。

智利新的养老保险制度内容很多,核心要点如下。

实行个人缴纳费用，建立个人资本积累制度。1981年新制度开始实行，1983年政府宣布，凡是新受雇职工都要强制性地加入新的社会保险体系。按照法律规定，每个雇工每月按照税前月工资的10%缴纳养老保险金，存入个人资本积累账户，逐月积累。个人账户上的资金，通过营运投资，不断增值。参保者只要在一家养老基金管理公司建立个人资本积累账户，其成员资格不会因调动工作、失业或者退休而被终止。另外，投保成员也可以自愿增缴高于法定的10%的份额，建立自愿储蓄账户，以获得更多的退休金或者用于提前退休。强制法定的个人账户储存金额的所有权归个人，退休时方可领取，如未到领取时期去世，个人账户储存数额可以由其继承人领取。自愿储蓄账户的储存金额每年可以提取4次，也可以在退休时全部转入法定的个人养老保险账户，统一计算领取每月的养老金。

私人养老金管理公司参与管理运营，多家公司进行竞争经营。按法律规定，私人股份公司向政府注册后，即可成立养老基金管理公司。该公司的职能是按照法律规定，承担收缴保费、管理个人账户、基金投资营运、发放养老金等管理工作。入保职工根据自愿原则可以选择任何一家管理公司建立法定的个人资本积累账户和个人自愿储蓄账户。管理公司每4个月把成员个人账户基金盈利和积累变化情况通报给每个家庭，便于成员监督。

国家加强宏观监控职能，政府为最低收入者提供保障。智利政府对养老保险基金不进行直接干预，它只负责宏观调控以及对各养老保险基金管理公司进行监督协调。政府相关机构成立养老基金管理总监署，监控、协调各养老基金公司的经营管理。总监署依法独立自主地开展工作，经费由财政部拨给，其职责是，依法制定规则，解释法律；批准成立新的养老保险管理公司；监督与控制公司对养老金的支付；评价各公司的经营成效；执行国家规定的最低养老金等。

政府的具体作用体现在以下两方面：一是担保待遇。首先，为了保障制度在全国范围内支付的待遇公平，所有参保人，无论参加哪一种养老保险计划，如果工作满20年，都有资格获得政府担保的最低待遇，在个人账户积累额不够多的情况下也能获得。其次，养老保险制度为参保人支付与平均收益水平挂钩的最低收益，这是基金管理公司的责任。如果一家基金管理公司尽管遵循了法律规定的其他方面要求，但仍没有达到最低收益要求，那么由国家来填补这个损失，并且会清算这家公司。再次，万一基金管理公司停止支付，或者基金管理公司和保险公司宣告破产，那么国家将保证支付其所属参保人员的养老待遇。二是实行监督。首先，所有工薪雇员被强制向养老保险制度缴费，与此相应，国家的一项责任是监督养老保险基金中的积累资金。其次，对于前面提到的担保，国家要使用财政资金进行。因此，公共部门要监督养老保险基金的运作，只有在参保人没有足够的能力（或由于不可抗力因素）获得最低养老保险金的情况下，才进行担保。再次，通过监督保证养老保险制度运作正常。

在养老保险制度中，代表国家行使监督职能的是养老保险基金管理监督局，它对基金管理公司进行技术上的监督和管理，包括基金管理公司的财务、精算、法律和经办方面的执行情况。养老保险基金管理监督局通过劳动和社会保障部负责社会保障的副部长向政府提交监管报告。

从智利新的养老保险模式的具体状况看，可以说这是一种广义的公私伙伴关系（PPP模式）。在新模式中政府作用主要体现在：制度设计，按照公共利益以及社会公平等目标要求对私人基金管理公司的运作状况进行监督，为过渡时期的劳动者通过发行过去工龄债券的方式以保证老就业者的利益，为被保险者提供最基本的养老保险等。在整个制度运作过程中，个人和私人基金管理公司的作用得到最充分的发挥,而政府的功能较以前尽可能最小化。

智利的强制性养老保险制度与该国过去的制度相比取得了较好的效果,如参保比例大幅提高,养老保险制度的支付程度也大大增强,养老保险基金的收益稳定增长,管理效率得到提高等等。这也是该项制度推出以后为南美国家甚至其他洲的国家纷纷效仿的重要原因。

第四节 中国的社会保险制度

一、改革开放前的社会保险制度

在改革开放之前,我国的社会保险制度与现代意义上的社会保险制度之间存在着很大的差异。我们可以分别从城乡不同地区来分析社会保险制度的状况。

城市地区由两个不同的主体分别提供社会保险:一是国家财政,二是城镇各类单位。国家提供社会保险的范围仅仅限于行政、事业单位,即预算拨款单位。社会保险主要用于这些单位的职工退休金、医疗费用支出;社会福利主要用于行政事业单位的福利费用支出。由于行政事业单位在城镇单位总量中所占的比重很低,因此,社会保险的大部分是由各类单位(主要是国有单位和集体单位)自己提供的。单位职工的养老、医疗、工伤、生育等所有社会保险方面所需要的费用,全部由本单位开支。在这种社会保险制度下,职工现在和未来的切身利益就与其所在的单位紧紧地捆绑在一起。

尽管政府没有直接参与城镇地区大多数职工的社会保险,但还是间接承担了社会保险的责任,因为企业财务制度是由国家财政部门制定的。为了减轻企业负担,按照财政部门规定的财务制度,用于企业职工社会保险方面所有的支出都可以打入成本。成本的提高必将减少企业利润,这样就导致企业实现的利润无论是以利的方式,还是以税的方式在国家与企业之间进行分配时,财政收入都将因此而减少。

在广大的农村地区,除了极少数没有子女的孤寡老人由农村集体实行"五保"制度以解决他们的生活问题外,对于绝大多数农民而言,并没有真正意义上的社会保险制度。农民的保障主要依靠土地,或者依靠自己的子女提供必要的、低水平的生活保障。

随着经济体制改革的深入,市场化程度不断加快,企业面临的竞争压力越来越大,由企业承担起职工的社会保险责任已经难以为继。首先,沉重的社会保险负担导致企业,尤其是国有企业不堪重负,长此以往,将严重影响到企业的生存与发展。其次,在旧的社会保险制度中,不存在职工失业问题。由于计划经济时期劳动力就业的计划配置的结果,几乎所有的单位都过度用工。在市场经济条件下,企业要提高自己的竞争能力,首先必须解聘多余的劳动力,其结果是大量的劳动力失业。这种做法本身与改革前的"就业保障"相矛盾。更为关键的是,如果缺少社会保险制度,那么,从工作岗位上失业的劳动者将丧失其生活来源,劳动者及其家庭的生存将受到严重的威胁。可以说,不建立起一个与市场经济体制相适应的社会保险制度,企业的改革是不可能进行下去的。新型的社会保险制度,是在现有的经济成分中占据最重要地位的国有企业进行改革的根本和必要的保障。再次,在广大的农村地区本来就没有社会保险制度,而无论是从哪一个角度看,农村经济、社会的健康发展,都需要有一个较为完善的社会保险制度。

从1986年起,我国进行了新型的社会保险制度的改革,但社会保险制度真正意义上的转轨是在中国确立社会主义市场经济体系以后展开的。

二、中国社会保险制度的改革

(一) 养老保险

养老保险是社会保险制度的重要组成部分,是社会保险五大险种中最重要的险种之一。所谓养老保险(或养老保险制度)是国家和社会根据一定的法律和法规,为解决劳动者在达到国家规定的解除劳动义务的劳动年龄界限,或因年老丧失劳动能力退出劳动岗位后的基本生活问题而建立的一种社会保险制度。

我国是一个发展中国家,经济还不发达,为了使养老保险既能发挥保障生活和安定社会的作用,又能适应不同经济条件的需要,有助于劳动生产率的提高,我国的养老保险由三个部分(或层次)组成。第一部分是基本养老保险,第二部分是企业补充养老保险,第三部分是个人储蓄性养老保险。

1. 基本养老保险

基本养老保险亦称国家基本养老保险,它是按国家统一政策规定强制实施的为保障广大离退休人员基本生活需要的一种养老保险制度。20世纪90年代之前,企业职工实行的是单一的养老保险制度。1991年,《国务院关于企业职工养老保险制度改革的决定》中明确提出,"随着经济的发展,逐步建立起基本养老保险与企业补充养老保险和职工个人储蓄性养老保险相结合的制度"。从此,我国逐步建立起多层次的养老保险体系。在这种多层次养老保险体系中,基本养老保险可称为第一层次,也是最高层次。

在我国实行养老保险制度改革以前,基本养老金也称退休金、退休费,是一种最主要的养老保险待遇。它是在劳动者年老或丧失劳动能力后,根据他们为社会所做的贡献和所具备的享受养老保险资格或退休条件,按月或一次性以货币形式支付的保险待遇,主要用于保障职工退休后的基本生活需要。按照国家对基本养老保险制度的总体思路,未来基本养老保险目标替代率确定为58.5%。由此可以看出,今后基本养老金主要目的在于保障广大退休人员的晚年基本生活。

2. 企业补充养老保险

企业补充养老保险是指由企业根据自身经济实力,在国家规定的实施政策和实施条件下为本企业职工所建立的一种辅助性的养老保险。它居于多层次的养老保险体系中的第二层次,由国家宏观指导、企业内部决策执行。企业补充养老保险与基本养老保险既有区别又有联系。其区别主要体现在两种养老保险的层次和功能上的不同,其联系主要体现在两种养老保险的政策和水平相互联系、密不可分。企业补充养老保险由劳动保障部门管理,单位实行补充养老保险,应选择经劳动保障行政部门认定的机构经办。企业补充养老保险的资金筹集方式有现收现付制、部分积累制和完全积累制三种。企业补充养老保险费可由企业完全承担,或由企业和员工双方共同承担,承担比例由双方协议确定。

3. 职工个人储蓄性养老保险

职工个人储蓄性养老保险是我国多层次养老保险体系的一个组成部分,是由职工自愿参加、自愿选择经办机构的一种补充保险形式。由社会保险机构经办的职工个人储蓄性养老保险,由社会保险主管部门制定具体办法,职工个人根据自己的工资收入情况,按规定缴纳个人储蓄性养老保险费,记入当地社会保险机构在有关银行开设的养老保险个人账户,并应按不低于或高于同期城乡居民储蓄存款利率计息,以提倡和鼓励职工个人参加储蓄性养老保险,所得利息记入个人账户,本息一并归职工个人所有。职工达到法定退休年龄经批准退休后,凭个人账户将储蓄性养老保险金一次总付或分次支付给本人。职工跨地区流动,个人账户的储蓄性养老保险金应随之转移。职工未到退休年龄而死亡,记入个人账户的储蓄性养老保险金应由其指定人或法定继承人继承。实行职工个人储蓄性养老保险的目的,在于扩大养老保险经费来源,多渠道筹集养老保险基金,减轻国家和企业的负担;有利于消除长期形成的保险费用完全由国家"包下来"的观念,增强职工的自我保障意识和参与社会保险的主动性;同时也能够促进对社会保险工作实行广泛的群众监督。

个人储蓄性养老保险可以实行与企业补充养老保险挂钩的办法,以促进和提高职工参与的积极性。

职工退休费用社会统筹是职工养老保险制度的一个重要内容,指由社会保险管理机构在一定范围内统一征集、统一管理、统一调剂退休费用的制度。具体办法为,改变企业各自负担本企业退休费的办法,改为由社会保险机构或税务机关按照一定的计算基数与提取比例向企业和职工统一征收退休费用,形成由社会统一管理的退休基金,企业职工的退休费用由社会保险机构直接发放,或委托银行、邮局代发以及委托企业发放,以达到均衡和减轻企业的退休费用负担,为企业的平等竞争创造条件。随着社会化程度的提高,退休费用逐步由市、县统筹过渡到省级统筹。

社会统筹与个人账户相结合的基本养老保险制度是我国在世界上首创的一种新型的基本养老保险制度。这个制度在基本养老保险基金的筹集上采用传统的基本养老保险费用的筹集模式,即由国家、单位和个人共同负担;基本养老保险基金实行社会互济;基本养老金采用结构式的计发办法,强调个人账户养老金的激励因素和劳动贡献差别。因此,该制度既吸收了传统型的养老保险制度的优点,又借鉴了个人账户模式的长处;既体现了传统意义上的社会保险的社会互济、分散风险、保障性强的特点,又强调了职工的自我保障意识和激励机制。随着该制度在中国实践中的不断完善,必将对世界养老保险发展史产生深远的影响。

为了确保基本养老金按时足额发放,中国政府近年来努力提高基本养老保险的统筹层次,逐步实行省级统筹,不断加大对基本养老保险基金的财政投入。此外,机关事业单位职工和退休人员仍实行原有的养老保险制度。

(二) 失业保险

失业保险是国家通过立法强制实行的,由社会集中建立失业保险基金,对因失业暂时失去生活来源的劳动者提供货币、物质帮助的制度。失业保险是社会保险的重要组成项目之一。我国的失业保险制度是在1986年建立的。1993年4月,国务院发布《国有企业职工待业保险条例》,标志着我国的失业保险制度进入了正常的运行时期。此后,失业保险的范围扩大到城镇地区所有单位的职工,部分机关、社会团体和事业单位也纳入了失业保险的行列。为了增强失业保险基金的承受能力,部分省市实行了个人缴费制度。

失业保险制度发挥了多方面的积极作用。首先,它有效地保障了失业人员的基本生活。通过失业保险制度的实施,向失业者支付失业保险待遇,帮助失业者渡过了生活难关。其次,促进了失业人员的再就业。按照有关规定,从失业保险基金中支出部分资金,用于失业人员开展生活自救、转业训练、职业介绍活动,帮助相当部分的失业者重新走上就业岗位,实现了再就业。再次,失业保险支持了企业改革。由于失业保险制度可以为失业者提供基本的生活保障,减轻了企业的压力,有助于企业改革措施的出台与实施。

(三) 医疗保险

从1988年开始,中国政府对机关事业单位的公费医疗制度和国有企业的劳保医疗制度进行了改革。1998年,中国政府颁布了《关于建立城镇职工医疗保险制度的决定》,在全国建立城镇职工基本医疗保险制度。中国的基本医疗保险制度实行社会统筹和个人账户相结合的模式。其覆盖范围包括城镇所有的用人单位及其职工。单位缴纳的基本保险费用的一部分用于建立统筹基金,一部分划入个人账户;个人缴纳的基本医疗保险费计入个人账户。统筹基金和个人账户分别承担不同的医疗费用支付责任:统筹基金用于支付住院和部分慢性病门诊资料的费用,设有起付标准和最高支付限额;个人账户用于支付一般门诊费用。

在基本医疗保险之外,各地还普遍建立了大额医疗费用互助制度,以解决社会统筹基金最高支付限额之上的医疗费用。国家为公务员建立了医疗补助制度,有条件的企业可以为职工建立企业补充医疗保险。国家还将建立社会医疗救助制度,为贫困人口提供基本医疗保障。

(四) 其他社会保险

其他社会保险制度主要包括工伤保险和生育保险。这两项社会保险制度在我国也已经基本上建立起来,为这些保险覆盖范围内的被保险人在需要帮助时提供生活保障。

工伤保险制度是在20世纪80年代末期进行改革的。1996年,政府有关部门出台了《企业工伤保险试行办法》,开始在部分地区建立了工伤保险制度。按照该办法规定,工伤保险费由企业缴纳。工伤保险基金支付的待遇包括:工伤医疗期间发生的医疗费用;工伤医疗期结束以后,根据劳动能力丧失程度确定的伤残补助金、抚恤金、伤残护理费等。

生育保险的改革是在1988年以后进行的。1994年在总结各地经验的基础上,政府部门制定了《企业职工生育保险试行办法》,其中规定:生育保险费由企业交纳。生育保险的支付待遇包括:因生育发生的医疗费用和产假期间按月发放的生育津贴等。

三、中国社会保险有待解决的问题

尽管社会保险制度的框架在我国的城镇地区已经基本上建立了起来,但当前的社会保险制度还存在很多有待解决的问题。

(一) 社会保险制度的不平衡发展

新建立的社会保险制度发展不平衡,主要表现在四个方面:一是城乡发展不平衡。社会保险制度仅仅涵盖城镇地区,并不包括广大的农村地区。二是城镇不同地区之间不平衡。比较而言,经济较为发达的地区社会保障程度较高,而经济发展较为落后的地区保障程度较低。三是同一地区不同单位之间发展不平衡。通常情况下,国有和集体单位的社会保险覆盖程度较高,其他单位,尤其是个体、私营经济的社会保险覆盖面较低。四是不同用工制度下被聘用的劳动者,社会保险待遇不平衡。一般而言,属于单位的正式职工,其参与社会保险程度很高,对于合同工、临时工,所在单位通常并不愿意为他们提供相应的社会保险。

(二) 社会保险基金收费难

中国新建立的社会保险基金中,资金的筹措方式是社会保险费,而非社会保险税。比较而言,费比税缺少法律的保障,很容易形成社会保险资金的拖欠。而且一旦有企业欠缴社会保险费,容易形成一种示范效应。实际情况也正是如此。有的企业以经济效益差为由任意拖欠社会保险费,结果效益好的企业也同样拖欠,导致原来已经存在资金不足的社会保险基金,有可能出现相应的保险费用支付的困难。

(三) 社会保险基金存在着巨大的资金缺口

中国当前在城镇地区建立起来的社会保险制度,采用的是社会统筹和个人账户相结合的做法。单位缴纳的保险费用进入社会统筹账户,个人缴纳的费用进入个人账户。对于大批的在职职工而言,由于历史上并没有这种社会保险制度,因此新建立的账户基本上是"空账"。从整个社会看,仅仅养老保险个人账户的资金缺口至少在2万亿元。如何弥补社会保险账户中的资金不足,已经成了当前社会保险制度建设过程中重要而紧迫的课题。

为了解决养老保险基金个人账户空账的问题,中国政府从2001年开始在辽宁省进行社保试点,试点的重要内容之一就是做实个人账户,也就是个人账户中的钱不能再被挪用于发放退休人员的养老金。辽宁省在试点中按照8%的比例做实。虽然有中央财政的专项补贴,但仍然遭遇了巨大的当期支付压力,因此社保试点在2003年推向吉林和黑龙江时,改为按5%做实。在东北三省试点的基础上,2006年选择6—8个有积极性且有一定实力的省、自治区、直辖市进行扩大做实个人账户试点。做实个人账户的资金方面,财政补助政策如下:对做实个人账户试点的中西部地区、老工业基地和新疆生产建设兵团仍按照在东北三省试点时中央财政的补助标准给予补助,即做实到5%的部分,每做实1个百分点,中央财政补助0.75个百分点,最多不超过3.75个百分点;每做实1个百分点,地方财政补助0.25个百分点。做实个人账户采取动态做实、半动态补助的办法。动态做实即个人账户做实的数额随着缴费工资基数的增长而增长。半动态补助即中央财政对已做实的部分(存量)实行定额包干补助,不再随缴费工资总额的变化重新调整;对新增做实的部分(增量),中央财政以当年缴费工资总额为基数计算补助数额;中央财政对地方做实个人账户5%的部分实行包干补助后,新增资金缺口由地方自己解决。

(四) 社会保险基金的保值增值难

由于中国当前的证券市场正处于建设与完善过程中,因此,作为一个发展中的证券市场给投资者带来的投资风险和收益往往是不对称的。社会保险基金中的资金是"养命钱",对投资风险的承受能力是很弱的。为了避免欠规范的证券市场可能产生的投资风险,政府有关部门明文对社会保险基金中的资金投资方向进行限制。这样社会保险基金的资金风险倒是减少了,但增值则困难重重。

四、农村社会保险制度

一国政府提供的社会保险的覆盖面应该包括广大的城市及农村地区。对城乡居民进行强制性的社会保险也是公共财政的基本职能之一。我国目前正在建立的社会保险制度主要限于城镇地区,尽管从1991年开始在经济较为发达的农村地区进行商业性的社会保险制度改革试点,但真正意义上的社会保险制度在农村地区是一个空白。无论是从哪一个角度看,建立一个较完善的农村社会保险的迫切性及意义都不亚于城镇的社会保险制度。

(一) 农村社会保险制度建立的原因

现代社会保险理论认为,社会保险制度之所以有必要存在,完全是由于私人保险市场存在的某些市场失灵造成的。市场失灵使得私人保险市场不可能提供有效的社会保险体系,故这种保障应由政府来提供。与城镇地区相比,农村的经济发展水平、信息的传递速度、人的整体素质都要落后得多,市场失灵更为严重,因此,社会保险体系的建立只能以政府或其他的公有单位为主体来进行。

在一定程度上缩小收入分配的差距是政府的重要功能,也是公共财政的活动领域。同其他发展中国家一样,中国相当多的贫困人口分布在广大的农村地区,且我国当前正在建立公共财政的框架,作为全国人民的政府,其所建立的社会保险制度覆盖所有的城乡地区,自然是公共财政的基本要求。

建立农村的社会保险制度符合利益对等原则和税收公平原则。社会保险实际上就是政府向国民提供的一种公共产品,与城镇居民一样,农民应该是享有社会保险的主体。税收公平原则的标准之一就是根据受益的多少,即享受到政府提供的服务水平,多享受服务者多缴税,反之则少缴税,但无论如何纳税人都应在不同程度上享受到政府的服务。因此在农村建立社会保险制度符合税收公平的原则。

我国在农村社会保险方面并不存在正式的制度安排,农民主要是靠土地、靠子女或者靠自我积累为自己提供保障,而在收入增长缓慢、各类支出规模较大的情况下,主要还是依靠土地进行保障。这种保障方式实际上存在着很大的风险以及不确定性,其最终结果往往是没有保障。如果建立起以政府为主体的社会保险体系,可以产生诸多的收益:① 在一定程度上缩小农村地区收入分配的差距。通过拟建立的社会保险制度对生活困难的低收入者提供一部分帮助,可以在一定程度上缩小农村地区收入分配的差距。② 缩小城乡收入差距。在城乡收入差距扩大的情况下,通过农村的社会保险体系为低收入者增加一部分收入,既可以从制度上消灭极端贫困者,又能够缩小城乡收入差距。③ 保持社会稳定。一个比较健全的社会保险制度可以维持社会的稳定,为经济的健康发展提供良好的社会环境。④ 有利于扩大内需。内需的最重要内容是消费需求。由于农村存在巨大的消费潜力在现有的技术状况以及生产结构下所生产出来的商品,其最大的市场是在广大的农村地区。农村社会保险制度的推进,将极大地刺激农民的消费,从而真正实现财政政策的目标。

建立农村社会保险体系实际上是以政府为主体进行的一种强制性的制度安排,这种制度安排如果能够得到顺利的实施,首先必须要为人们所接受。农村社会保险体系的建立与执行需要农民和政府双方的努力,因为这种强制性的社会保险制度所需要资金的大部分将来自于农民自己。城镇地区社会保险所需资金主要是由职工及其所在单位按照职工工资总额的一定比例缴纳,只有部分社会保险资金来自于国家财政的支出。而在农村,农民一般没有工作单位,因此,农村社会保险制度所需要资金的大部分只能由农民个人缴纳,社会保险金的少部分可以由国家财政以拨款的方式予以解决。

从农村的现实情况看,失业保险可以暂不考虑(因为多数农民没有真正的工作单位,其失业都是隐性的),最重要的社会保险就是养老保险,此外,还有医疗保险和最低生活保障。在商业性的社会保险情况下,所有的保险费用都由农民自己支付,而在由政府统一推行的社会保险制度中,政府财政以及经济较为发达、具备一定经济实力地区的集体也为该制度支出一部分资金,因此社会保险制度的推行不会遇到来自于农村社会的阻力。

(二) 建立农村社会保险制度需要注意的几个问题

既然建立农村社会保险制度是必要的,也是可行的,因此,设计一个科学且具有前瞻性的农村社会保险制度就显得尤其重要。我们认为,在建立农村社会保险制度的时候,必须要注意以下几个问题。

(1) 在城镇和农村地区建立社会保险制度所面临的背景是不同的。城镇地区的土地所有者是国家,职工对土地不存在任何产权,其生活依赖于所在单位。在市场经济环境下,当单位不再为其提供保障的时候,由政府提供社会保险是必然的,否则他们将失去生活来源。在农村地区,尽管土地为集体所有,但农民对土地拥有经营权、收益权等部分产权,土地可以为农民提供一定程度的保障。由于城乡居民对土地的产权背景存在的差异,因此,拟建立的农村社会保险制度显然与目前正在建立和完善的城镇社会保险制度是有所区别的。城镇地区的社会保险体系以政府为主体;农村地区则可以根据具体情况而定:以政府为保障主体或建立合作性的社会保险机构,尤其是在经济较发达的地区所建立的社会保险体系可以农村集体为主体。

(2) 社会保险制度提供的保障水平总是与经济发展水平相适应。由于我国地域辽阔,不同的地区经济发展水平差距很大,因此不同的地区应建立不同程度的社会保险标准,社会保险模式也应因地制宜:经济较发达的地区保障程度较高,以农村合作性的保障为主;欠发达地区保障程度低些,以地方政府的保障为主。

(3) 农村社会保险制度的建立时间不能搞一刀切,应按步骤分期实施。如前所述,我国不同的地区经济发展水平差距较大,有的地方至今还没有解决温饱问题,如果在这些地区要求农民上缴社会保险资金无异于缘木求鱼。因此,农村的社会保险制度应从发达地区开始,逐步推广到全国。

(三) 农村社会保险制度实践

中国真正意义上的农村社会保险制度的建立是在社会主义新农村建设政策实施以后开始的,在全国统一的农村社会保险制度开始之前,少数经济比较发达的地区率先进行了农村社会各种社会保险制度建立的试点工作。

新型农村合作医疗保险制度。建立全国统一的农村社会保险制度,首先是从农村医疗保险制度开始的。2003年国务院开始选择部分地区建立农村新型合作医疗保险制度的试点工作,保险费用采取中央财政和地方财政补贴、参保农民个人缴费的办法,发生的医疗费用按比例报销。这一制度让参保农民直接受益,大大鼓励了农民参保的积极性,试点地区医疗保险覆盖率在95%以上。2006年以后,新型农村合作医疗保险制度开始在全国推广,到目前为止,新型农村合作医疗保险制度已经覆盖全国的农村地区。

新型农村养老保险制度。在总结部分地区农村养老保险制度实践的基础上,2009年9月《国务院关于开展新型农村社会养老保险试点的指导意见》正式发布。根据该指导意见,2009年试点覆盖面为全国10%的县(市、区、旗),以后逐步扩大试点,在全国普遍实施,2020年之前基本实现对农村适龄居民的全覆盖。新型农村养老保险的缴费方面,新农保基金由个人缴费、集体补助、政府补贴构成;国家为每个新农保参保人建立终身记录的养老保险个人账户。个人缴费,集体补助及其他经济组织、社会公益组织、个人对参保人缴费的资助,地方政府对参保人的缴费补贴,全部记入个人账户;新农保基金纳入社会保障基金财政专户,实行收支两条线管理,单独记账、核算,按有关规定实现保值增值。试点阶段,新农保基金暂实行县级管理,随着试点扩大和推开,逐步提高管理层次;有条件的地方也可直接实行省级管理。

第五节 社会保险的经济效应分析

社会保险制度在经济学界一直存在争议。有人认为,社会保险制度扭曲了人们的行为,对经济效率产生负面影响。相关的探讨主要集中在社会保险制度对储蓄和对劳动供给决策的影响上。

一、社会保险制度的负面效应

社会保险制度可以产生多方面的积极作用,但也可能会产生很多负面效应,这些影响可能表现在劳动供给、就业、储蓄及资本的形成、经济增长等各方面。

(一)社会保险制度对劳动供给和就业的影响

当劳动者退休或者失业的时候,完善的社会保险制度能够自动地发挥保障功能,向退休者提供退休金,向失业者提供必要的失业保险费用,这样可以为不在工作岗位的劳动者提供生活保障。但是,社会保险制度过于完善,尤其是当社会保险的标准较高时,也将对劳动供给和就业产生负面的影响。完善的社会保险制度对劳动力供给和就业的影响可能更多地表现在劳动者的道德风险上。

社会保险制度可能降低劳动力的净报酬,从而减少劳动力的供给。正常情况下,劳动者以及所在单位必须要遵循社会保险法律的规定,按照工资总额的一定比例缴纳社会保险税(费)。个人缴纳社会保险税(费),将直接减少劳动者的净报酬,单位缴纳税(费)部分也可能通过某些手段转嫁给劳动者,这两种状况都会减少劳动者的净收入。因为收入水平的降低,可能导致劳动力供给的减少,突出表现在以下两个方面:

(1)刺激劳动者选择早退休。劳动者退休以后的退休金收入与他们就业时相比相差无几,甚至前者高于后者时,那么绝大多数劳动者达到了缴费(税)的年限,只要不存在法律上的障碍,就会选择早退休。在分析时,可以运用替代率指标:

$$替代率 = 社会保险受益额/退休前的平均收入$$

替代率的大小往往与劳动者退休前的收入成反比,即劳动者退休前的收入水平越高,那么社会保险的替代率就越小;收入水平越低,替代率越高。实证分析的结果表明,退休前的平均收入低于政府规定的最低工资额的劳动者,替代率高于1;平均收入等于最低工资额的劳动者,替代率在0.9以上;而高收入者的替代率不到0.3。就业时收入水平很低的劳动者显然愿意选择早退休。

(2)导致整个社会失业率的上升。如果劳动者在失业以后,现行的社会保险制度向失业者提供的保险费用能够满足其生活开支,那么失业者通常会失去寻找新就业岗位的动力;即使有寻找新工作的动力,但职业搜寻的时间可能会因为失业保险的存在而拉长;另外,有的失业者可能更愿意到未来容易产生失业的行业去重新就业。一些实证研究表明:福利水平与失业率之间呈现很强的正相关,高福利导致高失业。

(二)社会保险制度对储蓄的影响

就社会保险对储蓄影响问题的研究,一般是以储蓄的生命周期理论为研究起点(life-cycle

theory of saving)。该理论认为个人的消费和储蓄决策以终身考虑为基础。社会保险制度的引入导致终身储蓄额发生变化,这种变化是由于以下三种效应引起的:① 人们意识到社会保险使他们的未来退休收入有了保障,因此他们将倾向于减少储蓄,这种现象被称为财富替代效应(wealth substitution effect)。② 社会保险将引导人们选择早退休,这种现象被称为退休效应(retirement effect),将减少他们的劳动供给。退休期将延长,退休期间需要相应的消费资金,而为此阶段消费融资的工作时间减少。为了保证使退休期间有足够的消费资金,他们将增加自己的储蓄。③ 假设储蓄的一个重要动机是遗赠,即人们希望给他们的后代留下遗产,这种现象被称为遗赠效应(bequest effect),这样他们的储蓄会增加,以抵消社会保险的分配效应。

从上述三个效应看,理论上分析的社会保险对储蓄可能产生的效应是相互矛盾的。实证结论如何呢? 费尔德斯坦的实证分析结论表明,社会保险的储蓄效应在第一方面表现最强,即减少储蓄的财富替代效应[①]。

(三) 社会保险制度与财政负担

完善的社会保险制度可以为因各种原因而导致生活贫困者提供必要的生活帮助,但由于社会保险的主体是政府,尽管通过征税和收费的方式筹集了大量的社会保险资金,但如果某种因素导致资金不足的时候,最终需要由国家财政以预算支出的方法来解决社会保险的资金缺口。因此,过于完善、标准较高的社会保险制度将导致政府财政的预算支出大幅增加,这是问题的一方面。另一方面,从本质上说,社会保险支出毕竟是一种转移支付,属于收入再分配,通过这种再分配,只会改变收入持有者的结构,而不会增加整个社会财富的总量。因此,社会保险支出如果在财政预算支出的比重过高,必将影响到政府执行正常职能对财力的需要,转移性支出必将加重财政的负担。这种状况在社会保险制度十分完善的北欧国家以及欧洲其他地区的一些国家已经显现出来。

完善的社会保险制度存在的上述负面影响,正是社会保险制度本身存在的失灵之处,由此提出社会保险制度的完善问题。

二、中国社会保险制度的完善

由于中国的社会保险制度正在建立过程中,因此,借鉴社会保险制度比较完善国家的经验和教训,可以使我们免走弯路,使新建立的社会保险制度真正地既兼顾到社会公平,又避免伴随完善的社会保险制度而产生的经济效率的损失。归结起来,中国的社会保险制度在建设过程中应注意以下几方面的问题。

(一) 社会保险制度中的保障水平要与经济发展水平相适应

保障标准过高,超过了经济发展水平,那么国民经济对社会保险的承受能力将减弱,对经济的发展将产生不利影响,也会导致经济效率的扭曲;保障标准过低,将起不到社会保险制度对没有收入者的生活保障作用,社会公平就难以实现。因此,新建立的社会保险制度必须要兼顾社会公平和经济效率的原则。

(二) 建立社会保险事务的统一管理部门

中国的社会保险制度从开始改革起,就一直是按照"条条"、"块块"进行的,没有统一的社

[①] Harvey S. Rosen: *Public Finance*, 6th ed. McGraw-Hill, 2002, p.189.

会保险管理部门。1997年以后,尽管社会保险逐步走向统一和规范化,但迄今为止,依然缺少一个统一的管理部门。如,按照国务院的规定,仅仅养老保险就分别由三个不同的部门负责:劳动部门负责城镇企业的养老保险,人事部门负责机关、事业单位的养老保险,民政部门负责农村的养老保险。管理机构的多元化,自然导致社会保险具体政策的多样性、基金管理的多渠道和方式的多样化、遇到困难相互扯皮等问题,加大了社会保险管理的难度。因此,从制度上建立一个统一规范的社会保险管理部门是十分必要的。

(三)严格加强对社会保险基金的管理,实现社会保险基金的保值增值

为了更好地提高社会保险基金的管理效率,可以采用由政府部门监管、聘请或委托民间的基金管理专家对社会保险基金进行专门运作,并制定合理的激励机制和约束机制,使社会保险基金的代理人行为尽可能地与委托人行为趋于一致,真正实现在控制风险的前提下,实现基金的保值增值。

(四)处理好"养穷人"与"养懒人"之间的关系

从发达国家社会保险制度执行的效果来看,它对低收入者提供生活保障、维持社会稳定以及缩小收入分配差距等方面所起的作用是不可低估的,但如果社会保险制度过于完善且保障标准较高,也带来一些负面的问题,导致社会和经济效率的损失,国家财政负担过重。因此,有一些经济学家提出了一个极端的观点:取消社会保险制度以及相应的社会保险税,鼓励劳动者更多地利用私人储蓄和商业保险市场,依靠市场的导向来做出个人的退休决策,让私人保险市场更多地替代政府承担社会保险的责任。这个观点的典型代表就是弗里德曼。

(五)处理好社会保险制度与其他转移支付之间的关系

在为全国居民提供适度社会保险的同时,让暂时失去就业岗位的劳动者有更多选择工作的机会同样是非常重要的,而这仅靠失业者自己是难以解决的。因此,国家财政可以根据财力的状况,在逐步建立完善的社会保险制度的同时,加大其他转移支付的力度:一方面将转移支付资金用于对基础性和技能性教育的投入,以提高劳动者整体素质,从而提高他们在劳动力市场上的竞争力;另一方面,还需要在基础设施建设薄弱的地区加强基础设施建设的投入,直接为缺乏专业教育的劳动者提供更多的就业机会。

本章小结

社会保险支出是指国家为城乡居民在年老、疾病、待业、灾害或丧失劳动能力时,以集中或分散的形式,提供必不可少的基本生活保障。社会保险支出体现了社会福利政策和公平分配的要求。在现代社会,由于存在市场失灵,建立社会保险体系、通过社会保险系统向生活贫困者提供必要的基本生活保障,是国家(或政府)义不容辞的责任,建立以政府为主体的社会保险制度是市场经济国家普遍的做法。从20世纪80年代开始,我国对原来的社会保险制度进行改革。到目前为止,市场经济意义上的社会保险制度框架在我国城镇地区基本上建立起来,但很多方面还有待进一步完善。随着经济的发展和改革的深入,在农村地区建立社会保险制度对中国经济的健康发展是十分重要的。随着经济的发展,人口老龄化的加剧,对社会保险制度提出了更高的要求,如果现有的社会保险制度不进行调整,那么在未来若干年后可能会出现社会保险支付的困难。与其他国家一样,尽管中国的社会保险制度已经建立,但依然存在很多问题,需要进一步调整或改革,使社会保险制度既能够为低收入者提供基本的生活保障,同时又可以避免制度导致的经济效率损失。

复习思考题
1. 什么是社会保险制度？它是如何构成的？
2. 中国的社会保险制度建立过程中存在那些问题？应如何改进？
3. 分析社会保险制度与经济效率之间的关系。你认为最佳的社会保险制度应该是怎样的？

第十章 财政支出效益

第一节 财政支出的效益观

财政分配的过程,就是政府通过各种形式取得财政收入,将资源集中到国家手中并由国家支配使用的过程。由于资源是有限的,资源配置涉及的一个重大问题是,由哪一个主体支配社会资源更能促进经济的发展和社会财富的增加?不言而喻,只有当资源集中在政府手中能够发挥更大的效益时,政府占有资源对社会才是有益的。由于政府对所拥有资源的配置,是在市场经济条件下进行的,市场的效率原则对政府行为也是适用的。因此,财政支出要讲求效益,政府的各项开支行为应当树立正确的效益观念。

一、财政支出效益概念

所谓效益,就是人们在有目的的实践活动中所费和所得的对比关系。所谓提高经济效益,就是少花钱、多办事,少投入、多产出。由于财政支出是政府履行其政治经济行为的开支,其目的大都具有宏观的特征,这个特征的内涵不仅包括经济目标,而且还有财政和社会目标,所以,财政支出效益观在许多方面与一般商品生产主体的效益观大相径庭。然而,对具体财政支出项目而言,其效益的基本衡量思路是一致的,不同之处主要体现在效益观的表达方式和范围方面。一般而言,财政支出的效益可划分为宏观效益和微观效益。

财政支出的宏观效益,是指政府通过适度安排财政支出的规模、合理规划财政支出的结构,达到政府资源的最佳配置,并以此带动整个社会经济的协调发展。财政支出宏观效益也可称为财政支出配置效益。

财政支出的微观效益,是指使用财政资金的各单位,在安排财政资金具体用途时所考虑的项目效益。此效益的表达基本与私人投资的效益概念相一致,所不同的仅是效益的范围、影响。财政支出的微观效益也可称为财政支出的经济效益。

对于微观经济主体来说,提高经济效益,有着十分明确且易于把握的标准,花了一笔钱,赚回了更多的钱,这项活动便是有效益的。从原则上说,财政支出的效益与微观经济主体的支出效益是一样的,但是,由于政府处于宏观调控主体的地位上,财政支出项目在性质上也千差万别,同微观经济主体的支出效益相比较,存在重大差别。因此财政支出效益具有其独特性,主要表现在三个方面。

1. 两者所代表的利益主体不同

微观经济主体所代表的利益是个体的和局部的,因此其所发生的支付必须追求货币效益或经济价值,基于这个观念的经济效益一定是具备内在性。而政府是纳税人意志的集中表达,政府项目的利益及成本不仅体现于政府收入的增减,也体现于全体社会成员福利的得失。也就是说,政府在肩负着监督项目的货币收益及损失职责的同时,也要考虑项目是否会导致非货币的变化,如空气污染、健康及安全的损失,或者时间的浪费,这些都应同货币的效益和损失一样作为效益和成本来衡量。

2. 两者计算的所费与所得的范围大相径庭

微观经济主体只需分析发生在自身范围内的直接的和有形的所费与所得;政府则不仅要分析直接的和有形的所费与所得,还须分析长期的和短期的、间接的和无形的所费与所得。

3. 两者的选择标准不同

微观经济主体的目标一般是追求利润,绝不可能选择赔钱的方案;政府追求的则是整个社会的效益最大化,为达到这个目标,局部的亏损是可能的,也是必要的。

二、财政的公共支出效益

按照财政支出的经济性质,财政支出包括经济建设支出和非经济性支出(公共支出)。财政支出的效益可分为经济性支出的效益和非经济性支出的效益。由于这两种支出的性质不同,评价这两种财政支出效益的方法也有着很大的差别,所以我们把它们分开来探讨。

公共支出是以国家财政收入为资金来源,对与政府活动有关的公共主体以及一切非生产领域的活动主体进行投资,以满足社会一般共同需要而进行的一种消费性支出。它有如下几个特点:① 资金来源是财政收入。② 活动主体是与国家、政府有关的机构、事业单位。③ 活动的目的是为社会公众提供一般消费性需要。④ 基本上属于非生产性支出。从公共支出的资金构成来看,包括了社会消费基金的绝大部分、非物质生产领域职工的工资以及财政对非生产领域的固定资产投资三个部分。从公共支出的部门或满足国家职能的需要方面看,包括国防、行政管理、文教科卫和公共工程等支出项目。

公共支出也如其他一切经济领域支出一样,都是为了实现一定的目的而以货币形式支付某项事业、工程或某种活动的费用。这种费用可能不只是直接支付出去的货币,对于与直接以货币支出的费用相关的一系列因素也是可以估价的,同样对于支出后所产生的效益,有些是直接效益(人们预定要达到的目的,如学校投资培养的大学生人数、教师发表的论文以及其他科技发明等),有些是间接效益(如学生将来对生产的推动作用以及论文对社会的影响等)。这些效益也是可以通过一定方法做出大致估量的。但是公共支出效益的表现形式同物质生产领域的表现形式是有所区别的。

1. 教育支出效益

教育支出是培养现代劳动力、提高劳动者智力所要满足的费用支出。教育支出的效益可以在几个层次上表现出来。第一个层次的效益是有形的,如对一所大学投资,该校培养出多少合格的大学生,有多少项科技发明等。第二层次的效益以间接的形式表现出来。如前一个例子中,这所大学培养出来的大学生对提高劳动生产率有多少贡献,学生通过接受教育提高了科研能力,发表了多少论文,大学生科技发明对提高社会生产力的贡献程度。对于这个层次效益的衡量,国外已经有了一套比较完整的衡量方法。根据他们测算的结果发现:1952—1975 年,教育投资对国民收入的增长所做的贡献比率为 33%。第三个层次是教育对社会精神文明的影响,这个层次是较难衡量的,它不但涉及经济因素,还涉及政治因素、人们的伦理道德标准。总的来说,人们所受的教育层次愈高,教育普及的程度愈高,对社会的破坏性行为就愈少,抢劫犯罪率就愈低,人们对文明语言的使用就愈多,社会风气就愈好,公共场所秩序就愈好,社会精神文明水平就愈高。

2. 科学研究支出效益

总的来看,科研支出的效果主要表现为科技成果向生产力的转化,特别是由于采用了新的技术装备、新的工艺和生产方法,使得社会劳动生产率提高带来了剩余产品的增加。这里值得一提的是,科学研究中的基础研究和应用技术研究是有区别的。基础性科学研究效益很难度量,它的直接成果表现为原理、定理、定律和公式等,在把这些原理、定理、定律运用于技术以及生产工艺以前,它们是没有直接经济效益可言的,但是对于生产发展、经济效益提高的重要性是不容置疑的。没有科学上的新突破,新的技术、新的材料往往就不能发明出来。历史上无数事实证明,每一次科学上的发现都会带来技术革命和生产工艺的改进,极大地推动着生产力的发展。因此衡量科学研究支出的效益通常要经过一段较长的时间,并且这种效益只能通过以后所带来的技术变革做出估计。

3. 医疗卫生和社会福利效益

医疗卫生支出是保障人民身体健康、培育合格劳动者的支出。劳动者体质的增强,是提高劳动生产率的重要因素。根据苏联斯特米林院士测算,20 世纪 60 年代苏联国民收入的增加部分中,有 20% 是靠减少发病率和死亡率以及增加的劳动力而增加的。社会其他福利支出如救济、养老、抚恤金等,乃是解决人们后顾之忧、保障社会安宁的重要方法,对于社会秩序的稳定、激发劳动者的劳动热情有着重要作用。

4. 社会公共基础设施支出效益

公共基础设施的支出是同人民的生活紧密相连的。对江河湖海的整治而减少灾害所带来的经济社会损失,就是这类支出的直接效益。另外,它还会产生许多间接效益。

5. 社会管理支出效益

社会管理对于维持社会秩序、保证社会的安定,以及协调国民经济的发展都有着决定性的作用。它直接为社会再生产的正常运行提供了外部条件。因此,衡量社会管理支出的效益,可用这些部门对国民经济发展的协调程度、每日处理社会事务的工作量以及工作效率等尺度来衡量。同样,这些部门工作的负效益也可以用决策失误所导致的经济损失和浪费加以衡量。

第二节 成本和收益的衡量标准

在考察财政支出效益过程中,我们要准确和充分了解其成本和收益的状况,然后才可以通过比较分析,做出正确的财政支出决策。然而,衡量财政支出的成本及收益是个复杂的问题。其复杂性在于:一方面,财政支出的成本不只看其直接费用,还要看其间接费用;另一方面,财政支出收益不仅仅只体现在它的直接收益,还体现在它的间接收益。此外,在确定财政支出的成本和收益具体指标时,还要考虑该指标的度量单位和时间价值问题。

一、财政支出的收益衡量标准

财政支出是实现政府目标的手段,因此其支出所达到的效果即是财政支出收益所涵盖的内容。由此可见,财政支出收益的形态不仅可以以货币价值的标准来表达,而且可以由无形的、抽象的或长期的标准来表达。一般而言,财政支出收益的衡量标准包括:内部和外部收益、直接与间接收益、经济与社会收益、中间与最终收益以及有形与无形收益等。

(一)内部收益和外部收益

内部收益也称直接收益,是指财政支出项目完成后所产生的项目范围内的收益。外部收益也称间接收益,是指财政支出项目完成后所获取的项目以外的收益。

内部收益视项目性质情况,可以是有形收益,也可以是无形收益。例如,义务教育支出项目的收益,是以培养人才为目标的,因此人才的价值可代表其收益标准;而自来水工厂的支出,其收益可以通过供水收费来表达,货币形态的收益显然是有形的。

外部收益主要是通过项目的政策导向目标进行评估,其收益的价值和数量可以由货币和非货币形式进行考察。如果政府的政策目标是经济发展,则可通过相应的经济指标变动值来表达财政支出收益;如果政府的政策目标是社会或政治方面的,一般不宜通过价值指标去表达,而可通过长期经济目标或专项社会政治指标来表达。

(二)经济收益和社会收益

经济收益是指财政支出项目所产生的可用经济指标表达的所有货币收益。社会收益是指财政支出项目所产生的非货币的价值收益。

经济收益既可以表达直接与间接的经济收益,也可表达有形与无形的经济收益。假定财政投资建设一所职业培训机构,参与学习者的缴费即为直接经济收益;由于学习者的技能提高,其工资收入自然上升,这可视为间接经济收益;又因为所接受培训人才的素质普遍提高,使得劳动生产率上升,进而带动GDP增长率的上升,这也可看作为是间接宏观经济收益的体现。

社会收益是从宏观角度表述的非货币收益,例如,如果治理空气污染的财政支出项目是免费的,其产生的好处普及所有愿意接受者,因此他们的健康状况得到改善,综合收益即是社会收益的体现。一般而言,涉及面广,政策性强的财政性支出项目,用社会收益指标衡量较科学。当然,由于财政性支出的公共性特征,即使对那些讲求经济收益的支出项目,也不能单纯追求经济产出的多少,而应当同时考虑其社会收益的状况。

当然,更多的一般性财政支出项目,必须兼顾考虑社会收益和经济收益。如果财政支出项目是治理空气污染,项目完成后的效果则是清洁了空气,显然这是属于社会收益;如果政府因空气质量改善而规定向人们收费或征税,则可视为经济收益。

(三)中间收益和最终收益

中间收益是指财政支出项目作为中间产品而产生的收益,这种支出收益主要是针对不同的消费者而言,其收益层次是不同的,只要不是其最后的收益需求,均可视为中间收益。最终收益是指财政支出项目作为最终产品而产生的收益,每个财政支出项目的确定,必须有一个终极目标,目标所达到的预期效果即是最佳收益;对每个消费者而言,其主要期望的支出收益就是财政支出的最终收益。

财政支出的中间收益和最终收益不是独立存在的。同样的财政支出项目,针对不同消费者,其收益的形态不相同;相同的消费者,针对不同的财政支出项目,其收益形态也会有差异。例如,就天气预报项目而言,对于气象台来说是最终收益,而对于种植业者来说则是中间收益;就接受教育的消费者而言,有关教育培训补贴支出项目是最终收益,而新华书店建设项目则是中间收益。

(四) 有形收益和无形收益

有形收益是指财政支出项目的成果能够通过市场价格计算并可以计入会计账目的收益,这类收益一般具有物质形态和收益可计量的特征。无形收益是指财政支出项目的成果无法通过市场价值进行直接评估且不能入账的收益,这类收益一般具有非物质形态和难以计量的特征。例如,对防洪工程的财政支出而言,可以直接减少洪水的危害,不仅增加农产品的产量,而且可以发展养殖业和水力发电,这些都是属于有形收益;防洪工程的建设使得该区域的自然环境得到美化,空气质量得到提高,这些效果就是无形收益。

二、财政支出的成本衡量标准

财政支出的成本与财政支出的收益相同,也存在不同类型的形态及衡量标准。

(一) 内在成本和外在成本

内在成本是指财政支出项目范围内所产生的成本,包括基建、维修和经营本身的成本。外在成本是财政支出项目范围以外所产生的,通常无须项目承建者负担的成本。

内在成本一般而言可以用货币计量,可以通过市场价格为基础调整得到;外在成本由于具有间接的、无形的特征,一般没有市场价格可供比照,也无法用货币单位衡量,如果需要对外在成本进行估价,可以通过各种估算的方法进行度量,例如利用机会成本进行评估。当然有些外在成本是可以量化的,比如辅助工程项目的成本。

以一家化工厂为例,其内在成本是建造化工厂所支付的人、财、物的货币支付,而外在成本可以是来自于工厂排放废料、污染水质、导致鱼类的死亡及破坏了生态平衡所造成的损失,以及人们为了提高饮用水质,可能导致购买纯净水而支付的费用等。

(二) 经济成本和社会成本

经济成本是指财政支出项目所负担的可用经济指标表达的成本,换句话说,所有可进行经济计量的支出项目的内在成本和外在成本构成经济成本。社会成本是指因财政支出项目所带来的非经济损失的代价,可以划分为内在社会成本和外在社会成本。以水库建设项目为例,因修建水库而发生的土石方工程、建筑材料等费用以及占用农田造成的春苗损失,均构成经济成本;而因建水库造成的水土流失以及因居民搬迁而产生的生活习惯变化的非经济损失,构成社会成本。

(三) 中间成本和终端成本

中间成本是指财政支出项目作为中间产品而产生的成本;终端成本是指财政支出项目作为最终产品而产生的成本。比如天气预报,对于航运业来说,其购买气象资料的费用属中间成本;但对于旅游者而言,这项费用则为终端成本。

(四) 有形成本和无形成本

有形成本是指在财政支出项目中,能够通过市场价格计算且应计入会计账簿的成本;无形成本是指财政支出项目的各项费用,无法通过市价直接估计且不能入账的成本。例如,对于公路拓宽项目,因工程需要而投入的材料、人力等费用可称为有形成本,而因道路拓宽而产生的建筑垃圾污染所导致的周边环境破坏,可称为无形成本。

三、度量单位和时间价值标准

由于财政支出大多数是公共投资项目,其成本耗费和收益形态具有社会性,因此很难采用量化指标进行分析;即使有些项目指标可以量化,但因其支出过程的长周期性特征,采用一般的即时指标显然是不合理的。为了较准确地进行财政支出效益分析,首先在列举支出项目的各项成本和收益形态之后,要对那些定性指标进行量化分析和时间价值的调整,最后对经调整后的成本收益指标进行分析,方可得到真实可信的结论。

财政支出项目的成本和收益指标的度量单位及时间价值标准的调整主要是通过影子价格、消费者剩余和贴现率等工具进行的。

（一）影子价格

对于私人投资项目而言,表达其成本与收益是一件相当容易的事。项目的收益就是企业从这一项目中所得到的收入,成本就是企业为取得这些收入的耗费,两者均可以通过市场价格进行计算。政府部门公共项目的成本和收益应是整个社会的成本与收益,用市场价格来衡量就不一定合适了。

解决此问题的办法是设计出一种能够反映财政支出项目成本和收益实际价值的"价格",即影子价格(shadow price)。当我们将生产要素(劳动力、资本或土地)从原来的用途转入另一新用途时,造成对国民经济原来所产生作用的丧失,这种损失的代价即为影子价格。换句话说,政府为了计算社会收益,所使用的不是主导的市场价格,而是反映社会成本的价格,这种价格就可称为影子价格,因此说,影子价格是被用来代替实际市场价格的价格。影子价格的实质是对于无价可循或有价不实的商品与劳务所规定的较合理的替代价格,也就是说,这种价格能够达到或者接近商品或劳务的社会边际成本。

因此在财政支出项目(特别是社会性项目)的评估中,我们可以利用影子价格的概念,对其成本和收益指标进行量化。

在特定条件下,影子价格可以由市场价格来替代。如在一个经济运行良好、竞争充分的社会中,商品的价格同时反映了生产该商品的边际社会成本以及消费者消费该商品的边际价值。因为财政支出项目的投入和产出均来自于私人市场,那么,就可用市场价格对公共项目进行成本和收益直接量化。如果市场存在缺陷,市场价格偏离了边际社会成本和价值,但若偏差不十分明显,仍可采用市场价格为度量依据。

影子价格如何确定呢?主要有两种方法。

1. 线性规划法

线性规划法的基本思路是,求得一组满足一定约束条件,并使某个目标函数取得极值(极大值或极小值)的非负变量,其中约束条件和目标函数都是线性的。比如,求一组最终产品的数量使其满足各种生产资料有限的条件下,使总利润达到最大。显然,总利润值与资源的约束条件有关,增加某种资源的供给,总利润的最大值可能随之增加。因此,总利润最大值相对于该资源的变化率,就是该资源的影子价格。

2. 经济理论法

经济理论法确定影子价格分为两个步骤:首先假定经济处于完全竞争的理想状态下,由于完全竞争下的市场价格反映了边际单位产品对社会的贡献,所以此时市场价格即为影子价格；其次具体分析理想的经济状态与现实之间的距离，将现实经济中的市场价格与完全竞争条件下的市场价格进行比较，逐步调整不完全竞争中的市场价格，直到完成对影子价格的确定。

（二）消费者剩余

消费者剩余(consumer's surplus)是指消费者为某种商品或劳务愿意支付的价格与实际支付价格之间的差额。由于消费者剩余没有市场价格可供计算，因而只能借助于补偿需求曲线来度量。补偿需求曲线表示人们为使用一定数量的公共产品所愿意支付的价格。政府通过财政支出提供一种商品，不同消费者愿望支付的价格高低不等，将这些价格—数量关系联结起来，就形成一条补偿需求曲线。补偿需求曲线与一般需求曲线的区别在于价格变化所引起的需求量的变化仅仅表现为替代效应所产生的影响，而不用考虑收入效应所产生的影响。补偿需求曲线以下的面积就是消费者剩余，可以以此表示该商品所产生的社会收益指标。

（三）社会贴现率

一般而言，财政支出项目的运作周期比较长，在一个长周期中，对项目的成本和收益价值量的评估应当随时间的变化而变化，因此不同时期发生的成本和收益不能简单地直接相加或相减。投资性支出项目的效益分析是事前的工作，为了在同一基础条件下进行成本和收益数值比较，必须将项目中涉及的成本和效益的价值换算成现值，而现值的测算水平主要是由贴现率水平决定的。

财政支出项目的贴现率不同于一般企业作为财务分析时所采用的贴现率。企业财务分析时采用的贴现率反映的是企业在各种投资选择中的收益率，可用资金的机会成本来反映。而财政支出项目的贴现率应该是社会贴现率。社会贴现率，是指应用于未来的成本和效益之上，并能产生真实社会现值的贴现率。社会贴现率是整个社会愿意为了未来而放弃现在的成本与收益的那种贴现率。一般而言，社会贴现率在量上应低于市场贴现率。

因此较高的贴现率必然造成支出现值收益下降，导致获得批准的财政支出项目数量减少。较高的贴现率意味着这样一个事实：由于贴现率反映了私人消费和投资的回报，因此就放弃的私人满足而言，政府支出的机会成本也较高。

在市场经济条件下，社会贴现率的选择主要是通过对市场收益率以及对市场反映社会偏好的程度因素的调整而获得。

我们可以依据国债利率来选择社会贴现率。国债的利息支付是建立在政府的权威性和强制性基础上，因为国债有国家政治权力做后盾，所以国债无违约风险，到期都能还本付息，因此其利率经常低于私人投资的借款利率。因此利用国债利率作为社会贴现率，既方便又安全。社会机会成本也可成为选择社会贴现率的参照物。社会机会成本是一种隐含的、可能发生的成本，即如果社会资金不用于政府支出，而是投入到另一项生产中可能发生的成本。由于社会是由政府部门和企业部门构成，所以政府支出的社会机会成本可以通过企业的投资报酬率来衡量。由于投资和消费总是相伴而行，要增加未来消费，就必须减少现时消费，减少的部分必然用作投资，增加未来的生产力，使未来消费的增加成为可能。所以，还可用社会偏好率作为社会贴现率度量投资的机会成本。

第三节 财政支出效益评价方法

成本收益分析的概念首次出现于19世纪法国经济学家朱乐斯·帕帕特的著作中。其后,这一概念被意大利经济学家帕累托重新界定。到1940年,美国经济学家尼古拉斯·卡尔德和约翰·沙克斯对前人的理论加以提炼,形成了成本收益分析的理论基础。也就是在这一时期,成本收益分析开始渗透到政府活动中,如1939年美国的《洪水控制法案》和田纳西州泰里克大坝的预算。

20世纪50年代,成本效益分析方法在政府的决策中得到应用。为消除部门间所应用的评估技术方法的不同,1950年,在美国控制水资源内部能源委员会的报告中,提出了评估决策中应用统一技术分析的方法。1952年,政府预算机构采用成本收益分析方法来评估河流发展计划。在美国约翰逊总统任职期间,成本收益分析在政府活动中应用更加广泛,这是由于这一时期预算支出越来越大,并且几乎所有的新项目在上马以后,支出都不断扩张。这就需要应用一定的技术分析方法来进行项目评估,确定项目实施的先后顺序。1965年,美国联邦政府正式采用了所谓的项目规划预算体系(PPBS)。尽管PPBS由于政治上的原因,最终在政府中并未实行多久,但对政府的影响却是深远的。

财政支出项目效益所表现出的形式是不同的,有的体现出直接经济效益,有的体现出社会效益,还有的两者兼而有之。因此对不同效益表现形式的不同财政支出项目,应当采用不同的效益评估方法。有一些财政支出项目,如电站之类的投资,其效益是经济的、有形的,可以用货币计量,或者可以用有关替代指标表达。一般而言,对此类财政支出项目的效益评估,可采用成本—收益方法进行分析。而对于诸如军事、政治之类的财政支出项目,虽然其成本易于计算,但其效益却不易衡量,而且,通过此类支出所提供的商品或劳务,不可能以任何形式进入市场交换。对此类财政支出项目的效益评估,一般采用最低费用选择法较为合适。还有一些财政支出项目,如公路、邮电之类,虽然其成本易于衡量,效益难以计算,但通过这些支出所提供的商品或劳务,可以部分或全部地进行市场交易,对于此类支出项目,可以通过公共服务定价法来进行效益评估。

一、成本—收益分析法

成本—收益分析法是对某些特定财政支出项目效益进行评价的一种方法,是现代国家的政府支出管理的有效方法。

所谓成本—收益分析法,就是针对国家确定的财政支出项目,提出若干实现投资目标的方案。详列各种方案的全部预期成本和全部预期收益,通过分析比较,选择出最优的投资项目方案。由此可知,采用成本—收益分析法的最终目的是寻求预期收益与预期成本差额的最佳支出净收益。当然财政支出的净收益和私人投资的净收益是不相同的,前者追求的主要是社会收益,而后者期望的是私人收益。

私人净收益＝内在收益－内在成本
　　　　　＝私人总收益－私人总成本

社会净收益＝(内在收益＋外在收益)－(内在成本＋外在成本)
　　　　＝社会总收益－社会总成本

考虑财政支出项目的时间价格因素以及货币价值因素,对每一项列举的项目成本和收益进行评估比较。成本—收益分析法有如下三种。

(一) 净收益现值(NPV)法

将项目时期内各年的收益和成本数量化后,选择适当的社会贴现率,分别折算为现值,并将收益现值减去成本现值而求得净收益。其公式如下:

$$NPV = \sum_{t=0}^{n} \frac{B_t}{(1+t)^t} - \sum_{t=0}^{n} \frac{C_t}{(1+i)^t} = \sum_{t=0}^{n} \frac{B_t - C_t}{(1+i)^t}$$

式中:B_t——t 年的收益货币值;

C_t——t 年的成本货币值;

n——支出项目的年限;

i——社会贴现率。

如果 $NPV>0$,则支出项目有效益,项目可行,其数值愈大则效益愈好;若 $NPV=0$,则表示该支出项目收支平衡,不盈不亏;如果 $NPV<0$,则项目支出大于收益,一般不可行。几个项目比较时,选择 NPV 最大者为优。

(二) 内在报酬率(IRR)法

内在报酬率是指使未来各年效益的贴现值总和等于投入成本的贴现值总和的那种贴现率。也就是说,IRR 的贴现率能使 $NPV=0$,它是方案本身的投资报酬率。其公式为:

$$0 = \sum_{t=0}^{n} \frac{B_t}{(1+IRR)^t} - \sum_{t=0}^{n} \frac{C_t}{(1+IRR)^t} = \sum_{t=0}^{n} \frac{B_t - C_t}{(1+IRR)}$$

如果 IRR 等于或超过所期望的报酬率,投资就有效率,项目就可行;如果小于期望报酬率,项目则不可行。几个项目排序时,具有较高内在报酬率的项目应优先考虑。

(三) 收益成本比率(NI)法

收益成本比率法是在各支出方案的成本收益数量化后,折为现值,求出收益现值与成本现值的相对数,作为决策依据。其公式为:

$$NI = B/C = \sum_{t=0}^{n} \frac{B_t}{(1+i)^t} \bigg/ \sum_{t=0}^{n} \frac{C_t}{(1+i)^t}$$

当 $B/C>1$ 时,项目方案可行;当 $B/C<1$ 时,则不可行;如果 $B/C=1$,则项目获利水平恰好合格。几个方案比较时,收益成本比率高者为最佳方案。

二、最低费用选择法

对于不能运用成本—收益分析法的财政支出项目,可以运用最低费用选择法进行分析。此法与成本—收益分析法的主要区别是,不用货币单位来计量备选财政支出项目的社会效益,只计算每项备选项目的有形成本,并以成本最低为择优的标准。

最低费用选择法起源于美国,是对成本—收益分析法的补充。现代社会生活错综复杂,政府对某项财政支出的项目可以设想各种不同的方案,用最低费用选择法对每个备选方案进行分析,选择最低费用方案。

运用最低费用选择法来确定财政支出项目,其步骤同前述成本—收益分析法大致相同。由于免去了计算支出效益与无形成本的麻烦,此法的分析内容要简单得多。首先,根据政府确定的建设目标,提出多种备选方案;然后,以货币为统一尺度,分别计算出诸备选方案的各种有形费用并予以加总。在计算费用的过程中,如果遇到需要多年安排支出的项目,也要用贴现法计算出费用流的现值,以保证备选方案的可比性;最后,按照费用的高低排序,以供决策者选择。

最低费用选择法多被用于军事、政治、文化、卫生等财政支出项目上,不妨举一例加以说明。假定政府打算在四年内培养出 10 000 名农学专业的大学生,经过专家研究,提出了四个能够实现上述目标的备选方案:① 新建 5 所农学院,每所学院招收 2 000 人,相应的要兴建校舍、招聘教师和管理人员。② 扩建现有的农学院,因此需要新建若干校舍,增聘若干教师和管理人员。③ 兴办广播电视大学农学专业,这要增添与电视教学有关的各种设备,聘用教师,安排教学行政和组织工作。④ 组织农学专业的自学考试,这要组织辅导、考试等相应工作。

假定上述四个方案均能培养出 10 000 名同质的农学专业的大学生,他们各自支出的费用肯定是不同的。对这四个备选方案的费用作比较分析,一般而言,费用最低者为最佳方案。

运用最低费用分析法确定最佳方案,在技术上是不困难的,困难之处在于许多财政支出项目都含有政治因素、社会因素等,如果只是以费用高低来决定方案的取舍,而不考虑其他因素也是不妥当的。这就需要在综合分析、全面比较的基础上,进行择优选择。

三、公共服务定价法

所谓公共服务,其外延并不只限于通常所说的服务,财政学中所说的公共服务,是指国家机构为行使职能而开展的各种工作,包括军事、行政、城市给排水、建设和维修道路、住宅供应、建设和维修公园及邮电工作等。通过公共服务定价法来提高财政支出效益,其要旨不在于选择项目,而在于把商品买卖的原则运用到一部分公共服务的提供和使用中去,通过制定和调整公共服务的价格,使公共服务得到最有效、最节约的使用,达到提高财政支出效益的目的。

公共服务的定价形式,包括免费、低价、平价和高价四种。

以免费或低价方式提供公共服务,可以促进公众对该项公共服务的使用率最大化,使社会效益得到最充分的发挥。这种定价政策,适用于那些从国家和民族利益出发,在全国范围内得到普遍使用,而公众可能尚无此觉悟去使用的公共服务,如义务教育、强制注射疫苗等。但是,免费或低价的定价政策,可能会导致公众对公共服务使用的浪费。允许免费进入国家公园,将导致公园资源超负荷运行,公园环境遭到破坏;政府大量地低价提供住宅,将助长抢房和多占房的不良风气;低价提供旅行和运输便利,将使火车和汽车拥挤不堪等等。有鉴于此,大多数国家都主张对公共服务提高收费标准,以期提高它们的效益。

平价政策可使提供公共服务所耗费的人力和物力得到相应的补偿,一方面促使社会公众节约使用公共服务;另一方面使公共服务得以发展。从国家和民族利益来看,此种价格政策,一般适用于那些无须特别鼓励使用,也不必特别加以限制使用的公共服务,如公园、医疗、邮电、公路、铁路等。

高价政策可以有效地限制公共服务的使用,还可为国家财政提供额外收入。因而,从国家和民族利益看,这种政策一般适用于必须限制使用的公共服务领域。

上述提高财政支出效益的方法,对分析和提高我国财政支出效益都是有用的。但如何结合我国的实际加以运用,还有待于通过实践进行探索。

第四节 财政支出效益实例分析

一、项目收益比较分析

财政支出项目效益的优劣,往往是通过可列举的若干个同类项目的净收益比较得出。下面我们通过一个例子加以说明。

假定某一地区洪水经常泛滥,给该地区造成很大损失。为了治理洪水,国家拟建设某种防洪设施。为此,专家组提出了四个备选方案,其成本和收益如表10-1所示。

表 10-1 兴建防洪工程的成本—收益分析方案 （单位：万元）

备选方案	年度工程成本	平均年度损失	收益(减少损失)	净收益(收益—成本)
没有防护设施	0	380	0	0
A 建设防护大堤	30	320	60	30
B 建设小型水库	100	220	160	60
C 建设中型水库	180	130	250	70
D 建设大型水库	300	60	320	20

分析上述 A、B、C、D 四个备选方案可知,C 方案最好,因为在所有的方案中,它的净收益最大。同 B 方案比较,C 方案虽然多投资 80 万元,但损失减少了 90 万元；虽然 D 方案可使平均年度损失降到最小,但它比 C 方案多投资 120 万元,净收益却只有 20 万元,即使考虑到减少的损失,建成后带来的总效益也只有 50 万元,成本超过了收益,因而是不可取的。总结该案例,我们可以得到以下分析结论。

(1) 虽然该案例的各备选方案的成本与效益均明确标出,似乎选择最优方案属举手之劳,可是,精确计算各项目的成本与收益并非易事。财政支出的成本与收益同微观经济主体的成本与收益不同,它们包含了很多类型。总体来看,可以归纳为两大类,即社会的成本与收益和经济的成本与收益。其中在社会的成本与收益中,又可划分为直接的与间接的、内部的与外部的、中间的与终端的、无形和有形的成本与收益。

在该案例中,社会成本是指对社会、经济和人民生活造成的实际损失；社会收益则是由于该工程建设而更多地生产出的社会财富,以及社会的发展和人民生活水平的提高。该案例的经济成本与收益,指由于建设该工程而实际耗费的人力和物力,由于该工程的建设,使得社会经济的某些方面受到影响,致使造价上升或下降,从而使某些单位或个人增加了收入或减少了收入。但甲方之得或失,恰为乙方之失或得,整个社会的总成本与总收益的对比并无变化,所以,此种成本和收益又称虚假成本和收益。

在该案例中,直接成本是为建设、管理和维护该项工程而投入的人力和物力的价值,直接收益则指该工程直接增加的商品量和劳务量,以及使社会成本得以降低的价值。间接成本主要指由于建设该工程而附带产生的人力和物力的耗费以及通过连锁效应而引起相关部门产生的人力和物力的消耗;间接收益主要包括与该工程相关联部门产量的增加以及得到的其他社会福利。

该案例的有形成本与收益,指的是可以用市场价格计算的且按惯例应记入会计账目的一切成本和收益;无形成本与收益,指的是不能经由市场估价的,因而也不能入账的一切成本和收益。

该案例的内部成本与收益,是包括一切在建设工程实施区域内所发生的成本与收益;外部的成本与收益,则是包括一切在建设工程实施区域以外所发生的成本与收益。

该案例的中间成本与收益,指在建设工程成为最终产品之前加入的其他经济活动所产生的一切成本与收益;终端成本与收益,则是指建设工程作为最终产品所产生的一切成本与收益。

(2) 与微观经济主体的支出相比较,财政支出的成本与收益包含了更多的内容。除了计算微观经济主体所应计算的一切之外,它还须增加计算:① 与支出项目无直接关联但有间接关系的一切可用货币计量的成本与收益;② 与本支出项目有直接或间接关联的一切不可以货币计量的成本与收益。

无论支出项目涉及的范围有多广,只要可以用货币来计量,成本和收益总能较准确地计算出来。衡量无形的成本与收益一般是较困难的,为了解决这一困难,经济学家提出了很多替代的办法,常用的方法之一是间接估算。该案例中,防洪工程的效益之一是美化环境和增进了人民的健康。这项效益是无法直接计算出来的。但是,人民健康水平的提高,可以间接地从他们发病率的降低上表现出来,因此,当地卫生防疫费用的减少额和医疗费用的减少额可以视为这项无形效益的货币额。估价无形成本和无形效益的方法还有成本节约法和成本有效性分析法等,这些方法的思路大致与上述相仿。运用这些方法来估算成本与效益,当然不可能做到完全准确,但是,它们毕竟将一些难以捉摸的东西以一种可感觉的形式表现了出来。

(3) 以上所述都是在确定某一建设项目时所要做的工作。但是,在任何时候,政府都会提出若干个项目来,在财政支出规模已经确定的条件下,将政府提出的全部项目都投入执行,一般总会突破财政支出规模。这时,我们需要对各备选项目进行收益比较分析,进而进行优化选择。

(4) 综上所述,该防洪工程的成本—收益分析包含了两个过程:第一个过程是政府根据国民经济的运行情况,选择若干个行动目标,根据这些目标,确定若干备选项目;然后就每一个项目,组织专家组制定备选方案。第二个过程是在政府选择方案和项目的过程中,首先要详列备选方案的成本与效益,并运用贴现方法将这些成本与效益折算成现值;其次是在各备选方案中为每一个备选项目选择最佳实施方案;然后,根据业已确定的财政支出总规模,在诸备选项目中选择一个最佳项目组合;最后,对此项目的组合作机会成本分析,最终将支出项目确定下来。

二、项目动态效益分析

有些财政支出项目具有不可比的单件性和长周期特征,因此其效益水平没有类似的参照项目可比较,只能通过自身的成本和收益比较进行衡量。正由于这些项目是长周期的,所以必须采用现值的概念来寻求其成本和收益值;还因为这些项目具有单件性特点,因此对其效益的考核应当是多方位的。下面我们列举一个有关美国教育投资的例子(见表10-2),并对其进行成本—收益分析。

表 10-2 美国大学生教育的成本—收益分析 （单位：美元）

学生教育的平均收益	1	平均年收入(中学毕业生)	10 500
	2	平均年收入(大学毕业生)	15 800
	3	年收入净收益(2—1)	5 300
	4	收益合计(以工作41年计)	217 300
	5	收益现值(按8%贴现)	46 600
	6	收益现值(按4%贴现)	90 600
学生教育的平均成本	7	大学各类经费(4年)	11 600
	8	因上学产生的机会成本(4年)	21 900
	9	各杂项费用(4年)	6 000
	10	成本合计(4年)	39 500
	11	成本现值(按8%贴现)	32 707
	12	成本现值(按4%贴现)	35 845
投资效益分析	13	净收益现值(8%贴现的 NPV)	13 893
	14	净收益现值(4%贴现的 NPV)	54 745
	15	收益成本比(8%贴现 NI)	142.0%
	16	收益成本比(4%贴现 NI)	253.0%
	17	内在报酬率(IRR)	11.2%

(1) 在计算大学生教育项目的成本与收益时,必然会遇到一个时间问题,即学生选择接受高等教育需要耗费一定的时间。本案例涉及的是大学本科教育,所以需要四年时间。该学习过程结束后的41年(至法定退休年限),是该学生取得收益的时间。这样,若以年度来计算,该教育项目的成本和收益是由若干年的成本和若干年的收益所构成的成本流和收益流。在计算该项目的总成本和总收益时,就不能简单地将若干年的成本和若干年的收益加总。因为,无论是成本还是收益,只要是以货币计量的,都涉及资金的时间价值问题。既然这些成本和收益并不发生在同一个年度里,在用货币形式来表现其总额时,就必须将资金时间价值因素考虑在内。也就是说,必须将今后若干年内发生的成本与收益通过贴现的方式折算成现值,然后才能加总。

(2) 贴现是金融机构放款的形式之一。例如某人持一张2005年到期的国库券于2002年到银行去提前兑取现金,银行按贴现率扣除自2002年到2005年的利息,然后将票面余额以现金方式支付给此人,这一行为就叫作贴现。贴现利息占国库券票面额的比率,称贴现率。在市场经济中,由于贴现率主要是由市场利息水平决定的,而市场利率又是由货币供求关系决定的,因此市场利率的波动必然会影响贴现率的变化。鉴于此,本案例中引进了高、低两种贴现率,可以较客观地反映该项目成本和收益的动态水平,供投资项目决策者选择。

(3) 在列举本案例的成本时,要考虑机会成本问题。我们知道,一个人的时间分配是有限度的,选择此就必须放弃彼。在学生选择接受大学教育的同时,必然要放弃参加工作,因此该学生在四年的学习时期,除了要支付必要的学杂费用之外,自然也就放弃了四年工作的报酬。这四年工作收益的贴现值,就是该学生所要承担的机会成本。显然,如果机会成本加上现实成本高过该学生学成后的收益,那么这项教育投资就是无效益的;反之,则是有效益的。

(4) 由于该教育投资项目的效益评估不具备横向可比性,所以对项目的多视角投资效益评估显得更加重要。本案例中,我们采用净收益现值、收益成本比以及内在报酬率等三项指标,对该项目进行全方位的效益评估。评估结果表明:大学生的教育投资不仅是有效益的,而且具有高回报的特征;由于市场货币价值的变动影响贴现率的水平,自然也会影响到该投资的效益高低,一般而言,稳定的币值有利于投资收益的高回报。

本章小结

在市场经济中,财政支出同其他私人支出一样具有货币的价值体现,因此财政支出项目也应当寻求支出效益。财政支出的使用主体是政府部门,这就要求在安排各项财政支出时要牢牢树立正确的效益观念。在考察财政支出效益过程中,首先要准确和充分了解财政支出项目的成本和收益状况,然后通过比较分析,做出正确的决策。然而,衡量财政支出的成本及收益是个复杂的问题,其复杂性由其成本与收益的外部性、社会性、无形性等特征所致,所以我们需要采用一些科学的衡量指标进行评估和测算。一般而言,财政支出效益分析的方法主要有成本—收益分析法、最低费用选择法和公共服务定价法。本章通过一些实例,对公共支出的效益进行了分析和评估。

复习思考题

1. 公共财政支出效益的项目领域有哪些?其效益的表现形式如何描述?
2. 如何确定并衡量财政支出收益和成本的范畴及标准?
3. 试述成本—收益分析法的适用领域及分析思路。
4. 列举一个你身边的例子,试构建成本—收益分析模型,并说明应用过程中的难点问题。

第三篇 公共收入

第三篇 公共物品

第十一章 税收原理

第一节 税收及税收分类

一、税收及税收特征

（一）税收概念

税收是最古老的财政范畴，在财政产生的时候就有税收。例如中国最早实行奴隶制的夏朝就开始征收田赋，商代实施的"助法"以及西周时的田赋制度"彻法"等，都是典型的税收。随着经济的发展、时代的变迁，税收形式越来越多，税收占财政收入的比重也日益提高。在现代社会，无论是社会主义国家还是资本主义国家，税收都是财政收入最重要的形式，所占比重一般不低于90%。

所谓税收是指国家为执行其职能，凭借政治权力，按照法定的标准和程序，无偿参与国民收入的分配，取得财政收入的一种形式。

税收的本质体现在以国家为主体的分配关系中，即国家征税反映社会再生产中财政与各微观经济主体之间的利益分配关系，具体表现为国家与各类纳税人之间、国家各级政府之间及其和纳税人之间的一系列分配关系。随着政府职能的扩大，税收的作用范围也得以扩展。税收不仅是增加收入、调节分配的手段，而且在一定程度上反映了政府的政策倾向。

（二）税收特征

从财政产生之日起，税收就是财政收入的一种形式。不同的时代和社会，税收具有不同的烙印，但是，任何社会的税收都有共同的特征。与其他财政收入形式相比，税收具有如下特征。

1. 强制性

由于税收是以国家政治权力为依据所征得的收入，国家的各项权力均标志着强制性特征，故税收表现出对纳税人的强制性课征，这种收入形式是不以纳税人的主观意愿为转移的。只要某微观经济主体在一国境内从事生产经营活动且属于税法规定的征税对象，无论他主观上是否愿意，都必须向政府纳税。

2. 无偿性

税收形式的强制性决定了征税收入不必偿还的特征。所谓无偿性是指税务机关向纳税人征税后不再向其退还任何税款,也不向其支付任何等价物品。正如列宁所言,"所谓税收,就是国家向居民无偿地索取"①。社会主义国家税收的无偿性与税收"取之于民、用之于民"的性质并不矛盾,前者是指税收征、纳双方无直接偿还关系,后者则是从税收作为财政收入的最终使用角度看,是为了提高全民物质、文化生活水平。从这个意义上说,社会主义税收是无偿性和返还性的结合。

3. 固定性

税收的固定性特征是指通过税制各要素和税法各条款的规定,将纳税人应纳税额和应尽义务固定下来,不得随意变动。征税对象和税率的规定确立了纳税人的交款性质和数额,无论其他环境有什么变化,只要税制不变,这种征纳关系就不可能更改,更不受人为因素的影响。当然,税收的固定性是相对的。任何税收都要适应于一定的政治、经济环境,当外在的情况发生变化时,原来的税法必须要进行修正,或者以新的税法代替老的税法,原税法中的各要素及征管办法都将发生变化。因此,税收的固定性是指在一定时期内固定不变。

税收的这三个特征必须是同时具备的,缺少了其中任何一点,那么这种收入就不再是税收。

二、税收分类

税收的种类很多,依据不同标准可作不同的分类。

(1) 根据征税对象的不同,税收可分为四大类,即流转税、所得税、财产税和行为税。

(2) 按税负能否转嫁为依据,税收可分为直接税和间接税。一般而言,不存在税负转嫁的税是直接税,存在税负转嫁的税为间接税。直接税是直接向纳税人征收并由纳税人直接承担税负的税收,所得税和财产税都属于直接税。间接税在名义上直接向纳税人征收,但税收负担却可能由非纳税人承担,流转税类的税种均属间接税。

(3) 以计税依据为标准,可将税收分成从价税和从量税。从价税是指以征税对象的价格为标准计算征收的税。我国大部分税种都属于从价税,如增值税、消费税、关税等。从量税是以征税对象的计量单位为标准征收的税。比如以征税对象的数量(个、只等)、重量(公斤、吨等)和容积(升、平方米)等。屠宰税和车船使用税、资源税等都是从量税。一般说,对某一税种只能采用一种计税标准,即采用了从价税则不能同时采用从量税,但有个别税种的不同税目允许同时采用两种计税标准,例如消费税,对一般消费品按其价格征税,而对汽油和柴油则按其计量单位"升"为对象征税。

(4) 按照税收与价格的关系划分,可分为价内税和价外税。凡税额可以加入计税价格之内的税种,被称为价内税,也就是说作为征税对象的价格是含税的。如果作为征税对象的某产品价格包括成本、利润和税金,则此税就成了价格的组成部分。我国现行税制中的价内税税种有消费税、营业税等。凡税额不可以加入计税价格之内的税被称为价外税,也就是说作为征税对象的价格中是不含税的。价外税是在产品售价确定以后交纳的,因而不可能将税额计算进价格之中,征收价外税的产品价格包括成本、费用、利润等几项内容,如增值税就是典型的价

---

① 《列宁全集》中文第2版,第41卷,北京:人民出版社,1990年版,第140页。

外税。

（5）按税收的计税形式分类,可分为货币税和实物税。以货币形式计征和缴纳的税种被称为货币税,以实物形式计征和缴纳的税种被称为实物税。在商品经济不发达情况下,流通领域里存在以物易物现象,因此税款只能以实物形态出现。在发达的商品经济中,货币成为交换的一般媒介,任何商品交换均以货币形态表现,税款自然只能采用货币形式。所以说货币税和实物税的选择主要是以商品经济发展的程度为依据的,但是,在特殊情况下,比如战争时期,政府为确保某些重点物资的供应,局部采用实物税也未尝不可。

（6）根据税收的管辖权划分,可将税收分为中央税、地方税和共享税。这种分类适合于实行分税制的财政管理体制。

第二节 税收制度的构成要素

税收制度是国家各种税收法规、条例、征管办法的总称。国家以税收的形式取得财政收入,首先必须以立法方式规定向谁征税、对什么征税、征多少税、如何征收等事项,这些规定就构成了税收制度。简单地说,税收制度就是征税活动的各种规定。就税务机关而言,税制是其行使征税权的框架和标准;对纳税人而言,税制是对纳税义务及纳税方法、标准、程序和手段的规定。税制内容有广义和狭义之分,广义税制包括税收法规、税收条例、税收征管制度和税收管理体制等;狭义税制主要指广义概念的前两项内容（即税收法规和税收条例）,是税收制度的核心。

税收制度是税收活动的依据,其合理与否直接影响着国家、纳税人的利益关系和经济状况。由于出台的各项税收制度都是人为制定的,主观意识的渗入不可避免,所以制定科学合理的税收制度需要严格按照税制特点、国情以及高效合理的要求进行。

税收制度由许多具体要素构成,这些要素决定了税种的征管与交纳,缺少了税制要素,现实中的征税和纳税也就无法操作。税收制度的要素结构包括纳税人、征税对象、税率、税目、减税、免税、起征点、免征额、税收附加和加成等要素,其中前三项构成基本税制要素,它们分别决定向谁征税、对什么征税以及征多少税等问题,这是任何税种都不可缺少的,而其他税制要素不一定适合所有税种。

一、纳税人

纳税人是指税法规定的直接负有纳税义务的人,包括法人和自然人,它确定的是纳税主体,即对谁征税。不论法人还是自然人,在国家税收规定范围内,都是法定纳税义务人,他们直接同国家税务机关发生征纳关系。没有正当理由而不履行纳税义务者,要受到经济或法律制裁。与纳税人密切相关的另一个主体是负税人,所谓负税人是指最后负担税收的人。纳税人和负税人不一定是同一主体,没有税负转嫁的时候,两者是一致的;当税负出现转嫁时,纳税人就不是负税人。

二、征税对象

征税对象也称课税对象,指征税的标的,即对纳税人的什么部分进行征税。征税对象确定的是纳税客体。在复合税制中,税种有各种各样,但如果以征税对象为标准,可大体将税种划分为四大类:一是流转税类,即以流转额为征税对象的税,包括商品流转税和非商品流转税,前者如增值税,后者如对劳务活动征收的营业税。二是所得税类,又称收益税类,即以纳税人的所得作为征税对象的税。我国的企业所得税、个人所得税均属于此类税。三是财产税类,这是以具有固定使用价值形态的财产作为征税对象,例如房产税、遗产税、契税等。四是行为税类,此类税课税对象的特征是有价值或无价值的行为活动,体现明确的奖限政策,有行为收益的,以收益量为依据,如印花税;无行为收益的,以行为的支付额为计税依据,如特别消费税等。

相同的征税对象可根据某些标准(如纳税主体、活动环节、商品等)分为不同的税种,例如以流转额为征税对象的税种可分为增值税、营业税、消费税、关税等。同一税种的征税对象,又可分为不同的税目,如个人所得税征税对象为个人的所得,其税目包括个人的工资、薪金、劳务报酬所得、稿酬所得、财产转让所得等。故税目是同一税种征税对象的具体项目,也就是征税对象的具体化。

三、税率

税率是确定税收负担的税制构成要素,规定对征税对象征多少税,可表示为税额和征税对象的比例。税率的高低不仅直接影响国家财政和纳税人双方的利益,而且也体现了国家财政政策的取向。我国税法中的税率一般有3种,即比例税率、累进税率和定额税率。

(一)比例税率

比例税率是指对同一征税对象采用同一税率,也就是说,税率不受征税对象数量多少的影响。比例税率包括有差别和无差别两种税率形式。无差别比例税率不视纳税人和税目的差别,对同一税种的征税对象只规定一个相同的税率,例如企业所得税只按统一的33%比例税率征收。有差别比例税率是指针对同一个税种,根据税目不同、行业不同、地区不同等因素制定不同的比例税率。当然,如果税目、行业、地区均无差别,其税率应是统一的。例如我国的营业税和消费税是以不同税目制定不同税率,曾经开征的农业税是按地区差别采用不同比例税率。

(二)累进税率

累进税率是指随着征税对象的增加而提高的税率水平。具体说,将征税对象分为若干等级,每一级规定相应的税率,税率档次随征税对象等级的提高而提高。累进税率有四种形式,即全额累进税率、超额累进税率、超率累进税率和超倍累进税率。

全额累进税率是指征税对象每达一个更高等级,全部征税对象都按累进了的相应档次税率计征。超额累进税率是指各级距的征税对象按相应档次的税率计算应纳税额。与全额累进税率一样,征税对象由少到多分为若干级距,各级距的税率也从低到高不等。

与超额累进税率相比较,全额累进税率计征较简便,但它有两个较严重的问题,一是税负更重;二是征税对象在级距的临界点,容易出现上交税额远远大于应税额这种极不公平的现象。因此在这两种累进税率中,各国一般都采用超额累进税率。

超率累进税率是指针对征税对象的某个比例的增长而制定相应的税率。超倍累进税率是按征税对象的倍数增长情况所制定的相应税率。

(三)定额税率

定额税率亦称固定税额,它是按征税对象的一定计量单位直接规定一定数量的税额。

定额税率一般适用于从量计征的某些税种。定额税率的特点是,第一,计算简单,征收方便。因为定额税是从量计征,直接依据产品的各种量的限界(吨、升等)征收固定税额,因此不需折算成价值后进行计税,可以减少征纳工作量。第二,定额税率基本不受价格波动影响。定额税的计税是以计量单位而非价格水平为依据,所以价格的上升或下降不影响税额的增减,基本可以保证财政收入水平的稳定。一般而言,对同一征纳物单位只规定同一的税额,如自行车每辆交纳五元税额。但有些产品的产量及品质的地区差别较大,其同单位税额可存在地区差别,如不同地区吨盐上交税额是不相同的。

四、起征点和免征额

起征点和免征额均属于减轻纳税人税收负担的税制构成要素。起征点是指征税对象达到某一额度开始征税的起点,即征税对象达不到起征点不征税,达到起征点则所有征税对象都要交税。免征额是指对全部征税对象规定一个免于征税的项目和数额,免征额可以是应税收入中的部分收入,也可以是应税收入项目中的某些项目收入。起征点和免征额均是有关征税界线的一种规定,在达不到这些界限时,即征税对象达不到起征点或符合免征额范围的,都不需纳税。起征点和免征额两个概念的主要区别在于:从税收优惠角度看,起征点是对征税对象确定界点以决定税收的征或免,是以点来决定税收是否优惠。而免征额优惠的是一个范围,在规定范围以内的量均不征税,超过优惠范围的部分才交税。

五、税收优惠

税收优惠是税制的重要构成要素,属于减轻纳税人税收负担的税制构成要素,它反映了征税活动的灵活性,体现出税收政策的导向。税收优惠可分为税收减免、退税和税率优惠三种。

1. 税收减免

税收减免是减税和免税的合称,均是国家为一定的政治、经济目的给予纳税人的一种减轻税负的优惠规定,是一种具有灵活性的税收调节工具。减税是指对征税对象的一部分减少征收,可减轻纳税人部分税负;免税是对应税所得的全部免征,是对纳税人所有税负的扣除。

2. 退税

退税是指根据鼓励政策的要求,按照制度规定和一定的申请、批准程序退还部分或全部纳税人已经缴纳入库的税款。例如出口退税,则是为鼓励出口,在产品出口环节将已纳缴的某项税款(如增值税)退给纳税人。

3. 税率优惠

税率优惠是指在税法规定基础上实施的低于法定税率的税率。税率优惠一般仅局限于某特定地区或特定项目。如在我国的经济特区范围内,外商投资企业可享受按低于法定税率的税率缴纳所得税。

六、附加和加成

税收附加一般专指地方附加,以附加方式征收的税归地方财政所有。国家通过法律程序规定的税被称为正税,在正税之外额外征收的税被称为某税收附加(如教育附加),附加的程度用附加率表示。附加税可以以正税税额为对象计征,也可以将应税所得额作为征税对象进行计征。如果以正税税额为征税对象,假如正税税率为30%,附加税率为10%,则实际税率应为

[30%×(1+10%)]=33%。如果以应税所得额作为征税对象,假定正税税率为30%,附加税率为3%,则纳税人的实际税率为33%(30%+3%=33%)。

税收加成是以成数来进行附加的,每成为10%,加一成即是对正税税额加征10%的税收,加二成即是附加20%的税收。

附加和加成均是加重纳税人税收负担的税制构成要素,两者的区别在于:附加是税种的附加,负税是由该税种的所有纳税人承担,而加成是对特定纳税人的税负增加,主要是为了起到某种限制性的作用。

七、税收罚则

税收罚则是指对纳税人发生偷、漏、欠、抗税等违反税法的行为所规定的惩罚措施,主要手段包括加收滞纳金、批评教育、处以罚金、追究刑事责任等。

第三节 税收原则

税收原则是制定和落实税收制度的基本准则,一切税收活动必须在税收原则的指导下进行,而一国税制所依据的税收原则又受到税收作用的制约。因此要理解税收原则,首先必须理解税收的作用。

一、税收的作用

税收作为最古老的财政范畴,也是最基本的财政分配形式,它的作用随着政府职能范围的扩大而不断丰富。总体来看,从税收产生至今,其作用主要表现在以下几个方面。

(一)财政收入的主要来源

税收是政府执行各种职能所需资金的最重要来源,没有税收,政府正常的活动将难以运作。因此,一国税制的设计必须能够保证政府正常的财力所需。但从另一个角度来看,税收的课征及使用都会涉及对资源的重新配置和利用问题。如果社会资源被微观经济主体利用所产生的效果较低,而通过征税将资源转移到政府手中,由政府对资源进行重新配置所带来的效果更大,那么税收就产生了正的效应,反之则产生负效应。尽管税收是政府财政收入的主要来源,但税制的设计不仅要考虑到国家财政的需要,而且还要尽可能做到税收对社会资源的配置发挥积极作用,政府的征税活动不能扭曲市场对社会资源的最佳配置。

(二)调节收入分配

在市场经济条件下的经济发展过程中,难免会产生收入分配的悬殊和社会分配不均的问题。为了实现社会分配的公平,政府应该采用合适的经济手段对社会的分配加以调节。其中最重要的经济手段就是通过累进征税以及其他多税种,在不同的征税环节对高收入者的收入水平加以调节,同时将税收手段与政府的转移支付相配合,以实现公平分配的目标。以税收的方式对高收入者的收入水平进行调节,应注意税种的选择和税率的确定问题。如果调节收入分配的税种过多、税率过高,势必会对经济效率的提高带来不良的影响。因此,作为调节社会分配的税收,必须综合考虑公平和效率,以便税收手段的发挥既有利于分配的公平,又能兼顾经济的效率。

(三) 调节产业结构

一国的产业结构合理与否直接取决于当前的投资结构，投资结构的合理自然会使未来的产业结构趋于合理。而对各类微观经济主体来说，其投资行为的选择主要受利益的驱动，一般是以利润最大化为目标做出自己的投资决策。只要投资项目有利可图，投资者就会蜂拥而至；投资项目本身效益低，即使其社会效益很好，也很少有人投资。以利益为诱导而进行投资的结果，往往会导致产业结构的不合理。在这种情况下，政府就可以采用税收这个经济杠杆对投资行为加以调节。通过税种的开征与停征、税率的提高与降低等具体手段来对微观经济主体的投资活动加以调节；另外，还可以通过税收手段对现有企业的技术改造活动加以调节，使投资者的投资行为与政府的产业政策保持一致，以实现未来产业结构的合理化。

(四) 调节宏观总量的均衡

税收对宏观总量的调节主要体现在对经济周期的反周期调节。经济的发展具有周期性循环的特征。当经济趋于衰退、失业率上升、社会商品总量供大于求的时候，政府可以通过降低税率、减少税种的方式，增加私人的消费和储蓄水平，刺激私人的投资支出，从而增加整个社会的投资需求和消费需求；当经济增长速度过快、通货膨胀开始加剧的时候，政府可以通过提高税率、开征新税种的方式增加税收，以减少微观经济主体的消费和投资，缓和商品总量供不应求的矛盾，以实现商品总量的平衡。

税收的作用决定着税收原则的确定，既定的税收原则必须要有助于税收作用的充分发挥。从税收原则的确定来看，虽然税收是阶级统治的工具，不同的社会税收原则具有不同的阶级倾向性，但是税收的具体行为又是客观的。在不同制度下，税收原则存在共性特征。不同时期有不同的税收原则。

二、古典学派的税收原则

古典学派的税收原则是由亚当·斯密提出来的。基于自由放任的思想，亚当·斯密在《国富论》中提出了著名的税收四原则。

1. 能力原则

税收的能力原则是指税收负担的高低应依据纳税人的能力而定，纳税能力强的多交税，纳税能力弱的少交税。

2. 确立原则

税收的确立原则意指纳税人应该交纳的税负必须是确定的，不能随便变更。如应纳税种的税率、交纳的日期、方法，都必须让纳税人明明白白地知道，以避免舞弊行为和不合理的税收负担。

3. 便利原则

税收的便利原则要求纳税日期、征税方法以及缴税地点等要素的规定，都必须为纳税人创造最大的便利。比如对地租征税，应在地主收租的时候进行，因为这时纳税人正好有钱，缴税比较方便。

4. 节约原则

税收的节约原则是指纳税人交纳的税额必须尽可能做到点滴入库，不能有任何浪费。征税成本太高，会增加人们的负担；政府部门的舞弊和浪费会对人们的投资资金产生不利影响，甚至会诱导纳税人逃税。

亚当·斯密的思想在其提出后的150多年时间里一直占据主导地位,他的税收原则不仅在政府制定税制的时候起到指导作用,而且对现代税收原则的确定也产生了深远影响。

三、现代税收原则

(一) 财政原则

税收是现代社会各国财政收入的主要形式,目前我国税收占财政收入(不包括预算外收入)的比重在90%以上(参见表11-1)。

表11-1 我国财政分项收入　　　　　　　　　　　　　　　(单位:亿元)

收入项 年份	财政收入 合计	各项税收	企业亏损 补贴	教育费附 加收入	其他收入
1996	7 407.99	6 909.82	−337.40	96.04	724.66
1997	8 651.14	8 234.04	−368.47	103.29	682.30
1998	9 875.95	9 202.80	−333.49	113.34	833.30
1999	11 444.08	10 682.58	−290.03	126.10	925.43
2000	13 395.23	12 581.51	−278.78	147.52	944.98
2001	16 386.04	15 301.38	−300.04	166.60	1 218.10
2002	18 903.64	17 636.45	−259.60	198.05	1 328.74
2003	21 715.25	20 017.31	−226.38	232.39	1 691.93
2004	26 396.47	24 165.68	−217.93	300.4	2 148.32
2005	31 649.29	28 778.54	−193.26	356.18	2 707.83
2006	38 760.2	34 804.35	−180.22	446.85	3 689.22

资料来源:《中国财政年鉴2007》。

可以说,税收是保证国家职能发挥的主要物质基础。服从于国家政权和经济建设的需要,不仅要合理确定税种、税率,还要在制度上保证各项税款足额、及时、准确入库。

当然,组织税收收入应当处理好需要和可能的关系,不能单纯地认为税额越多越好,税额的数量界线应当视国家经济状况所能提供财力的可能性和政府履行各项职能对财力需要量两方面决定。如果政府仅仅考虑为履行国家职能,需要通过增加税种或提高税率的方式来增加财力,而忽视纳税人的负担和国民经济的承受能力,短期来看可能会有一个增收效应,但从长时期看,过重的税收负担将会制约经济规模的进一步扩张,新财源难以开拓,最终反而导致财政收入下降。例如我国1984年10月施行第二步"利改税"的时候,对国有企业实行极重的税负。所得税方面,大中型企业税率为55%,加上企业调节税,名义税负在70%左右;小型企业为八级超额累进税,最高一级也为55%;其他性质企业的税率尽管较低,但最低的也为33%;同期实行的产品税税率为3%—38%。这个税制实施后,1985年确实使工商税收大幅增长,但是一年以后的情形就急转直下,且持续下降。从1986年开始,财政收入连续22个月下滑,直到企业全面推行承包制后才有所好转。当然造成这种情况的原因是多方面的,但过重的税负产生的负效应制约了经济的发展,这不能不说是主要原因之一。从另一方面看,确定税收负担的时候也不能忽视政府履行职能对财力的需要,如果正常的财政开支得不到保证,结果往往是巨额赤字,这种现象持续下去的话,同样会带来一系列不良后果。

税收财政原则的具体内容如下。

1. 保证财政收入的充裕和完整

税收是财政收入的主要形式,税额充足和完整能保证财政收入的丰裕和稳定。因此在制定税制和选择主税种时,应格外重视那些含有广厚税源的税种。

2. 保证财政收入的可靠性

因为征税的依据是税法,任何纳税人只要拥有税法所规定的征税对象,都必须依法及时交纳税收,这样从法律上保证了财政收入的顺利取得。

3. 财政收入的确立与便利

确立是指对有关征纳关系的规定要确定,不能随便更改,征纳双方应严格遵守;便利是指征税者的一切征税措施要为纳税者创造方便条件,不能增加纳税人的额外负担。税收的确立和便利均是为了顺利取得财政收入,但是两者有时也存在着矛盾,严密的征纳制度虽可以保证税收的确立,但过于繁杂的规定可能给纳税人造成不便利之感;若征纳手续简便,又可能造成征纳制度的不完善。因此,在选择税制时必须兼顾确立与便利两方面的要求,完成财政收入任务。

(二) 公平原则

税收的公平原则是指每个纳税人都应对政府课征的税收承担其合理的份额,即税收负担的公平分摊。税收的公平包括横向公平和纵向公平。所谓横向公平,是指对境遇相同的纳税人,其税收负担应当相同;所谓纵向公平,是指境遇不同的人,其税收负担应当有所区别。这里的境遇是指纳税人所处的领域、收入的水平、财富的多少、享受政府服务的程度等。税制能否做到横向公平和纵向公平,是税收公平分配的关键,是人们用来衡量税收公平与否的标准。但由于现实中相同的境遇和不同的境遇很难衡量,因此理论上人们把探索的焦点集中在纳税能力原则和受益原则上。

1. 纳税能力原则

所谓纳税能力原则是指政府应依照纳税人的支付能力进行税负的分配。以什么作为衡量纳税能力的标准,在不同时期有所不同,大致可分为以下五个阶段:

(1) 人头税阶段。在古代社会,由于生产力发展水平较低,人们的经济情况差距不大,私有财产也不多,收入主要靠劳动取得,因此这个阶段一般以人头的多少作为确定纳税能力的标准。例如我国在秦朝就开始出现人头税,汉朝的人头税更为典型且制度化,直到唐朝中期实行的"两税法"才放弃了人头税。

(2) 财产税阶段。随着生产力和私有制的发展,贫富分化严重,人头已不能作为确定税负的标准,于是进入了财产税阶段。这时的财产主要是指土地及土地的附属物,财产税实际上是不动产税。在相当长的时间内,我国古代的财产税与人头税是并存的。

(3) 消费税阶段。由于工商业的发展,财产税已经不能完全体现公平原则,因为财产相同的纳税人收入未必相同,而消费则是所有的人都需要的。贫者少消费,富者多消费,消费的多少便成为确定纳税能力的标准。

(4) 产品收入税阶段。尽管贫富都要消费,但穷人消费掉其所有所得尚嫌不够,而富人只消费其收入的一部分,这样以消费的多少来确定纳税能力显然有失公平。产品收入税是以财产的产出作为征税对象,财产收入多的就多交税,反之则少交税。

(5)所得税阶段。由于产品税只对物征税而不对人征税,而税收却是由人交纳的,产品收入相同的人,总收入可能存在较大的差距,这样以纳税人所得作为纳税标准更能体现公平的原则。

在西方国家的封建社会早期以前均是以人头税为主,后期进入了财产税阶段;自由资本主义时期以间接税为主;从19世纪末、20世纪初开始以所得税为主体。在我国古代,人头税、财产税和间接税往往并存,唐朝实行"两税法"后,人头税取消了,其他税继续存在;新中国成立后实行的复合税制中,尽管流转税(间接税)和所得税都是主体税,在现实中,间接税在财政收入中所占的比例比直接税高得多,即使到目前我国也未完全进入所得税阶段。

2. 受益原则

受益原则是指根据人们从政府提供的公共品或公共服务中获得利益的大小而分摊税收。简而言之,受益多者多交税,反之少交税。以受益原则来确定税收负担,看似公平,其问题在于对受益概念的理解不甚清晰:是直接受益还是间接受益?是近期受益还是远期受益?而且人们对政府提供服务的需求是各不相同的,每个人都有自己对公共服务评价的尺度,不可能有同一标准,因此按受益原则来确定税收负担,在实践层面操作是非常困难的。

(三)效率原则

税收效率原则是指税制建设和税收政策的制定要符合税务活动节俭和经济有效性的要求,它包括税收的行政效率和经济效率。

1. 税收的行政效率

如果已经上缴国库的财政收入等于同期纳税人交纳的全部税额,那么税收的行政效率达到最佳点。然而这种情况是不可能的,因为国家征税的行政费用不可能为零。税务费用的多少直接关系到税收行政效率的高低。税务行政费用是指为征税而发生的直接和间接费用,它们都与税务活动直接相关。如果税务的行政费用能够控制在最低点,就可认为税收的行政效率高,否则就是低效率;如果税务行政费用与税额完全相等,那么税收完全无效率。

税收的行政费用包括直接行政费用和间接行政费用,直接行政费用是指税务机构为完成征税任务而发生的一切开支,包括人员和行政经费、申报表格及税务检查的支出等。这些费用是维护税务正常活动所必需的,但如果支出过多,就会产生副作用。税收的间接行政费用是指纳税人采取非法途径达到偷漏税、避税的目的而付出的货币代价。这项费用虽然不是由税务机构支付的,但由于纳税人付出了货币代价从而减少了应纳税额,相当于增加了直接行政费用,而且为防止偷漏税行为的发生,税务部门也需要在正常的行政开支以外增加用于防范和稽查方面的行政费用。这样做的结果自然会降低税收的行政效率。税收的行政费用也被称为征税副成本(狭义的征税成本)。

实际上税收的行政效率原则是亚当·斯密节约原则的延伸,要求尽可能降低征税活动的行政费用,缩小应纳税额与入库税额之间的差距,使入库的税收收入达到最大化。

2. 税收的经济效率

现代税收对经济的作用日益得到实践的印证,其根本原因在于税收源自经济。税源的培育对税收的增加产生重大影响。从税收和经济相关性原理出发可以看出,税收经济效率是税收活动的重要指导思想,其内容包括税收的宏观经济效率和微观经济效率两方面。

税收制度和政策的制定首先要有利于宏观经济的正常运行。比如说,通过制定合理税率调节社会产品的总供求,如果商品总量供大于求,可以适当降低所得税,个人和企业的收益提高后必然引起消费的增长,从而扩大需求;如果供应小于需求,则可降低流转税税率,以鼓励企业扩大生产,增加社会供给量。合理的产业结构也可通过有关税收政策加以调节来实现,企业生产什么,很大程度上受到利益机制的影响。我们可以对战略产业或基础产业采用税收优惠政策,以达到社会资源在各产业间的合理流动和组合的目的。价格是宏观经济的调节工具,而价内税是价格的组成部分,因此国家可以利用调整税种结构影响价格的形成和波动,特别是对一些价格扭曲现象,利用税收杠杆对价格的制定产生影响,使价格真正反映价值。

税收是国家财政收入的主要来源,同时税收又来自于经济。因此,税率的高低不仅对国家财政收入直接产生影响,而且对经济的发展也会产生影响。美国供应学派的著名学者阿瑟·拉弗设计的拉弗曲线,揭示了税率的高低对税收的影响程度(见图11-1)。

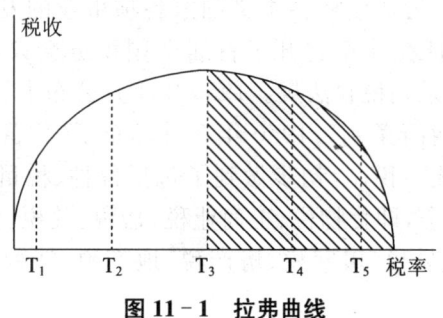

图11-1 拉弗曲线

严格地说,拉弗曲线是用来揭示这样一个命题:总是存在产生同样收益的两种税率。这里的收益是指政府的税收。如图11-1所示,当税率为零时,政府的税收为零,故为了使政府职能得以顺利发挥,必要的正税率不可避免,但这并不意味着政府的税收会随着税率的提高而增加。当税率为100%时,全部经济生产活动必然会因不堪承受的税负而停止运转。如果人们的所有劳动成果都被政府所征收,那么他们就不愿意在货币经济中工作。由于生产的中断,也就不存在可供政府征税的基础,因此政府的收益就等于零(供应学派的代表人物裘德·万尼斯基的观点)。税收与税率之间的关系还需借助于产量来解释。税率与产量之间实际上存在着两种不同的反馈方式,被称为拉弗式的赋税—收入反馈。在特定的税率之下,税收与产量之间总是呈正相关的关系,随着产量的提高,税收必然上升;但当税率上升到一定程度以后,货币经济中的产量将不断收缩,税收收入将不断地减少,直至税收为零。因而拉弗认为图中的阴影部分是课税的禁区。

尽管从拉弗曲线上看,最佳税率是50%,但供应学派从未明确指出过最佳税率是多少。不过在理论上人们一般认为最佳税率在35%—40%。在最佳税率之间,税负水平适当,纳税人的经济活动增加,随着产量的增加和财源的扩大,税收及财政收入自然增加。因此适度的税收负担不仅能增加收入,而且有利于推动经济的发展。

在微观经济领域,合理的税收活动可以促进企业生产和流通的发展,例如,通过税收减免可以引导企业的投资方向。在推进企业技术改造和专业化协作、联合等方面,合理的税制均能起到积极作用。

第四节 中国税收制度改革

各个国家在不同的经济时期都会提出税制改革的要求,每次税制改革都会有不同的目的,或者是解决政府的收入问题,或者是解决宏观经济问题,或者是解决微观经济问题,或者是解决税制本身的问题(如简化税制和降低征管成本)。但是,无论采取何种改革措施,对税制改革都有基本的评价标准。

一、经济体制改革前的税制

新中国成立后我国首次实行统一税制是在 1950 年。在此之前,我国并存两套税制:一是老解放区的税制;二是新解放区沿用的国民党的旧税制。两套税制都存在着诸多问题,相互之间又存诸多矛盾。为适应社会主义国家各项事业的发展,需要统一全国税制,中央人民政府于 1949 年 11 月在北京召开了首届全国税务会议,制定了《全国税政实施要则》,并于 1950 年颁布了一系列税收法规。1950 年 1 月公布了《全国税政实施要则》、《货物税暂行条例》和《工商业税暂行条例》,1950 年 3 月颁布了《公营企业交纳工商业税暂行办法》等税法文件,首次形成统一税制,初步做到了包括税种、税目和税率的统一。全国统一税种(除农业税)规定为 14 个,即货物税、工商业税、盐税、关税、薪给报酬所得税、存款利息所得税、印花税、遗产税、交易税、屠宰税、房产税、地产税、特种消费行为税和车船使用牌照税。

从 1953 年开始,我国财政经济状况逐步好转,完成了恢复国民经济的任务,并进入了第一个五年计划时期,因此出现了一些原有的税制与新的经济形势不相适应的现象。为了与我国有计划、大规模的经济建设形势相适应,根据"保证税收,简化税制"的原则,对原工商税作了重要修正。修正后的税种共有 12 种,包括商品流转税、货物税、工商业税、盐税、关税、利息所得税、印花税、屠宰税、牲畜交易税、城市房地产税、文化娱乐税、车船使用牌照税。

新建立和修正以后的税制是以流转税和所得税为主体的复合税制(简称复税制)。流转税主要是货物税和营业税,这些税具有征税面广、计算简便、收入稳定可靠的特点,并且可以体现国家的奖励和限制政策。所得税主要是工商业税,该税对调节国家同企业之间的利润分配关系具有重要作用。

该套税制的基本特点是"多种税、多次征"。"多种税"是指对同一商品流转征收几种税,"多次征"是指有的税种要在商品流转过程中多次征收。例如,在商品出厂销售时,要征收货物税、营业税、印花税,在商品批发和零售时,还要在每个环节征收营业税、印花税。采用这种"多税种、多次征"税制的原因是当时多种经济成分同时并存所致,特别是在资本主义工商业仍大量存在的环境下。该税制有利于从各经济成分、各生产环节和流通环节取得财政收入,保障国库收入稳定可靠;有利于调节各个阶级、各经济成分的收入水平;有利于对资本主义工商业进行监督检查,防止逃税避税,限制他们获取过多利润;还有利于加强对其他经济成分的财政监督,限制违法经营活动。

随着"一五"计划的顺利完成,社会主义所有制改造也基本结束,社会经济结构由多种经济成分并存转变为基本上是单一的社会主义公有制经济。1958 年的工商税制改革本着"基本上在原税负的基础上简化税制"的方针,对原工商税进一步进行改革,合并了一些税种,新建立了一些税种。改革以后的税种为9个,即工商统一税、工商所得税、盐税、关税、屠宰税、牲畜交易税、车船使用牌照税、城市房地产税和集市贸易税;同时公布了《中华人民共和国农业税条例》,统一了全国的农业税制。

从1966年开始,我国进入了"文化大革命"时期。受"左"的错误思想的影响,财政税收被看作是"管、卡、压"的工具,宣扬"税收无用论",因此"简化"成了税制改革的主要线索,这次的简化完全破坏了经过10多年建立起来的比较完善的税制。其主要内容有两项:一是合并税种。把工商统一税及其附加与其他的财产税和行为税及盐税合并为工商税。对国有企业只征收工商税,对集体企业征收工商税和工商所得税。二是简化税目和税率,税目由原来的108个减为44个。经过税制的简化和再简化,到20世纪70年代末,企业实际上只按同一税率上交一种工商税,税收增收作用和经济杠杆作用已完全丧失,税制也由原来的复合税制变成了单一税制。

二、"利改税"时期的税制

党的十一届三中全会以后,党的工作重点转移到经济建设上来,全面实行改革开放政策。作为经济体制构成部分的税制必须要随着整个经济体制的改革而改革,而且税收也是国家调节经济的一个重要的经济杠杆,只有通过对原支离破碎的税制进行彻底的改革,才能适应于"对内搞活,对外开放"的经济形势。经过几年的准备工作,从1983年开始分两步对我国的税制进行了改革。

第一步"利改税"是以开征国有企业所得税为主要内容进行的。对不同规模的国有企业采取不完全相同的征税办法。对有盈利的国有大、中型企业,按照55%的比例税率征收所得税,税后利润一部分上交国家,一部分按国家核定的留利水平留给企业;对有盈利的小型国有企业,按照八级超额累进税率征收所得税,税后利润自负盈亏,但对于税后利润较多的企业,按固定数额再上交一部分利润,或由国家再收取一定的承包费;企业要合理分配和使用税后留利,用税后利润建立新产品试制基金、生产发展基金、后备基金、职工福利基金和职工奖励基金,其中前三项基金不得低于留利总额的60%。总的来说,第一步"利改税"仅仅是对所得税的改革,且实行的是"税利并存",因此这是一次不彻底的利改税。

从1984年10月开始,国务院决定进行第二步"利改税",从税利并存过渡到完全的以税代利。除了对所得税继续进行改革外,还对其他税种进行了改革。实际上第二步"利改税"是一次全方位的税制改革。其主要内容如下。

(1) 将工商税按性质分为产品税、增值税、营业税和盐税等四个独立的税种,适当细化产品税税目,通过调整税率,发挥税收调节生产和流通的作用。开征资源税,调节级差收入。开征城市维护建设税,恢复征收车船使用牌照税、房产税、土地使用税等。

(2) 大、中型国有企业仍然征收55%的所得税,税后利润统一征收企业调节税(实行一户一率);小型企业按新的八级超额累进税率征税,对税后留利超过合理留利水平的部分,征收调节税或承包费。

(3) 扩大"利改税"的实施范围,包括军工企业、邮电企业、粮食企业、外贸企业、农牧企业、劳改企业等。在进行"利改税"的同时,还实行了"税前还贷"政策,即企业在上交所得税之前,用贷款项目的新增利润,归还专项贷款和基建贷款(主要是指"拨改贷")。

1984年后，我国还针对改革开放中出现的新情况，陆续开征了一些新税种。到1988年8月，我国的税种共有32种，包括产品税、增值税、营业税、关税、船舶吨税、进口调节税、资源税、盐税、国有企业所得税、国有企业调节税、集体企业所得税、城乡个体工商户所得税、外国企业所得税、中外合资经营企业所得税、个人所得税、烧油特别税、建筑税、国有企业工资调节税、国有企业奖金税、集体企业奖金税、事业单位奖金税、城市维护建设税、屠宰税、集市交易税、牲畜交易税、契税、房产税、土地使用税、车船使用税、耕地占用税等。此外，对中外合资经营企业和外国企业，征收工商统一税。为了保证能源交通重点建设，还开征了具有税收性质的能源交通重点建设基金和预算调节基金。

这次税制改革后，我国的工商税制形成以流转税和所得税为主体税种、其他辅助税种相配合的多税种、多环节、多层次课征的复合税制。

三、1994年的税制改革

（一）改革背景

1984年第二步"利改税"后建立的税制，强化了税收组织财政收入和宏观调控的功能，基本上适应了经济发展和经济体制改革的需要。但是当时的工商税制仍存在着一些不完善之处，特别是进入20世纪90年代后中国开始向市场经济过渡。这种工商税制与发展社会主义市场经济的要求不相适应，在处理国家、企业和个人的分配关系和中央、地方的分配关系方面，难以发挥应有的调节作用。其不完善之处主要表现在以下几方面。

（1）税负不公，不利于企业平等竞争。由于企业所得税按不同的所有制分别设置税种，税率不一，优惠各异，地区之间政策也有差别，内外资企业分别实行两套税制，所以造成企业所得税税负不公；而流转税税率是在计划价格为主的条件下，为缓解价格不合理的矛盾设计的，税率档次过多，高低差距很大。进入20世纪90年代后，大部分产品价格已经放开，如果不简化税制、调整税率，将不利于企业的公平竞争。

（2）国家和企业之间的分配关系错综复杂，很不规范。一些过高的税率使企业难以承受，名目繁多的优惠政策又导致财政难以承受。地方财政和主管部门也以多种名义从企业征收数量可观的管理费、各种基金、提留等，使企业整体负担偏重。

（3）中央和地方在税收收入与管理权限的划分上，实行地方财政包干，各个地区苦乐不均，中央财政收入也难以保证。

（4）税法体系尚不健全，税收征管制度不严，征管手段落后，税款流失较为严重。

针对原税制中存在的诸多问题，国家从1994年起再次进行税制改革。这次新税制改革的指导思想是，统一税法，公平税负，简化税制，理顺分配关系，保障财政收入，建立符合社会主义市场经济的税制体系。在此指导思想下，新建立的税制，首先要保证国家宏观调控的能力，使得中央能够掌握比较稳定的、可靠的收入；其次，促进市场经济秩序的建立，其基本点是规范利益分配，形成一个公平合理的竞争环境，使得纳税人的努力程度和收获数量成正比关系；再次，为达到上述目的，新税制有关法规要在统一、公平和简化等方面进行设计，以保证国家宏观目标的实现和市场结构的合理化。

（二）税制改革原则

我国新税制设计的具体思路是按照以下五项基本原则进行的。

（1）有利于加强中央的宏观调控能力，调动中央、地方两个积极性。为实行分税制，必须合理划分和调整税种、确定税率,理顺中央与地方的关系;逐步提高财政收入占国民生产总值的比重、税收收入占财政收入的比重以及中央财政收入占国家财政收入的比重。

(2) 有利于发挥税收调节个人收入差距悬殊和地区经济发展差距过大的作用,促进经济和社会的协调发展,实现共同富裕目标。

(3) 体现公平税负,促进平等竞争,逐步解决目前按不同所有制、不同地区设置税种、税率的问题;通过统一企业所得税和完善流转税,使各类利益主体之间税负大致公平,为企业在市场中实现平等竞争创造条件。

(4) 体现国家产业政策的要求,促进经济结构的有效调整,促进国民经济整体效益的提高和持续发展。

(5) 税制改革要有利于税种的简化、规范。取消与形势发展不相适应的税种,合并重复设置的税种,开征一些确有必要开征的税种,实现税制的简化和高效;在处理分配关系问题上,重视参照国际惯例,尽量采用较为规范的形式,保护税制的完整,以利于维护税法的统一性和严肃性。

(三) 税制改革的主要内容

1. 流转税改革

流转税的改革体现合理、中性、透明、普遍的原则,改革后的流转税主要由增值税、消费税和营业税组成,统一适用于内资企业和外商投资企业,取消对外商投资企业征收的工商统一税。对商品的交易和进口普遍征收增值税,选择部分消费品在征收增值税的基础上交叉征收消费税,将特别消费税并入消费税,对不适合征收增值税的第三产业改征收营业税。原来征收产品税的农林牧水产品,改为征收农业特产税。

2. 所得税改革

1994年1月1日起统一内资企业所得税,下一步再统一内外资企业所得税。内资企业所得税实行33%的比例税率,与外商投资企业和外国企业所得税的税率(33%)大体一致,便于今后内外资企业所得税的统一。这个税率水平也与国际上多数国家的税负基本接近。考虑到部分企业盈利水平低的实际情况,对年应税所得额在10万元以下的企业,增设了27%和18%两档优惠税率。将过去对个人征收的个人收入调节税、个人所得税和个体工商业户所得税三税合并为个人所得税。

3. 开征土地增值税

对房地产经营除按税法规定征收营业税、所得税以外,还要征收土地增值税,对过高利润进行适当调节。土地增值税在房地产的交易环节,对开发经营房地产的增值部分征收,实行四档累进税率。

4. 其他税种改革

资源税征税范围包括所有的矿产资源,取消了盐税,将盐税并入资源税中,同时适当调整了税负。城市维护建设税改为城乡维护建设税,在不增加企业负担的情况下,扩大城乡维护建设税的收入规模,使其成为地方税体系中的骨干税种之一。取消了集市交易税、牲畜交易税、烧油特别税、奖金税和工资调节税。拟开征证券交易税,把现在对股票交易征收印花税的办法,改为征收证券交易税,初步设想是:该税种设在证券交易所在地,对证券交易行为征收,基本税率为买卖双方各3‰,并允许向上浮动,最高可上浮到10‰,具体浮动比例可根据证券市场的行情进行调整。准备开征遗产和赠与税。

5. 税收征管制度改革

从理论上讲,税收的数量不仅取决于税率的高低,也取决于税收征管。一定数量的税收可以建立在低税率、严征管的基础上,也可能建立在高税率、宽征管的基础上。在我国,看起来税率较高,但征管太松,其结果不但不能保证应有的税收入库,还造成了税收的不公。因此,根据严格税收征管的要求进行税收征管制度的改革,不仅可以保证税收的数量,更为重要的是能解决好税收的公平问题,也可能为降低税率提供条件。

税收征管制度改革的主要目的,是要彻底改变原税制中税收征管制度不严密、征管手段落后、稽查不力的局面,提高税收征管水平,建立科学、严密的税收征管体系,以保证税法的贯彻实施,建立正常的税收秩序。

税收征管制度改革具体内容包括:

(1) 普遍建立纳税申报制度。建立纳税申报制度有利于形成纳税人自我约束的机制,促进公民增强纳税意识。纳税申报制度建立以后,对不按期申报的,要进行经济处罚,不据实申报的,可视为偷税行为,依法严惩。

(2) 推行税务代理制度。按照国际通行做法,实行会计师事务所、律师事务所、税务咨询机构等社会中介机构代理办税的制度,使其成为税收征管体系中一个不可缺少的、重要的环节,形成纳税人、代理办税机构、税务机关三方面相互制约的机制。

(3) 建立严格的税务稽核制度,加速推行税收征管计算机化的进程。国际经验证明,在税收征管中采用计算机等先进技术手段,建立严密、有效的税收监控网络有利于降低税收成本。普遍推行纳税申报和税务代理制度以后,税务机关的主要力量将转向日常的、重点的税务稽查,建立申报、代理、稽查三位一体的税收征管格局,同时辅之以对偷逃税行为进行重罚的办法。

四、中国税制改革展望

实践证明,1994年开始实施的新税制发挥了应有的作用,无论是在增加财政收入、提高财政收入占GDP的比重方面,还是对各种经济行为的调节方面,新税制的作用都是显而易见的。但要适应社会主义市场经济的需要,实现税收工作的重点向征收管理转移的战略部署,税制还需要进一步完善,特别是要能促进多种所有制经济共同发展。今后的税制改革总的思路应当是:完善税制,扩大税基,调整税率,逐步取消或规范税收减免,适时开征新税种,规范增值税,巩固消费税,统一企业所得税,改革个人所得税,完善财产行为税。

(一) 完善流转税制

在合理调整中央和地方关系的基础上,适当扩大增值税的征税范围,将生产型增值税改为消费型增值税。进一步简化税制,方便征管;调整营业税的税目、税率,简化税制,规范征收办法;健全出口退税机制,加快出口退税立法的进程。

(二) 改革所得税制

统一内、外资企业所得税,规范税前列支项目和扣除标准。统一税基,建立统一规范、简化高效的企业所得税制;改革个人所得税,建立覆盖全部个人收入的分项与综合相结合的个人所得税制。适当扩大应税项目,从严控制减免税项目,合理规定扣除项目和标准,重新设计统一的超额累进税率和规定各项所得的预扣率;按照社会主义市场经济的要求,配合劳动人事制度改革,尽快开征社会保障税。

(三)完善财产行为税制

财产行为税收制度完善的内容包括:修订车船使用税、房产税和城镇土地使用税,改革城乡维护建设税,调整印花税和资源税,在适当时机开征遗产税和赠与税;扩大房产税的征税范围。

(四)调整地方税制

适当调整中央与地方税种和收入划分的范围和比例。将关系国家宏观经济调控的税种列为中央税,将与地方利益关系比较密切的税种划为地方税。特别要健全和规范我国的地方税制,充实地方税源,使各级政府拥有比较固定的收入来源,以缓解地方财政面临的困难。

在税制完善的基础上,形成规范化、法制化的税收管理运行机制,建立覆盖全国的计算机税收监控网络,基本形成先进水准的依法治税环境,在不断完善税收制度功能的基础上,充分和有效地发挥税收的作用。

本章小结

税收是指国家为履行其职能,凭借政治权力,按照法定的标准和程序,无偿参与国民收入的分配,取得财政收入的一种形式。税收具有强制性、无偿性、固定性的特征。税务机构征税、纳税人缴税均是在一定的规范化的法律和制度框架下进行的,对谁征税、征多少税以及如何征税等问题应当进行科学的界定。根据历史的演变和经济政治的变动等因素的影响,采用什么方式征税或确定以某类税为主体税,对税收活动将会产生重大影响。税收原则是制定和落实税收制度的基本准则,一切税收活动必须在税收原则的指导下进行。现代社会,各国普遍遵循的税收基本原则是公平和效率原则。合理的税收制度对税收征纳活动顺利进行起到决定性的作用。我国一直在进行合理化税制模式的探索,这个过程是长期的,只有通过税收制度的深化改革,不断地从中吸取经验和教训,才能最终形成符合我国实际的税收制度。

复习思考题

1. 比较中外税收原则的异同。
2. 税收制度是由哪些要素构成的?它们各自发挥什么作用?
3. 我国1994年税制改革的主要内容是什么?

第十二章　税收负担和税收效应

第一节　税收负担与税负转嫁

税收是固定的无偿课征,对纳税人而言则是负担。这种负担程度视缴纳税额的数量多少而定。现实中,税收总是由税法规定的纳税人缴纳的,但实际负担税收的并不一定是纳税人。由于税收从本质上说是可以转嫁的,即税负可能会发生转移,在正常的经济交易或者经济活动过程中,税收负担会随着经济交易环节的变化而不断地发生转移,经过若干次税负转移,直到经济交易或经济活动结束。与此相关的概念包括税收负担、税收转嫁和税收归宿。对税收负担的转嫁以及税收归宿进行研究,有利于分析和发现经济活动中税收真正的承担者,这样可以为更加公平和有效的税制制定和实施提供理论上的依据。

税收负担有广义和狭义两种。广义税收负担实际上就是宏观税收负担,反映纳税总量占国民生产总值的比例。比例越高说明税收对社会、经济的负担越重,反之越轻。

狭义税收负担是指具体纳税人缴纳的税收。纳税人税负重,意味着承担较多数量的税额或支付税额占其总收入比重较大。狭义税负水平有绝对数和相对数两种衡量标准。前者是指纳税人上缴的税收总量;后者通常采用的衡量方式是,纳税人交纳的税款占其收入(或销售额)的比重。以下我们所要探讨的税收转嫁问题是就狭义税收负担而言的。

一、税负转嫁

(一)税负转嫁类型

税负转嫁实质就是税负转移,即在市场经济条件下,法定纳税人通过经济交易或经济活动,将其应该承担的税收转移给其他人承担。税收转嫁存在前转(顺转)和后转(逆转)两种基本的方式。

税收前转是纳税人在进行经济交易时,将税收负担向经济交易的前方转移,也即转嫁给购买或消费其商品的法人或自然人,这种税收转嫁通常是采用提高价格的方式进行的。例如,某企业将其已缴纳的增值税款打进其产品价格之中,那么购买此商品的人在取得该产品的同时也支付了商品的税额。

当买卖双方的竞争中卖方处于劣势时,也可能出现税收后转。后转往往是通过压低商品进价的方式进行。例如商业零售部门可以要求批发商或生产企业压低价格出售,这样税额就可以通过进价减低的方式向交易的后方进行转嫁。

税收转嫁将纳税人分解为名义纳税人和实际纳税人两类,后者就是通常所说的负税人。显然税收负担转嫁直接或间接地影响人们的经济利益。对某一具体纳税人而言,税收负担有轻重之别,若税负能够转移出去,其经济负担则低;若税负不能转嫁,税负只有自我承担。

由于经济交易的多环节特点,税收负担可能会发生多次转移,纳税人甲将税负转移给纳税人乙,乙也同样可以转移给纳税人丙,税收负担经过若干次的转嫁后必定会找到一个不能再转移的最终税收负担者,这个最后承担者被称为税收归宿,也就是负税人。

(二)税负转嫁的影响因素

税收负担能否转嫁、转嫁程度有多大以及如何转嫁,取决于多种因素。在市场经济条件下,影响商品课税转嫁的因素主要有以下几个。

(1) 物价变动是税收转嫁存在的条件,如果商品的经销者没有改变商品价格的权利,那么无论是前转还是后转都是不可能进行的。计划经济时期,我国不存在自主的税负转嫁,其原因就在于此。转嫁涉及课税商品价格的构成问题,税收转嫁存在于经济交易之中,通过价格的变动而实现。如果课税后没有导致课税商品价格的提高,也就没有税收转嫁,税负实际上就由卖方自己负担。课税之后,若价格提高,税负便发生了转嫁。若价格增加数少于税额,则税负由卖方与买方共同负担;若价格提高数等于税额,则税收完全由买方承担;若价格提高数大于税额,则卖方不仅全部转嫁税款,而且通过税负转嫁还得到了超额利润。

(2) 商品的供求关系影响税负转嫁方式的选择,商品供求弹性的大小影响税负转嫁的程度。一般来说,供不应求的商品容易前转,而供大于求的商品前转不易,应选择后转。从需求弹性看,弹性大的商品税负不易转嫁,有弹性的商品可以转嫁一部分税负,弹性小的商品基本上能转嫁全部税负,而需求无弹性的商品除了转嫁全部税负外,还能带来更多的利润。同样道理,供给弹性的大小对税负向后转嫁的程度影响也各不相同。总的来说,不管是前转还是后转,对商品课征的税收往往向没有弹性的方向转嫁。

(3) 税收转嫁还同成本变动有关。在成本固定、递增和递减三种场合,税收转嫁的程度也不同。成本固定的商品,所课之税有全部转嫁给买方的可能,因为,固定成本的商品不随生产量的多寡而增减其单位成本。此时,如需求无弹性,税款可加入价格,实行转嫁。

成本递增商品,所课之税转嫁给买方的数额可能少于所课税额。此种商品单位成本随产量的增加而增加。课税后,商品价格提高,为维持销路,只好减产以降低成本。所以这时卖方难以全部转嫁税负,只得自己负担一部分。

成本递减商品,不仅所课之税可以完全转嫁给买方,还可获得多于税额的价格利益。此种商品的单位成本随产量的增加而递减,课税商品如无需求弹性,税款即可加于价格之中转嫁出去。

(4) 税基的广度。税基越广,越容易转嫁,因为被转嫁者可替代选择少,需求弹性小;税基越窄,可替代的需求选择余地越多,需求弹性越大,转嫁就越难。例如,某市拟对娱乐场所开征营业税,但其征税范围仅限于电影院,这时如果经营者准备通过提高票价的方式来转嫁税负,消费者就会转向其他娱乐活动,这样转嫁就比较困难;如果对所有的第三产业都征收营业税,此时的税基大,转嫁就比较容易。

(5)税收的征税对象。不同征税对象的税收,进行税负转嫁的程度也不一样。通常情况下的税收负担的转嫁,主要针对的是商品或非商品的流转额,即流转税类的税种容易进行税负的转嫁。征税对象为所得或财产的税种,进行税负转嫁比较困难。

二、税收归宿

在市场经济条件下,只要存在自主的商品交易和经济活动,那么纳税人应该承担的税收就可能随着经济活动的进行而同时转嫁。当商品交易和经济活动终止的时候,与其相伴的税收负担的转嫁也最终结束。这样,税法规定的纳税人实际上并不是真正负担税收的人,经济交易或经济活动的最后一道环节的人才是税负最后的承担者。最后负担税收的人就是税收的最终归宿。

由于存在着税负的转嫁,纳税人实际上被分为两种:名义纳税人和实际纳税人。不同的纳税人负担税款的绝对量和相对量因为税负转嫁而发生了根本性的变化。从纳税总量上看,税法规定的纳税人实际负担的税款低于其名义纳税额。从表面上看,实际纳税人并没有缴纳相关的流转税,但作为最后负担税收的人,负担了所购买商品中的部分或全部流转税。以税收负担的前转为例,最后负担税款的往往是消费者,作为消费者并没有缴纳相关的流转税,但实际上他们收入中的相对部分是用于支付各个环节的纳税人转嫁而来的税款。这样,消费者实际负担的税款占其收入的比重随着收入水平的提高而降低,流转税的累退性特征因此而产生:收入越高者,实际负担的税款占收入的比重越低;而收入越低者,实际负担的税款占收入的比重就越高。

公平是税收的基本原则之一,表现在纳税能力上,税收负担与纳税能力应该成正比,即收入越高,税收占其收入的比重就越高,反之则越低。税收负担的转嫁正好完全扭曲了税收的公平原则。因此,对税收负担、税收转嫁以及税收归宿问题进行研究,可以为政府制定和执行更为公平而有效的税制提供理论上的依据。

第二节 税收的经济效应分析

政府向纳税人征税以后,纳税人的行为选择可能会因税收负担的轻重而有所不同。不同的税收负担对纳税人各方面的决策将产生不同的影响。

一、税收效应

税种的设置以及税率的设计对纳税人行为选择的影响主要表现在两个方面,也就是税收的两个效应:一是税收收入效应,二是税收替代效应。

(一)税收收入效应

所谓税收收入效应是指政府向纳税人征税以后,纳税人的收入境况变差,从而使纳税人更加努力工作,以保持其税前的收入状况,或者通过更加努力的工作而获得比原来更多的收益。

在税收收入效应的情况下,纳税人在工作努力方面的决策发生了变化,具体可能有以下几种表现形式:以加班加点的方式来延长工作时间,在正常的工作岗位之外寻找和从事第二份甚至第三份工作,推迟退休的时间,失业以后积极努力地寻找新的就业机会等。无论是以哪一种形式表现的税收收入效应,都意味着纳税人不能享受与过去一样多的闲暇时间,为保持或提高收入水平,他必须在工作上花费更多的时间。

税收收入效应往往产生在纳税人的整体税收负担较轻的时候。在税收发挥收入效应的情况下,劳动力的供给增加,社会经济活动由此而得到加强。这不仅有利于经济的发展,而且培育了税基、开辟了财源,为政府税收的进一步增加打下了一个良好的基础。可以说,税收收入效应对经济的发展以及维护微观经济主体的利益来说都是有益的。

(二)税收替代效应

所谓税收替代效应是指政府对纳税人征税以后,纳税人将改变自己的行为选择,即以非征税活动代替原来的、政府参与征税的经济活动。税收替代效应往往是在税收负担较重的情况下发生。

税收替代效应产生的一个前提条件是,政府并非对所有的活动都进行征税,或者即使对所有的经济活动都进行征税,但在税收负担上存在着差异。厂商和居民从事的各种经济、社会活动,有的是要征税的,有的税收负担比较重,有的则较轻,而有的经济、社会活动则是免税的。纳税人在对自己的行为选择做出决策的时候,一般都会尽可能地避开政府参与征税的活动,尤其是税收负担重的经济活动。

如果政府向纳税人征收的税收过于繁重,以至于超过了纳税人的承受能力,使纳税人感到其劳动所得与其工作努力不相匹配,即纳税人更加努力工作的机会成本(向政府交纳的税收)过高,这种税收就会产生替代效应:纳税人选择闲暇代替更加努力的工作;或者纳税人选择免税、低税活动代替有税、高税活动。

例如,如果政府对某一种消费品征税,而对可替代的其他消费品不征税,因征税会使税收转嫁行为发生,此时的商品购买者就会选择非征税商品来代替征税商品。同样,政府如果对个人的劳动所得按较高的税率征税,那么,纳税人就会选择闲暇代替更加努力的工作。一旦替代效应发生,那么实际的经济活动就会减弱,最终政府的税收总量反而会因此而减少。

可以说,纳税人(包括名义纳税人和实际纳税人)用非征税活动来替代征税活动以达到逃避政府税收的行为,就是税收替代效应。

当税收替代效应发生的时候,由于纳税人行为选择的变化,必然使劳动者的供给减少,经济活动也会因此而趋于萎缩,这不仅给纳税人自身利益带来不良的影响,也使政府的税基和财源难以得到拓展,更重要的是对一国经济保持长期、稳定的发展是极为不利的。因此,政府如果出于增加收入的考虑而加重税收负担,其前提条件是,原来税制中的税收负担适度偏轻。否则,增加税收后导致税收替代效应的产生,政府增收的初衷将会落空,并将在多方面产生负面的效应。一般情况下,只有当政府出于调控经济、社会活动的动机,增加税收才是可行的。

另外还有一种税收效应,即税收中性效应。所谓税收中性效应是指政府的征税并不打乱市场经济对纳税人行为选择的调节作用。具有中性效应的税种不改变人们对商品的抉择,不改变人们在支出与储蓄之间的抉择,也不改变人们在工作努力和闲暇之间的选择。中性的税收对商品的定价和生产的决策没有影响,是一种不存在过重负担的税收。

二、税收对家庭决策的影响

政府向纳税人征税(包括法人纳税人和自然人纳税人)会对个人以及家庭各方面的决策产

生影响。政府对企业进行征税,企业一般通过税收转嫁的方式将其应该负担的税款转移给消费者,由此而对个人的各种决策直接或间接地产生影响;政府对个人的所得及行为进行征税,更是直接影响到个人及家庭的各项决策。

(一) 劳动供给影响

政府对个人纳税人的所得及其他收入征税,会对劳动的供给产生影响。由于征税使劳动者税后收入降低,因此税收具有在低工资时减少劳动供给、高工资时增加劳动供给的效应。税率的变动对劳动的供给将产生较大的影响。一般情况下,随着税率的提高,劳动供给会减少;而随着税率的降低,劳动供给会增加。税收对劳动供给的影响具体表现在以下两个方面:

(1) 税收影响现期劳动供给。首先,税收对劳动者的工作努力程度产生影响,从而对劳动供给产生影响。如对个人的收入或各项所得实行负担适中或偏低的比例税率,劳动者为了保持税前的收入状况,因此放弃更多的闲暇时间,而将更多的时间投放于工作上面。他可能采用加班加点的方式来延长原来的工作时间,也可以采用从事正常工作岗位以外的职业来增加个人的收入水平。如果对个人的劳动所得采用累进税率进行征税,随着边际税率的提高,人们的工作努力程度将逐步减弱,劳动的供给也将逐步减少。其次,税收对家庭成员的劳动供给决策也将产生影响。如果政府向劳动者征税以后产生的是收入效应,那么家庭里的第一劳动力不仅将更加努力地工作,增加劳动工作时间,而且家庭的其他成员也将可能放弃原来不工作的选择,而变成家庭的第二、第三劳动力。比如为了增加税后工资收入,家庭中的丈夫将增加工作时数,原来从事家务活动的妻子也可能会走出家庭,选择有劳动报酬的工作。当然,如果政府征税以后产生的是替代效应,那么不仅家庭的第一劳动力将选择更多的闲暇代替更加努力的工作,而且家庭的第二劳动力将可能放弃有劳动报酬的工作而回到家庭之中。

(2) 税收影响未来劳动供给。政府对个人的劳动所得征税,对未来劳动供给的影响主要表现在劳动者对自己退休时间的确定上。如果政府征税后出现的是税收收入效应,那么劳动者可能会推迟自己的退休时间,使劳动时间得以延长,劳动的供给就会增加;如果政府征税以后出现的是税收替代效应,劳动者可能选择提前退休,劳动供给由此将减少。

当然,税收仅仅是影响劳动供给的重要因素之一,至于说劳动者是选择更加努力的工作从而增加劳动供给,还是选择更多的闲暇从而使劳动供给减少,还会受到很多其他的经济和非经济因素的影响。如当收入达到一定水平后,税收对劳动供给的影响是有限的。再如有的职业收入即使免税,从业者也将选择更多的工作时间。

(二) 消费需求影响

政府无论是对企业征税,还是对消费者的收入及财富进行征税,都会影响到消费者的消费需求。第一,企业交纳税收以后,不管是哪一种税种,都可以通过税收负担转嫁的方式,将其税收转移给他人负担,尤其是当企业所生产的商品供不应求的时候,就可以采用税收负担前转的方式,最终将税收转嫁给消费者负担。这样,消费者在进行自己的消费决策的时候,可能会因为所需要消费的商品价格过高而使自己的消费行为趋于慎重,由此可能会在一定程度上抑制自己的消费需求。第二,政府对消费者的财产和收入进行征税,消费者的可支配收入会因此而减少,消费欲望因可支配收入的减少而趋弱,消费支出会因此而减少。第三,税收对消费的影响也同样表现在对消费品的替代效应上。一方面,政府如果对某消费品征税,对其他消费品不征税或少征税,那么消费者就会选择消费其他的消费品来代替高税的消费品;另一方面,如果政府对消费者用于未来消费的收入进行征税,意味着消费者税后收益的减少,这相当于将收入留到未来消费的支出比现期消费的支出更多,这样,消费者将更倾向于以现期消费来替代未来消费;另外,如果政府降低对消费者现期收入的税收负担水平,同时对储蓄的收益进行征税,这意味着政府在鼓励消费,因此,消费者的现期消费需求会趋于旺盛。

(三)储蓄影响

政府对消费者征收的所有税种都将对储蓄产生影响,因为纳税总是意味着个人可支配收入的减少,在当期消费水平不变的情况下,个人可用于储蓄的收入将随之减少。第一,对个人来说,可支配收入是用于现期消费还是用于未来消费(即储蓄),必须要在两者之间进行选择。如果政府对个人的储蓄或投资收益进行征税,这给个人或家庭提供的信号是,为了将来的消费而进行储蓄所带来的经济利益,比目前消费要低。因为选择储蓄不仅要付出长时期抑制消费需求的时间代价,而且还要支付收益税,使消费者节约的经济利益降低。在这种情况下,个人用于储蓄的资金必然会减少。当然,如果政府对个人的储蓄或投资所带来的收益实行免税,同时对消费品征收消费税,那么个人的储蓄水平将会因此而提高。第二,社会保险税的开征对个人的储蓄将产生很大的影响。尽管社会保险税的征税对象包括个人的工资,纳税后会使个人的税后收入减少,但是社会保险税的征收为个人的未来生活以及其他方面的支付需要提供了保障,个人将在很大程度上依赖于社会保障来代替自己出于生命周期的预防动机(如养老)和谨慎动机(如疾病)而进行的储蓄。第三,如果政府对遗产或赠与的财产进行征税,那么个人出于遗产动机(即为给子女或其他财产继承人留下遗产而储蓄)的储蓄资金也将会减少,尤其是当遗产税和赠与税税率很高的时候,这种储蓄资金的减少将更为明显。

(四)投资组合影响

家庭的全部所得扣除了消费以后,将主要用于各种形式的投资(储蓄)。对所有的投资者而言,投资的目的就是为了带来更多的收益。收益的高低与风险成正比,风险越大,收益越高;风险越小,收益越低。收益与风险问题是投资的核心问题。为了使自己的可投资资金带来更多的净收益,投资者往往要对资产进行投资组合,以期在控制风险的前提下增加收益。在进行投资决策的时候,投资者必须考虑众多的影响因素,其中税收是影响投资者承担投资风险的重要因素之一。

从理论上说,任何投资品种都带有风险,且风险具有不确定性。尽管有人将货币看作是收益为零的无风险资产,但如果考虑到产品的价格具有不确定性这一现实,货币也同样存在着风险。政府对投资者的投资活动进行征税,税收不仅影响各种资产的收益,而且也会影响其风险程度。

对投资者的资产投资组合所带来的收益和承担的风险可能直接产生影响的税种主要是:财产税、所得税和资本利得税(在我国还包括证券交易中的印花税)。总体来看,对投资所得、财产以及投资行为进行征税,会使投资者的整体收益减少,同时在一定程度上加大了投资的风险。但由于针对不同类型的投资,政府的税收政策可能有所不同,因此,执行中的税收政策将直接影响投资者的投资组合。政府如果对不同的投资资产按不同的税种进行征税,而且不同税种的税收负担和具体的税收条款存在着一定的差异,那么轻税收负担或存在税收减免(或税收抵免)的投资品种往往能够吸引投资者投入更多的资金,因为这种做法意味着政府承担了一部分投资者的投资风险,从而使投资者能够在控制其他各种系统及非系统风险的前提下带来更多投资收益;如果政府对投资品种征收较重的税收,将使投资者在承担其他各种不确定风险的同时,还需承担政府的税收风险,从而使投资的风险加大,收益减少,降低高风险投资品种

三、税收对企业决策的影响

从各国实施中的税制来看,企业几乎在生产活动的各个环节都须交纳税收,因此,对企业决策产生影响的税收种类也是各种各样的。

(一)企业生产要素组合的替代效应

企业的生产要素主要由三部分构成:劳动力、劳动手段(即设备)和劳动对象(即原材料)。对于不同的生产要素,政府的税收政策有所不同。目前世界上很多国家的做法是,政府对劳动者征收工薪税,以便为社会保障制度的执行提供资金来源,而对设备和原材料一般不征税(当然,这两种生产要素作为上游企业的产品,自然已经由上游企业缴纳了相应的税款)。有的国家为了鼓励投资,还采取了投资的税收优惠政策,如对设备实行加速折旧等。这种税收制度的执行,意味着企业的劳动力成本较其他生产要素成本在提高,其结果可能刺激企业以技术劳动来代替非技术劳动,即企业会多增加机器设备的投入,同时减少对劳动者的雇佣数量,从而降低企业的整体成本。如果一国的劳动力成本很低,同时又无需向政府缴纳社会保险税,那么企业可能更倾向于雇用更多的劳动力,追加在劳动密集型行业上的投资规模。税收对生产要素组合的替代效应还表现在其他方面。例如,政府如果对企业的进口设备或原材料征收各种各样的税收(进口关税、各种流转税以及涉及的财产、行为税等),企业会选择国内的生产要素来代替进口的生产要素,尤其是当国产和进口的生产要素的技术含量、生产性能差距不大时,更是如此。

(二)企业投资方向的影响

一般情况下,企业投资方向往往受利润最大化的引导,由此而决定的投资结构可能与政府确定的投资结构和产业结构出现偏差,从而导致国民经济投资的整体效应与预期效应不一致。为此政府可通过税收政策来对企业的投资方向进行引导。如我国通过对固定资产投资方向调节税的实施[1],以税率的高低或税收的减免来调节企业的投资方向。为吸引资金投向某些急需发展的行业,除了免征固定资产投资方向调节税以外,在流转税和所得税上也给予众多的税收优惠。同样,为了限制某些行业的投资,政府也采用加重税收负担的方式来抑制这些行业的投资。影响企业投资方向以及投资期限的税收因素,不仅仅是指现在的税率,还包括投资者对未来税收负担的预期。如果投资者预期的税收优惠将增加,那么企业可能会推迟投资的时间直到增加的税收优惠生效为止;如果预期的税收优惠将减少,则企业会提前投资。

(三)企业融资策略的影响

融资策略是企业决策的重要方面。以最低的成本筹集到企业生产所需要的资金量,这就是最佳的融资策略。政府的税收在企业融资策略的确定上也会产生一定的影响。

如果企业发现了一个利润率很高的投资项目,其投资收益率将比借款的利息率高得多,那么采用负债筹资方式(包括申请贷款和发行企业债券)是很合适的,因为这笔投资资金将通过财务杠杆作用使企业投资者的收益大幅增加。尽管对该企业的债权人来说,其得到利息收益将缴纳所得税(企业所得税或个人所得税),但由于债务人的资金投资收益率很高,足以支付较高的债务利息,因此,债权人在缴纳了所得税之后,自己依然能够得到较高的利息收益。但如

---

[1] 为了与扩大内需的积极财政政策相适应,中国政府决定从2001年初开始暂停征收固定资产投资方向调节税。

果企业投资项目的预期收益率与借款利息(即筹资成本)之间差距不大,那么采用借款的方式融资是不太明智的,因为包含所得税的利息如果提高,企业将难以承受;而降低利息水平,又将面临筹资困难的风险。

此外,比较公司的股权融资和债券融资方式:债券融资的成本可以在税前扣除,而股权融资的成本则不免税,成本更高。因此从降低成本角度考虑,公司更倾向于债券融资。

(四)公司分配政策的影响

从理论上说,政府的个人所得税政策将对公司的利润分配政策产生影响。如前所述,公司的税后利润如果作为税后留利不分配,那么将不再缴纳所得税,但如果公司的税后利润作为红利发放给公司的股东,那么作为个人投资者的股东将缴纳个人所得税,而作为法人单位的股东却免税,因为这笔投资收益在原来的公司已经缴纳了企业所得税,再缴纳企业所得税就会出现重复征税问题。这种做法公平与否我们暂且不论。由于股份公司相当多的股东都是个人股东,因税收的原因,分红必然减少股东投资收益。如果将税后利润留在公司进行投资,尤其是当预期的投资收益率很高的时候,公司股票的价格将会提高,股东因未分红而少得的收益不仅完全可以通过股票的升值得到补偿,而且还会由此带来更多的收益。因此,税后利润的不分配并不一定使股东的利益受损。

当然,以上关于税收对公司分配政策的影响仅仅是一种理论上的分析,而现实中的情况并非完全如此,很多公司通常给股东发放红利,这是由其他因素决定的。定期的分配红利可以满足长期投资者的需要,因为这些投资者往往靠固定发放的红利来安排自己的生活或其他的计划;另外,定期的发放红利可以给投资者提供一个企业生产活动正常、经营作风稳健、财务状况良好的信号,以维护股东的投资信心。

第三节 税收的经济负担分析

一、税收经济负担的基本含义

所谓税收的经济负担,简单地说就是指政府的税收占经济总量的比重。具体包括宏观税收负担和微观税收负担。

(一)宏观税收负担

目前国际上通用的宏观税收负担是指一国在一定时期内(一般为一年)政府的税收总收入占GDP的比重。这一比重在西方国家一般在30%以上,在发展中国家通常也在25%左右,而在我国,税收的宏观负担率却低得多(见表12-1)。

表12-1 我国宏观税收负担 (单位:亿元)

年份	税收	财政收入	GDP	税收/GDP(%)	财政收入/GDP(%)
1986	2 090.73	2 122.01	10 202.2	20.5	20.8
1987	2 140.36	2 199.35	11 962.5	17.9	18.4
1988	2 390.47	2 357.24	14 928.3	16.0	15.8

续表

年份	税收	财政收入	GDP	税收/GDP(%)	财政收入/GDP(%)
1989	2 727.40	2 664.90	16 909.2	16.1	15.8
1990	2 821.86	2 937.10	18 547.9	15.2	15.8
1991	2 990.17	3 149.48	21 617.8	13.8	14.6
1992	3 296.91	3 483.37	26 638.1	12.4	13.1
1993	4 255.30	4 348.95	34 634.4	12.3	12.6
1994	5 126.88	5 218.10	46 622.3	11.0	11.2
1995	6 038.04	6 242.20	58 260.1	10.4	10.7
1996	6 909.82	7 407.99	67 884.6	10.18	10.9
1997	8 234.04	8 651.14	74 462.6	11.06	11.6
1998	9 262.8	9 875.95	78 345.2	11.82	12.6
1999	10 682.58	11 444.08	82 067.5	13.02	13.9
2000	12 581.51	13 395.24	89 403.6	14.07	15
2001	15 301.38	16 386.04	97 314.8	15.72	16.84
2002	17 636.45	18 903.64	105 172.3	16.77	17.97
2003	20 017.31	21 715.2	117 251.9	17.07	18.52
2004	25 718	26 396.47	136 515	18.84	19.34
2005	30 866	31 649.29	182 321	16.93	17.36
2010	73 202	83 080	397 983	18.39	20.88

资料来源：1986—2005 年的 GDP 数据来自《中国统计年鉴 2007》，财政收入和税收数据来自《财政统计年鉴 2007》，2010 年数据来自 2011 年 1 月 20 日财政部新闻发布会和《2010 年国民经济和社会发展统计公报》。

从表 12-1 可知，我国税收占 GDP 的比重较低，尽管 1997 年以后上升的速度较快，到 2010 年底该比重 18%强。其原因可以从两个方面来说明：第一，中国同西方国家宏观税收负担的统计口径存在着较大的差别。西方国家凡是可以征税的收入一般都是采用税收的方式来征收，税收的涉及面很广，99%以上的财政资金以税收的方式取得，就是说其带有税收性质的收费(基金)种类和数量都比较少，凡是政府可以参与分配的收入一般都以税收的形式取得。而在我国，税收只是财政筹资的一个手段，财政资金除了预算内的以外，还包括预算外资金，而且在一段时间里，预算外资金与预算内资金的数量规模几乎是 1∶1。1993 年以后，政府对预算外资金开始进行整顿与清理，使预算外资金占预算的比重开始下降，但目前依然接近 40%。第二，我国与其他国家的税收范围不完全一致。社会保障税收是西方国家的主税种之一，我国并没有开征此税，而目前建立的社会保障基金基本上要由企业负担。这样，如果将带有税收性质的预算外资金改为税收，同时开征社会保险税，那么税收占 GDP 的比重将大幅提高。如果剔除以上两个因素的影响，那么我国与其他国家税收负担率的差距将大大缩小，甚至与其他国家相当。

（二）微观税收负担

微观税收负担是指企业的税收负担。企业的税收负担可以从税收的名义负担和税收的实际负担两方面来进行分析。从我国目前的税收总量来看，农业税所占的比重不到4%，个人所得税在工商税中的比重在新税制刚刚实施的时候非常低，约为2.4%（1996年），此后该比重不断上升，2005年底接近10%，因此税收总量中的80%以上是由企业负担的。

在我国现行的税制中，流转税和所得税是主体税种，而流转税的主体税种——增值税的税率为17%，从名义税率看，在世界各国的同类税种的税收负担中居中等位置（目前世界上各国增值税的税率在15%—20%）。但问题在于：中国当前实行的是生产型增值税，税基比一般国家消费型增值税税基大。据测算，如果将生产型增值税转换成消费型增值税，那么，17%的税率将上升到23%，显然这一税率比国外的平均水平高得多。2009年新增值税管理条例实施，消费型增值税代替了生产型增值税后，该税种的税率回归到正常水平。

我国企业所得税的税率略微偏高但仍属正常。考虑到企业在上缴主体税以外，还需缴纳各种其他税种的实际情况，可以说目前我国企业的整体名义税率略为偏高。但从另一方面看，由于我国现行税制存在着诸多不规范之处，各级政府和企业的主管部门对企业实行的随意减免税众多，而且企业偷漏税问题也相当严重，因此企业的实际税收负担要比名义税收负担低得多。据测算，在1994年的税制改革以后，国有企业流转税占销售收入的比重约为8%；企业实际的所得税税率也不断下降，到1996年企业实际上缴的所得税仅占实现利润的1.1%。因此企业实际负担的税收是比较低的。

但是，不可忽视的另一方面问题是，目前的企业已不堪重负，其原因并不在于税收负担，而在于非税收的财政负担。各级政府从企业那里征收的收入不仅包括税收收入，还包括大量的非税收收入。其中包括列入财政管理的预算外收入和没有纳入财政管理的政府行政部门征收的各种收入（各种行政事业收费）。据有关部门的不完全统计，1996年全国性及中央各部门的行政事业性收费项目有344项；地方收费项目各省不一，最多的省有470多项，最少的省也有50多项；全国各类基金项目约为421项，其中的46项是由中央设立的，其余的375项是由省级政府设立的。据国家税务总局对大量数据的初步分析与测算，经国务院和有关部门批准的各种规范收费收入接近GDP的10%，省及省以下各级政府和主管部门擅自设立和批准的收费与各种名目的乱收费收入约占GDP的比重近10%。这样我国总体的税收负担在25%—30%，与发达国家相差无几。20世纪90年代末期以来，中央有关部门开始对各种收费，尤其是乱收费问题开始进行清理，分期分批地取消了一些不合理的收费项目。但是到目前为止，以收费的方式压在企业纳税人身上的负担依然十分沉重。这就可以解释我国现实中存在的税收的宏观负担率低和微观的企业财政负担率高的矛盾。

二、判断税收经济负担轻重的一般标准

在不同的国家以及同一个国家的不同时期，税收占一国GDP的比重及企业的税收负担存在着较大的差异。税收的经济负担究竟为多少比较恰当，并不存在着一个统一的量的标准，各国可根据自己的具体情况确定一个合理的税收负担水平。所谓合理的税收负担，从定量的角度看是指，应征税款与税基之间的恰当比例；从定性角度来看是指，国家的征税标准以及实际的征税额取决于纳税人的税收负担能力或经济产出量。结合我国的实际情况，可以从以下几方面来判断税收负担的合理与否。

（一）税收收入的增长是否与经济增长协调、同步

税收最终来自于经济,只要经济处于不断增长之中,税源就不断扩大,税收会随着经济的发展而始终处于增长中。从理论上来说,如果一国业已存在着一个非常合理的税制结构,那么税收规模的增长速度与经济总量指标增长速度之间的合理关系应该是,税收收入增长相对于GDP 增长的弹性值等于1。但由于各国的税制存在着较大的差别,且税制的完善程度不一,因此,税收收入的增长弹性也存在着较大的差异。在大多数西方国家,由于累进所得税等直接税作为税制中的主体税种,随着生产和经济的发展,直接税的征税对象趋于扩大,税收收入的增长有可能超过 GDP 的增速。因此,西方国家税收收入增长的弹性值一般会大于1;而在我国,这个弹性值通常小于1,其主要原因在于:一方面,我国目前的主体税是流转税,而流转税又是以增值税为主,增值税的征税对象是新创造的价值;另一方面,我国现在的经济增长方式仍是以高投入、外延扩张为主。国民收入的增幅,尤其是利润的增幅往往低于产值的增幅;再者,我国目前 GDP 中有相当部分是属于无税产值或低税产值（据典型调查的结果,这种产值占到GDP 的 15%左右）,期末的 GDP 中增加的库存部分也不能提供税收。几个因素综合作用的结果,我国的税收收入的增长弹性自然就小于1。

（二）税收收入能否满足政府正常开支的需要

政府正常支出额的多少是由政府的职能决定的。如果说财政收入主要来自于税收,那么政府所履行的职能越多,对税收的需要量就越大;反过来说,税收总量的大小又对政府职能履行的范围和程度产生影响,当税收收入不足以满足政府履行正常职能对资金的需求时,政府可能采取其他的筹资方式,如发行国债,也可能采取精简机构裁减人员的方式。

政府的支出是否合理与正常,可从宏观总量上进行把握。政府的支出增长必须要与经济发展水平相适应,与税收收入的增长幅度相适应。如果政府的支出增长率连续地高于经济增长率和税收收入增长率,那么政府支出的范围和数量显然存在着过广过大的问题。其结果可能是连续、巨额的财政赤字,或者是过重的税收经济负担,不利于经济的长期稳定发展。如果政府支出增长率在低于经济增长率的同时,却高于税收增长率,那么有可能是由于税收的经济负担过轻造成的。

（三）税收能否保证政府尤其是中央政府宏观调控之需

政府干预经济、对经济活动进行宏观控制,是现代社会各国所共有的一个特点,而财力是政府调控经济活动的保证。如果财政收入主要来自于税收,那么税收收入必须要能够满足政府调节经济之需。在现实的经济生活中,如果存在着政府对宏观经济调节不力,或调节作用受到来自微观经济主体的抑制而难以发挥等问题,那么这可能意味着政府财力比较薄弱,税收的经济负担较低。

（四）税收是否影响企业的正常积累

税收收入主要是由各类企业缴纳的。我国税收收入总额中,来自于企业缴纳的税收占到95%左右。企业要扩大经营规模,必须要有相当的自有资金的投入,而企业的自有资金（积累）又主要是来自于税后利润。因此,合适的税收经济负担,既能保证政府履行各种职能对财力的需要,又不能影响企业正常的积累,抑制企业的发展后劲,给企业带来过重的负担。如果政府制定和实施的税制使企业普遍感到不堪负重,积累能力趋弱,那么这种税制所造成的税收经济负担毫无疑问是过重了,其结果不仅不利于经济的健康发展,而且对税源造成了破坏,政府的税收收入最终反而减少。

目前我国税收负担的一个突出矛盾是,一方面,税收占 GDP 的比重不是很高;另一方面,企业的负担很重。对微观经济主体来说,不仅要负担政府法定的税收,还需承担政府职能的一部分,即企业办社会。尽管近年来社会保障制度的框架在我国的城镇地区已经基本上建立起来,但由于历史遗留问题尚未解决,老企业还不得不在一定程度上承担起政府应该承担的责任。而且,企业负担的非税收政府收入项目繁多,除了合理、合法的预算外资金项目以外,还包括不计其数的、由企业主管部门和地方政府根据自身的需要而随意征收的各种行政性收费项目。与此相反的另一种行为是,各"条条"和"块块"为了扶持本行业和本地区经济的发展,往往随意地对企业的税负进行减免,再加上税收征管中存在的诸多漏洞以及纳税人较严重的偷漏税问题,导致相当多的一部分该入库的税收因此而流失,也在一定程度上降低了税收占 GDP 的比重。

三、确定合理的税收经济负担

(一)税收负担的深层次原因

以上分析仅是造成宏观税收负担低、微观税收负担重的表面原因,而导致这一矛盾产生的更深层原因在于以下几方面。

(1) 在改革的过程中国民收入分配开始向企业和居民倾斜,但政府职能转变滞后,导致各级政府支出过多,为弥补资金的缺口,不得不多方面筹资,以致加重企业的负担。同时政府与企业之间的分配关系未能从根本上理顺,企业与主管部门和地方政府之间的行政隶属关系依然存在。这就为主管部门和地方政府随意加重企业的负担提供了一个有利的外部环境。

(2) 我国的经济发展一直未能摆脱产值速度型的增长模式,过多地看重产值和规模,而投资的经济效益却不能同步实现,很多投资项目效益极低,甚至不能产生效益。利润是税收的最终来源,经济效益是决定税收收入水平和税收负担水平的根本因素,企业的经济效益低下、亏损面居高不下,在很大程度上制约着税收收入的增长。

(3) 税制本身的不完善以及偷漏税问题的存在,也是导致税收宏观负担偏低的重要原因。我国目前的主体税种是流转税。从其他国家的经验来看,随着经济的发展和人们收入水平及消费水平的提高,来自于所得税的税收收入应不断地提高。但实际上,目前我国来自于个人所得税的税收比重很低,由于税制及税收征管方面存在漏洞,导致应征而未征的个人所得税数量巨大。企业所得税方面,随意对内资企业和外资企业实施的减免税,降低了所得税对税收总量的贡献,普遍存在的偷漏税行为又加剧了税款的流失。

(二)确定合理税收负担的措施

确定合理的税收经济负担,不仅对微观经济主体的积累增加起到激励作用,有利于企业对资源的配置,而且有助于政府加强对经济进行宏观控制的力度,使政府的经济职能得到更充分的发挥,避免各种不合理、不合法的政府行为的产生。具体措施大致有以下几方面。

(1) 按照市场经济体制的基本框架,转变政府职能。其重要方面是政企分开。政府经济职能的发挥主要限于对经济的宏观控制方面。与此相应,政府机构要大大精简,以便控制财政的行政经费支出,为降低企业某些税种的名义税率提供一个良好的条件。同时将各级政府的财权与事权真正地结合起来,使各级政府在发挥自己正常职能的时候,有充分的财力保证,避免地方政府和主管部门因财力的不足而随意地向微观经济主体进行乱筹资行为的发生。

(2) 彻底改变目前企业税收负担以及名目繁多、不计其数的各种非税收负担这种分配混乱的状况。可以考虑对现行税制的主体税种和不同税源的税收负担作适当的调整,如针对微观经济主体的所得、收入、财富增加较快的现实情况,可加强对所得税的征收;对一些名义税率较重的税种,其税收负担可适当地进行下调,如企业所得税的税率可适当进行下调;对一些类似的或性质相同的税种可进行合并,如城镇土地使用税可并入资源税,筵席税可与消费税合并,房产税与城市房地产税合并,车船使用税与车船使用牌照税合并等;适时开征新的税种,如社会保障税、遗产税、赠与税等。对企业的非税收负担进行彻底地清理,不合法、不合理的企业收费项目坚决予以取消,合理和需要的基金及收费项目实行"税改费",进行规范化管理,也使企业的负担合法与透明,以便各类微观经济主体和权力执行机构对政府的筹资行为进行更好的监督。

第四节 最适税制研究

税收对政府的财政和对微观经济行为主体的纳税人都具有十分重要的意义。不同的税制以及税收负担将对不同的经济主体的行为产生不同的影响,税制将产生的效应也不相同。因此,制定和执行最适税制,既能实现税收的效率,又能兼顾税收的公平原则,一直是税收理论探索的重要课题之一。

在凯恩斯的宏观财政政策理论提出来以前,财政、税收理论研究的一个最重要的内容就是最适税制。即使到了公共经济学时代,最适税制依然是研究的重点之一。1996年荣获诺贝尔经济学奖的英国剑桥大学经济学家詹姆斯·米尔利斯和美国哥伦比亚大学名誉教授威廉·维克里,就是当代研究最适税制的知名学者。

一、哈伯格社会净损失三角形

研究最适税制,可以从对税收所造成的社会净损失问题开始。最有名的研究理论是哈伯格社会净损失三角形。

如果政府对经济活动进行干预,那么就可能形成垄断,导致社会效率的净损失。如政府以补贴的方式或直接支出的方式对外部正效应的活动进行干预,或者以许可证的方式限制进入,有可能导致这些领域的产品或服务定价过高,形成垄断性价格,导致社会效率的净损失,即哈伯格社会净损失三角形(具体见第二章图2-1)。

二、最适税制的基本含义

从起源上看,最适课税理论与福利经济学中的最优原则有关。最优原则的基本含义就是市场配置资源的原则。但实际上市场并不总是有效的,在有的情况下市场机制是失灵的。此时就需要政府干预,通过公共部门来对资源进行配置,以弥补市场机制的失灵。这样,福利经济学家就将最优原则推广到了公共部门。

由此而产生的一个问题是:政府的税收制度能否弥补市场的失灵?税收制度是否符合最优原则?从税收效率的角度看,政府的征税总是将导致经济效率在一定程度上的损失,政府的税收将导致一部分生产者剩余和消费者剩余的净损失,这样必然将对生产者和消费者的行为产生影响,从而导致经济效率在一定程度上的扭曲。根据最优原则,最适税制应该是对私人行为不会产生干扰或影响的税制。但在绝大多数情况下,这种最优税制是不可能存在的[①]。因此,符合最优原则的税制实际上是不存在的。理论上所探讨的最适税制应该是指符合次优原则的税制。

次优原则的概念最早由加拿大经济学家李普斯和美国经济学家兰卡斯特于20世纪50年代提出。该原则论证的是在市场失灵的条件下,如何建立使这些市场失灵的损失达到最小的优化价格条件。70年代将次优原则的理论运用到税制建设上。阿特金森、米尔利斯、费尔德斯坦等财政学者认为,应在维持一定的税收收入的前提下,使课税行为所导致的经济效率损失达到最小化。最适课税理论因此而建立起来。

最适税制是以最经济的方法征收大宗税款的税制,这种税制必须同时兼顾税收的公平与效率原则,在公平与效率之间进行权衡。最适税制需要在是以直接税还是间接税作为主体税之间做出选择,并将直接税和间接税进行合理的搭配。此外,最适税制还将对最适商品税和最适所得税进行专门的研究。

三、主体税类型的选择(直接税和间接税搭配的理论)

很多经济学家认为,直接税(所得税)和间接税(流转税)应该是相互补充而非相互替代的税。比较而言,大家较认同的一个观点是:所得税是一种"好税",无论是从政府的角度,还是从纳税人的角度或从社会的角度看,所得税都是一种"好税",这类税比流转税更符合税收的公平和效率原则。但流转税(商品税)同样有着所得税不可替代的优点。与所得税相比,从税收征管的角度看,流转税更便于税收管理,征税成本也较低,适合于财政筹资。差别流转税在资源配置效率方面也具有优点:所得税不能对闲暇征税,但政府可以利用流转税对闲暇商品征税,以便对人们的闲暇消费活动进行调节。同样,政府可以通过对负的外部性经济活动征收差别商品税,使各项经济活动的私人成本等于社会成本,以便社会资源得到更加合理的配置。总之,所得税和流转税各有优劣,不能片面强调。从一个国家税制中主体税种的选择看,除了考虑到直接税和间接税的特征外,还有一些重要因素对主体税种的选择产生影响。

理论上说,一个国家拟实施的税制中选择何种税为主体税种,首先是由当时的经济发展水平和纳税人的收入状况所决定的。通常在经济不太发达、商品交易不活跃的情况下,政府可能会选择以财产为主要征税对象的直接税。但在商品经济较发达、社会商品的总销售规模很大的经济环境下,政府的税制可能会选择以商品流转额为征税对象的间接税为主体税。当经济进入发达的阶段,人们的收入水平无论从基数上看还是从增量上看都比较高,由于高收入意味着纳税能力的增强,因此,此时政府可能会选择以收入或所得为征税对象的直接税为主体税。经济发展的现实也证明了上述观点。以个人所得和公司所得为主要对象的直接税开始代替流转税,成了各发达国家的最重要的税种。

我国目前也是市场经济,但比较而言,我国的市场经济起步较晚,尽管我国的商品经济也比较发达,人们的收入水平也不断提高,但从整体水平上看,我国居民的收入状况依然偏低,纳税能力依然有限。这就决定了实施中的税制不能将个人或公司的所得作为主要的征税对象,

---

[①] 理论上说,一次总付税(或人头税)不会扭曲私人的行为,因为这种税是以人头作为计税依据的,纳税人缴纳的税款与其经济行为之间不存在关联,所以,一次总付税对纳税人的经济决策和经济行为保持绝对的中性。但从政府角度看,实施总的税制中只有一次总付税显然是不可能的。此外,一次总付税也不符合税收公平的原则。

不能选择以所得税为最重要税种的直接税为主体税。尽管20世纪80年代和90年代的税制改革都将直接税列为主体税,但我国最重要的主体税依然是流转税。2003年我国的工商税中,三种流转税占到税收总量的比重为56.27%(不包括海关代征的增值税和消费税),企业所得税不到15%,如果加上个人所得税,那么所得税占总税收的比重超过20%。当然,随着我国经济的进一步快速发展和居民收入水平的提高,所得税所占的比重将呈现出逐步上升的态势。

公平与效率是税收的两个最基本的原则,也是政府在制定税制的时候应该考虑的基本原则。所得税和流转税在实现公平和效率原则上发挥的作用各有侧重:所得税更容易体现税收公平原则,而流转税更有助于经济效率的提高。当政府在提高经济效率和强调社会公平的经济社会目标之间进行有侧重点的选择时,主体税将直接体现政府的政策目标。如果政府更加强调经济效率原则,那么税收的重点就可能会放在商品上,这样就会选择流转税为主体税。如果政府更侧重于社会公平的目标,那么就会将税收的重点放在收益上,所得税就可能会成为主体税。因此,一个国家所实施的税收制度,还将受到政府政策目标的制约。

四、最适商品税(流转税)

最适商品税研究的是,在保证税收收入既定的前提下,对商品或服务进行征税,使税收的超额负担尽量最小化。税收的超额负担实际上就是政府征收税收所导致的社会净损失。为了说明这个问题,有必要先介绍一下税收的超额负担问题。

经济学家很早就发现了因税收而导致的社会净损失问题。在征收商品税的情况下,社会净损失将是不可避免的,但政府又不可能不征收商品税。为了在保证税收的前提下将社会净损失控制在最小的程度,经济学家提出了很多最适商品税的模型。其中最有名是拉姆斯法则(The Ramsey Rule)。

所谓拉姆斯法则是指政府的税收重点应该放在需求弹性小的商品上。因为商品的需求弹性小,征税以后导致商品的价格提高,不会改变商品的需求量,商品的供给也不会改变,既然税收导致商品价格上升的同时,商品的数量不变,那么就不会产生社会净损失问题。这样的商品税就不会产生经济效率的损失。因此,拉姆斯法则也被称为反弹性法则。

如果流转税税制遵循反弹性法则,将税收的重点放在弹性小的商品上,确实可以减少经济效率的损失,但这种效率损失的减少是建立在以牺牲公平为代价的基础上,由于税收负担的转嫁总是存在的,前转是纳税人转嫁税收负担的首要选择,尤其是对于需求弹性小的商品而言,税收负担不仅通常采用前转的方式,而且基本上能够全部转嫁税款,甚至纳税人通过税收负担的转嫁得到更多的利润。正由于这个原因,使流转税本身存在的一大特征是税收负担的累退性:消费者实际负担的税款占其收入的比重随着收入水平的上升而降低。其结果,收入越低者,实际负担的税款占收入的比重越高;收入越高者实际负担的税款占收入的比重越低。根据税收的公平原则:税收负担应该与纳税人的纳税能力成正比。因此,如果出于税收经济效率因素的考虑而将流转税的重点放在弹性小的商品上,将导致严重的税收不公平问题的产生。显然,不能兼顾效率和公平原则的流转税并不能成为最适商品税。

从税收公平和效率两个原则结合的角度考虑,政府在实施流转税的时候,往往通过执行适当的税收优惠政策,在一定程度上化解公平和效率的矛盾。以流转税中的主体税种增值税为例,目前几乎所有实施增值税的国家对需求弹性小的商品(如生产、生活必需品),征收的增值税税率低于正常税率。我国绝大多数商品和服务的一般税率为17%,但对于与生产、生活有关的必需品采用13%的低税率。很多欧盟国家的低税率仅相当于一般税率的1/3左右。这样，就可以在相当程度上兼顾到税收的公平与效率原则。

五、最适所得税

在发达国家，所得税已经成为最重要的主体税。从实施的情况看，所得税的特点是，采用综合所得税基；在征税之前，通常需要对综合所得进行必要项目和金额的扣除；通常采用累进税率。因此，与流转税相比，所得税更强调税收公平原则。但问题也由此而产生。由于税收本身具有收入效应和替代效应，所得税的累进程度过低，起不到调节收入分配的作用；累进程度过高，将导致纳税人替代行为的产生，出现经济效率的扭曲。

最适所得税研究的核心问题依然是税收的公平与效率原则之间的权衡。由于所得税在调节收入分配方面具有特有的作用，因此最适所得税的实质是，在所得作为税基的前提下，累进税达到何种程度更能够体现税收公平原则，同时又不会导致税收替代效应的产生。

实际上，如果所得税的税率采用累进与累退相结合的方式，那么将可以很好地解决税收的公平与经济效率之间的矛盾。具体做法是，在所得未达到某一水平的前提下，边际税率实行累进；而一旦征税对象超过某一点以后，边际税率实行累退。如同米尔利斯模型一样，边际税率依然在0—1。

（一）米尔利斯模型

一般情况下，即使纳税人劳动时间相同，但由于能力的差异，取得的所得或收益也不尽相同。米尔利斯研究了所得存在差异情况下的最适累进税问题，被称为米尔利斯模型。该模型得出的重要结论主要如下：① 所得税的累进税率应该在0—1。② 拥有最高所得的个人适用的边际税率应该为0。③ 如果有最低工资的个人是按最优条件工作的，则他面临的边际税率应该为0。米尔利斯模型可以理解如下：假设劳动供给是外生的，即劳动供给不受所得税影响的情况下，政府可以自由选择所得税函数，将一定数量的总所得在高收入者和低收入者之间进行分配。由于所得的边际效用是递减的，将所得从高收入者向低收入者转移的分配，使低收入者效用的增加超过高收入者效用的减少，结果社会总福利在一定程度上得到提高。因此，最适所得税应该实现所有人收入的平均化。在劳动供给不受所得税影响条件下，实现完全平等的最适边际税率应该等于1。

但问题在于：劳动供给不可能不受所得税制的影响。征收所得税以后将对劳动供给直接产生影响。为了将所得税对劳动供给的影响减少到最低限度，所得税应该累进的程度为多少才最合适？从理论上说，边际税率应该小于1。具体的边际税率究竟为多少，理论研究的结果还比较缺乏。对此得出过较为明确结论的是供应学派的理论。

（二）拉弗曲线

供应学派的代表者之一拉弗就所得税的税收负担问题进行了大量的研究，并将其研究成果以图形的方式进行显示。

税收是国家财政收入的主要来源，同时税收又来自于经济。因此，税率的高低不仅对国家财政收入直接产生影响，而且对经济的发展也会产生影响。拉弗设计的拉弗曲线揭示了税率的高低对税收的影响程度（具体内容见第十一章图11-1）。尽管从拉弗曲线看，最佳税率是50%，但供应学派从未明确指出过最佳税率是多少。不过在理论上人们一般认为最佳税率在35%—40%。在最佳税率之间，税负水平适当，纳税人的经济活动增加，随着产量的增加和财源的扩大,税收及财政收入自然增加。因此适度的税收负担不仅能增加收入,而且有利于推动经济的发展。

当然,如果税收制度和政策不合理或不符合实际,也可能对提高经济效率起阻碍的作用。曾经在1989—1993年担任美国总统经济顾问委员会主席的美国经济学家迈克尔·博斯金在分析美国历次税制改革的成效时指出了如下两点:

首先是税制改革与经济绩效的关系。经济绩效的最重要方面是经济增长率。税制影响经济增长的最重要方式是,通过影响储蓄、投资、企业家精神和工作效果来影响经济增长。博斯金认为,在课税以筹措政府开支与其对私人经济(家庭和企业)的影响之间存在着紧张的关系。对储蓄、投资和企业家大量征税会严重影响经济绩效。例如所得税制对储蓄双重征税,会扭曲消费与储蓄的激励机制;所得税和工薪税会影响人们是到市场工作还是留在家里的激励机制等等。因此,高边际税率对经济是有害的。考虑到经济绩效,决定税制质量的关键是有效边际税率的水平。

其次是税制改革应该将税赋与支出更紧密地联系起来,并使每一个公民和纳税人集中注意其税收被用于哪些支出。这样的税制改革才会确保一个政府有效率。如果仅仅是为了扩大政府规模而征税,就会严重影响经济效率[①]。

六、征税的成本

从税收的征收与管理角度看,税收的成本与税收效应之间存在密切的关系:通常情况下,税收成本与税收的效应成反比,即税收成本越低,税收效应越好;反之则越差。

税收的成本有广义和狭义之分。狭义的征税成本是指税务机关的稽征成本和纳税人的执行成本。前者包括税务机关在税款计算、征收、稽查、管理等一系列过程中所发生的一切费用;后者包括纳税人在缴纳税款以及避税过程中所投入的财力。广义的税收成本所包含的内容除了狭义的内容以外,还涉及税收的社会成本,即由政府设计和实施的税制造成的、超过税收收入的额外经济损失,主要包括税制造成的资源配置方面的效率损失和经济运行机制方面的额外净损失,即哈伯格社会净损失三角形。

在实际的经济运行中,税收的社会成本较难以衡量。尽管如此,还是有学者试图对因为政府的税收或由于政府其他干预方式而导致的社会净损失总量,采用经济指标的方式进行衡量。这一指标通常是社会净损失占 GDP 的比重。按照哈伯格当时(20世纪50年代)的研究,在美国这一指标约 0.5%。

比较而言,对税收成本研究更多地集中在狭义的税收成本上。狭义的税收成本可采用两个指标进行衡量:一是税收成本率,即征税成本在税收收入中所占的比重;二是人均征税额。西方国家的税收成本率一般不到 2%,如美国为 0.58%,日本 0.8%,法国 1.9%,加拿大 1.6%。我国税收成本率的全国数据没有找到,但从一些地方的情况来看,该比重要比西方国家高得多,如1988年广东省的综合税收成本率为 3.74%,有的地方这一比重更高。从人均征税额来看,我国也比发达国家低得多。如日本的国税人员数量是我国的 1/9,但征税额是我国的 10 倍。与其他国家相比,我国的人均征税额也低得多。由于征税的成本过高,导致一部分税款在系统内被消耗了。如果边际税收成本低于边际税收,征税是可行的,但如果边际税收成本高于

[①] 迈克尔·博斯金:《税制改革的辩论框架》,北京:中国经济科学出版社,1998年版。

边际税收收入，那么会导致税收收入占 GDP 的比重下降得更快。显然，当边际税收成本等于或大于边际税收收入的时候，政府的征税活动不仅没有财政意义，而且会造成更大的社会净损失。

提高征税效率，降低税收成本，加强税收征管，首先要理顺国税与地税两个机构之间的征税分工，避免因职能交叉而引起的重复征税和税收征管的漏洞。其次，精减税务机构，压缩税务编制，同时注意提高税务人员的政治及业务素质，以避免因人为因素所造成的税款流失和税负不公的问题，尽可能地降低直接的税收成本。再次，在税收的征收与管理过程中，采用现代化的税收征管手段，加强对税源的控制，尽可能减少税款的流失；税务部门应加强税收的稽查力度，加大对偷税、骗税、非合理避税以及欠税等行为的管理和处罚力度。通过提高征税效率、降低税收成本、加强税收征管，尽可能地缩小名义税收和实际入库税收之间的差距，真正使税收的经济负担趋于合理。

本章小结

公平和效率是税收的基本原则，任何政府制定和实施的税制都必须同时兼顾税收的公平和效率原则。政府征税以后，税收可能会产生的效应主要有两种，即收入效应和替代效应。前者是指征税后使纳税人更加努力工作的效应，也被称为所得效应；后者是指政府征税后，纳税人的行为选择发生了变化，以非征税的经济活动来代替征税的经济活动。最佳税制就是要尽可能地避免税收替代效应的出现。实施中的税制会对微观经济主体的各种决策都产生影响，不同的税制以及税制中的不同税种和税收负担，对家庭、企业的各类经济决策的影响也有所不同。合理的税制既要有助于政府收入的筹集，又能够对微观经济主体的经济决策产生积极的作用。税收的经济负担包括宏观经济负担和微观经济负担。我国目前的税收经济负担存在的一个主要矛盾是，宏观税收负担低，微观财政负担重。这是由多方面的原因造成的。因此，应采取得力的措施来寻求最适税制，使我国的税收经济负担处于一个合理的水平。

复习思考题

1. 税收有哪些作用？如何理解税收原则？
2. 税收对家庭以及企业的经济决策有哪些影响？
3. 如何理解税收的经济负担状况？应采取什么措施使税收的经济负担保持在一个合理的水平上？
4. 说明最适税制的含义。

第十三章　现行税收制度

第一节　流转税

流转税是指以商品价值、数量为征税对象的税收,这里所指的商品,包括在市场中进行交换的产品和劳务。在我国,流转税的税种主要有增值税、消费税、营业税和关税等。

一、流转税的特征

流转税与其他税类相比,具有六个方面的特征。

(一) 征税对象为流转额

流转税以商品和非商品的流转额为计税依据。商品流转额的主要内容指产品的销售额,劳务流转额是指交通运输、邮政电信以及各种服务性行业的营业收入。由于流转税以流转额为计税依据,在税率既定的前提下,税额大小直接依存于商品和劳务价格的高低以及数量的多少,而与成本和费用水平无关。

由于一种商品从投入生产到进入流通,再从流通到最终进入消费,往往要经过无数次的转手交易。每经过一次交易行为,买者变成卖者,商品随之流转一次,因此,同一批次的商品经过多次或多环节交易后,其流转额的价值就自然累加,征税对象必然大大超过商品本身的价值。至于服务性的劳务交易额,虽然没有实物形态的商品随之流转,但其作为价值进行交易的性质与实物商品交易没有什么本质区别。以商品交易额作为征税对象的流转税,面对如此复杂多样的商品(劳务)流转状况,在课税环节、课税范围的选择上均需做出科学、合理的决策。

(二) 流转税一般采用比例税率

根据商品流转额的自身特征,除了少数特殊商品实行定额征收之外,流转税大都采用比例税率进行征收。从总体上看,对商品的流转额,按照相对一致的比例税率计算,有利于税负与流转额的价值(数量)直接挂钩,即流转额多则纳税多,流转额少则纳税少,体现出税收公平原则。

但是,每个人对消费品消费的数量与个人的收入并不是等比例的。对高收入者而言,用于购买消费品的支出可能只占其收入的极小部分;而低收入者的消费则可能占其收入的大部分。从这个角度考虑,流转税的结果就可能产生一定的累退性,即收入越少,税负相对越重;收入越多,税负相对越轻。因此,这对于低收入或规模较小的纳税人而言,其税后收益相对于他的基本生存满意程度而言,显然要大大低于高收入的纳税人。为调节公平的效应,可以采用有差别的比例税率,对不同商品制定不同的比例税率。例如,对高档消费品规定高比例税率,对普通消费品采用较低的比例税率。

(三) 税收负担的可转移性

针对纳税人承担税负的情况而言,流转税是一种较为隐蔽的课征。因为我国商品税的纳税人大都是中间产品的消费者,所以他们在缴纳商品税后,都会将税款加在价格之中,转嫁给消费者或下一个生产环节的生产者来负担,无论是价内和价外商品税(前者有消费税、营业税,后者有增值税),其纳税人的税负都可以转嫁给其他人承担。这种纳税人与负税人的不一致,对于最终负担税款的人来说,并不一定十分清楚,并不直接感到税收负担的压力,从而使税收的课征与运行具有明显的隐蔽性。

(四) 课税的普遍性

由于流转税是以商品交换并形成销售收入为前提的,商品是社会生产、交换、分配和消费的对象,商品生产和商品交换是社会生产的主要形式,在不同的社会生产环节,必然形成对各种商品劳务的购买,也就提供了广泛的流转交易额来源。所以,对流转额课税的最终结果是人人都直接或间接负担了税款,显然流转税是具有普遍性的税类。

(五) 计税的简便性

流转税以流转额为计税依据,与商品成本和盈利水平无关,而且是实行比例税率特征,因此计税方法和过程都十分简便。

(六) 调节商品供求关系

流转税可以选择对某些类别的商品征收,也可以选择对全部商品征收。通过对不同商品规定有区别的税收制度,自然可以达到调节商品供求的目的。即使是对全部商品征税,也可以采取一定的限制或鼓励政策,如对于某些有害于人体健康和社会利益的消费品,通常规定较高税率,以限制其生产和消费;对于奢侈品也可以课以重税,达到调节商品供求结构和引导消费的目的。

二、增值税

增值税是以商品流转额的增值部分作为征税对象的税种。与其他大多数流转税相比,它是一个比较年轻的税种。1954年法国首先采用增值税,由于该税种的突出优点,此后增值税被多数发达国家和一些发展中国家所采用。我国从1979年起进行增值税的试点工作,1984年10月颁布了《中华人民共和国增值税条例(草案)》,征税范围限于机械机器及其零配件、汽车、机动船舶、轴承、农机具及其配件等12个税目。1986年,增值税的征税范围扩大到日用机械、日用电器、电子产品、搪瓷制品、保温品等产品。1994年实行的新税制中,增值税的征税范围又大大拓展,成为我国名副其实的主体税种。

(一) 增值税的特征

与产品税相比,增值税的主要特征如下。

(1) 征税对象为增值额。增值税只是对每一个环节因经营活动产生的增值额部分进行征税。通常情况下,对于固定资产投资免于征税。因此增值税可以完全消除重复征税问题。在操作层面,各国的做法有所不同,因此,增值税包括三种类型:生产型增值税、收入型增值税和消费型增值税。通过不同类型的增值税的选择,可以对经济活动起到调节作用。

(2) 增值税具有征收的广泛性。它坚持普遍征收的原则,只要生产经营活动中存在着增值额,在任何一个环节都要征收增值税。

(3) 具有征收的连续性和自我管理性。任何一件商品从生产到消费中间将经历很多环节。在所有的生产、加工、流通环节中,都须缴纳增值税。

(4) 增值税是价外税。工商税中的其他流转税都是价内税,只有增值税是价外税,即纳税人实现销售收入后,在计税时,作为增值税征税对象的商品价格不包含增值税税额本身。如果纳税人在销售商品时采用价税合一的做法,则应先将含税的销售额换算成不含税的销售额,然后再计算税额。

(二) 基本税税制结构

增值税的纳税人为在中华人民共和国境内销售货物或者提供加工、修理修配劳务(应税劳务)以及进出口货物的单位和个人。根据纳税人的生产经营规模和会计制度是否健全,将纳税人分为两种,即一般纳税人和小规模纳税人。一般纳税人的标准是,年销售额至少在 100 万元以上,并且具有健全的会计制度。小规模纳税人的标准为:① 从事货物生产或提供应税劳务为主,并兼营货物批发和零售的纳税人,年应税销售额在 100 万元以下;从事货物批发和零售,年应税销售额在 180 万元以下,且无健全会计制度的纳税人(从 1998 年 7 月 1 日起,凡应税销售额在 180 万元以下的小规模商业企业,无论财务核算是否健全,一律均应按照小规模纳税人的规定征收增值税)。② 年应税销售额超过小规模纳税人标准的个人,非企业性单位,如行政单位、非企业性事业单位、社会团体等,可视同小规模纳税人纳税。③ 不经常发生纳税行为的非增值税企业,此类企业主要是缴纳营业税的企业。对于符合小规模纳税人标准的,但其会计制度健全、能够提供准确税务资料的纳税人,经主管税务机构批准,可视为一般纳税人。

增值税的征税对象为纳税人销售货物、加工、修理修配以及进出口货物所产生的增值额。货物是指土地、房屋和其他建筑物等不动产之外的有形动产、电力、热力和气体;应税劳务指加工和修配,包括工业性的和服务性的。加工指接受来料承做货物,加工后的所有权仍应属委托者的业务;修理修配指对损伤和丧失功能的货物进行修复,使其恢复原状和功能的业务;进口货物指报关进口的货物。销售是指有偿转让货物或提供应税劳务的行为,即以从受让方取得货币、货物或其他经济利益等代价为条件而转让货物及提供劳务的行为。

增值税的税率是有差别的比例税率,税率差别按两个层次和三个档次制定。一般纳税人实行三档税率,即:17%、13%和零税率。17%为基本税率,零税率适用于出口货物,包括报关出境的货物和运往海关管理的保税工厂、保税仓库和保税区的货物。13%为低税率,适用于指定的销售或进口货物,例如粮食、化肥、图书等。小规模纳税人采用 6%的征收率(从 1998 年 7 月 1 日起商业企业小规模纳税人的增值税税率由 6%调低到 4%)。

(三) 计税方法

根据增值税的不同纳税人,其计税方式也有区别。

(1) 一般纳税人的计税公式

$$应纳税额 = 当期销项税额 - 当期进项税额$$
$$当期销项税额 = 销售额 \times 税率$$

销售额指纳税人销售货物或应税劳务向购买者收取的全部价款和价外费用。价外费用包括：向购买者收取的手续费、补贴、基金集资费返还利润、奖励费、违约金、包装费、包装物租金、储备费、优质费、运输装卸费、代收款项、代垫款项等。如果销售额以外汇结算，必须按当月1日市场外汇牌价折合成人民币计算。

这里的销售额是不含税的，如果销售额包含增值税税额，则首先将其换算成不含税的销售额，换算公式是：

$$销售额＝含税的销售额/(1＋税率)$$

进项税款一般在购进货物或接受应税劳务的凭证（增值税专用发票或完税凭证）上有注明，直接扣除即可。但若纳税人购进的是农产品（因其免税），其进项税款可采用下列公式计算：

$$进项税款＝买价\times 扣除率$$

按照有关资料测算，农产品价格中含税约占9.8%，故扣除率定为10%。

(2) 小规模纳税人的计税公式

小规模纳税人不得使用增值税专用发票，因此不能享受抵扣权，须按规定的征收率计算税额。计算公式如下：

$$应纳税额＝销售额\times 征收率$$

这里的销售额仍然是不含税的，如果其中包含税额，须按前面的公式将其换算成不含税的销售额，然后按6%的比例税率征收。

(四) 增值税改革

1. 2009年开始的增值税改革

由于1994年实施的增值税采用的是生产型增值税，既没有完全消除重复征税，又不利于扩大民间投资，同时也与世界上绝大多数实行增值税的国家的做法不相一致，因此生产型增值税自执行以来饱受各界诟病。从2009年起，我国增值税进行改革，新增值税管理条例中有关税制的改革只要体现在类型的调整上：将生产型增值税改为消费性增值税。此外，降低小规模纳税人的税率至3%。

2. 增值税替代营业税（简称"营改增"）改革

1994年实施的税制中，增值税与营业税并存，诸多问题由此产生：比如，两税并存破坏了增值税的抵扣链条，影响增值税作用的发挥；又如，部分第三产业排除在增值税的征税范围之外，对服务业的发展造成了不利影响，同时也存在重复征税问题；再如，混合领域的混合征税导致纳税人普遍进行"合法"避税，税款流失严重。

为了解决两税并存带来的问题，实行增值税代替营业税成为完善税制的必然选择。

(1) 增值税代替营业税的试点。为进一步解决货物和劳务等第三产业领域存在的重复征税问题，完善税收制度，支持现代服务业发展，国务院决定从2012年1月1日起，在上海市交通运输业和部分现代服务业开展"营改增"试点工作，条件成熟时可选择部分行业在全国范围进行试点。根据《营业税改征增值税试点方案》，改革试点的主要内容如下：在现行增值税17%标准税率和13%低税率基础上，新增11%和6%两档低税率。租赁有形动产等适用17%税率，交通运输业、建筑业等适用11%税率，其他部分现代服务业适用6%税率。交通运输业、建筑业、邮电通信业、现代服务业、文化体育业、销售不动产和转让无形资产,原则上适用增值税一般计税方法。金融保险业和生活性服务业,原则上适用增值税简易计税方法。

(2) 试点范围扩大。自2012年8月1日起至年底,将交通运输业和部分现代服务业营业税改征增值税试点范围,由上海市分批扩大至北京、天津、江苏、浙江、安徽、福建、湖北、广东和厦门、深圳10个省(直辖市、计划单列市)。2013年继续扩大试点地区,并选择部分行业在全国范围试点。2013年8月1日起,将交通运输业和部分现代服务业"营改增"试点在全国范围内推开,适当扩大部分现代服务业范围,将广播影视作品的制作、播映、发行等纳入试点。

(3) 全面实行"营改增"。经国务院批准,自2016年5月1日起,在全国范围内全面实施营业税改征增值税的税制改革。建筑业、房地产业、金融业、生活服务业等行业,由缴纳营业税改为缴纳增值税,税率分别为11%、11%、6%、6%;2年以内的二手房交易实行5%的征收率。

三、消费税

消费税是1994年新设置的税种,设置消费税的宗旨是调节我国消费结构,正确引导消费方向,抑制超前消费需求,增加国家财政收入。因此,消费税作为国家对经济活动进行宏观调控的一个手段,集中体现国家的产业政策和消费政策。现行的消费税是对增值税的补充。增值税作为对生产经营活动实行普遍征收税种,需要消费税作为特殊调节目的选择部分消费品实行交叉征收的双层调节。中国现行的消费税不是针对所有的消费品征税,只是对若干种消费品征收。

(一) 基本税制结构

消费税的纳税人是指在中华人民共和国境内生产、委托加工和进口税法规定的消费品的单位和个人。

消费税的征税对象是指税法所规定的应税消费品的销售额或销售数量。销售额包括纳税人销售应税消费品向购买方收取的全部价额和价外费用。价外费用同前述增值税的规定。销售额不包括向购货方收取的增值税税款。如果纳税人应税消费品的销售额中未扣除增值税税款,或者因不得开具增值税专用发票而发生的价款和增值税税款合并收取的情况,在计算消费税时,应当换算为不含增值税税款的销售额。

消费税采用有差别的比例税率和定额税率,比例税率从3%到45%共设有10个档次,定额税率共设有4个档次。

(二) 计征方式

消费税征收采取从价定率和从量定额两种办法。这主要是根据课税对象的具体情况来考虑的。对一些供求基本平衡、价格差异不大、计量单位规范的消费品,实行从量定额征收办法,如黄酒、啤酒、汽油、柴油等。而对一些供求矛盾突出,价格差异较大,计量单位不规范的消费品则采用从价定率征收的办法,如甲乙类卷烟、雪茄烟、烟丝、粮食白酒、贵重首饰、化妆品、护肤护发品等。

(三) 消费税调整

(1) 2006年4月1日起,我国对消费税进行了调整,包括消费税税目、税率和相关政策。具体如下:新增高尔夫球及球具、高档手表、游艇、木制一次性筷子、实木地板等税目;增列成品油税目,原汽油、柴油税目为该税目下的子税目;同时新增石脑油、溶剂油、润滑油、燃料油、航空煤油五个子税目;取消护肤护发品税目;调整部分税目的税率(主要是汽车、酒,汽车税率按照排量大小征税)。

(2) 为促进汽车产业的健康发展,从 2008 年 9 月 1 日起调整汽车消费税政策,提高大排量乘用车的消费税税率,降低小排量乘用车的消费税税率。排气量在 3.0 升以上至 4.0 升(含 4.0 升)的乘用车,税率由 15% 上调至 25%,排气量在 4.0 升以上的乘用车,税率由 20% 上调至 40%;降低小排量乘用车的消费税税率,排气量在 1.0 升(含 1.0 升)以下的乘用车,税率由 3% 下调至 1%。

(3) 为了与成品油价格和税费改革相适应,从 2009 年 1 月 1 日起,提高成品油消费税单位税额。汽油、石脑油、溶剂油、润滑油消费税单位税额由每升 0.2 元提高到每升 1.0 元;柴油、航空煤油和燃料油消费税单位税额由每升 0.1 元提高到每升 0.8 元。调整特殊用途成品油消费税政策。对进口石脑油恢复征收消费税。航空煤油暂缓征收消费税。对用外购或委托加工收回的已税汽油生产的乙醇汽油免征消费税。用自产汽油生产的乙醇汽油,按照生产乙醇汽油所耗用的汽油数量申报纳税。对外购或委托加工收回的汽油、柴油用于连续生产甲醇汽油、生物柴油的,准予从消费税应纳税额中扣除原料已纳的消费税税款。

四、关税

关税是对进出关境的货物和物品征收的税。关境是海关征收关税的界域,是指一个国家的关税法、关税税则等各项关税法令、规章实施的区域。

(一) 基本税制结构

关税的纳税人是指进口货物的收货人、出口货物的发货人、进出口货物的代理人以及出入境行李和邮递物品的所有人和收件人。纳税人进出关境的货物是指以贸易为目的的进出口的商品物资;物品是指出入境旅客携带的、个人邮递的、运输工具和服务人员携带的以及其他方式进出关境的属于个人自用的非商品物资。

关税的征税对象是指进出关境的货物和物品的流转额。根据关税法规定,进出境的货物和物品分为应税品和免税品两类,关税主要是以应税品的流转额为计征依据。

关税实行有差别的比例税率,可划分为进口税率和出口税率、普通税率和优惠税率两类。一般而言,出口关税税率比进口关税税率要低,除非受国家控制出口的商品。进口关税税率的高低与否,主要视对国内资源稀缺性和建设需要的程度决定。就相同商品而言,优惠税率要低于普通税率。我国对有互惠贸易协定的国家采用优惠税率,对无互惠贸易协定的国家采用普通税率。

关税的税收优惠可分为两类,即税收减免和保税制度,具体有以下四种。

(1) 法定减免。这是指对一般性货物和物品所规定的减免,例如外国政府赠送的物品、旅客入境携带的自用品等。

(2) 特定减免。这是指某些特定目的的减免,主要是对外商企业、引进先进技术方面的一些货物,以及进口的科教用品等。

(3) 临时减免。因特殊原因(如天灾人祸等不可抗拒的原因)而使纳税人无力承担纳税义务时,在货物进出口之前,由纳税人向当地海关提出书面申请,当地海关审核后转报海关总署,由后者或后者会同财政部、国家税务总局审核批准。

(4) 保税制度。保税制度是海关对进口货物暂不征收进口税,规定其存放于指定地点(包括保税区、保税工厂、保税集团等)而保留征税权的一种海关管理制度。该批货物在规定期限内复运出口不征税,如果进入国内市场则要补征关税。

(二) 计税方式

关税应纳税额的基本计算公式为:

$$进出口商品应纳税额 = 进出口商品的完税价格 \times 进出口货物量 \times 适用税率$$

完税价格分进口和出口两类价格,进口和出口完税价格分别以到岸价格和离岸价格为基准。

关税以海关核定的不含税的完税价格为计税依据。进口货物关税以海关审定的正常成交价格为基础的到岸价格为完税价格。出口货物以海关审定的货物与境外的离岸价格扣除出口税后作为计税依据。进出口货物均不包含税金在内,这与以含税价格为计税依据的现行营业税等其他流转税是不同的。一般说,到岸价格即为完税价格。到岸价格包括进口货物的离岸价格、运输费、包装费和保险费等,当然还包含成交时付给国外的佣金和外国违反合同期交货的罚金等非商品费用。外方给予我方的回扣不列入完税价格之中。

第二节 所得税

一、所得税的特征

所得税是以纳税人的所得额为征税对象的税类。所得额也称收益额,一般是指自然人、法人和其他经济组织从事生产经营活动获得的总收入,减去相应的成本、费用之后的余额。但是,在特殊情况下,不作扣除的总所得也可以作为征税对象,例如农业税。我国所得税的主要税种有个人所得税、企业所得税和农业税(从 2006 年起全面取消农业税)。所得税具有以下五个方面的特征。

(一) 征税对象的净收益特征

纳税人的收益额分为总收益和净收益。总收益是指纳税人的全部收入,净收益则是指纳税人扣除相关成本费用后的净得收入。一般而言,所得税的对象是纳税人的净收益额。以净收益作为课税对象,不仅能够在宏观上比较准确地反映国民收入的增减变化情况,而且便于根据纳税人的实际负担能力来确定税负水平,易于体现税负公平原则。

同时,所得税往往规定起征点、免征额及扣除项目,可以在征税时照顾低收入者,不会影响纳税人的基本生产与生活。

(二) 税负的不易转嫁性

所得税是以纳税人的总收入减去准予扣除项目后的应税所得额为课征对象,征税环节单一且清晰。应税所得额不构成商品价格的追加。因此所得税的税负不易转嫁,征纳双方的关系比较明确,税负的落点比较清晰。当然,在某些特定情况下(如价格与价值发生背离时),所得税的税负也可能以某种形式转嫁。

(三) 调节利益及收入分配格局

由于所得税的对象是纳税人的收益,体现出国民收入再分配的效应,所以通过所得税制的设计,采用税率、税目及税收优惠等手段,对不同纳税人的初次分配收益进行调节。所得税的调节具有直接性和不可转嫁性,对纳税人而言,产生的收益再配置的影响将会形成他们最终的利益格局。

所得税还可以通过累进税率制度,缩小社会贫富和企业之间实际收入水平的差距;通过其减税免税的规则,对特殊困难的纳税人给以种种照顾,起到公平税负、缓解社会矛盾、保持社会安宁的作用。

（四）税源的广泛性及稳定性

所得税以实现的纳税人收益为征税对象,而一定时期各微观经济主体实现所得的总和表现为一个国家的国民生产总值,只要经济正常发展,国民生产总值就会不断增长,就会为所得税提供广泛的税源。

由于所得税来源于经济资源的利用和剩余产品的增加,随着资源利用效率的提高,剩余产品也会不断增长,因而从长远看,所得税的税源基础是稳定可靠的。

（五）税收收益的国际化特征

在经济全球化的背景下,国际经济交往与合作不断扩大,跨国投资和经营的情况极为普遍,各国人员的往来日益频繁,出现了大批的所谓跨国纳税人,因此对这些跨国纳税人的跨国所得课税问题就不单纯是一国政府内部的税收权益,而是一个税收权益国际化的问题。根据这一特征,我们首先要明确对跨国所得征税是任何一个主权国家应有的权益;其次,要与他国以及相关国际组织充分协调,处理好税收权益的国际配置问题。

所得税的纳税人有自然人和法人,因此主要税种就是个人所得税和企业所得税。

二、个人所得税

个人所得税是以个人所得为征税对象的税种。在我国,随着经济的发展,居民收入的增长,特别是在转向市场经济体制后,居民收入水平不断增加,个人所得税一直保持高增长速度,成为我国税收体系中极具发展潜力的一个税种。

（一）基本税制结构

在中国境内有住所或者无住所但在境内居住满1年的个人,以及在中国境内无住所或者在境内居住不满1年但有来自境内所得的个人,为个人所得税的纳税人。

个人所得税的征税对象是指个人的收益。从征收范围看,个人所得税的征税对象一般涉及面较广,包括工资、薪金、津贴、退职金,个体经营所得,承包经营所得,利息、股息、红利,财产转让所得,特许权使用费所得,财产租赁所得,劳务报酬所得,稿酬所得和偶然所得等。我国采用的是分类所得税制,个人不同的所得按不同方式计征。

个人所得税税率根据征税对象不同,设立了二类税率,即超额累进税率和比例税率。个人的工资、薪金以及个体工商户的所得适用累进税率,劳务、稿酬等其他所得适用于比例税率。个人的工资、薪金按月所得扣除800元基本费用后的余额,采用九级超额累进税率计征;个体工商户的所得按年度收入总额扣除必要的成本、费用、损失后的余额,采用五级超额累进税率计征;其他所得均按20%的比例税率征收。

（二）计税方式

在计算应纳税额时,首先要确定应纳税所得额,因为个人的总所得并不一定是完全的征税对象,需要对不同纳税人的各种所得分别计算应税所得额。

1. 应税所得额的确定

对不同纳税人的应税所得额的确定有如下规定：

(1) 对中国公民的工资、薪金所得，以每月收入额减除费用 800 元后的余额为应税所得。

(2) 对个体工商户的生产、经营所得，以每个纳税年度的收入总额，减除成本、费用以及损失后的余额为应税所得。

(3) 对企事业单位的承包经营、承租经营所得，以每一纳税年度的收入总额，减除必要费用(按每月 800 元计)后的余额为应税所得。

(4) 对劳务报酬所得、特许权经营所得、财产租赁所得，每次收入不超过 4 000 元的，扣除费用 800 元；每次收入超 4 000 元以上的，减除 20% 的费用，其余额为应纳税所得。

(5) 对稿酬所得，适用比例税率，税率为 20%，并按应纳税额减征 30%。

(6) 对财产转让所得，以财产转让的收入额减除财产原值和合理费用后的余额，作为应税所得。

(7) 对在中国境内工作的外籍人员的工资、薪金，除在其应税所得中扣除 800 元费用基础上，再扣除 3 200 元的附加减除费用，共扣减 4 000 元后的余额，为应税所得。

2. 应纳税额的计算

确定了各类纳税人的应税所得额后，再乘上各自的适用税率，便得到个人所得税的应纳税额。

(1) 适用于工资、薪金所得的计税公式：

$$应纳税额 = 月应纳税所得额 \times 适用档次税率 - 速算扣除数$$

(2) 适用于个体工商业户承包经营、承租经营所得的计税公式是：

$$应纳税额 = 年度应纳税所得额 \times 适用档次税率 - 速算扣除数$$

其中：年度所得 = 年度收入总额 −(成本＋费用＋损失)

(3) 适用于劳务报酬、特许权使用费所得的计税公式为：

每次收入不超过 4 000 元的：

$$应纳税额 = (每次收入 - 800 元) \times 20\%$$

每次收入超过 4000 元的：

$$应纳税额 = 每次收入 \times (1 - 20\%) \times 20\%$$

(4) 适用于财产转让所得的计税公式：

$$应纳税额 = [每次财产转让所得 - (财产原值 + 合理费用)] \times 20\%$$

(5) 适用于利息、股息、红利和偶然所得的计税公式：

$$应纳税额 = 每次的利息、股息、红利、偶然所得 \times 20\%$$

(三) 个人所得税改革

伴随着经济体制改革的深入、经济发展和人们收入水平、支出结构的变化，需要对原税制中一些不合理的因素进行调整与改革。个人所得税税制的调整主要有三次：

(1) 从 2006 年 1 月 1 日起，个人所得税月工资免征额上调至 1 600 元。

(2) 2008年3月起免征额提高至2 000元。

(3) 2011年个人所得税改革。

2011新税法主要从4个方面进行了修订：

一是工薪月所得扣除标准提高到3 500元。

二是调整工薪所得税率结构，由9级调整为7级，取消了15%和40%两档税率，将最低的一档税率由5%降为3%。

三是调整个体工商户生产经营所得和承包承租经营所得税率级距。生产经营所得税率表第一级级距由年应纳税所得额5 000元调整为15 000元，其他各档的级距也相应作了调整。

四是个税纳税期限由7天改为15天，比现行政策延长了8天，进一步方便了扣缴义务人和纳税人纳税申报。

表13-1 现行个人工资薪金所得税税率

全月应纳税所得额	税率	速算扣除数（元）
全月应纳税额不超过1 500元	税率为3%	0
全月应纳税额超过1 500元至4 500元	税率为10%	105
全月应纳税额超过4 500元至9 000元	税率为20%	555
全月应纳税额超过9 000元至35 000元	税率为25%	1 005
全月应纳税额超过35 000元至55 000元	税率为30%	2 755
全月应纳税额超过55 000元至80 000元	税率为35%	5 505
全月应纳税额超过80 000元	税率为45%	13 505

三、企业所得税

（一）中国企业所得税的制度变迁

我国征收企业所得税是从改革开放以后开始的。起初税制建立和改革是按照内外资企业分开进行的。1994年税制改革之前，中国的内资企业按照生产经营规模的大小和企业性质的不同，征收各种各样的企业所得税，1994年税制改革统一了内资企业的所得税税种，统一征收企业所得税。20世纪80年代初期针对不同的外资企业分别开征了不同的所得税税种，1991年对外商投资企业征收的所得税税种合并为外商投资企业和外国企业所得税。2008年开始合并内外资企业所得税税种，统一征收企业所得税。

（二）基本税制结构

1. 纳税人

在中华人民共和国境内，企业和其他取得收入的组织（以下统称企业）为企业所得税的纳税人。企业分为居民企业和非居民企业。居民企业，是指依法在中国境内成立，或者依照外国（地区）法律成立但实际管理机构在中国境内的企业。非居民企业，是指依照外国（地区）法律成立且实际管理机构不在中国境内，但在中国境内设立机构、场所的，或者在中国境内未设立机构、场所，但有来源于中国境内所得的企业。

2. 征税对象

居民企业应当就其来源于中国境内、境外的所得缴纳企业所得税。包括销售货物所得、提供劳务所得、转让财产所得、股息红利等权益性投资所得、利息所得、租金所得、特许权使用费所得、接受捐赠所得和其他所得。

非居民企业在中国境内设立机构、场所的,应当就其所设机构、场所取得的来源于中国境内的所得,以及发生在中国境外但与其所设机构、场所有实际联系的所得,缴纳企业所得税。非居民企业在中国境内未设立机构、场所的,或者虽设立机构、场所但取得的所得与其所设机构、场所没有实际联系的,应当就其来源于中国境内的所得缴纳企业所得税。

3. 税率

企业所得税税率为25%。非居民企业取得企业所得税法第三条第三款规定的所得,适用税率为20%。符合条件的小型微利企业,减按20%的税率征收企业所得税。国家需要重点扶持的高新技术企业,减按15%的税率征收企业所得税。

4. 税收优惠

国家对重点扶持和鼓励发展的产业和项目,给予企业所得税优惠。企业的下列所得,可以免征、减征企业所得税:从事农、林、牧、渔业项目的所得;从事国家重点扶持的公共基础设施项目投资经营的所得;从事符合条件的环境保护、节能节水项目的所得;企业符合条件的技术转让所得;企业所得税法规定的其他所得。

企业所得税的税收优惠包括减免优惠和税率优惠两方面。凡实行民族区域自治的民族地区,经省级政府批准,可对该区域内企业定期减税或者免税。其他情况的所得税减免需经国务院下文规定或者经财政部报经国务院批准同意。税率优惠的内容即前述的两档优惠税率。

(三) 计税方式

$$应纳税额 = 应纳税所得额 \times 适用税率 - 减免税额 - 抵免税额$$

企业每一纳税年度的收入总额,减除不征税收入、免税收入、各项扣除以及允许弥补的以前年度亏损后的余额,为应纳税所得额。

企业收入包括:销售货物收入;提供劳务收入;转让财产收入;股息、红利等权益性投资收益;利息收入;租金收入;特许权使用费收入;接受捐赠收入;其他收入。

不征税收入是指:财政拨款;依法收取并纳入财政管理的行政事业性收费、政府性基金;国务院规定的其他不征税收入。

企业实际发生的与取得收入有关的、合理的支出,包括成本、费用、税金、损失和其他支出,准予在计算应纳税所得额时扣除。企业发生的公益性捐赠支出,在年度利润总额12%以内的部分,准予在计算应纳税所得额时扣除。在计算应纳税所得额时,企业按照规定计算的固定资产折旧,准予扣除;在计算应纳税所得额时,企业按照规定计算的无形资产摊销费用,准予扣除;企业纳税年度发生的亏损,准予向以后年度结转,用以后年度的所得弥补,但结转年限最长不得超过五年。

公式中的减免税额和抵免税额,是指依照企业所得税法和国务院的税收优惠规定减征、免征和抵免的应纳税额。

抵免限额,是指企业来源于中国境外的所得,依照企业所得税法的规定计算的应纳税额。计算公式如下:

抵免限额 = 中国境内、境外所得依照企业所得税法的规定计算的应纳税总额 × 来源于

某国(地区)的应纳税所得额÷中国境内、境外应纳税所得总额

第三节　财产税和行为税

一、财产税及行为税的特征

(一)财产税的特征

财产税是对纳税人所拥有的财产价值或使用价值为征税对象课征的税类。我国公有制占主导地位，大部分社会财富(如土地、自然资源等)均归公共所有，虽然改革开放以后，特别是在允许部分人先富起来的政策落实后，个人财产的数量有所增加，但是他们与发达国家的个人相比还比较有限，因此我国真正意义上的财产类税种不多，只有房产税和契税。随着人民生活水平的提高，我国正在酝酿开征新的财产类税种，如遗产税、赠与税。

纳税人的总财富从价值构成角度看，可分为货币与物质财富。前者为价值形态，体现为现金、有价证券等，可形成所得税、流转税的课税基础；后者为使用价值形态，体现为房地产、高档耐用品等，可形成财产税的课征基础。因此财产税与其他税类共同构成对纳税人个人拥有财产的调节。个人拥有财产的多寡往往可以反映其纳税能力，因此对财产课税符合税收的公平原则。在调节纳税人财产收入方面，财产税可以弥补流转税和所得税的不足。所得税以所得额为征税对象，若不同的纳税人以同等价值的财产投入生产经营活动，善于经营的人有所得就纳税，不善于经营的人无所得就不纳税，这在客观上起到了奖懒罚勤的作用。财产税则可以纠正这一缺陷，因为财产税是对财产价值课税，不论纳税人有无所得，均需缴纳财产税，有所得的不多纳税，无所得的也不少纳税，所以财产税可以配合所得税对纳税人的收入进行调节。流转税是对商品在交换过程中的流转额课税，它既不涉及财产有无收益和收益大小，又不涉及财产的占有和分配情况，所以也需要财产税进行调节配合。

由于财产税在征税对象上体现出弹性小的特点，因此不能随财政的需要而筹集足够的资金；又因为财产税的对象相对固定在不同地区之内，所以具有较强的地域性。财产税只能是有选择性的征税，不可能遍及所有财产和资源，因而征税范围较窄，这就决定了财产税不可能作为一个国家的主要税种，只能成为辅助性的税种，一般划为地方税。另外，财产税还具有促进社会财富合理配置、限制浪费的特点。

(二)行为税的特征

行为税是以纳税人的某种特定行为作为征税对象进行课征的税类。所谓特定行为是相对于一般行为来讲的。就一般行为概念而言，很多活动都可以解释为行为，自然，所有税种也可以是针对某些行为的课税。为与其他税种相区别，行为税类所指的特定行为主要是指国家认为要加以限制或监督的行为。自我国改革开放后，政府的经济调节职能逐步由行政调节转向经济调控，行为税作为调节工具，具有经济杠杆的功效。

行为税的基本特点是具有特殊的目的性。行为类税种征税对象的形式虽然是货币或实物形态，但其立法精神却在于调节某些行为，直接体现国家的意志。行为税的课征目的主要不是为了取得财政收入，更不是为了通过课税使这种税收的收入不断增长，恰恰相反，有时却是为了限制某种行为，实行"寓禁于征"的政策，从而可能导致这种税收收入的不断减少。需要时就

开征,不需要时就停征。例如我国(曾经开征)的烧油特别税,通过限制企业烧油的行为,以达到促进改烧油为烧煤的目的,当这个目的达到后,这个税种就会废止或消失。由此看来,行为税在组织财政收入方面,不像流转税和所得税那样普遍、集中和稳定。行为税是依政策导向而设置的,具有较强的时效性。

所以,在整个税制结构中,行为税不可能作为国家的主体税种,而是辅助性的税种弥补主体税种在调节经济作用上的不足。我国现行的行为税种主要有资源税和印花税。

二、财产税及行为税的主要税种

(一)财产税的税种

1. 房产税

我国于1950年开征房产税,1951年将房产税与地产税合并为城市房地产税,1973年并入工商统一税,1986年10月又将其作为一个独立的税种。

(1)基本税制结构。房产税的纳税人是指房屋的产权所有人、房产承典人和房产经管、代管使用人。房屋产权属于全民所有的,由经营管理单位缴纳;产权出典的,由承典人缴纳;产权所有人、承典人不在房产所在地的,或者产权未确定及租典纠纷未解决的,由房产代管人或者使用人缴纳。凡是在城市、县城、建制镇和工矿区的纳税人,都须缴纳房产税。

房产税的征税对象分为房产价值和租金两种。从房产价值看,考虑到房产自然损耗和计征简化等原因,计征依据为房产原值一次性减除10%～30%后的余额部分,具体减除比例由各地人民政府依据本地实际情况自行决定。出租的房产,以房产租金收入为计税依据。没有房产原值资料的,可参照同类房产核定征税对象价值。

房产税采用比例税率。根据房产原值计征,税率为1.2%;按租金计征,税率为12%。

房产税免税的领域主要包括:国家机关、人民团体、军队自用的房产,由国家财政部门拨付事业经费的单位自用的房产,宗教寺庙、公园、名胜古迹自用的房产,个人所有非工农业使用的房产以及经财政部批准免税的其他房产。

(2)计税方法。房产税是按年征收、分季缴纳,其应纳税额计算公式可分两种情况。

① 房产所有人缴纳:

$$应纳税额=房产原值\times(1-一次性减除率)\times 1.2\%$$

② 房产出租人缴纳:

$$应纳税额=房产全年租金\times 12\%$$

(3)房产税改革

现行税制的房产税纳税人包括自然人所持有的房产(房屋出租的租金收入除外),普通自然人持有房产没有税收成本同时又可以享有房价上涨产生的收益。在中国社会收入分配不均、科技创新不足以及投资渠道缺乏的背景下,将闲散的流动性投资于房产成为中高收入者的普遍选择。其结果必然是房价持续上涨,普通居民难以承受高企房价,房产的居住功能被抑制,而其投资功能被发挥得淋漓尽致;在众多普通居民没有住房的同时,已开发房产作为投资资产而大量闲置,造成资源分配的严重不公平和浪费,扭曲了社会公正。

为了充分发挥税收对于收入再分配、资源合理配置与充分利用等方面的调节作用,从

2011年1月28日开始,上海市和重庆市对个人购买的、超过一定面积(或价格)的增量房产,开始进行征收房产税的试点,待条件成熟时在全国推广。以《上海市开展对部分个人住房征收房产税试点的暂行办法》(以下简称暂行办法)为例,主要税制要素如下。

纳税人:暂行办法施行之日起,本市新购且属于该居民家庭第二套及以上的住房(包括新购的二手存量住房和新建商品住房,下同)的本市居民家庭和在本市新购住房的非本市居民家庭。

征税对象:按上述应税住房市场交易价格的70%计算缴纳。

税率:适用税率暂定为0.6%,应税住房每平方米市场交易价格低于本市上年度新建商品住房平均销售价格2倍(含2倍)的,税率暂减为0.4%。

减免规定:主要有以下几种情况。

A 市居民家庭在本市新购且属于该居民家庭第二套及以上住房的,合并计算的家庭全部住房面积(指住房建筑面积,下同)人均不超过60平方米(即免税住房面积,含60平方米)的,其新购的住房暂免征收房产税;人均超过60平方米的,对属新购住房超出部分的面积,按本暂行办法规定计算征收房产税。

合并计算的家庭全部住房面积为居民家庭新购住房面积和其他住房面积的总和。

本市居民家庭中有无住房的成年子女共同居住的,经核定可计入该居民家庭计算免税住房面积;对有其他特殊情形的居民家庭,免税住房面积计算办法另行制定。

B 市居民家庭在新购一套住房后的一年内出售该居民家庭原有唯一住房的,其新购住房已按本暂行办法规定计算征收的房产税,可予退还。

C 市居民家庭中的子女成年后,因婚姻等需要而首次新购住房且该住房属于成年子女家庭唯一住房的,暂免征收房产税。

D 符合国家和本市有关规定引进的高层次人才、重点产业紧缺急需人才,持有本市居住证并在本市工作生活的,其在本市新购住房且该住房属于家庭唯一住房的,暂免征收房产税。

E 有本市居住证满3年并在本市工作生活的购房人,其在本市新购住房且该住房属于家庭唯一住房的,暂免征收房产税;持有本市居住证但不满3年的购房人,其上述住房先按本暂行办法规定计算征收房产税,待持有本市居住证满3年并在本市工作生活的,其上述住房已征收的房产税,可予退还。

F 他需要减税或免税的住房,由市政府决定。

2. 契税

契税是指土地、房屋权属发生转移的时候,按当事人双方所签订的合同(契约)以及所确定价格的一定比例,向转移土地、房屋权属的承受人征收的一种税。由于土地、房产因发生产权转移而向承受人按转移的价值进行征税,因此契税属于财产税,但由于该税是在土地、房屋权属转移行为发生的时候进行征收,所以契税同时也具有行为税的特征。

(1)基本税制结构。契税的纳税人是指买卖、典当、赠与、交换房产和土地所有权转移的当事人双方订立契约后的承受人。如是买卖契约,则纳税人为买者;若是房产典当,纳税人为受典人;如果是房产赠与,纳税人则是受赠人。

契税的征税对象是买卖、典当、赠与和交换的价值额。若是进行房产买卖和典当,则按其交易价格为对象计征;若是赠与和交换房产,就按转移时的房产价值计征。

契税采用差别比例税率。按买契税、典契税、赠与税划分,设置三档税率,税率分别为

6%、3%、6%。

(2) 契税的改革。为了促进我国房地产交易市场的健康发展,建立健全我国地方税收体制,便于房地产权属的转移,发挥契税的调节作用,新的《中华人民共和国契税暂行条例》于1997年10月1日起实施。新条例与老条例相比在以下方面作了修改:① 征收契税不再具有保障土地、房屋权属的作用,因为国家《土地管理法》和《城市房地产管理法》出台后,在加强土地、房屋权属管理上已经有了法律保障。② 将对土地所有权转移征税改为对土地使用权转移征税。土地、房屋均属不动产,房屋所有权转移必然连带土地使用权的转移,土地使用权的转移往往包含着房屋,两者之间存在着密切联系。对土地、房屋转移征收同一税种,符合国际惯例。③ 调整了税率。将比例税率改为幅度比例税率,税率下调1%—3%,具体由省、自治区、直辖市人民政府在3%—5%的幅度内自行确定,以适应不同地区纳税人的负担水平和调控房地产交易的市场价格。④ 取消对典当行为的征税。⑤ 修改了计税依据。将买卖契税按买价征收,改为国有土地使用权出让、土地使用权出售、房屋买卖,按成交价格计算征收;将赠与契税按现值价格征收,改为土地使用权赠与、房屋赠与,由征税机关参照土地使用权出售、房屋买卖的市场价格核定征收;对土地使用权交换、房屋交换,确定为所交换的土地使用权、房屋的价格差额征收。⑥ 缩小了减免范围。只对属于机关、事业单位、社会团体的土地房屋,其用于办公、教学、医疗、科研、军事设施的给予免税,对大多数公有制单位恢复征税。

为鼓励城镇职工购买公有住房,实现住房商品化,国家在财政、价格、金融、税收等方面给予了许多优惠政策。为了保持政策的连续性,加速住房制度的改革,在新条例中明确规定,城镇居民第一次购买公有住房的,免征契税(不包括购买的商品房)。

(3) 契税对房地产市场的调节。房产具有居住和投资双重功能,鉴于房地产市场的特殊性,现行契税经常被地方政府作为调控房地产市场的税收手段。当房地产市场过热的时候,很多地方政府通过提高税率的方式限制住房投资;而当市场偏冷的时候,地方政府有可能实行优惠的契税政策以鼓励普通公众购买房产。如2008年金融危机爆发之前,由于房地产市场投资过热导致资产泡沫显现,为加强对房地产市场的宏观调控,很多地方对于购买高档住宅适用于高税率,如南京市普通商品房契税税率为2%,高档商品房为4%。2008年金融危机出现后,市场需求发生逆转,为了扩大内需,不少地方政府又开始执行契税减半的优惠政策:购买普通商品房纳税人按照2%缴税,政府补贴1%(相当于税率减半)。

(二) 行为税的税种

1. 资源税

计划经济时期我国实行指令性计划价格,第一产业定价偏低,矿产开采单位无纳税能力。20世纪70年代末期,我国开始进行价格改革,逐步提高矿产品的价格,矿产开采企业的纳税能力也逐渐增强。为了促进资源的合理开发与利用,调节矿产企业的级差收入,促进企业的公平竞争,1984年8月颁布我国第一部资源税法规。但这部资源税法的征税范围狭小,仅对石油、煤炭、天然气三类资源征收资源税。1993年对原有资源税法进行了修改,同年12月国务院发布了《中华人民共和国资源税暂行条例》。新的资源税暂行条例将资源税的征税范围进一步扩大,且把盐并入资源税的应税资源,作为资源税的一个独立的税目。

(1) 基本税制结构。资源税的纳税人是指在中华人民共和国境内开采税法所规定的矿产品或生产盐的单位和个人。

资源税的征税对象是指应税产品的数量。应税产品包括各类矿产资源和盐等资源。

资源税采用弹性定额税率,即根据不同的资源和品位有别的资源制定高低不等的资源税税率。资源税有 7 类 8 个档次的税率,每一档次税率均有一定的幅度范围,比如原油单位税额为 8—30 元/吨,天然气税率为 2—15 元/千立方米。

(2) 计征方法。资源税采用按数量确定税额、从量定额的征收方法,其计税公式如下:

$$应纳税额＝应税产品数量×适用单位税额$$

对于收购应税而未交税的矿产品的单位,按税法规定,可作为扣缴义务人,缴纳代扣代缴的税额,计税公式为:

$$代扣代缴的税额＝收购的未交税矿产品数量×适用单位税额$$

(3) 资源税改革

我国现行资源税采用的是定额税率,税收对资源类产品因价格波动而产生的收入分配、对资源合理开发与利用等方面所起的调节作用十分有限。有鉴于此,有必要对资源税进行改革。在少数地区资源税改革试点并成功的基础上,我国对资源税税制进行适当调整。《中华人民共和国资源税暂行条例实施细则》已经公布,自 2011 年 11 月 1 日起施行。

与已经实施的《中华人民共和国资源税暂行条例》相比,《实施细则》主要变化在两方面:一是将原来的资源税税率有从量定额改为从价定率和从量定额相结合。比例税率主要适用于石油和天然气。二是调整了一些资源的税率,如焦煤、稀土等资源的税率适当调高,以促进这些资源的合理开发与运用。

2. 印花税

印花税是指对书立、领受应税的凭证征收的一种税。由于各国都采用在应税凭证上贴印花税票作为完税的标志,因此称这种税为印花税。目前世界上有 90 多个国家和地区开征印花税。我国征收印花税始于 1913 年。新中国成立后于 1950 年开征印花税,1958 年并入工商统一税,1988 年 10 月又重新恢复该税种。

(1) 基本税制结构。印花税的纳税人是指在中国境内书立、领受税法所列举凭证的单位和个人,包括合同人、立账簿人、立据人和领受人等。对于合同和书据,凡是有两个或两个以上的当事人共同办理的,当事人各方都是印花税的纳税人。例如证券交易印花税的纳税人是立据双方当事人。担保人、证人、鉴定人因对合同或书据不存在直接的权利和义务关系,故不是印花税的纳税人。对在一些代理业务中,由代理人代办凭证的,则代理人具有代理纳税义务。

印花税的征税对象为各类书立合同或账簿所记载的资金额或书立合同的数量。印花税共设有 13 个税目,包括购销合同、建设工程勘察设计合同、加工承揽合同、建筑安装工程承包合同、财产租赁合同、货物运输合同、仓储保管合同、借款合同、财产保险合同、技术合同、产权转移书据、营业账簿和权利许可证照。例如证券交易印花税的征税对象是买卖、继承、赠与所书立的股权转让书据。

印花税采用比例税率和定额税率。按比例税率征税的有经济合同及合同性质的凭证、记载资金的账簿、产权转移书据等,比例税率有万分之三和万分之五两档。对证券交易印花税采用 3‰ 的基本税率,并可根据实际情况向上浮动最高至 10‰。从 1998 年 6 月 12 日起,该税率为 4‰。这些凭证一般都载有金额,按比例纳税,金额多的多纳税,金额少的少纳税,既能保证财政收入,又体现合理负担的征税原则。其他营业账簿、权利许可证照等,因为这些凭证不属资金账或没有金额记载,规定按定额税率纳税,可以方便纳税和简化征管。

(2) 纳税方法。印花税的纳税方法主要是纳税人根据税法规定,自行计算应纳税额,购买印花税票,完成纳税义务。一般分为两种方法:

① 一般纳税方法。纳税人向税务机关或指定的代售单位购买印花税票,并将印花税票粘贴在应纳税凭证上,然后在每枚税票的骑缝处盖戳注销或者画销,到此,纳税人便完成了纳税义务。就税务机关而言,印花税票一经售出,国家就取得印花税收入。但纳税人须粘贴并画销后,才算完成纳税义务。

② 简化纳税方法。对应纳税额较大或者贴花次数频繁的,税法还规定有简化缴纳印花税的方法。主要有三种方法:第一,以缴款书或完税证代替贴花的方法;第二,按期汇总缴纳印花税的方法;第三,代扣税款汇总缴纳的方法。

(3) 计征方法。印花税是按比例税率计征应纳税额,其计算公式为:

$$应纳税额 = 计税金额 \times 适用税率$$

根据《印花税税目税率表》的规定,购销合同的计税依据是购销金额;加工承揽合同的计税依据是加工承揽收入。这些计税依据的金额就是计税金额。如果凭证只记载数量,没有记载金额,应按物价部门规定的价格计算确定计税金额;物价部门没有定价的,应按凭证书立时的市场价格计算确定计税金额。例如证券交易印花税的征税依据为书立时证券市场当日实际成交价格计算的金额。

三、完善财产税的探讨

与个人所得税一样,财产税是调节收入再分配的税收工具,是对个人所得税很好的补充。在所得环节征税需要兼顾税收的公平和效率原则,如果所得税税率过高将导致经济效率的损失;此外由于一国税制以及税收征管方式存在一些天然缺陷,所得税环节可能产生合法避税现象,导致税款的流失。因此在财产保有环节征收相应的财产税,既可以起到继续调节收入分配差距的作用,又可以将部分在所得环节应征未征的税款征上来。在发挥公平收入的功能方面,财产税要比个人所得税更加先进,因为后者针对的是既定的分配结果,而前者则为社会公众提供一个公平的起点。

在实行分税制的市场经济国家,财产税是地方财政主要的税源。以美国为例,直接税是国家财政的主要收入来源,其中的所得税以个人所得税为主,其征收的税收归属于联邦政府财政;州和地方政府的财政收入除了商品税,主要就是各种财产税。1994年开始中国也实行了分税制,但作为地方财政而言,政府层次偏多,且税种有限;分税制实行至今,中央税的规模呈现逐步上升态势,其结果就是地方政府财权和事权严重不对称。公产收入以及负债成为很多地方政府解决财政困境的主要手段。为了完善中国的分税制,从税收制度上解决地方政府的财力不足问题,需要完善中国的财产税制度。

从经济角度看,中国当前已经具备了开征主要财产税的物质基础。中国经济经历了高速发展的三十年,且这种趋势还在继续。伴随经济增长的是人们收入水平的不断提高以及财富的大量积累。从财富分布状况看,无论是存量还是增量都存在严重的分配不公问题,因此开征相应的财产税税种已经具备了充分的物质准备,更是对社会财富进行再分配所必需的。

征收财产税可以为拥有财产的人提供一种激励。税收政策应该鼓励社会公众积极向上,通过自己的努力和劳动带来收入与财富。如果仅仅依靠上辈人留下的财产生活,将成为十足的食利阶层,个人努力和奋斗的意愿将完全丧失;对于社会而言,这也是一种完全违背社会公正的不良现象。

征收财产税,有助于鼓励民间的转移支付行为。对于低收入者进行转移支付,不仅仅是政府的一项职能,作为一个现代文明和谐的社会,民间转移支付更能体现社会的文明程度,体现人们相互之间良好的道德规范。如果政府征收相应的财产税,对于民间转移支付是一个很好的激励,而且这种转移支付与政府财政预算中的转移支付相比,成本更低,效果更好。

从技术角度看,征收财产税需要拥有一个完备的征信体系。无论是哪一种财产税税种的开征,都需要一个完备的社会征信系统作为支撑,否则会出现严重的避税现象,从而扭曲税收公平原则。通过多年的信息系统建设,我国目前对于个人以及家庭的收入、财产状况已经基本上纳入了全国统一的征信系统,相信通过该项制度的进一步完善,逃出征信系统的收入和财富将会逐步被杜绝。因此从技术角度看,目前已经基本上具备了技术条件。

通过上述分析,我们认为当前开征一些重要的财产税已经具备了各种条件,这些税种包括遗产税、赠与税、物业税(房产税)等。

本章小结

我国的课税制度是由流转税、所得税以及财产行为税的制度构成。流转税的主要税种有增值税、营业税和关税。增值税是我国的主体税种,在筹集财政收入和调节经济方面起到重要作用;营业税的征税范围主要局限在第三产业,是地方财政收入的主要来源;关税是推动对外贸易发展和处理国际经济关系的重要工具,也是财政的一项稳定的收入来源。所得税的主要税种有企业所得税、个人所得税。目前虽然来自于个人所得税的收入还不多,但随着人民生活水平的不断提高,个人所得税的潜力将逐渐增大。企业所得税和个人所得税均是调节社会收入分配的重要手段。我国目前财产税的税种数量较少,只有房产税和契税,在条件成熟时可以开征遗产税、赠与税,扩大房产税的征税范围。行为类税收的执行以国家政策导向为依据,我国目前行为税的主要税种有资源税和印花税等,用于调节纳税人的经济行为。

复习思考题

1. 流转税有哪些特点?
2. 阐述各种税种的税制结构与征税方式。
3. 说明消费税和增值税的关系。
4. 试分析企业所得税与个人所得税的重复征税问题。

第十四章 国际税收

第一节 国际税收概述

一、国际税收及其产生

国际税收是指纳税人的跨国纳税活动,是国家之间税收权益的分配。其产生的主要原因是跨国纳税人的出现和纳税主体与客体的分离。

国际税收是个历史范畴。进入自由资本主义时期后,随着市场经济的发展,国内市场不断向国外市场延伸,国际贸易活动日趋频繁。在激烈的国际贸易竞争中,各国的征税活动所涉及的虽只是一国政府与其进出口商之间的征纳关系,但有关国家的关税壁垒却给国际间的自由贸易造成很大的障碍。在商品进出口环节对进出口商品征收关税,是主权国家行使征税权范围之内的税收活动,并没有涉及国与国之间的税收权益的分配,但其中已经反映出国家税收在某种程度上带有国际的性质,包含了国际税收的萌芽。

19世纪末、20世纪初,主要资本主义国家已由自由竞争时期发展到垄断阶段,资本输出代替了商品输出。第二次世界大战后,一些大的垄断资本家为了避开其他国家的关税壁垒,利用第三世界国家的资源与廉价劳动力,占领更广阔的世界市场,建立了很多跨国公司。企业经营活动国际化的结果是,税收从国家一级跃至国际一级。纳税主体与纳税客体在某些情况下出现分离,纳税人由本来向一个政府交税变为向两个或两个以上的政府交税,于是该纳税人就变成了跨国纳税人,出现了国与国之间的税收权益分配,国际税收问题也由此产生。

由纳税人的跨国经营活动所引起的国际税收,使得纳税人的同一笔所得须向两个或两个以上的政府交税,这样就造成了国际重复征税问题;另外,跨国纳税人也可能利用与其利益有关国家的税制差异达到避税的目的,这样,国际税收又带来了另一个问题,即国际避税。

二、国际重复征税和国际避税的原因

国际重复征税和国际避税产生的根本原因在于各国税制的天然差别,

这种差别主要表现在以下两个方面。

（一）税收管辖权的差别

各国确定税收管辖权所遵循的原则通常有两个，即属地原则和属人原则。如果仅对纳税人来自本国境内的全部所得征税，称为按属地原则行使征税管辖权，按此原则征税不考虑纳税人是否为本国居民或公民，只要他拥有来自境内的所得，都得向所得来源国纳税。如果仅对拥有本国国籍的公民，或没有本国国籍但居住在境内的居民全部所得征税，称为按属人原则行使征税管辖权，属人原则中包括公民原则和居民原则。居民是指按国家规定在境内居住超过一定期限标准的纳税人，居住期限标准可以是3个月，也可以是6个月，或者是1年，具体期限标准由各国根据自己的情况确定。公民原则也称国籍原则，即凡是拥有一国国籍的人都是该国的纳税人。

目前，世界上多数国家采用属地原则和居民原则相结合来确定税收管辖权。有些国家仅采用属地原则，而不考虑其他原则，主要原因在于这些国家经济落后，信息不通，很难了解到其公民或者居民在海外的收入情况。其结果在客观上鼓励了该国公民和居民向海外投资的意愿，导致国内投资所需的资金外流。另外，还有少数国家同时采用属地原则、公民原则和居民原则来确定税收管辖权，如墨西哥、菲律宾和美国等。

由于各国依据的税收管辖权的原则不同，这就为国际避税者进行避税创造了条件。比如某跨国纳税人选择以属地原则确定税收管辖权的国家为居住地，而到以属人原则确定税收管辖权的国家去投资，在还未达到该国居民标准的时候就带着其投资收益回到居住国，这样纳税人的这笔所得就无须向任何国家纳税。如果纳税人居住在以属人原则确定税收管辖权的国家，而在以属地原则确定税收管辖权的国家进行经营活动，那么该纳税人来自于后者的所得必须向两个政府纳税，这样就不可避免地出现了重复征税。

由于各国确定税收管辖权所遵循的原则不同，国境和税境就变成了两个不同范围的概念。如果一国严格按属地原则确定税收管辖权，那么所得来源地完全在一国境内，税境与国境也完全相等；如果一国境内建立了免税的自由贸易区，或建立了避税地，那么税境就小于国境；如果一国按属人原则确定税收管辖权，尤其是属人原则中包含公民和居民两个标准，那么该国的税境就远远大于国境，纳税人无论走到地球的哪一个角落，都是这个国家的纳税人。

（二）税率的差别

尽管每个国家都开征相同的税种，但由于各国税率类型和水平各不相同，这就为国际避税创造出选择最有利税负的机会。例如，A、B两国都采用比例税率，但A国的税率低于B国。某纳税人在A、B两国分别有分公司，且相互之间存在着关联交易，那么该纳税人就可以通过转让定价的方式，将其利润从高税率的B国转移到低税率的A国。

由于国际税收带来的国际避税和国际重复征税问题，在很大程度上阻碍了国际经济技术的合作、国际资本的流动，也不利于相关国家税收主权的维护，因此必须要采取措施解决国际税收中存在的问题。但如果由哪一个国家独立制定措施，不仅不能完全避免国际重复征税和国际避税，反而会使本国税款流失得更严重。通过国与国之间协商、谈判，签订国际税收协定的方式，是解决国际重复征税和国际避税的最好方法。

第二节 国际税收协定

为了有效地避免跨国纳税人的重复征税和国际避税问题,可以由两个或两个以上国家之间达成协议,以协调处理对跨国纳税人的征税事务和其他方面的税收关系。只有经双边(或多边)政府签署具有法律效力的书面协定方可以达到避免重复征税和制止国际避税和逃税问题。

一、国际税收协定的发展

(一) 国际联盟模式

对国际税收问题进行国际性或区域性研究开始于第一次世界大战后的国际联盟(该组织成立于1921年1月,1946年4月解散)。1928年10月,国际联盟理事会召集有关国际重复征税和国际避税问题的政府级专家会议,主张各国应采用双边协定的方式,防止直接税的重复征税。1935年国际联盟财经委员会又召开会议,修订双边税收协定草案模式。尽管该模式未被采用,但它反映出来的国际重复征税问题的重要性,引起了国际社会普遍重视。1940年6月和1943年7月由国际联盟主持,在墨西哥城两次召开了区域性的国际税务会议,会议参加国是美洲国家。在这两次会议上,制定并通过了避免所得税重复征税双边协定模式和一个备忘录。这就是国际联盟模式中的墨西哥模式。该模式提倡非居民所得税只以收入来源地为课税准则。

第二次世界大战后,国际联盟财经委员会于1946年3月在伦敦召开第十次会议。这次会议与墨西哥会议在利息、股息和专利方面征税的国际税收问题存在重大分歧。墨西哥模式强调收入来源地对企业利润和不动产所得有课税权,而伦敦会议拟定的避免所得税和财产税重复课税的双边协定模式(即伦敦模式)强调从税收上鼓励资本从发达国家流向欠发达国家。

国际联盟拟定的墨西哥模式和伦敦模式,在现实中从未被充分利用过,但其中的某些理论和观点在一些发达国家之间签订的双边税收协定中产生过影响。

(二) 经济合作与发展组织(OECD)模式

1956年欧洲经济合作组织(OEED,OECD的前身)成立财经委员会,负责研究拟定双边税收协定模式草案,以便有效地解决存在于经合组织成员国之间的重复征税问题,并能够为所有的成员国所接受。由于墨西哥模式和伦敦模式自身存在的问题以及两者之间存在的重大分歧,需要拟定一个新的双边税收协定草案,以利于欧洲经济合作组织所有成员国之间签订双边税收协定。他们以伦敦模式作为主要的参考文件,结合实际对原文件进行广泛的修订,于1963年公布了避免所得和资本重复课税的双边协定OECD模式,1967年又对该模式进行修订,于1977年公布修订后的模式。该模式强调两点内容:一是居住国通过抵免法或免税法消除重复征税;二是所得来源国相应地做出反应,缩小按所得来源地课税的管辖权范围,并降低税率。这对发展中国家显然是不利的。

(三) 联合国专家小组模式

由于OECD模式不利于发展中国家维护税收权益,发达国家和发展中国家之间签订国际税收协定难以按此模式进行。为了促使发达国家和发展中国家之间签订国际税收协定,联合国做了大量的工作。1967年8月4日联合国通过了第1273号决议,要求联合国秘书长成立一个特别工作小组,其成员包括来自于各地区和各种税收制度下的税务专家和各国政府任命的税务行政官员。根据上述决议,联合国秘书长于1968年建立了发达国家与发展中国家税务协定专家特别小组。在讨论中,专家小组拟定了双边协定税收准则。专家小组针对国际税收协定问题共召开了七次会议。在第七次会议上,专家小组要求发布一个统一的文件草案并加以解释,这个文件草案就是发达国家与发展中国家双边税收协定谈判手册。它包括三部分内容:一是对国际重复征税和国际避税、逃税的分析及其历史回顾;二是发达国家和发展中国家之间双边税收协定模式的准则;三是关于税收协定谈判程序的建议及对准则的运用。这就是联合国专家小组模式,简称 UN 模式。

双边税收协定的签订一般是以 OECD 模式和联合国专家模式为范文进行的。1960 年以来,预防或消除国际重复征税和国际避税的双边税收协定已有数百个付诸实施,其中约有一半是在 OECD 成员国之间签订的,另约有一半是在这些国家与发展中国家之间签订的,发展中国家之间签订的不多,但呈增长态势。我国与其他国缔约的第一个国际税收协定是《中日避免双重征税和防止偷漏税协定》,该协定于 1983 年 6 月在北京签订,1984 年 5 月 28 日正式换文,自 1984 年 6 月 28 日开始生效。这个协定是参照两个范文,并考虑到中日两国的具体国情及税收制度而制定的。自从 1983 年中国与日本签署了新中国第一个税收协定以来,截至 2008 年底,我国已对外正式签署了 90 个税收协定,其中已经生效的协定有 87 个。此外,内地与澳门、香港特别行政区也签署了避免双重征税安排,均已生效。

二、国际税收协定的作用

通过国际税收协定,对税收权益进行合理划分,可以较好地协调国与国之间的税收矛盾,保障缔约国各方的基本利益,有利于国与国之间的经济交往和纳税人的跨国经营活动。但是国际税收协定不可能从根本上做到税收权益分配的无差别和公正性。从税收管辖权所依据的原则看,经济利益往往驱使发达国家倾向于采用属人原则,发展中国家倾向于实行属地原则。由于受资金流向和技术资源的影响,在税收权益分配方面,发达地区国家往往处于更有利的地位。所以税收权益分配的协调只是在一定程度上进行。

由于各国确定税收管辖权依据的差别及各国征税的独立性,很容易出现重复征税。为保障各缔约国纳税人的利益,通过国际税收协定的签订,能够在一定程度上解决国际重复征税问题。但由于纳税人的税负是由各类税种的课征构成的,且各国税制差异较大,故避免重复征税也只是相对而言,一般来说不可能完全消除重复征税。

解决国际避税问题往往受到税收管辖权的限制,无论一国的税制如何完善,总是会与他国税制存在着差异,因此只能通过国际税收协定的方式来解决。但是国际税收协定也只能在一定程度上解决国际避税问题,而不能完全消除。例如跨国公司关联企业之间的商业往来关系和财务关系不同于独立企业之间的关系,关联企业之间总是可以通过商业活动将利润从税负不利的国家转移到有利的国家。再如,跨国纳税人偷漏了来源于国外收入的税款,如果作为居民的所在国只实行单一的收入来源地管辖权,纳税人在国外的偷漏税对本国税收权益毫无影响,故居住国可能采取不管不问的态度;如果居住国实行居民管辖权,跨国纳税人来源于外国的收入要合并在本国收入中申报纳税。在抵免制度下,在外国少缴税反而在本国多缴税,居住国政府自然更不关心发生在本国境外的偷漏税行为。所以税收协定虽然对反偷漏税做出了相互配合的规定,但由于措施和管理力度不同,步调不一,实际所起的作用是十分有限的。

国际税收协定可促进世界经济的发展,通过国家间税收协定的签订,可以为从事国际经济活动创造公平合理的税收条件,避免因国籍或居住地不同而受到不平等的待遇和税收歧视。这样可以为投资活动提供税收鼓励政策,以促进国际贸易的发展,有利于国家间的经济技术交流,繁荣日益国际化的世界经济。

三、国际税收协定的基本准则

在处理国际税收关系中,有一些各国公认的行为准则。

(一)税收管辖权准则

国际通行的税收管辖权准则如下:① 居民准则。按居住地划分居民,即居民的境内外的全部所得均要纳入征税范围。② 公民准则。按国籍划分公民,即凡本国公民,无论其居住在境内或境外,都要对其来自世界范围的全部所得行使征税权。③ 所得来源地准则。即一国政府对从其境内和其拥有行使主权权利的区域内纳税人取得的所得,都要行使征税权,而不管纳税人是否居住在其境内。

(二)行使课税权的准则

行使课税权准则是指对跨国纳税人行使征税权力的规定及标准,包括:① 常设机构准则,即指约束所得来源地国家对跨国经营所得行使征税权的准则。常设机构可称永久性设施,但其规模没有什么限制,按此原则,纳税人所得是否在来源地国家课税,主要看是否在该国设有常设机构。② 税收无差别准则,是指在跨国征税时避免税收待遇的歧视。税收无差别的内容包括国籍无差别、常设机构无差别、支付无差别和资本无差别。③ 所得来源地国家优先课税权准则,即在制定国际税收协定时承认地域管辖权的优先地位。

(三)国际收入费用分配准则

跨国纳税人的国际收入与费用分配问题关系到是否公平合理地处理有关国家的财政利益分配,关系到国际避税、逃税的防范问题。因此在国际税收协定里要以独立企业原则和总利润原则来处理好国际收入与费用的分配。所谓独立企业原则是以独立核算企业为核定收入和费用分配的主体;所谓总利润原则是将关联企业看作一个整体,然后决定进行其收入和费用的分配。

四、国际税收协定的种类

国际税收协定是处理国际税收问题的文件,其形式多种多样,一般不会形成世界统一的税收协定。国际税收协定根据参加缔约国家的多少,可分为双边和多边国际税收协定。

双边国际税收协定的应用较普遍,因为每个国家的税收制度均不一致,两国的协调已比较困难,但相对来说还比较容易。若加入第三国或第四国,必然增加形成国际税收协定的难度,也不容易很好地顾及国与国之间跨国经济活动的公平性和有效性。

不过多边国际税收协定也有很多优点,比如,通过多边协定规定各国采用统一的课税标准,有利于公平税负。随着国际经济一体化和区域经济联盟的兴起,采用多边税收协定可以消除经济交往中出现的利益分配不均问题,以促进区域经济的高效运转。典型的国际多边税收协定就是北欧几个国家签订的《北欧公约》。从目前情况看,这种多边国际税收协定较少见,并且其条款一般都较粗略。随着国际经济的发展,多边税收协定的应用领域和内容会大大扩充和细致。

按国际税收协定所涉及的内容分类,可分为单项国际税收协定和一般国际税收协定。

单项国际税收协定是以某些特定项目而签订的协定,如航空运输税收协定、铁路运输税收协定、企业登记税收协定等。单项国际税收协定的特点是,协定涉及的税种单一,征税权的划分较简单,一般不包括国家间税收行政管理的协调程序,税收协定的条款较少。

一般国际税收协定主要是针对所得、财产的避免双重征税和防止偷漏税行为所制定。由于一般国际税收协定涉及各国的课税主权问题,所以需要有较详细、较严密的条款规定。例如,中国和澳大利亚签订的《中澳税收协定》有 28 个款项,近百个条目。一般国际税收协定应用范围较广泛,为统一标准协定的框架也较规范。

五、国际税收协定的内容

目前国际上比较通用的两种国际税收协定的范本,一是经济合作与发展组织税收协定范本(OECD 范本),该范本多为发达国家采用;二是联合国专家小组的税收协定范本(UN 范本),该范本全称为《关于发达国家与发展中国家间避免双重税收协定范本》,大多数发展中国家比较容易接受 UN 范本。

OECD 范本和 UN 范本虽有一些差别,但在协定的主体框架方面基本一致,大体包括下述内容。

(1) 协定适用范围的界定。国际税收协定的适用范围包括:协定适用的纳税人以及协定适用的税种。适用的纳税人是指作为缔约国一方或缔约国双方居民的人,包括自然人和法人。自然人的居民身份一般是采用住所标准加以确认的,也就是说,以自然人在征税国境内是否拥有永久性住所这一法定事实来确定其是否具备居民或非居民的纳税人身份。如果没有永久性住所,但有经常性住所,并居住达到一定期限的,也可视为居民纳税人。法人的居民身份通常有三种确认标准:一是法人注册成立地标准,二是法人实际管理和控制中心所在地标准,三是法人机构所在地标准。至于采用哪种标准,可由缔约国双方协商确定。适用的税种一般是指所得类税种和财产类税种,这些税种均具有非转嫁性。税收负担往往直接由纳税人承担,所以跨国活动中产生的税负就可能出现重复问题。而对商品课税大都属间接税种,纳税人不一定是负税人,所以采用国际税收协定来平衡税负没有多少实际意义。因此国际上一般不将间接税列为避免重复征税税收协定的适用税种范围。

(2) 协定常用语的定义。国际税收协定的常用语是协定的框架用语,概念一定要明确、简明和通用。协定常用语分为两类:一是协定一般用语。主要有:"人"的定义,是指自然人还是指法人,还有"居民"、"常设机构"、"缔约方"等用语的定义。这类用语在各份协定中大都要涉及,具有一般性特征。二是协定专项用语。例如股息、利息、特许权使用费等专门用语的定义。这类用语各国解释及适用范围可能有差异,需要在协定中专门加以明确。

(3) 对所得和一般财产的规定。国际税收协定产生起源于对跨国所得和一般财产价值出现重复征税和避税,因此,按照所得和一般财产价值的不同性质,通过签订协定对缔约国各方行使各种管辖权的范围,做出能为签约国各方所接受的约束性条款规定,有利于解决国际税收中存在的问题。

(4) 避免重复征税的方法。避免重复征税问题是国际税收协定内容的核心,采用什么方式达到目的,需要按照国际范本(UN 范本和 OECD 范本)的规定由缔约国各方进行选择。

第三节　国际避税

一、避税的概念

国际避税是指跨国纳税人利用各国税制规则的差异,在跨国经营活动中,采取各种人、财、物的移动和非移动方式以达到减轻或免除其纳税义务的行为。

跨国纳税人在跨国活动中只是利用各国税制的差别而没有违背各国的税法以达到避税的目的,被称为合理国际避税。

如果跨国纳税人有意识地利用国际税收管理上的漏洞,并且采用违背或破坏各国税制和国际税收协定的手段达到减轻税负的目的,则被称为非合理国际避税,亦被称为国际逃税。

从法律角度看,合理国际避税并没有违反哪一个国家的法律,而国际逃税则是一种违法行为;但从财政角度看,合理避税和非合理避税所带来的结果是完全一样的,它们均会给国家财政收入造成负面影响,同时也有损于纳税人税负的公平合理,有悖于税收公平的原则。各国采取措施反国际避税(包括合理避税和国际逃税)的原因正在于此。但由于合理和非合理国际避税是两种不同性质的行为,故反避税措施也应有所区别。对于国际逃税,应当采取严厉手段,根据各国税法和国际税收协定给予税务行政处罚或追究刑事责任。对于合理国际避税则不能通过行政方法简单处理,因为合理国际避税行为并不违背法律。所以,政府应当通过制定较合理的税制以及形成公正有效的国际税收协定,尽量减少不必要的税收流失。当然在有些情况下,政府也可利用国际合理避税的意识,去创造良好投资环境,比如通过建立避税地以吸引外资。正常情况下,对纳税人来说,减轻税负是其主观意识所在。他们通过灵活的经营运作,在不违背有关国家法律的前提下进行国际避税,应当是无可非议的。

二、国际避税地

避税地是指对来自于国外的收入、财产免税或征极轻税收的国家和地区,也被称为避税港或避税天堂。避税地的出现为国际避税者提供了合法的避税环境和场所,避税地的合理利用可以减轻经营者和投资者的税收负担。

国际避税地的税负很轻,一般没有房地产税、遗产税和赠与税,所得税税率通常也很低。例如著名的国际避税地巴哈马,没有所得税、公司税、资本利得税、遗产税或继承税,对股息、利息或特许权使用费不征预提税,也没有工资税和营业税,政府的收入主要靠征收关税和其他税、费,如各种印花税、各种执照费等。该地还制定了灵活的公司立法,拥有兴旺发达的金融业、前途光明的海运业和保险业、精细完善的避税地基础设施等。所有这些,对希望进行国际避税活动的跨国纳税人而言无疑有巨大的吸引力。

正因如此,国际避税地公司林立,投资与信托资金大量流入。比如,百慕大 1982 年有居民 57 000 人,而岛内注册公司就达 6 217 家,其中保险公司有 1 027 家。再如,巴哈马在 1975 年总人口有 20 万左右,而在该国组建的公司有 14 000 多家。当然避税地公司大多是招牌公司(亦称信箱公司):一个人,一张办公桌,甚至挂一块铜牌就是一家公司,目的很明确,就是通过这些公司达到避税的目的。

利用避税地进行避税的基本方法有以下几种。

（1）虚设销售机构。将设在避税地的招牌公司当作虚假的销售中转机构，在把总公司的货物直接销给另一家独立公司过程中，表面上制造出这批货物是经避税地子公司中转销售的，这样总公司的所得就可以打入该公司的账上，以达到避税的目的。例如，日本丰田公司直接销售给中国 1 000 辆汽车，可是在账面上却是丰田总公司将汽车销往设在巴哈马的丰田子公司，再由巴哈马子公司售给中国公司，这样日本公司的销售收入就自然转至巴哈马公司的账上，避税地的免税优惠使其这笔销售收入免予纳税。

（2）虚设信托财产。这是指投资者在避税地设立个人持股信托公司，然后将非避税地的财产虚构为避税地的信托财产，这笔信托财产就很容易地归入避税地公司名下，达到避税目的。如美国某公司在百慕大设立一个信托公司，将本国总公司的财产虚设为避税地的信托财产，这笔财产的经营所得必然就挂在避税地公司的账上，从而逃避了纳税义务。

（3）设立招牌持股公司。如果在避税地成立一个持股公司，可以将非避税地的相关公司的利润充作股息汇至避税地公司，由于避税地对股息免征或少征税，则可以逃避全部或部分公司所得税。该相关公司在将股息汇出本国时可能要被征收股息预提税，但因该国与避税地政府之间签有双边税收协定，因此这笔股息也不必纳税。

（4）设立金融机构。在世界各避税地所设公司中，银行和各类金融组织占有相当数量，原因是这些金融机构可以利用避税地进行特殊业务活动，为外国投资者掌握存款，从事庇护外国投资收入的业务，可以使得总公司内部实际支付的借贷利息少纳税或不纳税。

对设有国际避税地的国家来说，设立国际避税地的主要好处是：有利于吸引外资，引进国外的先进技术，开展对外贸易，增加外汇收入；可以借此兴办一个自由而开放的金融市场和支付体系，有利于国际金融活动和对外贸易活动；可借此通过外国银行以承购包销的方式发行债券，为各项建设项目筹资；由于避税公司的需要而大兴土木，建造业因此兴旺，有利于提高避税地的就业水平；可刺激旅游业的发展，增加外汇收入；可增加国内供不应求商品的供应，平衡国内的供求关系；有的避税地对来自于本地区的所得和财产同样依属地原则征税，有的避税地因旅游业兴旺和各种经济活动频繁，使政府征收的其他税费大幅增长，这样可以增加财政收入。

国际避税地对其本国来说也不是有百益而无一害的，它容易受到国际金融波动的影响和发达国家税收政策的影响。另外，在避税地进行活动的企业，有少数确实是为了兴办实业，但绝大多数是为了利用减免税进行投机，而后者会成为避税地国家不稳定的潜在因素。

三、其他避税途径

作为以属人原则确定税收管辖权国家的居民或公民，可能会采用以下方法进行避税。

（1）利润不登记。如果一国的居民或公民对来自国外的收入或所得采取在国内不登记的做法，那么就可以减少向本国政府的纳税额。

（2）不向本国报告所有应税收入。主要方法有：一国居民收到来自国外的所得，如工资、非商业性收入、退休金等不向本国报告；国外的投资收益以匿名的形式取得以避税；对商业性的收入编造两套账目；编造假的扣除，利用假的营业支出要求扣除，以提高成本、费用，减少应税所得额以避税；编造假的抵免，纳税人在所得来源国获得的税收减免，在本国又要求抵免以避税；在实行低税负的协定国建立长期性企业，将其国外的收入转到这个企业的账目下以避税等等。

跨国纳税人还会利用某些制度上的办法,隐瞒国际收入或制造假的扣除,以避免纳税。主要方法如下:

(1) 利用空名或银行账号,将薪金、投资收益、商业利润等国际收入隐藏起来,以逃避纳税。

(2) 利用无记名证券隐瞒股息或利息收入。无记名证券在场外市场进行交易时不用过户,这样可避免纳税。

(3) 向银行假借款,要求利息扣除以减少纳税。例如某纳税人将 10 000 元存入银行,存款年利率为 8%,为进行经营活动,他又从银行贷款 10 000 元,年利率为 8.5%,他仅多付了 0.5% 的利息,但是可申请将 8.5% 的财务费用全部扣除。

四、预防国际避税的措施

从根本上说,防止国际避税的措施主要在两方面,一是完善本国的税制,建立健全财务会计制度,加强对跨国纳税人财务状况的检查,加强税收稽查力量,防止非合理国际避税;二是与相关国家签订公正、有效的国际税收协定,尽可能避免合理国际避税。在具体措施方面,主要是通过控制转让定价的方式来进行。

所谓转让定价是指关联企业之间在买卖商品或劳务进行定价的时候,双方不是在独立竞争原则下进行讨价还价,而是利用定价的高低把关联企业的营业利润从高税负国家转移到低税负国家和地区,以实现避税的目的。转让定价多半发生在子、母公司之间以及其他关联企业之间的货物转让上。对有关国家来说,要控制转让定价,第一,要掌握同类产品的市场参考价,对转让定价作全面的了解;第二,为避免工作量太大,可有选择地进行重点控制;第三,建立一系列的制度,如会计制度、报关制度、奖惩制度等;第四,要求外国的公司按时报告销售情况、资产负债情况,以便政府审查、估算;第五,要建立健全商业情报网,对产品价格、规格、买卖双方的资信、科技发展水平有一定的了解;第六,要建立专门的机构,赋予其一定的权利,配备一定的人、财、物力,以加强管理力量。

第四节 国际重复征税

一、国际重复征税及其问题

所谓国际重复征税是指同一个纳税人的同一笔所得,在同一时期内被两个或两个以上的政府征收同样的或类似的税。国际重复征税除了征税主体不同以外,其他方面基本上是相同的,包括纳税人、征税对象、征税时间以及税种。当然各征管主体所确定的税收负担不一定是相同的。

国际重复征税加重了纳税人的负担。由于纳税人从事跨国经营活动,其所得必须向有关国家的政府纳税,这样就自然而然地加重了纳税人的税收负担。如果相关国家的税收负担是一样的,那么纳税人的税收负担就成倍地提高。这与在一国境内从事经济活动的纳税人相比,显然是不公平的。

国际重复征税不利于国际经济技术的交往与合作,阻碍了人才、资本在国际间的流动。因国际重复征税而使国际资源的合理配置受到限制,对国际分工与协作产生不利影响,阻碍各国经济特别是发展中国家经济的发展。

国际重复征税违背税收负担公平合理的原则,从外部限制了公平税制的建设和发展。

二、协调国际重复征税的基本原则

由于国际重复征税带来的诸多问题,故必须采取措施,消除国际重复征税。但如果一国单方面地采取措施,不一定能够解决这个问题,而且会使一国税收权益受到严重的损害。因此解决国际重复征税问题往往是通过国际税收协定的方式进行。各国在签订国际税收协定、协调国际重复征税问题的时候,应遵循以下基本原则。

(1) 公平原则。这里的公平包括个人税收的公平和国家之间税收的公平。就前者而言,跨国纳税人的税收负担应该与他所在国纳税人的税收负担相一致。例如有甲、乙两人,甲的收入全部来自境内,而乙的收入有的来自境内,有的来自境外,两人的总收入是一样的,那么他们的税收负担也应该是一样的,否则有失公平。就后者来说,目前人们一般都同意所得来源国应该征收该项所得的税收,但问题在于税率的确定。如果所得来源国的税收负担高于资本输出国的税收负担,那么就有可能对资本输出国的税收权益造成损害,这同样不符合公平的原则。一般认为,所得来源国的税率不能高出资本输出国的税率。

(2) 经济效益原则。不同的所得税税率、不同的经济利益都会对国际间的经济活动产生较大的影响。如果投资者发现一个国家的税率低,而另一个国家的税率高,那么他就会把资本投向低税率的国家,从而使自己获得更大的收益。这时相关国家在签订国际税收协定的时候,就应该调整国际投资的所得税税率,使其更有利于世界范围内国际资本的流动和国际资源的配置。

三、避免国际重复征税的方法

要解决国际重复征税问题,必须从其产生的原因入手。一般来说有三种协调国际重复征税的途径:① 限定各国都采用属人原则确定税收管辖权。如果各国都这样做,一般不会造成重复征税。但是在现代社会,大多数情况下,资本是从发达国家流向发展中国家,仅采用属人原则确定税收管辖权显然对后者不利。② 限定各国都采用属地原则来确定税收管辖权。这样也可以消除国际重复征税,但由于这种做法对发达国家不利,所以也很难被发达国家所接受。③ 允许各国同时采用两个原则确定税收管辖权,当国际重复征税产生的时候,承认一种原则的优先地位,而其他原则从属行使。这样可以在相当程度上减轻重复征税问题,同时又能维护各国的税收权益,故这种做法能得到各国的认可和赞同。目前,各国普遍接受以所得来源地优先征税的原则。

总体来看,以双边协定的方式解决国际重复征税的方法有四种,即免税法、扣除法、抵免法和税收饶让。

(一) 免税法

免税法是指居住国政府对本国居民在非居住国的经营、劳务等所得给予免征税收的做法,免税法可分为全额免税法和累进免税法两种形式。

全额免税法指本国政府允许本国纳税人将其在非居住国取得的收入在其总收入中扣除,也即对在非居住国取得的收入免征税收。

累进免税法是指本国政府对于本国居民来自境外的所得不征税,但在确定对纳税人来自境内的所得征税应该采用的适用税率时,仍要将来自境外的所得考虑进去。

例1:某公民某纳税年度的总收入为40 000元,其中来自于本国的收入30 000元,来自于境外的收入10 000元,本国采用累进税率,即应税所得额在10 000元以下适用20%税率,10 000至20 000元适用30%税率,20 000元以上适用40%税率,境外所得来源国采用33%的比例税率。

按全额免税法计算:

应缴居住国税额＝10 000×20%＋10 000×30%＋10 000×40%
　　　　　　＝2 000＋3 000＋4 000
　　　　　　＝9 000(元)

居住国免税额＝(10 000×20%＋10 000×30%＋20 000×40%)－9 000
　　　　　　＝13 000－9 000
　　　　　　＝4 000(元)

按累进免税法计算:

应缴居住国税额＝(10 000×20%＋10 000×30%＋20 000×40%)×30 000/(30 000＋10 000)
　　　　　　＝13 000×75%
　　　　　　＝9 750(元)

居住国免税额＝13 000－9 750
　　　　　　＝3 250(元)

(二) 扣除法

扣除法是指本国纳税人可用已缴纳的其他国家的税额在向本国纳税申报的应税总所得额中予以扣除,然后以其余额按适用税率计征应向本国上交的税额。仍沿用例1,按扣除法计算:

纳税人应税所得额＝40 000－(10 000×33%)
　　　　　　　　＝40 000－3 300
　　　　　　　　＝36 700(元)

应缴纳居住国税额＝10 000×20%＋10 000×30%＋16 700×40%
　　　　　　　　＝2 000＋3 000＋6 680
　　　　　　　　＝11 680(元)

居住国免征税额＝13 000－11 680
　　　　　　　＝1 320(元)

从以上两种方法看,免税法基本上消除了国际重复征税,尤其是全额免税法,完全消除了重复征税,但这种方法对纳税人所在国是不利的,故难以被接受。采用扣除法存在着非常严重的重复征税,并不能实现其初衷,因此也少有国家采用。目前世界上大部分国家所采用的方法是抵免法。

(三) 抵免法

抵免法是指居住国政府对本国居民(公司)在非居住国已纳税额允许在纳税人向居住国缴纳的税款中予以扣除。

例2：某纳税人的年应税所得额为20 000元，其中来自于居住国和非居住国的所得各为10 000元，两个国家都采用30%的比例税率，由此计算：

纳税人应缴纳居住国的税额＝20 000×30%－10 000×30%
　　　　　　　　　　　＝6 000－3 000
　　　　　　　　　　　＝3 000(元)
居住国抵免的税额＝6 000－3 000
　　　　　　　　＝3 000(元)

采用抵免法避免国际重复征税可能会遇到两个问题。一是当非居住国税率高于本国时，居住国不仅抵免了以本国税率计算的税额，而且还将从其他地方征来税收的一部分用于抵免。仍以例2来说明，假定非居住国的税率为40%，则：

纳税人应缴纳居住国的税额＝2 0000×30%－10 000×40%
　　　　　　　　　　　＝6 000－4 000
　　　　　　　　　　　＝2 000(元)
居住国抵免的税额＝6 000－2 000
　　　　　　　　＝4 000(元)

如果采用全额免税法，纳税人也须向本国缴纳3 000元的税收，而在抵免法的情况下，由于外国税率高于本国税率，与免税法相比，反而使纳税人上缴本国的税额更少，这显然严重损害了本国的税收权益。为维护本国的税收权益，一般国家的做法是，当外国税率高于本国的时候，只能以本国的税率进行抵免。如例2，当外国税率是40%，本国税率为30%，则只能按30%的税率确定抵免限额，即抵免额为3 000元。

采用抵免法还会遇到另外一个问题，如果非居住国为了吸引外资而采用税收优惠政策，比如在一定时期内实行免税，那么因居住国采用抵免法，而使纳税人没有能够从非居住国的税收优惠政策得到任何好处，所有的税收优惠全部让纳税人的居住国政府所享有。仍以例2说明，如果非居住国当年实行全部免税的做法，则：

纳税人应该向本国缴纳的税额＝6 000－0
　　　　　　　　　　　　＝6 000(元)
居住国抵免的税额＝6 000－6 000
　　　　　　　　＝0(元)

这样抵免的结果，非居住国为吸引外资所采取的税收优惠政策不能起到任何作用，这对国际资本的流动是不利的。

（四）税收饶让

居住国对纳税人在非居住国所享受的税收优惠政策予以承认，仍然按照原来的税率进行抵免，这就是税收饶让。还是以例2说明，如果非居住国当年实行全部免税，居住国仍然按照30%的税率进行抵免，纳税人只需向本国缴纳3 000元的税款。这样非居住国的税收优惠政策才能真正发挥作用。

本章小结

国际税收是国与国之间处理跨国纳税人的有关课税权益分配的税收关系,它不是一个独立的税种。国际避税是不可避免的问题。虽然国际税收协定的条款对避税活动加以制约,但合理的国际避税对跨国纳税人是客观存在的,只要不违背国家税法和国际税收协定。避税地的合理利用已经成为跨国纳税人减轻税负的重要途径,并且得到有些国家和地区政府的庇护。国际税收协定是处理国际税收问题的法律性文件,其主要宗旨是避免国际重复征税和防止国际避税和逃税。避免国际双重税负的方法主要有免税法、扣除法、抵免法和税收饶让。国际税收协定对规范缔约国之间的税收权益,维护跨国纳税人的合法利益以及防止国际避税和逃税问题均起到积极作用。

复习思考题

1. 说明国际税收的概念。
2. 如何避免国际重复征税问题?
3. 合理与非合理国际避税的界限以及国际避税的基本方法有哪些?
4. 说明国际税收协定的框架结构。

第四篇 国家预算与体制

第四章 国家预算制
本章

第十五章　国家预算

第一节　国家预算概述

一、国家预算及其产生

国家预算是国家的基本财政收支计划,是具有法律效力的政府分配和管理资金的基本形式。国家预算的英文词汇是 budget,意为"皮包",因为当初英国的财政大臣到议会提请审批财政收支报告时,总是带着一个装有财政收支账目的大皮包,时间一长,人们就将政府的收支称为"皮包",我国译为国家预算。

国家预算和国家财政不是同一概念,它们是两个既有内在联系,又有不完全相同历史的经济范畴。从产生的时间看,国家财政早于国家预算。国家财政的萌芽始于国家产生之前的氏族社会,在奴隶社会正式产生;而国家预算作为财政分配的综合计划,是财政分配关系运动过程中收支矛盾发展的产物,是在人类进入资本主义社会才开始出现的。

国家预算不是从来就有的概念,它是一个历史范畴,是伴随着资本主义经济的发展而逐步形成的。在前资本主义时期,作为国家代表的统治者,权力至高无上,国家财政收入由统治者任意支配和享用,导致财政出现收不抵支状况的出现。为弥补财政赤字的缺口,封建统治者开始借债,政府债务的债权人中有一类很重要的主体就是新兴的资产阶级。随着经济和社会的发展,新兴资产阶级的经济实力日益雄厚,而他们却没有政治地位。为争夺财权并最终打击封建统治者,新兴资产阶级提出,政府的财政收支必须编制计划,且账目要公开。

随着新兴资产阶级推翻封建制度,取得政权,为了保证资本主义经济的自由发展,而不至于受到国家财政税收负担的阻碍,形成"廉价政府",加速私人资本的积累,资产阶级通过权力机关——议会来限制和规定政府的活动范围,要求国家活动所需的支出和收入,都必须有事前的计划,并规定其取得收入的办法和额度及支出的方向。经议会通过,就形成既定经费收支计划。与此同时,还规定了国家机关和官吏在财政收支方面的权力和责任,并对国家机关收支和统治阶级个人收支作了明确的划分。这就是新兴资产阶级处理国家财政体系的制度。这种制度的总和,就是早期的国家预算。世界上最早实现议会制的国家是英国,故国家预算最早在英国执行。英国于17世纪编制了第一个国家预算,此后其他资本主义国家也开始接受这一做法。到20世纪,世界上几乎所有的国家和地区都建立了政府预算制度。这样,国家预算就成为财政体系中不可缺少的一个重要组成部分。

在封建社会,国家财政收入有以"官地收入"为中心的时期和以"特权收入"为中心的时期。18世纪以后的自由资本主义时代,私人资本主义经济迅速发展,资产阶级建立了民主共和国,原属于封建君主的土地逐渐转移到私人之手,君主特权也逐渐废除。因此,公产收入越来越少,特权收入逐渐消失。私人财产在法律上神圣不可侵犯,国家只能凭借政治权力强制征税以取得收入,于是进入了以"税收收入"为中心的时期。尤其是工业革命以后,国民财富迅速增加,征税范围日趋扩大,税源也日益巩固,反映到国家预算收入上主要是税收收入,而其他非税收收入为数甚微。因此,组织预算收入的原则,主要是税收收入原则。资本主义经济发展早期,古典经济学派主张国家应采取自由放任的经济政策。国家的职能主要限于维持社会秩序和保卫国家安全,无需介入经济领域。政府应节约开支,以免加重纳税人的税收负担,妨碍私人资本积累。国家财政支出是非生产性的,预算应坚持量入为出,收支平衡的原则。总之,这时的国家预算不仅规模小,而且极少出现预算赤字;预算结构方面,收入多来自于税收;支出多用于行政管理和国防经费的开支。

随着资本主义经济的发展,企业的生产规模越来越大,生产的社会化程度越来越高,而且资本日益集中,政府活动的范围也相应扩大。为实现其政治经济和社会职能,国家预算收支规模也较过去大大扩展。这种扩展主要表现在:从支出来说,主要是由于国家统治机构臃肿,军费开支庞大,人口不断膨胀,以及政府对经济事务干预的加强,从而使政府的预算支出规模日益扩大;从收入来说,主要是由于劳动生产率的提高,国民收入增长较快,从而使政府的财源扩大,税收收入日益增长。特别是自20世纪30年代以来,公债逐渐成了筹措财政资金的一种常用手段,政府增发不兑换纸币往往成了弥补财政赤字的一种方便办法。总之,支出的需要与供应的可能,构成了预算规模扩大的动因。

二、国家预算的特征

国家预算是国家为建立其集中性财政资金的需要,对国民收入进行有计划分配和再分配的一个重要财政分配杠杆。国家预算是整个财政分配领域的一个独立的特殊部分,它保证国家直接掌握和使用一定数量的、由政府集中使用的财政资金。国家预算分配与建立国家集中性财政资金紧密相连,也就是说,国家集中性财政资金是靠国家预算予以保证的。

国家预算分配与国家有着内在的联系。国家预算对国民收入的分配和再分配是以国家为一方,社会生产各个领域、各种经济成分,国民经济各部门、各地区和社会政治上层建筑为另一方,形成以国家为主导方面的一系列财政分配关系。例如,国家与国民经济各部门之间、国家与国有企业之间、国家与集体经济之间、国家与各阶层人民之间、中央与地方之间以及国家与三资企业之间的财政分配关系等。所有这些分配关系,是整个国民收入分配关系的一个特殊组成部分,是我国财政分配关系的最基本部分。

国家预算是财政资金运动的中枢。国家预算在财政分配中属于主导地位。其他财政分配杠杆的活动,都离不开国家预算资金的制约和支持。上缴财政的资金,国家财政的拨款,都要通过国家预算。由于国家预算与其他财政分配杠杆有着密切的联系,它消息灵通,反馈及时,这对确保国家各项经济、社会发展决策的正确性,提高预算执行过程中的应变能力,加强对国民经济宏观控制,搞活经济,提高企业和社会经济效益,都起着重要的作用。

一般来说,预算是立法机构控制政府财政收支的工具,是监督政府一切政治、经济活动的有效办法。各国在编制预算的时候都有自己的预算原则,他们所遵循的原则中也有一些共性。目前影响较大的并且为世界上大多数国家所接受的预算原则包括以下内容。

(1) 公开性。具有法律效力的国家预算必须要通过各种新闻媒体向全国人民公开,以便于人民了解,同时使人民能够对预算编制的准确性及预算的执行情况进行监督。

(2) 可靠性。国家预算中的每一个项目及各项目涉及的金额,都必须按照科学的方法,依据充分而翔实的资料来确定,不能假定、估算,更不能任意编造。

(3) 完整性。应该列入预算并在预算中反映的各项收支项目都必须编入国家预算,不得打埋伏、造假账,更不能编制预算外预算,或将预算内的收支划为预算外管理。

(4) 统一性。因为国家预算是由从中央到地方的各级组织的预算构成的,且各级预算最终还需汇总为国家预算,因此国家预算中的各指标、各科目都必须按统一的口径、程序进行编制。

(5) 年度性。国家预算的编制、执行及决算都应有一个时间的界限,即预算年度。每一个预算年度之内应该有一套完整的预算表,预算中的收支项目和金额不能超越预算年度之外。当然在不同的国家,确定预算年度的方法有所不同,有的采用公历年制,有的则采用跨年度制等。

(6) 一定的弹性。国家在编制预算的时候应留有充分的余地,对预算项目的金额、执行单位不能限制得太死,以便在预算执行过程中,因经济、社会发展形势的需要对预算中的一些项目和金额作适当的调整。

三、国家预算的类型

预算方法也经历了一个从简单到复杂的过程。总体来看,国家预算有以下类型。

(一) 单式预算

单式预算是指不管财政收支的经济性质如何,将所有的财政收支项目纳入一个预算表之内,这是一种传统的国家预算方式。这种预算最大的好处是,在单一的预算表之内,采用收支对照的形式,使财政收支总量之间的关系一目了然。但这种预算由于不分经济性质,因此分析比较困难。如果财政预算收支总量不平衡,究竟是何种原因造成的,从单式预算表中很难得出结论。例如,预算结果是收不抵支,出现了财政赤字,但这种赤字究竟是经常性费用支出过大造成的,还是由于经济建设支出规模过多造成的,在预算表中难以反映出来。单式预算容易模糊预算不平衡的原因。

(二) 复式预算

复式预算是指国家在编制预算时,按财政收支的经济性质,将财政收支编入两套或两套以上的预算表之中。这种预算是为了弥补单式预算的缺陷而建立起来的。它按经济性质将政府的预算分为经常性预算和资本性预算,经常性预算属非经济性预算,其收入主要来自于税收,支出主要是政府的各项经常性费用支出;资本性预算是一种经济性预算,其收入来自于政府经济性的投资盈利或收益,发行国债是资本性预算中最主要的筹资方式,预算支出主要是用于公共工程、基础设施建设及其他干预经济活动的开支。一般情况下,经常性预算能够做到当年预算的平衡,而资本性预算的平衡周期较长。复式预算的最大好处就是将各项财政收支按经济性质分类,可以有针对性地分析财政收支不平衡的原因,并采取积极的对策和措施来平衡财政的收支。另外根据复式预算的基本原则安排财政收支,在经常性预算中可促使政府节约使用资金,资本性预算支出要依据投资项目的成本和效益来安排使用资金,以提高财政资本性支出的使用效应。

(三) 部门预算

部门预算是指按政府部门的职能及实施计划,运用成本—效益分析原理,分析过去年份政府部门财政活动的成本与效益,以决定现在和未来的政府活动,又被称为部门预算或成本预算。这种预算实际上是将企业管理中的科学方法运用于政府预算的一种预算制度。它起源于1949年美国胡佛委员会的建议,该建议要求美国联邦政府应该根据政府的职能及其工作计划来编制预算。具体做法是,先按部门分类,如外交、内政、工业、农业、教育等,由各部门按职能负责,根据各部门的工作计划编制预算,然后根据部门、职能、规划、成本、目标及最终业绩等因素来衡量其效果。

实行部门预算,要求将一个部门的预算内资金和预算外资金全部纳入预算,以便全面反映本部门各项财政资金的状况,以增强预算的完整性、公开性和透明度。中国从2000年起从教育部、科技部、农业部、劳动和社会保障部开始进行部门预算的试点,2001年部门预算的范围扩大到十个部委,从2002年起全面推行部门预算。

这种预算的最大好处就是注重财政支出的效益分析,有利于提高财政资金的整体使用效益。但缺点是预算项目非常复杂,有的项目成本、效益不固定,难以用货币计量,缺乏统一的衡量标准,故分析比较困难。

(四) 计划、规划、预算制度(PPBS)

计划、规划、预算是根据成本—效益分析理论来编制的,它不仅为政府预算所采用,而且也被其他的事业、企业单位的预算所采用。美国于20世纪初将私人企业所推行的成本—效益分析理论应用于政府部门,当时美国国会要求军事工程公司采用这种分析方法改进生产体制。到了30年代,成本—效益分析方法为美国联邦水利工程广泛采用。"二战"以后,美国把成本—效益分析方法应用于联邦政府的预算,即计划、规划、预算制度。

这种预算的基本做法是,首先为某项目标或任务制定计划、措施;其次,为执行计划拟定各种可以相互替代的实施方案;再次,对各个方案按成本—效益分析法进行分析和比较,从中选定出成本最低、效益最高的方案;最后,根据选定方案所需要的资金来编制预算。

采用这种预算的主要目的就是为了克服传统预算程序中缺乏效率的问题。一般认为,传统预算只强调政府部门的资金支出,而不强调计划目标的完成;只强调成本及生产的投入,而不强调产出和效益;传统预算支出一般以一年为期限,但实际上很多规划是长期的,需要多年才能完成。这种预算可以使政府决策人重视资源的配置,可使一国资源尽可能达到最佳配置;它使政策目的明确,有长期计划,也有短期安排,有成本—效益分析理论,又有具体选择标准;使财政分配适应经济要求,以达到调节宏观经济的目的。美国于1965年采用这种制度编制国家预算,此外,英国、法国、加拿大、瑞典及发展中国家也先后采用过这种预算制度。

(五) 零基预算

零基预算是从20世纪60年代末期开始,由美国的私人企业预算发展而来的。起初美国的一些州政府采用这种方法编制预算。例如美国前总统卡特在担任佐治亚州州长时,曾于1973年采用这种方法编制该州的州政府预算。1976年美国参议院通过了实施这种预算的议案,1977年卡特以行政命令的方式要求各行政部门采用这种预算方法编制1979年财政年度的预算。进入20世纪90年代后,我国有的省、市在编制地方预算时也采用过这种方法。

零基预算是指以零为起点,新预算年度的预算不受以往年度预算的约束,打破过去预算的框架,否定过去预算项目和金额的连续性,重新开始审定新的预算内容,故有人称零基预算为不连续预算。因这种预算制度的审定不是自上而下地进行,而是由各个基层主管部门自行处理,所以又称这种预算为分权预算。

零基预算与传统预算的主要区别在于:传统预算具有预算的连续性,下年度预算往往是以上年度预算执行情况为基础,适当考虑新预算年度的经济、社会发展的实际需要及物价上涨情况来编制新预算年度的国家预算。这样编制的结果,使预算项目和金额年复一年地扩大和膨胀。而零基预算则完全脱离过去年份的预算,根据新一年经济、社会等方面发展的实际需要,确定新一年预算的具体项目及金额,对每一项支出都采用成本—效益法进行分析并评估,按重要程度来确定各支出项目的先后顺序。这样可以避免对预算的高估,预防巧立名目增加新的项目,重视重要的预算项目,并对不重要的或可有可无的项目予以削减或废止。

零基预算的主要优点是大胆革新,除弊兴利,避免财政预算支出的膨胀。但这种预算过多地强调和重视当年的预算,对某些长期性的投资项目安排考虑不够,比如教育支出作为一项长期的发展项目,在零基预算的情况下可能得不到应有的重视。

四、国家预算的职能与组成体系

(一) 国家预算的职能

国家预算具有双重职能:① 国家预算作为国家有计划地筹集资金和分配资金的杠杆,它按照国家在一定时期的总任务和方针政策的要求,对一部分国民收入进行分配和再分配;② 国家预算在资金分配的过程中,还要对国民经济各部门和企事业单位的收支活动进行严格的有成效的监督和检查,以保证资金合理使用,促进国民经济健康发展。

国家预算的两个基本职能既互相联系,彼此制约,又相辅相成,不可偏废。没有资金的筹集和分配,监督就会落空;同时只有正确发挥监督职能,才能使分配职能对国民经济协调发展起积极促进作用。

(二) 国家预算的组成体系

根据《预算法》的规定,国家预算的层次与行政机构的设置是相一致的,即国家有一级政府机构就有一级预算。从上到下,我国的行政机构包括中央,省、自治区、直辖市,设区的市、自治州,县、自治县、市辖区,乡、民族乡、镇五级预算①。中央预算由中央各部门的预算组成,地方预算由各省、自治区、直辖市总预算组成。

我国国家预算体系如图15-1所示。

国家预算 { 中央预算
地方预算 { 省级预算—市级预算—县级预算—乡(镇)预算
自治区预算—州(县)预算—乡(镇)预算
直辖市预算—县预算—乡(镇)预算 }

图15-1 中国国家预算体系

---

① 1985年4月财政部颁发《乡(镇)财政管理试行办法》,乡(镇)一级财政开始建立。

我国国家预算中,中央预算居于主导地位。中央预算集中掌握了主要的财力并担负着最重要的具有全国意义的经济和文化建设支出,以及全部国防支出、外交支出等。地方预算在进行地区的经济、文化建设,支援农业和满足地方其他需要方面,发挥着重要的作用,故地方预算在国家预算中处于基础地位。

五、国家预算法

国家预算法是国家预算管理的法律规范,是组织和管理国家预算的法律依据。制定国家预算法的主要目的是规定国家立法机关和政府执行机关、中央与地方、总预算与单位预算之间预算管理的权责关系和预算收支的分配关系。

预算法的指导原则是,强化预算的分配和监督职能,健全国家对预算的管理,加强国家宏观调控,保障经济和社会的健康发展。国家预算法主要有三种类型:一是权责法,即以划分各级预算的管理权责为主要内容的法律规范。二是组织法,即以预算组织与管理的基本规定为主要内容的法律规范。三是程序法,即以预(决)算的编制、审查、批准的程序和方法为主要内容的法律规范。

国家预算是履行国家职能的重要手段。国家预算的编制和执行,牵涉多方面关系的处理。为了使国家预算工作有章可循,我国长期以来都按照国务院有关规定进行国家预算的编制和执行。1991年10月21日国务院发布《国家预算管理条例》。1994年3月22日,第八届全国人民代表大会第二次会议审议通过了《中华人民共和国预算法》,该法从1995年1月1日起正式施行。《预算法》的颁布和施行,标志着我国国家预算管理真正走上法制化轨道。

第二节 国家预算的程序

一、国家预算收支的分类

为了正确编制全国统一的国家预算和国家决算,就必须把名目繁多的各项预算收入和支出,按其性质及相互关系,进行科学系统的分类。

国家预算收入是国家为了实现其职能,有计划地参与国民收入分配与再分配所取得的收入,是国家通过各种方式筹集的资金总称。国家预算收入形式的确定,不是任意的,而是取决于社会经济结构、财政分配的目的及其所体现的分配关系等方面的要求。因此,国家预算收入的具体分类会随着社会经济的发展和财政分配关系的变化而发生变化。例如,我国1986年国家预算收入主要项目有:工商税收类、关税类、农牧业税类、国有企业所得税类、国有企业调节税类、国有企业上缴利润类、国有企业计划亏损补贴类、国家能源交通重点建设基金收入类、债务收入类、专款收入类及预算调拨收入类等。到了1994年,国家预算收入首先按复式预算的要求分为经常性预算收入和建设性预算收入。其中经常性预算收入分为各项税收及其他收入等。建设性预算收入分为经常性预算结余转入、专项建设收入等。

国家预算支出是国家为行使其职能,通过预算拨款程序进行分配和使用预算资金的总称。不同的社会制度、国家政权的性质及职能以及不同的经济结构,决定不同的国家预算支出结构和形式。我国1994年国家预算支出,按复式预算要求首先划分为经常性预算支出和建设性预算支出,其中经常性预算支出分为:非生产性基本建设支出、事业发展和社会保障支出(包括农林水事业费,文教、科学、卫生事业费,抚恤和社会救济支出等)、国家政权建设支出(包括行政管理费及国防费等)、价格补贴支出、其他支出、中央和地方预备费等;建设性预算支出分为:生产性基本建设支出、企业挖潜改造资金和新产品试制费、增拨企业流动资金、地质勘探费、支援农业生产支出、城市维护建设支出、支援经济不发达地区发展资金等。

二、国家预算的编制

编制国家预算是整个预算管理工作的起点。国家预算的编制涉及预算收入的来源和预算支出的去向,包括国民收入分配中各种比例关系的确定,体现着国家建设的规模和各项事业轻重缓急的部署。因此,国家预算的编制是一项政策性很强的工作。各级预算收入的编制,应当与经济发展的状况和国民生产总值的增长率相适应。各级预算支出的编制,应贯彻厉行节约、勤俭新中国成立的方针。各级政府预算应当按照本级政府预算支出额的1%—3%设置预备费,按国家规定设置预算周转金。

(一)编制预算的基本要求

编制预算的基本要求包括三个方面。

1. 必须符合党和国家任务、方针、政策的要求

党和国家在各历史时期提出的总任务、方针和政策,是根据我国各历史时期的政治经济形势制定的。国家预算作为国家有计划地筹集和分配财政资金的重要工具,主要为实现国家职能服务。因此,在编制国家预算时,必须体现党和国家在各个历史时期提出的任务、方针和政策的客观要求。

2. 必须符合国民经济和社会发展计划的要求

这方面的要求是由国家预算与国民经济和社会发展计划的依存关系决定的。国民经济和社会发展计划从宏观上规定着各项事业发展的规模和速度。国家预算收入主要来自国民经济各部门创造的纯收入,国家预算支出主要用于发展经济建设和各项事业的投资。因此,国家预算的编制必须以国民经济和社会发展计划为依据。在实际工作中,财政部门编制国家预算时,应根据国民经济计划的各项经济指标和事业指标来确定预算收支规模。

3. 必须符合预算收支平衡、略有结余的方针

抓好预算收入的安排,是搞好预算收支平衡的前提。在安排预算支出时,必须坚持量入为出的原则,根据国家财力的可能,统筹兼顾各方面的需要。同时,预算支出安排应留有余地,建立必要的后备,以应付各种意外开支之需。

(二)国家预算编制前的准备工作

编制国家预算是一项既细致又复杂的工作。为了提高预算编制的质量,在正式编制国家预算之前,必须进行一系列的准备工作。

1. 对本年度预算执行情况进行预计和分析

本年度预算收支执行情况是安排下一年度预算的基础。预计和分析本年度预算执行情况,一般在当年下半年就需要着手进行。预计的方法是,首先对前几个季度的预算执行情况进行分析;然后对后几个月的预算执行情况进行预测。一般是根据历年的收支规律,结合经济发展趋势进行对比分析。分析以前的收支执行情况,预计今后几个月新的重大财政收支可能出

现变化的情况。通过这种分析,使收支预计尽可能接近实际,并通过分析找出预算完成好坏的原因,为下年度预算收支的安排打下坚实的基础。

2. 拟定下年度预算收支控制指标

在编制预算之前,财政部拟定国家预算收支指标,作为各级编制预算的依据。预算收支指标初步规定了国家预算的收支规模和发展速度,各部门的投资比例,中央和地方之间的资金分配以及各地区之间的综合平衡。为了提高预算收支指标的质量,在拟定预算收支指标时,要同制定国民经济计划主要指标密切配合。实际工作中,往往是在国家计划部门拟定经济指标的同时,财政部门也要根据经济发展规律和预算收支规律测算收支指标,然后经过协商,提出调整经济指标和预算指标的方案,使经济指标与预算指标相衔接。

3. 颁发编制国家预算草案的指示和具体规定

我国国家预算的编制采用公历年制,预算年度为每年1月1日起至12月31日止。为了保证国家预算的统一性、完整性和正确性,每年在编制国家预算以前,要向各地区、各部门发出编制国家预算草案的指示和具体规定。这些要求和规定主要有:编制预算的方针和任务;编制各项主要收入和支出预算的具体要求;各级预算收支划分和机动财力使用范围;编制预算的方法;预算报送程序和报送期限。

4. 修订预算科目和预算表格

国家预算收支科目是编制国家预算收支的重要工具。在编制预算之前,要在上年度预算收支科目的基础上进行必要的修订。修订预算科目的主要依据,一是国家机构调整改革的情况,相应增加和归并有关预算科目;二是财政、财务体制和税收制度的改革,相应增设或修改有关预算科目;三是预算管理的需要以及各地区、各部门的建议,对某些科目进行相应调整。

(三)国家预算的编制和审批

财政部门对计划年度的预算收支进行大体的匡算和具体的测算,是确定预算收支规模、编制国家预算的必要步骤。

预算收支的匡算,一般是在预计和分析全年预算执行情况的基础上,参照历年收支规律,结合计划年度经济发展趋势进行预测,匡算计划年度财力可能达到的程度,以及财力的需求情况,确定预算支出的分配方案和预算收支平衡状况,为编制国家预算打好基础。这种匡算主要是因为对下年度预算收支总的规模不可能进行精确的计算,只能采用"算大账"的办法。

预算收支的具体测算,则是在初步匡算总的预算收支规模的基础上,分别由各部门、各地区对各项收支指标进行切实的测算。这就要求根据计划年度国民经济有关指标以及财政部门掌握的预算定额进行具体核算,并尽可能做到积极可靠。这也是初步匡算的继续和发展。

根据《中华人民共和国预算法》及国务院其他有关规定,各级政府要建立总预算,各企业单位和主管部门都要建立财务收支计划,各行政机关、事业单位要建立单位预算。

国家预算的编制程序,一般是自下而上和自上而下相结合。在编制预算以前,各省、市、自治区和中央各部门先提出建议数字报送财政部。然后,财政部参照这些建议数,根据国民经济计划指标拟定预算收支指标,报经国务院批准后下达。各省、市、自治区和中央各部门根据下达的收支指标,结合本地区和本部门的具体情况经过切实的核算,自下而上地编制省、市、自治区地方总预算草案和中央各部门的单位预算草案,报送财政部。财政部门对各主管部门编制的单位预算和财政收支计划以及下级报送的总预算必须进行认真的审核。审核的内容一般包括:① 是否符合党的方针政策和国家编制预算指示的精神。② 收支是否平衡和积极可靠,与国民经济计划是否一致。③ 预算收支安排是否符合国民经济计划指标和国家分配的预算指标的要求。④ 内容是否符合要求,资料是否齐全,有无技术性错误。

根据《预算法》规定,中央预算由全国人民代表大会审查和批准,地方各级政府预算由本级人民代表大会审查和批准;各级政府预算经本级人民代表大会批准后,本级政府财政部门应及时向本级各部门批复预算。

三、国家预算的执行

国家预算的编制,仅仅是国家预算计划管理的开始。预算收支任务的实现,主要决定于预算的执行。国家预算执行的基本任务包括:根据国家的方针政策,积极组织预算收入,使其正确、及时、足额地纳入国库;按照计划及时合理地拨付资金,保证各项建设和事业的需要;通过组织收入和拨付资金,督促企业和单位加强经营管理,合理、节约、有效地使用资金;根据国民经济的发展情况,组织预算执行的平衡,保证国家预算收支任务的圆满实现。简单地说,就是预算的收、支、督、平。

(一)国家预算的执行者

国家预算的执行机关是国务院和地方各级人民政府,国务院负责执行国家预算,地方各级人民政府负责组织执行本级预算。财政部在国务院领导下,全面负责组织国家预算的执行工作,执行中央预算并指导地方预算的执行。地方各级财政部门在同级人民政府领导下,具体负责组织本级预算的执行,并监督所属下级预算的执行工作。中央和地方各主管部门负责执行本部门的财务收支计划和单位预算。此外国家还指定专门的管理机关,参与组织预算的执行工作:税务机关负责办理国家税收的征收工作;中国人民银行经办国家金库业务等。县级以上各级预算必须设立国库,具备条件的乡镇、民族乡镇也应当设立国库。国家预算收入的执行工作是由财政、税务部门和国家金库统一负责组织的,并按各项预算收入的性质和征收的方法,分别由财政部门和各主管部门的专职机关负责组织管理和征收。财政部门在组织预算收入时,要注意搞活经济,培养和开辟财源,要严格把住偷税、漏税、挪用截留应上缴的税利、乱摊成本、乱挤企业利润等关口。要准确及时地进行预算收入的划分、报解和入库。各级政府预算预备费的动用方案,由本级政府财政部门提出,报本级政府决定。各级政府预算周转金由本级政府财政部门管理,用于预算执行中的资金周转,不得挪作他用。

(二)国家预算的调整

在国家预算的执行过程中,由于影响预算收支的因素众多且各不相同,再加上编制预算时可能没有考虑到的一些不确定因素,因此在预算执行过程中经常会出现预算收支的不平衡,对经济的发展造成不良影响。为了保证国民经济的综合平衡,在预算执行过程中,必须经常组织预算收支的新平衡。保持预算执行中平衡的方法就是进行预算的调整。

各级政府进行预算调整,应当编制预算调整方案,并提请本级人民代表大会常务委员会审查和批准;地方各级政府预算的调整方案经批准后,由本级政府报上一级政府备案。

国家预算的调整包括全面调整和局部调整。全面调整通常是在国民经济计划和国家预算执行一段时间以后进行的,性质上接近于重新编制一次国家预算,一般在第三季度或第四季度初进行。全面调整一般不常见,经常出现的是局部调整。预算的局部调整一般有以下几种情况。

(1)预算科目之间的经费流动。这是在原定收支范围内,调剂余缺,在各科目之间局部改变资金用途的调整,不变动收支总额,不影响预算收支的平衡。

(2) 动用预备费。各级预算的预备费,是为了解决某些临时性急需和事先难以预料的开支而设置的备用资金。在预算执行过程中,如果发生原来国家预算没有列入、而在年度又必须解决的开支,可以动用预备费。中央预备费和地方预备费的动用,应当分别经过国务院和各省、市、自治区人民政府批准。

(3) 预算的追加和追减。在原核定的预算总额以外增加收入或支出数字的称为追加预算;在原核定的预算总额以内减少收入或支出数字的称为追减预算。

(4) 预算的划转。由于企业、事业隶属关系改变,以及行政区域的变更等原因,必须同时改变其预算的隶属关系,将原预算划归新的领导部门或接管单位。

总之,国家预算收支的执行,同整个国家的政治经济形势有着密切的联系。必须通过经常性的检查、分析和调整来保证国家预算任务的完成。

四、国家决算

预算年度的结束,意味着一个预算年度国家预算执行的结束,预算的执行情况到底如何,必须要进行总结,将预算执行结果编成国家决算。所谓国家决算就是对国家预算执行情况的总结。它是国家当年的政治、社会和经济活动在财政上的集中反映。根据《预算法》规定,决算草案由各级政府、各部门、各单位,在每一预算年度终了后按国务院规定的时间编制。

(一) 决算编制前的准备工作

编制国家决算需要做一系列的准备工作,这些准备工作包括以下内容。

1. 颁发编制决算的决定,对编制决算提出基本要求

编制决算基本要求有:组织好年前增收节支工作的要求;提出年终清理的原则要求;严格审查决算,提出对决算质量的具体要求;规定编制和汇总决算的方法,决算收支的年度划分,数字编列基础,决算编制的组织领导,以及对决算的正确性、完整性、及时性的要求;决算中有关当年的一些具体问题的处理意见;决算的报送期限和份数等。

2. 进行年终清理

各级财政部门、单位预算机关、企业单位、基本建设单位等,年终前后对预算收支、会计账目、财产物资等进行一次全面核对和清查,以正确、及时地编好决算。其内容包括:核对年度预算收支数字;清理本年预算应收应支,结清预算拨借款;清理往来款项;清查财产物资;进行决算收支数字的对账工作。

3. 修订和颁发决算表格

决算表格是编制决算的工具。它是在上年度决算表格的基础上根据本年度财政管理体制及其他制度的变化情况,本着有利于总结全年预算收支执行情况,便于决算汇编而修订的。决算表格有三种:中央汇编国家决算使用的汇总决算表格;中央级单位预算机关决算表格;各省(自治区、直辖市)总决算表格。

(二) 编制决算时应注意的问题

国家决算的编制,必须保证完整、准确和及时,其中完整和准确尤为重要。为此,须注意以下问题。

1. 严格划清预算执行的截止日期

预算执行截止期可以采取两种形式:收付实现制和权责发生制。所谓收付实现制,即规

定预算年度结束当天为截止期。所谓权责发生制,即在预算年度结束后再延长一段时间,将截止期延长到新的预算年度内。收付实现制的优点是,可以保证年度决算的及时编制、上报和汇总。权责发生制虽然可以较全面地反映预算年度内发生的一切收支,但由于延长的时间内要同时执行两个预算,使预算执行过程复杂化,也不利于及时编制、上报和汇总决算。我国采用的是收付实现制,即每年 12 月 31 日为预算执行的截止日期,预算收入以 12 月 31 日前交入人民银行基层金库的数字为准,预算支出以 12 月 31 日前各用款单位的银行支出数为准,12 月 31 日以后发生的收入和支出,一律记入新的预算年度的账目中,而不列入本年度的决算。

2. 决算结构应和预算结构一致

决算结构包括两方面的内容:一是决算使用科目必须和预算使用科目口径一致;二是各单位、各部门、各地区的决算的主要项目内容应该一致,以便于汇总和分析比较。

3. 决算数据审核

国家决算必须以年终实现的账面数为准,严禁估算和层层代编,以免影响决算数字的准确性。

(三)国家决算的编制方法与审核

国家决算的编制方法,通常采取自下而上的层层汇编。国家决算的编制程序大体如下:先由执行预算的基层单位编制决算。单位决算编成后,应进行一次复核,经单位首长审阅后报上级主管部门,主管部门对下级的单位决算汇编成本系统的单位总决算,报送同级财政部门。地方总决算,反映地方各级总预算的执行结果,它是由各级财政部门负责编制的。各级财政部门收到同级主管部门报送的汇总单位决算后,即进行审查登记,待各单位决算报齐后,连同总预算会计提供的有关数字进行汇总,即可编制总决算。

国家决算是由财政部负责编制的。财政部根据中央各主管部门报来的单位决算、财务决算、基本建设财务决算、金库年报、税收年报,以及本身掌握的收支决算数,汇编成中央级总决算,再根据各省(自治区、直辖市)报来的总决算汇编出地方总决算。中央级总决算和地方总决算汇编后,即是国家决算。

国家决算编成后,报送国务院审查,经国务院讨论通过,即提交全国人民代表大会审查批准。国家决算的审查和批准是与批准新年度的国家预算同时进行的。地方各级总决算,由地方财政部门报送同级人民政府审查后,提交同级人民代表大会审查批准。

五、监督与法律责任

根据《预算法》规定,全国人民代表大会及其常务委员会对中央和地方预算、决算进行监督;县级以上地方各级人民代表大会及其常务委员会对本级和下级政府预算、决算进行监督;乡、民族乡、镇人民代表大会对本级预算、决算进行监督;各级政府监督下级政府的预算、各级政府财政部门负责监督检查本级各部门及其所属各单位预算的执行,并向本级政府和上一级政府财政部门报告预算执行情况;各级政府审计部门对本级各部门、各单位和下级政府的预算、决算实行审计监督;各级政府未经依法批准擅自变更预算,使经批准的收支平衡的预算的总支出超过总收入,或者使经批准的预算中举借债务的数额增加的,对负有直接责任的主管人员和其他直接责任人员追究行政责任;违反法律、行政法规的规定擅自动用国库库款或者擅自以其他方式支配已入国库库款的,由政府财政部门责令退还或者追回国库库款,并由上级机关给予负有直接责任的主管人员和其他直接责任人员行政处分;隐瞒预算收入或者将不应当在预算内支出的款项转为预算内支出的,由上一级政府或者本级政府财政部门责令纠正,并由上级机关给予负直接责任的主管人员和其他直接责任人员行政处分。

第三节 复式预算

一、复式预算的产生与发展

复式预算是相对于单式预算而言的,它通常由两个或两个以上的预算组成。这种预算编制的基本形式是把国家预算划分为经常性预算和资本性预算两部分。

20世纪30年代以前,资产阶级政府对经济发展采取自由放任的态度,在国家预算方面,财政收入以税收为主,财政的预算支出主要是各种经常性的费用支出,有偿的财政收支项目很少,故国家预算也就采用单式预算的方式。

1929—1933年席卷整个资本主义世界的经济大危机,促使凯恩斯学派建立了以国民收入运动为对象的宏观经济模型,提出了国家干预经济的政策,主张政府利用税收和支出水平的变化来改变社会总需求水平。在支出方面,政府应当扩大公共工程支出和资本性投资支出,收入方面应通过减税让利的方式来增加私人投资,由此而出现的巨额财政赤字,就通过增发国债的方式予以解决。随后美国、英国的凯恩斯学派提出实行补偿性财政政策,以增加社会福利和社会保险方面的支出。这样政府的公债收支、投资支出、社会保险收支等新出现的财政收支项目都要求在国家预算中反映出来,而这些收支与政府传统的收支项目存在着本质的区别。复式预算顺应了这种需要。

与政府加强对经济活动的干预相适应,政府在国民经济中的活动范围逐步扩大,财政收支的内容发生了很大的变化,收支的规模也有了大幅的增长。突出表现是,政府经济投资支出增加,国有经济的比重在不断上升;政府采取赤字预算政策,借债开始成为政府日常性的筹资手段;以政府为主体的社会保障制度的产生和发展,使强制统筹的社会保险资金开始逐渐成为财政收入的重要组成部分。在这种历史背景下,传统的单式预算已不能反映日益丰富的全部收支活动,依然采用一套预算来编制国家预算已不利于对国家宏观经济的分析,不能正确反映政府活动的性质,同时单式预算也不能作为政府干预经济的有效工具。各国政府都希望采用更有效的预算方法,这样复式预算便应运而生。

1937年,瑞典开始进行预算改革,法律改变了原来除发生战争等特殊情况外不允许政府借债的规定,允许政府借债,但要求政府用债务资金安排的支出,必须产生相应的资产,而不能用于没有收益的消费性支出。为此,瑞典政府设计了复式预算方案,于1938—1939预算年度正式采取了复式预算的形式。与传统预算不同,新的预算是按两个预算编制的,一个预算是经常性预算,另一个预算是资本性预算。经常性预算收入主要是各项税收和国家资本基金收入,经常性预算支出主要是政府的一般开支和补充各项国家资本基金的支出。经常性预算收支相抵后的结余或赤字均转入预算平衡基金。如果是结余转入预算平衡基金,则作为后备金;如果是赤字转入预算平衡基金,则通过政府发行债券来弥补。资本性预算收入包括债务资金和其他一些资本性收入,资本性预算支出为政府干预经济的资本性开支,如对国有企业的投资、购买股票支出等。

1939年，英国政府为了弥补财政赤字，把预算收入和支出划分为线上预算（经常性预算）和线下预算（资本性预算）两个部分。线上预算的收支是平衡的，线下预算的赤字通过借债弥补。1968年以后，英国的复式预算改为统一基金预算和国家借贷基金预算。前者相当于经常性预算，后者相当于资本性预算。

继瑞典、英国之后，其他资本主义国家也相继开始研究适合于本国情况的复式预算方案。在第二次世界大战以后的一段时期，西方国家出现了一个实行复式预算的高潮。

到了20世纪70年代，西方主要工业化国家由于反复出现经济滞胀及政府财政赤字规模过大等问题，实际上宣告了凯恩斯学派及其政策主张的失灵，人们又开始重新倡导自由竞争经济，要求政府减少对经济活动的干预，大力削减国债规模和国有经济比重，由此而导致货币学派的走红及供应学派的兴起。在实践方面，70年代的经济衰退导致失业率大幅上升，政府的社会保障支出大幅增加。社会保障收入难以满足支出的前提下，政府将国债资金的一部分用于社会保障方面的开支。国债资金是有偿的财政资金，而社会保障是属于无偿地转移支付，如果在国家预算中，将有偿的债务资金用于无偿的财政支出，很容易引起公众的反对。与此相应，一些发达国家陆续停止了把预算划分为经常性预算和资本性预算的做法，不再采用复式预算。

在20世纪70年代末期，瑞典不再实行复式预算制，主要是由于瑞典在战后采取了福利主义的经济政策，导致了政府开支剧增，赤字数额扩大，为弥补财政赤字而进行的借款数额也越来越大。公债所筹措的资金不仅用于资本性支出，而且也用于没有偿还能力的经常性支出。在这种情况下，如果继续实行复式预算，明确表明一部分债务收入用于经常性支出，国家预算就很难被权力机构通过。80年代中期，英国也不再实行复式预算制，主要原因是英国政府通过出售国有企业增加了政府的收入，也相应减少了政府原来用于国有企业的开支。国家预算出现收支平衡并有所结余的情况，不必再向社会出售政府债券来满足支出需求，因而也就不必在预算中再单设资本性项目的预算了。在这一时期，资本主义国家纷纷放弃复式预算的更直接的原因是，一些工业发达国家对经济的干预，从传统的直接干预做法过渡到现代宏观调控，主要采用税率、利率、价格和制定产业政策等手段进行调节。国家直接用于资本性投资减少，也就没有必要再单设资本性预算了。

二、中国编制复式预算的必要性

编制复式预算的必要性首先由国家的双重职能，即政治职能和经济职能来说明。与国家的双重职能相适应，国家财政的收支活动也包括两种不同性质的内容：一是为国家发挥政治职能服务的财政收支，二是为国家发挥经济职能服务的财政收支。这两部分的财政收支有着不同的运行特点和管理要求。双重职能理论既是西方国家编制复式预算的理论依据，也是我国采用复式预算的理论依据之一。

作为以生产资料公有制为主体的社会主义国家，我国政府具有社会管理者和国有资产所有者的双重身份。前者是任何社会的国家都有的职能，而后者是社会主义国家的政府最显著的职能，国家在相当规模上和众多经济领域内直接进行资本投资，使国有资产在社会再生产活动中起主导作用。国家预算作为反映政府活动范围和方向、保障国家发挥其职能的工具，必然要使政府以不同身份行使其职能，采用不同的收支性质在国家预算中反映。按照这个理论，有人建议将1995年的复式预算设计成公共预算、国有资产经营预算，另外再加上社会保障基金特别预算,这样,预算结构清晰,便于管理与监督。

我国在转向市场经济体制后,政府职能发生重大变化。政府的政治权利行使者和生产资料所有者的身份正在分离,反映在国家财政上是,公共财政具有自己独特的分配特征和循环系统,它以政权性质的政府为分配主体,经非市场机制进行分配,分配的直接目的是满足公共需要;作为国有资产代表者的财政具有不同于公共财政的分配特征和循环系统,它以所有者性质的政府为分配主体,是一种内在于市场的分配活动,分配的直接目的是保持国有资产的保值与增值。政府职能变化的结果反映在预算上就是单式预算被公共预算和国有资产经营预算构成的双元结构预算所代替。按照这种理论设计的复式预算模式与按照国家双重身份设计的预算模式类同,只是更复杂一些。其中的公共预算包括经常性预算和公共投资预算,国有资产经营预算包括国有资产预算、国有资源预算等,此外社会保障预算应单独编制。

在实践中,新中国成立以后我国预算的编制一直采用单式预算的方式,把全部财政收支汇编在一个统一的预算表之中,其预算结构比较简单,可以简明地反映财政收支的全貌,编制方法也比较简便。缺点是不能明确反映财政各项收支的性质、财政赤字形成的原因以及解决赤字的资金来源。

从 1992 年起我国决定编制复式预算,首先选择中央财政和少数地方财政进行复式预算的试点。复式预算是将国家预算中的各项收支,按其不同的经济性质,分别编列在经常性预算和建设性预算之中,这是我国预算管理制度的一项重大改革。1994 年颁布的《预算法》明确规定,中央预算和地方各级政府预算都按复式预算的方式编制。进入 20 世纪 90 年代后,我国开始以复式预算代替单式预算是有其深刻背景的。

首先,自 1978 年我国实行经济体制改革以来,受各方面因素的影响,除了个别年份外,国家财政基本上是年年赤字,且赤字规模逐年上升。为弥补财政赤字,国家财政年复一年地发行国债,国债规模日益扩大,国家财政对国债的依存度不断提高。为了解决财政赤字和国债问题,就需要对财政收支进行分门别类的研究,具体分析赤字的规模、成因,并提出削减赤字的良策和科学管理债务的方法。

其次,长期以来,在处理"吃饭"与建设的问题上经常出现失误,而且这对矛盾仍将存在下去。因此寻求有利于解决这一矛盾的预算工具以确定合理的积累率,建立有助于科学安排经常性费用开支与经济建设投资的预算机制,促使财政理论界和实际工作部门去设计更加有效的预算方法。

再次,随着社会主义市场经济的发展,国家经济管理部门和行政事业单位,通过各种方式组织的国有资产收入,包括国有企业收入、国家投资分红收益、国有资源收入等,除了一部分上缴财政外,有相当多的部分留给政府部门和国有企业及事业单位自主支配。这些巨额资金长期以来游离于国家预算之外进行"体外循环",脱离了国家财政部门的监督,不利于综合反映国家财政资金的全貌,影响这些资金发挥其应有的使用效益,以至于产生各种消极作用和诱发腐败现象。为此,采用一种更加科学、系统、全面和实用的预算方法,将不同性质的国家资金纳入预算统筹管理和调控,有利于发挥国家预算在引导和调度社会资金运动中的主导作用。因此,加强对财政资金的管理也是新的预算方法产生和推广的客观基础。

三、中国复式预算的构成

1992年开始编制复式预算的时候,我国各项预算收支按其不同的来源和资金的性质,划分为经常性预算和建设性预算两部分。其中,国家以管理者身份取得的一般收入和用于维持政府活动的经常费用、保障国家安全和社会稳定、发展教育科学卫生等各项事业以及用于人民生活方面的支出,列为经常性预算;国家以资产所有者身份从经济建设项目方面取得的某些收入和直接用于国家建设方面的支出,列为建设性预算。划分情况大致如下。

(1) 经常性预算收入包括各项税收、国家预算调节基金收入及其他收入和非生产企业的亏损补贴等。经常性预算支出包括非生产性基本建设支出、事业发展和社会保障支出(包括农林水事业费,文教、科学、卫生事业费,抚恤和社会救济支出等)、国家政权建设支出(包括行政管理费及国防费等)、价格补贴支出、其他支出、中央和地方预备费等。

(2) 建设性预算收入包括经常性预算收入结余转入、专项建设性收入、企业收入、生产性企业亏损补贴等。建设性预算支出包括生产性基本建设支出、企业挖潜改造资金和新产品试制费、增拨企业流动资金、地质勘探费、支援农业生产支出、城市维护建设支出、支援经济不发达地区发展资金等。建设性预算出现的软赤字首先通过发行国债的方式来弥补,剩余的硬赤字向中央银行借款弥补。

1995年《预算法》开始实施,当年的复式预算方案又进行了调整。复式预算由政府公共预算、国有资产经营预算和社会保障预算三部分构成。关于中央建设性预算中赤字的处理方法有了较大的改变。以前的财政赤字有软赤字和硬赤字之分,1993年预算时依然有205亿元硬赤字是通过向中央银行借款的方式来弥补。由于当时出现了较严重的通货膨胀,当年的财政赤字是通过全部发行国债的方式弥补的。从此以后每年的预算赤字都是以发行国债的方式弥补。

此后的复式预算结构又有所调整。1996年,政府部门加强了对预算外资金的管理,将一些数额较大的政府性基金(收费)项目纳入国家预算,并单独编制预算。如1997年和1998年中央的基金性预算项目包括电力建设基金、车辆购置附加费、铁路建设基金、邮电附加费、市话初装费基金和水利建设基金等。目前,我国预算外管理的基金(收费)项目名目繁多,规模巨大,这些基金(收费)大多数是通过价外加价的方式形成的,属于政府部门的收支行为,长期以来一直分散在各部门、各单位,由他们自行管理,脱离财政监督,也不向权力机关报告其收支情况,使国家预算不能全面反映国家财政的总的收支规模,不利于提高财政资金的使用效益。通过单独编制基金性预算,将这些专项建设基金纳入预算,便于国家财政部门和权力机构对基金(收费)的情况进行全面的监督,可避免乱收费问题,同时也有利于提高财政资金的效益。2007年中央财政开始编制国有资本经营预算并逐步推广。试行社会保险基金预算的意见也由国务院在2010年发布。根据2015年1月1日开始执行的《中华人民共和国预算法》,现行复式预算包括:一般公共预算、政府性基金预算、国有资本经营预算、社会保险基金预算。

四、中国复式预算的编制原则和作用

设计我国的复式预算,应该从我国的实际情况出发,吸收借鉴国外的一些经验和做法,使复式预算制度的形式符合我国国情,具有中国特色。

我国复式预算的编制遵循以下几个原则:①要充分体现"一要吃饭、二要建设"的方针,预

算的编制原则是先编制经常性预算,然后再根据财力情况编制建设性预算,经常性预算要保持收支平衡,并有所结余。②建设性预算要坚持量力而行,保持合理的规模。中央建设性预算的部分资金,可以通过举借国内和国外债务的方式筹措,但对借债规模要控制在合理的限度之内,不能盲目扩大债务数量;地方建设性预算则要按照收支平衡的原则编制,不能用借债的手段去搞经济建设投资。③国家复式预算的编制要与国民经济和社会发展计划相适应,并充分体现国家有关的经济方针政策,保持国民经济持续、快速、健康地发展。

根据《中华人民共和国预算法》的规定,中央预算和地方各级政府预算都应按照复式预算编制。中央政府的公共预算(即经常性预算)不能有赤字。中央预算中必需的建设投资的部分资金,可以通过举借国内或国外债务等方式筹措,但举债应当有合理的规模。地方各级预算按照量入为出、收支平衡的原则编制,不能有赤字。除法律和国务院另有规定外,地方政府不得发行地方政府债券。各级预算收入的编制应当与国民生产总值的增长率相适应。按照规定必须列入预算的收入,不得隐瞒、少列,也不得将上年的非正常收入作为编制预算收入的依据。各级预算支出的编制,应当贯彻厉行节约、勤俭新中国成立的方针。各级预算支出的编制,应当统筹兼顾、确保重点,在保证政府公共支出合理需要的前提下,妥善安排其他各类预算支出。此外,《预算法》还规定,各级政府预算应当按照本级政府预算支出额的1%—3%设置预备费,用于当年预算执行中的自然灾害救灾开支及其他难以预见的特殊开支。各级政府预算还应当按照国务院的规定设置预算周转金。各级政府预算的上年结余,可以在下一年用于上年度结转项目的支出;如有余额的,可以补充预算周转金;再有余额的,可以用于下年必需预算支出。

实践证明,我国实行复式预算制有如下重要意义和作用:① 有利于健全财政职能。实行复式预算,把各项财政收支按不同的经济性质分为经常性收支和建设性收支,并建立起稳定的收支对应关系,可以比较清楚地反映出财政的双重职能。② 能够较全面地反映财政活动,增强财政分配的透明度。我国单式预算中的预算科目基本是按部门设置的,只能反映财政资金向部门的流向和流量,但不能全面反映资金的经济性质。实行复式预算可以使两方面的情况都得到反映。同时,复式预算将经常性收支和建设性收支分列,两者的资金来源和应用情况都比较清晰,具有较高的透明度,可以使人们清楚地了解到财政赤字形成的原因和国家债务规模,便于探索解决财政困难的途径和措施。③ 有利于建立预算收支的约束机制,提高预算管理水平。对不同性质的财政资金采用不同的管理方法,经常性支出只能靠经常性收入来安排,做到收支平衡并略有节余,不搞赤字,有利于对经常性预算实行硬约束;建设性预算要保持合理的规模,坚持有多少钱办多少事,中央建设性预算支出不足的部分可以通过发行国债来弥补。国家通过对建设规模大小的控制,实现对建设规模和结构进行宏观调控,有利于健全投资资金的效益约束机制。

第四节 国库管理制度

一、国库管理制度的类型

国库亦称国家金库,是国家预算收支的出纳机关,是为政府保管现金、证券、票据及其他财物的机关。财政国库管理制度是对政府资金进行保管和监督的一种制度,凡是政府的收入均由国库经收,各项支出均由国库提付,经收而未提付的资财由国库保管。国库制度的作用是,统一政府资金的保管,避免各级机关各行其是,以防止财政资金的流失及各种舞弊行为的发生;统一财政资金的调度,适应财政的需要,调剂财政资金的盈余或赤字。由于很多国家的国库制度与银行之间有着密切的关系,故政府资金可以通过金融机构起到调节社会资金的作用。

从目前世界各国的国库情况看,国库管理制度可分为三种类型。

(一) 独立国库制

政府单独设立国库机关,专职办理政府资金的收支与管理,具有独立行政机构的性质,并对政府的预算严格把关。这种国库制度对财政资金的收支与监管严密,可避免财政资金的流失。但独立机构往往会增加行政开支,且对财政资金的专款专用严格把关,使财政资金不能灵活运用,容易导致财政资金的呆滞,有碍社会资金的有效流通。

(二) 委托保管制

政府委托银行代理政府资金收支与管理,但银行须设专库,不得将国库资金与银行资金相混淆。委托保管制可减少政府的行政开支,但暂时闲置的财政资金不能动用,故仍然存在资金呆滞的缺陷。

(三) 委托存款制

政府的财政收入以银行存款的方式存放于银行,需要使用时就以开支票的方式从银行提取,目前许多国家的政府都采用这种做法。银行接受的政府存款,视同为普通存款,可以自由地运用,以调节流通中的货币量。

二、中国国库管理制度的发展

我国的国库管理制度采用的是委托保管制,即由中央银行代为行使国库的职能。国库包括中央国库和地方国库两部分。中央国库又称总金库,设置在中国人民银行总行。以下设分金库、中心支库、支金库,分别设置在省(自治区、直辖市)分行、地(市)中心支行、县(市)支行。

2000年以前我国的财政性资金的缴库和拨付方式,是通过征收机关和预算单位设立多重账户分散进行的。这种在传统体制下形成的运作方式,越来越不能适应社会主义市场经济体制下公共财政的发展要求。主要弊端是,重复和分散设置账户,导致财政资金活动透明度不高,不利于对其实施有效管理和全面监督;财政收支信息反馈迟缓,难以及时为预算编制、执行分析和宏观经济调控提供准确依据;财政资金入库时间延滞,收入退库不规范,大量资金经常滞留在预算单位,降低了资金的使用效率;财政资金使用缺乏事前监督,截留、挤占、挪用等问题时有发生,甚至出现腐败现象。

从2001年开始我国对国库管理制度进行改革,建立以国库单一账户体系为基础、资金缴拨以国库集中收付为主要形式的财政国库管理制度:财政统一开设国库单一账户,实行库款"直达",即财政支出的资金由财政根据用款单位预算执行进度,直接拨付给商品、劳务的供应者。这样有利于规范财政收支行为,解决因拨付环节过多而产生的截留、挤占、挪用资金等问题,加强财政收支管理监督,提高财政资金的使用效率,从制度上防范腐败现象的发生。为了保证改革的顺利进行,根据国务院的要求,按照总体规划、分步实施的原则,2001年选择几个有代表性的部门进行试点,在总结经验、优化和完善方案的基础上,2002年进一步扩大改革试点范围。各地可根据改革试点方案,自行确定改革的时间和步骤。在"十五"期间全面推行财政国库管理制度改革。

三、中国现行国库管理制度

我国现行的财政性资金的缴库和拨付方式，是通过征收机关和预算单位设立多重账户分散进行的。这种在传统体制下形成的运作方式，越来越不适应社会主义市场经济体制下公共财政的发展要求。因此，必须对现行财政国库管理制度进行改革。改革的指导思想是：按照社会主义市场经济体制下公共财政的发展要求，借鉴国际通行做法和成功经验，结合我国具体国情，建立和完善以国库单一账户体系为基础、资金缴拨以国库集中收付为主要形式的财政国库管理制度，进一步加强财政监督，提高资金使用效益，更好地发挥财政在宏观调控中的作用。

（一）国库单一账户体系

我国现行的财政国库管理制度的主要内容是，建立国库单一账户体系，所有财政性资金都纳入国库单一账户体系管理，收入直接缴入国库或财政专户，支出通过国库单一账户体系支付到商品和劳务供应者或用款单位。

国库单一账户体系的构成如下。

(1) 财政部门在中国人民银行开设国库单一账户，按收入和支出设置分类账，收入账按预算科目进行明细核算，支出账按资金使用性质设立分账册。其功能是，用于记录、核算和反映纳入预算管理的财政收入和支出活动，并用于与财政部门在商业银行开设的零余额账户进行清算，实现支付。

(2) 财政部门按资金使用性质在商业银行开设零余额账户；在商业银行为预算单位开设零余额账户。其功能是，用于财政直接支付和与国库单一账户支出清算；预算单位的零余额账户用于财政授权支付和清算。

(3) 财政部门在商业银行开设预算外资金财政专户，按收入和支出设置分类账。其功能是，用于记录、核算和反映预算外资金的收入和支出活动，并用于预算外资金日常收支清算。

(4) 财政部门在商业银行为预算单位开设小额现金账户。其功能是，用于记录、核算和反映预算单位的零星支出活动，并用于与国库单一账户清算。

(5) 经国务院和省级人民政府批准或授权财政部门开设特殊过渡性专户。其功能是，用于记录、核算和反映预算单位的特殊专项支出活动，并用于与国库单一账户清算。

建立国库单一账户体系后，相应取消各类收入过渡性账户。预算单位的财政性资金逐步全部纳入国库单一账户管理。上述账户和专户要与财政部门及其支付执行机构、中国人民银行国库部门和预算单位的会计核算保持一致性，相互核对有关账务记录。

（二）国库缴拨款方式

在建立健全现代化银行支付系统和财政管理信息系统的基础上，逐步实现由国库单一账户核算所有财政性资金的收入和支出，并通过各部门在商业银行的零余额账户处理日常支付和清算业务。

1. 收入收缴程序

适应财政国库管理制度的改革要求，将财政收入的收缴分为直接缴库和集中汇缴。直接缴库是由缴款单位或缴款人按有关法律法规规定，直接将应缴收入缴入国库单一账户或预算外资金财政专户。集中汇缴是由征收机关(有关法定单位)按有关法律法规规定，将所收的应缴收入汇总缴入国库单一账户或预算外资金财政专户。

2. 支出拨付程序

财政支出总体上分为购买性支出和转移性支出。根据支付管理需要，按照不同的支付主体，对不同类型的支出，分别实行财政直接支付和财政授权支付。

（1）财政直接支付的，由财政部门开具支付令，通过国库单一账户体系，直接将财政资金支付到收款人（即商品和劳务供应者，下同）或用款单位账户。实行财政直接支付的支出包括：工资支出、购买支出以及中央对地方的专项转移支付，拨付企业大型工程项目或大型设备采购的资金等；转移支出（中央对地方专项转移支出除外），包括中央对地方的一般性转移支付中的税收返还、原体制补助、过渡期转移支付、结算补助等支出；对企业的补贴和未指明购买内容的某些专项支出等。

（2）财政授权支付的，预算单位根据财政授权，自行开具支付令，通过国库单一账户体系将资金支付到收款人账户。实行财政授权支付的支出包括未实行财政直接支付的购买支出和零星支出。

上述财政直接支付和财政授权支付流程，以现代化银行支付系统和财政信息管理系统的国库管理操作系统为基础。在这些系统尚未建立和完善前，财政国库支付执行机构或预算单位的支付令通过人工操作转到代理银行，代理银行通过现行银行清算系统向收款人付款，并在每天轧账前，与国库单一账户进行清算。

建立以国库单一账户体系为基础、资金缴拨以国库集中收付为主要形式的财政国库管理制度，是对财政资金的账户设置和收支缴拨方式的根本性变革，是一项十分庞大和复杂的系统工程。改革方案的实施，不仅涉及改变现行预算编制方法和修订一系列相关法律法规，建立健全银行清算系统、财政管理信息系统、财政国库支付执行机构等必需的配套设施，而且涉及改变传统观念，摆脱旧的管理方式的束缚。这项改革对加强财政管理监督，提高资金使用效益，从源头上防范腐败，具有重要意义。

通过建立和完善科学合理的监督制约机制，确保财政资金安全。建立健全财政国库支付执行机构的内部监督制约制度，财政国库部门要定期对财政国库支付执行机构的相关业务进行内部审计；中国人民银行国库部门要加强对代理财政支付清算业务的商业银行的监控，充分发挥中央银行对商业银行办理财政支付清算业务的监管作用；审计部门要结合财政国库管理制度的建立，进一步加强对预算执行情况的年度审计检查，促进政府部门和其他预算执行部门依法履行职责。

本章小结

国家预算是国家的基本财政计划,是国家分配国民收入的重要财政杠杆。国家预算在资金分配的过程中,承担对国民经济各部门、单位的收支活动进行监督和检查的职能。我国国家预算体系中,国家预算包括中央预算和地方预算,而地方预算又由四级预算构成。中央预算在国家预算中居于主导地位,地方预算处于基础地位。国家预算的编制、审批、执行、调整及国家决算工作,都具有很强的政策性和法制性,与国家预算有关的各项具体工作分别由中央政府和各级地方政府负责,而审批权则掌握在全国人民代表大会和各级地方人民代表大会的手中。根据《预算法》,我国国家预算按复式预算的方式进行编制,国家预算划分为经常性预算和建设性预算。实行复式预算有利于健全财政职能,增强财政分配的透明度,有利于建立预算收支的约束机制,提高预算管理水平。

复习思考题

1. 什么叫国家预算?国家预算有什么特征?
2. 我国目前的国家预算体系的组成情况如何?
3. 什么叫复式预算?编制复式预算应遵循哪些基本原则?我国实行复式预算有何作用?

第十六章　财政赤字

第一节　财政赤字的概念及其产生

从总量上看,财政预算的结果,收入和支出之间的关系有三种形态:财政收支的平衡;财政收入大于财政支出的财政结余;财政收入小于财政支出的财政赤字。财政的收支平衡并不意味着财政收入与财政支出完全相等,因为在现实经济生活中,财政收入与财政支出在量上绝对相等是不可能的,即使预算编制的时候能做到收支平衡,但在预算执行过程中和对预算进行总结的时候,财政的收入与支出是不会完全一致的。所以财政收入略大于财政支出或财政收入略小于财政支出,都可以看作是财政收支的平衡,问题的关键是对结余或赤字度的把握。有财政学者认为,财政结余额或赤字额占财政收入的比重在3%之内,基本上可以看作是财政的收支平衡。按照这个标准,财政收入大于财政支出额占财政收入的比重超过3%,即为财政盈余;财政收入小于财政支出额占财政收入的比重超过3%,也就是财政赤字[①]。从现代社会各国国家预算实际运作的结果来看,财政平衡和财政盈余比较少见,而经常出现的是财政赤字。因此在现代社会,财政赤字几乎成为一种普遍存在的财政分配现象,在发达国家和发展中国家都是如此。

一、财政赤字的概念

财政赤字是指预算年度内财政收入小于财政支出,收支不平衡的一种财政分配现象,它反映了一定时期内国家财政入不敷出的基本状况。财政赤字有几种情况,包括预算赤字、执行赤字、决算赤字、赤字财政。

(一) 预算赤字

预算赤字是指政府在编制预算的时候,就出现了财政收不抵支的赤字缺口。预算有赤字,并不意味着预算执行结果必然有赤字。如果预算赤字规模不大,而且持续的时间不长(即不是连续若干年发生预算赤字),那么这是一种正常的财政赤字,在预算执行过程中可能会通过预算的调

---

① 按照欧盟马斯特里赫特条约的规定,欧盟成员国的财政赤字占财政收入的比重必须控制在3%之内。

整将赤字予以消除,决算的时候就无赤字。预算执行中如果缺乏较好的财政增收节支措施,则决算的时候依然会有赤字。如果预算赤字的规模巨大且年年如此,那么这种赤字的性质就发生了变化。

(二) 执行赤字

执行赤字是指在预算执行过程中出现的财政赤字。由于在一个预算年度内,影响财政收入和财政支出的因素众多且不相同,因此在预算执行过程中不可避免地会出现财政收支不平衡的现象。如果出现了执行赤字,一般是通过调整的方式来保持预算执行过程中的平衡,消除执行中的赤字。

(三) 决算赤字

决算赤字是指一个预算年度结束后,对国家预算执行情况进行总结的时候而出现的财政赤字。决算赤字不一定是预算赤字造成的。这里有几种情况:国家编制预算的时候,可能有预算赤字,在预算年度结束的时候依然有财政赤字;国家编制预算的时候也可能没有预算赤字,只是因为在预算执行过程中,由于各种原因导致国家财政收不抵支,因此出现决算赤字。与预算赤字相比,决算赤字更为常见。

(四) 赤字财政

赤字财政和财政赤字两者之间存在着本质区别。财政赤字是一种财政分配现象,而赤字财政则是一种财政分配政策。赤字财政实际上是政府制定的、以财政收入和支出的手段,来干预和调节经济活动的一种财政政策。或者说,是政府有意识实行的、运用赤字财政政策对经济活动进行干预的宏观经济政策。政府在一定的经济时期实施减税或增加公共支出容易导致财政赤字的产生,是政府执行扩张性财政政策的结果。

二、财政赤字的口径及其处理

(一) 财政赤字口径

关于财政赤字规模大小的计算问题,不同的国家或组织对赤字统计的口径也有所不同,总体来看,对财政赤字的计算有两种方法。

1. 软赤字和硬赤字

所谓软赤字是指财政收入中不包括国债而形成的赤字。纳入预算的财政收入是正常的财政收入。其计算方法如下:

$$财政赤字 = 正常的财政收入 - 正常的财政支出$$

所谓硬赤字是将国债所筹措的资金当作一种财政收入而纳入国家预算收入之后(或已经以发行的内外债弥补财政赤字以后),仍然出现的财政赤字。其计算方法如下:

$$财政赤字 = (正常的财政收入 + 国内外债务) - (正常的财政支出 + 债务支出)$$

财政赤字这两种计算口径的主要区别在于:以债务的方式筹措的财政资金是否应该算作财政收入,债务的还本付息是否应该作为正常的财政支出。从理论上说,如果将以债务的方式所筹集的财政资金看作财政收入的话,那么国家财政永远不会有赤字,因为只要出现财政的入不敷出,都可以通过债务的办法来筹资弥补。因此更能明确和准确反映财政收支状况及赤字规模的应该是软赤字,也就是说财政收入中不应该包括债务资金。

2. 赤字融资方式

按照斯坦利·费雪和威廉·易斯特利的理论,政府为其财政赤字融资的方式有四种,可以用下列恒等式表示:

$$财政赤字 = 货币印刷 + 外汇储备使用 + 对外借债 + 对内借债 \quad (16-1)$$

公式(16-1)有两种解释:

第一,公式(16-1)可以调整如下:

$$\begin{aligned}财政赤字 &= (货币印刷 + 外汇储备使用) + (对外借债 + 对内借债) \\ &= 货币创造 + 政府债务 \end{aligned} \quad (16-2)$$

公式(16-2)的含义是指政府的财政赤字只能通过货币创造和借债的方式加以解决,强调了政府的财政赤字与通货膨胀之间的关系。

第二,将公式(16-1)调整如下:

$$\begin{aligned}财政赤字 &= (货币印刷 + 对内借债) + (外汇储备使用 + 对外借债) \\ &= 国内融资 + 国外融资 \end{aligned} \quad (16-3)$$

公式(16-3)的含义是指为财政赤字进行融资的资金来自于国内或者国外,强调了政府的财政赤字与国际收支状况之间的关系。

(二)财政赤字的处理

斯坦利·费雪和威廉·易斯特利的观点指的是弥补财政赤字的两种途径。一是通过财政的货币发行来弥补赤字;二是动用外汇储备。前者可能导致通货膨胀。如果一国使用外汇储备为政府的财政赤字筹资,等于卖掉外汇储备,换回本币。这种方式可以切断财政赤字与通货膨胀之间的联系(如果政府以货币印刷的方式为财政赤字筹资比较容易导致通货膨胀),但容易导致本币的升值,影响本国商品的出口并使进口增加,从而影响到经常账户的平衡。如果为弥补财政赤字而使外汇储备的减少达到极限,可能会引起资本的外逃。因此从本质上说,动用外汇储备为财政赤字融资是有限度的,否则将引起国际支付危机。

从中国的情况看,尽管 20 世纪 70 年代以后年年都出现财政赤字,但中国财政赤字的弥补基本上是通过发行内外债的方式进行的,期间也曾经采用货币发行的方式进行弥补,并没有采用过动用外汇储备的做法。

不同的国家对财政赤字的处理方法有所不同。例如苏联一直将债务列入正常的财政收入,从其财政统计数字看,几乎年年都有财政结余,但如果将债务资金从财政收入中剔除,则基本上年年出现财政赤字。美国一向不把债务资金看作正常的财政收入,而是将其作为弥补财政赤字的手段。日本则将公债分为建设公债和赤字公债,建设公债作为正常的财政收入,只将赤字公债当作弥补赤字的手段。国际货币基金组织将举债与弥补赤字联系在一起,也就是说债务资金不包括在正常的财政收入之中。

我国关于赤字的口径以及国债的处理方法在不同的时期也不尽相同。如 1950 年发行的人民胜利折实公债,其发行目的就是为了弥补财政赤字,这种公债就不是正常的财政收入。1954 年开始发行的经济建设公债则列入国家预算收入。1981 年发行的国库券就是为了弥补 1980 年的决算赤字,1982 年以后直到 1992 年发行的国债都列入正常的财政收入。1992 年以后的财政收入中不再包括以债务的方式所筹措的资金,1994 年颁布的《预算法》更是明确:国债是弥补财政赤字的手段,而不是政府正常的财政收入。

三、赤字财政的成因

在自由资本主义发展时期,受资产阶级古典经济学派的创始人亚当·斯密理论的影响,资本主义国家政府的预算按照量入为出和收支平衡的原则进行,正常的预算赤字、预算执行中的赤字及决算赤字并不常见,更无赤字财政政策。财政赤字频繁出现以及在资本主义国家执行赤字财政政策,是在资本主义发展进入垄断阶段以后开始的,尤其是从20世纪30年代以后,赤字财政的预算政策已经变成了资本主义国家的一种常规性的预算政策。国家预算政策所以会有这种变化,是有其深刻的历史和现实背景的。

(一)政府干预

政府干预经济理论的提出,导致政府预算指导思想的变化,为赤字财政政策的实施提供了理论基础。20世纪30年代的经济大危机,涉及范围之广、持续时间之久是前所未有的。人们已经开始认识到市场调节经济存在的局限性。为了克服市场本身存在的缺陷,政府应该干预经济活动,凯恩斯的经济理论便应运而生,凯恩斯提出政府干预经济活动的政策主张,认为政府应通过制定财政政策和货币政策来对经济活动进行调节。从财政政策来看,一方面政府应当减税让利,以刺激私人投资;另一方面政府要直接增加投资支出,将资金用于公共项目的投资,以刺激需求。政府通过运用财政政策干预经济活动的结果,必然是出现巨额的财政预算赤字。

(二)社会环境

面对经济危机的频繁爆发,失业率不断上升,社会有效需求严重不足,为了克服市场调节经济过程中本身存在的缺陷,以保持经济的稳定发展,缓和日益加剧的社会矛盾,政府需要通过制定财政政策,采用税收、公共支出等财政手段来干预经济活动。而实施政府制定的财政政策,是通过赤字财政政策来进行的,其结果必然是规模巨大的财政赤字。

(三)货币本位制

货币本位制的变化为赤字财政政策的实施提供了便利。20世纪20年代末期的经济危机,迫使资本主义国家纷纷放弃金本位制,转而实行信用本位制。在信用本位制下,流通中的货币是不可兑换的纸币。政府财政预算如果出现了巨额的赤字,赤字的弥补不仅可以通过发行国债的方式来进行,还可以通过向货币当局透支的办法进行。由于信用本位制下货币发行的便利,为政府实行赤字财政政策提供了方便。

可以说,赤字财政政策在相当长的时期里成为资本主义国家干预经济活动的一剂良方。这剂良方也确实在一定时期内起到了促进经济增长与繁荣的作用,但同时也给政府留下了巨额赤字的沉重包袱,尤其是从20世纪60年代末期开始,凯恩斯理论失效后,削减赤字规模一直是各国政府安排预算时所追求的目标。

四、中国财政赤字的现实分析

如前所述,我国的财政赤字在时间上可以划分为两个阶段,即新中国成立到1978年和1979年至今。不同的时期财政赤字有不同的特点及其发生的原因。

在1978年以前,我国的财政预算是严格按照收支平衡并略有结余的原则进行的,财政支出坚持的是量入为出的原则。考虑到财政资金的有限性及有效的使用,从各预算年度的情况来看,基本上采取的是财政结余和财政赤字交替出现的做法。但由于各种主客观的原因及政治、经济的因素,在有的年份里也迫不得已出现过一些非政策性的财政赤字。

1950年发生的财政赤字,主要原因在于新中国成立初期接收了国民党留下的烂摊子,国家经济状况恶化,财政收支困难,加上抗美援朝所需要的国防支出增加,财政赤字不可避免。1956年国家财政出现了赤字,其主要原因是,当时正是第一个五年计划时期,国家经济建设形势很好,财政连续几年有结余,于是从主观上对经济形势产生了盲目乐观的情绪,在基本建设方面、扩大职工人数以及增加职工工资等方面的财政支出规模过大,造成财政赤字。实际上,这次赤字可以说是由于缺乏经验而造成的。1958—1961年连续4年出现了财政赤字,主要是在指导思想上受到"左"的思想的影响,搞"大跃进",刮浮夸风,经济工作中不讲究经济核算和经济效益,国家财政虚收实支,使财政出现了较严重的收支不平衡。后来,经过大幅压缩基本建设投资规模,调整经济结构,才使国家的财政平衡得以恢复。

"文革"时期的1967年和1974—1976年,国家财政又出现了赤字。其主要原因是在指导思想上受"左"倾思想的影响以及错误路线的干扰和破坏。除了这几年的财政赤字外,在有少量财政结余的年份里,财政收入也含有虚假的收入成分。国家财政状况和整个国民经济一样,陷入十分困难的困境。直到粉碎"四人帮"以后,财政状况才得以改观。

从1979年到2006年,除了1985年国家财政有少量的财政结余外,年年赤字。赤字的规模呈膨胀之势。如果说20世纪70年代末至80年代的财政赤字有其各种客观原因的话,那么进入90年代以后的财政赤字则在更大程度上是由其体制背景和财政政策所决定的。

从1979年延续到80年代所发生的财政赤字,是由于"文化大革命"对国民经济所造成的严重破坏以及解决由此而积累下来的一系列问题所引起的。在指导思想上,70年代末期依然受到"左"的思想的影响,对经济形势缺乏清醒的认识,在国民经济比例关系不协调、财政状况尚未得到根本扭转的情况下,继续扩大基本建设投资支出;80年代中期,盲目照搬西方经济学中的"赤字无害论",以期通过财政赤字来弥补经济建设中的资金缺口,刺激经济的发展。

改革开放以后,为解决历史遗留问题,迫使国家财政支出过大从而导致财政赤字。首先,为缩小工农业产品的剪刀差问题,提高基本原材料和生活必需品的价格水平,只能依靠国家的财政补贴来支撑和维系不合理的价格体系,以保持社会的稳定,避免因改革而可能产生的震荡,这样国家财政的价格补贴支出大幅上升。其次,同样因价格体系的不合理及国家计划定价的原因,导致一部分国有企业出现政策性的亏损,为了弥补这种亏损,使财政对企业的政策性亏损补贴又大幅度增加。再次,为偿还若干年来累积下来的"债务",提高居民的生活水平,各类单位职工的工资开始增加。国家财政的拨款单位劳动者提高工资,直接增加国家的财政支出;而企业单位劳动者工资提高的幅度超过了劳动生产率和经济的增长幅度,必然使财政收入减少。

预算管理体制的变化,使中央财政在支出有增无减的前提下,财政收入的增长缓慢。从70年代末期开始,对中央集权的经济体制进行改革,分配格局发生了变化,国民收入的分配开始向单位和个人倾斜。从1980年开始,国家财政管理体制改"一灶吃饭"的体制为"分灶吃饭"的体制,国家财力开始从集中于中央财政向地方财政分散。在财权开始分散的同时,事权并未同步下放和减少,其后果是:国家财政收入占国民收入的比重持续下滑;中央财政收入占国家财政收入的比重也持续下滑。中央财政在收入持续下滑的同时,为满足政府履行职能所需,财政支出有增无减,其结果必然是财政赤字。

进入90年代以后,国家财政赤字依然持续,赤字规模有增大的趋势。这是由于政府职能转变的滞后以及财政收支结构未能适应于经济形势的转变而同步进行转变造成的。具体地说，在我国的经济开始进入向市场经济过渡的时期，政府依然按照老一套做法，涉足经济活动的方方面面。政府职能转变的滞后对国家财政的收入和支出都造成较大的影响。

从支出方面看，首先政府承担了过多本来应该由企业安排的投资支出。其次，国家财政和银行在资金方面存在千丝万缕的联系。为了解决国有银行的不良资产比重过高问题，国家财政不得不每年拿出巨额资金冲减银行的呆账，由此又导致财政支出的增加。再次，政府履行过多的经济职能，必须相应地设置各种行政管理机构，再加上人事管理制度和政治体制改革的滞后，导致"吃饭"财政膨胀。最后，市场经济日益发达的同时，在商品定价中起决定性作用的价值规律并未能充分发挥作用，国家财政依然对商品价格体系的改革起支撑作用，过多的财政补贴，既不利于价值规律作用的发挥，妨碍了市场配置资源，又大大加重了国家财政的负担。

从收入方面看，由于税收征管上存在着较大的漏洞，再加上各级政府的随意减免税，使国家财政的税款流失严重；国有企业的效益低下，甚至盈亏相抵，净值为负的情况频繁出现，使国家财政的所得税及国有企业上缴的利润都大幅减少。另外，从财政的预算管理体制方面看，延续至1993年的财政包干体制以及1994年开始实行的分税制，都未能完全解决好中央财政和地方财政的财权与事权相统一、责任与义务相对称的问题，中央财政的职能过多必然导致财政支出规模过大。

从1998年开始，财政赤字规模又呈现加大的态势，其原因与此前又有所不同。1997年，中国宏观经济顺利实现了"软着陆"，同时商品总量之间的关系也出现了根本性的变化：原来的供不应求基本上为供大于求所代替，且随着时间的推移，总量供给过剩问题日益严重。1997年下半年，席卷整个东南亚的金融危机对我国的商品出口造成很大的压力。内需和外需的不足严重影响宏观经济目标的实现。在这种背景下，从1998年中期开始，中央政府实施了以扩大内需为主要目标的积极财政政策，这次财政政策的主要手段是通过扩大财政赤字、发行国债的方式筹措资金，增加政府的直接支出。尽管税收手段在一定程度上也被政府执行，但到目前为止，积极财政政策的主要手段就是增加公共支出。为了支持财政政策的实施，中央政府的财政赤字相应地不断扩大。

近年来国家财政赤字又出现大幅上升态势，主要原因与2008年以后美国次贷危机引起的金融危机和经济危机有关。为了应对全球性的金融和经济危机，中央政府从2008年11月开始再次执行积极财政政策。为了满足中央政府和地方政府4万亿元的投资需求，赤字预算成为必然选择。

由于以上原因，从1979年开始至今，除了极少数年份外，国家财政连年出现赤字。在这一阶段的前10年以决算赤字为主，而从20世纪80年代后期到现在，以预算赤字为主，且赤字的绝对量也较大，见表16-1。

表16-1　20世纪80年代以来中国财政赤字情况　　　　　　　　　　（单位：亿元）

年份	财政收入	财政支出	财政赤字
1980	1 159	1 228.8	69.8
1986	2 122.01	2 204.92	82.91
1990	2 937.1	3 083.59	146.49

续　表

年份	财政收入	财政支出	财政赤字
1995	6 242.2	6 823.72	581.52
1997	8 651	9 233.56	582.56
1998	9 875.95	10 798.18	922.23
1999	11 444	13 187	1 743
2000	13 395.23	15 886.5	2 491.27
2001	16 386.04	18 902.58	2 516.54
2002	18 903.64	22 053.15	3 149.51
2003	21 715.25	24 649.95	2 934.70
2004	26 396.47	28 486.89	2 090.42
2005	31 649.29	33 930.28	2 280.99
2006	38 760.20	40 422.73	1 662.53
2007	51 321.78	49 781.35	−1 540.25
2008	61 330.35	62 592.66	1 261.31
2009	68 477	75 874	7 397
2010	73 930	84 530	10 500
2011	91 220	100 220	9 000

资料来源：1980—2008 年数据来自《中国统计年鉴 2009》，2009 年数据来自于当年国家决算报告，2010 年和 2011 年数据来自于当年国家预算报告。

总的来说，改革和发展中的赤字是我国财政赤字的主要特征。我国的财政赤字是伴随着经济发展和经济体制改革产生的。20 世纪 70 年代末期由于分配格局的变化，使经济利益向个人、单位、地方倾斜，导致财政收入的增幅低于经济的增长幅度。在财政收入增长速度放慢的同时，政府的职能不仅没有相应地减少，反而在加重。其结果必然是国家财力入不敷出，出现财政赤字。从表 16-1 的数据可以看出，1998 年以后，我国的财政赤字出现了大幅上升的态势，在赤字基数已经很大的基础上呈现快速上升的势头，其主要原因在于从 1998 年中期开始，我国中央政府执行了积极的财政政策。为了实现既定的经济和社会发展目标，从 1998 年中期开始中央政府执行了扩大内需的积极财政政策，一直持续至今。我国积极财政政策的主要手段是政府直接扩大投资需求，通过调整国家预算以及政府直接采用扩大财政赤字规模、发行国债的方式，筹措财政直接支出的资金，期望通过政府的支出来带动民间的投资和消费需求。以扩大公共支出规模为主要手段的积极财政政策实施的直接后果，就是中央财政的赤字规模大幅上升。因此，这种赤字带有过渡性的特征，随着各项改革措施的逐步到位及我国市场经济体制的建立和健全，财政赤字可能逐渐缩小。

五、中国地方财政赤字

根据《预算法》的规定，地方财政必须要保持收支平衡，不能有财政赤字。但从我国当前的地方财政状况看,地方政府的财政赤字已经成为一种普遍的现象。20世纪90年代以来,同中央财政一样,地方财政是年年赤字(见表16-2)。

表16-2 地方财政收支及赤字情况 （单位:亿元）

年份	地方财政收入	地方财政支出	地方财政赤字
1991	2 211.2	2 291.8	80.6
1993	3 391.4	3 330.2	61.2
1994	2 311.6	4 038.2	1 726.6
1996	3 746.9	5 786.3	2 039.4
1998	4 984	7 672.6	2 688.6
1999	5 594.9	9 035.3	3 440.4
2000	6 406.1	10 366.7	3 960.6
2001	7 803.3	13 134.56	5 331.26
2002	8 515.0	15 281.45	6 766.45
2003	9 849.98	17 229.85	7 379.87
2004	11 893.37	20 592.81	8 699.44
2005	15 100.76	25 154.31	10 053.55
2006	18 303.58	30 431.33	12 127.75
2007	23 572.62	38 339.29	14 766.67
2008	28 649.79	49 248.49	20 598.7
2009	32 581	60 594	28 013
2010	35 870	68 481	32 611

注:地方财政收入中不包括中央对地方税收返还和转移支付收入。
数据来源:1991—2008年数据来自于《中国统计年鉴2009》,2009年数据来自于当年国家决算报告,2010年数据来自于当年国家预算报告。

从表16-2可以看出,地方财政赤字是相当严重的。从现实来看,我国地方财政赤字主要发生在县和乡镇二级财政。

由于财政统计不再汇总乡镇一级,因此乡镇级财政赤字以及由此而产生的乡镇级财政负债总规模和结构并没有公开的数据,但通过众多专家对不同地区乡镇财政的负债及财政赤字状况所进行的调查,估计全国乡镇级财政负债总规模在2 000~2 200亿元。根据专家的典型调查,2000年云南全省乡镇财政赤字4.8亿元,隐性赤字[①]9.3亿元,乡镇负债38.2亿元,每个乡镇平均负债331.4万元。同样的情况存在于全国大多数省、市、区的乡镇。县级政府的财政状况同样也不容乐观。

从基层财政的收支状况以及由此而产生的财政赤字情况看,乡镇和县级财政的赤字构成了我国地方财政赤字的主要部分,在总规模和变化趋势方面两者也基本上是一致的。

---

① 隐性赤字是指已经发生但未在决算中反映的财政赤字,一般是指财政预算挂账和财政欠预算单位的经费(即隐性债务,最终也是乡镇总体债务的构成部分)。

地方财政尤其是基层财政赤字普遍且规模巨大,主要原因有以下几个方面:

(1) 从根本上说,财政困难的原因在于经济因素。在我国,地区经济发展不平衡的表现形式有多种多样,其中之一就是城乡经济发展不平衡。一般情况下,农村地区的产业结构不尽合理,第一产业所占比重偏高,产品的附加值低,为政府财政提供税收以及其他形式的财政收入的能力有限。县、乡镇级的基层财政通常处于农村地区,从经济发展程度、产业结构等税源方面,对地方财政收入的增长起到一定的限制作用。这种状况在经济发展相对落后的中西部地区更为明显,而东部地区由于乡镇企业比较发达,财政状况相对宽裕,但与同一地区的城市相比,相对落后问题依然存在。

(2) 现行分税制的不完善使基层财政缺乏稳定的税收来源。1994年实行中央财政与省级财政之间的分税制预算管理制度,此后从省级向下逐渐推开,但到目前为止,我国省级以下分税制并没有完全实施到位,导致众多基层财政因为分配关系的不明确而缺乏稳定的收入增长机制。目前我国的分税制采用的是基数法,基数的确定采用的是平均的方法,考虑的因素并不全面;固定的基数与不稳定的财源之间矛盾较大。基层财政为了保基数、保分成、保补助,就会通过非正常途径增加收入,直接造成隐性的财政赤字和债务包袱。各级财政每年硬性的收入指标,使分税制在一定程度上变成了包税制,结果基层财政在难以完成税收上解任务时,只好先举债,随后想方设法将债务转嫁到农民身上,或拖欠工资等,赤字的规模也越滚越大。

(3) 缺乏规范、透明的转移支付制度。1994年分税制实施的时候,我国执行了转移支付制度。从目前的情况看,转移支付制度在中央财政和省级财政之间还比较合理,但地方财政之间的转移支付制度执行中缺乏透明与规范,相当部分的转移支付是通过补助的方式进行的,而补助的数量不能以明确和严格的事权为依据,随意性很大,导致一些地方政府将精力放在跑关系、要钱上,还有一些基层财政抱怨转移支付的制度缺乏公平性,缺少挖掘增收潜力、节约财政支出的积极性。

(4) 农村实施税费制度改革后,基层地区的财政赤字大量暴露。"税不够,费来补"是过去基层财政尤其是乡镇级财政弥补经费不足的主要做法。农村实施"费改税"以后,相应的机构改革滞后以及财政面临的巨大困难,导致基层财政收不抵支的状况非常严重。

(5) 基层政府职能转轨不到位、地方政府的行为以及相应的财政收支缺乏有效的约束和监督机制,直接加大了财政赤字的程度。如基层政府的规模过于庞大导致人员支出规模过大;地方政府随意地搞"政绩工程"、"形象工程",加重了地方财政的支出规模;此外,国家对交通、通信、广播电视等基础设施方面的高额投入,通常要求当地财政按一定比例提供配套资金,项目争取的越多,配套资金也就越多。基层政府几乎不考虑配套能力,力争建设项目多多益善,最终无力承担时就通过财政赤字和举债的方式来加以解决。

基层财政普遍存在财政赤字,由此带来多方面的负面效应。地方财政的财力不足影响到基层财政的正常运转,增加了财政风险;地方财政连正常的人员费用开支都难以满足,更缺少用于地方公共品建设的投资,导致基层,尤其是农村地区居民对公共品的需求难以得到满足;基层政府(尤其是乡镇)巨额的财政赤字以及由此而产生的地方债务,最终可能转嫁给农民,既加重农民的负担,使农村税费改革的政策难以实施,同时也制约了农民收入水平的提高,社会问题有可能因此而产生。

第二节 财政赤字的经济效应

一、财政赤字对宏观经济运行的影响

财政赤字对宏观经济是有害还是有益,不能一概而论。从前面对赤字产生的原因分析,我们可以知道,财政赤字往往是政府干预经济活动的结果,是政府为了刺激社会有效需求,保持经济的持续发展所采取的一种宏观经济政策。在某种特定的经济条件下,财政赤字或赤字财政政策只要运用得当,且将财政赤字的规模控制在一定范围之内,那么财政赤字对宏观经济运行将产生积极的影响。反之,如果一味地坚持"赤字无害论",对赤字的规模也不加控制,财政赤字则会给宏观经济造成后患。

(一) **财政赤字对宏观经济运行的积极作用**

一国的宏观经济运行有其自身的周期性。宏观经济总是按照扩张—收缩的轨迹运行和发展。这种经济周期在我国同样存在。

如果任凭市场对经济运行进行调节,则周期性经济危机的爆发,往往会给一国的经济发展、居民生活及社会造成震荡性的影响。为了延长经济增长的周期,降低经济发展周期中的高低落差,以便基本上保持经济的平稳发展,也为了减轻经济危机所带来的不利影响,政府通过制定合适的财政政策对经济运行进行调控就显得尤其重要。

当经济处于衰退、失业率较高的时候,由于受到收入水平的限制,整个社会的有效需求不足,消费滞后反过来又对经济的增长速度产生制约作用。在这种经济环境下,政府通过赤字预算政策,加大政府的公共投资支出力度和转移支付力度,一方面可以直接刺激消费需求的增加,另一方面通过投资支出的乘数效应增加投资需求,然后间接增加消费需求,这样可以直接刺激消费品市场的旺盛,从而带动生产的发展,加快经济的增长速度。

当社会投资需求不足的时候,政府可通过赤字的方式将消费需求转向投资需求,直接增加政府的投资支出,刺激投资需求,从而带动生产需求。当消费需求不足的时候,政府可以赤字的方式来刺激消费,主要手段是在减轻自然人纳税人税负的同时,加大转移支付的力度,增加消费者的收入水平,从而提高消费能力。

当然,当宏观经济总量处于平衡状态的时候,应尽可能避免财政赤字。

(二) **财政赤字对宏观经济运行的不利影响**

财政赤字对宏观经济运行可能会造成的不利影响主要表现在两方面。

1. 将赤字财政政策当作一种常规性的预算政策

如前所述,赤字财政政策只有当经济发展处于低潮时期、社会有效需求不足的时候,它才能够发挥积极作用。如果不考虑经济发展所处的阶段而持续地采用赤字财政的预算政策,那么在经济复苏,尤其是经济的高涨时期,赤字财政政策只能导致社会需求过旺,通货膨胀不可避免。例如20世纪60年代开始在西方国家出现的经济滞胀,其产生的重要原因之一就是以凯恩斯理论为指导,将赤字财政政策当作一种常规性的政策,持续进行财政赤字预算。

2. 对财政赤字的规模不加控制

即使是在经济发展的低潮时期,政府采用赤字财政政策刺激经济增长的时候,也要注意控

制财政赤字的规模。因为政府的职能是多方面的,政府职能的履行必须要有国家财政在财力上给予保证。而且在一国经济、社会等各方面的发展过程中,存在着很多不确定因素。此外,国内的经济发展还会受到其他国家和地区不利因素的影响,这就更需要政府要有充分的财力来处理可能遇到的各种国内、国际问题。如果对财政赤字规模不加控制,必然会增加财政对国债的依赖程度,国债的规模过大,不仅使政府为了债务筹资的顺利而不得不提高发行成本,由此更加重财政的负担,而且对政府的信誉也会造成不良影响。另外,一旦国内外出现一些难以预料的政治、经济、社会问题,政府就很难拿出财力来予以解决,最后不得不向国内和国外继续借债以缓解危机,而临时借外债,债权人可能提出较苛刻的条件,从而使政府失去政策的独立性。

因财政赤字规模过大而带来的问题,在国际上都有现成的例证。例如日本在1973年11月开始陷入战后最严重的经济危机之中。为了稳定国民的生活、刺激经济的恢复,日本政府不得不加大财政支出的力度,从1975年开始发行特例国债,也就是赤字国债,以弥补财政赤字。1975—1977年,日本政府编制大型财政预算,加紧对经济进行刺激,从1978年起,日本的经济开始回升。但与此同时,日本财政对国债的依赖程度迅速提高,债务依存度(国债发行额占财政支出的比重)从赤字国债发行前1974年的11.3%提高到1979年的34.7%。进入20世纪80年代以后,赤字财政政策对刺激经济已不起作用,但赤字规模仍在不断加大,加上国债还本付息费用对财政的压力,使政府财政陷入了深刻的危机之中,以至于80年代日本政府大力推行"重建财政",强调削减巨额开支,改革国家财政的支出结构,以摆脱财政危机。再如,从1997年7月开始,东南亚国家发生了金融危机,为了缓解和渡过危机,印度尼西亚等国因财政赤字使国家财政拿不出财力,不得不向国际货币基金组织借款,其代价是政府制定的有关政策必须符合国际货币基金组织提出的条件。

二、财政赤字与通货膨胀

国家财政赤字与通货膨胀之间并不存在绝对必然的联系。财政出现赤字是否会导致通货膨胀,首先要看弥补赤字的方法是什么,因为不同的赤字弥补方法,对通货膨胀的影响是不一样的,有的赤字弥补方法不会导致通货膨胀,有的则不一定,而有的弥补方法却肯定会出现通货膨胀。

如果对财政出现的赤字,动用历年财政结余来进行弥补,那么就不会出现通货膨胀。因为这种弥补办法在国家财政金库内部进行,从总量上看,社会商品总量没有增加,流通中的货币量也没有增加。如果本来总供求是平衡的,在财政出现赤字以后,总供求依然是平衡的,因此不会因财政赤字而产生通货膨胀。如果有通货膨胀的话,那也只能是其他原因造成的。

对财政赤字,如果采用增加税收的方式来进行弥补,纳税人的税收负担加重后,往往通过提高商品价格的办法来转嫁其税收负担。尤其是当商品总量基本平衡或商品供不应求的时候,税负前转是纳税人经常采用的税收转嫁手段。这种税收转嫁的结果,就是社会商品价格的普遍上涨,出现通货膨胀。如果政府采用发行国债的方式来弥补财政赤字,国债不同的发行方式、不同的发行时机以及不同的国债期限,对通货膨胀的影响是不一样的,有的情况下可能会导致通货膨胀。

国家财政赤字还有一种弥补方法,即向中央银行透支(也称为向中央银行借款)。动用中央银行的信贷资金来弥补财政赤字,其结果往往导致中央银行为弥补财政赤字而进行货币发行,即货币的财政发行。这种货币发行与经济增长、流通中商品总量的增减没有任何关系,它意味着在财政过头分配的同时,中央银行凭空向流通中投放货币,这部分货币是缺乏物质保证的,而其进入流通领域后,同样形成社会购买力,成为社会总需求的一个构成部分,其结果必然导致通货膨胀。

分析财政赤字与通货膨胀之间的关系,除了从弥补财政赤字的方法角度进行分析外,从理论上看,财政赤字与通货膨胀之间也确实存在着某种现实的联系。从总量上看,政府预算出现财政赤字,意味着政府在创造过量的社会需求,而现实总的商品和劳务总量并没有同步增加,社会总需求大于总供给,就容易导致通货膨胀。从结构上看,如果一个国家通过财政赤字预算的方式筹措资金,将资金投向重点发展的某些行业,那么就会导致这些政府投资的行业总投资需求过旺,引起某些行业的价格上涨,从而带动整个社会和商品价格的上升。

在不同的情况下,财政赤字与通货膨胀之间的关系是不一样的。从经济现实分析财政赤字与通货膨胀之间的关系时,需要将财政赤字发生的时机、弥补财政赤字的方法、财政赤字资金的用途等各种因素加以综合考虑。

第三节 财政赤字的控制和管理

一、弥补财政赤字的方法及效应

关于财政赤字的弥补方法问题,在前文已有所阐述,这里详细考察各种弥补方法的利弊。

(一)动用历年的财政结余

动用历年的财政结余是指用以前年度的财政结余资金来弥补本年度的财政赤字。这种弥补方法对整个经济不会带来不利影响,因为该方法不会给其他主体造成任何不利影响,而且使国家财政暂时闲置的资金得到了充分的使用,有利于提高财政资金的使用效益。不过这种弥补方法的前提条件是,国家财政必须有历年的财政结余。

(二)增加税收

增加税收的具体做法有两种:一是提高原来税制中的税率;二是开征新的税种。无论是采用哪一种做法,增税意味着国家财政收入的增加,自然会起到弥补或减少财政赤字的作用。但从另一方面看,增税结果都是加重了纳税人的税收负担。如果原税制中的税收负担较低,那么采用这种方法弥补赤字,对经济发展不会产生不良影响;如果原税制中的税收负担已经比较合理,再加重纳税人的税收负担,就可能会出现税收替代效应,其结果不仅不会起到以增收的方式来弥补财政赤字的作用,反而对财源起了破坏作用,导致财政收入减少,赤字规模增大。因此,增加税收这种弥补方法并不是可以随意采用的。

(三)发行国债

一般地说,在缺乏历年财政结余的情况下,通过发行国债的方法来弥补财政赤字是一种最好的选择。国债的使用方向在一定程度上决定了财政赤字的合理性。在有效需求不足的状况下,运用国债资金投向效益良好且能够为未来的经济发展提供支持的项目,将会使未来的税收以及财政收入增加,因此而形成的财政赤字并不会造成太大的财政负担。公共选择学派的代表人物布坎南就从借债创造的资产及其相关收入入手,分析了财政赤字合理性的问题。他认为,如果政府经费真是投资性质的,那么通过借债筹集资金是无可非议的。财政预算允许通过借债来购置真正的资产项目[①]。发行国债也为中央银行的公开市场操作提供了金融工具。另外,发行国债与通货膨胀之间也不存在着必然的联系。当然,国债的发行规模一定要控制在国民经济能够承受的范围之内,且国债的期限结构必须合理,同时政府也要有足够的债务清偿能力,否则,不仅会加重政府的债务负担,而且会导致政府信誉的下降,造成债务和信用的双重危机。国债可能产生的各种经济效应将在国债一章中专门研究。

(四) 货币发行

向中央银行借款或透支,就是动用中央银行的信贷资金来弥补国家财政赤字。透支弥补的赤字也就是硬赤字。透支的结果,往往导致中央银行进行货币发行。正常情况下,中央银行是按照经济原则发行货币,即由于经济的增长,流通中商品总量的增加,要求流通中的货币量相应地增加而进行的货币发行。按经济原则进行的货币发行是一种正常的货币发行。如果为了弥补国家财政赤字而进行货币发行(即财政发行),这种货币发行是缺乏物质保证的,是凭空向流通中投放货币,毫无疑问,其结果必然是通货膨胀,从而对一国经济健康、持续的发展造成破坏性的影响。

从我国的现实来看,1978年以前,我国经常采用动用历年的财政结余这种办法弥补财政赤字,因为在这段时间里,赤字和结余经常交替出现,故这种弥补方法是最佳的办法。1979年以后的财政赤字主要是靠借债来弥补。20世纪80年代中期至1992年,我国还有一部分硬赤字是通过向中央银行借款的方法进行弥补的。在1993年国家预算的时候,依然有205亿元的硬赤字计划。当时中央银行采取了紧缩银根的政策,并决定1993年的硬赤字不向中央银行借款,而是继续以发行国债的方法来弥补。因此,实际上从1993年起,我国所有的财政赤字都是通过发行国债的方法来进行弥补,公债成了弥补政府财政赤字的唯一途径。关于增税弥补财政赤字的方法,在我国从来未被明确地采用过。

二、削减乃至消除财政赤字的必要性

需要说明,在现代经济中所谓的财政平衡不等于说不允许财政赤字,也不是年年不能有赤字,而是从整个经济周期而言的。在整个经济周期中财政没有赤字,不排除其中的部分年份有赤字。削减乃至最终消除财政赤字的必要性主要有以下几方面:

(一) 树立良好的政府形象

削减财政赤字,实现平衡预算,可以树立一个廉洁的政府形象,开勤俭新中国成立之风气。如果一味地搞赤字预算,各项政府支出呈膨胀之势,很容易招致纳税人和社会公众的反感,在改革过程中,各种经济、社会问题迭出的时候就更是如此。我国现在仍然是一个发展中国家,尚需全国上下共同努力建设国家经济。持续性的赤字预算往往有损政府的形象,削弱民族凝聚力。

(二) 防范和化解金融风险

1997年7月由泰国经济问题所引发的席卷东南亚地区的金融危机,2008年美国次贷危机引起的金融危机和经济危机,并由此而引发多国债务危机,包括2009年的冰岛债务危机,2010年的迪拜债务危机、希腊以及欧洲债务危机等,给我国敲响了警钟。实际上,导致这些国

---

① 布坎南:《自由、市场和国家》,北京:北京经济出版社,1988年版。

家和地区金融危机的经济因素在我国一定程度上同样存在，而且有的问题已相当严重。防范和化解金融风险的金融对策是十分重要的，但防范和化解金融危机的财政政策同样重要，因为解决任何棘手的经济问题都须由政府出面，相应地必须要有财政上的支持，而金融问题更需要国家财力的保证。1997年，泰国等东盟国家、日本、韩国等在解决金融危机问题时，采取了削减财政支出、减轻税负、紧缩预算等财政政策已证明了这一点；我国香港地区处于1997年金融危机的中心地区，但比较而言所受到的冲击小一些，其主要原因之一就是港府在财政预算上一直采取收支平衡并略有结余的政策，使其有足够的财力应付面临的各种经济问题。

采用削减赤字、实现财政收支平衡的财政预算，对防范和化解金融风险所起的作用主要表现在以下几方面。

（1）可以通过减少债务尤其是外债来缓解金融风险的压力。如果进行赤字预算的话，必须通过发行内、外债的方法来弥补赤字，而过大的外债余额和还本付息总额必然会给一国的出口造成压力。当经常项目出现赤字、外汇储备减少时，过多的外债本身就变成了导致金融风险的潜在因素。

（2）一定数量的政府资金是防范和化解金融风险的财力保证。一旦金融危机爆发，政府制定的各种经济对策的实施，都须有财力的保证。如坚持收支平衡并略有结余的财政预算政策，就为政府积累了一笔可利用的财力，它不仅可以用来直接干预经济活动，也为政府向国际组织借债提供了担保。在金融机构体系中，占据主导地位的是商业银行。由于历史和体制等方面的原因，国有商业银行的不良资产居高不下，变成了引发金融风险的潜在因素。为此，国家财政必须要拿出财力对国有商业银行进行注资，补充国有商业银行的资本金，以提高其抗风险的能力。

（3）削减财政赤字、实现平衡预算，也是政府通过财政手段调节经济之需要。同货币政策一样，财政政策也是政府干预经济活动的宏观经济手段，而目前在我国，财政政策尤其重要。尽管政府经济职能的发挥开始从竞争性行业中退出，但仍有相当多的大中型国有经济，政府不仅要对基础性和公益性的投资活动进行直接干预，而且还要通过税收和支出政策对大中型国有企业的经济活动进行宏观控制。当政府采用财政政策调节经济活动的时候，要求财政有足够的财力予以保证。如果国家财政连年赤字，那么在关键时刻需要动用财政资金进行经济调控时，则无异于纸上谈兵。

三、解决财政赤字的思路

克服财政赤字的根本性途径是发展经济，增加财政收入。针对现阶段造成财政赤字的体制和结构性原因，需要采取以下措施。

（一）加快进行预算结构的调整，大力削减经常项目的财政支出

按照《预算法》的规定，经常性预算要保持收支平衡并略有结余。尽管目前每年的国家预算中，经常性预算都有一定的财政结余，但由于经常性预算的结构欠合理，依然存在着支出总量过大的问题，因此，削减经常性预算支出的潜力仍然很大。当前应抓住新一轮机构改革的契机，彻底转变政府的职能，适时地对经常性预算的收支结构进行调整。首先，伴随着机构的精简、编制的削减，再加上同期实行的住房制度的改革，使机关、事业单位及其他单位的住房与市场接轨，这样，可大幅减少行政管理支出中的人员经费和办公经费以及非生产性基本建设支出。其次，在文教科卫事业方面，通过对事业单位管理体制进行改革，压缩编制,精简机构和人员,对事业单位进行结构性调整,保证重点。同时进行多渠道筹资,以减轻财政的压力。另外,财政应加强对基础性教育的投资支出。再次,抓住当前有利时机继续进行裁军,通过提高技术装备水平来增强部队的战斗力,适当减少国防支出。

(二)完善税制,加强税收征管,增加财政收入

从税制完善方面看,一是现有税种需要完善,特别是要克服税负不均问题。这样不仅可以增加财政收入,而且起到了培育税源的作用。二是适时开征新的税种。如开征社会保险税,以解决社会保障对资金的需求。作为对财产税的补充,开征遗产税和赠与税,这样不仅可以增加财政收入,而且还可以起到公平社会分配的作用。在税收征管方面,针对目前我国流转税和所得税流失较严重的现状,一方面税务部门要加大税收稽查的力度,严厉查处偷漏税行为,对违法者予以重罚;另一方面要加强税收的征管,通过采用最先进的征管手段,加强对税源的监督与管理。通过税制的完善和税收征管的加强,将该收的税全部收上来,避免财政收入的流失,实际上就是起了增加财政收入的作用。

(三)盘活竞争性的国有资产,收回国家财政历年的建设性投资及其收益

在竞争性的存量国有资产中,除了极少数因效益好或因所处的地位重要,国家有必要组新中国成立有独资公司或控股以外,其他大多数企业或公司,国有股东应尽快采用各种方式将国有资产变现。历史上这些国有资产是通过财政投资形成的,由此而收回的国有资产投资及其收益自然应作为财政收入而上缴国库。但由于这种收入与其他收入存在着明显的区别,因此国有资产变现及其收益应单独编制预算,资金主要用于政府对经济活动的干预。弥补国家财政基础性投资资金的缺口和作为调节预算基金,保持预算执行中的平衡以及以后年度国家预算的平衡,则是这部分变现资金的重要职能。

(四)规范财政分配关系,完善预算管理制度

完善现行的预算管理制度,规范各级财政之间的分配关系,使基层财政拥有稳定增长的税收收入项目,解决地方财政的收入增长机制问题。在农村实施"费改税"的同时,真正对基层权力机构进行改革,大力精简地方行政管理人员,减轻地方财政的人员经费负担;规范和完善地方财政的转移支付制度,可以采用因素法来确定上级财政对下级财政转移支付数额,使转移支付制度公开、透明,从制度上增强地方财政增收节支的积极性。

本章小结

　　财政收支在总量上呈现出三种形态：财政平衡、财政赤字和财政结余。现代社会各国的预算经常出现的是财政赤字，这与理论指导思想及社会政治、经济形势的变化有很大的关系。新中国成立后，我国的国家财政也经常出现赤字，尤其是改革开放以后我国基本上年年出现财政赤字。按照我国《预算法》规定，地方财政不允许有财政赤字，因此很多地方财政赤字以隐性赤字或隐性债务的方式存在，由此形成了新的财政风险。不同时期赤字产生的原因有所不同。财政赤字对社会、经济发展的效应不能一概而论，有时对经济发展能起到积极的推动作用，有时会造成不良的影响，关键在于它发生时所处的社会经济环境。但有一点是肯定的，即持续性的、规模巨大的财政赤字往往给一国政府和国民经济造成很大的负担。弥补赤字的方法很多，不同的方法带来不同的效应。借鉴国外的经验教训，结合我国的现状，在制度逐步健全的前提下，应采取各种措施，逐年削减中央财政和地方财政的赤字，最终实现财政的收支平衡。

复习思考题

1. 什么是财政赤字？
2. 试析财政赤字的经济效应。如何评价我国 1998 年以后不断扩大的财政赤字规模？
3. 财政赤字应如何弥补？你认为我国是否有必要保持预算收支平衡？怎样才能做到预算收支平衡？

第十七章　国　债

第一节　国家信用和国债

在现代社会,各国的预算经常出现赤字。相比较而言弥补赤字的最好方法就是发行国债。国家债务是国家以信用的方式进行筹资的形式,是各国政府筹措资金的手段之一。由于我国在以前的很多年份里,将国债看成是一种正常的财政收入,国债被列入预算收入,相应地在过去的财政学教材中,一般将国债列入财政收入篇。1994年3月八届人大二次会议通过的《预算法》,明确规定国债不再纳入财政收入,而是弥补财政赤字的手段。这样,国债便放在国家预算篇中来研究。

一、国家信用

国家财政参与国民收入的分配,一般采取无偿的方式,但不能排除在一定情况下采取有借有还的信用方式。国家信用是指政府运用信用的方式进行财政资金分配的特殊形式,它包括政府运用信用手段筹集财政资金和运用信用手段供应财政资金两个方面。以信用的方式筹措的财政资金被称为公债,也叫国债;以信用的方式使用资金被称为财政贷款,在我国也就是"拨改贷"。

(一)国家信用的特征

国家信用之所以被称为财政分配的特殊形式,原因在于它与其他财政分配形式相比,有如下特点。

(1)国家信用是以信用为基础而进行的分配,采用这种方式分配的资金不仅有借有还,而且还要支付利息。这与税收、各种收费、财政拨款等财政分配形式相比有显著区别,因为后者是采用无偿的方式。

(2)国家在举借债务的过程中,完全以法人身份出现,只能以信用为基础,债权人是否愿意认购国债或是否愿意向政府提供贷款,完全由其自己的意志决定,政府一般不能采取强制的方式,借外债尤其如此。当然,不排除在某些特殊的情况下,政府发行内债的时候采用强制方式。

(3)同样是作为国家财政筹措资金的手段,国债与税、利、费的处理方法不一样。后者基本上是无偿取得的,是作为一种正常的财政收入;而以国债方式筹措的资金,其主要目的是为了弥补国家财政赤字,它不是正常的财政收入。

(4) 利用国债的财政性贷款的资金一般是投向有盈利的项目,因为这种财政支出的资金是需要归还的,其资金的使用必须要能够产生效益,以投资项目建成后带来的收益作为还本付息的资金来源。

(二) 国家信用与银行信用的区别

国家信用作为一种信用形式,具有有偿性特征,而不像其他财政分配形式带有的强制性、无偿性特征。但国家信用又不同于银行信用,这两种信用形式的主要区别在以下几个方面。

(1) 资金分配的主体不同。国家信用是以政府为主体而进行的分配活动,在这种信用中,政府是债权人或债务人;银行信用则是以银行为主体进行的分配,但银行不是真实的债权人或债务人,而是债权人和债务人的中介。

(2) 资金分配的形式不同。国家信用以政府发行债券、政府借款、政府贷款的形式分配资金;银行信用的基本形式是吸收存款、发放贷款。

(3) 资金投向不尽相同。银行信用资金偏重于短期性、周转性项目,其投向更多地受市场调节,必须考虑资金的安全性、流动性和盈利性;国家信用资金投向虽也要考虑市场机制的要求,但更多地考虑宏观经济效益和投资项目的社会效益,偏重于重点建设和有战略价值的开发性项目的投资。

需要指出,国家信用尽管也包括借、贷两种行为,但财政性贷款所需要的资金并不一定要以国债筹资作为资金来源,这同银行信用的存贷款和融通资金的职能是不一样的。

二、国债的形式和种类

国债是指国家以信用的方式,按规定的办法和程序,向个人、团体或国外筹措的债务资金,它包括债券和借款两部分。国债作为国家信用的一个构成部分,是国家信用的基本形式,也是国家信用的主要形式。

(一) 国债的品种

具体地说,国债一般有以下几种。

(1) 国家在国内发行的债券,如国库券、财政债券、国家重点建设债券、特种国债、专项国债、保值公债等。

(2) 在国外金融市场上发行的债券,包括外国债券和欧洲货币债券等。

(3) 向国外的借款,包括向外国政府的借款,向国际金融组织的借款,向国外的商业银行、私人企业等机构或单位的借款。

(二) 国债的类型

国债从不同的角度可以区分出不同的类型。

(1) 按国债的发行地域的不同,可分为内债和外债,各自的发行对象、结算币种、发行方式及发行种类都不相同。

(2) 按国家举债的形式,可将国债分为借款和债券两种方式。借款是国债的原始形式,比较而言,其手续简便,成本较低(只有利率,没有筹资费用)。外债和向中央银行的借款一般采用这种方式。债券的发行面较广,认购者众多,比较而言,其发行费用较高,因而其成本也较高。

(3) 按利息支付方式的不同,可将国债分为有息公债、有奖公债、有奖有息公债、无息公债。有奖公债如果没有中奖,则变成了无息公债。

(4) 按公债的计量单位,可分为货币公债与实物公债。货币公债是以货币发行和认购的国债,实物公债则是以实物发行和认购的国债。实物公债包括两种形式:一是以实物认购,如解放区政府向老百姓"借谷";二是将单位公债的价值以实物换算,如人民胜利折实公债。实物公债通常在通货膨胀时期发行。

(5) 按公债的发行方式,可分为自愿公债和强制公债。国债的发行一般都采取自愿的方式,但在某些特殊情况下,政府发行内债有可能采用强制的方式,如战争时期或其他特定时期。不过,外债都是采用自愿的方式。

(6) 按照国债的流动性强弱,可将国债分为可上市国债和不可上市国债。可上市国债是指国债发行结束后,可以到债券的二级市场上进行流通和转让的国债;不可上市国债是指不能到二级市场上进行交易和转让的国债,债权人购买了非上市国债后,只能持有到期。

三、国债的产生与发展

国债又称公债。公债是相对于私债而言。公债作为一个财政范畴,它的产生要比税收晚一些,公债是随着税收收入满足不了支出需要的矛盾出现而产生的。正如马克思指出:"这种国家负债状态的原因何在呢?就在于国家支出经常超过收入,在于这种不相称的状态,而这种不相称的状态既是国家公债制度的原因又是它的结果。"[1]恩格斯也指出:"随着文明时代的向前进展,甚至捐税也不够了;国家就发行期票、借债,即发行公债。"[2]公债的产生需要两个条件:一是财政支出的需要,二是社会闲散资金的存在。一般认为,国债产生于封建社会,由于统治者生活享乐的需要以及战争、工程(水利)建设等方面之需,导致政府财政持续出现入不敷出的状况,于是封建统治者就开始向新兴的资产阶级、高利贷者及封建宗教机构借钱,以弥补财政收支的缺口,国债由此而产生。

国债虽然产生于封建社会,但其真正发展是在资本主义社会。国债对资本主义的产生和发展,曾起到一定的促进作用。在原始积累时期,公债是原始积累的一个最强有力的手段。"它像挥动魔杖一样,使不生产的货币具有了生殖力。"[3]在资产阶级夺取政权以后,国债又成为政府对外扩张和剥削本国劳动人民的手段,国债发行的数额也越来越大。但相对说,在20世纪30年代以前,国债发行的数额还是有限的,而在此以后,国债的发展出现了质的飞跃。

20世纪30年代以后,资本主义国家国债的发行规模有了突飞猛进的发展。随着资本主义国家普遍推行凯恩斯主义,以赤字财政政策来刺激总需求,使国家财政出现巨大的赤字,而弥补赤字的有效办法是举借债务,因此,国债的发行数额骤增。例如,美国的国债总额在1930年为162亿美元;1980年增至9 307亿美元;1981年首次超过1万亿美元,为10 291亿美元;进入20世纪90年代后,美国更是世界上最大的债务国,到1996年底,仅净外债就达8 710亿美元。债务规模逐年增长的态势在其他资本主义国家同样存在。

四、中国国债的发行状况

旧中国曾发行过大量的公债。例如,在清朝末期的1894年,为应付中日甲午战争对资金

---

[1] 《马克思恩格斯全集》第7卷,北京:人民出版社,1985年版,第90页。
[2] 《马克思恩格斯全集》第21卷,北京:人民出版社,1985年版,第195页。
[3] 《马克思恩格斯全集》第23卷,北京:人民出版社,1985年版,第823页

的需求,清政府发行了战争债券,此后又发行过两次债券。北洋军阀时期(1912—1926年),共发行过27种债券。国民党统治时期,从抗日战争开始到1949年,共发行了31种债券,包括救国债券、国防债券、赈灾债券、建设债券等。

中华人民共和国建立后,国债的发行可以分为两个时期,即20世纪50年代的国债和70年代末期至今发行的国债。具体可以分为以下三个阶段。

(一) 1950 年发行人民胜利折实公债

这次国债发行的主要目的是为了弥补财政赤字,制止通货膨胀,稳定市场物价。由于当时存在着非常严重的通货膨胀,为了使公债有固定的购买力,购买者不会因通货膨胀、货币贬值而遭受损失,根据公债条例,将公债面额按实物计算单位定名为"分",每分公债的价值按当时上海、天津、汉口、西安、广州、重庆6大城市的大米6市斤(天津为小米)、面粉1.5市斤、白细布4市尺和煤炭16市斤的批发价格加权平均计算。发行总额定为2亿分,计划分两次发行。实际上发行了1亿分,折合人民币3.02亿元。这次发行的公债从1951年起分5年作5次偿还。第一次偿还10%,以后每次增加5%,第5次还30%,于1956年11月30日全部还清。

(二) 1954—1958 年发行的国家经济建设公债

从1954年起,为了适应国家发展大规模经济建设的需要,国家发行国家经济建设公债。由于当时物价已经稳定,所以开始发行货币公债。国家计划每年发行公债额为6亿元,连续发行5年,实际每年都超额完成发行计划。这几次发行的公债一般占当年基本建设支出的4%~7%。除1954年的公债分8年作8次偿还外,其余各次公债都是从发行第二年开始分10年作10次偿还。第一至第四次各偿还5%,第五至第七次各偿还10%,第八、九次各偿还15%,第十次偿还20%。这次公债于1959年停止发行,至1968年所发公债的本息全部还清。1959年以后直到70年代末期,我国没有再发行公债。

(三) 1979 年至今发行的国债

党的十一届三中全会以后,我国又一次进入大规模的重点经济建设时期,与此同时,国家开始实行改革开放政策。为弥补经济建设资金的不足,从1979年起开始借外债,当年向国外借款35.24亿元人民币。由于经济体制的改革和分配格局的变化,国家财政开始出现巨额赤字。为了弥补财政赤字,从1981年起发行国库券,当年发行国库券48.66亿元。从此以后,我国财政连年既借外债又借内债,债务的品种越来越多,债务的规模也越来越大。

表 17-1 新中国成立后中国发行国债以及相关债务指标的大致情况   (单位:亿元)

年份	债务额	财政支出额	国内生产总值	债务依存度(%)	当年债务负担率(%)
1980	43.01	1 228.83	4517.8	3.5	0.95
1985	89.85	2004.25	7 171	4.48	1
1990	375.45	3 083.59	18 547.9	12.17	2.02
1993	739.22	4 642.30	34 634.4	15.9	2.13
1994	1 175.25	5 792.62	46 759.4	20.29	2.51
1997	2 476.8	9 197.06	74 462.6	26.95	3.37
1998	3 310.93	10 798.18	78 345.2	30.66	4.23

续 表

年份	债务额	财政支出额	国内生产总值	债务依存度(%)	当年债务负担率(%)
2000	4 180.1	15 886.5	89 403.6	26.31	4.68
2001	4 604.00	18 902.58	97 314.8	24.36	4.73
2002	5 679.00	22 053.15	105 172.3	25.75	5.4
2003	6 153.53	24 649.95	117 251.9	24.96	5.29
2004	6 879.34	28 486.89	159 878.3	24.15	4.3
2005	6 922.87	33 930.28	183 217.4	20.4	3.78
2006	8 883.3	40 422.73	21 1923.5	21.98	4.19
2007	23 483.44	49 781.35	257 305.6	47.17	9.13
2008	8 558.21	62 592.66	300 670.0	13.67	2.85
2009	14 000	75 874	335 353	18.45	4.17
2010	15 000	84 530	397 983	17.75	3.77

注:(1)债务依存度=当年债务发行额/当年财政支出额,当年债务负担率=当年债务发行额/当年国内生产总值;(2)2007年债务额包括特别国债。

资料来源:1980—2006年数据来自《财政统计年鉴2007》,《中国统计年鉴》(2010)和2010年的数据来于国家统计局的统计公报。

五、国债的作用

总体来看,各国发行国债无非是为了达到以下四方面的目的:第一,为支付巨额的救灾款。由于发生特大的自然灾害,使一国的救灾资金出现较大的缺口。为了筹措救灾款项,政府不得不发行救灾债券。第二,为筹措战争所需要的巨额军费。由于爆发战争,用于满足国防所需的财力不支。为了筹措巨额的战争军费,政府就发行战争债券。第三,为了筹措经济建设资金。国家财政用于经济建设资金出现不足,为了弥补经济建设资金的缺口,政府发行国债。第四,为弥补国家财政的赤字。国家财政出现收不抵支的状况,为弥补财政收支的赤字,政府发行国债。以上四个发行目的,前两种是在非常时期发行的,而后两种是经常性的。

(一)国债的正面效应

从各国的财政实践来看,国债的积极作用主要表现在以下几个方面。

1. **国债是弥补财政赤字、平衡预算、解决财政困难的有效方法**

在我国以往的预算体制中,国债被当作预算收入的一部分,财政赤字则要靠向银行透支来弥补,形成硬赤字。在这里,国债仅仅是作为政府的筹资手段来发挥作用,赤字的弥补靠向银行透支,便导致货币的财政发行。其结果一方面使中央银行成为财政的"钱袋子",不具有独立的货币发行权力;另一方面使政府推动的总需求不可遏制,形成政府需求拉动的通货膨胀。从1994年起国家预算对赤字编制口径作了调整,调整后的债务收入不包括在预算总收支之内,归还债务本息支出也不包括在预算总支出之内,财政收支的差额全部通过债务弥补。

财政硬赤字由向银行透支转向全部通过发行国债的方式来弥补,这种转变具有十分重要的意义。与银行透支引起货币的财政发行,从而导致通货膨胀不同,当国债采取公开发行方式,向企业和私人及各类机构推销时,政府通过国债得到一笔货币购买力,从整个社会来说,只是持币者结构的改变,流通中货币总量并没有增加,故一般不会引起通货膨胀。不仅如此,当财政赤字要由国债来弥补时,预算赤字的规模便有了硬性的预算约束,因此,赤字的规模最终要受日后财政对债务的偿还能力制约,从而促进财政减少赤字。

2. 国债是筹集经济建设资金的重要工具

无论是将国债作为正常的财政收入,还是将其当作弥补赤字的手段,以债务方式筹资的主要目的就是为了干预经济活动,用于经济建设方面的投资。尽管我国的《预算法》规定,国债不是正常的财政收入,而是弥补赤字的手段,但国债仍然保持着经济建设的职能,是财政从社会再生产过程中筹集建设资金的重要手段,因为国家预算之所以会出现赤字,就是由于经济建设支出过多造成的。与其他带有强制性的财政筹资手段不同,国债采用的是信用方式筹集资金,易为公众接受。与建设型国债相适应,国债弥补赤字也不是不分项目一般地弥补赤字,而只是弥补建设性预算的赤字,即在实行复式预算的条件下,经常性预算不存在赤字,只有中央的建设性预算才允许打赤字。在这种情况下,国债在履行筹集建设资金职能的同时也在履行弥补赤字的职能。由于到期的国债最终要由财政的建设性支出所带来的收益进行偿还,这就对财政投资的效益提出了更高的要求。总的来说,国债是一种将分散于千家万户的社会闲散资金,由国家集中起来用于特定用途的财政分配机制。

3. 国债是国家调节经济活动的重要经济杠杆

国债作为一种经济杠杆,其对经济的调节作用主要表现在以下几个方面:首先,它调节着积累和消费之间的比例关系。通过政府发行国债进行的资金再分配,将一部分消费资金转化为积累资金,使两者的比例关系更趋于合理;其次,它调节着投资结构,起到优化产业结构的作用。政府将以国债的方式筹措的资金集中起来进行投资,可以保证重点建设项目对投资资金的需求,优化了当前的投资结构,也使未来的产业结构合理;再次,国债可以调节金融市场,维护经济、金融的稳定。中央银行可根据经济、金融发展的实际需要,通过公开市场业务对流通中的货币量进行调节,以保持金融市场的平稳运转和社会经济的稳定发展。特别是在通货紧缩和内需不足时,国家发行国债并利用国债资金进行投资,具有明显的拉动内需的作用。

4. 国债是金融资产的一种形式,因此是投资者一种较好的投资选择

国债对国家来说,是债务,而对持有人或者对于国债的债权人而言,是一种金融资产。与其他金融资产相比,国债是最可靠、最安全的金融工具。国债作为国家信用的基本形式,几乎不存在风险问题,在正常情况下,无须担心债务人(国家)破产,它以政府的信誉作担保。因此,各类单位、金融机构可将所持有的国债作为信用保证,居民把持有的国债券可视同与土地、机器等不动产相同的财产。此外,国债的流动性也比较强,且收益也较高。因此,国债也就成为投资者的重要投资对象。

(二) 国债的负面效应

当然政府发行的国债并非百利而无一害。国债规模过大可能会产生以下负面的效应。

1. 导致通货膨胀

国债规模过大,可能会导致物价上涨,甚至引起通货膨胀。尽管从理论上看,发行国债改变的仅仅是持币者结构,流通中的货币总量并没有增加,通常不会引起通货膨胀,但在有的情况下,同样会导致物价上涨。如当银行等大的金融机构成为国债的债权人时,有可能引起为购买国债而进行的存款创造(即创造信用存款),导致流通中的货币因此而增加。

2. 产生挤出效应

国债规模过大可能会导致挤出效应的产生。尽管发行国债究竟是产生挤出效应还是挤入效应,这一问题在理论界一直存在着争议,但当国债规模过大时,债权人因为购买国债而导致投资资金大幅减少,利率也可能因为国债规模过大而上升,这时就很容易产生国债的挤出效应,减少其他经济主体的投资。

3. 加重财政负担和税收负担的代际转移

过大规模的债务负担将使政府还本付息压力加大,导致政府经常性预算支出中用于还债支出的比重不断上升,势必加重财政的负担。债务的偿还将加重纳税人的负担,甚至引起负担在代际之间的转移。由于偿还债务所需要的资金主要来自于税收,为了应付日益增加的国债利息支出,政府不得不加重纳税人的税收负担;对于长期国债而言,还本付息的周期也拉长,后代人不得不为上一代人的债务而负担相应的税收。从而引起债务负担在代际之间的转移。

第二节 国债的结构

由于政府发行的国债功能较多,出于不同的动机,发行的国债类型也有所不同。国债有不同的期限结构和品种结构。从期限结构来看,短期国债主要是用于弥补赤字,中长期国债主要是为了筹资。不同类型的国债,其作用也存在着较大的差异。

一、期限结构

按债期长短,国债可分为短期国债、中期国债、长期国债和不定期国债。债务期限在一年以内的为短期国债;1—10年期的为中期国债;10年以上的是长期国债;不定期国债是指发行的时候并没有规定国债的期限,债务还本的期限根据国家财政状况来决定,债权人可按时取得利息,但不能要求还本,政府有权按财政状况随时购回债券。从理论上说,短期国债是弥补当年财政赤字的最好手段,中、长期国债特别是长期国债,对政府筹措建设资金来说更为有利。但由于长期国债存在着因通货膨胀而使债权人遭受损失的可能性,故在缺乏相关保护措施的条件下,发行比较困难。总的来说,政府发行国债的时候,应尽可能做到长、中、短期国债的搭配,避免某一期限的债务过于集中。

美国联邦政府的公债分为上市公债和非上市公债。上市公债约占债务总量的3/4,债券持有者可随时到任何银行进行贴现,也可以在证券交易市场上进行买卖。从期限结构看,上市公债有三种:短期国库券主要是为了弥补财政赤字,中、长期公债所筹措的资金主要是满足不同期限的建设对资金的需求。非上市公债是专门提供给各类不同的投资者,大多数为联邦政府信托基金所持有,也有一些特殊债券为州和地方政府所持有。非上市公债中有近1/3采用储蓄债券的形式(即美国储蓄债券),为个人所持有,其目的在于吸引大众资金,降低大众的购买力,尤其是在通货膨胀时期可减轻通胀的压力。

表 17－2　美国联邦政府公债分类（截至 1982 年 12 月 31 日）　　（单位：10 亿美元）

公债类型		数量
上市公债	短期	312
	中期	465
	长期	105
	合计	882
非上市公债	长、短期储蓄债券	68
	政府代理机构和信托基金连续持有	205
	州、地方政府连续持有	15
	对外国政府发行的债券	13
	其他	13
	合计	314
无息债券		2
总计		1 198

资料来源：理查德·A.穆斯格雷夫,帕基·B.穆斯格雷夫:《公共财政理论与实践》,北京:中国财政经济出版社,1984年版,第685页。

1979 年开始发行国债至今,我国的外债期限结构比较合理。从内债来看,1981—1993 年,基本上属于中期国债,即 3 年期和 5 年期的国债。1994 年出现了 1 年期的短期国债,1995 年又发行了 6 个月和 1 年的短期债券;1996 年发行了 300 亿元 10 年期和 200 亿元 7 年期的附息国债,另外,还发行了 3 个月短期国库券。此后,1 年以内的短期国债和 3 年以上的中、长期国债每年都有一定的发行量。1998 年我国开始发行 20 年期以上的长期国债。目前,我国的国债期限结构趋于合理,但从不同期限的国债在国债总额定中所占的比重来看,中期国债依然偏多,短期和长期国债的比例偏低。尽管最近几年长期国债的数量在不断地增加,但依然比中期国债少。从现实来看,长期国债可以增加发行量,时间也可以定得更长,关键是要处理好长期国债与通货膨胀之间的关系问题。

二、持有者结构

国债的持有者结构也很重要,因为它影响到国债的流动性结构和国债在资本市场上的地位,对资本市场的运作同样产生较大的影响。国债产生之初,债权人结构比较单一。而在资本主义国家,国债的债权人种类繁多,包括货币当局、商业银行、非银行金融机构、公共企业、私人公司、国外游资、个人等。据统计,1980 年,21 个工业化国家的国内债务中,由中央银行和商业银行持有的比例分别为 13.2%和 17.8%,两者之和达 31%。如美国商业银行资产总额中,对政府债务的投资比重达 20%左右,这充分反映了当今资本主义国家国债与金融机构之间的密切关系。美国的大公司也是政府债务的持有者。据《幸福》杂志对 276 家大公司的调查,它们经常持有数百亿美元的政府债券,3 个月和 6 个月的短期政府债券分别占持有量的 72%和 24%,其余为中长期债券。

公司所以持有大量的政府债券,主要原因在于:国债的信誉高,几乎不存在风险,而且国债的流动性强,可以作为流动资金;可以用到期的国债换新发行的国债,而且政府为了保证新债发行的成功,往往对旧债换新债给予一定的折扣;另外,国债也是一个投资、投机品种,可以带来较高的收益。

外国的游资也经常购买巨额的美国政府国债,外资在美国的投资中,约有1/3的资金用于购买政府国债。主要原因是,美国国债的利率较高(一般比日本和欧洲国家的政府债券都高);美国政局较稳,有安全感;国际金融及经济地位相对较高;同时美国政府也采取了一系列鼓励外资认购国债的措施,如利息所得免税等。

表17-3 美国联邦政府公债持有者结构(截至1981年12月31日)(单位:10亿美元)

国内持有	数量	数量	比例
联邦政府机构持有	334		32.5%
美国政府机构和信托基金持有		203	
联邦储备银行持有		131	
私人持有	469		45.6%
商业银行持有		109	
互助储蓄银行持有		34	
保险公司持有		19	
个人持有		150	
其他		157	
州和地方政府持有	85		8.3%
国外持有	141		13.6%
总计	1 029		100%

资料来源:理查德·A.穆斯格雷夫,帕基·B.穆斯格雷夫:《公共财政理论与实践》,北京:中国财政经济出版社,1984年版,第685页。

我国国债的持有者结构以1991年为分水岭,前后区别较为明显。1991年以前,国债主要是由个人和企事业单位及政府机构持有。1991年以后,各类商业银行和非银行金融机构开始大量持有国债。1996年4月,中央银行首次开始进行公开市场操作,从此,公开市场业务开始成为中央银行实现货币政策目标的货币政策工具。这样,中央银行也通过二级市场持有一部分国债。国债持有者结构的这一变化趋势,在一定程度上说明我国的国债市场正在向高效率、专业化方向发展。

三、利率结构

国债的利率结构是伴随着国债的券种结构及持有者结构的变化而进行调整的。20世纪80年代我国国债利率结构的显著特点是利率倒挂,即国债的时间越长,利率越低。其主要原因在于:在整个20世纪80年代,国债没有完成从行政附属品向金融商品的转化,国债的发行依靠行政摊派,利率完全由债务供给方决定,社会需求对此不发生影响。到了80年代后期,由于国债规模的扩大,再加上通货膨胀的影响,国债的发行难度开始加大,利率也就被迫提高,从而形成了一个失衡的国债利率结构。

国债利率基本上在 1996 年达到最高峰以后,随着宏观经济环境的变化,通货紧缩逐渐代替通货膨胀,各种投资品种(尤其是银行存款)利率都呈现逐步走低的态势,国债利率从 1997 年开始逐步走低,直到目前,我国的中长期国债利率根据时间调整,基本维持在 3%—4% 之间。例如,2002 年我国发行的第七期 3 年期的中期国债,招标利率上限为 2.02%;当年发行的第五期 30 年期的长期国债,招标利率的上限为 3.6%。2003 年发行的国债利率也大致与此相当。如 2003 年发行的第一期 7 年期的国债,票面利率为 2.66%;第二期 3 年期的国债,票面利率为 2.63%。2006 年发行的凭证式(一期)国债 3 年、5 年的利率分别为 3.14% 和 3.49%,共 600 亿元;10 年期记账式国债,票面利率为 2.8%,共 340 亿元(半年支付利息)。2007 年利率较高的 5 年期国债票面年利率 6.34%。2009 年期限最长的 20 年固定利息国债利率为 4.94%(基本上是当年所有国债品种中收益最高的)。

进入 20 世纪 90 年代后,随着金融体制改革的逐步深化,金融市场体系得到了进一步的发展,尤其是债券市场的基础设施和管理手段有了很大的改善,为国债利率结构的调整提供了前提条件。国债利率结构逐渐趋于优化与合理,特别是 1996 年国债的市场化程度的提高,市场机制对国债利率水平的确定发挥了很大的作用。这不仅有助于降低政府的筹资成本,而且也促进了证券市场的发展与完善。这说明,国债已真正开始成为一种金融工具,其供给结构受市场作用的程度越来越大。

第三节 国债市场

国债市场由发行市场和流通市场构成。

一、国债的发行市场

国债的发行市场又称国债的初级市场、一级市场或新国债推销的市场,它是指政府发行新国债的场所或机制。

(一)国债的发行方式

国债的发行方式有两种,即私募发行和公募发行。

私募发行又称非公开发行,它是指以少数特定的投资者直接作为发行对象。这种发行方式的优点是,无需通过中介机构,发行手续简便;没有发行费用,故债务的成本相对较低;因是直接向少数特定主体发行,故筹资迅速。私募发行的主要问题是发行面狭窄,如果采用这种方式大批量发行国债,显然是比较困难的。我国只有少数种类的国债采用这种方式发行,例如从 1987 年开始发行的特种国债,就是以金融机构作为发行对象,如 1998 年 3 月面向国有商业银行发行的 2 700 亿元特种国债、5 月份面向除国有商业银行以外的商业银行及城市合作银行发行的 450 亿元专项国债,都属于按私募方式发行的国债。

公募发行是国债发行最常见的方式,也是最主要的方式。所谓公募发行是指通过各种金融中介机构向不特定的大多数投资者发行。这种发行方式的发行范围广泛,国债认购者众多。其主要问题是政府必须要向中介机构支付发行费用,故与私募方式相比,成本较高。在现实的经济生活中,公募发行又有若干种具体的做法。

代销法，即代理销售的方法。它是指国家财政部门委托各种中介机构代理政府销售国债，过了发行期而未销售出去的部分再归还给政府财政部门。这种方式的主要优点是：因政府要承担发行不完的风险，故发行手续费较低，可降低国债的成本。其缺点是：筹资缓慢，国债资金必须是过了发行期以后才能进入国库，如果发行不顺利，则筹资时间更长；另外，政府须承担发行不完的风险。

包销法，即承购包销的方法。它是指先由国债承销商出资购入国债，然后由他们向社会公开销售。包销的优点是：筹资迅速，不存在发行不完的风险；但发行费用较高，导致国债的成本提高。

摊派法，原来是指政府在债务偿还或支付经费时，对债权人或支付对象不给现金，而是以国债代替，或部分支付现金，部分以国债代替。实际上，国债发行的时候也可以采用这种方法，即强制认购。如我国1981—1992年发行的国库券采用了摊派法。

从1981年我国开始发行内债以来，除了少数品种的国债采用私募的方式发行以外，大多数国债都是采取公募的方式发行，且公募方式中的几种具体做法都采用过。

1981—1993年，国债的发行采用代销法。其中1981—1992年，国债的代销配合以强制认购的方式（即摊派法）进行，另外，1991年首次进行了承购包销的试点工作。

由于1993年取消了国债强制认购的发行方式，而当年国债的发行状况并不尽如人意，再加上1994年国债发行总量比1993年增加很多，为了推动1994年国债的顺利发行，国债管理部门在采取其他措施的同时，于1993年第四季度建立了国债发行的一级自营商制度，1994年以后发行的国债由一级自营商进行承销。从1994年开始，国债的发行基本上通过一级自营商进行承购包销，不过，国债的发行价格、利率都由政府制定。

1996年，国债发行开始引进市场竞争机制，试行国债招标，国债利率通过一级自营商的投标来形成。当年的前几期国债采用的是荷兰式招标，即单一价格竞争性招标方式，规定投标者投标利率的上下限。1996年最后一期7年期附息国债改为美国式招标（不规定投标价格的上下限），结果，国债一级自营商在初级市场上中标的国债成本差异较大，以至于该期国债在发行第一周无卖盘，财政部不得不为此发出通知，规定本期国债可以按高于面值的价格在一级市场上销售。这样在第二个发行周首日，出现了我国国债发行至今第一笔按溢价发行的国债，国债面值是100元，发行价格为102.5元。由于本期国债的发行时机比较好，承销商在一级市场上的火爆投标，导致该期国债的利率较低，以至于上市首日就跌破面值，且持续数月。自此以后，国债发行的方式也日益完善，到目前为止，政府发行的国债多数都采用竞争性的招标、投标方式。

（二）国债的发行对象

国债的发行对象，也就是国债的债权人结构或持有者结构。在国债发行的不同时期，我国国债的债权人结构有所不同，大致可分为以下三个阶段。

第一阶段是20世纪50年代，国债的发行对象主要是居民个人。

第二阶段是1981—1990年，国债发行的方式主要是强制认购的代销法，国债采用分配认购的办法向企事业单位、政府机构、个人发行，银行基本上不持有国债，非银行金融机构持有少量国债。在这一时期，企事业单位和政府机构持有的国债比例约为31%，个人持有的国债占51%左右。

第三阶段从1991年开始，国债发行采用了承购包销的试点，尤其是1993年建立了一级自营商制度以后,国债持有者结构发生了很大的变化。金融机构和养老基金持有的国债数量大幅增加。1994年以后,国有商业银行为适应银行体制改革,开始认购和持有国债,到1995年底,商业银行认购和持有凭证式国库券及记账式国库券416亿元,占同期国债发行额的16%左右,占同期国债余额的12.6%左右。

随着国债发行量的增大和国债市场的发展,国债债权人结构发生了较大的变化。这表明,国债的发行重点向机构投资者转移,国债市场在金融市场中的地位日益提高。国债市场已开始成为政府调控经济活动、调节流通中的货币量、保持金融市场稳定发展的一个重要场所。

(三)国债的发行价格

从理论上说,国债应该按照面值发行。但由于一方面国债的利率水平是依据市场利率来确定,而国债的发行是事先决定的,当国债的票样印制好以后,利率一定下来,不能更改;另一方面,受资金供求关系的变化,市场利率始终处于变动之中,这样当国债发行的时候,为了使投资者能够得到与市场利率相同的收益,只能改变国债的发行价格。国债发行理论价格的计算如下:

$$p = \sum_{t=1}^{n} \frac{年利息}{(1+i)^t} + \frac{面值}{(1+i)^n}$$

其中,p为国债发行价格,i为年利率,n为国债期限。

从实践角度看,国债的发行价格有三种:平价发行、折价发行和溢价发行。

平价发行,又称面值发行,即按照国债的票面价值向债权人销售。国债的收益率已在国债的票面上明确规定。

折价发行,是指对国债面值打一定折扣后按折扣价发行。折价又称贴现、贴水、折扣,发行价与面值之间的差额就是债券持有者的收益。这种发行价格一般适合于短期国债。如美国3个月和6个月的短期国债都采用折价发行。我国1996年发行的1年期国债首次采用了这种价格进行发行,当年第一期国债面值是100元,发行价为89.2元。1996年第五期发行的1年期国债也是采用折价发行,面值是100元,发行价为89.25元。此后我国发行的1年期以内的短期国债基本上都采用了按低于面值的价格发行。

溢价发行,即按高于面值的价格发行。溢价又称升水。一般情况下不采取升水价格发行(溢价发行)国债,但也有例外。我国于1996年发行的最后一期国债,就曾出现过溢价的情况。

二、国债的流通市场

国债的流通市场是指已发行的国债进行上市交易和转让的市场,又称次级市场,或二级市场。国债的二级市场是整个金融市场的构成部分之一。

国债流通是为了提高国债的信誉,便于政府以国债的方式进行筹资,也为了降低政府筹资的成本。在过去相当长的时期中,我国国债的信誉较低。从风险和期限来看,都不会对国债的信用产生不良的影响。其原因不在于收益问题,因为国债利率一般都高于同档存款利率。国债信誉低的主要原因之一在于国债不能流通,流动性太差。如果采用高利率的方式来弥补流动性弱的问题,显然债务筹资的成本将大大提高,这不仅使政府的负担加重,而且也不利于市场利率水平趋于合理。为提高国债信誉,同时降低国债筹资成本,必须要提高国债的流动性。

国债流动为投资者提供了便利。与其他投资品种相比,国债具有低风险、高收益的特点,加上社会闲散资金雄厚,而国债发行量有限,会使一部分投资者在一级市场上买不到国债。建立了国债的二级市场后,希望购买国债的投资者就可以通过二级市场进行国债投资。此外,国债较强的流动性,也为投资者所持有的国债进行随时变现提供了便利。

国债流动也为中央银行的公开市场业务提供了金融工具。中央银行为了实现货币政策目标,经常采用的货币政策工具有三个,即公开市场业务、调整再贴现率和法定存款准备率。比较而言,公开市场业务是可以频繁采用的、作用效果最好的货币政策工具。由于公开市场业务的对象是各种债券,其中品种之一主要是国债。如果政府发行的国债不能上市交易,那么中央银行的公开市场操作、货币政策工具的利用以及货币政策效果的实现就会受到影响。

根据国债的特点,国债流动有多方面的内容,其中包括购买者随时提前兑现,允许国债向银行贴现,允许以国债作为抵押品向银行申请抵押贷款等,但关键的或者说具有特征意义的是开放并完善国债的二级市场(国债流通市场)。

需要指出,同股票一样,国债也有上市国债和非上市国债之分,国债流通并不意味着每种国债都要进入二级市场。

我国20世纪50年代和80年代初期及中期发行的国债,只有一级市场而没有二级市场。由于80年代初期和中期发行的国债没有流动性,再加上人们观念的滞后,对国债缺乏正确的认识以及国债发行方式的强制性,使国债的发行日益困难。为了便利国债发行和政府筹资,1988年4月21日,国务院决定在沈阳等7个城市进行国债流通转让的试点工作,6月将试点范围扩大到全国54个城市。1990年5月全面开放国债的二级市场,但这时全国的市场是不统一的,各地的国债交易一般是通过当地的金融机构柜台进行的。

1990年12月和1991年7月,上海证券交易所和深圳证券交易所先后成立,国债的交易活动开始从场外进入场内。从此以后,我国在一级市场上发行的可上市国债,基本上是在有形市场上进行,只有极少数投资者因信息的滞后和交易手段的不便利而在当地的金融市场柜台上进行。从我国开始建立国债的二级市场至今,国债市场由以下几部分构成。

1. 现货市场

根据国债的发行条件,凡是可上市国债,在发行期结束后,就可以直接通过证券交易所进行转让。1994年以后,我国发行的国债中,上市国债所占的比重较大。例如,1996年政府发行的国债总量超过2 000亿元(包括短期国库券),除了极少数品种不能上市以外,大多数国债都可以上市交易。1998年以后,为了配合积极财政政策的实施,在发行正常的国债同时,我国每年还发行相当规模的建设国债①,因此每年的国债发行总规模都很大,其中有一半以上可以上市交易。截至2009年底可上市国债29 846.25亿元②,占2009年末中央财政国债余额60 237.68亿元的比重为49.55%。

2. 回购市场

国债回购是通过场内市场进行的。我国的国债回购市场是20世纪90年代建立的。为了从事证券经营的非银行金融机构在进行国债、股票等有价证券的承购包销时提供资金融通的场所。

---

① 1998—2003年发行的建设国债规模分别为:1 000亿元、1 100亿元、1 500亿元、1 500亿元、1 500亿元和1 400亿元。

② 数据来自于上海证券交易所。

3. 银行间债券市场

该市场建立之初,其市场参与者限于银行类金融机构,后来也允许券商等非银行金融机构参与。从交易品种性质上看,银行间债券市场主要的交易品种是国债和政策性金融债券,几乎没有企业债券及其他债券。国债和政策性金融债券的优点是债券信用等级高、安全性好,但缺点是收益率相对较低。所以目前市场主要集中的是低风险和低收益的债券,缺乏收益及风险相对较高的债券品种。债券产品的单一化现象严重,产品之间缺乏梯次,难以满足市场成员不同层面的交易需要。由于商业银行持有的国债结构的不合理,交易主体的相对单一性及其投资动机的趋同性,使国债在市场上表现为流动性明显不足。

国债市场与股票市场一起构成证券市场的重要组成部分。与股票市场一样,我国的国债市场有一个健全、完善和规范的过程。

三、国债利率的确定

利率是债权人投资国债与否的主要依据,利率水平的高低直接影响到投资者的投资收益。同时,利率水平也影响到政府筹资的难易程度和国债的成本。因此,利率水平是债权人和债务人都必须考虑的重要因素。一般地说,影响利率水平高低的因素有以下几个。

(一) 市场利率水平

市场利率是影响国债利率的最重要因素之一。从理论上说,国债的利率应略低于市场利率,但有的国家为了便于国债的推销,往往使国债利率高于市场利率。

(二) 国债的供求关系和资金的供求关系

国债和资金的供求关系对国债利率的影响正好相反。从国债的供求关系来看,当国债供不应求时,利率就会下跌,反之就上涨。典型的是 1996 年发行的第八期 7 年期附息国债,在前面几期中长期国债畅销且二级市场上获利较高的效应影响下,使一级自营商普遍多投标,导致该期国债的利率大幅下跌,甚至低于同期的银行存款利率水平。从资金的供求关系来看,当资金供大于求时,国债的利率会下跌,反之则上涨。

(三) 国债的期限结构

在正常情况下,国债的利率水平与期限结构成正比,即期限越长,利率越高;反之则越低。

(四) 国债的发行时机

国债的发行时机与投资者对国债的需求程度相关。国债的发行时机越好,国债的利率就越低,反之就越高。

目前,我国还没有形成典型的国债市场利率,故国债利率的确定主要依据于同期的银行存款利率(一般比后者略高些),另外考虑资金、国债的供求关系、发行时机等因素。

第四节 外 债

积极利用外资以弥补现代化建设资金的不足,是我国发展经济的一项长期国策。引进和利用外资有多种渠道,国家财政向国外举借债务是其中的一条重要渠道。

外债是指国家以债务人的身份,采用信用的方式从国外筹措的债务资金。它包括国家在国外金融市场上发行、推销的公债以及向他国政府、经济组织和个人的借款。

国家在举借外债时以法人身份出现,完全以国家信用为基础建立债权债务关系。国家不能依靠权力强制国外政府、企业、居民等认购外债。国家以政府名义举借外债,属于国家信用的范围,还本付息直接由财政承担。

一、外债的种类与结构

国家在国外举债,一是根据与国外政府间的协议;二是与各种国际性金融组织的往来;三是到国外债券市场上发行债券。

(一) 外债的种类

具体地说,国外借债主要有如下种类。

1. 国外发行债券

国家直接在国外金融市场上发行债券,由国外政府、企业、金融机构以及个人自愿认购。运用这种方式筹集的资金,具有期限长、利率相对低的优点。但债券筹资需要支付一定的发行费用,另外,当政府的信誉不高或者受发行时机等方面因素的影响,政府可能要承担不能顺利筹资的风险。

2. 政府贷款

政府贷款是双边政府之间发生的借贷行为。这种贷款带有援助性质,利率一般较低,有的甚至是无息贷款,贷款期限也较长,属于优惠贷款。不过获得了他国提供的贷款,往往要接受他国提出的贷款条件。

3. 国际金融组织贷款

国际金融组织贷款是指国际金融组织(如世界银行等)对成员国发放的贷款,这种贷款条件比较优惠,如低息或无息,期限长。但根据国际金融组织的有关规定,贷款的数量和使用方向受到严格的限制,且在贷款使用过程中,经常受到提供贷款的国际金融组织的监督。

4. 出口信贷

出口信贷是出口方国家为鼓励本国的出口贸易,责成本国银行办理的出口贷款,一般采用出口信贷国家担保制度。我国利用出口信贷取得外债的主要方式有两种:一种是卖方信贷,即由出口方银行向出口商(卖方)提供的信贷。这是银行资助出口商向外国进口商提供延期付款,以促进和扩大商品出口的一种方式。这样,我国在向国外厂商进口商品时,可以采取分期付款的方式。不过出口商运用卖方信贷出口的商品价格一般比市价要高。另一种是买方信贷,即出口方银行直接向进口方(买方)提供的信贷。这种贷款的用途受到严格的限制,只能用以购买债权国的商品。

5. 外国银行借入自由外汇

这是指国家向外国银行所借的自由外汇,虽然用途不限,但利率较高。

(二) 外债的结构

外债的结构包括外债的种类结构、币别结构和期限结构。

1. 种类结构

不同种类的外债,对债务人的意义是不一样的。如债券的限制条件最少,但如要顺利地发行,政府应当有较高的信誉,且债券的利率比政府借款和向金融机构的借款利率高,发行成本也较高;政府借款的条件最为优惠,但一般是双边提供的;国际金融组织的贷款也比较优惠,但要求高、限制多;商业银行的贷款限制条件相对较少,但成本高。对一国而言,在借外债时,应权衡债券和各种借款的利弊,将不同种类的外债进行合理的搭配,以实现在控制债务成本和风险的前提下使外债产生的收益最大化的目的。

2. 币别结构

在国际金融市场上实行的是浮动汇率制度,受外汇供求关系及各种社会、经济、政治因素的影响,汇率始终处于波动之中。有的国家货币的汇率呈上升趋势(即所谓的硬货币),而另外一些国家货币的汇率呈下跌趋势(即所谓的软货币)。如果一国所借的外债中,硬货币所占的比重过大,必然会因为货币的汇率上升而使债务负担加重。为了避免汇率波动而造成的债务风险,在外债币别结构安排的时候,应尽可能做到硬货币和软货币的搭配,使汇率风险相互抵消。

3. 期限结构

与内债一样,外债也包括短期、中期、长期等不同的期限。短期外债的使用期限较短,债务资金的使用尚未产生效益就须还本付息,对债务人来说压力较大。外债期限结构的合理,才有利于外债资金的使用与偿还。因此在外债的期限结构安排上,应当尽可能扩大长期外债的数量和比重,避免短期债务比例过高和债务期限高度集中,以缓解债务还本付息的压力。短期外债占全部外债的比重在25%以下,是国际公认的合理的外债期限结构。

二、外债的偿还

外债的偿还方式包括:到期一次清偿;逐年付息,本金一次还清;每年偿还一部分本息,分期进行归还。

外债利息的计算方法与内债利息的计算方法不同。我国的内债利息采取单利方式,只按本金计算利息,而外债一般采用复利方式,因此,不同的利息计算方法也将使外债的成本高于内债。

外债偿还要以对外贸易为基础,即偿还外债本息的资金主要来自于经常项目的外汇收入。汇率发生变化,对外债负担将产生很大影响。如我国的美元外债,在1994年以前借债时汇率为1美元兑换5元人民币,而在1994年1月1日后归还时,由于美元汇率大幅上升,1美元兑换约8.7元人民币,那么还债时会大大加重债务人的负担。

我国外债的还本付息有统借统还和自借自还两种。凡由中央政府统一借入的政府贷款、国际金融组织贷款和商业贷款,其还本付息由国家预算统一安排。凡各地区、部门借的外债,则由借款单位负责归还。

政府借外债会不会成为后代人的负担,要作具体分析。外债是从国外借来的,外债没有减少本国当代人的消费和储蓄,还可能减轻他们的税收负担,所以它对当代人有益,但将来要征后代人的税来还本付息,这就把负担转给了后代。政府如果将借的外债用于兴修水利、修公路等,造福于后代,这样后代人虽然为还债而付出了代价,但从中也得到了益处,因此不能说把外债的负担转给了后代。

三、制约外债规模的因素

我国的经济发展需要充分地引进和利用外资,其中包括国外借债。但在借外债时必须充分考虑到一国对外债的承受能力。制约外债规模大小的因素很多,总体来看,有以下几个。

（一）偿还外债的能力

借外债其实是用外资来对本国国民收入进行预支，弥补建设资金不足的缺口，但外债最终是要偿还的，并且要用外汇偿还。外债偿还的资金来自于国内商品和劳务净出口所带来的外汇收入。偿付外债的基础是外债的使用能增强国家的经济实力和外汇支付能力，否则会影响国际收支平衡，严重时会引发债务危机和金融风险。如 20 世纪 80 年代由墨西哥债务危机所引发的遍及整个拉丁美洲的债务危机，就是由于外债的规模过大造成的，90 年代末东南亚金融危机的原因与此相似。

现在国际上通常采用以下几个指标来衡量一国的偿债能力。

1. 偿债率

偿债率是指一国当年的外债还本付息额占当年商品和劳务出口收入额。它反映一国债务信用的高低。国际上一般公认偿债率的安全线是不超过 25%。偿债率指标只能在一定程度上说明一国偿付外债的能力，它本身也存在着缺陷。该指标的分母只考虑了商品和劳务的出口，而没有考虑进口。如果一国的出口收入与进口用汇额相等，那么即使偿债率在 25% 之内，同样存在着偿债风险。

2. 负债率

负债率是指当年的外债余额与当年的 GDP 之比，它的安全线也是在 25% 以内。该指标说明一国国民经济整体对债务的承受能力。

3. 债务率

债务率是指当年的外债余额占当年的商品、劳务出口收入额。与偿债率指标一样，该指标也是反映一国债务信用的高低，说明当年一国对债务的承受能力。它也存在着与偿债率一样的缺陷。

4. 外汇储备能力

外汇储备能力是指现有的外汇储备能够满足进口用汇的月份，说明一国应付到期外债的能力，它的安全线是四个月到四个半月。外汇储备可以作为国际收支不平衡时的支付手段，因此反映一国的债务信用程度，外汇储备数量越多，举借外债的余地越大。因此，扩大外债规模的基础是扩大出口，增加外汇收入。

5. 短期外债的比重

安全线为小于 25%。

（二）国内资金的配套能力

外债是外资的构成部分之一，作为国外的生产要素，只有与国内一定的生产要素组合才能产生效益。这种组合表现为外债对国内资金和物资的配套要求。配套资金的需要量取决于两个方面：一是外债项目本身需要的配套资金，二是由外债的乘数效应对内资产生的诱导需求。具体地说，外债在本国投资过程中通过技术、信息的扩散影响其他部门，激发起新的投资需求。世界银行贷款项目要求东道国配套资金占 70%，我国利用外债新建项目，外债与配套人民币的比例平均约为 1∶5，如果考虑外债的乘数效应，这个比例还会更大些。我国的配套资金一般通过两个渠道取得：财政的拨款（或贷款）及银行的贷款。国家举借外债的规模如果超过了财政和银行的承受能力，将扩大财政赤字的规模或导致银行信用膨胀，最终都将引发通货膨胀。此外，配套资金还须考虑到人民币汇率的因素，本币汇率的贬值，意味着配套资金规模的进一步扩大，更会加剧内资的紧张，即使勉强能够凑足配套资金，最终也会受到配套物资紧张的限制。故外债的使用要

(三) 外债的结构

就外债的期限结构来说，应该是不同期限债务的有机结合，以避免偿债期过于集中，尤其是要避免短期外债的比重过高，人为地加重债务的负担。就币种结构而言，要充分考虑到国际外汇市场上汇率的波动状况，外债及外汇储备的币种不能过于集中，特别是要注意硬货币和软货币的搭配得当，以避免因汇率波动造成的损失。

总之，影响外债规模的因素很多，而提高外债的使用效益，增强一国的出口创汇能力，则是决定外债规模最重要的因素。

四、我国的外债

改革开放以来，我国的外债从无到有，规模从小到大。1980年，我国的外债余额为45亿美元，1995年为1 065.9亿美元，15年增长了23.68倍。1985—1995年，年均增长22%。到1997年底，我国的外债余额是1 309.6亿美元。与其他发展中国家相比，1980年我国的外债余额排名第26位，1990年和1991年上升至第6位，1992年和1993年为第5位，1994年和1995年以后上升到第3位。1997年东南亚金融危机爆发后，我国政府开始控制外债规模，我国外债余额在世界的排名也出现下降趋势。根据世界银行的数据，到2008年底我国外债余额世界排名为第24位。具体外债余额见表17-4。

表17-4 我国外债余额的增长情况 （单位：亿美元）

年份	外债余额	较上年的增幅(%)
1985	158	
1986	227	43.7
1988	420	39.1
1990	525	17.2
1992	693.2	14.46
1995	1 065.9	14.85
1996	1 162.8	9.1
1997	1 309.6	12.62
1998	1 460.43	8.16
1999	1 518.3	3.96
2000	1 457.30	−4.02
2001	1 701.10	16.73
2002	1 713.60	0.734
2003	1 936.34	13
2004	2 285.96	18.06
2005	2 810.45	22.94
2006	3 229.88	14.92
2007	3 736.18	15.68
2008	3 746.61	0.28

资料来源：《中国统计年鉴2009》。

外债的作用类似于内债,主要是为了弥补财政赤字和筹措经济建设资金。改革开放以后,我国所借的外债作用更直接地体现在为经济建设筹资方面。据统计,1981—1995年,我国利用世界银行和亚洲开发银行的贷款中,用于能源、交通建设的贷款分别占总量的37%和57%,如果再加上这两家银行对农业和社会发展方面的贷款,分别占两家银行对华贷款总量的82.2%和84.8%。这充分说明,利用外债对我国基础设施和瓶颈产业的建设起了相当重要的作用。

就目前来说,我国的外债规模较大,但各项指标都处于安全线之内,加上我国的经常项目持续出现顺差,外汇储备充足,因此尚不存在外债风险和债务危机问题。当然,这不意味着可以高枕无忧。具体见表17-5。

表17-5 中国外债风险指标 （单位:%）

年份	偿债率	负债率	债务率	外汇储备额(亿美元)
1985	2.8	5.6	53.6	26
1986	20.3	7.8	70	21
1987	12.7	9.4	75.2	29
1988	6.3	10	84.4	34
1989	8	11.5	83.1	56
1990	8.5	14.5	87	111
1991	8	15	87	217
1992	7.3	14.1	90.7	194
1993	9.7	14	94.5	212
1994	9.1	17.6	77.8	560
1995	7.3	15.5	69.9	736
1996	6	14.2	67.7	—
1997	7.3	14.5	63.2	1 399
1998	10.9	15.2	70.4	
1999	11.3	15.3	69.5	1 546.75
2001	7.5	14.7	56.8	2 121.65
2002	7.9	13.6	46.1	2 864.07
2003	6.9	13.7	39.9	4 032.51
2004	3.2	13.9	37.8	6 099.32
2005	3.1	12.6	33.6	8 188.72
2006	2.1	12.3	30.4	10 663.44
2007	2.0	11.5	27.8	15 282.49
2008	1.8	8.6	23.7	19 460.3
2009	2.9	8.7	32.2	23 991.52

资料来源:历年《世界发展报告》,《中国统计年鉴2004》和国家外汇管理局统计报告。

我国统计中的外债包括主权外债、金融机构外债、国有企业外债以及外商投资企业外债。

理论上所说的外债通常是指由财政直接借入并偿还的外债,即统借统还外债。上述外债是指已经登记的外债,实际上还有很多外债是未登记的,由地方政府和主管部门担保的隐性债务和(或)有债务,这些债务在某种程度上有可能转化为政府债务。非政府借入的外债以及政府担保的隐性债务和(或)有债务一旦形成了债务风险,最终都将由政府来承担。因此,我国现在实际的债务要比国家统计数据中的债务规模大。

目前我国的外债采用的是计划管理、归口管理和登记管理相结合的管理模式。表面上看,计划管理是核心,登记管理是保证,实际上,由于归口管理与各部门的实际利益和政绩密切相关,使这种管理方式反而成了外债管理模式的中心。在归口管理模式下,我国的外债举借是多头对外。对外借债的窗口包括:对外经济贸易合作部负责外国政府的贷款;财政部负责世界银行的贷款;中国人民银行负责亚洲开发银行和国际货币基金组织的贷款;农业部负责联合国开发计划署和农发基金的贷款;中国银行代表中国政府进行国际商业借款和日本能源借款及出口信贷。同时,为了借用国际商业贷款和发行债券,我国设立了十个对外筹资的窗口,负责在境外发行国际债券。它们是中国银行、中国国际信托投资公司、中国投资银行、交通银行、广东国际信托投资公司、上海国际信托投资公司、福建投资企业公司、天津国际信托投资公司、大连国际信托投资公司和海南国际信托投资公司。除此之外,借款的担保权也逐级下放。众多窗口对外筹资,缺乏集中统一管理,必然导致外债管理的混乱和无序,归口分散管理,使各部门各管一块,很难协调一致。实际执行的结果,往往是条块分割,各自为政,缺乏统一的外债发展战略。各部门轻则相互攀比,争相借款,重则产生摩擦和冲突。针对这种状况,应尽快改变目前外债多头管理的现状,建立统一的外债管理机构。根据国外的经验,一旦一国的债务出现问题,最终都需要由国家财政部出面进行解决。因此,统一的外债管理应由国家财政部负责,可以由财政部牵头,会同与外债相关的各部委,对外债进行全面的集中管理。

根据我国经济发展的需要与可能,制定中国的外债发展战略,是加强我国外债管理的前提条件。在此基础上管理外债主要涉及以下方面:在举借外债方面,应有选择性;在外债的使用方面,应严防将外债用于泡沫经济的投资,要根据国家的产业计划和行业发展规划,将外债进行集中重点投资;在国家预算方面,应按照复式预算的方式进行编制,而不能将外债资金与财政的预算收入相混淆;在外债的偿还方面,继续执行"谁受益,谁还款"的原则,着手建立偿债基金制度,以应付紧急局面和意想不到的事情的发生。

第五节 国债绩效与管理

20世纪70年代公共选择学派的创始人詹姆斯·布坎南在一篇论文中,强调李嘉图《政治经济学及赋税原理》中关于公债效应的论述,首次使用了"李嘉图等价定理"的说法。90年代巴罗在其所编写的教科书《宏观经济学》中赋予该定理教科书式的固定性命题,并发展成"巴罗—李嘉图等价定理"。

李嘉图等价定理的基本含义是,如果政府要筹措资金,可以采用一次性征税的方式,也可以采用公债的方式。无论是采用哪一种做法,对居民的消费、资产以及因为筹资而产生的效应都是一样的,即发行国债和征税将产生相同的效应。

李嘉图等价定理认为,为了筹措纯消费性的(如战争军费)支出,无论是征税或是公债,都将使民间用于生产的资本减少,转变为不会提供任何利润和利息收入的非生产性消耗。由于公债利息的偿还来自于未来的税收,为了支付利息而课征的税收,只是人们过去享受政府借债方式,而非大规模征税所获得的大额免税优惠所付出的成本。这种做法实际上是将税收负担向后推延,并在一定年限之内分摊了,纳税人的税收负担并没有因此而改变。而且债息的支付是通过政府的收支将国民收入由一部分纳税人手中转移到债权人手中,与国家的财富增减无关。

李嘉图等价定理图解及其含义[①]:政府为了弥补财政赤字而借债的直接后果是,为了能够承担预期中的未来较高的税收,储蓄供给从 S 增加到 S′,贷款资金增加使市场达到一个新的均衡点 E″。在该点,每年有 $\Delta L(L_3-L_2)$ 的额外贷款资金得以提供,以便满足私人投资的资金需求。这些额外的贷款正好与弥补赤字所需的资金相同,这样均衡的利率水平保持不变,与原来的 I_1 相同。如图 17-1 所示。

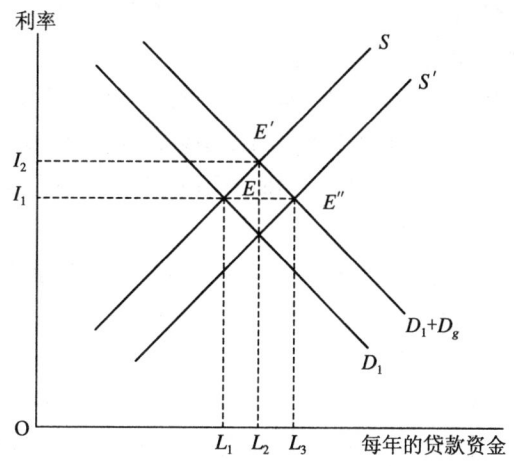

图 17-1 李嘉图等价定理

有人会问,就算李嘉图等价定理成立,当消费者(或债权人)在公债到期之前就去世了,那么他的现期税收负担实际上是减轻了,这意味着可支配收入的增加,当前的消费或未来的消费就可能也因此而增加,在这种情况下,李嘉图等价定理还成立吗?

为了说明这一问题,巴罗引进了一个概念:利他主义。他假设消费者有一种利他主义的遗产动机。这种消费者不但从自己的消费中获得效用,而且还能够从他的子女消费中获得效用,因此他既关心自己的消费,也关心子女的消费,如果子女也是利他主义者,那么他们都将关心自己后代的消费。巴罗认为,由于消费者是世代间的利他主义者,因此消费者不会因为现期税收的减少而增加自己当前的消费,对于利他主义的消费者而言,由他们自己还是由他们的后代来缴纳较高的税收以抵偿政府债务的利息,本质上说都是一样的。

从经济现实来看,一国政府发行国债,可能会对不同的方面造成不同的影响。

一、国债对债务人负担的影响

国债的债务人是政府。当政府发行国债的时候,国家财政得到的是大量资金,无所谓负担

---

① 大卫·N.海曼:《财政学》,北京:北京大学出版社,2006 年版,第 426 页。

问题。当国债到期需要进行还本付息的时候,如果政府没有足够的偿债能力,就会有很大的负担。

国债的还本付息一般有以下方法可供选择。

(1) 买销法。国家在市场上按市价购回国债,其具体做法类似于金融机构对国债进行的回购。买销法的前提条件是国债可以进入市场流通和买卖,非上市国债不能采用这种偿还方法。

(2) 抽签法。抽签法有两类:一类是定期抽签法,即根据国债条例规定的偿还年限及比例,随机抽取国债号码,直至达到偿还规定额为止;另一类是一次抽签法,即在第一次偿还之前,把偿还期内所有需要归还的国债一次抽签,同时公布,债券持有人根据中签年份,届时兑换现金。

(3) 一次清偿法。发行在外的国债到期后,一次进行还本付息。具体又有两种做法:一是国债的本金和利息到期一次清偿;二是利息定期归还(按半年或1年),最后一期的利息及本金到期偿还,如我国的附息国债、国外的剪息票等均属此类。

国债还本付息的资金由国家预算安排,列入国家预算支出项目,这就涉及政府的偿还债务的能力问题。一般情况下,国债本金和利息的归还是以预算年度所取得的税收作为资金来源。当正常的财政收入不足以还本付息的时候,到期的国债又不能拖延,这样政府就不得不发新债还旧债。

国家能否发新债还旧债,不能一概而论。国家对债务的负担能力归根到底决定于经济发展水平。旧债固然可以通过借新债来偿还,但其必要条件是经济处于增长中,只有当偿债利息率低于经济增长率时,经济增长本身足以为偿付旧债利息提供资金,国债的规模不会由于利息滚入而越滚越大。其原理类似于企业财务管理中的财务杠杆作用,即采用负债经营的方式,当债息率低于投资收益率时,投资者的每股收益则增长得更快。政府将以债务方式所筹措的资金用于经济建设投资,当建设项目的投资收益率高于国债利率时,国家税收增加得更多。这样,政府不仅可以通过发行新债来偿还旧债,甚至为了满足建设投资对资金的需要,还可以继续扩大债务的规模。

另一种情况是,当经济没有增长,或者说国债利率高于经济增长率,政府财政又持续地陷于赤字状态,这时政府依然采用发新债还旧债的做法,就有可能引发一些严重的宏观经济问题。因为随着时间的推移,国债的规模累积起来,将变得越来越大,国债利息支付也一直处于增长状态中。此外,政府所借的新债除了还旧债外,还要弥补新的赤字,这就要求发行更多的国债,使社会的债务及其利息规模越滚越大,不可避免地会导致国家的财政危机和信用危机。这说明,国民经济对国债负担的承受力是有限度的。对国家来说,不是不可以借新债还旧债,问题的关键是要致力于经济增长、提高国债资金的使用效率以及提高自身的偿债能力。

二、国债对债权人负担的影响

国债对债权人的负担主要表现在几个方面:一是国债发行时,债权人是否有足够的认购能力;二是由于国债的偿还是以税收作为资金来源的,政府归还债务时,是否会加重纳税人的税收负担。另外,政府当前发行的国债,可能要到若干年以后归还,这样是否会引起债务负担在世代人之间的转移;政府现在发行国债,是否会对未来造成不利的影响。

（一）债权人的认购负担问题

在经济发展的不同时期，政府发行国债对债权人的负担影响是不一样的。在经济发展比较困难的时期，由于债权人的闲散资金有限，这时候如果认购政府发行的国债，会给他们造成一定的负担。要么以削减正常的生产或生活开支的方式，用所节省资金购买国债，要么动用自己的储蓄或积累资金认购国债。在经济的正常发展时期，由于企业的生产活动正常，人民的生活水平稳步提高，此时政府发行国债，债权人一般都有足够的认购能力，不会给他们带来负担。

（二）政府偿还债务时对债权人负担的影响

国债的还本付息一般要靠征税作为资金来源，国债利息的支付会不会构成太大的税收负担以致加重纳税人的税负，这需要作具体分析。第一，税收来自经济本身，如果债务资金的使用有利于经济的稳定与增长，开辟了新的财源，使税收收入增加，那么国债对税收乃至对纳税人的负担并不会形成。从某种意义上说，国债是全体人民的债务。假定债务都为国内债权人所持有，那么可以说，"我们是对自己欠债"。当然，"我们"这个词不是每个人的情况都相同，因此，支付利息所需的税收是将资金从一个口袋转移到另一个口袋。国内的所有自然人和法人既是国债持有人同时也是纳税人。第二，用税收收入进行的利息支付，客观上存在带来经济损失的潜在因素，因而它也构成一定的经济负担。和其他税种一样，因要支付这类转移支出而开征的税种，或者与原税收负担相比为偿债而提高了税率，同样会引起额外的经济损失。随着支付债务利息所需的税收收入占国民生产总值比率的提高，这类影响就可能明显地发生，这就要力图避免税收对税源的破坏。当然这种情况一般发生在国民生产总值没有增长，而债务数量猛增的特殊情况下，如战争时期。在经济正常的条件下，实际上国民生产总值也在增长，上述情况难以发生。

（三）关于国债负担的转移问题

国债负担对债权人来说，涉及债务负担和资金所有权转移的问题，尤其是当政府发行长期国债时，其发行对象是当代人，而归还时债务所有权可能转移给了下一代人，政府也需向下一代人进行征税来归还国债的本息。这样，就有可能引起债务负担在几代人之间的转移问题。关于这个问题，不同的人存在着不同的认识。在一部分人看来，国债的增长会造成后几代人不公正的负担，是现代人提前使用了未来的收入，从而给后代人带来还债的负担。对此认识要作具体分析。

把国家当作一个整体来看，政府发行内债是自己借自己的钱，等于家庭中父母向子女借钱一样。由于国债所产生的经济后果不同，其负担究竟由当代人承担还是由后代人承担，一般有三种情况：一是由当代人承担，二是由后代人承担，三是前代人付出代价，后代人受益。具体属于哪一种情况则取决于国债资金的来源与投向。

第一种情况，国债负担由当代购买者承担，不会转移给后代。债权人购买国债的资金来源于消费基金，这就是把私人消费转移给政府消费。将来政府征税偿还时，是取之于私人，还之于私人，资金在私人之间转移，转移是在同代人之间进行的。

第二种情况，国债会在世代之间引起负担的转移。私人部门购买国债的资金来源于储蓄或投资，政府把发行国债所得用于消费支出，国债的负担将会转移给后代。原因是私人部门把本应用于投资的钱买了国债，给政府消费了，资本积累减少，留给后代的财富少了，后代人要还债就得减少消费。

第三种情况,政府举债对后代有益。国债的承购资金来自购买者的消费资金,而政府将债务资金用于生产性支出,则对后代有益,为后代人增加了财富,还债不会成为后代人的负担。

有人担心,国债的发行及这种债务的不断增加使现代人提前使用了未来的收入,从而给未来的人带来了还债的负担。对这一问题应该如何看待,应做出客观的分析,要把实际的负担同想象的负担加以区别。

首先,在生产资源未充分利用时,用发行债务所获得的赤字财政的支出,可能由于初次开支的乘数作用而使产量增加。在这种情况下,举借债务有可能增加产量,也有可能提高投资和带来整个经济的增长。

其次,内债的付息和将来的还本并不要求资源转移到国外去,而是把资源由纳税人转移给债券持有人。它是对国内各微观经济主体间的购买力实行一定程度的转移,并不是把实际产量转让给另一个国家。

第三,国债的一个明显的负担是这笔国债的存在所引起的将来产量的减少。如果将来用于付息而增加的税收对经济活动造成负面的效应,并引起资源配置不当,它就会减少将来的产量。如果国债筹措的资金可能引起投资的下降,那么后代将继承一个很小的资本蓄积,继承一个较小生产能力的经济,从而继承一个较小的产量,这对后代是一个不可忽视的负担。其原因在于:① 国债具有一种挤出效应。政府借债同企业投资者借债是以竞争的方式进行的,利率将由于存在赤字而被提高,投资将被减少。② 投资也可能由于存在着一笔现有政府债务而被减少了,消费者可能认为他们持有的债券是其财富的一部分,从而提高他们的消费水平,并削减其储蓄。③ 为付息实行较高的课税,对投资者肯定具有某种消极的影响。④ 大量债务的存在对企业行为产生影响。如果人们对国债确实感到惊恐,由于丧失信心,也许会削减他们的投资,这种心理因素的意义是难以进行估量的。

三、国债对银行储蓄的影响

当政府发行国债的时候,债权人缺乏足够的购买力,有可能动用银行的存款购买国债,这样就会对银行存款造成影响。不过这种存款只限于个人的储蓄存款,而对单位的存款不会产生影响。因为即使单位动用存款认购国债,它仍然可以通过向银行申请贷款的方式来弥补其存款,最终单位的存款总量保持不变。

在不同的经济时期发行国债,对银行储蓄存款的影响是不一样的。在经济困难时期发行国债,由于个人收入水平增长缓慢,甚至没有增长,认购国债的资金量较少。此时,居民一般会动用自己在银行的储蓄存款买国债,这样不可避免地会减少银行的储蓄存款额。

在经济发展的正常时期,人们的收入水平一般是平稳增加,个人的收入除了能够满足正常的开支外,还会有一部分剩余。这时,如果发行国债,个人债权人往往有较强的购买力,无需动用自己在银行的储蓄,在国债发行的同时,银行的储蓄存款也会有所增加。当然,与政府没有发行国债时相比,储蓄存款的增长幅度可能会放慢,尤其是当国债的发行量较大且收益率较高时,购买国债比银行存款往往能够带来更多的收益,此时,在一定程度上会对银行储蓄存款的增幅产生影响。

四、发行国债对通货膨胀的影响

发行国债与征税一样,都能起到减少私人购买力从而压缩社会总需求的作用,在一定时期内达到反通货膨胀的目的。两者的区别在于：征税是通过强制的办法压缩社会购买力,而发行国债则是以信用的手段来减少社会购买力,到期还需偿还。通过发行国债的办法反通货膨胀并没有损害私人利益,因而发行国债更容易为人们所接受。

需要指出,尽管发行国债本身不一定必然引起通货膨胀,并能在一定时期内成为反通货膨胀的工具,但是在一定条件下,国债的发行也有可能引起通货膨胀。

从国债的发行方式来看,当国债采取公开发行方式中的代销法向私人推销时,从整个社会来说,这只是一笔购买力的转移,是持币者结构的变化,流通中的货币总量并没有增加,因此,一般不会引起通货膨胀。当国债采取通过金融机构进行承购包销的方式发行时,就可能有不同的情况。假如商业银行购买国债是以它吸取顾客的存款来进行的,那么对通货膨胀并不起直接作用,一则因为它不能创造新购买手段或支付手段,再则因为商业银行购买国债后,还可能要相应地减少对企业或个人的贷款。但假如商业银行被许可,亦能够用创造信用的方式对国债进行投资,在这种情况下,商业银行认购国债也会导致通货膨胀。我国现行银行管理条例规定,中国人民银行不得直接在一级市场上购买政府债券,商业银行作为国债的一级自营商,可直接认购并大量地持有国债,这就在一定程度上存在着发行国债导致通货膨胀的可能性。另外,目前企业可以用国债进行抵押贷款,个人持有的非上市国债允许贴现,这种国债管理制度也有可能在一定程度上导致通货膨胀。这就要求财政理论界和经济管理部门应该加强国债与通货膨胀之间关系的研究,防止信用规模的非正常扩大及其货币贬值。

再从国债的结构来看,国债按还本付息的期限可分为长期、中期、短期。长期国债的流动性较小,对通货膨胀的影响也较小,而短期国债存在着随时在证券市场上购进和抛售的可能性,且容易增强债券持有人在短期内增加支出的倾向,因此会导致货币流通量的相应变动;再者,由于长期国债的发行比短期国债困难,而短期国债筹资更为容易,从各国国债的期限结构来看,国债发行具有短期化的趋势。因此,从期限结构看,国债引起通货膨胀的可能性在增加。

从国债发行的时机来看,经济繁荣、充分就业时,政府以发行的国债筹措资金,就会创造一种过高水平的需求,从而导致通货膨胀。经济衰退时期,借债或者说政府的额外需求主要是使闲置资源发挥作用,此时发行国债主要作用是带来更大的产量和更多的就业机会,对通货膨胀没有太大的影响。

综上所述,发行国债本身并不必然导致通货膨胀,只有在一定的外部条件下,它才会引起信用规模的扩大,导致通货膨胀。谈论国债对通货膨胀的影响是问题的一个方面。实际上,通货膨胀反过来对国债的管理也有重大影响,这主要表现在国债的还本付息上。在通货膨胀的条件下,购买国债的债权人在经济上将遭受很大的损失,可以说通货膨胀是拒付债务的一种潜在的经济方式。

五、国债发行的宏观管理

由于政府发行国债对方方面面都会产生影响,尤其是对政府的偿债能力以及政府的信誉产生影响,因此,确定适度的国债规模并加强对国债发行的宏观控制和管理,就显得尤为重要。我国目前进行的国债管理大致包括下述内容。

（一）确定合适的国债规模

一般说来,发行国债首要目的就是为了弥补国家财政的预算赤字,因此,国债规模是政府部门根据预算收支情况决定的,即由财政预算赤字的缺口来决定。另外,对于到期的国债本息,政府正常的财政收入不足以偿还的时候,往往要采用发新债还旧债的方式来进行。比如,我国目前每年发行的国债数量就是由两部分构成,即预算年度的赤字额和当年到期的国债还本付息额。如果年年如此的话,那么国债发行就会出现长期化的趋势。

长期发行国债是否可行,这要从经济发展的客观需要出发,考虑购买者的承受能力以及对财政信贷综合平衡的影响。

可以肯定,在财政困难,一时难以大幅度提高财政收入占国民收入比重时发行国债,对克服财政困难、争取财政收支状况的好转、保证国家重点建设的资金供应起了很好的作用。因此,为克服财政上的暂时困难,在短时期内发行国债,应当说是可行的。国家发行国债,实际上是调整积累和消费的比例关系,或者把一部分消费基金转化为积累基金,或者对一部分积累基金进行再分配。短期内,它会减少消费或减少部分企业的一部分投资。但从长期看,投资还是增加了,财政收入会由于经济的稳定增长、税源的增大而增加。国债的还本付息不构成较大负担。

现在需要研究长期发行国债是否也具有可行性。发行国债如果作为筹集资金的长远方针,国家的债务就必然越滚越大,形成债台高筑的情况。对于这个问题的认识,要结合国债的偿还、负担、对经济的影响等诸因素来看待。只要国债的发行控制适度,不影响企业的生产和人民的生活,那么国家就可以在相当长的一段时间内连续发行国债。这里既可采取发新债还旧债的办法(实际上是延长旧债的使用期限),也可每年保持一定数额的国债净收入,即当年的国债发行数大于旧债的还本付息额;国家能否长期发行国债,发行多大的规模,还受投资收益率高低的制约。长期发行国债的其他条件具备时,还要以投资收益能抵偿国债的还本付息为前提,因为当以债务资金进行投资带来的投资收益率高于债息率时,其收益不仅能够全部抵偿债息,而且还会增加税收收入;另外,确定国债规模时还要注意财政信贷的综合平衡。历史上,我国的财政资金和银行信贷资金之间总是存在着千丝万缕的联系,且这种联系仍将持续,而国债与银行资金的联系更为广泛,因此国债的发行规模一定要考虑到整个社会资金的综合平衡问题,以不影响综合平衡为前提。

从现实来分析,国债规模的大小还受到一些经济指标的制约。

一是债务依存度。它是指当年的债务资金与财政支出的比例关系。其计算公式是,债务依存度=(当年发债规模÷当年财政支出额)×100%。仅仅看国债依存度这个指标,我国的国债规模显然偏大。按照《预算法》的规定,地方财政预算时不能有赤字,只有中央财政才有赤字,政府发行的国债实际上弥补的是中央财政的赤字。这样,债务依存度的计算应该以中央财政的支出为基数进行,因此实际的债务依存度可能会更高。

二是债务负担率,即国债余额占GDP的比重。从表面上看,我国公开的债务负担率很低,2010年国内生产总值397 983亿元,中央财政国债余额限额71 208.35亿元①。这样2010年我国的债务负担率为17.89%。而与此同时,很多发达国家由于历史上形成的传统债务,以及2008年以后为了应对金融危机而执行政府干预政策实施赤字财政政策,导致政府债务负担率过高,以致形成危及世界经济安全的财政风险。如2009年的冰岛债务危机,2010年4月的希腊债务危机等。还有很多国家由于100%左右的债务负担率,很可能形成新的债务危机和金融危机。与发达国家恶性的债务风险相比,我国公开的债务负担率较低,说明我国国民经济对

---

① 国债余额的数据来自于2010年中央和地方预算草案报告。

国债的承受能力依然很强。综合考虑各方面的因素,我国的国债发行规模还有继续扩大的潜力。尽管目前每年的预算中国债的规模看起来较大,但从债务人、债权人以及国民经济的承受能力等方面看,依然支持政府增大国债的发行规模。

当然,上述分析只是从各方面的承受能力角度而言。需要指出的是,分析政府的国债规模不能仅仅考虑政府每年公开发行的债务量,还必须考虑到各种可能存在的隐性债务和(或)有债务。主要有以下几大项:地方政府的公债、国有商业银行的不良资产、未计入政府预算的外债、社会保障中的欠账和国有粮食企业的挂账等等。根据有关学者的研究,仅仅上述几项隐性债务和(或)有债务占 GDP 的比重约为 120%[1](以 2000 年的 GDP 为基数所进行的计算)。如果考虑到国民经济健康、稳定发展的需要,政府应该逐年缩小财政预算赤字的规模,从而使国债发行规模在达到高峰期以后也逐年减少,以致最终消除国债筹资的方式。

(二) 注意调整国债的期限结构

国债的期限结构即国债清偿的不同期限及其比重。在持有者结构不变的情况下,国债期限结构的变动与调整并不改变货币供给量,但它可以通过改变国债持有者的支出倾向从而对货币流通状况发生影响。如果缩短国债期限结构,或者通过发行一批期限较短的国债来调换期限较长的国债,或者通过听任过去发行的中长期国债临近到期日,变成事实上的短期国债,使用这两种方法来使国债期限结构短期化,将会产生两个后果:一是提高国债持有者的支出倾向。因为,国债持有者由于一笔债权即将兑现,他会更多地使用目前手中持有的货币,从而使货币流通速度加快;二是在整个社会范围内增加一笔交易手段,因为国债日近兑现,在社会上看来,这笔到期国债等同于货币,在日常的商品交易中,短期国债被视同准货币而被人们广泛地接受。以上两种情况都导致有支付能力的需求增加,因而有可能推动物价上涨。此外,短期国债的规模过大,将加重政府的债务负担和还本付息的压力。如果政府致力于使国债的期限长期化,那么情况正好相反,而且政府通过发行长期国债将带来更多的利益。

从目前世界各国的现实来看,政府债券都存在着短期化的趋势,究其原因,是投资者迫使其然。因为长期国债受通货膨胀的影响较大,投资者一般不愿意购买,而短期国债更受到认购者的欢迎。为了兼顾政府和投资者的利益,政府在发行长期国债的时候,为了避免通货膨胀对债权人利益的吞噬,应同时采取一些保护措施,如实行保值贴补、浮动利率、税收优惠等。这样,投资者持有长期国债,或者从事长期国债的交易,都不会因通货膨胀问题而遭受损失,同时也可以使国债期限结构合理化。

---

[1] 刘成:"政府的隐性债务、或有债务风险与国债政策的可持续性",《经济研究参考》,2002(60)。

本章小结

国家信用是国家运用信用手段进行财政分配的特殊形式。国家债务是国家信用的基本形式。我国发行国债有其必要性。国债不能作为预算收入,它被用于弥补财政赤字。我国的国债具有弥补财政赤字的功能,还有筹集财政资金的功能,同时国债也是一种金融资产。国债市场由一级市场和二级市场构成。外债是引进外资的重要渠道之一,国家借外债有多种形式。偿还外债的基础是一国商品和劳务的出口创汇收入。举借外债规模的大小受到众多因素的影响,包括外债的偿还能力、国内资金和物资的配套能力、外债的结构等。政府借债可能会对方方面面产生影响,因此应确定合理的国债规模,发挥国债的积极作用,避免其负面影响。考虑到社会、经济的健康发展,应尽可能缩小为弥补财政赤字而发行的国债规模,为经济建设筹资的债务也要保持在适度规模之内。

复习思考题

1. 国家信用有哪些特点?
2. 如何完善国债市场?
3. 制约外债规模的因素有哪些?过大的外债规模会对一国经济产生怎样的影响?
4. 根据国债结构原理和国债负担原理说明国债的绩效和管理。

第十八章 预算管理体制

第一节 预算管理体制概述

预算管理体制是为了正确处理中央与地方政府之间以及地方各级政府之间的财政分配关系,明确各级财政的职权,划分各级财政收支范围和管理权限的一项根本制度,简称为预算体制。预算体制在财政管理体制中居于主导地位。广义的财政管理体制包括预算体制、税收体制、固定资产投资体制、企业及行政事业财务体制等;狭义的财政管理体制,一般就是指预算管理体制。本章讨论的就是狭义的财政管理体制,即预算管理体制。

由于预算管理体制主要处理的是各级财政之间的关系,尤其是收支关系问题,因此,从其构成来看,预算管理体制包括确定预算管理的主体及层次、预算收支划分的原则及方法、预算管理权限的划分、预算调节制度及其方法等内容。

一、预算管理体制的实质

预算管理体制的实质,是正确处理中央与地方之间财权财力的划分问题,也就是财权财力如何集中与分散的问题。

集权与分权问题是任何国家在任何历史阶段都同样面临的一个问题。在社会主义国家,国家政治的统一性和生产资料公有制为主体,决定了中央与地方之间不存在根本利益的矛盾与冲突。然而,中央政府和地方政府所处地位的不同及各自所承担任务的差别,决定了在国家财权财力的分配过程中,各级政府在根本利益一致的前提下,仍存在一定的矛盾。中央政府从全局利益出发,为了实现国民经济的协调发展,实现政治经济战略目标,必须集中国家的主要财权和财力;地方政府也有其相对独立的政治经济任务,因而也必须要有相应的财权和财力作为保证。因此,如果中央集中过多财权财力,就会影响地方的积极性;反之,如果财权财力过于分散,又会影响中央政府宏观调控能力。所以,集权与分权问题的妥善解决,是建立预算管理体制的关键。

一般说来,预算管理体制所体现的中央与地方政府在财权财力的分配上,是集中还是分散,其基本决定因素有两个:一是经济条件;二是政治体制条件。从经济角度看,生产力发展水平越高,生产出来的社会财富就越多,中央可以集中的财权和财力就越大;反之就越小。在政治体制方面,一个国家政治权力的高度统一,要求财权财力更多地集中于中央政府的手中;反之,国家的政治权力分散,财权财力往往也比较分散。

从我国的实践来看,在不同的历史时期,财权财力的集中与分散程度有所不同。有时需要更多的集中,有时又需要更多的分散,是集中还是分散则取决于各时期经济发展状况和国家面临的政治经济任务。一般来说,在国民经济比较协调发展、经济效益高、国家财政资金充裕的情况下,可适当扩大一部分地方财权与财力,给地方更多的自主权;反之,当国民经济比例关系失调、国家财政面临困难时,财权和财力就必须相对集中,以确保中央政府具有足够的宏观调控能力,维持中央政府必不可少的开支。

现代世界各国的国家预算,除了少数小国,一般都包括中央政府预算和地方政府预算。由于各级政府依法承担的职能和事权不尽相同,财权和财力在中央与地方之间的分配依据于各级政府的职能、事权来进行相应地划分。实行中央集权制的国家,财政预算的权力和责任相对来说比较集中于中央政府;而政治上实行分权制的国家,财政预算的权责则比较分散于地方政府。

二、建立预算管理体制的基本原则

(一)基本原则

我国预算管理体制的基本原则是"统一领导、分级管理"。

"统一领导"是指在全国范围内,中央要做到三个统一:① 国家财政的方针、政策由中央统一制定,地方各级政权机构和各级财政部门必须贯彻执行。② 国家预算收支必须由中央统一计划和核定,各级财政部门必须保证完成任务,不得随意改变预算计划。③ 全国性的重要的财政法令和规章制度(预决算制度、收入缴库制度等),由中央统一制定,各地区、各部门必须认真执行。

"分级管理"是指各级地方政权机构在管理本级财政时具有三项职权:① 地方有权在国家核定的预算和划分的收支比例范围内,结合本地区的具体情况和财力,对本地区的各项建设事业进行统筹安排。② 地方有权支配和使用按国家规定留给地方的机动财力。这些机动财力主要由三项组成,第一,地方预算执行中的收入超收和支出结余部分而得到的体制分成收入;第二,地方的预算外资金;第三,地方预算设置的预备费。地方的机动财力由当地政府用于发展本地区的经济和其他事业。③ 有权根据国家统一制定的政策、法令、规章制度,结合本地区的实际情况,制定具体的执行办法和实施细则。

(二)原则确定的依据

预算管理体制实行统一领导、分级管理的基本原则的必要性在于以下几个方面。

(1) 预算管理体制由我国政治、经济制度决定。我国宪法规定:"中华人民共和国的国家机构实行民主集中制的原则。"中央和地方的国家机构职权的划分,遵循"在中央的统一领导下,充分发挥地方的主动性、积极性"的原则。宪法规定的这些原则决定了我国的预算管理体制必须实行集中领导下的分权制。中央的统一领导,要建立在发挥地方积极性的基础上,即把适当的权力下放给地方,实行分级管理,使地方能够因地制宜地完成国家所赋予的政治经济任务。同样,地方的积极性也只有在中央的统一领导下才能得到正确的发挥,可以说,统一领导、分级管理是民主集中制原则在国家预算管理中的具体体现和运用。

(2)预算管理体制由社会主义市场经济的性质决定。社会主义市场经济体制既强调市场对经济的调节作用,同时也不忽视经济的计划性和中央宏观调控。国家财政只有按照国民经济计划的要求,统一规划、组织和供应财政资金,才能保证国民经济的协调发展。同时,由于各地方的经济发展水平和自然条件的差距较大,给地方一定的财权,有利于各地方根据本地区的实际情况安排好经济建设和科学、文教、卫生等各项事业所需要的资金,加快地方的发展步伐。

(3)预算管理体制是由管理现代化的要求决定。根据统一领导、分级管理的原则,国家财政形成了一个完整的管理体系。各级财政成为该体系中的各个管理层次,每一级财政所涵盖的各个收支单位成为该体系中相应管理层次的组成细胞。在国家财政的控制之下,有一个比较完整的执行、监督、反馈系统,使领导层的决策得以贯彻到底,保证国家预算收支计划的执行。同时,将预算执行情况和其他各方面的政治、经济信息及时地反馈到各级领导部门,为领导层做出正确的决策提供依据。

三、预算管理体制的基本内容

预算管理体制的基本内容包括以下几个方面。

(一)确定预算管理主体(层次)

国家财政预算的分级管理,是同国家政权机构的设置、行政区划相联系的。原则上,有一级政权机构,就应建立一级财政,相应地要有一级独立的预算。只有这样,才能保证各级政府拥有行使职能所必不可少的财权和财力。

根据我国宪法规定,我国的政权结构分为中央和地方两个层次,地方政权又由省(直辖市和自治区)、市(地)、县(县级市)、乡(镇)组成,相应的,国家预算也分为中央预算和地方预算两个层次。地方预算又包括省(直辖市和自治区)预算、市(地)预算、县(县级市)预算和乡(镇)预算四个级别。中央预算是国家预算体系的核心;地方预算是国家预算体系的基础。

(二)划分各级预算的收支

划分各级预算收支,是预算管理体制的一项主要内容。中央与地方财政分配上的集中与分散,主要是通过各级预算收支的划分来体现。因此,正确划分各级预算收支,是处理中央与地方财政分配关系的核心和关键。一般而言,划分各级预算收支应遵循如下原则。

1. 统筹兼顾原则

在划分中央与地方预算收支时,必须从全局出发,统筹兼顾,全面安排。既要确保中央有稳定的财力,以便中央政府发挥宏观调控作用;又要使地方有必要的财力,促进地方社会经济发展。

2. 事权与财权统一原则

中央预算与地方预算的收支划分,必须根据中央与各级地方所承担的政治经济任务确定,使各级政府的预算收支范围与其所执行的各项职能相对称。

3. 收支挂钩原则

将地方所需要的支出同地方组织的收入按一定方式挂起钩来,多收多支,少收少支,自求平衡,以充分调动地方组织收入的积极性。

根据以上原则,确定收入与支出在中央与地方之间的一般划分。

中央预算支出主要包括:国家大型项目投资,中央直属科学、文化、教育等事业单位的经费,以及国防、外交和中央级行政管理经费等。

地方预算支出主要包括：地方中小项目投资，城市公共事业投资，以及地方文化、教育等事业单位的经费和地方行政管理经费等。

就中央预算与地方预算的收入划分来看，凡是有关国计民生的骨干企业的收入以及不适宜按地区划分的关税及民航、铁道、邮电等部门的收入，都应划给中央，其他各项收入再分别划为中央和地方收入。如果是按税种划分收入，则一般将有关国计民生的、有利于宏观控制的税收划归中央财政所有，大宗税源收入划为中央预算收入或划为中央与地方共享收入，其他税种以及零星小税种收入则适宜划为地方预算收入。

（三）预算调节的方法

我国的预算调节方法与收支划分的体制相联系，因此预算调节方法泛指收支划分和平衡预算的各种方法。我国幅员辽阔，地方经济发展的不平衡是一种客观存在。因此，财政收入无论是按行政隶属关系划分，还是按税种划分，由于各地区经济发展不平衡，都不可避免地会出现下列情况：有的经济比较发达的地方，地方预算收入会超过正常支出的需要；有的经济欠发达的地方，地方预算收入往往不能满足正常支出之需。另一方面，中央财政收支也会出现不平衡，这样就有必要采取措施，保持国家预算的平衡。地方预算的收支余缺以及中央预算不平衡的调节，在我国的不同时期，存在着不同的平衡预算方法，总体来看，有以下几种。

1. 比例分成法

比例分成法是指先确定地方预算的支出和收入指标，然后根据收支差额确定分成比例（地方留成率或上缴中央的比例），由地方自行组织预算的平衡。地方财政如果出现了不能解决的赤字缺口，由中央财政拨款予以弥补。比例分成法包括总额分成和分类分成两种。

2. 基数法

基数法是指以上年的实际执行数或前两年执行的平均数作为预算年度的收支基数，并根据收支基数的差额确定分成比例。收支基数及其相应的分成比例一旦确定，就决定了当年或预算体制有效期之内中央和地方之间的分配比例。在这种体制下，地方财政一般是自求平衡，实在不能保持平衡而出现地方财政赤字的，仍由中央财政拨款进行弥补。基数法成功与否的关键，在于确定的基数是否科学与合理。

3. 因素法

因素法是指先找出影响地方财政收入和支出的各种因素，然后根据各因素对财政收支的影响程度确定其权数，最后计算财政收支基数的一种方法。因素法的优点在于：因素是客观存在的，标准是统一的，可以避免基数法中存在的随意性和人为的干扰问题。采用这种方法的关键是各种因素的选择以及各因素所占权数的确定。如果因素选择不当或确定的权数不合理，就会造成收支基数的偏差，抑制发达地区组织财政收入的积极性。按因素法确定的地方财政收支指标，最终不能实现平衡的时候，仍然是通过中央财政拨款进行弥补。

4. 补助金制

补助金制是中央财政弥补经济落后地区的地方财政收不抵支差额的特殊调节方法。对于收大于支的地区实行单向的上解制度，不实行补助金制。中央预算设专项拨款，由中央集中掌握和分配，下拨给地方实行专款专用。中央财政对地方财政实行补助金制的做法，在西方国家也普遍被采用。

5. 分税制下的预算调节方法

实行分税制的预算管理体制,中央和地方的收入是按税种进行划分的,中央财政和地方财政有各自不同的税种,另外还有中央、地方共享税。中央财政的赤字是通过发行国债的方式予以弥补,而地方财政预算不能有财政赤字,如果出现了少量的决算赤字,则由地方自求平衡。

第二节 预算管理体制比较

一、新中国成立后我国预算管理体制的变迁

新中国成立初期至20世纪90年代初期,我国的预算管理体制曾经进行过多次变革,先后实行了"统收统支"的体制、"一灶吃饭"的体制和"分灶吃饭"的体制。其中后两种体制又有若干种具体的管理体制。下面详细介绍我国预算管理体制的变化情况。

(一)"统收统支"的预算管理体制(1949—1952年)

中华人民共和国成立后,国家财政经济面临着严重的困难,一方面是国民党政府遗留下来的经济烂摊子,生产停滞、职工失业、通货膨胀,国民经济必须要迅速恢复;另一方面,长期革命战争形成的财政经济工作分散管理的状况还未改变,财政的收入来源很少,而且集中不起来,支出需要又很多,结果导致国家预算失衡。在这种情况下,只有把有限的财力集中起来使用,才能保障恢复国民经济的财力。为此,在国民经济恢复时期的三年时间里,我国实行高度集中的预算管理体制。这个体制的主要内容是,国家预算管理权和制度决定权集中在中央,一切收支项目、收支办法、收支范围和收支标准都由中央统一制定;财力集中在中央,预算收支由中央统一掌握和分配。收入除地方税收和其他零星收入抵冲地方预算支出外,其他各项收入均属中央预算收入;各级政府的支出均由中央统一审核,逐级拨付,地方的预算收入和预算支出不发生直接联系,年终结余要全部上缴中央;建立统一的预(决)算、审计、会计制度。一切预算收支,除地方附加外,全部纳入统一的国家预算。

高度集中的"统收统支"体制,避免了国家财力的分散,保证了政治经济需要。但是,这种体制统得过多过死,不利于调动地方的积极性。所以一旦国家财政经济情况好转,就必须要下放一部分财权和财力。

(二)"一灶吃饭"的预算管理体制(1953—1979年)

从1953—1979年整个时期内实行过的各种预算管理体制,俗称"一灶吃饭"的体制。这种预算体制,尽管从表面上看,中央财政和地方财政之间收支划分比较清楚,也要求地方财政自求平衡,但实际上,中央和地方财政之间在收支划分方面是分而不清,中央财政可以随意调配地方的财政收入,地方财政同样是吃中央的"大锅饭"。从实际操作来看,"一灶吃饭"是由很多具体的预算体制构成的,主要包括以下几种。

1."分级管理,收入分类分成"(1953—1957年)

1953年,随着国民经济的恢复,国家的财政状况也逐步好转,我国开始进入大规模经济建设时期。在新的形势下,预算管理工作一方面要加强中央的统一领导和统一计划,集中资金,保证重点建设;另一方面也要逐步扩大地方权限,充分发挥地方组织收入、节约支出的积极性。因此,国家对预算管理体制进行了改革,将国民经济恢复时期的体制改为"分级管理,收入分类

分成"。

这种体制的主要内容是,① 国家预算收入划分为固定收入、固定比例分成收入和调剂收入三类。属于中央固定收入的有关税、盐税、烟酒买卖收入以及中央管理的企业、事业收入和其他收入;属于地方固定收入的有印花税、利息所得税、屠宰税、牲畜交易税、城市房地产税、文化娱乐税、车船使用牌照税等七种地方税,此外还有地方国有企业、事业收入和其他收入;属于固定比例分成收入的有农业税、工商业营业税、工商所得税,这项收入由中央与地方共享,中央划给地方一定的比例;属于调剂收入的有商品流通税和货物税,这项收入由中央用于弥补地方预算支出的不足。② 预算支出按企业、事业单位的隶属关系和业务范围,划分为中央预算支出和地方预算支出。③ 地方预算每年由中央核定。按照收支划分,地方的预算支出首先以地方固定收入和固定比例分成抵补,不足的差额,由中央调剂收入弥补,分成比例一年一定。④ 地方预算年终结余可转作下年度安排使用,不再上缴。

这种分类分成办法使地方各级财政有明确的收支范围,地方可以从自己的收入中安排自身的支出,超收部分还可以分得一部分机动财力。这种收支挂钩的办法比"统收统支"办法前进了一大步。但是,实行这种体制,财力大部分仍集中在中央,地方收支范围较小,机动财力也很有限。此外,由于实行一年一定,地方财政收入和支出基数处于不稳定状态。不过,总的来说,该体制是与"一五"时期国家进行大规模经济建设的客观要求相适应的。

2."以收定支,五年不变"(1958—1960 年)

1958 年,我国进入第二个五年计划时期,经济管理体制作了较大的改革,改革的中心是扩大地方的权限。为此,预算管理体制也作了重大改革,实行"以收定支,五年不变"的体制。

该体制的主要内容是,① 实行"以收定支,五年不变"。在五年之内,地方可以根据收入情况统筹安排支出,多收了可以多支,少收了要少支。② 收入仍实行分类分成办法。属于地方的收入有三种:第一种是地方固定收入,包括原属地方的企业、事业收入,七种地方税和其他收入;第二种是企业分成收入,包括中央划归地方管理的企业的收入和参与仍属于中央管理的企业的利润分成收入(这部分企业利润的 20% 给企业所在省、直辖市);第三种是调剂分成收入,包括商品流通税、货物税、营业税、所得税、农业税和公债收入,这部分收入根据各地区的平衡情况,按一定的比例划给地方。③ 将地方预算支出分为两种,第一种是地方的正常支出,包括经济建设事业费、文教卫生事业费、行政管理费和其他经费支出,这些支出由地方根据中央划给的收入自行安排;第二种是由中央专项拨款解决的支出,包括基本建设拨款和重大灾害救济、大规模移民垦荒等特殊支出,每年确定一次,由中央拨款,列入地方预算。④ 为了保证地方正常支出的需要,收入项目和分成比例根据各地区不同情况划分,一是地方用固定收入能够满足正常支出需要的,不再划给别的收入,多余部分确定一个分成比例上缴中央;二是地方用固定收入不能满足正常支出需要的,划给企业分成收入,多余部分确定一个比例上缴中央;三是地方用固定收入、企业分成收入仍不能满足正常需要的,划给一定比例的调剂分成收入;四是以上三种收入全部划给地方,仍不能满足正常支出需要的,由中央另外拨款补助。"以收定支,五年不变"体制是探索适合我国国情的责、权、利相结合体制的一次尝试。但是,由于当时经济工作指导思想受到"左"的错误影响,中央企业下放过多,财力过于分散,工作上盲目追求高指标,浮夸风严重,造成财政收支失衡。在这种情况下,1959 年又将预算管理体制改为"总额分成,一年一变"的体制。

3. "全国一盘棋"(1961—1965年)

1961年党中央提出对国民经济实行"调整、巩固、充实、提高"的方针,预算管理体制根据当时政治经济形势的要求也作了相应的修改,在一段时间内实行"全国一盘棋",采取了财力集中的做法。

这种体制的主要内容是:① 国家财政基本上集中于中央、大区、省(自治区、直辖市)三级。② 中央对地方继续实行"总额分成,一年一变"的预算管理体制,但在收入方面,收回了一部分重点企业、事业收入,作为中央固定收入;支出方面,将基本建设改为由中央专项拨款,严格控制基本建设规模。③ 坚持"全国一盘棋",各级预算都要坚持收支平衡,略有结余,不能打赤字预算。④ 强调当年超收和支出结余等多余的财力不得用于提高工资和增加人员编制。⑤ 整顿预算外资金。

这种体制把地方组织的全部收入同地方的支出挂钩,超收按比例分成,收不抵支的缺口也按比例负担,中央与地方利害与共,可以避免经济调整中财政收入变化较大的影响,其方法也简便易行。这种体制的不足是,地方财政没有明确的固定收入,不利于调动地方组织零星收入的积极性。此外,由于每年地方收入和支出基数都不稳定,地方不太可能从长计议安排各项支出,因而带有吃"大锅饭"的倾向。

4. "文革"时期的预算管理体制(1966—1976年)

1966年开始的"文化大革命",导致国民经济处于半计划、半无政府状态,预算管理体制被迫采取多种临时过渡的办法,变动频繁。1966—1969年,基本上继续实行"总额分成,一年一变"的体制。但是,1968年由于政治经济形势非常混乱,生产停滞,收入下降,许多地方收不抵支,正常的国家预算也无法编制,不得不暂时实行"统收统支",即收入全部上缴中央,支出统一由中央核拨。

1971—1973年,在经济体制实行"大下放"、"大包干"的大分权情况下,预算管理改为实行"定收定支,收支包干,保证上缴(或差额补助),结余留用,一年一变"的收支包干体制。主要内容是,按照企事业隶属关系,凡属于地方管理的收支都划给地方,每年根据国民经济计划指标核定地方收支总额,实行包干。收入大于支出的,包干上缴中央财政;支出大于收入的,由中央按差额包干补助。地方收入超收和支出结余全部留给地方使用。这种办法虽然扩大了地方财权,但地区之间不平衡,中央财政收入下降的情况越来越突出,所以,执行了3年就被迫停止。

1974—1975年改为"收入按固定比例留成,超收另定分成比例,支出按指标包干"的预算管理体制,俗称"旱涝保收"办法。主要内容是:① 地方预算收支计划由中央分别核定,收入和支出脱钩。② 地方负责组织的收入按固定比例留成作为地方一笔稳定的机动财力。③ 地方收入超收部分另定分成比例,地方留成部分一般不超过30%。④ 地方预算支出除基建拨款外,按中央核定的指标包干,年终结余留归地方继续使用。这个办法在当时生产和收入都不正常的情况下,作为一种临时过渡办法,对保证地方正常支出起了较好的作用。但是,收支不挂钩是一个主要缺陷,给中央财政造成很大压力。

1976年再次实行"定收定支,收支挂钩,总额分成,一年一变"的预算管理体制。这个体制与过去曾实行过的"总额分成"体制基本相似,不同之处是:① 进一步扩大地方预算收支范围和管理权限。② 保留了地方实行固定比例留成时的既得利益,使地方继续有一笔固定数额的机动财力。③ 改变了过去超收部分按总额分成比例进行分成的办法,规定地方超收部分最低分成30%,最高分成70%。

在改革开放以前的30年的时间里,我国的预算管理体制总体来看是中央集权的预算管理体制,但在处理中央与地方收支关系的时候,一直存在着一个难以解决的矛盾,即中央财政的集权与地方财政分权的矛盾。

(三) 财政包干的体制(1979—1993年)

"文化大革命"结束以后,我国进入了一个新的历史时期。根据新时期社会主义现代化建设的要求,国家对预算管理体制进行了新的探索和改革。为了能够比较顺利地实行财政包干的预算管理体制,1977—1979年,我国在一些地区实行预算体制改革的试点工作,对预算管理体制的改革进行了一些有益的探索。

1977年,国务院决定在工农业经济基础比较好、预算收支比较稳定的江苏省,试行"固定比例包干"的预算管理体制。主要内容是,① 按照1976年江苏省决算口径,参照前几年该省预算总支出占预算总收入的比例确定固定包干比例,一定四年不变。② 比例确定后,地方的支出从地方的收入中自行解决,多收多支,少收少支,财政自求平衡。③ 除遇特大自然灾害等重大事件外,上缴和留用的比例,一般不作调整。④ 省的年度预算、决算仍要报中央审批。实行这种体制后,中央各主管部门对于应当由地方安排的各项事业,不再归口安排支出,也不再向地方分配预算支出指标。

1978年,经国务院批准,在陕西、浙江、湖南、北京等10个省、市试行"增收分成,收支挂钩"的预算管理体制。主要内容是,地方预算支出仍同地方负责组织的收入挂钩,实行总额分成;地方预算收支指标以及中央和地方的收支分成比例,仍是一年一定;地方机动财力的提取,按当年实际收入比上年增长部分确定的分成比例计算。实行这种体制,在经济正常发展时期,随着地方收入稳步增长,地方分成收入也逐年增多,按增长收入分成,有利于促进地方组织收入的积极性;但由于1979年开始,全国财政收入出现连续几年下降的特殊情况,收入上不去,地方得不到分成,机动财力落空,因此,这种体制的不足就暴露出来了。

在对预算管理体制的改革进行了三年探索并取得经验后,从1980年开始,我国开始实行财政包干的预算管理体制,俗称"分灶吃饭"的体制。具体形式如下。

1."划分收支,分级包干"(1980—1984年)

从1980年开始,我国在全国大部分地区实行"划分收支,分级包干"的预算管理体制。该体制的主要内容如下。

(1) 按照经济管理体制规定的隶属关系,明确划分中央和地方预算的收支范围,收入方面实行分类分成的办法。固定收入中属于中央固定收入的有中央所属企业收入、关税收入和其他收入,属于地方固定收入的有地方所属企业收入、盐税、农(牧)业税、工商所得税和其他收入。固定比例分成收入中各地方划给中央部门直接管理的企业,其收入按固定比例80%归中央,20%归地方。工商税作为中央和地方的调剂收入,调剂收入的分配比例根据各地收支情况确定。

(2) 支出方面分两种情况。一是属于正常的支出,按企业和事业的隶属关系划分。属于中央直接管理的,列中央预算支出;属于地方管理的,列地方预算支出。二是对于一部分支出,由于其性质、使用方向和数量在年度之间、地区之间不稳定,不宜纳入包干范围的,年预算由中央掌握,在执行过程中按国家计划和具体情况由中央专项拨款。这些支出包括特大自然灾害救济费、支援经济不发达地区的发展资金、边境建设事业补助费等。

(3) 预算收支包干基数,按照上述划分的收支范围,以1979年财政收支执行数为基数,经过合理调整后计算确定。基数确定后,地方的预算支出首先用地方的固定收入和固定比例分成收入抵补,不足部分以调剂收入弥补,若仍不足,则由中央给予差额补助。

(4) 地方上缴比例,调剂收入分成比例和定额补助由中央核定后,五年不变。地方在核定的收支范围内,多收多支,少收少支,自求平衡。

(5) 按照确定的收支范围,凡属应由地方统筹安排的各项事业,中央不再归口安排企业、事业主管部门的支出,也不再向地方分配支出指标。

(6) 国家预算管理的方针、政策和重大的规章制度,仍由中央统一制定。地方预算、决算仍要按规定程序报中央批准。

除了在全国大部分地区实行上述体制外,我国在少数地区实行的是其他体制,其中江苏省仍实行"比例包干"体制;北京、上海、天津三个直辖市实行"收支挂钩,总额分成,一年一定"体制;在设有经济特区的广东、福建两省实行"财政大包干"体制,即对广东实行"划分收支,定额上缴,五年不变"体制,对福建实行"划分收支,定额补助,五年不变"体制。给两省更多的预算自主权,主要是为了适应对外经济开放的要求。

1980 年预算管理体制的改革,是新中国成立以来一次比较全面、重大的改革。实践证明,这次体制改革是有成效的,它改变了以往全国"一灶吃饭"的状况,实行"分灶吃饭",使财权与事权相结合,做到收支挂钩,权责明确,调动了地方的积极性,保证了中央和地方财政任务的完成和超额完成。但是,这种体制也带来了一些问题:一是地方分权后,一定程度上分散了资金,中央直接得到的收入过少,承担的支出任务过重,由此影响到中央财政收支平衡;二是驱动地方片面追求地方财源,助长了盲目建设和地方封锁等问题的产生。

2. "划分税种,核定收支,分级包干"(1985—1993 年)

由于在 1983 年和 1984 年,我国分两步进行了"利改税",从此税收开始成为国家财政收入的主要来源。为了与税制改革相适应,从 1985 年开始,我国在预算管理体制方面,实行"划分税种,核定收支,分级包干"体制,这是我国预算管理体制的又一次重要改革。

该体制的主要内容是按照第二步"利改税"以后的税种设置,将各级财政收入划分为中央财政固定收入、地方财政固定收入和中央与地方财政共享收入三部分。在划分收入的基础上,中央财政支出和地方财政支出,仍按隶属关系划分。对于实行包干的专项支出,如特大自然灾害救济费、特大抗旱和防汛补助费、支援经济不发达地区的发展资金、边境建设事业补助费等,由中央财政专项拨款,不列入地方财政支出包干范围。通过核定收支以后,凡地方财政固定收入大于地方财政支出的,定额上缴中央;小于地方财政支出的,从共享收入中确定一个留成比例,补给地方;如固定收入、共享收入全部留给地方仍不足抵补支出的,由中央定额补助。上缴定额、留成比例和补助数额,一定五年不变。

由于条件的不成熟,这一预算管理体制未能普遍推广实施,许多省份仍沿袭原有体制。为了与承包经营责任制的推广相适应,从 1988 年起,国家对上海、江苏等 13 个省、市实行按绝对额包干、逐年按比例递增的预算管理制度,主要目的是扩大地方财权(相应增加地方的事权),调动地方积极性,稳定中央财政收入。

财政分级包干体制是遵循"统一领导,分级管理"原则建立起来的。作为一种"分灶吃饭"的体制,与原有的体制相比出现了实质性的突破,这些突破主要表现在以下几个方面:① 地方预算初步形成了责、权、利相结合的分配主体,构成了相对独立的一级预算,且地方的收支范围也有所扩大。② 关于收入在中央和地方之间的划分问题,开始引进分税制的做法,朝着摆脱行政隶属关系的方向迈进。③ 在财政收支的平衡方面,地方财政多收可以多支,要求自求平衡,不再过分依赖中央财政。④ 与原来的预算体制相比,财政包干体制延长了体制的有效期限。过去的体制一般是一年一变,而包干体制则是五年以上。体制有效期的延长,是扩大地方预算自主权的前提,可以使地方对本地区各项事业的发展做出合理的计划与安排。⑤ 增强了地方预算的职能。在包干体制中,地方财政除了为国家筹资以外,还执行着调控本地区经济、配置资源的职能。⑥ 初步形成了激励机制与约束机制相结合的预算管理模式。地方财政多收可以多支,是有效的激励机制,有利于调动地方财政增收节支的积极性,改变过去那种争基数、争分成比例的做法;地方财政的收支要求自求平衡则是有效的约束机制,而且这种约束机制是双向的,一方面要求地方不要向上伸手,另一方面也要求中央财政不要随意从地方筹措财力。

二、几个主要资本主义国家的预算管理体制简介

(一) 美国的预算管理体制

美国是一个联邦制国家,行政结构由联邦政府、州及地方(县、市、镇等)三级构成。

建国初期,美国是一个由原英属各殖民地及各州组成的松散的联邦国家,财权基本上在各州手中。当时预算管理体制的基本目的,就是保护各州的独立地位。然而,财权的分散与发展统一的国民经济之需要显然是不相适应的。这种状况直到1789年新宪法生效时才有所改观。根据新宪法,联邦国会有权规定征收各项捐税和关税,偿付债款,安排国防支出和其他有关公共利益的支出。从此以后,联邦政府除原有的关税外,又开征了联邦国内消费税。1789年宪法的实施,对于统一联邦政府的财权起了一定的积极作用。

联邦预算规模的真正扩大,是从20世纪30年代经济大萧条以后才开始的。经济恐慌的出现,要求在许多方面采取全国性的行动,并产生了一系列新的全国性预算开支项目,这就大大加强了美国预算管理体制结构的集中统一的趋势。1939年,联邦财政预算支出在全国财政预算支出总额中已占51.2%;更为重要的是,联邦财政预算支出占国民生产总值的比重,也增至9.8%。此后,这种集中统一的趋势又进一步加强。第二次世界大战结束后,美国各年度联邦财政预算支出在全国财政预算支出总额中,大致占65%,占国民生产总值的比重也在20%左右。

美国预算管理体制的集中统一趋势,不仅表现在联邦、州和地方各级预算在全国预算总额中的比重方面,同时也表现在各级财政预算的收支结构方面。在收入方面,新中国成立初期联邦政府的预算收入来源主要是关税一项。1789年宪法生效后,又开始征收了一些其他种类的税收。自进入20世纪之后,美国联邦政府预算收入构成中,所得税已变成了一种最主要的税种。据估计,1978年,所得税占全部税收总额的87.47%。而且,在联邦和州两级财政征收的所得税总额中,联邦所得税占85.6%之多。影响经济最有力的税收集中在联邦政府财政,是美国预算管理体制趋向集中的又一表现。

在财政预算支出结构方面,一些与国民经济发展关系重大的开支项目,都集中在联邦一级预算。国防支出、国际事务支出和空间科研技术支出,全部集中在联邦预算。这些数额庞大的支出,是政府向私营经济订货、采购的重要资金来源。此外,支持和调节农业生产、社会福利支出等,也主要由联邦预算负责。这些重大支出集中在联邦预算一级,大大增强了联邦政府影响经济的能力。

美国预算管理体制的集中统一趋势，还表现为联邦政府对各州和地方政府的财政补助。这种补助主要用于一些关系到整个国民经济的发展而私人又不愿举办，且不便由州和地方分别举办的项目上，如自然资源和环境保护、交通运输、地区开发、卫生保健等。为了确保这些财政补助用于联邦政府指定的用途，一般都采取了分类下达、分组下达甚至按项目下达等专项补贴的办法。对于下达的专项补贴，都规定了用途、拨款金额、使用期限、拨款年度，有的甚至规定了具体的要求和指标。各州和地方政府须按规定向联邦主管部门提出关于各项补贴使用情况的书面报告。对于不按规定使用联邦财政补贴的情况，联邦财政部或主管部门有权停止拨款。

总之，出于社会经济发展的客观需要，在不断的演变过程中，美国的预算管理体制是趋向集中统一的。

（二）日本的预算管理体制

日本财权比较集中，中央预算收入占全国预算收入的70%以上，中央对地方的财政补助占地方预算支出的40%以上。原则上，地方预算须自求平衡，但如果地方兴办较大的、关系到全国性利益的事业或项目，中央财政可单独给予补助。

日本中央预算收入中，税收占60%以上（1976年，下同），公债和其他收入等占30%左右。日本的税收分国税和地方税两种。国税列中央预算，地方税列地方预算。国税包括法人税、个人所得税、工商所得税等。在中央预算支出中，行政费占80%以上。

日本地方预算收入大部分来自地方税，主要是民税、事业税、不动产税等。地方预算收入不足以解决地方预算支出的需要，中央财政每年拨给大量的财政补助。地方的行政经费及社会福利支出，基本由中央财政拨给；其他地方开支由地方预算收入（地方税）解决。

从事权以及因此而决定的支出范围看，日本各级政府的支出划分基本如表18-1所示。

表18-1　日本政府间支出责任划分

项目 政府	安全	社会资本	教育	福利卫生	产业经济
中央	外交、防卫、司法、刑罚	高速公路国道（制定区间）、一级河流（制定区间）	大学、资助私立大学	社会保险，医师执照、医药品等许可证	货币、关税、通商、邮政通讯、经济政策、国有园
都道府县	警察	国道县道、一级河流、二级河流港湾、公营住宅、都市计划	高中、特殊教育、中小学教员工资	生活保护、老人福利保健、儿童福利、保健院	地区经济振兴、职业培训、中小企业诊断与指导
市町村	消防、户籍、居民基本台账①	城市计划事业、市（町、村）道、河川、港湾、公营住宅、下水道	中小学、幼儿园	生活保护、老人福利保健、儿童福利、国民健康保险、保健院、垃圾处理	地区经济振兴、农调利用整理

资料来源：财政部预算司赴日体制考察组："日本的行政与财政制度"，《经济研究参考》，2002(51)。

---

① 居民基本台账包括：国民健康保险、国民年金被保险资格、儿童津贴资格等；选举人有关资料；有关课税记录；学龄簿、生活保护、预防接种、印鉴证明等其他资料。

上述美、日两国预算管理体制的概要比较表明,两国的预算管理体制的具体情况虽不尽一致,但从大的方面来看,有两个共同特点:一是中央掌握了与其承担的政治、社会、经济、军事等任务相适应的财权和财力,居于支配地位。中央预算收支占全国预算收支的比重,美国在50%以上,日本更是高达70%。由此看来,任何国家行使中央权力都需要相应的财力保证。二是在收支划分上,两国均把大宗、稳定的收入项目作为中央预算收入来源,中央与地方的收支划分,长期稳定不变。地方有权安排本级预算收支,中央不予干涉,但地方预算须自求平衡。因此,中央与地方的财政关系比较简单,很少产生中央与地方之间的扯皮问题。中央预算收支居支配地位,中央与地方关系长期稳定,这两点可算是上述两国预算管理体制建设方面的成功经验。

第三节 分 税 制

一、分税分级预算管理体制的基本特征

分税分级预算管理体制,简称分税制,就是根据财权与事权统一的原则,明确各级政府的支出范围,并在此基础上按税收种类划分各级政府收入的一种预算体制。这种预算管理体制的实质是通过划分中央和地方税收收入来源和税收管理权限,理顺中央与地方财政分配关系,充分调动中央财政和各级地方财政的积极性。

在国际上,凡以税收收入为主的国家,在处理中央财政与地方财政关系的时候,大多数采用分税制。由于国情不同,各国分税制的具体做法也有所不同,但就其实质内容而言,分税制具有以下几个方面特征。

(一) 按中央与地方政府事权划分各级财政的支出范围

一般地,中央财政主要承担国家安全、国际事务及中央机关运转所需经费,调整国民经济结构,协调地区经济发展,实施宏观调控等方面的政策性支出以及由中央直接管理的事业发展支出;地方财政主要承担本地区政权机关运转所需支出,以及本地区经济事业发展所需支出。

(二) 根据财权与事权相统一的原则,按税种划分中央和地方收入

一般地,将那些与维护国家权益密切相关和有利于实施宏观调控的税种划作中央税;将税额较大、能够稳定增长的税种划作中央与地方共享税;将与地方经济和社会事业发展关系密切、税源分散但潜力很大、适合于地方征管的税种划作地方税。在分税的同时,再划分税权和分设征税机构。所谓划分税权,就是在分税的基础上,明确中央与地方各自拥有这些税种的立法权、调整权、减免权等。征税机构分设,就是要形成中央政府税务管理机构体系和地方政府税务管理机构体系,分别征收中央税、中央地方共享税和地方税,保证各自收入来源。

(三) 中央对地方实行规范的转移支付制度

在实施分税制预算管理体制的国家,通常情况下,中央财政对地方财政、地方上级财政对地方下级财政实施较为规范的政府间转移支付制度。由于各国的经济、社会、文化的背景存在着较大的差异,因此各国转移支付的种类也存在不同。一般情况下,转移支付的方式主要有以下几种:一是普遍返还,即在科学合理地确定地方支出基数的基础上,对支出基数大于地方固定收入加共享收入分成的地区,按差额进行返还,保证各地区的既得利益。二是专项返还,即

根据国家产业政策以及中央财政的增收状况等,按照统一的因素计算办法,确定给各地区的返还数额。三是特殊拨款,即在地方遭受特大灾害和意外重大事故时,中央给予适当拨款进行补助。

二、我国建立分税分级预算管理体制的动因

我国预算管理体制在改革开放之前,基本上是集权型的。为了适应改革开放的经济形势,1980年和1985年,我国先后对预算管理体制进行了两次改革。这两次改革的共同特点都是在划分中央与地方预算收支的基础上,分级包干,自求平衡。改革打破了传统的集权体制,充分调动了地方积极性。

总的来看,财政包干的预算管理体制既是改革的产物,也是发展中的过渡。尽管它确实适应了一定时期内经济体制改革和国民经济发展的要求,但这种体制存在不少弊端,特别是在中国明确建立社会主义市场经济体制的目标后,运用分税制这种规范体制处理中央与地方之间的利益分配关系就显得更为迫切。

(一)包干体制造成的国家财政困难,迫切要求改革国家预算管理体制

自1979年以来,除1985年财政略有节余外,其他年份都出现了赤字。1980年财政赤字69.9亿元,1993年扩大到293亿元,1980—1993年的14年时间里,累计出现财政赤字额达1 524亿元。如果按照国际惯例,把债务也算作赤字的话,则1992年的赤字高达905亿元,占当年财政收入的20%和国民生产总值的3.8%,高于西方工业化国家的一般水平。1993年上半年,尽管工业生产总值比上年同期增长25.1%,销售收入增长28%,但国家财政收入只增长3.5%,而财政支出却增长了12.5%。财政的支付能力明显下降。

由于国家财力不足,影响了财政职能的正常发挥。教育、科技、卫生和国防事业等开支得不到充分保证,农业等基础产业和交通运输等基础设施投入不足,"瓶颈"制约日益严重。特别是中央财政宏观调控能力削弱,中央政府在调节社会分配不公、缩小地区发展差距等方面,也难以发挥应有的调控作用。据统计,1992年,中央财政收入占全国财政收入的比重已由1981年的57.6%下降到45%,如果扣除债务收入,则仅占38%。这与中央财政的地位极不相称。

导致国家财政特别是中央财政困难的原因是多方面的,但最重要的是包干体制的不合理。"分灶吃饭"造成了地方利益强化。地方为了增加财政收入,往往不顾国家产业政策,盲目投资,把经济发展的重点放在那些利高税大的产品上;"分灶吃饭"造成了有些地方政府随意乱开口子,越权减免税收,擅自包税或变相包税,搞"藏富于企业";"分灶吃饭"也助长了地区分割和地区封锁,不利于形成统一大市场;"分灶吃饭"还造成了地区间的苦乐不均,不利于缩小经济发展的地区差距。因此,解决国家财政困难,增强中央财政宏观调控能力,必须从改革财政包干的体制入手。

(二)搞市场经济,有必要建立分税分级预算管理体制

从建立社会主义市场经济体制角度来看,分税分级的预算管理体制能够克服或弱化包干体制的诸多弊端,有利于促进社会主义市场经济体制的发展。

(1)分税制将弱化地区市场分割和封锁现象,有助于促进全国统一大市场的形成。实行分税制后,由于将所有税收按税种划分为中央税、地方税和中央与地方共享税三部分,并且共享税又采取了中央征收后,返还给地方的办法,这样,就从总体上打破了旧有的按企业行政隶属关系划分收入的格局,地方政府能从各种企业取得按税种划分的应得收入,而不论企业的行

政隶属关系如何。在这种情况下,地方搞重复建设、地区封锁等,也就失去了实际意义。

(2) 分税制有助于搞活财政,恢复和增强财政特别是中央财政的宏观调控能力,从而有利于国民经济协调发展。实行分税制的又一个作用,就是强化中央财政组织收入的能力,扩大中央财政向地方财政转移支付的数量和范围。这样,就可以造成地方财政依靠自有财力和中央返还财力双重财源平衡机制,改变过去中央财政依靠地方财政供给来平衡收支这种不合理的、被动的局面,从而提高了中央财政对地方财政支援能力,强化中央财政宏观调控能力。

(3) 分税制有利于规范中央和地方政府行为。分税制可以从利益导向上促进各级政府职能的转变,消除包干体制下由于利益本位导致的各级政府的行为变异,如随意减免税收等。

从1994年开始,我国对原有的税制进行彻底改革。新税制的实施,将使国家财政收入中95%以上的资金以税收的形式取得。

三、分税制改革的主要内容

我国全面进行分税制改革是在国家财政特别是中央财政日益困难,同时又要求建立社会主义市场经济体制的形势下提出的。这一改革的基本指导思想是,正确处理中央与地方的分配关系,调动两个主体的积极性,促进国家财政收入的合理增长,逐步提高中央财政收入在国家财政收入中的比重,增强中央宏观调控能力;合理调节地区间的财力分配状况;坚持统一政策与分级管理相结合、整体设计与逐步推进相结合的原则,通过渐进式改革先把分税制的基本框架建立起来,在实施中逐步完善分税制。

分税制的主要内容如下。

(一) 中央与地方事权和支出的划分

根据现行的中央政府与地方政府事权的划分,中央财政主要承担国家安全、外交和中央国家机关运转所需经费,调整国民经济结构、协调地区发展、实施宏观控制所必需的支出,以及由中央直接管理的事业发展支出。具体包括:国防费、武警经费、外交和援外费用、中央级行政管理经费、中央统管的基本建设投资支出、中央直属企业的技术改造和新产品试制经费、地质勘探费、由中央财政安排的支农支出、由中央财政负担的国内外债务本息支出、由中央负担的公检法支出和文教科卫等各项事业费的支出。

地方财政主要承担本地区政权机关运转所需的费用以及本地区经济、社会及其他事业发展所需要的经费。具体包括:地方的行政管理费、公检法支出、部分武警经费、民兵事业费、地方统筹的基本建设投资支出、地方企业的技术改造和新产品试制费用、支农支出、城市维护建设支出、地方文教科卫的各项事业支出、价格补贴支出以及其他支出。

(二) 中央和地方财政收入的划分

在税制改革基础上,将国家各项财政收入分为三部分。

(1) 中央固定收入,包括消费税,关税,中央企业所得税,地方银行和外资银行及非银行金融机构的企业所得税,铁道部门、各银行总行、各保险总公司等集中交纳的收入(包括营业税、所得税、利润和城市维护建设税),中央企业上缴的利润等。外贸企业的出口退税,除1993年地方已经负担的20%部分列入地方上缴基数外,以后发生的出口退税全部由中央财政负担。

(2) 中央与地方共享收入,包括增值税、资源税、证券交易中的印花税。其中,增值税中央分成75%,地方分成25%;证券交易印花税(操作中实际上对证券交易额按一定比例征收的印花税,拟将该种印花税改为证券交易税),中央和地方各分享50%,从1997年开始,分成比例有所变化,其中80%归中央财政,20%归地方财政;资源税按不同的资源品种划分,大部分的资源税作为地方的财政收入,海洋石油资源税作为中央的收入。

(3) 地方固定收入,包括营业税(不含各银行总行、铁道部门、各保险总公司集中交纳的营业税)、地方企业所得税[①](不含上述银行、外资银行和非银行金融机构的企业所得税)、个人所得税、地方企业上缴利润、城镇土地使用税、车船使用税、印花税、屠宰税、耕地占用税、房产税、契税、遗产税和赠与税(拟征)、城乡维护建设税、农牧业税、农林特产税、土地增值税、国有土地有偿使用收入等。

(三) 征税机构分设

与中央税收和地方税收体系相联系,分设中央与地方两套税务机构。中央固定收入和共享收入由国家税务局征收,地方固定收入由地方税务局征收。

(四) 新旧体制的衔接

为了有利于原来的包干体制与新的分税制的衔接,管理部门制定了一个过渡办法,即在中央财政将地方上划税收的基数部分全部返还、增长部分按递增系数返还的情况下,地方原包干上缴的基数和递增率等维持不变。具体包括如下内容。

(1) 上划中央消费税和增值税基数的核定。根据税制改革后税种的变化情况以及1993年实际收入等资料,核定上划中央的消费税和增值税基数。

(2) 税收返还办法。为了保持地方既得利益格局,逐步达到改革的目的,中央财政对地方税收返还额以1993年为基期年核定。按照1993年地方实际收入以及税种改革后中央地方收入划分情况,核定1993年中央从地方净上划的收入额(即消费税+75%的增值税-中央下划收入)。1993年中央的净上划收入,全额返还给地方,保证现有的地方既有财力,并以此作为以后中央对地方税收返还基数。1994年以后,税收返还额在1993年的基数上逐年递增,递增率按照全国增值税和消费税平均增长率的1∶0.3系数确定,即全国消费税和增值税的全国平均增长率每增长10%,给地方返还增长部分的3%。如果某一年地方上划中央收入达不到上年实际完成数,就要扣减税收返还数。

(3) 中央对地方减免税的返还。国务院已经明确,对地方政府批准的税收减免承认到1995年。这项政策的范围是国务院批准的投入产出总承包和地方政府批准的减免税。对以税还贷,除经国务院和财政部批准的外,都不予承认。

四、分税制的评价与完善

(一) 分税制的作用

我国分税制的预算管理体制是从1994年开始实施的。实践表明,分税制的财政预算管理体制对于理顺财政的分配关系,增强中央的宏观控制能力,促进社会主义市场经济体制的确立和国民经济持续稳定地发展起到了十分重要的作用。

[①] 从2001年开始,企业所得税和个人所得税都变成共享税。所得税收入分享改革实施以来,中央与地方政府之间的分配关系得到了进一步规范,中央增加了对地方的一般性转移支付,地区间财力差距扩大的趋势有所减缓,改革初步达到了预期目标。为促进区域经济协调发展和深化改革,国务院决定,从2004年起,中央与地方所得税收入分享比例继续按照中央分享60%、地方分享40%执行。

1. 调整了财政分配格局,初步规范了财政分配关系

新的预算管理体制从机制上确保了财政收入的稳定增长,从分配关系上纠正了过去中央财政收入增长缓慢的不合理现象。1994—2005年,国家财政收入每年的增幅基本都在15%以上,最高的年份达到22%,远远高于同期国内生产总值的增幅,而同期中央财政收入增长的幅度更快。财政收入增量分配格局的调整,增强了中央的财力,既有利于中央财政困难的缓解,逐步减少中央财政赤字,又有利于中央对地区间财力差别的合理调整,增强中央财政的宏观调控能力。

2. 调动了地方政府广开财源、确保财政收入增长的积极性

分税制的预算管理体制将与经济直接相关的主要税种划分为中央与地方共享税,把适合于地方征收的税种划为地方税,并充实了地方税的税种,同时实行中央财政对地方税收返还额在1993年的基数上进行逐年递增的办法。这样既保护了地方的既得利益,又推动了地方加快调整经济结构、培植新的经济增长点,从而增加财政收入的积极性。

3. 优化资源配置,推进市场经济发展

分税制按税种划分中央和地方的财政收入,并将税率高、税基厚的税种划给中央财政,改变了地方为了扩大财源而竞相发展见效快、利税高的项目,以及由此而造成的盲目上马、重复建设、资源浪费的状况,优化了资源配置,促进了产业结构的调整。同时,可克服地方保护,打破市场的地区分割和封锁,促进全国统一大市场的形成与发展。

4. 加快政府职能和企业机制的转变

由于分税制淡化了政府与企业之间的行政隶属关系,避免了政府对企业不必要的干预,使政府从具体的微观经济事务中解脱出来,以集中精力进行宏观控制;从直接经营、管理企业,转变到为企业服务、加强基础设施的建设。同时,企业由于摆脱了行政隶属关系,成为真正的自主经营、自负盈亏、自我发展和自我约束的独立经济实体,便于企业经营机制的转换,建立真正的现代企业制度。

(二) 分税制实践中的问题

由于我国的市场经济体制正处于初步确立和逐步完善的过程中,适应于这一形势而建立起来的分税制预算管理体制也不可避免地会存在一些问题。

(1) 各级政府之间存在着事权划分不清、支出责任不够明确的问题。其主要表现是中央和地方在事权和支出的范围方面存在着一些交叉,一方面,一些属于地方的事权,本来应该由地方负担支出,但中央财政也在安排支出;另一方面,有些应该由中央政府承担的责任和事务,地方财政也承担了一部分支出。这种彼此之间存在的相互交叉的现象,使得各级政府之间的事权和财权的划分不够科学。

(2) 省级以下各级财政的预算管理体制未能得到应有的规范。由于缺乏对省级以下各级预算管理体制改革较为明确的指导性政策,各地区的地方预算管理体制在形式上和调节力度上存在着较大的差别。有的地方在收入划分方面并没有按照分税制原则进行,依然沿用了原包干体制中收入划分方法;有的地方过分强调增强上级财政的调控能力,搞层层集中,进一步加剧了县级和乡镇级基层财政的困难。

(3) 分税制实施以后,很多地方财政的困难加大,财政赤字以及由此而产生的地方债务规模巨大。一方面,很多地方税收收入以及财政收入增加缓慢,财政收入占GDP的比重较全国

平均水平低[①]；另一方面，地方政府的支出规模巨大，诸多问题需要解决，如公教人员的"吃饭"、农业科教投资、各项事业加快发展对资金的需求、地方公共品的投入、偿还国际金融组织的外债、地方粮食企业的亏损挂账等。财政收支规模缺口巨大，导致很多地方政府的财政赤字规模不断扩大，由此而产生的公开和隐性的地方政府债务规模难以控制。与此同时，地方上级政府对基层财政的转移支付制度既不规范，又缺乏透明度，导致地方财政更加困难。

（4）分税制还没有充分体现公平原则。现行分税制采取保障地方既得利益的做法，未能对地区间横向分配关系作更为合理的调整。这可以从两方面来理解：一方面在"双轨"运行中，实际上保留了分税制之前的不合理分配格局，承认了已有的地区间的财力不平衡；另一方面，在分税制体制中，中央集中了税收增量中的一部分，而且对集中的增量部分还要按一定的比例对税源所在地进行返还，其结果是中央集中的财力有限。另外，由于种种原因，规范的财政转移支付制度迟迟未能出台，因而可以说，在短期内分税制的体制在调节分配格局、缩小地区之间财力不平衡的力度是相当有限的。

（5）转移支付制度不规范。中央对地方实行转移支付，是分税制的一个重要内容，但分税制实施以后，转移支付存在着诸多的问题，主要有：① 转移支付未能实现财力分配的公平。转移支付的基本功能就是建立一个有效的财政调节制度，即中央政府通过转移支付形式调节各地方政府的行政能力，使各级地方政府在履行政府职能时有财力的保证。转移支付的主要宗旨是为了加强中央财政的宏观调控能力，实现不同地区之间经济和社会的均等化发展；缓解贫困地区的财政矛盾，体现民族政策；调节地区间财力，使各级政府和财政公共服务能力均等化。而现行的转移支付制度却很难实现上述宗旨。税收返还是以保证地方的既得利益为依据，实行分税制以后，净上划中央的部分全部返还给地方。存量并不调整，增量的30%返还地方，带有平均化的色彩。因此，对于由于历史和自然的原因造成的地区间财力分配的不均和公共服务水平差距较大的问题基本上没有触及。② 中央对地方的专项拨款补助绝大多数属于应由地方财政开支的范围。这种做法与中央、地方事权划分的原则不相对称，也不符合国家集中财力办大事的原则。③ 财政补助透明度不高，存在着很大的随意性。我国中央政府的转移支付中，属于补助性质的转移支付种类繁多。现阶段实行的转移支付除了分税制下的税收返还以外，还包括包干体制下的各种补助，故现行的转移支付制度尚缺乏科学性、规范性和法治性。④ 转移支付的面过宽，数量过大，增强了地方政府对中央财政的依赖性。⑤ 对转移支付的资金没有规定用途，加上缺乏有效的监督和约束机制，导致资金浪费严重，使用效率低下。

（三）分税制的进一步完善

现行分税制的不彻底性，制约着国家财政状况的尽快好转及市场经济体制的建立。因此要在已经取得的成效基础上，逐步取消现行体制中带有的过渡性和变通性的做法，尽快实施规范、科学的分税制。具体措施是，严格按照税种划分中央和地方的财政收入范围；以规范的方法核定地方财政收入的可能确定的数量和支出的切实需要量；中央财政集中必要的财力，以确保转移支付制度的实施。

1. 科学划分中央和地方各级政府的事权

科学划分事权，首先涉及政府职能的定位和政府行为的规范。在市场经济条件下，政府的

---

① 以河南某县为例，1994年实施分税制以后到2002年，当地税收收入占GDP的比重平均为1%左右，财政收入占GDP的比重也不到1.5%。

职能范围应包括以下几个方面：一是有效地提供公共产品和服务，如国防、外交、司法、行政等；二是提供经济建设和社会发展的基础设施建设，如能源、交通、通信、教育、卫生以及环境保护等；三是对社会经济进行宏观管理，运用法律、经济及必要的行政手段，对个人收入分配和地区之间经济发展的不平衡进行强有力地调节，以保障和促进宏观经济的平稳发展。

明确了政府的职能之后，可以划分清楚中央政府与地方政府的事权。国家最基本的、重大的制度和政策应由中央决定，涉及宏观经济总体发展规模和总量平衡的决策权、调控权应该集中于中央。与地方的社会、经济发展有关的各项事权，应该交给地方，赋予省一级地方政府一定的经济管理权。以投资权限的划分为例，在市场经济条件下，政府应当利用集中性的财政资金引导和调节产业结构。在基础产业、基础设施等方面，中央财政和地方财政都有责任安排投资。按照受益原则和整体性原则，全国性的建设项目，应由中央财政安排资金进行投资，如全国性的交通、邮电、大江大河水利设施建设、重大基础科研事业的投资、以高新技术为特征的新兴产业的投资、全国性的重要自然资源和环境保护方面的投资等，这些投资都关系到国民经济全局，其他主体都无力、也不适合投资于这些项目。地方局部性的投资项目，应在服从全国总体规划的前提下，由地方政府负责决策、投资与管理。至于一般竞争性、营利性的投资领域，中央财政和地方财政都要从中退出，通过市场竞争机制，由其他投资主体去进行投资。

2. 完善省级以下地方财政的分税制

省级以下的财政预算管理体制是国家预算管理体制的一个重要构成部分，如果地方各级财政之间的分配关系不合理，那么包括中央在内的整个国家各级财政之间的分配关系都难以理顺。进一步对省级以下的预算管理体制进行改革，规范各级地方财政之间的分配关系，已成为进一步完善分税制改革的一项重要任务。1994年实行的分税制，在中央财政与省级地方财政之间的分配关系的规范化和合理化方面前进了一步，但尚未触及省以下各级财政规范化的分配关系。地方各级财政之间分配关系的矛盾主要表现在以下几个方面：一是地方财政之间并没有划分税种，有的实行包干制，有的实行总额分成制，具体分配形式多样化，旧的体制基本上没有改变；二是在很多地方存在着层层集中的倾向，更进一步加剧了县级和乡镇级基层财政的困难；三是资金返还不到位。上级财政对下级财政的税收返还以及其他各种转移支付，在中央财政与省级财政之间基本上得到了比较好的解决，而在地方各级财政之间，这一问题却比较突出，有的地方没有确定对下级财政的预留比例，造成基层财政资金调度紧张的状况。

为规范省级以下财政之间的分配关系，应着重解决好以下几个问题：一是省级以下各级财政的主体税种的确立。在各级政府之间合理配置税种，确保各级地方政府都有自己的主体税种，有相对稳定的收入来源。二是合理调节省级以下各级财政的财力划分。经济增长以及财力分配的不均衡问题，不仅在全国范围内存在，而且在省以内的各地区之间同样存在。因此，对经济发展和财力分配进行调节，既是中央财政的任务，也是地方财政的任务。在地方财政分税制改革过程中，既要使经济比较发达的地区保持较快的发展势头，又要促进经济欠发达地区更快地发展，对低于贫困线以下的地区，要由中央和省级政府提供必要的补助和扶持。

3. 建立科学的财政转移支付制度

目前世界上很多国家在处理中央与地方财政分配关系的过程中，都建立了较为规范的转移支付制度，即在中央财政集中了国内大部分财力的情况下，中央对地方的补助遍及全国的大部分地区，其主要目的是对地区经济和财力的不平衡进行调节。我国在1994年实施的分税制，在转移支付方面基本上还是沿袭了过去的做法，以维护地方的既得利益格局。目前的转移支付包括税收返还、原体制补助、专项补助、转移支付补助、各项结算补助和其他补助等形式。这些形式都是在一定的历史条件下产生的,对稳定当时的财政预算管理体制、促进各地经济的发展曾起到积极的作用,但也存在着很多不适应于市场经济条件下政府行为规范的问题。因此,应借鉴发达国家的做法,逐步建立和完善政府间科学、规范的转移支付制度。

为此,应做好以下几方面的工作：用分税制完全代替包干制,以较规范的转移支付制度,取代按基数法确定的税收返还制度和包干制下的各种补助制度;逐步改基数法为因素法,合理确定各级政府的财政收支数额;合理确定中央政府和地方政府财政收入的比重以及转移支付的规模;规范中央财政对地方转移支付的方式,可采用预算补助(主要用于平衡地方经常性的预算收支平衡的差额)、专项补助(即特殊补助,是指对特定目的和用途而进行的补助)和临时补助(即困难补助,当地方遭受特大自然灾害或其他重大意外事故的时候,由中央向地方提供的、救济性的补助);加强中央对地方转移支付资金使用的监督,以提高财政资金的使用效益。

第四节　预算外资金

一、预算外资金概述

所谓预算外资金,是指不纳入国家财政预算、由各单位自收自支的资金。不同的时期,我国有关预算外资金的含义以及所包含的内容也有所不同。根据1986年国务院发布的《预算外资金管理办法》,预算外资金的定义是,预算外资金是由各地区、各部门、各单位根据国家有关规定,自行提取、自行使用的不纳入国家预算的资金。这项资金包括地方财政部门按国家规定管理的各项附加收入等;事业、行政单位自收自支的不纳入国家预算的资金;国有企业及其主管部门管理的各种专项资金;地方和中央主管部门所属的预算外企业收入;其他按照国家规定不纳入预算的各种收入。根据1996年国家财政部下发的《预算外资金管理办法》,预算外资金的含义是,国家机关(即国家权力机关、国家行政机关、审判机关和检察机关,下同)、事业单位、社会团体、具有行政管理职能的企业主管部门(集团)和政府委托的其他机构(以下简称"部门和单位"),为履行或代行政府职能,依据国家法律法规和具有法律效力的规章而收取、提取、募集和安排使用,未纳入财政预算管理的各种财政性资金。事业单位和社会团体通过市场取得的不体现政府职能的经营、服务性收入,不属于预算外资金,必须依法纳税,并纳入单位财务收支计划,实行统一核算。从广义上说,预算外资金是国家财政资金的组成部分,是国家预算内资金的补充。

(一) 预算外资金的口径及分类

1. 预算外资金的口径

理论上,有关预算外资金所涉及的范围存在大、中、小三种口径。

(1) 大口径概念认为,凡是没有纳入国家预算以内的资金均归入预算外资金之列,其范围包括：各级财政部门自收自支的资金,各行政事业单位的行政事业费和经营服务性收入,国有企业主管部门掌握的各项专用基金,集体企业的税后留利收入,金融机构的信贷资金,以及个人资金。显然,大口径的预算外资金范围过大,如果按照这个口径进行统计,预算外资金就不可能作为国家财政资金的一个构成部分。因此,大口径的预算外资金只是一种理论上的观点,在现实的经济生活没有指导意义。

(2) 小口径的预算外资金概念认为,凡是没有正式纳入国家预算、由各级财政部门掌握的、自收自支的资金才属于预算外资金,也就是大口径的第一项内容。

(3) 中口径概念认为,预算外资金是指各级地方财政、各主管部门和各事业单位根据国家财政制度规定自收自支、自行安排使用的那些不纳入国家预算管理的资金,其内容包括大口径的前三项。

我国对预算外资金的界定是随着财政管理实践的变化而变化的。在改革以前,预算外资金规模很小,其范围主要包括工商税收附加、公路养路费、养河费、育林留成收入、中小学杂费、企业留利等。这个范围基本上属于上述小口径概念。

2. 预算外资金的分类

改革开放后,我国的预算外资金迅速膨胀,相应的,国家对预算外资金的界定也几经改变。1986年国务院发布《关于加强预算外资金管理的通知》中,有关预算外资金的统计口径是指中口径的预算外资金,即以国有单位为界限,包括地方财政、主管部门以及国有企事业单位未纳入国家预算、而由这些单位自收自支的资金都属于预算外资金。1993年财政部规定,国有企业留利和专项资金不再算作预算外资金,同时将80余项行政性收费项目纳入财政预算管理,相应地对预算外资金统计口径作了调整。1996年国务院再次发布《关于预算外资金管理办法》,将国有企业的资金不再作为预算外资金处理,预算外资金的范围包括行政事业性收费、基金和附加。同时规定将养路费、电力建设基金等13项数额较大的政府性基金(收费)纳入预算管理。预算外资金的这种界定有两个重要意义:第一,预算外资金属于财政性基金,所有权属于政府而不是部门和机构;第二,企业与带有经营性的事业单位和社会团体所取得的经营性收入不再纳入预算外资金范围,相应的预算外资金也限定为政府为履行职能而取得的收入。

目前我国的预算外资金可以分为四大类:① 由地方财政部门管理的预算外资金,包括各种附加收入等。资金主要用于城市维护、农村公益事业、企业挖潜改造支出等。② 由行政事业单位管理的预算外资金。这类预算外资金涉及的范围非常广泛,主要有工、交、商事业收入,农、林、水、气象事业收入,文教科卫事业收入,城市公用事业收入,社会福利收入,工商管理收入和行政机关收入等;资金主要用于相应的支出。③ 企业主管部门集中的有关企业更新改造资金等。④ 地方财政和中央主管部门管理的预算外资金。包括交通部远洋船队的盈利、以矿养矿收入、以港养港收入、以电养电的小水电收入、地方小铁路收入。预算外资金的支出用于相应的开支。

(二) 预算外资金的特征

预算外资金有以下五大特征。

(1) 法定性。预算外资金项目的设置不是随意进行的,而是依据国家财政等有关部门所制定的法规、政策来确定的,拥有预算外资金的主体只能按照国家的有关政策所规定的预算外资金项目进行预算外资金的收支,不能根据自己的需要任意确定预算外资金的收支项目及收支标准,否则就变成了乱收费、乱开支的违规行为。预算外资金既然是国家财政资金的一个构成部分,那么它的形成和使用,同样要在国家的法令、制度规定的范围内进行。现实中还有一些非法定的政府收入,不能纳入预算外资金范围。

(2) 自主性。由于预算外资金是不纳入国家预算的,由各预算外资金的拥有主体自己进行收入和开支,因此在预算外资金的分配和使用方面,各拥有预算外资金的单位有较大的自主权。国家允许一定范围内的自收自支,这就确认了以各地方、各部门、各单位为收支中心,自行组织收支活动,形成了若干专门渠道的收支系统,体现了"自收自养"的原则。预算外资金的自主性决定了有关部门应承认并保证由各地方、各部门和各单位支配以及使用预算外资金的自主权,任何平调、收回、取消这种资金的行为,都否定了预算外资金的自主性。当然其收入项目及标准和支出方向及数量都必须依照政策法规进行,不能随意取得收入和任意支出。自主性并不意味着对预算外资金的放任自流,更不能把它看成是可以脱离国家宏观控制和计划管理的自由资金。

(3) 专用性。预算外资金的专用性是与它建立的目的性紧密联系在一起的。一般来说,预算外资金的收入有明确的来源,支出有专门的用途,有的预算外资金收入与支出紧密相连,如"以林养林"、"以租养房"等自收自养的项目。实际上,绝大部分的预算外资金都有收与支的对应关系,哪里来的收入就用在哪里,哪里筹措的资金就补偿到哪里,以尽量维持原来项目的平衡状态,或者是为了解决某些特殊需要而采取预算外资金的筹措方式。

(4) 分散性。由于预算外资金是为了考虑到某些特殊的、局部的需要而设置的,因此从建立的时候起,预算外资金就带有分散性的特征。预算外资金的这种分散性,可以更好地因地制宜,及时满足各地方、各部门和各单位多方面的需要。分散性也体现了各种预算外资金性质的差异性、项目的繁杂性和数量的零散性。目前我国几乎所有的地区、部门、单位都有预算外资金,只是数量和规模的大小不等而已。

(5) 不确定性。预算外资金的范围和规模同预算内资金不存在十分明显的界线,两者在特定的环境下,根据国家需要,可以互相替代和转换。比如,改革开放以后,为了改变计划经济时期的分配格局,国家财政将相当多的预算内资金转化为预算外资金,使预算外资金占预算内的比重呈直线上升趋势。近年来由于预算外资金项目过多、规模过大,使企业不堪重负,为了减轻企业的负担,我国开始对预算外资金的项目和金额进行清理,一方面将合理的预算外收费变成税收,纳入国家财政的预算管理;另一方面把国有企业留利排除在预算外资金以外,从而不纳入国家财政管理的范围。

二、预算外资金的设立和发展

随着国家生产建设事业的发展和财政、财务体制的改革变化,我国预算外资金的发展经历了多次演变。

新中国成立初期,在极度困难的经济状况下,只有集中有限的财力,才能保证恢复国民经济对资金的需求。因此,国家实行了高度集中的财政管理体制。当时的预算外资金,主要是历史上沿袭下来的乡镇自筹、机关事业单位的预算外资金,用于举办农村公益事业和补充机关经费。

从1953年开始,我国进入了第一个五年计划建设时期。随着经济建设的发展,这种高度集中统一,将财力都集中到中央的做法,既不利于调动地方的积极性,又使中央增加了大量事务性工作,不利于社会主义经济建设的发展。因此,从1954年起,允许地方征收工商税附加并将其作为地方自筹资金,放在预算外管理,用于城市维护和农村公益事业。同时,为了调动各部门、各单位组织零星分散的收入的积极性,对一些零散的收入采取了规定用途、放在预算外自收自支管理的办法。如公产和公房租金收入,用于以租养房;养路费、养房费不再纳入预算管理,实现以路养路,以河养河;中小学的杂费,作为预算外资金补充中小学经费不足等等。1955年以后,国家又决定国有企业实行企业奖励基金和大修理基金制度,企业提取的两项基金作为企业的专项基金放在预算外管理。1957年,地方和部门的零星收入规定具体安排用途,实行自收自支管理。1957年全国预算外资金有26.33亿元,约占国家预算收入的8.5%。1958年国家财政部明确提出了预算外资金的概念,从此,我国预算外资金的概念和范畴日益清晰,但资金的数额还很小。

社会主义改造基本完成以后,我国经济开始进入大规模的社会主义建设时期。对国有企业实行了全额利润分成和超计划利润分成制度,企业从分成中提取的资金放在预算外管理。同时将原来纳入国家预算内的城市公用事业附加收入,也放在预算外管理。这样我国预算外资金的范围又有了进一步扩大。从此,预算外资金就形成了三大块,即地方财政部门管理的、行政事业单位管理的和国有企业管理的三个部分。到1960年,预算外资金占国家预算收入比重已上升到20.6%。1960年,我国国民经济出现了暂时的严重困难,中央强调"全国一盘棋,上下一本账",对预算外资金进行了整顿。到1965年,预算外资金占预算收入的比重下降到16%。从1967年开始,国有企业的基本折旧基金由全部上缴国家预算改为全部留给企业和企业主管部门,用于企业的四项费用和设备更新改造。预算外资金又开始上升,1975年达到30.8%。

1978年党的十一届三中全会以来,在"对外开放,对内搞活"方针指引下,对国家与企业的分配关系进行了一系列改革。1978年试行企业基金制度;1979年实行利润留成制度;1983年和1984年实行了第一步"利改税"和第二步"利改税";1983年开始分步骤地提高国有企业固定资产折旧率,对国家统配煤矿和重点煤矿以及冶金矿山实行了维简费(维持简单再生产费用)制度以及为增加大中型企业活力采取了减征调节税等一系列措施。

20世纪80年代财政体制的改革使各级地方政府的自有财力大大增加。这些改革措施,扩大了企业自主权,增加了企业的自有财力,增强了企业活力,同时也扩大了地方的财权。与此相应,预算外资金增长异常迅猛,其规模已经超过财政预算内的水平,有人称之为"财政第二预算"。1985年预算外收入1 641亿元,占同年国家预算收入的81.9%,1986年预算外收入在国家预算中的份额提高到94.8%。如此巨额的资金,若使用不当,将会造成我国国民经济发展的滑坡和经济结构的失调。由于预算外资金天然具有零星分散的特征,巨额的资金量必然增加管理工作的难度。

随着我国经济管理体制的改革从放权让利转向制度化、规范化的分权以及新的财务制度和税收政策的实施,有关部门加强了对预算外资金的管理,使预算外资金的范围开始缩小。1993年国家财政部规定将83项行政性收费项目纳入国家预算。1996年国务院决定将13项数额较大的政府性基金(收费)纳入预算,并将地方财政按规定收取的各项费、附加纳入预算。1993年7月新的财务制度实施后,国有企业的税后留利不再作为预算外资金项目,事业单位和社会团体通过市场取得的、体现政府职能的经营和服务收入纳税后也不再作为预算外资金管理,因此现阶段的预算外资金拥有主体不包括国有企业。1997年底,经国务院减轻企业负担部际联席会议批准,财政部会同国家经贸委、计委、审计署、监察部和纠风办联合发布了《关于第一批取消的各种基金(附加、收费)项目的通知》,首批取消了217项预算外资金项目,此后,对预算外资金项目的清理工作仍然在持续。随着市场经济环境的逐步完善,公共财政框架的建立以及政府部门行为的规范,各种减轻纳税人负担的预算外资金项目也在不断地被取消。进入21世纪以后,财税体制改革的重点之一就是"费改税"。农村"费改税"工作的推进,大大减少了基层地区的预算外资金项目;而随着"费改税"从农村向其他领域的推进,可以预见的是,预算外资金的分化趋势还将继续下去,预算外资金的项目及金额还将继续缩小。

表 18-2　我国预算外资金数量及其占预算内财政资金的比重

年份	预算外资金数量(亿元)	占预算内财政资金的比重(%)
1953	8.9	4.2
1957	26.3	8.5
1960	117.8	20.6
1963	51.9	15.1
1976	275.3	35.5
1979	471.16	41.1
1987	2 028.8	92.24
1988	2 360.77	100.15
1989	2 658.83	99.77
1992	3 854.92	110.66
1993	1 432.54	32.94
1994	1 862.53	35.69
1995	2 406.50	38.55
1996	3 893.34	52.56
1997	2 826	32.67
1998	3 082.29	31.21
1999	3 385.17	29.58
2000	3 826.43	28.56
2001	4 300	26.24
2002	4 479	23.69
2003	4 566.80	21.03
2004	4 699.18	17.8
2005	5 544.16	17.52
2006	6 407.88	12.49
2007	6 820.32	11.12

注:1993—1995年和1996年的预算外资金范围分别进行了调整,与以前各年不可比。从1997年起,预算外资金不包括纳入预算内管理的政府性基金(收费),与以前各年也不可比。

资料来源:《中国统计年鉴2009》。

三、预算外资金的正负效应分析

预算外资金的产生和发展是与我国财政运行和经济活动相适应的,通过历史的考察,预算外资金显然对我国国民经济建设起到了巨大作用,但是不容置疑,在预算外资金发展中也存在很多问题。

（一）预算外资金的积极作用

(1) 由于预算外资金是由各地区、各部门、各单位按规定自收自支的财政资金,因此这部分资金集中和分配的效益如何,同本地区、本部门和本单位的集体利益直接联系起来,从而有利于调动他们增收节支的积极性和责任心,有利于提高资金的使用效果。

(2) 国家把一些零散的专项事业和相应的专项资金交给各地方、各部门和各单位放在预算外管理,由于各项支出有指定收入来源,各项收入也有指定用途,收支挂钩,收支结合,多收可以多支。这样不仅可以把各项资金安排得更好,还可以使这部分事业的安排有可靠的资金保证,使这些资金不被挤掉,从而保证了专项事业的发展。

(3) 把一些零星分散的收支放在预算外处理,不仅有利于这些事业任务的完成,而且也有利于减轻国家预算安排的困难,减轻国家预算的负担。

(4) 预算外资金是对集中的计划体制的修补,它可调动地方、部门和企业组织预算外收入的积极性,从而为地方、部门和企业提供预算外项目的财力。在转向市场经济体制后,预算外资金对地方、部门、企业发展所起的作用仍然是明显的。

（二）预算外资金的消极影响

由于预算外资金渠道多且规模不断增大,管理工作没有跟上,因此出现了一些问题。

(1) 预算外资金管理制度不健全,财经纪律松弛,资金使用不尽合理,有的单位钱不够用,有的单位预算外资金闲置,资金的使用效益没有得到充分发挥。

(2) 一些地区、部门和单位把预算外资金过多地用于基本建设,这就势必拉长基本建设战线,在一定程度上冲击国家重点建设,不仅加剧能源、交通的紧张状况,而且造成重复建设,导致产业结构不合理。

(3) 有些部门和单位自行扩大预算外资金范围,使乱摊派、乱收费、乱罚款的"三乱"现象屡禁不止。预算外资金的拥有主体随意化预算内收入为预算外收入,甚至把预算外资金变成单位的"小钱柜",影响了国家预算内资金的稳定和增长。

(4) 有的单位任意改变专项性预算外资金的用途,如挪用生产发展基金发放奖金、实物,搞福利,导致消费基金膨胀。

(5) 由于市场经济不完善,政企没有分开,各单位拥有的预算外资金同国家利益相分离,特别是地方把预算外资金视为地方的既得利益,由此形成地方保护主义的经济根源。这种现象不利于国家的必要宏观调控,阻碍了社会主义统一市场的有效形成。

四、预算外资金的管理

对预算外资金的管理是由其自身的性质决定的。第一,预算外资金不是随意征收的,征收预算外资金具有法定性原则;第二,预算外资金不能理解为是一块自由放任的资金。预算外资金是相对于预算内而言的,两类资金的本质属性均表现为国家资金的分配关系,都是国家的财政资金,所有权都属于国家。两者的主要区别在于管理途径的不同,预算内资金纳入国家财政统一管理,而预算外资金则由各地方、各部门分散管理。因此,作为国家财政资金的一个构成部分,有关部门必须要加强对预算外资金的管理,以便在抑制其消极作用的同时,充分发挥其积极作用。

根据1996年11月国家财政部《预算外资金管理实施办法》,我国对预算外资金的管理内容主要包括以下几方面。

（一）明确预算外资金的来源

预算外资金主要来自于以下六个方面。

(1) 附加收入和凭借政府职权筹集的资金等。

(2) 按照国务院和省、自治区、直辖市人民政府及其财政和计划(物价)部门共同审批的项目和标准,收取和提取的各种行政事业性收费收入。

(3) 按照国务院或财政部审批的项目和标准向企事业单位和个人征收、募集或以政府信誉建立的具有特定用途的各种基金(资金、附加收入)。

(4) 主管部门按照国家规定从所属企事业单位和社会团体集中的管理费及其他资金。主管部门是指独立核算的企业、事业单位和社会团体的行政主管机构(含各级代行政府管理职能的总公司和行业性组织)。

(5) 用于乡(镇)政府开支的乡自筹资金和乡统筹资金。乡自筹资金和乡统筹资金是指乡(镇)政府按照国家政策规定筹集的、由乡(镇)政府用于本乡(镇)经济建设、事业发展、公共福利等方面的资金。主要包括乡(镇)企业上缴的利润、事业单位上缴的收入和向个人筹集的乡统筹费等。

(6) 其他未纳入财政预算管理的财政性资金。主要包括以政府名义获得的各种捐赠资金,财政拨款有偿使用回收资金中未纳入财政预算管理的部分,国家行政机关派驻境外机构的非经营性收入,财政专户利息等。

（二）统一预算外资金的管理部门

财政部门是预算外资金管理的职能部门,依照部门和单位的财政隶属关系,实行统一领导、分级管理,按预算外资金的用途分类进行核算。财政部负责管理与财政部直接发生预算缴拨款关系的国家机关、事业单位、社会团体(以上均含直属单位,下同)和企业主管部门(集团)预算外资金的收取、安排和使用,并对预算外资金收支计划和决算进行审批。地方财政部门负责管理与本级政府财政部门直接发生预算缴拨款关系的各级地方国家机关、事业单位、社会团体和企业主管部门预算外资金的收取、安排和使用,并对预算外资金收支计划和决算进行审批。各级财政部门要按预算级次对本级各部门和单位的预算外资金实行统一的财政专户,建立健全收支两条线管理制度,并对预算外资金收支活动进行管理监督。财政部驻各地财政监察专员办事机构对所在地的中央单位预算外资金的收入来源、上缴中央财政专户、使用范围等情况进行监督管理。各部门和单位的行政事业性收费要严格执行中央、省两级审批制度;政府性基金按国务院规定统一报财政部审批,重要的报国务院审批。坚持预算外资金管理的计划性原则。预算外资金是国家预算收支的一个重要补充和辅助力量,是国家财力的重要组成部分。对这部分资金,决不能撒手不管,放任自流,必须实行计划管理。预算外资金要纳入综合财政计划进行综合平衡,为此要编制综合财政计划。一方面,将预算外资金纳入国家整个资金运动的平衡协调之中;另一方面控制预算外资金用于盲目扩张基建的倾向,保障专项预算外资金的特定功能,防止预算外资金冲击正常的资金市场结构。

（三）预算外资金的管理方式

预算外资金的管理方式是财政专户管理。财政专户是财政部门在银行设立的预算外资金专门账户,用于对预算外资金收支进行统一核算和集中管理。财政专户分为中央财政专户和地方财政专户,分别办理中央和地方预算外资金的收缴和拨付。部门和单位经财政部门批准,可在指定银行设立一个预算外资金收入过渡账户。收入过渡账户只能发生预算外资金收入上缴款项,由部门和单位按照财政部门的有关规定及时将收入过渡账户中的资金足额上缴财政专户。逾期未缴的,由银行从部门和单位的收入过渡账户中直接划入财政专户。部门和单位只能在一家银行设立一个预算外资金支出账户。支出账户只能接纳财政部门从财政专户中拨付的预算外资金支出款项,由部门和单位按规定用途使用。专项用于公共工程和社会公共事业发展的基金、收费,以及通过政府信誉建立的社会保障基金等结余可结转财政专户下年专项使用。财政专户中的其他预算外资金结余,经同级政府批准,财政部门可按隶属关系统筹调剂使用。财政部门要加强财政专户管理,建立财政专户管理办法,完善预算外资金财务会计核算制度。部门和单位提出用款申请后,财政部门根据年度预算外资金收支计划、预算外资金收入上缴财政专户情况,及时核拨资金,保证其正常用款。

(四)明确预算外资金的使用方向

部门和单位的预算外资金,必须按照国家规定合理使用,并将预算外资金的各项支出用途在有关财务报表中反映说明。具有专项用途的预算外资金要专款专用,财政部门不得用于平衡预算;用于经费支出方面的预算外资金,使用范围应严格按照财政部门的有关规定执行。超出使用范围的,须经财政部门批准。部门和单位用预算外资金发放工资、奖金、津贴、补贴以及用于福利等方面的支出,必须按财政部门规定的项目、标准和范围执行。部门和单位用预算外资金安排基本建设投资,要先经财政部门审查其资金来源,然后按国家规定程序报计划部门纳入基本建设投资计划,并按计划部门确定的投资计划和工程进度,由财政部门从财政专户分期拨付资金。部门和单位用预算外资金购买专项控制商品,要报经财政部门审查同意后,按国家有关规定办理控购审批手续。对专项用于公共工程、公共事业的基金和收费以及其他专项预算外资金,部门和单位要按计划和规定用途提出申请,经财政部门审核后,从财政专户中分期拨付资金。乡(镇)自筹和统筹资金在使用时,要按规定专款专用,经乡(镇)政府审批后,由财政部门按计划从财政专户核拨。部门和单位要严格按照财政部门的规定使用预算外资金,严禁将预算外资金转作部门和单位"小金库"或公款私存,更不得用预算外资金搞计划外投资、炒股票、炒房地产、进行期货交易以及投资入股等违法乱纪活动。

(五)建立健全收支计划管理制度

预算外的收支必须编制计划和决算。财政部门要建立健全预算外资金收支计划管理制度,加强预算外资金收支管理,合理调控资金使用方向,统筹运用好预算内外综合财力,提高财政性资金的整体使用效益。部门和单位应当按照财政部门的规定编制预算外资金收支计划和单位财务收支计划。在预算外资金收支计划中,具有专项用途的预算外资金收支要单独编列。支出计划应以收入计划为基础,防止收支脱节,少收多支或套取资金等做法。基层单位根据本单位预算外资金收入规模和支出需要,按财政部门规定时间编制下年度单位预算外资金收支计划,并报送主管部门,没有主管部门的单位直接报送同级财政部门。主管部门在审核汇总所属各单位预算外资金收支计划的基础上,编制本部门年度预算外资金收支计划,并在规定时间内报同级财政部门核批。财政部门要根据部门和单位的预算内资金和其他资金的安排,按照经费定额和开支标准,对主管部门上报的预算外资金收支计划进行审批。审批后的预算外资金收支计划作为年度预算外资金缴拨和考核的依据。财政部门在审批各部门和单位预算外资金收支计划后,汇总编制本级年度预算外资金收支计划,并报上一级财政部门备案。部门和单位的预算外资金收支计划经财政部门批准后,一般不作调整。在年度执行中,因国家政策调整以及机构、人员发生较大变化等,需要对收支计划进行修订时,须报财政部门批准。

预算外资金会计决算由部门和单位在年度终了后按照财政部门的要求编制。会计决算必须符合财务会计制度规定,内容完整、数字准确、报送及时。主管部门对所属各单位预算外资金会计决算审核汇总后,编制本部门的会计决算,并在规定的期限内报同级财政部门审批。各级财政部门要审批本级各部门和各单位的预算外资金会计决算,对不符合法律、法规和财务会计制度规定的,应及时纠正并予以调整。中央级部门和单位的年度预算外资金会计决算,由中央各主管部门汇总编制并报财政部审批。各级地方财政部门汇总编制本级年度预算外资金会计决算,经同级人民政府审定后,逐级报送上级财政部门备案。全国预算外资金收支决算由财政部负责汇总并报国务院备案。财政部门在汇总编制预算外资金会计决算时,要附有详细说明,正确反映预算外资金的收支结果,认真总结分析预算外资金管理中的经验和问题,并提出需要改进的措施。

(六) 加强对预算外资金使用的监督与对违规行为的处罚

部门和单位要加强对预算外资金的管理与监督,完善本部门和本单位预算外资金管理及核算制度,健全内部监督约束机制,定期对预算外资金的收取、使用和账户管理等方面的工作进行检查。部门和单位应当接受同级或上级财政、计划(物价)、金融、审计、监察等有关部门的监督检查,按要求如实提供有关资料,执行有关部门提出的检查处理决定。各级财政部门要加强对部门和单位预算外资金收入和支出的管理,建立健全各项收费、基金的稽查制度,认真检查部门和单位执行预算外资金收支计划的情况,定期向同级人民政府汇报预算外资金管理的有关情况,接受同级人民代表大会的监督。各级财政、计划(物价)、金融、审计、监察等部门要根据国家政策和具体管理的要求,按照各自的职能分工,对各部门和各单位预算外资金收支活动进行检查和审计。各部门和各单位预算外资金管理要严格执行国家有关规定,凡有下列行为之一的,均按违反财经纪律或违法行为进行处罚。

(1) 隐瞒财政预算收入,将预算资金转为预算外资金;

(2) 预算外资金收入不按规定及时、足额上缴财政专户,坐收坐支;

(3) 擅自设立收费、基金项目,扩大征收范围,提高征收标准;

(4) 不按规定使用中央或省级财政部门统一印制或监制的收费票据;

(5) 瞒报预算外资金收入、转移资金,未经财政部门批准擅自设立预算外资金账户和私设"小金库",公款私存,搞计划外投资,炒股票,炒房地产,进行期货交易,投资入股以及滥发奖金、津贴和补贴;

(6) 基本建设投资、购置专控商品等不符合规定的预算外资金支出;

(7) 不按规定时间和要求编报预算外资金收支计划和决算;

(8) 不按要求接受财政、审计、监察等部门监督检查;

(9) 其他违反国家规定的行为。

财政、审计、监察部门要按照国家有关规定,对违规的部门和单位予以处罚。根据违规行为的轻重而采取的处罚措施主要有以下几方面:要将违反规定的收入全部上缴上一级财政,同时,追究有关人员和领导的责任,依据情节轻重给予行政处分直至撤销其职务;要相应核减以后年度的财政预算拨款或预算外资金支出,同时给有关责任人相应的处分;对单位财务人员及领导给予通报批评,责令限期改正,对违反规定情节严重、构成犯罪的,由司法机关依法追究责任人的刑事责任。

本章小结

预算管理体制在财政管理体制中居于主导地位。广义的财政管理体制包括预算体制、税收体制、固定资产投资体制、企业及行政事业财务体制等;狭义的财政管理体制,一般就是指预算管理体制。由于预算管理体制主要处理的是各级财政之间的关系,尤其是收支关系问题,因此,从其构成来看,预算管理体制包括确定预算管理的主体及层次、预算收支划分的原则及方法、预算管理权限的划分、预算调节制度及其方法等内容。预算管理体制的实质是正确处理中央与地方之间财权财力的划分问题,也就是财权财力如何集中与分散的问题。

在不同的国家或同一个国家的不同时期预算管理体制是不断变化的。我国从新中国成立到目前为止的预算管理体制主要有如下几种:"统收统支"、"一灶吃饭"和"分灶吃饭"等。我国在1994年实行新税制的同时,预算管理体制方面开始实施分税制。分税制解决了过去包干体制中存在的问题,但又产生很多新的问题。因此,现行的预算管理体制还需要在实践中不断地完善。政府间转移支付是中央政府以及各级地方政府平衡各地财政收支、公平地区间收入分配、实现不同地区经济和社会发展均等化的重要手段,有着十分重要的意义。转移支付也是实行分税制国家的普遍做法。政府间转移支付的方式很多。在经济发达国家,政府间转移支付的做法十分规范。我们可以借鉴国外的有益做法,进一步完善我国政府间转移支付制度。

我国预算外资金的建立与发展是同经济体制和财政管理体制的变化相适应的。预算外资金的存在对我国经济发展起到促进作用,而预算外资金项目和规模的扩大又给宏观经济管理增加了难度,因此应加强对预算外资金的管理。

复习思考题

1. 什么是预算管理体制?预算管理体制的实质是什么?
2. 什么是分税制?分税制在实施过程中还有哪些问题有待完善,如何完善?
3. 什么是预算外资金,它有哪些特征?为什么要对预算外资金进行管理?

第十九章　地方财政

第一节　地方财政支出

与国家财政一样,地方财政的支出也是由地方政府以及地方财政的职能所决定的。在研究中国地方财政职能以及支出之前,我们先了解一下西方国家地方财政的职能。

一、西方国家地方财政职能

不同的国家政府职能存在差异,由此而决定财政职能也会有所不同。

按照美国财政学者罗纳德·费雪(Ronald C. Fisher)的观点,地方公共财政有三大职能:稳定职能、分配职能和配置职能[①]。

(一)稳定职能

稳定职能是指政府运用财政政策和货币政策来维护就业、物价稳定和经济增长的职能。地方财政在就业、物价以及经济增长等方面所以具有稳定职能,主要原因在于:一些经济要素影响特定的产业,导致宏观经济总是变得日益地区化而非全国化;个人增长的支出份额主要是用于购买地方性的商品和劳务,这也导致地方财政政策在辖区内将会发挥更大的作用。上述原因决定的地方财政实施的财政政策,将在很大程度上对地方的产业、经济以及相应的就业产生影响,通过政策影响商品和劳务的供给,对物价产生影响。

(二)分配职能

分配职能是指政府运用其所获得的公共资源维护和实现符合社会偏好的收入分配格局。通常情况下,财政通过税收和转移支付手段将从富人手中获得的资源转移到贫困者手中,也就是通过收入再分配政策,实现本地区的分配公平。由于不同地区采用的分配结构可能存在差异,再加上企业和人口在地区之间可能具有很强的流动性,因此很多学者认为,分配职能由中央财政执行更为合适。但从现实来看,分配政策中的多数项目往往由地方政府执行,尽管中央政府也参与了再分配政策的实施,但通常并不

[①] 罗纳德·费雪:《州和地方财政学》,北京:中国人民大学出版社,2000年版。

是直接参与，而是通过向地方财政提供转移支付资金的方式，为地方财政的转移支付提供部分资金来源。

（三）配置职能

为了确保社会获得它需要的资源配置——按照所需的产量生产特种商品或劳务，需要政府对市场进行适当的干预，这就是财政的配置职能。由于某些商品或劳务本身具有的特性（如外部性），将导致市场机制配置资源的失灵，通过政府进行干预，以财政政策的方式来配置资源，可以弥补市场的失灵。尽管中央政府和中央财政具有相同的职能，但在配置资源的范围上将存在着根本性的区别。一般情况下，中央财政配置资源的范围往往跨越省级界限，通常属于全国性事务，通过中央财政配置资源而提供的商品或劳务，其影响范围是全国性的，至少是跨越省际的大区域；由地方财政配置资源而提供的商品或劳务，其受益范围往往在本地区，属于为辖区内居民所提供的公共品或公共服务。

二、中国地方财政的职能

我国理论界就我国地方财政职能问题所进行的研究大多是在西方公共财政的框架下进行的，由此得出的结论与西方公共财政理论十分相似。从我国国情出发进行研究以及得出相应的我国地方财政职能的文献并不常见。将我国地方财政的实践与公共财政框架相结合，本书就当前我国地方财政的职能问题提出下列观点并进行分析。

（一）促进地方经济增长

国家财政对经济调节的职能主要表现在两方面：稳定经济和促进经济增长。当经济增长速度过快、通货膨胀严重的时候，可以实施紧缩性财政政策对物价和经济增长速度进行抑制，保持经济的稳定；当失业率过高、经济增长速度放慢的时候，可以实施扩张性财政政策刺激经济增长。上述为实现宏观经济政策目标的财政政策，无论是中央政府还是地方政府都可以采用，但相比较而言，在实现物价稳定、抑制经济增长方面，中央财政所起的作用更大；在实现充分就业、促进经济增长方面，中央财政和地方财政都可以发挥作用。尽管地方财政还有其他职能，促进和实现经济增长已经成为地方政府首要的职能。这主要是由以下几个原因决定的：一是增加就业的需要。经济增长与就业之间呈现很强的正相关。我国各地方目前面临的一个重要难点就是如何解决地区存量劳动力和新增劳动力的就业问题。从短期看，增加就业最重要的方式就是直接吸引各方投资资金扩大投资规模，创造更多的就业岗位。二是提高所辖地区居民的收入与生活水平的需要。只有经济增长，才能带来财富的增加，居民收入以及消费能力将会随着收入水平的提高而增强。三是对领导干部执政能力考核的需要。上级政府对下级政府的政绩进行考核时，往往将当地的经济增长状况作为最重要的考核指标，GDP的增长率成为干部升迁的依据。为了充分体现本级政府的执政能力，当地的领导几乎将行政工作的职责主要放在吸引投资资本、刺激经济增长方面。

当然，如果一个地方具有很强的开放性，地方财政在制定相应措施以实现本地经济增长的时候，政策可能产生外部性，导致本地区的财政政策绩效减弱。例如，为了刺激本地居民的消费能力，采用减税或加大转移支付力度的方式，增加本地居民的可支配收入，从而提高居民消费水平。但由于本地消费市场的大量商品是外地企业生产的，尽管刺激消费的政策确实产生效果，但最终因消费增加而带动的投资扩展效应并不在本地，使本地的财政政策绩效因此而减弱。

从我国现实情况看,上述状况确实频繁出现。有的地方政府采用多种财政政策手段吸引本地和外地的投资资金,由于市场的开放性导致本地市场的竞争激烈,尽管本地消费者增加了消费数量,但外地商品的竞争优势抑制了本地商品的销售量。出于维护本地生产者以及财政利益的考虑,很多地方政府采取地方保护措施,限制外来商品在本地销售,地区市场分割现象由此而生,很多商品难以形成全国统一市场。

地方财政实施扩张性财政政策确实可以起到刺激本地经济发展、带动就业率提高的作用。为了弥补本地政策的外部性问题,需要中央政府或者相邻区域政府进行政策的配合与协调,实现区域经济的共同发展。

(二) 公平收入分配

经济发展过程中收入分配出现差异,是市场按照效率原则进行调节的必然结果。收入分配差异有多种表现方式,既表现为不同地区之间的收入差距,又表现为同一地区不同阶层之间的收入差距。按照公共财政要求,实现地区之间的公平收入分配是中央财政的基本职能之一。在同一个地区,对不同阶层的不同收入水平状况进行调节,则是地方财政的职能。从掌握信息的角度看,地方政府对本地的收入状况往往掌握较为充分的信息,在信息充分的基础上实施收入公平分配的政策,可以更好地体现公平原则。与中央财政执行这一职能相比较,公平收入的职能由地方财政承担,其执行成本往往更低。

当然,地方政府实施收入再分配政策,其效果可能受到要素流动性的制约,尤其是当各地方存在政策差异的时候。在一个经济体中,如果各种生产要素在地区之间流动不存在任何障碍,那么不同地区的财政执行各自不同的收入再分配政策将导致人口(劳动力)以及其他劳动要素在地区之间的自由流动,最终导致地方财政政策失效。例如,某地方财政为了实现收入分配的公平,需要对高收入者征税,同时加大对低收入者转移支付的力度。如果仅仅从政府再分配政策角度考虑,高收入者可能迁出本地,到税收负担较低的地方居住和从事经济活动,外地的低收入者为了享受到政府福利,可能会从其他地方迁入到本地。人口以及其他资源自由流动的结果是:本地财政可以征收的税收日益减少,同时接受转移支付的受益人日益增多。最终的结果是:本地财政政策不得不调整甚至取消收入再分配政策。

一个国家就人口在地区之间的自由流动采取限制政策,如我国当前执行的户籍管理制度,可以在一定程度上解决上述难题。此外,如果地方财政出于公平收入分配的考虑,税收负担适度,转移支付的力度也比较有限,那么将在相当程度上抑制劳动要素在地区间的流动,因为劳动力的流动受多种因素的影响,人口的迁入和迁出将支付迁移成本。经过综合比较,只要税收负担或者转移支付的受益低于综合成本,那么再分配政策就不会成为要素流动的刺激因素,地方财政执行这一政策也不会导致资源配置的效率损失。

由地方财政执行收入再分配政策可能还面临一个现实的困难:资金不足。从实行分税制预算管理体制的国家的状况看,除了一部分国家财权较为分散外,很多国家的财权都比较集中,甚至一些联邦制国家的中央财政收入占国家财政收入的比重也超过50%,导致地方财力不足。如果收入再分配的两大政策手段不完全掌握在地方财政的手中,那么地方财政将面临更大的筹资困难。

考虑到收入再分配职能主要由地方政府和财政来实施这一现状,需要将收入再分配的主要财政政策手段统一到再分配主体手中。收入再分配的主要手段是税收和转移支付,前者包括最重要的税种——个人所得税以及作为对个人所得税补充的遗产税和赠与税,后者主要包括各种社会保险、社会福利和补贴。为了使地方财政在执行收入再分配政策时拥有足够的财力,理论上需要将个人所得税以及相应的财产税的税收征管权集中到地方财政手中。尽管有学者认为,由中央财政征收个人所得税,然后向地方政府进行转移支付,同样可以为地方财政实施再分配政策提供资金来源。但这一做法将付出更大的行政成本,且两种转移支付之间往往会出现时间差,导致地方分配资金的中断。

(三)配置资源——向所辖地区的居民提供公共品和公共服务

向所辖地区的居民提供生活所必需的公共品和公共服务,是各级政府财政必须执行的基本职能。通常情况下,中央财政提供的公共品和公共服务带有跨区域、外部性很强的特征,往往与全民的利益相互联系。由各级地方财政提供的公共品和公共服务,其受益范围通常限于本地区,往往由本地居民享有。如市政基础设施建设(包括城市道路交通、路灯等),与人民生活直接相关的水、电、气的供给,地方安全、治安、消防,本地的文教科卫等。

特别需要指出的是,地方财政为公共品和公共服务配置资源,受益范围包括其管辖的所有地区和所有居民,无论是农村还是城镇。地方政府为管辖区的全部居民提供各种有形和无形的公共品以及公共服务,这种状况在成熟的市场经济国家比较普遍,但我国现有的政策尚需完善。新中国成立以来我国一直实行城乡分治的行政管理制度,无论是中央政府还是地方政府,所提供的公共品、公共服务主要限于城镇地区,农村地区主要依靠农村集体和农民自身解决,当资金严重缺乏的时候,中央以及地方政府才会以援助的性质提供部分资金,结果导致农村地区各种有形公共品以及无形公共品的严重不足。例如,义务教育阶段所需要的费用地方政府只能解决一部分,大部分依靠向受教育者收费的方式来弥补;农村道路建设、水、电等公共产品供给不足;多种社会保障制度等无形公共品匮乏等等。当然,这种状况在"十一五"规划期间得到根本性改变。

三、中国地方财政支出

根据上述三大职能,我国地方财政支出项目重点有以下几大类。

(一)公平收入分配的支出项目

与中央财政相比,地方财政在发挥公平收入分配的作用方面具有更大的优势:地方政府对本地收入状况拥有更多、更准确的信息;制定和实施政策在短时间内就可以进行,时滞时间短;政策对象具有直接性,因此政策效果可能更佳等等。因此,公平收入分配成为地方财政的重要职能之一。为了执行这一职能,地方政府可以采用多种支出手段,总的来看,可以分为两种类型:直接促进公平分配的手段和间接促进公平分配的手段。

1. 实现公平收入分配的直接政策手段

为了解决低收入者的生活困难,在一定程度上实现收入分配的公平,地方政府可以采用多种支出手段改变收入分配的结果,主要包括各种社会保障支出和对低收入者的补贴支出。前者包括:各种社会保险支出(如养老保险支出、医疗保险支出、失业保险支出等)、社会福利救济(典型的是最低生活保障制度)。后者可以是对低收入者的直接补贴支出,也可以采用食物补贴的方式。各种转移支付手段的执行,将直接增加或提高低收入者收入水平,缩小他们与中高收入者之间的收入差距。

2. 实现公平收入分配的间接政策手段

财政实施各种转移支付手段调节收入分配,实际上是对收入分配结果的调节,实现的是结果的公平;此外,财政还可以运用其他手段调节收入分配,以实现起点的公平。比较而言,起点的公平才是真正的公平。除了某些税收政策外,在公共支出方面,实现起点公平最重要的支出方式是教育支出。劳动者收入水平往往由其自身的综合素质决定,而劳动者素质又由劳动者所接受的教育水平所决定。通常情况下,劳动者接受过较高水平的教育(尤其是专业教育),那么其所从事的工作岗位往往属于一级劳动力市场上的岗位,他将得到效率工资;相反,劳动者如果缺乏足够的专业教育,那么他一般只能在二级劳动力市场上寻找就业机会,在该市场上,不仅劳动竞争十分激烈,容易受到失业的威胁,而且收入水平较一级劳动力市场的岗位低得多。因此,劳动者接受过良好的教育,就为其将来从事层次较高的职业并获取高收入提供了一个很好的起点。

(二) 公共管理和提供公共需要的支出:向所管辖地区提供各种公共品和公共服务

外部性强的公共品,市场提供是失灵的,需要政府对提供公共品的资源进行配置。公共品的种类繁多,不同公共品的外部性范围、程度存在很大的差距。不同的公共品应该由哪一级政府财政提供,取决于公共品的受益范围:公共品受益范围限于本地的,就由当地政府和财政出资为公共品配置相应的资源;超过本地范围的,则由受益范围之内的几个政府共同出资,或在上级政府和财政协调、财力援助下共同提供。

一般情况下,需要由地方政府和财政出资提供的公共品包括多种有形公共品和无形公共品。有形公共品包括:市政基础设施建设项目,如城市街道(路)、路灯、绿化、市民休闲广场建设等;地方治安与安全保护;地方行政管理与事业建设;基础性教育以及地方专业教育、文化、科研。无形公共品主要是指地方的社会保障制度建设与完善,包括多种社会保险以及社会福利制度的提供等等。

(三) 执行经济性职能:经济建设支出

在公共财政框架下,与中央财政一样,地方政府的经济职能应该以调节经济和为经济建设提供良好的环境以及优质服务为主,应该从具体的经济建设事务中摆脱出来。我国经济正处于转型过程之中,同样财政也正处于从国家财政向公共财政的转型之中,财政的经济职能也需要从国家财政框架下的从事具体经济活动转变到对经济活动的调控和服务上来。

在西方发达国家,地方财政履行经济职能、运用财政政策手段鼓励投资,其主要动机还是为了扩大就业,增加相对贫困地区居民的收入水平,从而起到缩小收入分配差距、实现社会收入分配公平的目的。以美国为例,为了能够吸引投资,很多地方政府实施财政激励政策,具体以以下几种财政政策为主[①]:① 给予投资企业的融资支持。地方政府可以通过销售免税收入债券,用以为私人投资提供低息贷款。很多州地方政府规定,将州政府掌控的养老金一定比例划出,用于资助该州和该地方的新企业,以解决新企业的资金困难。② 为私人投资提供税收激励。几乎每一个州至少向某些企业提供某些类型的具体税收减免。税收政策最为普遍的运用是财产税减免;其他典型的税收激励包括投资所得税收抵免和研究与发展费用扣除,或者对私人企业的购买(和销售)实行销售税豁免。③ 地方财政向私人投资提供直接补贴。例如为了吸引私人投资,政府将征得的土地以低于市场的价格出售给投

---

① 这里的财政激励措施参阅了罗纳德·费雪:《州和地方政府财政学》,北京:中国人民大学出版社,2000年版。

资者;对于在本地投资、扩展的企业,为其新员工提供培训和资助;为新企业提供房屋以及为所有企业提供技术和管理支持。④ 建立工业园区。企业在工业园内进行投资,可以享受特种税收、特定服务和调节性激励。在工业园区内,为吸引投资,财政提供的激励多于本地区工业园以外的地方。由于所有工业园区都存在着贫困、大量失业和经济困难等问题,因此,地方政府建立工业园、并向园内的投资者提供多种财政激励,显而易见,其动机就是通过工业园的建设,吸引更多的投资,以解决就业、增加收入、消除贫困,实现经济增长。

在公共财政框架下,地方财政的经济建设支出既是履行经济职能的具体表现,也是公平收入分配的政策手段。按照公共财政理论的要求,政府行为主要集中在市场失灵之处,在经济活动领域,财政的经济职能更不能影响市场机制作用的发挥。因此,财政履行经济职能的具体领域应该是基础设施建设以及与居民生活直接相关的公用事业方面,包括财政直接投资修建道路、交通设施,兴建和营运水、电、气项目。除了财政直接投资建设一些市场相对失灵和不适合由市场配置资源的项目外,财政履行经济职能主要表现在手段和方式的运用:通过多种财政政策手段,对微观经济活动主体的行为进行适当引导,使微观经济活动主体的行为与政府期望的方向保持一致。如,地方财政出于提高就业率、发展经济以及公平收入分配等方面的动机,可以运用税收优惠、财政贴息贷款等政策手段吸引私人投资,以扩大投资规模,实现政府的政策目标。

当然,如果按照上述方式履行地方财政经济职能,很容易出现的一个现实问题是,不同地区地方政府之间的财政竞争,即很多地方政府都期望以税收政策、财政支出政策以及兴建工业园的方式来吸引外地(或国外)的投资,各地方政府相继制定和实施各种财政优惠政策,形成地方政府之间的博弈行为,容易形成新的政策不公、设租与寻租、地方财政困难、因优惠政策不能兑现而损害政府信誉和投资者利益、地方政府的圈地行为等多种问题。如何协调不同地区地方政府的行为,避免政府之间的财政竞争,是地方政府履行经济职能需要解决的重要问题。

表 19-1 我国地方财政支出状况 （单位：亿元）

年份	地方财政收入	地方财政支出	收支关系	GDP	支出/GDP(%)
1990	1 944.68	2 079.12	−134.44	18 547.9	11.2
1991	2 211.23	2 295.81	−84.61	21 781.5	10.54
1992	2 503.86	2 571.76	−67.9	26 923.5	9.55
1993	3 391.44	3 330.24	61.2	34 634.4	9.61
1994	2 311.60	4 038.19	−1 726.69	46 759.4	8.64
1996	3 746.92	5 786.28	−2 039.36	67 884.6	8.52
1998	4 983.95	7 672.58	−2 688.63	78 345.2	9.79
2000	6 406.06	10 366.65	−3 960.59	89 468.1	11.59
2001	7 803.30	13 134.56	−5 331.26	97 314.8	13.5
2002	8 515.00	15 281.45	−6 766.45	104 790.6	14.58
2003	9 849.98	17 229.85	−7 379.87	117 251.9	14.69

续 表

年份	地方财政收入	地方财政支出	收支关系	GDP	支出/GDP(%)
2004	11 893.37	20 592.81	−8 699.44	159 878.3	12.88
2005	15 100.76	25 154.31	−10 053.55	183 217.4	13.73
2006	18 303.58	30 431.33	−12 127.75	211 923.5	14.36
2007	23 572.62	38 339.29	−14 766.67	249 529.9	15.36
2008	28 644.91	49 052.72	−20 407.81	30 0670	16.31
2009	32 580.74	60 593.8	−28 013.06	33 5353	18.07
2010	40 610	73 602	−32 611	397 983	18.49

注：表中地方财政收入不包括中央对地方税收返还和转移支付。
资料来源：1990—2007年数据来自于《中国统计年鉴2008》(2010年)，2010年地方财政收入和支出数据来自相应年份中央和地方决算、预算草案报告，2010年的GDP数据来自于国家统计公报。

表19－2　2007年我国中央和地方财政主要支出项目　　　　　　　　　　　　（单位：亿元）

项　目	国家财政支出	中央	地方
总计	49 781.35	11 442.06	38 339.29
一般公共服务	8 514.24	2 160.17	6 354.07
♯国内外债务付息	1 052.90	990.84	62.06
外交	215.28	213.78	1.50
♯对外援助	111.54	111.54	
国防	3 554.91	3 482.32	72.59
公共安全	3 486.16	607.83	2 878.33
♯武装警察	585.17	462.16	123.01
教育	7 122.32	395.26	6 727.06
科学技术	1 783.04	924.60	858.44
文化体育与传媒	898.64	127.21	771.43
社会保障和就业	5 447.16	342.63	5 104.53
医疗卫生	1 989.96	34.21	1 955.75
环境保护	995.82	34.59	961.23
城乡社区事务	3 244.69	6.20	3 238.49
农林水事务	3 404.70	313.70	3 091.00
交通运输	1 915.38	782.25	1 133.13
♯车辆购置税支出	849.13	487.68	361.45
工业商业金融等事务	4 257.49	1 442.45	2 815.04
其他支出	2 951.56	574.86	2 376.70

资料来源：《中国统计年鉴2009》。

四、中国当前地方财政支出存在的问题

通过对表19-2财政支出结构进行比较分析,结合地方财政的支出结构现状,可以发现当前地方财政支出中存在下列问题。

(1) 除了少数项目反映中央财政和地方财政在职能上有所分工外,绝大多数项目各级财政的支出趋同,说明中央政府和地方政府在职能分工方面并不明确,各级政府的职能交叉状况比较严重。中央政府和地方政府职能分工不明确,容易导致地方政府的支出压力加大;当中央财政资金紧张的时候,中央政府就可能运用强制手段将一部分本该由中央财政履行的职能下放给地方政府。

(2) 地方财政承担了过多的预算支出项目。本来有的支出项目应该由中央财政负担,结果中央政府将其中的一部分分摊给了地方财政,例如国防支出;应该由中央和地方财政共同分担的支出项目,地方财政承受过多,例如农业支出社会保障补助、文教科卫支出、支援经济不发达地区支出、税务等事业费用支出、行政事业离退休费支出等。这些项目不仅种类繁多,而且占地方财政预算支出的比重都很高。这种状况表明:中央与地方在事权划分方面很不合理,中央政府应该履行的职能在现有的预算管理体制中并没有完全得到体现。

(3) 从地方政府预算支出结构可以发现,地方政府执行的职能范围过于广泛,导致有限的财力支出范围过大、分散,总量上入不敷出日益严重(见表19-1),与我国《预算法》中规定的地方财政不得有财政赤字的条文相违背,同时也使地方财政履行职能的资金得不到保障,财政支出缺口严重。2009年中央政府执行积极财政政策,通过政府支出四万亿元投资资金以实现经济增长、降低失业率的政策目标。四万亿元投资中地方配套的28 200亿元,来自于地方财政预算、中央代发地方债、政策性贷款、企业债券和中期票据、银行贷款以及吸引民间投资等。这样在2009年和2010年两年的财政预算中,地方财政赤字公开化,中央政府不得不代替地方政府每年各发行2 000亿元的地方政府公债。

(4) 由于《预算法》的限定,在地方政府预算不能有财政赤字,同样地方财政也不允许发行地方政府债券,再加上地方财政资金占国家财政资金总量仅约50%的前提下,还要执行大量本该由中央政府执行的职能,在这种状况下,如果某一地方政府要实施财政政策,尤其以减税或扩大公共支出为主要手段的财政政策时,将直接面临巨大的资金压力。如果难以寻找到新的、可行的融资方式,地方财政政策将不可能实施,或者以通过财政赤字方式大量隐性负债,从而加重地方政府以及本地纳税人的负担。

(5) 从经济现实看,当前地方政府履行职能中,过于强化经济职能的状况非常普遍。在很多地方出于提高政绩、增进本地经济发展以及提高就业水平等方面的考虑,政府各管理部门几乎都参与到招商引资的活动之中。为了给本地吸引更多的投资资金,地方政府之间不惜实施多种优惠政策(包括税收、用地、手续、管理力度等)为吸引新投资而展开激烈的竞争,为了吸引外来投资资金导致地方政府之间的竞争已经成为一种普遍的现象。

(6) 与上述问题直接相联系的问题是,为吸引外来投资,地方财政之间的竞争十分激烈,在违反税法的前提下,很多地方政府赋予自己减免税收的权力,随意制定和实施多样化的税收优惠政策,严重损害了税收的严肃性。同时,过多过滥的税收优惠政策侵蚀了地方政府的税源,加大了地方财政的困难。

(7) 由于地方政府和财政将相当多的精力和财力用于经济建设项目,在地方政府财力有限

的情况下,只有缩减其他履行职能所需要的财力,导致本该由地方财政履行职能所需要的资金得不到保证,尤其是基础教育、社会保障支出不足,资金缺口大。

(8) 地方财政对农村公共品投入严重匮乏。到目前为止,所有的农村地区,公共品提供不足几乎是一种普遍现象,地方财政远远没有承担起在农村地区、对农村居民应该承担的责任。当然,这种状况所以会出现,不仅是由于财政资金紧张的原因,更与传统的理论与制度有关。

第二节 地方财政收入

理论上说,与中央政府一样,地方政府同样可以运用多种方式筹措执行财政政策所必需的资金。从总体上看,地方财政的资金主要来自财政五个方面:地方财政的税收、地方政府的收费、地方政府的专项收入、中央财政向地方财政的转移支付、地方政府的借债。

一、地方税收

税收是地方财政收入的最重要来源。1994年执行分税制以后,属于地方财政收入的税收主要由两类构成:地方税和共享税。具体税种包括:营业税①、土地增值税、(地方)企业所得税②、个人所得税③、农业税④以及各种财产税和行为税。共享税税种有:增值税、资源税和证券交易印花税。其中:增值税 75% 归中央,25% 归地方;证券交易印花税基本上归中央财政收入;资源税按不同的资源品种进行划分,其中大部分作为地方的财政收入,海洋石油资源税归中央财政。

1994年分税制实施以后,1995年开始进行税收收入分类统计。1995年以来,我国地方财政的税收收入状况如表19-3所示。

表19-3 我国地方税收以及国税和地税在税收总量中的比重 （单位:亿元）

年份	1995	1996	1997	1998	1999	2000	2001	2002	2003
税收总量	4 671.86	5 411.36	7 792.85	8 656.66	9 687.87	11 855.78	15 165.47	17 003.6	20 461.56
地方税收	1 634.3	2 255.02	2 786.88	2 950.8	3 312.07	3 733.7	4 716.34	5 319.7	6 303.83
地税(%)	34.98	43.83	35.76	34.09	34.19	31.49	31.1	31.29	30.81
国税(%)	65.02	56.17	64.24	65.91	65.89	68.51	68.9	68.71	69.19

注:表中的地方税收总量不包括农业类税收。
资料来源:国家税务总局网站。

从表19-3可以看出,尽管税收收入是地方财政收入的主要来源,但在国家税收总量中,地方税收所占的比重一直较低,除了1996年提高较快外,此后各年份不仅比重只略高于30%,而且逐年呈现下降趋势。

---

① 不包括各银行总行、铁道部门、各保险总公司集中交纳的营业税。
② 不包括各内资银行、外资银行和非银行金融机构的企业所得税。
③ 从2002年1月1日开始,除了铁道运输、国家邮政、国有四大商业银行、国有三大政策性银行以及海洋石油天然气企业交纳的企业所得税继续作为中央收入外,企业所得税和个人所得税改为共享税。
④ 农业税从2006年起全面取消。

结合上一节中阐述的地方政府职能加大、财政支出规模扩张的现实状况,在税收增长缓慢的情况下,解决地方政府履行职能所需要的资金缺口,只能通过其他诸多方式进行。

二、费用收入

地方财政的费用收入包括预算内的收费和各种基金收入。收费的依据很多,一般认为是政府为当地的居民提供了某种服务,或为居民提供了(准)公共品,居民因为享受到了政府的服务、公共品,根据受益的原则,需要为服务和公共品的提供支付费用。当然,收费的依据也包括政府的政治权力:政府管理部门根据其拥有的政治权力、行政管理权向所辖地区的居民征收相应的费用。

与税收方式相比,收费有着税收难以比拟的优点:符合受益原则,对缴费者而言比较公平;以收费的方式提供商品和服务,与市场经济等价交换的原则相符合,有助于资源的最优配置,符合经济效率原则;针对需求水平存在差异的现实状况,以收费的方式提供(准)公共品和服务,可以为居民提供不同层次的需求,满足人们的多种选择与需要。

地方财政费用收入在地方预算中以多种科目进行反映,主要有以下几项:专项收入,包括排污费、教育附加等项目;行政性收费;基金收入,主要是指社会保险基金,等等。

收费为地方财政收入的来源之一,由于地方政府拥有很大的收费自主权,在收费过程中就很容易产生各种问题,主要表现在以下几个方面:一是收费范围广泛,项目众多,规模过大。几乎在经济、社会生活的方方面面都存在地方政府的收费,费用收入和基金占地方财政收入的比重很高。二是收费主体过多,管理漏洞大。几乎所有的地方政府管理部门、行政性事业单位都拥有收费的权力。三是收费过滥,导致"三乱",即乱收费、乱罚款、乱摊派现象严重,屡禁不止。

三、地方资源性收入及财产转让、经营性收入

由于历史的原因,地方政府拥有规模较大的经营性国有资产,包括国有企业和国有事业单位;规模巨大的自然资源,如城镇土地、国有山林、湖泊等。

我国经济体制目前正处于转型过程之中,政府经济性职能正在逐步收缩,在旧体制中通过(地方)财政投资而形成的巨额经营性国有资产,正在以多种形式变现,由此而收回的经营性国有资产成为地方的财产转让收益;继续处于经营状态的地方国有企业,其在生产经营活动中产生的利润,在上缴企业所得税以后,税后利润的一部分将形成地方财政的投资收益。各级地方政府基本上都拥有数量不等的自然资源,这些资源通过市场进行转让以后而产生的收益形成了地方财政的资源性收入。如地方政府的资源开发收益、土地湖泊的转让与出租收益等。在当前环境下,土地的转让收益已经构成了很多地方政府财政收入的重要来源之一:地方政府征用所辖范围之内的城镇、农村集体的土地,然后通过拍卖竞价的方式,高价转让给房地产开发商,从中实现巨额收益。

表19-4 江苏省某市地方财政收入 (单位:亿元)

年份	合计	工商税收	农业税收	专项收入	行政性收费	其他收入	基金收入
1998	50.79	43.08	1.81	1.79		2.73	1.38
1999	67.84	54.78	4.23	2.59		2.96	3.28

续　表

年份	合计	工商税收	农业税收	专项收入	行政性收费	其他收入	基金收入
2000	79.31	65.05	3.71	2.51	0.91	3.48	3.65
2002	144.08	93.49	8.46	4.31	3.67	5.67	28.48
2003	191.78	101.06	9.48	4.33	5.07	16.54	55.30

资料来源：该市历年政府工作报告。

根据中国指数研究院 2010 年 1 月发布的《2009 年中国土地出让金年终盘点报告》，2009 年中国土地出让金总金额达 15 000 亿元，占当年 GDP 的比重为 4.47%；占全国财政收入的比重为 21.9%。以北京市为例，根据北京市土地整理储备中心的数据测算，2009 年全年通过招拍挂方式成交的各类土地达 247 宗，成交金额达 928 亿元，土地出让金收入占财政收入比重达到 45.9%。很多地方财政收入中来自于土地的收入超过 50%。分税制导致的地方政府财权与事权的不对称，使地方政府过度依赖土地出售为财政融资，地方政府的利益与房地产业紧密结合在一起，成为各地房地产价格居高不下、难以控制的推手。

四、中央转移支付

转移支付的主要宗旨是为了加强中央财政的宏观调控能力，实现不同地区之间经济和社会的均等化发展；缓解贫困地区的财政矛盾，体现民族政策；调节地区间财力，使各级政府和财政公共服务能力均等化。

（一）转移支付的原因

从理论上说，中央财政对地方财政以及地方上级财政向下级财政提供转移支付，其原因是多方面的。具体地说，有以下几个方面：

为了实现地区间的公平而提供均等化的转移支付。由于历史、自然条件、客观环境等原因，不同地区在经济、社会发展等方面存在较大的差距，导致不同地区之间收入、公共品、财富分配等各方面的不公平。如果没有上级政府对这种现象进行宏观调控，那么地区之间的不平衡问题将随着经济发展进一步加剧。中央政府或上一级政府的转移支付可以在相当程度上实现不同地区的均等化，有助于实现地区之间的均衡。

地方政府提供的公共品在辖区之间的外部性现象的存在，需要上级财政的转移支付。当某地在本地范围内提供的公共品也有利于外地居民时，外部性就因此而产生。正常情况下，本地的决策是出于辖区内的利益（收益与成本）考虑，如果一项决策的外部性过大，将会对这项决策的实施产生抑制作用。为了鼓励外部性项目的决策得以顺利实施，中央政府或地方的上级政府有必要采用转移支付的方式对这种决策进行鼓励。此外，不同地区之间各项事务相互协调可以促进劳动力和资本按照效率原则进行自由地流动，上级政府的转移支付有助于不同区域政府之间的事务协调。

地方征税权力受到限制导致地方财政收入增长有限。从各国的一般做法看，无论是联邦制国家还是集权型国家，凡是在预算管理体制上实行分税制，中央政府都将主要的税种以及税收的征管权和立法权集中在自己手中。对地方税收权力的限制可能出于财政利益的考虑：为了吸引到更多更好的劳动力和资本，地方政府往往不太愿意为提供更为理想的公共品而采用税收的方式进行融资，因为这样做有可能失去在地方政府之间竞争的优势。很多地方政府为了吸引到更多的资本、劳动力,不惜采用各种各样的税收优惠政策,结果不仅导致财政收入大幅减少,税法的严肃性受到践踏,还会引起不同纳税人之间的税收负担不公平,甚至导致纳税人的寻租行为以及各种腐败问题的产生(这种状况在省级以下的政府更为严重)。为了避免这种情况的产生,中央政府往往倾向于对地方的税收权力进行限制的做法。结果,地方财力增长有限。

地方财权与事权的不对称,导致财政赤字产生。在很多国家,地方政府的财权与事权是分别确定的,在地方税权受到限制的同时,辖区内的居民或公众对教育、保健、社会福利以及其他各种公共品和服务的需求不断增加,地方政府必须要承担起向居民提供各种公共品和服务的责任,结果导致地方政府的事权与财权严重的不对称,地方财政的赤字不可避免地产生。如果地方政府在借债方面再受到法规的限制,那么弥补财政赤字只能依靠中央政府和上级政府的转移支付。

(二) 转移支付的类型

由于转移支付的根本动机是为了实现不同地区之间的均等化发展,实现地区间的公平,因此,转移支付的公平同样包括两种类型:横向公平和纵向公平。与两种公平相适应,转移支付的类型也有两种:横向转移支付和纵向转移支付。前者是指同级政府之间的转移支付,后者是指不同层级政府之间的转移支付。比较而言,更多的转移支付发生在上下级政府之间。从转移支付的层次看,一般情况下,转移支付包含两个层次:一是中央政府对地方政府的转移支付;二是上级地方政府对所辖区域内的下级政府的转移支付。中央政府对地方政府的转移支付是各级地方政府财政收入的重要来源之一,也是财政资源在各级政府之间进行重新配置的重要方式。中央政府对地方政府进行转移支付,是分税制国家的普遍做法。以美国为例,1960—1999 年联邦政府对州地方政府的补助(转移支付)无论是在联邦政府支出中所占的比重,还是在州地方政府支出中的比重都很高,并呈现上升趋势,前者从 1960 年的 4.3% 左右上升到 1999 年的 13.2%,后者从 1960 年的 10.5% 左右上升至 1999 年的 20.6%[①]。1999 年,来自联邦政府的转移支付占地方财政收入的比重更高达 34% 左右。同样的状况在其他分税制国家同样存在。中央财政对地方财政的转移支付也是我国中央财政的一项重要支出项目,尤其是 1994 年我国实施分税制的预算管理体制以后,中央政府对地方政府的转移支付占到中央财政支出的 50% 以上(见表 19-5)。显然,政府间的转移支付已构成中央财政支出的一个十分重要的项目。

表 19-5 我国中央对地方的转移支付及其在中央支出中所占的比重　　　(单位:亿元)

年份	中央财政支出	中央本级支出	补助地方支出	$\frac{补助地方支出}{中央财政支出}$(%)
1990	1 589.75	1 004.47	585.28	36.82
1991	1 645.56	1 090.81	554.75	33.71
1992	1 766.94	1 170.44	596.50	33.76
1993	1 856.69	1 312.06	544.63	29.33

---

① Harvey S. Rosen: *Public Finance*, 6th·ed. McGraw-Hill, 2002, p.496.

续 表

年份	中央财政支出	中央本级支出	补助地方支出	补助地方支出/中央财政支出(%)
1994	4 143.52	1 754.43	2 389.09	57.66
1995	4 529.45	1 995.39	2 534.06	55.95
1996	4 873.79	2 151.27	2 722.52	55.86
1997	5 389.17	2 532.50	2 856.67	53.01
1998	6 447.14	3 125.60	3 321.54	51.52
1999	8 238.94	4 152.33	4 086.61	49.61
2000	10 185.16	5 519.85	4 665.31	45.80

资料来源:《中国财政年鉴2001》。

我国转移支付按照目的的不同,可分为很多种。根据中央《过渡期转移支付办法》的规定,到目前为止我国转移支付共有以下六种:税收返还、原体制补助、转移支付补助、专项补助、各种结算补助和其他补助。

五、债务筹资

财政借债的动机就是为了弥补财政赤字。根据现行《预算法》的规定,地方财政预算不能有财政赤字,同样地方财政也不允许存在债务。所以从法律的角度看,地方财政不会有债务资金。但实际上,各级地方政府还是以多种公开或隐性的方式筹措大量的债务资金,用于解决地方基础设施建设中资金的不足,甚至为了解决地方行政事业单位的"吃饭"问题而借债。这种状况在我国当前已经成为一个公开、不争的事实。

根据《预算法》的规定,地方财政必须要保持收支平衡,不能有财政赤字。但从我国当前的地方财政状况看,地方政府的财政赤字已经成为一种普遍的现象。20世纪90年代以来,同中央财政一样,地方财政几乎是年年赤字(见表19-1)。

从现实看,我国地方财政赤字主要发生在县和乡镇两级财政。由于财政统计不再汇总乡镇一级,因此乡镇级财政赤字以及由此而产生的乡镇级财政负债总规模和结构并没有公开的数据,但通过众多专家对不同地区乡镇财政的负债及财政赤字状况所进行的调查,估计全国乡镇级财政负债总规模在2 000~2 200亿元(2003年)。地方财政除了公开借债外,还有不同形式的或有债务,包括显性或有负债和隐性或有负债。

第三节 分税制下地方财政困境的解决

尽管地方财政为了履行自身职能,运有多种方式筹措资金,但从总体上看,地方财政公共支出缺口很大,从表19-6可以看出,除了极少数年份以外,地方财政收不抵支的状况日益严重。尤其是1994年以后,地方财政赤字呈现直线上升势头。所以会发生这种状况,我们认为与我国当前实行的分税制直接相关。理论上看,分税制要求各级政府在财权与事权相对称的前提下,划分各级政府的收入(见表19-6)。但实际状况与此大相径庭:中央财政集中了过多的财权,将一些重要的税种以中央税和共享税的形式作为自己的收入来源,只是将零星税种分给地方政府;同时,各级地方政府为了履行职能支出规模还在不断扩大(尤其是1998年以后),结果导致地方政府的财政赤字日益严重。

表19-6 我国中央财政和地方财政的财权与事权比重

年份	中央财政收入比重(%)	地方财政收入比重(%)	中央财政支出比重(%)	地方财政支出比重(%)
1990	33.8	66.2	32.6	67.4
1993	22.0	78.0	28.3	71.7
1994	55.7	44.3	30.3	69.7
1996	49.4	50.6	27.1	72.9
1998	49.5	50.5	28.9	71.1
2000	52.2	47.8	34.7	65.3
2001	52.4	47.6	30.5	69.5
2002	55	45	30.7	69.3
2003	54.6	45.4	30.1	69.9
2004	54.9	45.1	27.7	72.3
2005	52.3	47.7	25.9	4.1
2006	52.8	47.2	24.7	75.3
2007	54.1	45.9	23.0	77
2008	53.3	46.7	21.4	78.6
2009	52.4	47.6	20.1	79.9

资料来源:1990—2007年数据来自于《中国统计年鉴2008》,2008—2009年数据来自当年中央和地方决算草案报告。

从表19-6可以得出的结论是:财权划分上,中央财政和地方财政基本上是平分秋色,但在财政支出上,地方财政的支出份额远远大于中央财政,中央财政支出年均约30%。随着时间的推移,在地方财政收入中,税收所占的比重逐年降低,从1998年的88.38%降至2003年的57.64%。在农业税取消以后,这一比重还将继续呈下降态势。与此同时,地方财政年均支出在国家财政中所占的比重为70%左右。财权与事权、收入与支出严重不对称,是造成地方财政困境的直接原因。解决地方财政的困境,需要采取多方面的举措。

1. 调整中央与地方之间的财权与事权

满足地方财政执行财政政策对资金的需求,首先需要对当前的预算管理体制进行调整,按照财权事权相对称的原则,重新划分中央和地方的事权和税收的征管权。中央财政应该加大对于"三农"、文教科卫等项目的支出力度。在税收征管权方面,可以适当增加共享税中地方财政的分成比例,尤其是原本归地方财政的所得税的分成比例。

2. 根据经济社会发展以及地方财政融资的现实需要,适时开征遗产税与赠与税

从国外的经验看,财产税一直是地方财政收入最重要的来源,而最重要的财产税就是遗产税和赠与税。我国现行税制中的财产税尽管属于地方财政收入,但税种仅仅限于房产税和契

税。既有助于公平收入分配、又能够增加地方财政收入的、真正意义上的财产税——遗产税和赠与税,我国至今为止并没有开征。我国从 20 世纪 80 年代开始就执行"让一部分人先富起来"的富民政策。当前,致富者为数众多,具备了为后代留下大笔遗产的条件。遗产税和赠与税是在财产税环节调节收入分配的最佳手段,是对个人所得税很好的补充。对遗产征税也是为不同的纳税人提供一个公平的起点,是对公平最好的诠释。此外,从地方财政角度看,遗产税和赠与税无疑是非常重要的筹资手段。从方方面面考虑,我国需要及时开征遗产税和赠与税。

3. 增加中央财政以及地方财政对基层财政的转移支付

从各国的经验看,中央财政对地方财政的转移支付构成了地方的一个重要财源。1994 年我国执行分税制的同时,开始实施比较规范的转移支付制度。由于制度在实施过程中还存在诸多问题,需要进一步完善(见第十八章)。

4. 精简基层行政管理机构,分流人员

从很多国家预算管理的实践看,地方政府通常为二级,少数国家有三级。我国地方政府共有四级,相应的财政机构也分为四级地方财政。行政管理机构层次过多,容易导致各级政府之间职能划分不清问题的产生;由于机构设置层层对应,过多的行政管理层次导致机构和编制过多,"吃饭财政"支出规模过大。从现实看,过于庞大的行政管理机构是导致很多地方财政尤其是基层财政变成纯粹"吃饭财政"的主要原因。如果减少行政管理层次,不仅可以大幅减少财政的行政管理支出规模,还可以提高行政管理部门的工作效率。因此,可以从实际出发,通过对行政管理机构的成本和效益进行比较,将成本偏高、效益偏低,甚至行政无效率的管理层次取消。这样可以从总量上大大减少地方财政支出规模。

5. 与政府职能的转变相适应,加快国有存量资产变现的速度,将地方经营性国有存量资产变现的部分直接用于本地社会保障基金缺口的弥补

由于历史和制度的原因,几乎所有的地方政府都拥有规模不一的巨额经营性国有资产。伴随着政府经济性职能的转化,存量的经营性国有资产正在以多种方式进行转让,这样将收回大量的国有资产投资资金。这些收回资产中的相当一部分属于社会保障制度建立以前单位职工的剩余索取权益。新型的社会保障制度建立以后,老职工社会保险基金个人账户基本上为空账,这是国家财政对老职工的欠账,由国家财政填补个人账户中的空缺是完善中国当前社会保障制度唯一的选择。因此,将收回的经营性国有资产的一部分用于弥补社会保障基金的缺口,是解决当前地方财政社会保障资金支出不足的重要渠道。

本章小结

中国分税制的预算管理体制是从1994年开始执行的。该制度实施以后,尽管地方财政拥有了比较稳定的收入来源,但将财权和事权结合起来看,地方财政收入难以满足地方政府履行正常职能对资金的需求,地方财政入不敷出成为一种普遍的现象。地方政府之间的竞争实行税收优惠政策和支出政策,更加剧了财政的赤字规模。中国当前正在执行的农村税费制度改革,将使地方财政尤其是基层财政的困境加大。为了解决地方财政困难,还需要从理论上入手,准确区分中央和地方的事权,按照收入和支出相结合、财权和事权相对称的原则,重新调整中央和地方的税收以及职能,同时执行合理的政府间转移支付制度,尤其需要完善地方政府之间的转移支付制度,为基层财政建立稳定、可靠的资金来源。此外还需要对已有的行政管理体制继续进行改革,减少地方"吃饭财政"支出的规模。

复习思考题

1. 按照分税制要求,地方政府的职责主要在哪些方面？中央和地方当前的事权划分合理吗？
2. 地方财政稳定的收入来源应该如何确定？相应的税种应该有哪些？
3. 当前很多地方出现的财政赤字以及巨额的债务问题,该如何解决？

第五篇 财政政策

第二十章　财政政策

第一节　财政政策概述

财政政策可以理解为：一国政府为了实现既定的经济、社会目标，依据客观经济规律而制定的、用财政手段干预经济的准则和措施的总称。财政政策由政策目标、政策手段、政策的传导机制以及政策效果等诸多要素构成。从事财政政策活动的主体是政府，制定财政政策是政府部门通过财政手段来干预经济活动的具体体现。因此，财政政策的采用是与政府职能的转变紧密联系的。

一、财政政策的采用

财政政策作为国家宏观经济政策的一个重要组成部分并形成自己的体系，经历了一个较长的历史发展过程。在一国政府通过制定财政政策对经济活动进行干预之前，朴素的财政政策思想在财政理论中就已经存在了。例如，我国古代历史上的财政学家很早就提出了"量入为出"、"轻徭薄赋"、"藏富于民"等非常有见地的财政思想，历代的封建统治者在新中国成立初期，也基本上是采用轻税的财政政策，以恢复和发展经济。

20世纪30年代以前，古典经济学派的创始人亚当·斯密一直主张政府应该充当"守夜人"的角色，避免对经济活动的干预，以便使市场机制作用的充分发挥。相应地在政府的预算支出中，财政应坚持量入为出的原则，实行平衡预算。20世纪20年代末、30年代初的大危机之后，人们开始认识到，市场经济条件下，由于市场机制本身存在的缺陷，市场对宏观经济的调节失灵，最佳的、无通货膨胀的、充分就业的宏观经济平衡并不能依靠市场的调节而实现，经济自身存在的通货膨胀缺口和通货紧缩缺口是市场本身所无法填补的，这就需要政府运用财政政策和货币政策进行干预。

所谓通货膨胀缺口是指在充分就业条件下，实际投资额超过储蓄额的差额，也就是超过充分就业条件下所能生产的商品和劳务价值总数的过量需求。超额的总需求市场无法出清，只能是以通货膨胀的方式来实现商品供求总量的平衡。

所谓通货紧缩缺口是指当实际投资额小于储蓄额时出现的差额，即充分就业条件下整个社会对商品和劳务的需求总量低于所能生产的商品和劳务价值总量。超额的总供给市场无法出清，只能是以物价总水平持续下降的通货紧缩的形式强制实现总量平衡。

在市场经济条件下，市场对以上两种情况都不能自动进行调整。要实现没有通货膨胀和通货紧缩、达到充分就业的总供给与总需求平衡，必须通过政府的干预，利用财政政策和货币政策来加以调节。在凯恩斯看来，财政政策要比货币政策更加奏效。现代凯恩斯主义的重要代表者萨缪尔森认为，当缺口很大的通货膨胀或通货紧缩出现时，政府就得对物价上涨或大量失业采取措施，采用税收和政府支出的方式来调整收入水平，使总量趋于平衡，这就是财政政策。

二、财政政策理论

财政政策作为政府干预经济活动的宏观经济政策，产生于20世纪30年代的凯恩斯主义。在此之前，无论是以亚当·斯密为代表的古典经济学派，还是以马歇尔为代表的新古典学派，都主张由市场这只"看不见的手"对经济活动和资源配置进行调节，反对政府运用政策手段对经济活动进行干预。新古典学派从实现资源配置和社会福利最大化的角度发现了市场失灵，并提出了政府干预收入分配的主张，从一个角度改变了古典经济学派对政府干预经济活动完全持否定态度的主张，为现代意义上的财政政策的产生奠定了一个良好的基础。

（一）凯恩斯学派的财政政策理论

在20世纪30年代大危机的背景下，1936年凯恩斯发表了著名的《就业、利息和货币通论》。在该著作中，凯恩斯提出了政府干预经济的宏观经济政策理论。凯恩斯提出的经济理论经过他的追随者不断补充、修改和完善，成为当时以及此后近30年里西方经济理论界最有影响的理论，并成为西方国家政府制定和执行宏观经济政策的指导性理论。由于凯恩斯特别强调财政政策在刺激经济方面所发挥的作用，因此凯恩斯学派又被称为财政学派。

凯恩斯提出的基本思想是，资本主义国家普遍存在的经济危机和大量失业，主要原因在于有效需求的不足，包括消费需求和投资需求的不足。有效需求的不足主要是由三个基本心理规律引起的：边际消费倾向的递减导致消费者消费需求不足；资本的边际投资效率递减导致资本家投资需求的下降；流动偏好规律可能导致利率大幅上升而使投资的预期收益降低，从而导致资本家投资的减少。三个基本的心理规律使消费需求和投资需求都减少，引起社会有效需求的不足，这是大量失业和经济危机产生的根源。市场调节本身并不能填补总供给与有效需求之间的缺口，这就需要政府通过制定和执行宏观经济政策对经济活动进行干预，从而增加社会的有效需求，解决失业和经济危机问题。宏观经济政策包括财政政策和货币政策，其中最重要的就是财政政策。

为了说明财政政策对增加就业和刺激经济增长的作用，凯恩斯还阐述了投资乘数原理。在凯恩斯看来，由于乘数效应的存在，政府投资增加将在各环节带动民间投资的增加，由此带动就业的增加，收入因此而增加，而收入的增加又带动消费的增长，这又对投资产生刺激作用，最终实现经济的稳定增长。政府的财政政策手段主要有两个：税收与财政支出。针对不同的财政政策目标，采用不同的财政政策手段。在经济萧条的环境下，财政政策的主要目标就是增加就业，刺激经济增长。为了实现这样的政策目标，从税收上看，拟进行减税，以刺激投资与消费；公共支出方面，政府应增加预算支出，通过投资支出的乘数效应，带动更多的民间投资，从而提供大量的就业机会，以实现充分就业和经济增长的政策目标。比较而言，凯恩斯更强调公共支出手段对实现政策目标的作用。由此而形成的巨额财政赤字主要通过发行国债的方式进行弥补。

凯恩斯的理论提出来以后,在英、美经济学界出现了大量的凯恩斯主义者,他们推崇凯恩斯的经济理论,并对他的理论进行解释、修正与发展,形成了在西方经济理论界占主导地位的凯恩斯主义经济学。凯恩斯之后的该学派可以分为两派:美国的凯恩斯主义学派和英国的凯恩斯主义学派。

以汉森、萨缪尔森、托宾等为代表的美国经济学家将凯恩斯的理论与萨伊等新古典经济学派的理论综合在一起,形成了新古典综合派。他们从标准的凯恩斯理论出发,主张政府以宏观经济政策对总需求进行调节,以刺激生产、增加就业和保持宏观经济的稳定。但他们又认为,有必要将凯恩斯的宏观政策与凯恩斯之前的新古典学派经济理论结合起来,既强调政府对需求的调节作用,又保留市场机制对生产要素供求的调节作用。他们对凯恩斯的边际消费倾向递减理论进行修正,认为消费在国民收入中所占的比例是不变的,只要政府运用财政政策和货币政策就能够创造购买力,有效需求不足和非自愿失业问题就不会存在。他们认为,凯恩斯的财政政策理论中,只关注到投资的乘数作用,而没有注意到投资的加速作用。因此用投资的加速作用来弥补凯恩斯乘数理论的不足。在财政政策方面,新古典综合派提出了补偿性财政理论与政策。所谓补偿性财政政策是指有意识地从当时经济状况的反方向调节经济景气变动幅度的财政政策,以达到经济稳定增长的目的,即当经济处于繁荣时期,政府通过减少支出、增加税收的方式以抑制通货膨胀,减少过度的民间需求;当经济处于萧条时期,政府应该采用增加支出、减少税收的方式来刺激民间需求,防止通货紧缩,保持经济的稳定。反向的经济政策调节并不会造成过重的财政负担,因为政府可以用经济繁荣时期所产生的财政盈余弥补经济萧条时期的财政赤字。

以琼·罗宾逊、卡尔多为代表的英国凯恩斯主义者,以正宗的凯恩斯主义自居。由于他们都在英国的剑桥大学任教,又背离了以马歇尔为首的剑桥学派的传统,因此被称为新剑桥学派。该学派主要研究的是国民收入中工资和利润所占的比例如何确定和如何变动。在国民收入一定的水平上,工资和利润总是呈反方向变动。通过对收入分配问题的研究,新剑桥学派认为:资本主义经济的症结不是有效需求不足,而是收入分配的失调,且随着经济的增长而更加明显,故医治资本主义症结的方式在于实现收入分配的均等化。为了解决资本主义收入分配不均等问题,新剑桥学派提出了一系列的财政政策主张:通过累进税政策改变收入分配的不均等;给低收入家庭适当的补助,以改善他们的贫困状况;将政府掌握的资源从军事部门转移到民用部门和服务业;提高失业者的文化技术水平;减少财政赤字,逐步实现财政预算平衡;用政府预算盈余去购买公司的股份,将股权从个人手中转移到国家手中;实行没收性的遗产税,以消灭私人财产的集中,并将因此所得到的收入用于公共目标[①]。

无论是凯恩斯本人还是后凯恩斯主义者,都未能解决凯恩斯宏观经济理论的微观基础问题。由于凯恩斯理论中这一缺陷一直没有得到很好地解决,因此,当20世纪60年代末至70年代经济滞胀问题产生,而凯恩斯理论对此又无能为力的时候,该理论受到了来自现代新古典各流派猛烈的抨击,以至于凯恩斯理论在西方经济理论中丧失了主流经济学的地位。在这种状况下,80年代崛起、90年代兴盛的,以斯蒂格利茨、阿克劳夫、曼昆等知名经济学家为代表的

---

① 对后凯恩斯主义理论的阐述,参阅颜鹏飞,张彬:《凯恩斯主义经济政策述评》,武汉:武汉大学出版社,1997年版。

新凯恩斯主义学者,发现了宏观经济理论的微观基础,使凯恩斯主义经济学重新成为西方经济理论的主流经济学,并使凯恩斯宏观经济理论再次成为一些资本主义国家制定经济政策的理论指导。他们运用市场不完备、信息不完全及信息不对称的理论,对劳动力市场及商品市场进行了分析,由此派生出很多种对工资(价格)刚性进行解释的理论。其中最著名的就是效率工资理论。该理论认为,由于雇主对劳动力市场上的每一个劳动力个人素质的信息并不了解,如果他付出的工资水平较低,那么高素质的劳动力就会因低工资而流失,如果支付较高的工资,尽管存在着低素质的劳动力被雇用的状况,但高工资往往容易将高素质的劳动力留下来,且工资水平越高,劳动力的劳动效率越高。与高效率相对应的工资就是效率工资。由于效率工资的支付,即使劳动力市场上供大于求,也不会出现通过降低工资水平使劳动力市场出清,这样失业就不可避免,而市场本身不能解决失业问题,这就需要由政府运用财政政策及其他宏观经济政策进行干预。

(二) 反政府干预学派的财政政策理论

现代西方反对政府干预、主张市场调节和自由放任、自由竞争的学派,主要是包括货币学派和理性预期学派在内的现代新古典学派。除此以外,还有供应学派,他们基本的思想是财政政策无效。

以弗里德曼为主要代表的货币学派特别强调货币在宏观经济活动中的地位。他们认为,货币供应量在短期决定名义国民产出的变动,从长期看,货币则是决定价格水平的主要因素。在政策方面,他们认为政府应该从对市场的干预中解脱出来,最大限度地让市场发挥作用;控制通货膨胀比减少失业更具有实际意义;政府应实行单一规则的货币政策,即确定一个固定的货币供应量增长率,这个增长率应在价格水平稳定的前提下,与预期的实际国民收入增长率相一致。货币学派如同古典经济学派一样对政府运用财政政策手段对经济活动的干预完全否定。

由于20世纪70年代在西方国家出现的经济滞胀,使凯恩斯财政政策理论陷入困境,以卢卡斯、华莱士为代表的理性预期学派对后凯恩斯主义的理论与政策主张提出了挑战。该学派的两个理论前提是,理性预期假说和持续的市场出清。他们认为,竞争性市场可以很快使经济恢复到充分就业状态,大萧条只是一种反常的现象;如果政府运用财政政策对经济活动进行干预,那么人们就会根据政策对未来可能产生的影响做出预期,从而调整自己的行为,这样做的结果是政策的无效。尽管该学派认为财政政策是无效的,但也提出了自己的政策主张:政府在使用政策时,一定要注意政策的"信誉",保持政策的连续性。政府的财政政策应该是保持公开、永久的税率,使税收正好能够满足政府的支出。

以拉弗、费尔德斯坦为代表的供应学派,同现代新古典综合学派一样反对政府对经济活动的干预,他们的基本主张就是恢复萨伊定律:供给会自动地创造需求,而完全竞争的市场经济是萨伊定律的前提。他们认为,增加供给比刺激需求更重要。为此该学派提出了供给管理理论。为了增加供给,政府需要实施减税,经济活动会随着税率的降低而增加,供给量因经济活动的增加而增加。结果,税收不仅不会因税率的降低而减少,反而因经济活动量和供给量的增加而得到提高。因此,供应学派竭力主张政府应执行减税政策。如果将供应学派的政策主张放到财政政策的框架中,那么减税实际上就是扩张性财政政策的另一种政策手段而已。

在财政政策方面,其他学派中较具有代表性的是公共选择学派。以布坎南为代表的公共选择学派与前面两个学派一样,反对政府以财政政策手段对经济活动进行干预。他们认为,政府如同私人经济主体一样,也是"经济人",因此,在制定和执行财政政策过程中,不免也带有利益最大化的倾向,这样做的结果往往导致政策的不公平,使政府政策同市场一样也会产生失灵。因此,应尽量减少政府对经济活动的干预。

综上所述,不同的经济学流派对于财政政策效果的观点可以归结为三种基本类型:财政政策有效论、财政政策无效论和财政政策有效但同时也存在着政府失灵论。

(三) 关于财政政策手段的争论

近年来针对各国财政政策手段的实践,理论界就财政政策中两个基本手段——税收和公共支出究竟哪一种手段更合适的问题展开了争论。Fabrizio Perri 就日本 20 世纪 90 年代以来,为克服经济衰退而执行的扩大政府公共支出为主要手段的财政政策进行了深入研究后认为,政府持续性地扩大公共支出几乎没有增加任何产出,对经济稳定所起的作用极小,而且还导致公共债务的大幅增长。从数量角度看,以扩大公共支出为主要手段的扩张性财政政策对产出有积极影响,但这种影响是有限的,反而导致政府债务巨大。他认为,劳动生产率长期、急剧的下降是近年来产量下降的原因,在这种状况下,采用大规模的政府公共需求及公共债务为特征的政策,并不可能如同政策的制定者所预期的那样,成为稳定产量的有效工具[①]。尽管 Fabrizio Perri 没有提倡为摆脱经济困境日本政府应该实施减税,但他的结论表明:仅仅以扩大公共支出的手段不仅不能解决问题,反而使政府背上沉重的债务负担。

就日本财政政策的另一个政策手段——税收所进行的研究,可以在 Dirk Krueger 和 Edward C. Prescott 的研究论文中得到[②]。他们运用标准新古典模型对持久性的以及暂时的减税可能产生的效果进行了系统分析后得出的结论是,如果减税的同时政府的公共支出也减少,那么产出与消费将随着减税而增长,无论减税是短期的还是长期的,都会产生这样的效果。但是,如果减税的同时不是公共支出的减少,而是政府债务和未来税收可能增加,那么减税对消费、产出的影响不仅很小,而且还会导致将来整个经济的下滑。他们的结论说明,减税对刺激经济增长所起的作用是明显的,但不能以扩大公共支出、政府债务为代价。实际上,Dirk Krueger 和 Edward C. Prescott 的研究结论与 Fabrizio Perri 的分析结果是一致的,对于日本而言,以扩大公共支出作为主要手段的积极财政政策基本上是无效的。

同 Dirk Krueger 和 Edward C. Prescot 一样,Alan Sutherland 也从公共债务的角度对财政政策的效果进行了研究。Alan Sutherland 主要以英国、丹麦、爱尔兰等欧洲国家为案例进行了理论和实证分析。他的研究成果表明,财政政策对消费的影响取决于公共债务水平。如果执行财政政策而产生的债务规模适度,则会实现传统的凯恩斯理论中的政策效果,因为这一代的消费者会认为当政府为执行稳定的政策而进行征税的时候,他们已经不在世了,因而无需承担为支付债务而必须交纳的税收。但是如果债务规模达到极高的水平,那么当代的消费者会意识到,当政府下一次执行稳定政策而进行征税的时候他们依然还活着,即还需要承担相应的税收,在这种状况下,财政赤字将导致消费者紧缩开支[③]。

[①] Fabrizio Perri: The Role of Fiscal in Japan: A Quantitative Study, *Japan and the World Economy*, 2001, 13.

[②] Dirk Krueger, Edward C. Prescott: Should Japan Cut Taxes? Implications from the Neoclassical Growth Model. www.ssrn.com, 1998, February 19.

[③] Alan Sutherland: Fiscal Crises and Aggregate Demand: Can High Public Debt Reverse the Effects of Fiscal Policy? *Journal of Public Economics*, 1997, 65.

三、财政政策准则

在西方理论界,对财政政策的准则有两个极端的观点:一是年度平衡预算准则,二是功能性财政预算准则。在这两个准则中间,还有周期平衡预算准则和高就业预算准则。

(一) 年度平衡预算准则

所谓年度平衡预算准则是指在一个预算年度之内,政府财政的总收入与总支出必须相等。年度平衡预算准则是由古典经济学派所倡导的,直到 20 世纪 30 年代之前,均为资本主义国家的政府财政活动所奉行。古典学派认为,所以要坚持年度平衡预算准原则,是因为:① 如果政府预算不平衡而产生赤字,为弥补赤字须向私人部门出售公债,这样私人部门经济发展所需要的有效资金就会减少。② 政府的开支扩大,会影响公私部门之间的资源配置。③ 财政赤字会导致通货膨胀。

20 世纪 30 年代初期,美国罗斯福总统针对世界经济大萧条实施的"新政",废除了年度平衡预算的方针。由于凯恩斯经济学的兴起,很多经济学家及政府当局都赞成利用政府的预算实现促进经济稳定的目标。他们认为,年度平衡预算束缚了政府在反经济危机和保持经济稳定上所采取的财政措施的手脚,实际上,年度平衡预算会加剧经济危机。例如,在经济衰退时,税收会自动减少,假如政府为了平衡预算,势必要提高税率或减少开支,或两者同时进行。在经济衰退时期进行这种紧缩预算的结果,更进一步遏制了需求的增长,从而使经济衰退更加加剧。同样道理,年度平衡预算政策也会加剧通货膨胀。在通货膨胀时期,人们的货币收入增加,税收也会自动增加,政府预算产生盈余,此时政府为了预算的平衡,会采取降低税率或增加开支,或两者同时进行。这种扩张性的财政政策,必然使通货膨胀压力加大。因此,年度平衡预算并不是既不收缩也不扩张的中立预算政策,它不能保持经济的稳定。

(二) 功能性财政预算准则

以财政政策实施后所带来的经济效果作为评判财政措施好坏的标准,这就是功能性财政预算准则。功能性财政预算准则与年度平衡预算准则是完全相反的:年度平衡预算准则的基本要点是控制政府的财政活动,坚持收支平衡;功能性财政预算准则鼓吹政府的预算要有助于促进宏观经济目标的实现,无需财政平衡。政府预算的平衡与否都不重要,政府预算的首要目标就是要提供没有通货膨胀的充分就业,即实现经济平衡而不是财政预算的平衡。财政预算的不平衡相对于持续的经济衰退或严重的通货膨胀问题而言,只是一个小问题,政府预算只要有助于宏观经济的稳定,在赤字或平衡中进行选择是不应该有任何犹豫的。功能性财政预算准则所产生的大量公债并非难以负担,政府拥有征税的权利,可筹措资金弥补赤字;另一方面,经济发展了,税收会自动地增加,赤字对促进经济发展起了良好的作用。

1943 年,凯恩斯学派的重要代表人物之一雷纳在他的《功能财政与联邦公债》论文中,对功能财政的作用作了重要的阐述。他认为,政府的财政活动有足以维持充分就业的能力,"二战"之前持续性的经济衰退状况由于总需求的扩大而得到缓解。他认为,政府的经济政策应该将政策手段实施后所产生的政策效果放在首位,对年度预算的平衡与否可不作重要考虑。

根据雷纳的观点,政府经济政策的第一职责应是实现充分就业和物价稳定,而不应该关心其本身的收支是否平衡,税收不必等于财政支出。政府的第二个职责是在私人部门开支少而想持有更多的政府债券的时候,政府应当向私人部门发行公债,否则利率太低会使私人投资增加,从而导致通货膨胀。第三个职责应该是当政府的货币支出超过收入,而且不能从私人部门的货币储存中销售政府公债时,则应发行新的货币;反之,当政府收入超过支出时,要么进行货币的销毁,要么用于加强私人部门的储存。在经济实践中,货币的发行、储存或销毁,都是依据充分就业、物价稳定等宏观经济目标而定。

(三)周期平衡预算准则

20世纪30年代以后,凯恩斯的就业理论虽然被普遍接受,但在理论界也存在着一些与凯恩斯的观点不同的认识和看法,于是在年度平衡预算准则和功能性财政预算准则之间,出现了周期平衡预算准则。周期平衡预算准则既发挥了政府反危机的作用,又可使预算保持平衡。所谓周期平衡预算是指预算不以12个月作为平衡的时间,而应该在控制经济循环的前提下作预算平衡。在经济萧条时期,政府应减少税收,增加支出,有意识地采取财政赤字的预算政策;当通货膨胀加剧时,政府应该增加税收,紧缩开支,有意识地进行财政盈余预算,利用通货膨胀时期的预算盈余弥补经济衰退时期的财政赤字,从而使国家预算在一个经济周期之内实现平衡。采用这种办法,既可以发挥政府在反经济衰退中所起的巨大作用,又可以使国家预算在一个经济周期之内保持平衡。

周期平衡预算理论的主要困难在于经济循环周期中的上升与下降,其深度和持续的时间都不是相等的。例如,在长期而严重的经济衰退之后,出现的是短暂而有限的经济繁荣,这意味着在经济衰退时期存在着大量的财政赤字,而在经济繁荣时期只有少量的财政盈余,从一个经济周期来看,财政盈余显然是不足以弥补财政赤字的,其结果必然是在出现周期性巨额赤字的同时,也不可能实现充分就业和物价稳定的目标。

(四)高就业预算准则

处于年度预算平衡准则和功能性财政预算准则这两个极端的财政政策准则之间的周期平衡预算准则,虽然在理论上可以为人们所接受,但事实上其财政赤字和盈余是难以抵消的,这就使得高就业预算准则有了可供选择的基础。高就业预算准则首先是由美国的经济发展委员会于1947年提出来的。该委员会建议,制定联邦税率不仅要有利于预算的平衡,而且要在高就业与提高国民收入水平上为偿还公债提供适当的财政盈余。税率一经制定,除了国民经济条件发生巨大变化外,它将作为自动稳定因素对经济进行调节,而无需改变财政政策。

所谓高就业预算准则,是指在实现充分就业的条件下,预算可能提出的政府实际支出、计划和税率。在此预算下,政府不必为弥补经济衰退、收入减少所造成的财政赤字而改变财政政策、增加税收或减少财政支出,而是通过自动稳定因素自动地进行调节。故高就业预算准则是建立在财政政策手段自动稳定作用的基础上,避免改变现行的财政政策,除非整个国民经济发生了巨大的变化。

高就业预算准则与年度平衡预算准则、功能性财政预算准则及周期平衡预算准则之间的主要区别在于:后三者允许利用可供选择的财政政策进行调节,而前者是利用财政政策的自动稳定作用自动地进行调节。

美国的经济发展委员会所提出的高就业预算准则坚持的是稳定预算原则,特别强调税收和支出的自动调节,它对非选择性的财政政策和选择性的财政政策提出了三点看法:第一,人口增加和生产率的提高,会使国民收入和劳动就业水平提高,因而税收也会增加。但选择性财政政策的税率再调整需要较长的时间才能产生效果,一般约需五年的时间。第二,有时发生临时、紧急的开支,这种支出的数额较大而时间较短,为筹措这笔资金而在现有税率的基础上过多地提高税率,在支出停止时又不很快降低税率是不妥当的。在这种情况下,支出资金可以通过在一年以上的时间里增加税收来筹措,而不是在一个单独的财政年度里要求支出与收入的边际平衡。第三,假如经济发展委员会的建议能够与其他领域内相应的政策相结合,则经济波动会受到一定的限制。在严重的经济衰退和通货膨胀时期,采取选择性的财政政策是可行的。

(五) 各种准则的综合运用

为实现宏观经济稳定的目标,最有效的财政政策就是各种不同的准则和政策工具的最佳因素有所选择地结合起来,并加以综合运用。将功能性财政预算准则和年度平衡预算准则中的最佳因素提取出来,形成中性的财政准则,对预算既有控制,又有促进宏观经济目标实现的作用;高就业预算准则既强调自动稳定因素的作用,也重视公共部门的宏观经济成就;利用周期平衡预算准则使高就业预算在充分就业、没有需求的通货膨胀下达到预算的平衡或略有盈余。只是在此平衡点上,结构性的通货膨胀依然存在。

另外,合理的综合性经济政策应包括财政政策和货币政策的协调,否则这两种经济政策所产生的政策效果在一定程度上会相互抵消。

第二节 财政政策的机制

财政政策的制定直接服务于国家宏观调控的目标。财政政策的实施需要采用合适的财政手段。财政政策由诸多要素构成,主要包括政策目标、政策工具、政策的作用机制、政策的传导机制、政策效果等。

一、财政政策的目标

与其他宏观经济政策的目标一样,实现宏观经济总量平衡的财政政策在总体上也有四大目标,即经济增长、物价稳定、充分就业和国际收支平衡。

(一) 经济增长

经济增长的衡量,一般采用国内生产总值(GDP)指标表示。一国国内生产总值的高低反映了该国国力的强弱,而一国人均 GDP 的大小则反映人民生活水平的高低。从理论上说,适度的经济增长率是储蓄与投资均衡时的经济增长率。当然,最适度的经济增长率不仅是难以确定的,而且在现实中也是不可能实现的。经济政策调控的经济增长率一般是根据历史经验和当时的经济社会发展状况而确定的。

(二) 物价稳定

通货膨胀与商品的价格上涨是紧密联系的,各国常采用物价指数来衡量通货膨胀水平,例如美国一般采用消费物价指数、生产者物价指数和国民生产总值物价指数来衡量物价上涨幅度;我国用以反映通货膨胀水平的物价指数是零售价格指数和消费物价指数。

物价上升是伴随着经济增长所特有的一种经济现象。物价稳定并不意味着所有商品的价格绝对不变,而实际上,物价的绝对不变也是不可能的。这样一来,就涉及为实现物价稳定的目标,人们能够容忍的、也是政府竭力需要控制的通货膨胀率的确定问题。在西方经济学界,对"合理的物价稳定"的定义,不同的人有不同的解释,基本上比较一致的看法是,将物价上涨的幅度控制在人们能够承受的范围之内。一般认为,通货膨胀率控制在 3% 之内就可以看作是物价稳定。当然,3%不是一个绝对的标准,不同的国家或同一个国家在经济发展的不同时期,物价稳定的标准是不一样的,一般情况下,经济增长率较高的时候,可以容忍的通货膨胀率相应可以高一些,反之则低一些。

与持续的物价上升状况相反,在现实的经济活动中同样存在着物价持续走低、呈现负增长的情况。如果经济呈现低速增长的同时,伴随着物价持续的负增长状况,那么可以看作是通货紧缩。通货紧缩同样是物价不稳定的表现之一,属于宏观经济不平衡的一种表现。

(三) 充分就业

什么是充分就业,或者说失业率为多少时可看作是充分就业,不同的经济学者有着不同的看法。在西方国家,一般的看法是,充分就业就是指所有有工作能力而又要求工作的人都能得到一个有工资报酬的工作机会,而不包括季节性失业和摩擦性失业。如美国把这两种失业率定为4%,当失业率为4%或就业率为96%时,就可以称为充分就业。所谓自愿失业是指人们认为市场工资低于他个人的时间价值,因而不愿意就业;所谓非自愿失业是指人们愿意按市场一般工资受雇于人,却找不到工作。失业所造成的经济损失和社会压力是十分明显的,正因为如此,经济学界常把解决失业问题当作财政政策的首要目标。

失业有多种类型,如摩擦性失业、结构性失业、季节性失业、周期性失业等。对不同类型的失业,解决方法也是不相同的。摩擦性失业只是间接地与国民经济状况有关,因此光靠政府增加开支并不能使之减少,可以通过建立和完善就业机会信息传播网络的方式,来减少摩擦性失业;季节性失业可以通过季节的变化使劳动力需求相应地变化而得到解决;通过对失业工人进行技术培训和提供再教育,鼓励人员的流动,可以解决跨地区和跨行业的结构性失业;通过财政政策的实施来提高社会总需求,避免、推迟或缓和经济衰退,以降低周期性失业率。

(四) 国际收支平衡

国际收支是指在一定时期内,一国居民和外国居民经济往来的系统记录。这些经济往来按性质可分为两类:经常项目和资本项目。前者主要是指商品和劳务的进出口,后者是指资本的输出和输入。当一国实际的国际收入与支出发生不平衡时,就出现了国际收支顺差或国际收支逆差。国际收支以平衡为最佳,略有顺差或略有逆差都可以看作国际收支平衡,但大量的国际收支顺差或逆差就会对一国政府产生很大的压力,对经济的正常发展会带来不良影响。持续的国际收支逆差会对一国货币币值的稳定造成很大的压力,容易使货币贬值,外汇储备减少,使一国的偿债能力减弱,由此可能会引起一系列不良的连锁反应;持续的国际收支顺差,导致外汇储备不断增加。过多的外汇储备,意味着一国财力和物力的大量闲置和浪费。另外,外汇储备过多,容易导致一国货币升值,对商品的出口造成一定的压力。总之,大量的国际收支顺差,对一国经济的健康发展同样带来不良的影响。

当一国国际收支出现不平衡的时候,就要采取措施进行调节。政府调节国际收支不平衡的一般政策选择是:汇率政策;加强政府对对外贸易和金融的管制;改变国内的生产和商品的价格水平;调整财政金融政策。从财政政策角度看,可以通过税收或财政支出手段,对商品的进出口进行刺激或抑制,以最终实现国际收支平衡。

目前世界各国一般都将以上四大目标作为一国在宏观经济领域发挥作用的财政政策最终目标。但这四个目标只是从宏观整体上而言,就一个国家来说,要同时实现或兼顾四大经济目标是不可能的,因为从表面上看,这四个目标是一致的,实际上是相互矛盾的。因此各国在不同时期制定财政政策时,往往要对目标进行排序,突出某个目标同时兼顾其他目标。

总的来说，财政政策的宗旨是政府通过税收与公共支出及其他财政支出政策的制定，并与货币政策相协调，达到以下目的：① 市场体系有效运转，维持可持续增长的、高就业的经济发展，同时避免高通货膨胀的发生。② 抑制或消除经济的周期性波动及其危害，实现国际收支平衡。

二、财政政策手段

财政收入和支出的各种工具都可以成为财政政策手段，其中最基本的手段是税收和公共支出。

（一）公共支出

作为财政政策手段的公共支出包括一般公共支出和转移性支出。政府支出的相对量决定着公有部门与私有部门的相对规模，同时政府支出影响经济中的支出总量水平，从而影响到GDP的水平。根据业已确定的财政政策目标而制定的财政支出措施，经过一段时间的实施后，通过财政政策的乘数效应、财政政策的传导机制，可以在一定程度上实现财政政策的目标。

（二）税收

税收从以下几个方面影响经济。

（1）税收会使纳税人的收入水平发生变化，从而使纳税人可支配收入数量发生变化。可支配收入数量的变化直接使纳税人对货物及劳务的需求水平发生变化，最终影响到一国GDP的实际水平。

（2）纳税人税收负担的变化会对市场上商品的价格水平产生影响，从而会影响到人们对商品和劳务的需求量，需求对社会商品和劳务的生产直接产生影响，从而影响到政府的宏观经济目标的实现。

（3）税收的变化，直接对纳税人的行为选择产生影响。较低或适度的税收负担一般会产生税收的收入效应，而过重的税收负担则会导致税收的替代效应。税收不同的效应，对宏观经济目标的影响是不一样的。

（三）国债

国债可以通过发行规模、发行对象的选择，期限结构及利率结构的构成等诸多方面的因素来影响社会需求，以实现所制定的财政政策的目标。

（四）国家预算

为了实现财政政策的目标，国家预算的财政政策工具一般有三种：① 平衡预算政策；② 赤字预算政策；③ 盈余预算政策。

（1）平衡预算是财政支出等于财政收入的政策，按照这个政策，财政必须量入为出，支出不能超过其收入。平衡预算是公认的政府财政预算的传统准则。在现阶段，平衡预算应成为一个经济时期的财政政策目标，但不能要求每个预算年度都执行平衡预算的政策，否则，财政政策不一定会起到调节宏观经济活动的作用。

（2）赤字预算是扩张性财政政策，按照这种政策，政府的财政支出必须大于收入，这是一种反经济衰退政策。也就是说，当需求不足、社会资源闲置时，实行赤字预算的财政政策可以刺激总需求，从而将闲置的社会资源吸收到生产中去，使社会资源得到充分利用，保持国民收入的稳定增长。

（3）盈余预算是收缩性的财政政策，按照这种政策，政府的财政收入必须大于财政支出，这是反通货膨胀的财政预算政策。就是说，在经济过热、总需求过度膨胀时，实行盈余预算政策，可以压缩总需求。对过热的需求进行"冷却"，从而将膨胀的需求压下来，实现供求平衡，保证物价稳定。

在市场经济中，财政政策总是从需求角度影响经济运行。可以说，财政政策是政府在市场经济中实行需求管理的最重要的手段之一。

三、财政政策的作用机制

财政政策产生作用的机制有两种：一是自动稳定器，二是相机抉择。

（一）自动稳定装置

现代财政制度具有内在的自动稳定作用。所谓自动稳定装置，是指当有关的财政税收和支出政策以法律形式确立生效后到下一次变动为止，它会自动地在一定程度上稳定和调节经济，抑制经济衰退或膨胀所带来的危害，实现财政政策的目标。财政政策的自动稳定装置作用机制主要包括以下几类：

1. 税收收入的自动变化

税收的自动稳定装置主要是指实行累进征收的税收收入，在我国主要是指累进征收的个人所得税。实行累进征收的税收所以具有自动稳定的作用，主要是因为在这种税率的情况下，只要纳税人收入开始下降，尽管政府不去变动税率，纳税人亦会自然适用于较低税率向政府交纳所得税，从而使纳税额下降；反之，当纳税人收入水平提高时，则会适用于较高税率，从而使其纳税额上升。这种变化过程往往在一定程度上纠正了经济周期波动可能对经济造成的不利影响。当产出下降时，税收会自动按照较低的税率进行征收，这样个人或企业的收入及支出会部分得到保护，从而避免产出可能会进一步下降；反之，在通货膨胀比较严重的时期，税收将按照较高的税率进行征收，税收的增加会自动降低纳税人收入，减少消费支出从而减少总需求，从而使价格与工资的螺旋上升趋势放缓。

按照比例税率进行征税（如我国的企业所得税及增值税等），也具有一定的自动稳定作用，但其作用程度要比按累进税率征税低。固定总额税（即定额税率）不具有自动稳定作用。

2. 失业保险、社会福利及其他转移支付

失业保险制度之类的社会保障制度以及其他的各种转移支付，一旦形成一种有法可依的法律制度，就具有自动稳定作用。譬如，一国建立了完善、规范的失业保险金制度，一旦有人失业，那么失业者就自然可以从现行的社会保障体系中领取一定量的救济金，直到他重新找到新的工作为止。转移性支出的这种自动稳定器作用，在一定程度上减少了经济衰退或结构性调整可能带来的对劳动力队伍的冲击，从而保持社会的稳定。

财政政策的自动稳定器作用机制，能够发挥随时纠正经济波动可能产生的不良影响的作用，但其本身却不足以保持经济的全面稳定。它只能通过减小乘数的大小，从而在一定程度上减小经济周期波动，但不能百分之百地消除这种波动，还需结合相机抉择的货币政策与财政政策来共同解决经济的周期性波动问题。

（二）相机抉择的财政政策

财政政策相机抉择的作用机制是指政府改变已有税收、税率或财政支出项目，以满足调节经济的需要。一般地说，相机抉择的财政政策包括公共工程与投资、税种的变化、税率的调整等。这种变化可以是短期的,也可以是中长期的,具体由当时的经济社会状况以及财政政策目标的实现情况和经济波动周期所决定。

比较一下财政政策的两种作用机制,理论上所研究的财政政策更多的是指相机抉择的财政政策。因为只有当经济、社会环境发生较大变化,导致宏观经济目标在原来的财政政策手段作用下难以奏效的时候,才需要政府通过改变现有的税收、支出手段,以实现既定的宏观经济政策目标。可以说,自动稳定装置起到的是稳定经济、社会的作用,而相机抉择的财政政策才是真正意义上的财政政策,通过这种政策可以在一定程度上减弱经济周期性波动的幅度,实现政府既定的宏观经济政策目标。

当然,仅靠相机抉择的财政政策并不能完全解决经济的周期波动问题。在现代经济中,相机抉择的货币政策更经常地被用来调节宏观经济的波动,而财政政策一般用来对付单独靠货币政策难以解决的问题,如严重的经济衰退或过高的通货膨胀,以保持整个国民经济中投资和储蓄的平衡。

政府通过制定财政政策来干预经济活动,从财政政策工具的采用到财政政策目标的最终实现,期间存在着一个从政策工具变量到政策目标变量的转换过程。在这一转变过程中需要特定的传导媒介,使政策系统与整个经济环境进行信息交流,并通过传导机制的作用,最终实现财政政策目标。所谓财政政策的传导机制是指财政政策工具在发挥作用的过程中,各种财政政策的构成要素通过某种作用机制相互联系,从而形成一个有机的作用整体,以最终实现财政政策目标。财政政策的传导机制就是将财政政策工具变量转变为财政政策目标变量的复杂过程。

为了实现既定的财政政策目标而采用的财政政策手段,首先影响收入的分配,通过改变收入分配的结构,对社会总需求(包括投资需求和消费需求)产生影响,进而实现财政政策目标。假如在某一时期,由于整个社会的有效需求不足,经济出现了衰退的迹象,那么保持经济的稳定增长将是政府财政政策的主要目标。为实现经济增长的目标,政府将相应地采取税收和财政支出等各种政策手段。就税收手段来说,政府可能会降低税率或减少税种。税收负担的减轻,使纳税人的可支配收入增加,纳税人的消费需求和投资需求增强,社会整体需求趋旺,就可以带动经济的增长。就财政支出手段来说,政府一方面可以增加公共投资支出,这种公共投资支出以财政拨款或财政贷款的方式形成了微观经济主体的投资资金,其本身直接形成社会需求,再加上投资支出的乘数效应将使社会需求成倍地增加;另一方面政府通过加大转移支付的力度,直接提高了个人的收入水平,消费需求将增强。政府这两方面的支出,都将直接和间接改变社会收入的分配水平,使微观经济主体的可支配收入增加,从而增强整个社会对商品总量的需求,而需求的增加,必将带动经济的增长。通过采用扩张性的财政预算的政策手段,同样可以改变社会收入分配的状况,从而增加社会总需求,以实现经济增长的宏观经济目标。

四、财政政策的乘数效应

财政政策的基本手段就是税收和公共支出,因此,政策执行后可能产生的政策绩效是通过这两个基本手段而带动的。根据已有的财政政策理论,直接决定财政政策绩效的因素就是公共支出乘数和税收乘数的大小。按照凯恩斯的观点,投资支出的任何变动都会引起国民产出的倍数变动。国民收入变动相当于投资的倍数就是乘数。西方经济学家根据乘数概念发展出了很多种类的乘数,其中与本章的研究直接有关的乘数是财政支出乘数和税收乘数。

（一）公共支出乘数

财政支出乘数是指政府支出的变化所引起的国民收入或国内生产总值变化的倍数。以增加公共支出为例，支出的增加将导致产出成倍增加。所以会这样，是因为公共支出增加提高国民收入水平，通过可支配收入的增加，刺激民间投资和消费增长。政府为执行积极财政政策而扩大公共支出规模将会产生同样的效应。由于政府的公共支出包括购买性支出和转移性支出，因此，公共支出乘数也可以分为购买性支出乘数和转移性支出乘数。假设乘数用 k 表示，边际消费倾向和边际储蓄倾向分别用 c 和 s 表示，则：

$$k=\frac{1}{1-c} \tag{20-1}$$

由于 $c+s=1$，因此公式(20-1)又可以写成 $k=\frac{1}{s}$，即乘数等于边际储蓄倾向的倒数。

从公式(20-1)可以得出的简单结论是，乘数的大小取决于边际消费倾向，边际消费倾向越大，乘数越高，增加投资所引起的国民收入产出规模就越大。

需要说明的是，这里的乘数主要是指政府购买性支出乘数，转移性支出尽管也具有同样的乘数效应，但可能比购买性支出乘数效应弱些，因为转移性支出的受益者不一定将所有的转移支付金额都用于消费性支出，如果他们将其中的一部分用于储蓄，那么就会产生储蓄渗漏问题，边际消费倾向有可能减小，故乘数也会因此而减小。

（二）考虑税收因素以后的公共支出乘数

上述乘数计算过程中税收因素被排除在外。如果将税收因素考虑进来，则乘数的计算将有所变化。假设所引进的税收是所得税，且是一个既定的比例税率，用 t 表示，借用均衡时的总支出等于总收入公式(不考虑外贸因素)：

$$Y=a+cY(1-t)+I+G=a+I+\frac{G}{1-c(1-t)}$$

因此，

$$k=\frac{1}{1-c(1-t)} \tag{20-2}$$

式中：a 为自主性消费，c 为边际消费倾向，Y 为总收入，I 为投资，G 为政府支出。

将公式(20-2)与(20-1)进行比较可以发现，如果税收为零，两种状况下的乘数相等；在征税的情况下，乘数相应减小。道理很简单：假设边际消费倾向不变，政府征税时的支出比政府不征税时的支出要少。例如：$c=0.8$，$t=0.3$，则不征税和征税时的乘数分别为 5 和 2.27。因为没有税收时，收入每增加 1 元，消费增加 0.8 元；征税时每增加 1 元收入，消费只增加 0.56 元。如果政府在执行增加公共支出的财政政策同时增税，那么后者将在相当程度上抵消公共支出扩大的效应。

（三）税收乘数

税收乘数是指因为政府税收的增加（或减少）而导致国内生产总值或国民收入减少（或增加）的倍数。由于财政政策手段的乘数效应都是产生于西方经济理论中，而在西方国家的税制中，所有国家的主体税都是所得税，因此这里研讨的是所得税的乘数效应。

国民收入的决定是推导财政政策手段乘数效应的基础。为了便于分析，我们先作如下假设：一国经济是一个封闭的经济体，即不存在对外贸易；公共支出只用于购买当期产品；税收为所得税。

在上述假设下，国民收入的决定模型是：

$$Y = C + I + G \qquad (20-3)$$

式中：Y、C、I、G 分别为总产出、消费、投资和政府支出。

$$C = a + c \times (Y - T) \qquad (20-4)$$

式中：a 为自发性消费；c 为边际消费倾向；T 为所得税。

$$I = e + h \times (Y - T) \qquad (20-5)$$

式中：e 为自发性投资；h 为边际投资倾向。

将公式(20-4)和(20-5)代入(20-3)可得到下列方程：

$$Y = a + c \times (Y - T) + e + h \times (Y - T) + G \qquad (20-6)$$

由公式(20-6)可得：

$$Y = \frac{a + e + G}{1 - (c + h)} - \frac{c + h}{1 - (c + h)} \times T \qquad (20-7)$$

公式(20-7)对 T 求导可得到税收变化引起国民收入的变化，即

$$\Delta Y = -\frac{c + h}{1 - (c + h)} \times \Delta T \qquad (20-8)$$

根据公式(20-8)可得出税收乘数 $k = -\dfrac{c + h}{1 - (c + h)}$。税收乘数为负数，说明税收的高低与国民收入之间呈负相关，它表明，政府增税（或减税）将使国民收入减少（或增加）。与财政政策相适应，如果政府执行积极的财政政策，就应该实施减税，反之则需要增税。

五、财政政策的制度环境

在已有的财政政策理论中，制度安排不会成为政策绩效的制约因素。但对经济转型时期的国家制定和执行的财政政策的效果进行分析的时候，就需要考虑作为财政政策依托的制度背景，因为转型期国家的财政政策的制度安排背景与成熟的市场经济存在着很大的差别。为了说明这个问题，有必要先了解一下财政政策对私人行为产生影响的途径。

在市场经济条件下，政府执行的财政政策对私人行为产生影响，都是通过市场这一平台进行的。假设不存在市场制度安排上的障碍，信息也是充分的，厂商和居民个人的行为选择依照收益最大化的原则进行。如果政府为了实现经济增长和充分就业的目标而执行积极的财政政策，采用的政策手段是鼓励投资的财政贴息支出和减税。这两项政策手段反映在市场上，厂商的预期是：减税将减少纳税人的税收支付，而政府的财政贴息将减少投资者的财务费用支出，如果在商品价格不变的条件下，与财政政策实施以前相比，厂商扩大投资规模，将产生更高的收益。因此，扩大投资规模将成为厂商明智的选择。就业岗位因为投资规模的扩大而增加，在没有任何制度安排因素制约的前提下，失业者会选择新的就业岗位。就业率的提高将使居民整体的收入水平提高，消费能力因此而增强，只要消费者对未来有良好的预期，那么，消费市场

总水平会随着收入的增加而提高,又将进一步刺激投资行为。这样,国民经济就会进入良性循环。财政政策最为理想的传导机制作用就会顺利地发挥,政策绩效也因此而实现。所有这一切理想状态的实现前提是,在财政政策带动下,各种资源在市场上的自由流动和私人行为的选择,不会受到来自任何制度安排因素的制约。

财政政策可以分为两大类:供给管理的财政政策和需求管理的财政政策,无论是哪一类政策,都是在成熟的市场经济国家产生的。同样的财政政策制度背景,在经济转型的国家可能并不存在。以中国为例,1998年中期中国积极财政政策实施之时,作为政策依托的经济环境有两个很大的特点:① 作为一个转型国家,与计划经济体制相适应的旧制度安排正在被逐渐地废除,与社会主义市场经济体制相适应的新制度安排正在进行中。无论是旧制度安排的消亡还是新制度安排的建立,都不是一蹴而就的事情,在整个经济转型时期,新旧制度安排都会发挥作用,尽管旧制度的作用程度会越来越低,但不排除在有的情况下,旧制度安排还会发挥很强的作用。② 中国的市场经济体制确立至今已有二十多年,但作为形成中的市场经济,在很多方面并不完善,市场体系尚不健全,市场在经济活动调节过程中还会遇到非市场因素的制约。这两个特点决定了政府的制度安排也同样处于转轨过程中,新旧制度安排共同发挥作用。相对于经济、社会环境的变化,制度也会进行变迁,但比较而言,制度变迁本身具有滞后性,在有的情况下和有的领域,旧制度安排的作用更强。

在不存在任何制度安排障碍的前提下,财政政策手段执行以后,通过市场机制来引导微观经济主体的投资和消费行为。但由于中国经济正处于转型时期,与社会主义市场经济体制相适应的新制度安排正在进行中,很多方面还由新旧制度安排共同发挥作用,而依然发挥作用的旧制度安排与积极财政政策的目标可能是矛盾的。这样,尽管执行中的积极财政政策手段向微观经济主体传达出正确的信号,但经济转型时期执行的一些制度安排可能会导致市场的扭曲,使投资者和消费者在相互矛盾的制度安排和政策环境中难以做出正确的判断,为了防范风险和各种不确定因素的产生,厂商和消费者对积极财政政策所发出的信号反应迟钝,或者依然保持财政政策执行以前的投资或消费行为,结果导致财政政策传导机制的失灵。

第三节　财政政策与货币政策的配合

财政政策和货币政策是一国政府从宏观上干预经济活动的两大政策工具,而且两者拥有共同的政策目标。为了实现相同的政策目标,财政政策与货币政策的配合就显得尤其重要。

一、货币政策

货币政策是指一国中央银行为了实现既定的宏观经济目标,运用各种政策工具控制、调节和稳定货币供给量,进而影响宏观经济的方针和措施总和。货币政策的内容包括政策目标、为实现政策目标所采用的政策工具、货币政策的中介指标和传导机制以及政策效果。与财政政策目标一样,货币政策目标也是经济增长、物价稳定、充分就业和国际收支平衡。

货币政策工具很多,总体来说可分为两种类型:① 一般性货币政策工具,包括中央银行的公开市场业务、调整再贴现率和调整法定存款准备金率。这三种货币政策工具是货币政策最为重要的工具,它们的采用将影响到整个国民经济全局,直接对商业银行的信用创造产生影响。② 选择性货币政策工具,包括最高利率限制、信用配额、直接干预、道义劝说、窗口指导等等。选择性货币政策工具的作用范围是局部的,只是对国民经济的某些领域产生影响。货币政策的中介指标包括利率、货币供应量、超额准备金和基础货币等。

货币政策的核心是通过改变货币供应量,使货币供应量与货币需求量之间形成一定的比例关系,进而调节社会总供给与总需求。因此,与财政政策一样,对总量调节,货币政策也可以分为膨胀性、收缩性和中性三种类型。膨胀性货币政策即放松银根的货币政策,其主要功能是刺激社会总需求;紧缩性货币政策也就是紧缩银根的货币政策,其主要功能是抑制社会总需求;中性货币政策是指货币供给量与货币需求量大致相等,以保持社会商品总量平衡的货币政策。具体采用哪一种类型的货币政策,则取决于当时的社会经济状况和商品总量之间的对比关系。

二、财政政策与货币政策的不同作用

从表面上看,财政政策和货币政策都能够对流通中的货币量进行调节,进而调节社会商品总量,但两者在消费需求和投资需求形成中所发挥的作用是不相同的,而且这种作用是不可相互替代的。

由于财政政策和货币政策是分别通过财政分配和银行信贷发挥作用的,因此首先研究财政分配和银行信贷的不同作用。

财政是政府集中和分配国民收入的主要渠道,在国民收入的分配过程中,财政分配居于主导地位。财政分配从收入和支出两个方面对社会需求产生影响。

银行是再分配资金的主渠道,银行对货币资金的再分配,除了支付或收取利息以外,并不直接参加国民收入的分配,只是在国民收入分配和财政分配的基础上进行的一种信用再分配。银行的信贷分配主要是通过信贷规模的伸缩来影响消费需求和投资需求。

财政政策和货币政策对消费需求及投资需求形成的影响是不一样的。社会消费需求基本上是财政支出而形成的,因此财政在社会消费需求的形成中起了决定性的作用。

从个人的需求来看,财政和银行信贷都会对个人消费的形成发挥作用。在税制完善的情况下,财政可以通过对个人征税的方式直接影响个人的消费需求;而银行通过利率的升降,对个人的消费需求产生影响。

从投资需求的形成来看,财政和银行都向社会再生产中投放资金,但两者的侧重点不同。从现实来看,财政投资主要是为了形成和调节产业政策,以便使国民经济的产业政策趋于合理。财政投资的重点是基础产业,以长线投资和固定资产投资为主,更侧重于考虑投资项目的社会效益;银行信贷资金的投放是商业性行为,侧重于考虑经济效益和资金的安全性和流动性。

基于上述财政和银行的不同功能,进一步研究财政政策和货币政策在收缩和膨胀方面所起的不同作用。

从经济的发展周期来看,商品总量的供不应求和供大于求经常交替地出现,如在经济的萧条时期,就会出现有效需求的不足;而当经济繁荣的时候,又会出现商品总量的供不应求。供给与需求的失衡原因是多方面的,财政分配和银行信贷在膨胀与紧缩需求方面的作用又是有区别的。财政实行赤字预算可以扩大需求,实现盈余预算则可以紧缩需求。但财政无论是进行赤字预算或紧缩预算,其本身并不具有创造需求即创造货币的能力;而银行信贷则不一样,

商业银行可以通过信用扩张的方式来创造信贷规模,中央银行则可以通过基础货币的投放来改变流通中的货币量,从而影响社会总需求。因此财政政策的收缩与扩张效应通过信贷机制的传导才能发挥作用。例如,财政出现赤字或盈余,同时银行相应地压缩或扩大信贷规模,就完全可能抵消财政的扩张或收缩政策效应。只有当财政和银行同时采取紧缩性的或扩张性的政策时,财政政策效果才可能真正显现。此外,银行自身还可以通过信贷规模的直接扩张或收缩来起到扩大或收缩需求的作用,可以说,银行信贷是扩大或紧缩需求的总闸门。

由于财政和银行在消费需求和投资需求形成中各自起着不同的作用,这就要求财政政策和货币政策相互之间进行配合。如果财政政策和货币政策各行其是,就必然会产生政策的矛盾与摩擦,使宏观经济政策效果相互抵消,从而减弱了政府宏观控制的力度,难以实现预期的财政政策目标。

三、财政政策与货币政策的配合

财政政策与货币政策的搭配运用就是膨胀性、紧缩性和中性的财政政策和货币政策的不同组合。从松紧不同的搭配出发,不同的财政政策与货币政策的搭配将产生不同的效应,具体的搭配组合可分为以下几种:

(一)"双松"政策

松的财政政策与松的货币政策相配合,即为"双松"政策。所谓松的财政政策是指财政通过减少税收和扩大支出的方式来增加社会总需求;所谓松的货币政策是指中央银行通过采取在金融市场上买进国债、降低再贴现率和法定存款准备金率等一般性政策工具和其他各种选择性政策工具来扩大货币的供应量,以降低利率,增加投资和消费的需求。

"双松"货币市场供求均衡政策可以用图20-1表示。

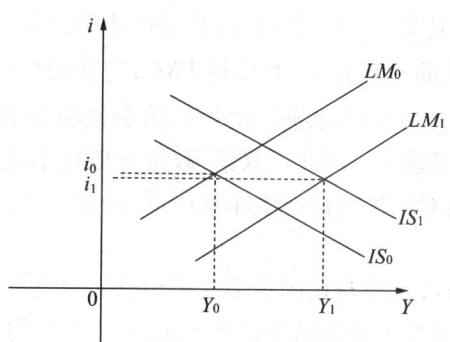

图20-1 "双松"的财政政策与货币政策

图20-1的横轴表示国民收入,纵轴表示利率水平。在未执行宏观经济政策之前,产品市场供求均衡曲线 IS_0 和货币市场供求均衡 LM_0 的交点为初始的均衡点,初始的国民收入和利率分别为 Y_0 和 i_0。扩张性财政政策使 IS 曲线从 IS_0 上移到 IS_1,扩张性货币政策使 LM 曲线从 LM_0 右移到 LM_1,这样,"双松"政策执行后,利率从 i_0 降到 i_1,国民收入从 Y_0 增加到 Y_1。从图20-1看,这种变动的含义是,当"双松"政策执行以后,由于货币供给、社会需求的增加,在利率水平没有出现太大变化的情况下,国民收入出现了快速的增长。显然,为了对付经济萧条和刺激社会总需求,"双松"政策可以取得较好的政策效果。但任何政策可能都是一把"双刃

剑","双松"政策也不例外,一方面对刺激经济增长和实现充分就业所起的作用十分明显;另一方面,由于执行"双松"政策,尤其是执行宽松的货币政策,流通中的货币量可能会因货币的投放增加而过多,容易导致通货膨胀。因此,"双松"政策往往是当经济萧条特别严重的情况下才被采用。

(二)"双紧"政策

紧的财政政策与紧的货币政策相配合,即为"双紧"政策。紧的财政政策是指财政通过增加税收、减少投资支出和转移支出的方式,来限制社会消费需求和投资需求,对社会总需求进行抑制;紧的货币政策是指通过中央银行在金融市场上卖出国债、提高再贴现率和法定存款准备金率等政策工具,压缩信贷支出的规模,减少货币供给,从而降低社会总需求。"双紧"政策可用图 20-2 表示。

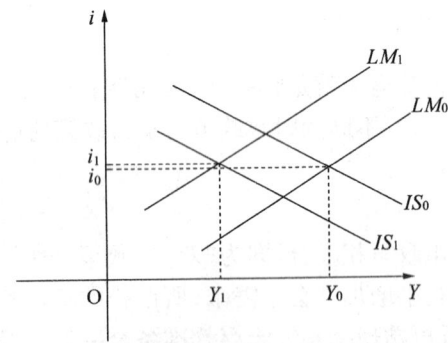

图 20-2 "双紧"的财政政策和货币政策

图 20-2 显示,与曲线 IS_0 曲线 LM_0 的交点相对应的利率水平和国民收入水平分别为 i_0 和 Y_0,政府执行紧缩性财政政策、中央银行执行紧缩性货币政策以后,因需求量的减少使 IS 曲线从 IS_0 左移到 IS_1,LM 曲线从 LM_0 上移到 LM_1,与新的均衡点对应的利率水平和国民收入分别为 i_1 和 Y_1。这种变动表明,实施"双紧"政策会使利率水平有所提高,但对国民收入影响巨大,导致国民收入大幅减少。因此,"双紧"政策一般也不能轻易采用,除非出现恶性通货膨胀,否则,"双紧"政策会对国民经济产生非常严重的负面影响。

(三)"紧松"政策

"紧松"政策是指紧的财政政策与松的货币政策相搭配的政策。紧的财政政策可以抑制社会总需求,以避免经济增长速度过快和通货膨胀问题的产生;松的货币政策旨在保持经济增长速度的适度。这种政策组合的主要目的就在于:在控制通货膨胀的同时,保持经济的适度增长。这种政策组合的关键在于对"度"的把握,如果财政政策过紧,可能会导致社会需求不旺,由此对经济的增长产生抑制作用;如果货币政策过松,有可能使通货膨胀难以控制。

(四)"松紧"政策

"松紧"政策是指松的财政政策与紧的货币政策相搭配的政策。松的财政政策主要是为了增加社会总需求,克服经济萧条与衰退,实现充分就业;而紧的货币政策可以避免通货膨胀的出现,以维持经济的健康发展。这种政策的组合与搭配,其效应是在保持经济适度增长的同时,尽可能地避免出现通货膨胀。但如果经常地或长期地运用这种政策,必然会积累大量的财政赤字,提高国家财政对国债的依赖程度。过大规模的国债会对政府的债务偿还产生压力,当债务风险显现而政府对债务处理又不恰当时,将会对政府的信誉产生不利影响。

(五)"中性"政策

"中性"政策是指中性的财政政策与中性的货币政策相配合的政策。所谓中性的财政政策是指国家财政实行收支平衡的预算政策,财政政策工具不变,以避免财政赤字或盈余;中性的货币政策是指中央银行的各种货币政策工具保持不变,依据经济发展的客观需要向流通中投放货币量。这种财政政策与货币政策的搭配,往往是在商品总量基本平衡、经济增长速度适度、通货膨胀和失业率也都是在能够容忍的范围之内采用的。这只是一种比较理想的经济状况和政策选择,在现实的经济生活中并不经常出现。

从以上几种财政政策和货币政策的组合我们可以看到,所谓松与紧,实际上是指财政和银行在资金供应上的多与少问题。凡是使银根松动的措施,如财政实行的减税、增加支出,中央银行实行的降低再贴现率和法定存款准备金率、在金融市场上购买国债等,都属于松的财政政策和货币政策手段;凡是紧缩银根的措施,如财政增税和减少支出,中央银行卖国债、上调再贴现率和法定存款准备金率等,都属于紧的财政政策和货币政策手段。在某一个时期到底采取哪一种政策搭配,取决于宏观经济的运行状况和所要达到的政策目标。一般情况下,社会总供给明显大于总需求,就要采取松的财政政策和货币政策,以扩大社会总需求;反之,就应该采取紧的财政政策和货币政策,以抑制社会总需求,最终实现总量的平衡。

第四节 财政政策实践

从凯恩斯财政政策理论提出至今,财政政策已经在发达国家和发展中国家得到广泛的运用。在发达国家财政政策运用较早且时间持续较长的典型国家是美国。中国在进入社会主义市场经济发展阶段以后,真正意义上的财政政策也得到了使用。

一、美国几个典型时期的财政政策

(一) 20 世纪 30 年代的财政政策

20 世纪 30 年代,美国经济受到世界性经济大萧条的猛烈冲击。根据凯恩斯理论,赤字政策成为罗斯福"新政"的主要特征之一。

1935 年的税收法将超额累进所得税的最高税率从 59% 提高到 75%,公司所得税税率提高到 15%,地产税率也提高了。1936 年又开征了税率为 7%~27% 的总利润税。这样做的主要目的是对高收入者过多的积蓄进行征税,再通过政府的支出,转化为消费者的购买力,以扩大需求,振兴经济。但仅靠征税仍不能满足政府日益扩大的支出之需,于是,财政就依靠大规模地发行国债来筹资。到了 30 年代末期,增加政府的支出、增发公债、增加税收,构成了"新政"财政政策的重要内容。

20 世纪 70 年代的 10 年里,年年都有巨额的财政赤字,赤字总量达 3 275 亿美元,是过去 20 年净赤字的 5.7 倍,1979 年的国债量达 8 467 亿美元,这 10 年的年均失业率为 6.2%,通货膨胀率为 7.2%,均处于较高的水平。70 年代的失业率和通货膨胀率同时上升,经济呈现出不稳定的周期循环。这 10 年每一阶段均存在高的失业率和占国民生产总值比重很高的财政赤字。具有自动稳定作用的财政政策工具并没有起到保持经济稳定的作用,相机抉择的财政政策也并非总是有效,财政政策和货币政策都不能缓解失业率和通货膨胀率同时上升的趋势。高失业率和高通货膨胀率使经济增长停滞,形成了70年代的滞胀局面。

(二) 里根政府的财政政策

有人将20世纪80年代里根政府所推行的财政政策、货币政策称为"第二次革命"。里根的经济思想来源于供应学派的经济理论,其财政政策的核心是减税。他认为,减税可鼓励人民更加努力地工作,增加生产,提高供应量;可以刺激企业资本的形成,增加投资。里根在其第一任期的初期,就提出了三年内减少所得税30%的方案。在其第二任的初期,又提出了税制改革的方案。这次税制改革,将原来个人所得税率从0～50%共17级次减少为15%、25%和35%三个等级,这样使中等收入者的税收负担加重,而高收入者由于累进税率的降低,税收负担反而下降;另外,将公司所得税的最高税率从46%降至33%,这样大企业可免缴大量的税款。

里根政府实施的减税政策,在里根任期之内,因减税导致财政收入减少约2 000亿美元,这几乎与财政赤字额相当。在减税的情况下,仅靠削减社会福利支出是不可能解决赤字问题的,在大幅增加国防预算支出的情况下就更是如此。可以说,美国20世纪80年代实行的财政政策,虽然在一定程度上解决了通货膨胀问题,但距离充分就业、经济增长、物价稳定及国际收支平衡的政策目标还遥遥无期。80年代的财政政策,由于减税和增加财政支出,不可避免地大大增加财政赤字。松的财政政策与同期实行的紧的货币政策相配合,再加上同期能源价格的下降,使通货膨胀处于较低的水平,但失业率却不断地提高。

(三) 克林顿政府的财政政策

进入20世纪90年代以后,尽管从短期看,美国的经济开始从衰退中走出来,但存在的经济问题却很严重。主要表现在:① 生产率增长缓慢。② 社会不公平程度加大。③ 健康保障制度不合理。④ 联邦赤字和债务急剧膨胀,财政赤字达到了创纪录的规模。1990年联邦政府的赤字为2 214亿美元,比上年增长689亿美元,增幅为31%,1991年和1992年的赤字分别为2 695亿和2 904亿美元。

针对上述存在的问题,克林顿政府制定了以削减财政赤字为基础、以促进经济发展为目标的财政政策,其要点如下:① 以削减赤字为基础。克林顿政府认为,经济的实际扩张应以健全的财政为基础,不大力压缩赤字是不可能解决美国的经济问题的。通过大幅度地削减赤字,从根本上扭转私人部门需求偏冷的局面,以带动经济的全面发展。克林顿政府还认为,财政赤字的削减必须是大规模、真实可靠、逐步而均衡地进行。此外,还应对税制和支出结构进行改革,以提高财政本身的效率,增强财政促进经济发展的功能。② 为未来而投资是中心。为了利用科技发展和全球经济增长带来的各种机会,迎接未来的挑战,通过投资促进生产率的提高和经济的长期发展。在公共投资方面,政府的支出应从经常性的消费支出转向增加对儿童、教育和培训、科学和技术以及基础设施建设等方面的投资。在私人投资方面,应采用税收鼓励的方式引导私人投资于有形的、科技的以及人力资源等方面。在整个投资中,财政投资虽然只占较小的份额(如1995年计划投资2 350亿美元,约占当年投资总额的10%),但联邦政府作为最大的单一投资主体,它起着私人投资所不可替代的作用。③ 实现较公平的社会分配机制。为此,将减少低收入家庭和小企业的税收,增加最富裕阶层的税收。为了防止减税可能对压缩赤字产生不良影响,又规定每一美元税收的削减,都必须以相应的支出压缩为前提。④ 改革政府机构。建立一个精干高效的政府机构,可大幅减少行政费用的开支,更有利于经济长期健康的发展。为此,在逐步精简机构的同时,计划最终削减 27 万余的政府雇员,实现自肯尼迪政府以来的最小规模政府,为大幅减少联邦政府的赤字做出贡献。⑤ 改革健康保险计划。提高该制度的效率和活力,并真正有效地压缩老百姓用于这方面的开支,以避免将该类支出简单地转移到私人部门的情况出现。这项改革也是压缩财政赤字的重要举措之一。⑥ 提高美国的国际竞争力,将立足于全球贸易自由化而制定对外经济战略,提高美国经济的国际竞争力,扩大国际市场。这样,克林顿政府就形成了一套与过去 10 多年中历届政府所实行的、以扩大赤字为手段来促进经济发展的措施根本对立的经济政策。

克林顿上任伊始就为大规模削减财政赤字而努力。具体削减财政赤字的条款是,① 规定性支出的削减。这类政府支出是根据已有的法规规定而支付的,削减额约为 1 000 亿美元,主要是对增长过快的老年及残疾者医疗保险计划、低收入家庭补助计划、联邦退休计划、农场主补助金、退伍军人计划和大学生贷款计划等项目的支出加以削减。② 主动性支出的削减。将削减 300 个具体的非防务性项目,其中包括中止 100 多个项目的支出。主动性支出的削减额达 1 080 亿美元。③ 增加最富裕阶层的所得税,其他阶层不增税。为达到在 1998 年之前增加 700 亿美元税收的目的,法律规定,家庭应税收入在 14 万~25 万美元的,边际税率从 31% 提高到 36%;超过 25 万美元的,边际税率从 31% 提高到 39.6%。新增加的税收负担的 80.3% 将由只占纳税人 1.3% 的富裕家庭来承担。这是 18 年以来美国最公平的个人所得税制。④ 其他税收的增加。主要包括老年及残疾者医疗保险计划所征收的 2.9% 的工薪税,以往只适合于最初的 135 000 美元收入,现改为适用于全部的收入。仅此一项,1998 年将增收 72 亿美元。提高联邦汽油税等。⑤ 对中低收入家庭和小企业减税,即对 4 000 万中低收入者和 90% 的小企业减税,以增加低收入者家庭的收入水平,刺激他们的消费和小企业的投资需求。

克林顿政府新的财政政策的实施,取得了较好的成效。联邦政府的财政赤字迅速下降,财政赤字的大幅度压缩带动了各项经济指标的全面好转。

(四) 布什政府的财政政策

进入新世纪,布什政府又开始启动了新一轮的减税计划。2000 年 NASDAQ 泡沫破灭以后,为了刺激美国的经济,布什政府提出了新的减税方案。2001 年 5 月 26 日,美国国会经过投票表决,通过了布什政府的减税方案,该方案计划今后 10 年内减税 1.35 万亿美元[1],这是美国 20 年来幅度最大的一项减税计划。根据该项法案,个人所得税的最低税率从当时的 15% 下降到 10%,最高税率从 39.6% 下降到 35%,其他税率平均下降了约 3%。减税计划从 2002 年 1 月 1 日开始实施。此外,从 2001 年起,每位纳税人还会得到一定数额的退税(最高 300 美元),双亲家庭可以得到最高 600 美元的退税,还将逐步取消财产税。美国政府新一轮的减税政策实施到 2010 年[2]。

由于"9·11"恐怖事件以及随后爆发的阿富汗战争和伊拉克战争,导致美国的国防支出和

---

[1] 布什政府最初提出的减税方案中的减税额为 1.6 万亿美元。
[2] 布什减税方案中有一条"日落条款",按照这项条款的规定,到 2010 年减税的政策将自动停止,从 2011 年开始,实施这种减税政策之前的美国税收制度将重新恢复运转。届时无论谁当总统,都必须无条件地支持全面增加税收的财政政策,不论当时的经济形势是否允许这样做。

财政赤字大幅上升,很多人认为美国的财政赤字会大幅攀升而失去控制,还有人提出这一计划对富人有利。面对重重压力,布什政府不得不在原规模的基础上削减减税规模,将减税规模减少至5 500亿美元。布什政府在各种场合强调,减税的主要作用有三个方面:创造就业、帮助美国家庭、促进消费和投资。

(五)奥巴马政府的财政政策与货币政策

受2007年以来美国次贷危机的影响,拥有158年悠久历史的华尔街最著名投资银行之一的雷曼兄弟于2008年9月15日提出破产申请,成为新一轮金融危机和经济危机的导火线。为了避免美国金融市场的混乱、避免金融危机蔓延,2008年9月布什政府提出7 000亿美元金融救助方案,核心是授权财政部购进美国金融机构持有的不良证券等"毒药资产",帮助相关金融机构摆脱资本金短缺、流动性不足带来的财务压力,避免更多金融机构陷入破产困境。

2009年初奥巴马组建新一届美国政府以后,美国财政部长蒂莫西·盖特纳2009年2月10日宣布美国政府新的金融救援计划,极大扩大了这一计划规模。整个救援行动耗资可能超过2万亿美元。为筹措资金和确保对资金使用的监管,盖特纳提出,新计划将部分实行公私合营。美国媒体认为,这标志着大约70年来美国政府对经济最广泛、最深入的干预。

盖特纳宣布的计划全面修订了布什政府使用7 000亿美元救市资金的方式。根据新计划,剩余的大约3 500亿美元资金使用方式将有大的变动,总耗资也急剧上升。

新计划主要分为三部分。① 政府和私营部门联手建立投资基金,帮助清理银行系统的"有毒资产"。这一基金启动资金为5 000亿美元,最终可能扩大到1万亿美元。这一基金将作为"坏账银行"运作,帮助金融机构评估抵押债券价值,把"有毒资产"从金融机构的资产负债表上清除出去。② 建立金融稳定信托基金,有条件地为银行提供额外资金注入,帮助确保银行获得的援助资金都用于增加放贷。这一措施的资金投入尚未确定。③ 财政部将投入1 000亿美元,与美国联邦储备委员会协调行动,将美联储2008年11月设立的资产支持证券贷款工具规模从原来的2 000亿美元扩大到最多1万亿美元,以支持抵押贷款、消费贷款和企业贷款放贷,促进信贷流动。这一工具可接受住房抵押贷款支持债券和汽车贷款、信用卡贷款、学生贷款和小企业贷款支持债券,通过提供资金支持,鼓励投资者购买这些债券,解冻信贷市场。此外,政府还将投入500亿美元,用于为工薪家庭降低住房月供,帮助他们保住住房。

量化宽松的货币政策。为了与宽松的财政政策相配合,美联储公布了一个超过1万亿美元的购买机构债和其他债券的计划,向整个市场提供流动性。低利率政策下,2008年底至2010年3月,美联储在执行第一轮量化宽松政策下总计买入了1.7万亿美元抵押贷款债券和国债。2010年11月,美联储宣布2011年6月份以前买入6 000亿美元国债的计划,执行第二轮量化宽松的货币政策,以避免美国经济陷入持续衰退,实现经济复苏和增长。从2012年9月15日开始推出第三轮量化宽松政策,每月采购400亿美元的抵押贷款支持证券(MBS),现有扭曲操作(OT)等维持不变。2012年12月13日,美联储宣布推出第四轮量化宽松,每月采购450亿美元国债,替代扭曲操作,加上QE3每月400亿美元的宽松额度,联储每月资产采购额达到850亿美元。除了量化宽松的猛药之外,美联储保持了零利率的政策,把利率保持在0到0.25%的极低水平。伯南克卸任之前,在2013年12月货币政策会议上首次宣布从2014年1月开始缩减购债规模,2014年10月联储正式宣布结束QE政策。2015年12月17日,美联储自2006年以来首次加息,利率从前值0.0%~0.25%上调至0.25%~0.5%,改变了多年以来执行的零利率政策。

美国总统奥巴马2010年2月1日向国会提交2011财年联邦政府预算案,总额为创纪录的3.83万亿美元,而2010财年的财政赤字约1.56万亿美元。

到9月底结束的2010财年,美国联邦政府赤字较上一财年多出1 500亿美元,为二战以来的最高水平。奥巴马誓言要在未来10年内降低赤字水平,但他提出的2011财年预算仍突破了3万亿美元大关。美国2010财年预算开支为3.72万亿美元,较2009财年增长5.7%;而2011财年开支较2010财年又增加3%。根据这份预算案,美国2011年的赤字将降为1.3万亿美元,约占其国内生产总值的8.3%。

奥巴马曾承诺在任期结束前将财政赤字对国内生产总值的比例控制在3%以内,但目前看来,这一目标已很难在2020年以前实现。奥巴马最新提出预算案的主题是创造就业。他建议支出1 000亿美元向小型企业提供减税政策,为失业者提供福利以及帮助陷入困境的地方政府重振经济。与此同时,奥巴马建议向大型银行机构征收额外费用,对年收入超过25万美元的家庭增加赋税,以此填补联邦政府财政上的不足。

奥巴马还打算从2011年开始将一些非安全领域的政府项目冻结三年,停止或压缩120个政府开支项目,其中包括美国航天局的重返月球计划。但这些建议预计将在国会遭到强烈反对。

自从2007年12月美国经济开始走入低谷到2010年6月,美国已丢失了700万个工作岗位。奥巴马多次表示促进就业是当务之急,他此前曾提议实施330亿美元的减免税计划,以鼓励小企业增聘雇员。根据该计划,2010年企业每增聘1名员工,即可获得5 000美元的税负减免,最多可减免50万美元。奥巴马称,预计将有100多万家小企业受惠于此。

此外,美国财政部官员表示,作为2009年刺激计划的延续,美国政府正在推动建设美国债券计划。

美国政府执行的积极财政政策和货币政策,总体来看还是实现了比较好的经济效果。从2010年上半年开始,美国经济的一些主要宏观指标开始回稳并增长,经济出现了较为明显的复苏。当然政府财政也为此付出沉重代价。根据最新数据,截至2016年美国联邦政府的债务负担率约为100%,隐藏着巨大的财政风险。

几十年来,美国政府执行过凯恩斯需求管理的财政政策,也执行过供应学派供给管理的财政政策,但从最近30年来看,美国政府更强调供给管理的财政政策对调节经济活动所起的作用。从其政策手段的采用及实施效果来看,为实现一定的经济目标,财政政策有时并不理想,但有时其效果是非常明显的,且对经济的健康发展所起的作用也是巨大的。

二、中国的财政政策实践

从1992年开始,我国的经济体制改革进入了一个全新时期,有计划的商品经济开始被社会主义市场经济所代替。与此同时,我国开始了新一轮的经济起飞。由于新一轮的经济起飞是在经济体制转轨初期发生的,旧体制中所固有的一些做法依然发挥着重要作用,大规模的重复建设、盲目投资到处可见,房地产热、开发区热吸引大量的社会资金以追逐短期高利。1992年和1993年,我国的固定资产投资增长幅度分别为44.43%和61.78%。过于旺盛的投资建设需求很快就吞噬了前几年经济调整的成果,1991年我国的零售物价指数和消费物价指数分别是2.9%和3.4%,1992年为5.4%和6.4%,1993年上升至13.2%和14.7%,1994年更是上升到21.7%和24.1%。

为了抑制日益上升的通货膨胀,消除经济发展过程中出现的泡沫成分,以实现国民经济的持续稳定地增长,我国从1993年5月开始又进行一轮新的经济调整。这次名为"软着陆"的经济调整是以经济手段为主,特别注意财政政策与货币政策的相互配合。国家财政在实行适度从紧预算政策的同时,中央银行也实行适度从紧的货币政策,而且从某种程度上说,中央银行的货币政策工具所发挥的作用更大。在财政政策方面,国家预算尽可能压缩支出,特别是投资支出,对基本建设投资项目进行清理,冻结楼堂馆所的建设;在税收方面,加强税收征管,尤其是从1994年开始,按照市场经济的要求和增强中央政府宏观控制能力的需要,设计和实施新税制,同时加强税收的征管,使财政收入的增长幅度逐年提高(远远高于同期的GDP增长幅度);另外,在处理国家财政中的中央财政和地方财政之间关系的方式上,适时地采用了分税制,逐渐开始理顺中央财政和地方财政之间的分配关系。中央政府除了采用财政、货币政策工具以外,还以其他行政手段相配合。经过几年的经济调整,到1997年,国民经济成功地实现了"软着陆",即低的通货膨胀和适度的经济增长。1995年、1996年和1997年,我国的零售物价指数和消费物价指数分别为14.8%和17.1%、6.1%和8.3%、0.8%和2.8%,同期GDP的增长幅度分别为10.5%、9.6%和8.8%。

真正意义上的财政政策在中国曾经实施过两次。

(一) 1998年的积极财政政策

1997年以后,在国民经济调整成功实现"软着陆"的同时,国内外的经济环境又出现了一些新的变化:① 商品总量由过去的供不应求开始走向供大于求,现实的有效需求出现不足。随着时间的推移,消费市场需求不足和民间投资需求不足日益明显。② 下岗、失业问题比较严重。③ 从1997年第四季度开始,我国的零售物价指数出现负增长,且持续较长时间,通货紧缩现象开始产生。④ 外贸出口形势比较严峻。从1997年7月开始,席卷东南亚地区的金融危机使东南亚国家的货币出现了大幅贬值;同年12月,韩国货币持续大幅贬值;1998年春以后,日元又连续贬值。在这种周边经济环境下,我国的商品出口无疑面临着巨大的压力。

综合现实经济中出现的各种现象,需要解决的关键问题是保持适度的经济增长率。因为经济增长本身是靠国内的投资需求、消费需求及外贸出口来推动的,而且经济增长也将直接降低失业率。因此采取合适的财政、货币政策以实现经济增长、充分就业的经济目标是非常重要的。

从政策实践看,从1998年中期开始,中央政府制定和实施了以扩大内需为主的积极财政政策。在政策手段方面,我国这一次的财政政策手段主要是增加政府的公共支出,通过调整国家预算、增加国债发行规模的方式筹措公共支出资金,加大政府支出力度,期望通过政府直接支出的增加来带动民间投资和消费,从而实现政府年初制定的经济和社会发展目标。从推动我国经济增长的因素来看,我国经济增长的推动力主要来自于三方面:国内的投资需求、国内的消费需求和出口。为了刺激这三方面需求的增长,国家财政分别采取了不同的财政政策,具体如下。

(1) 刺激出口的财政政策。其主要内容是提高出口商品退税率。新税制开始实施的时候,财政对出口商品实行零税率,即全部退税。从1995年7月起,出口商品的退税率逐步降低,到1996年1月以后实行17%和13%的增值税税率的出口商品退税率分别下调到9%和6%。由于受东南亚金融危机、相关国家货币大幅贬值对我国出口带来的不利影响,国务院决定从1998年1月1日起,纺织品的出口退税率上调至11%,纺织机械产品的出口退税率上调至17%,船舶、钢铁、水泥和煤炭行业的出口退税率从1998年6月1日起分别上调至14%、11%、11%和9%。此后又分几次上调不同品种商品的出口退税率。从现状来看,我国的商品出口形势依然十分严峻,需要根据经济发展和出口的需要,进一步扩大提高出口退税率商品的范围,以加强我国商品在国际市场上的竞争能力;对原来免征出口关税的出口商品继续免征出口关税,并尽可能地扩大免征关税的范围;以财政贴息的方式鼓励国家政策性银行向出口企业提供低息或无息贷款,以降低出口商品的成本;以隐含的方式对比较重要的行业或出口企业提供财政出口补贴。

(2) 刺激投资需求的财政政策。从1998年中期开始,中央政府通过国家预算调整的方式,增发了1 000亿元的国债资金,直接扩大政府的投资支出,政府资金的主要投向包括基础设施建设项目、水利建设项目、国家商品粮储备仓库等。以后各年度继续加大政府国债资金的投资力度,1998—2003年政府为执行积极财政政策共发行国债8 000亿元。除了政府直接投资规模扩大,依靠政府的投资来拉动社会资本的投资以外,还将国债资金的一部分通过财政贴息的方式鼓励企业进行设备的技术改造,以增加企业的投资和增强企业的竞争能力。财政政策除了公共支出的规模扩大外,还在税收方面做出了适当的调整,如为了鼓励民间投资,从2001年开始,暂停开征固定资产投资方向调节税;为了鼓励软件、集成电路等高科技行业的发展,从2001年起对于这类行业增值税做出调整,对于纳税人实际增值税负担超过3%的部分实行税收返还等。

(3) 增强国内消费需求的财政政策。内需包括国内的投资需求和消费需求,从最终看,投资需求的扩张将受到消费需求的制约,因此,扩大内需的根本在于扩大国内的消费需求。为了实现这一目标,中央政府的积极财政政策也将扩大城乡居民的消费作为重要的目标之一,为此,从1999年起将国债资金的一部分用于增加城镇居民的社会保障支出和扩大机关事业单位职工的工资,与此同时加强城镇地区社会保障制度的建设,提高居民的能力和消费信心。在农村地区进行了农村税费改革的试点及推广工作,以减轻农民的负担,增加他们的纯收入,从而提高农民的消费能力。

积极财政政策实施以后,取得了较为明显的政策效果。1998—2004年,我国的GDP保持了平稳的增长速度,其中积极财政政策对GDP增长的贡献年均约为1.5%。但不可否认的是,积极财政政策对经济增长的带动作用主要依靠的是政府的直接投资,财政政策对民间投资和消费带动有限。因此,要使我国积极财政政策发挥更大的作用,同时降低财政政策的成本,有必要在以下几个方面进行适当的调整。

(1) 要刺激国内的消费,必须采取措施使消费者愿意且有能力消费。根据目前的商品供应结构和市场的需求潜力来看,广大的农村地区无疑是潜力巨大的消费市场。因此,财政应继续加大对农业发展的支援力度,从收入和支出两方面采取各种措施,以提高农民的纯收入,增强他们的消费能力。在经济较为发达的地区,尽早建立农村的社会保障制度,以提高广大农民的消费信心。这不仅是为了繁荣农村消费品市场,也是加强国民经济基础地位的需要。为了将相当多的低收入者的潜在需求转化为现实需求,财政应加大转移支付力度,提高低收入者家庭的收入水平,这同时也起到了维护社会稳定的作用。

(2) 切实减轻企业负担,以调动微观经济主体投资的积极性。一方面彻底清理预算外资金项目,真正实行"费改税",规范国家与企业之间的分配关系;另一方面,现行税制中的一些主要税种税收负担偏重,结果导致地方随意减免税、企业逃税问题较严重,同时也抑制了企业投资的积极性。针对这个问题,国家财政首先应适当降低一些税种的税率,在现行分税制的预算管理体制下,对地方政府随意减免税项目进行清理,同时加强税收的征管,将该收的税全部收上来。其次,根据国家产业政策和结构调整的需要,对重点产业和科技含量高的产业加大财政扶持力度,可通过贴息贷款的方式鼓励企业投资。再次,财政本身应加强对基础产业的投资,以便为国民经济长期、稳定、持续的发展提供一个良好的经济发展基础。

(3) 放开对民营经济以及其他非公有制经济进行投资限制的领域,以增加非公有制经济投资项目和领域的选择。尽管市场经济建立至今已经有十多年时间,我国的投融资体制改革步伐也在不断加快,投资领域不断放开,但到目前为止,还有很多领域是非公有制经济不能进入的,成为制度垄断型行业。行业竞争的缺乏既产生很多负面作用,同时也对拥有投资倾向和实力的非公有制经济的投资选择进行了限制,客观上限制了民间投资规模的扩大。为了真正扩大民间投资规模,从制度上放开受保护的投资领域是必要的。

(4) 财政政策手段上,应注重公共支出手段与税收手段的配合与协调,尽可能地做到两种政策手段在作用方向上保持一致,避免公共支出增加而产生的政策效果在一定程度上被偏重的税收而产生的替代效应所抵消。

(二) 2008 年以来实施的积极财政政策

2007 年 3 月美国房地产市场开始出现次贷危机,2008 年 8 月以后次贷危机逐步加重,形成连带的金融危机和经济危机。这次危机比 1997 年爆发的亚洲金融危机影响更大、波及范围更广,对世界贸易大国的冲击力更强,同样对中国的出口产生严重制约。金融危机爆发后,作为中国主要出口国之一的美国消费需求下降,进而通过传导机制导致中国的出口需求下降。据海关总署公布的数据,2008 年 1 至 7 月我国对美出口 1 403.9 亿美元,增长 9.9%,增速下滑 8.1 个百分点,这是自 2002 年以来我国对美出口增速首次回落至个位数。外贸进出口增速放缓,2008 年 10 月增速更是下半年以来首次回落到 20% 以下。受此影响,国内出口企业的生产陷入停滞,部分企业倒闭,说明金融危机已经切实影响了国内的实体经济。另外,国内宏观经济增速的回落、失业率上升需要政府采取相应的宏观经济政策,以实现国民经济的平稳增长和就业率的稳定。为了刺激国内需求,实现中央政府制定的宏观经济目标,2008 年 11 月中央政府再次实施积极财政政策,4 万亿元财政刺激计划因此出台。具体而言,2008 年开始执行的积极财政政策主要手段如下。

(1) 公共支出。前述的 4 万亿元投资计划是指政府的投资计划,包括中央政府和地方政府的投资,其中中央政府投资 1.18 万亿元,其余由地方政府投资①。在资金投向方面,根据国家发改委主任张平介绍,这 4 万亿元中,保障性安居工程 2 800 亿元;农村民生工程和农村基础设施 3 700 亿元;铁路、公路、机场、城乡电网 18 000 亿元;医疗卫生、文化教育事业 400 亿元;生态环境投资 3 500 亿元;自主创新结构调整 1 600 亿元;灾后②恢复重建 1 万亿元。

(2) 税收手段。这次的经济刺激计划实施过程中,除了政府的公共支出手段,税收手段也发挥重要作用。总体而言,2008 年以来我国政府基本上实行的是减税政策,减税面涉及现行税制中的主要税种,包括增值税、企业所得税、个人所得税以及其他税种。2009 年开始增值税转型,将原税制中的生产型增值税改为消费型增值税,税基缩小的同时税率不变,相当于税收

---

① 实际上,当时全国各级地方政府上报的总投资计划为 18 万亿元。
② 灾害是指 2008 年 5 月发生的四川汶川大地震。

负担从原来的23%(换算成消费型增值税的税基)下调至17%。增值税转型意味着纳税人税收负担的大幅下降,有助于提高他们增加投资的积极性。

所得税方面,2008年开始合并对企业征好的两种所得税,税率从33%下调至25%,大大减轻了企业所得税税负。2008年初开始,再次提高个人所得税免征额,将工资税目中的月工资免征额从原来的1 600元提高到2 000元。

其他税种方面,为了扶持房地产业的继续发展,发挥该产业对国民经济支柱产业的功能,2008年底和2009年初,很多地方政府加大执行鼓励消费者购房的政策支持力度,除了货币政策外,在财政政策方面,实行契税补贴政策,对于消费者购买90平方米以下住房实行全额补贴,购买90~144平方米的住房实行半补贴(购房人按照2%税率缴纳契税,地方政府补贴1%)。

(3) 赤字预算与国债。政府在加大公共支出力度的同时实行减税政策,必然导致财政的赤字预算,为了弥补赤字而扩大国债发行规模将不可避免。2009年和2010年国家财政赤字规模分别达到7 397亿元和10 500亿元①,同期国债发行规模在15 000亿元左右,占当年GDP的比重超过4%。

中国政府实行的积极财政政策取得了良好的经济政策效果:中国经济率先从经济危机中走出,2008年至2015年,国内生产总值年均增长逾8.0%;同期城镇登记失业率控制在4.1~4.3%之间。积极财政政策执行期间的2010年和2011年有过明显的物价上涨,不过在得力的宏观经济政策相互配合与协调下,2012年以后消费者物价指数基本控制在2.5%左右。

(4) "十三五"开局的财政政策。

"十三五"规划就经济和社会发展提出了一系列目标,如经济保持中高速增长;在提高发展平衡性、包容性、可持续性的基础上,到2020年国内生产总值和城乡居民人均收入比2010年翻一番,人民生活水平和质量普遍提高;就业比较充分等。

与此同时,2008执行的以扩大公共支出为主要手段的财政政策也产生了一些后遗症:地方政府财政支出过度依赖土地开发导致各地住房过剩,公共部门和国有企业过多投资导致多行业产能过剩,各主体投资支出严重依赖负债导致地方政府和企业杠杆率过高,等等。这些问题严重影响到经济和社会的可持续发展以及短中期目标的顺利实现。

在上述背景下,为了实现经济长期健康发展,2015年11月10日中央财经领导小组会议上,习近平指出:"在适度扩大总需求的同时,着力加强供给侧结构性改革,着力提高供给体系质量和效率","供给侧结构性改革"由此而提出。供给侧结构性改革的根本目的是提高供给质量满足需求,使供给能够更好满足人民日益增长的物质文化需要;主攻方向是减少无效供给,扩大有效供给,提高供给结构对需求结构的适应性。与此同同时,中央经济工作会议于2015年12月18日至21日在京举行。会议提出,2016年经济社会发展主要是抓好去产能、去库存、去杠杆、降成本、补短板五大任务。通过供给侧结构改革实现供求总量和结构平衡是十三五开局的主要宏观经济政策目标;而"三去一降一补"是实现宏观经济政策目标的主要内容和具体任务。

当然在积极财政政策执行过程中,也有一些问题是值得思考的:从职能角度看,政府的作用应该尽量弥补市场的失灵,因此对于市场配置资源的领域,政府不仅需要减少直接参与或干

---

① 资料来源:2009年数据来自于当年国家决算报告,2010年数据来自于当年国家预算报告。

预的力度,还应该尽可能的从中退出,政府的干预以完善法规和监管为主。否则的话不仅容易扭曲市场,还将加大财政支出规模,导致政府资源配置结构失衡,加重财政负担;实现国民经济和社会可持续发展是政府的长期发展规划和大计,涉及子孙后代的利益,当前情况下,中国经济发展模式实现真正转型已经到了刻不容缓的地步,因此政府执行的财政政策一定要有助于经济和社会发展模式的转换。

本章小结

财政政策是一国政府为了实现既定的经济、社会目标,依据客观经济规律而制定的、用财政手段干预经济的措施总称。财政政策的构成要素是,政策目标、政策手段、政策的作用机制、政策的传导机制和政策效果。实施财政政策的目的就是为了实现宏观经济政策的目标,包括经济增长、物价稳定、充分就业和国际收支平衡。财政政策的基本手段包括税收、财政支出、国债、国家预算等。财政政策的作用机制有两个,即自动稳定装置和相机抉择。财政政策手段的发挥主要是通过改变各主体的收入水平从而对社会总需求产生影响,以至最终实现财政政策目标。根据财政政策手段的作用不同,可以将财政政策区分为两种基本类型:需求管理的财政政策和供给管理的财政政策。财政政策与货币政策的搭配类型很多,但在经济实践中,"双松"和"双紧"政策配合更为常见。对于经济转型国家在转型时期实施财政政策的效果进行评价时,尤其需要考虑财政政策执行时的制度安排。我国在1998年和2008年两次制定和执行了以扩大内需为主要目标的积极财政政策,在政策手段上以扩大公共支出为主,同时在税收的某些方面适当地进行了调整。为了使积极财政政策取得更加理想的绩效,重视财政政策与货币政策的配合与协调尤其重要。

复习思考题

1. 说明财政政策的宏观功能。
2. 如何理解财政政策的作用机制?
3. 财政政策和货币政策为什么要相互配合?搭配的方式有哪些?
4. 你是如何评价1998年以来的财政政策?

第二十一章 经济全球化的国际财政关系问题

第一节 经济全球化与财政利益配置

近年来,随着高科技的迅猛发展,全球生产力水平得到长足提高,经济全球化的趋势日益显见。从某种意义上说,经济全球化所引起的全球资源流动过程,其实质就是全球经济利益的重新配置过程,在这个过程中,全球经济资源将会按照比较利益原则进行优化配置。但是,因为各微观经济主体是依附于各个政治主体的,而代表政治主体的国家必然要从国家的经济利益角度去衡量全球化的利弊得失,进而决定是推动还是阻止本国全球化的进程。显而易见,经济全球化将引发国家的财政利益变化,而国家财政利益的合理配置将决定经济全球化的发展实现。

一、经济全球化的发展过程

在经济全球化的初期,表现为国家与国家之间的分工和世界市场的形成。人类发展史上曾出现过三次社会大分工,即农业和畜牧业的分工、手工业和农业的分工、商业和手工业的分工,这三次社会大分工促进了生产力的发展,促进了人类文明的进步。但那时的社会分工受到地域、民族和国家界限的限制,因而只是一种较低层次的分工。随着社会生产力的进一步发展,特别是随着资本主义经济制度的确立与扩张,社会分工开始超越国家的界限,从经济上把整个世界和整个人类社会联系在一起,这便是最初阶段的经济全球化。

推动经济全球化大潮的关键性因素是生产力。生产力伴随着人类社会的发展而不断得以进步和提高,并促使人类社会的生产与流通逐渐突破民族和国家的限制。科学技术的革命在生产力的发展中起着决定性的作用,它推动和加速了国际分工的产生和经济全球化的发展。18世纪下半叶,蒸汽动力的发明和蒸汽机应用于生产,使人类社会从手工劳动时代进入了大机器工业时代,并使资本主义的制度最终战胜了封建制度。在此后不到100年的时间内,人类社会创造的财富超过了过去全世界所创造财富的总和。19世纪后半期,随着电力的发明并应用于生产,人类进入了电气时代。此后的100年,全世界的工业总产值增加了近20倍。生产力的这种高速发展,使各个国家的生产都难以继续囿于国界的限制,从资源的供应到产品的销售,都开始在广阔的世界范围里寻找最佳组合和最优配置。

20世纪是高科技大发展的世纪,电子工业、宇航工业、高分子合成工业等新兴工业部门不断涌现,并引致国际间的技术合作、资金合作、劳务合作不断深化。随着生产力的发展,国际分工形式也更加细化和复杂。国际分工已越出了部门经济的分工,发展到了企业内部的工种、工艺之间的分工。此外,生产力的发展使交通运输和通讯事业的进步日新月异,大大缩短了世界各国之间在空间和时间上的距离,整个世界正在变为一个"地球村",经济的全球化也随之深化和发展。

当然,经济全球化的实现离不开各国政府的协调和推动,否则,经济全球化的进程将会因遭遇政府的制度及行政阻碍而止步不前。一般而言,各国政府的统一意志,是在相关国际组织中得以履行的,当然这是在经过协调并形成统一规则的前提下进行的。所以,国际组织在经济全球化发展过程中的作用是不可忽略的。如国际货币基金组织在各国汇率政策上的协调以及在解决成员国参加国际贸易活动而缺乏外汇时的资金困难方面的努力;世界银行在帮助各成员国的经济复兴与开发以及在发展外向型经济中的优惠贷款和政策协调;特别是世界贸易组织在制定统一规则、削减贸易壁垒、建立统一大市场方面所做的努力。这些世界性经济组织加上各类区域性经济组织所付出的努力与政策协调,在经济全球化的演进中是功不可没的。

二、经济全球化的特征

经济全球化日臻成熟的特征主要表现在以下几个方面。

(一) 生产要素全球化

现代化生产所需的生产要素不仅包括早期经济学家们所讲的资本、劳动和土地这三大要素,而且还包括技术、管理和信息等在生产中日益发挥明显作用的要素。这些生产要素在全球范围内的配置和使用,是经济全球化得以实现的基本前提。生产要素全球化具体包括资本、劳动力和技术等要素的全球化。

近年来,资本国际化的发展规模和速度十分迅猛。1998年,外国直接投资企业在全球的投资存量超过了4万亿美元,比1997年增长20%;外国直接投资额比1997年增长将近40%,达到6 440亿美元。2000年全球外国直接投资额达到1.3万亿美元,比1999年增长18%。在资本全球化中唱主角的主要是发达国家。近年来发展中国家在其中的作用越来越明显,2002年中国首次超过美国成为吸收外资最多的国家。

劳动力全球化是指劳动力的全球化配置和使用,也即劳务(如旅游、运输、信息等)的国际化流动。劳动力全球化配置和使用的表现形式多种多样,主要包括国际承包劳务和国际服务贸易两种形式。国际承包劳务是通过输出普通劳动力、工程技术人员以及部分资金、设备和技术的方式承包国外的工程项目,并按事先签订的合同条件收取费用的一种国际经济合作形式。1996年亚洲国际承包劳务市场的工程发包额为425亿美元,比1995年上涨11.8%。亚洲各国为改变目前基础设施落后的状况,正集中力量发展能源、交通、通讯等薄弱部门,这为国际承包劳务市场提供了机会。2000年全球225家最大承包商的营业额达到1 159亿美元。中国的对外承包劳务近些年发展较快,从早期从事输出普通劳务的分包项目发展到目前总包交钥匙工程,从每年对外总合同额几千万美元发展到目前每年几十亿美元。截至1999年8月底,中国对外承包劳务累计完成营业额 583.7 亿美元,派出劳务人员 177 万人次。国际服务贸易是指各种类型的服务业产品越出一国国界在国际间进行的交易活动。近年来世界服务贸易持续增长,1990 年全世界服务贸易额为 6 800 亿美元,1995 年达到 1.2 万亿美元,1997 年又增长到 1.29 万亿美元。

科学技术的进步是人类社会向前发展的关键性动力,也是世界各国提高自身实力的决定性因素。当今时代,世界各国都清楚地认识到,单靠自身技术提高本国的经济实力已经很不够,还必须大力吸收和引进别国的先进技术,因此,国际技术贸易额的增长近些年达到了前所未有的规模。根据联合国有关资料统计,20 世纪 60 年代中期,全球技术贸易额年均为 25 亿美元,70 年代中期增长到 120 亿美元,80 年代中期达到 500 亿美元,90 年代中期超过 2 000 亿美元,平均每五年翻一番。随着新技术革命的深入发展,技术生命周期和产品生命周期日趋缩短,各国产业结构调整会进一步加快,技术贸易和技术全球化必将进一步发展。

(二) 市场全球化

市场全球化的内涵是消除各国设置的贸易壁垒,实现国内市场国际化,形成全球性的统一大市场。

第二次世界大战结束后的半个多世纪中,世界市场的贸易自由化趋势日益明显。在各种国际性贸易机构的协调下,尤其是在关贸总协定和世界贸易组织的不懈努力下,世界市场中的各种壁垒和障碍正在一点点地被消除,为市场的全球化铺平了道路。市场全球化的实现,不仅需要国际组织的推动,而且需要各个国家的积极参与,将自己的市场对外开放,消除人为市场障碍,鼓励自由贸易。

美国传统基金会于 1999 年 12 月公布了一份全球经济自由度指数调查[1],结果表明,在 161 个被调查的国家和地区中,有 57 个经济自由度上升,70 个持平,34 个下降。从整体上看,世界各国和地区的经济自由度有所提高,这表明市场全球化、经济一体化已是大势所趋。

(三) 产业布局全球化

各个国家的产业结构,在国际市场竞争的催化和比较利益的诱导下,正在变成为世界产业结构的一个密不可分的组成部分。许多国家的政府在制定产业政策时,不仅考虑本国的国情,而且也充分考虑世界各国产业结构的变化情况,以便能及时抓住机遇,更好地参加到世界分工的行列中,以期获取比较利益。例如,在欧盟内部,传统产业多集中在希腊、葡萄牙等较落后的国家,而英国、法国等则更多地发展新兴产业。北美自由贸易区虽然建立时间不长,但美国已提出了多项集团内部的产业结构调整计划,准备把美国的一部分传统产业,如纺织、钢铁、石油化工等转移给墨西哥。可以看出,世界上已建立和正准备建立的地区性经济集团,都在努力从产业形态的分工与合作上加强各国的联系,以求达到相互促进和共同发展的目的。

(四) 经济制度全球化

随着全球经济一体化程度的深入,经贸制度的统一性和全球化趋势越来越被人们普遍地理解和接受。第二次世界大战结束之后的半个多世纪中,经各种国际组织的筹划和协调,在贸易、金融、保险、产权、投资等各类经贸领域中建立起了若干被各国普遍认可的规范性、统一性的国际经贸制度。

为了融入经济全球化的大潮之中,各个国家,特别是发展中国家,纷纷按照国际惯例调整

---

[1] 资料来源:《经济学家》,1999 年 12 月 10 日。

和修改自己的贸易制度、财税和金融制度,以期减少国际经贸往来的制度障碍,促进本国经济的全球化进程。

三、国家财政利益及其配置

国家财政利益是指一国政府所拥有的经济利益,包括国家所有的自然资源、固定资产和流动性资产。一般而言,国家财政利益是维护国家政治权力的物质基础,是国家社会安全和经济发展的保障手段。国家财政利益主要来源于本国的要素及资源收入,但在经济全球化条件下,由于国内外资源的流动性增强,必然会出现国外资源流入和国内资源流出的现象,因此从结果上看,前者可能有助于提高本国的财政利益,而后者则会导致本国财政利益的丧失。

(一) 财政利益的范畴

由于观察国家财政利益的角度不同,可以归纳出不同类型的国家财政利益范畴。

(1) 宏观与微观财政利益。宏观财政利益是整个国家的经济利益,包括政府利益与公共利益;微观财政利益是指政府部门所获取的利益,具体包括政府税收、政府财产以及公产收入(含国有组织收入)。一般地说,政府所直接追求的目标是微观财政利益,但是由于政府代表了全民的利益,所以必须将全民的利益纳入其追寻的目标体系中。在多数情况下,财政的宏观利益与微观利益是紧密结合为一体的,两者的作用方向有时是高度相关的,但有时又并不一致。换句话说,在追求微观财政利益的同时,可能引起宏观财政利益的相应提高,有时则导致宏观财政利益的下降。

(2) 有形与无形财政利益。有形财政利益是指以政府的法规和资产为依托,所取得的具有使用价值的财产和具有价值形态的税收、国债等。无形财政利益是指政府通过其政策或手段,树立一种形象或形成一种机制,使政府获得一种潜在的或内在的财政利益。例如,政府通过建立信息透明制度,使政府的诚信度得以提高,这种潜在的作用促进了市场繁荣,市场的发展又将导致税基扩大,进而带来大量的国家财政利益。

(3) 正向和负向财政利益。正向财政利益是指政府获取的是有效的、实在的财政利益;负向财政利益则表现为无效的或反向效应的财政利益。例如在税负公平原则基础上征税,那么政府取得的税款收入则是正向财政利益;如果税负不公平,那么征税额越大,其负面影响越大,最终可能导致税源的萎缩,这就属于负向的财政利益。

在封闭型经济状态下,国家财政资源不具备流动性,因此,其财政利益的变化仅局限在一国范围内,所表现出的形态无非是在显性的和隐性的财政利益之间的选择,或者是在利益取向于政府还是取向于企业或居民之间的选择。如果一国经济高度开放,且生产要素在国内外自由流动,很显然,所形成的财政利益也必然随之发生国际流动,即产生财政利益的外部性效应。所以政府财政利益选择的目标首先是关注于财政资源是否由国内流向国外的问题,至于财政资源在国内的配置结构问题也就显得无关紧要了。由于经济全球化导致的生产力要素资源的国际流动性增强,这种变化必定伴随着财政利益的国际流动,所以各国财政利益就会发生结构性变化。在实践中,虽然财政利益流动的基本动因是经济全球化,但是同样不能忽略政府及国际组织的政策和制度对引导财政利益流动方向的作用。财政利益的国际流动可分为顺向流动和逆向流动两种形式。如果一国贸易的比较优势较明显,且政府又出台了大批优惠政策,结果会导致国外经济资源大量流入,提高了本国政府财政基础,增加了本国财政实力,这种现象被称为财政利益的顺向流动。反之,因为本国贸易条件的恶化,且政府政策的吸引力不够(有自身的原因,也有国际社会的打压因素),导致本国的财政利益被他国所吸纳,此种现象就是财政利益的逆向流动。

(二) 财政利益的配置

在一国经济处于封闭运动的状况下,尤其是在金本位制主导的货币体制下,国家财政利益的流动可能被限制在一个很小的范围内。然而,在经济全球化的今天,任何一个处在开放经济中的政府,在制定宏观经济政策时都无法忽视这些财政利益问题。假定在政府试图通过提高税率增加公共收入时,那些容易流动的要素,如资本要素就会转移到较低税率的国家,本国财政利益就会发生逆向流动;如果政府通过提供优惠税收,就可能会吸引外国投资者,使得国内税源增强,发生财政利益顺向流动。假如对此现象不予重视,各国政府单纯地围绕追求自身财政利益而进行经济封锁或恶性竞争,有可能引发世界性的战争,所以国家财政利益在国际范围的合理配置是十分重要的。

关于如何对待国家财政利益的配置问题,大体有三种观点。

1. 自由配置论

有些经济学家认为国家的经济利益(财政利益)和经济全球化带来的利益是一致的。因为在一个资本流动日益自由的世界中,对国家财政利益流动所采取的任何限制性措施必然会对经济基础产生侵蚀,而最终这些后果会给主权国家带来利益损失。经济全球化的进程在更深的层次上就是市场化的进程,国家干预的减少会促使主体国家财政利益得到增强。

2. 配置保护论

配置保护论者强调国家主权和政府的经济管理职能,试图回避经济全球化的冲击。他们实际上并不仅仅注重传统意义上的保护主义所带来的利益,而是特别关注于经济全球化对国家财政利益的侵蚀。他们认为经济全球化的利益只能由少数拥有更多流动要素的人获得。克鲁格曼(Krugman)、波格瓦蒂(Bhaguati)等人甚至建议对资本流动进行控制,从而使那些面临财政约束的国家可以采取更有效的国内货币政策。

3. 组织配置论

有些对经济全球化抱有乐观态度的人,相信因经济全球化产生的财政利益问题和政府管理职能的加强是可以互相融合的。在这个认识基础上,完全可以通过国家组织之间的利益协调和制度安排,进行国家财政利益的国际配置,在此过程中,即使让渡部分国家经济主权,也是符合国家的长远财政利益的。少数理想主义者甚至认为未来也许会存在一个更广泛的区域性或者世界性的组织以行使共同的财政职能。现实生活中,欧盟的成立也许是向这一方向迈进的初级阶段。

就目前的国际经济发展形势而言,应当承认,寻求某种财政利益的国际协调是可能的。首先,可以在那些经济和价值观冲突较少的领域将国家财政利益权限相应让渡给一些国际组织来管理,如对银行的监督管理标准及环境质量标准;其次,在不放弃国家主权的情况下强调国家之间的合作,并在合作的基础上追求自身的国家财政利益,比如可在某些领域达成建设协议,提高财政政策和货币政策的透明度和加强金融监督;再次,在区域和全球等领域方面寻求一体化合作模式,使得具有相近发展水平和经济制度的国家在宏观经济政策上谋求更进一步的趋同,以减少全球化下自主政策带来的国家财政利益的外部性损失,扩大财政利益合理配置所带来的共赢局面。

第二节 国家财政关系的国际协调

经济全球化的实质是国别经济要素资源的自由流动,这种流动主要是以经济利益为驱动力的,而以国家主权所体现的国家利益则与此变化不一定完全吻合,具体体现在代表国家利益的国家财政关系的处置方面。如果两国的财政利益发生冲突,必然会影响到国别经济的自由交易,推而广之,则将阻碍经济全球化的进程。因此,针对国家财政利益进行国际协调,是解决矛盾的有效办法。

一、财政国际协调的动因及准则

(一)财政国际协调动因

财政管辖权本身就是国家主权的重要组成部分,一国财政的运行,其基本目的在于纠正市场失灵、获取税收收入以及提供公共产品和公共服务,实现符合政体精神的收入再分配等目标。而这些目标在每一个主权国家之间是有差异的,取决于一国的经济发展进程、政体制度结构以及人们的不同偏好。对于发展中国家而言,政府所关心的并非资源有效配置,而是收入再分配、经济稳定、提供为经济增长所需要的社会经济基础设施等目标。即使在发达国家,财政在突出效率目标的同时,也同时服务于其他多重目标。因此,作为主权国家的政府,在财政依然是服务于本国利益目标的重要政策工具时,将这一权力让渡于某一超国家机构显然是不现实的。所以,因全球化所引起的有关主权国家的财政利益甚至财政主权问题,采取相互协调的方式加以解决,不仅是非常必要的,也是可行的。

在经济全球化的过程中,主权国家越来越重视如何在经济全球化中成为一个赢家,这种压力使一国政府试图通过强化财政功能来达到这个目标,其中,对税收工具的运用就是一国政府试图获得经济全球化利益和减少其消极影响的不可或缺的手段。例如,通过传统的关税屏障保护本国产业免受外国有竞争优势产业的冲击;通过降低对流动要素如资本、技术的课税率,以吸引外部要素的流入;通过各种税收优惠来引导外国资本在国内的产业流向和地区流向等。显然,高进口关税的作用必然会阻碍商品流通,如果世界各国均如法炮制,那么经济全球化就成为一枕黄粱。为促进各国的共同利益,避免因税收竞争造成的两败俱伤,有必要进行各国税制的国际协调。世界贸易组织对世界关税政策改革的推进就是一个很好的例子。虽然各国政府在参与经济全球化的过程中,仍然会把财政政策作为促进本国经济增长、实现再分配的重要工具,并将更加倚重各项财政工具的运用来谋取经济全球化的利益,但绝不能忽视财政国际协作和协调的作用。促进和协调政策的配合运用,不仅可以促进本国经济的发展,而且可以减少财政政策的外部性影响和强化本国财政政策的国际化功能。

当然,就当前主权国家的财政制度而言,通过让渡国家财政利益或者削弱国家对其管理的职能来迎合经济全球化发展的趋势,还有相当长的路要走。

(二)财政国际协调准则

财政国际协调的核心是财政利益的国际配置。现实中,财政利益的国际协调是两个国家或国际组织参与的利益协调,在其利益配置时,一定存在一个配制参照系,从理论上说,这个参照系数仍然应当是以生产要素的贡献程度为依据,所不同的是在一个扩大了的超国家的体系内的分配,在此基础上优化再分配的问题,同样应当是以社会福利最大化为目标。因此可以假设有一个超国家的财政利益分配中心,在此环境中不存在财政利益的竞争,但是该分配中心并不排斥各主权国政府在其管辖范围内实施再分配。分配中心的最优再分配政策将平衡国际再分配和国内再分配。在此过程中,可以排除两种极端情况:第一,在没有分配中心干预的情况下,国家之间没有再分配,而国内再分配是最优的(假设没有财政竞争及其他损失);第二,分配中心尝试在国家间平均可支配收入,国内政府停止再分配,结果是国家间或国内不再需要再分配。

假设分配中心包括两类国家,每类国家包括一些穷人(福利接受人)和一些富人(纳税人),这些人全部都具有给定的收入。各个国家富人在居民中的比例各不相同,为便于集中考虑两类国家间分配与国家内分配(无财政竞争)进行比较,假设他们均没有流动性。虽然两个层次的政府有一个通过社会福利效用函数规范的再分配目标,但是他们所拥有的信息各不相同。国内政府只知道收入的全部结构并且运用税收转移支付政策来促进社会福利的最大化;而分配中心只知道各国政府的再分配结果,即总税收水平或总转移支付水平。由于两类国家中穷人的比例各不相同,因而会影响与再分配结果水平相关的偏好。

二、财政国际协调的方式

国家财政关系国际协调的主体一般是各国政府和国际组织,协调的目的主要是对因财政外部性而产生的财政利益的配置。将协调主体和协调目标很好地结合起来,达到国别经济共同发展、繁荣世界经济的目的,是全人类共同关心的主题。在此共识基础上,国家政府之间采用什么样的国际协调方式也就显得十分重要,否则,由经济自由竞争引起的政府间的资源竞争,可能会爆发战争。一般而言,财政国际协调的方式有三种类型:一是全球统一的财政配置,二是国家之间的税收协调,三是财政国际援助。

(一)全球财政配置

从传统经济学角度去理解,经济全球化的快速发展,使得各国互通有无,必将促进共同发展,但在这个发展过程中产生了大量的负面影响,而这些影响是各国追逐利益的直接结果,所以仅仅依靠各国政府自定方式去解决是不可行的。例如,进入20世纪90年代以后,世界各国的开放度大大提高,世界贸易增长速度是世界收入增长速度的两倍。然而,国家在促进贸易、降低出口成本的同时,面临着一些困难,包括监管日益增加的商品流动,查禁非法进口如毒品、武器和有毒原材料等。因此,世界面临的一个主要问题就是怎样在有效控制毒品及其他违禁物品的同时,保持国家的民主和经济的开放。

扩大的自由贸易增加了国家财政负外部性的可能性,特别是出口对健康有害的产品、受污染的原料和食品所造成的一系列问题。随着人员和商品的自由流动,人们大量进入几乎与世隔绝的边远地区(热带雨林等),发生危险的可能性在增加。那些地方性的危险病毒和细菌不为人所知,有可能扩散到整个世界,如2003年5月爆发的SARS(非典型性肺炎)病毒。许多卫生官员对这些问题忧心忡忡,他们认为,如果不限制人员、物品的流动,世界将会面临这些新病原体的挑战。全球化还可能会造成严重的环境问题。许多影响环境的因素都是可以跨越国境线,其对环境的破坏大多不受国境的制约,因此环境保护问题,愈来愈受到整个国际社会的密切关注。显然,上述这些问题是国际间的外部效应所致,解决这些国际外部性问题需要公共部门的干预,这种干预旨在降低负的外部性或增加产生负外部性的负担成本。公共部门干预的手段主要有税收、补贴、规章等。但是,这些手段通常归一国政府所拥有,所以其使用一般不会过多地考虑别国利益的得失。可以考虑由相关主权国家间达成协调方案来解决此问题,但实践中往往困难重重,原因是难以解决"免费搭车"问题。可以预见,由于日益增加的财政利益外部性的国际化和缺乏有权力的政治机构来处理争议,国家间的经济和政治冲突会日益增加,在将来还有可能激化。

虽然有些国际组织(如联合国、世界银行、国际货币基金组织、世界贸易组织、世界卫生组织等)在处理这些问题时的确起到很大作用,但是这些作用的发挥受到很大的行政和制度制约,并且其影响范围也存在局限性。如果针对国家财政利益流动(外部性)问题,专门设立一个全球性的财政配置机构,就产生国际外部性的行为进行统一的财政补偿或救济,显然在理论上是合理的。按照现行的国际组织职能分布,多数国家组织所承担的是国际财政扶持职能,显然是不完整的,迄今世界上还没有一个处理由税收制度产生的跨国外部性或利益溢出的专司筹集财政收入的国际性组织。

目前已经有一些局部处理全球统一财政配置的国际组织,例如,处理贸易问题的世界贸易组织、处理宏观经济稳定性和国际收支平衡的国际货币基金组织、处理经济发展的世界银行等。然而现在尚无一个国际组织,来监督或试图解决全球财政配置问题。

随着贸易的进一步自由化,资本流动更加容易,国家参与税收竞争的诱惑力以及从中获得的利益都会增加,因而世界税基将成为公共品而被利用。国际货币基金组织的经济学家维托·坦茨建议成立一个世界税收组织[①]。该组织的权利取决于成员国愿意赋予的权利,也取决于该组织对整个国际社会的代表性。坦茨认为,这个世界税收组织的责任不仅仅限于征税,还应具有以下职能。

(1) 了解及确认国际上的主要税收趋势和问题。经济合作与发展组织(OECD)财政事务委员会就一直在从事这些有价值的工作,为 OECD 国家确定税收趋势。

(2) 编辑和制作包括尽可能多的国家的税收统计和与税收相关的资料。目前尚无一个机构从世界角度对这些资料进行编辑。

(3) 编辑发行世界税收发展报告,提供统计资料,描述主要趋势(从统计和政策发展角度),识别问题,有可能的话对这些问题提出可行性建议。

(4) 在税收政策和税收管理上为各主权国家提供技术帮助,使受援助国家的税收制度与其他国家更加协调一致。

(5) 制定发展税收政策和税收管理的基本准则。

(6) 建立一个国际论坛,就国家间或国家集团间的摩擦、冲突进行税务仲裁。

(7) 如同国际货币黄金组织监督宏观经济发展一样,该组织对税收发展进行监督。这种监督可在国家、地区和世界范围内进行。

世界税收组织将确认产生跨国溢出的税务发展,并将其通报给代表全体成员国的董事会,然后由董事会提出在一些领域内(在这些领域中,一国的税收行为对其他国家有负面影响)进行改变的建议,当然这些建议并不是强制性的。

(二) 国家间的税收协调

经济全球化的运行需要国家间进行税收协调,税收的国际协调有助于经济全球化的顺利

---

① 阿沙夫·拉辛等:《全球化经济学》(中译本),上海:上海财经大学出版社,2001年版,第220~222页。

发展。首先,经济的跨国交流要求公平税负,并减少税收歧视,因此需要各国税收进行充分协调与合作,共同采取合理的税收制度。其次,随着高科技的发展,经济要素全球流动更加快捷,跨国纳税人的国际逃避税行为变得更加不易察觉,只有各国政府充分合作,通过税制协调和联合防范,方可保证各国税源的完整,促进公平竞争。再次,由于各国利益的独立性,国际税源竞争不可避免,竞争的后果显然会阻碍经济全球化的进展,因此需要税收的国际协调,保证各国经济的共同发展。经济全球化是世界资源合理配置的必然选择,但是,经济全球化是在不公正、不合理的国际经济旧秩序没有根本改变的情况下发生和发展的,因而势必继续扩大穷国和富国的差距。税收国际协调是在各国现有税制基础和不平等经济格局下进行的,其目的不应是简单地实施全球税收一体化,而应将税收国际协调的重点放在修正旧的国际经济秩序方面,在公平前提下,消除各国的贫富差别。

总而言之,经济全球化必然造成国家财政资源全球流动性的增强,不仅使得各国对税源控制难度增加,而且国与国之间利益分配矛盾趋于复杂,因此需要就国家间的税收问题进行国际协调。但由于各国税收独立管辖权的存在,税收的国际协调在相当长的时间内不可能通过一个全球性组织统一进行。因此,现今社会的国际税收协调模式呈多样化特征,主要有条约协调模式、税制趋同模式和税收一体化模式。

1. 条约协调模式

条约协调模式是指通过建立税收管理领域的长期合作,签订国际税收协定来加强国与国之间税收协调。截至1997年9月,世界上187个国家已签署了3 500多个国际税收协定。这些国际税收协定的内容已扩展到税收领域的各个层次,不仅包括具体税种确认、双重征税的免除和跨国公司的税务管理等一般内容,还包括情报交换、税收征管合作、构新中国成立际惯例以及税制透明度等方面内容,如目前一些国家正考虑签署《税收征管协作协定》《同期检查协议》等税收协议。建立国与国之间的税收合作,签订国际税收协定是各国为适应经济全球化而进行的主动协调,是一国政府在开放经济框架下加强经济管理职能的一个重要方面,这种趋势将进一步加强。

2. 税制趋同模式

税制趋同模式是指各有关国家通过共同规则,使各国的税制结构具备基本相同或相似的特征。在经济全球化背景下,如何促进全球资源的有效配置,提高国内生产要素的使用效率,以及实现公平收入下的经济增长,是各国政府共同关心的问题。20世纪80年代中期以来,西方国家税制改革一直是以"低税率、宽税基、简税制、严征管"的原则作为主导思想的。这种实际上将"税收中性"作为首要目标的税制改革在20世纪90年代已渗透到众多发展中国家的税制改革实践之中,税收中性化趋势以及税收竞争的压力使各国税制结构呈现出趋同的态势。

3. 一体化模式

一体化模式是指各有关国家的税收制度框架和税收管理体制完全或基本实现统一安排。就目前世界格局看,虽然成立全球性税收管理组织并不具备现实性,但在区域范围内,一些经济发展状况相近、经济体制和结构类似、经济交往密切的国家正开始寻求一种次优的选择,即在区域内进行税收一体化的实践,例如欧盟的税收一体化尝试。在间接税一体化方面,欧盟已取得了实质性进展,其增值税税率和征收原则已基本统一,同时设立了统一的结算体系,以解决各成员国增值税收入的矛盾。欧盟的共同增值税方案也在2002年出台。另外,欧盟国家的部分商品消费税也实行了统一的税收征收原则。在直接税一体化方面,虽然欧盟没有重大实质性进展,但已经将此问题纳入议事日程,并通过了一系列旨在统一公司税的指令。当前,欧盟成员国家普遍认为,重新构建欧洲税制应成为欧盟一体化实践所致力推动的重要组成部分。

(三) 国际间的财政援助

经济全球化是多边国家经贸关系一体化的过程,由于各国经济发展水平的现实差距,必然会造成全球资源的不平等配置。一般而言,发达国家的竞争优势要大于发展中国家,因此可能造成国家间贫富差距的进一步拉大,最终诱导和刺激发展中国家的保护主义抬头,甚至退出全球化进程。因此,树立发展中国家融入全球经济的信心,将是一项解决发展不平衡矛盾的重要措施。针对发展中国家经济发展及产业结构中的诸多问题,国际社会和发达国家有责任、有义务通过财政援助措施进行扶持和帮助,尽快消除国际经济合作领域里的诸多经济和制度上的障碍。

财政国际援助是指在国际经济交往与合作中,一国政府及其所属机构或国际组织向另一国家或地区提供用于经济和社会发展方面的赠与资金和物资、中长期无息或低息贷款以及促进受援国科学技术发展的一系列援助性活动,旨在帮助受援国以较小的代价解决经济困难,或依靠外援得以顺利地开发建设与改造项目,从而推进其经济正常发展。

资本在国际间的运动,已是长期存在的现象,财政援助的方式及手段也在不断变化:由垄断寡头的资本输出到国家资本主义的战争控制;由掠夺性政策及经济附加条件援助到以长远经济合作为目的的无条件或低条件援助。第二次世界大战后,不少新独立的国家为摆脱原宗主国的束缚,不欢迎有附带条件的外国资本的输入,但又难以自筹大量发展资金;而原宗主国的战略意图则是,一方面要从战略上继续影响新独立国家的政治、经济发展方向,另一方面为本国的过剩资本以及夕阳产业寻求出路。随着世界政治多极化和国别经济差距的缩小,国际经济矛盾依靠强权政治无法根本解决,因此,由政府及国际组织提供财政援助的方式便应运而生。大多数发展中国家是从殖民地、半殖民地状态下立国的,在经济上仍然贫困与落后,尤其是人口增长过快、经济结构不合理和经济发展缓慢是发展中国家面临的三大问题。因此,发展中国家要在国际竞争和变化中求生存、图发展,除了主观上的努力外,客观上需要引进资金、技术、先进设备与必需的物资。这样,发展中国家接受一些无损于本国政治、经济独立与主权完整的国际财政援助,从经济的合理性而言就成为必要了,同时这些国际财政援助也使援助双方加强了经济联系和其他方面的交流与合作。当然,发达国家的财政援助方式还是要为推动和扩大本国的商品输出和出口贸易服务的。这些国家对外提供的援助款项中,绝大部分附有限制性采购条件,即援助必须全部或部分购买援助国的商品或技术,使援助成为一种扩大了的商品、技术和劳务出口的重要手段。

随着国际经济关系日益密切,国际财政援助已被越来越多的国家所接受,不论是对外援助还接受外国的援助,也不论这种援助的动机和目的,国际财政援助已成为发展国际经济关系的一个重要方面,不仅是国家之间发生经济往来与合作的重要内容,而且也是推动经济全球化的重要力量。我国自改革开放以来,以正确的观念审视国际经济的发展趋势,积极利用国际财政援助方式,大大加强了我国同国际社会的全面合作。在过去的十几年中,我国接受的国际援助项目在迅速消除自然灾害影响、发展基础设施建设、推进文化教育和社会福利等方面都取得了良好的效果;同时我国也根据自己的国力通过各种渠道积极、主动援助其他发展中国家,获得了良好的国际声誉。

第三节 自由贸易与关税政策

实现经济全球化的基本前提是全球贸易自由化,而妨碍自由贸易的主要制度因素是关税。长期以来国际社会为消除各国的关税壁垒做了大量的工作,但是由于历史上形成的世界经济发展不平衡的状态,以及各国追逐流动性财政利益的偏好,导致自由贸易发展之路充满着艰辛和曲折。进入 21 世纪后,世界大多数国家已经逐步认识到经济全球化已是不可逆转、大势所趋,在国际组织的协调下,力图通过合理调整和协调各国关税政策以促进自由贸易的发展。

一、贸易自由化的理论及实践

(一) 自由贸易理论概述

古典经济学家大卫·李嘉图是自由贸易的积极倡导者,他通过理论推导和实证分析,证明了国际贸易是一种能够使贸易双方均受益的正和博弈。

李嘉图认为,一国不仅在本国商品相对于别国同种商品处于绝对优势时可以出口该商品,在本国商品相对于别国同种商品处于绝对劣势时可以进口该商品,而且即使一个国家在生产上没有任何绝对优势,只要它与其他国家相比,生产各种商品的相对成本不同,那么,仍可以通过生产相对成本较低的产品并出口,来换取它自己生产中相对成本较高的产品,从而获得利益。李嘉图在其代表作《政治经济学及赋税原理》中举了一个通俗的例子:"如果两个人都能制鞋和帽子,其中一个人在两种职业上都比另一个人强一些,不过制帽子时只强 20%,而制鞋时则强 33%,那么这个较强的人专门制鞋,而那个较差的人专门制帽,这种配置不是对双方都有利吗?"[①] 如果国家之间能按上述个人之间的分工原理进行国际分工和国际贸易,不管是否具有绝对优势,所有参加国均会受益。

现代经济学家萨缪尔森认为:"如果理论能够参加选美竞赛的话,那么,相对有利条件肯定会名列前茅,因为它具有无比优美的逻辑结构。"[②]

古典和现代经济学家之所以极力主张和推崇自由贸易思想,主要是他们认为自由贸易能够为人类社会带来静态的和动态的双重利益。

所谓静态利益,是指开展贸易之后,贸易双方获得的直接经济利益,主要表现为在资源总量不增加、生产技术条件没有改进的前提下,通过贸易分工而实现的实际福利的增长。所谓动态利益,是指开展贸易后,对贸易双方的经济和社会发展所产生的间接的积极影响。

(二) 自由贸易的发展实践

自由贸易发展的主要标志是国际贸易总量的上升。资本主义初期,产品市场在市场机制的自发调节下和在各列强国家炮舰政策的强力推动下,国际贸易得到快速的增长。据统计,1800—1870 年国际贸易额增长了 10 倍多,国际贸易的年均增长率从 1780—1800 年的 0.27%增加到 1860—1870 年的 5.53%。由于英国工业革命完成较早,其机器制造业处于明显的优势地位,炼铁、采煤、棉布等产品占世界产量的一半左右。1870 年,英国在世界贸易中的比重为

[①] 李嘉图:《政治经济学及赋税原理》,北京:商务印书馆,1976 年版,第 114 页。
[②] 萨缪尔森:《经济学》(下册),北京:商务印书馆,1982 年版,第 55 页。

25%,相当于法、德、美三国的总和。

第二次世界大战结束之后,国际贸易出现了高速增长态势,这主要受益于越来越统一的全球化大市场。第二次世界大战之前的1913—1938年,国际贸易量的年均增长速度只有0.7%,而战后的1950—1987年的38年间,国际贸易量的年均增长速度达到了11.5%。进入20世纪90年代以后,国际贸易量继续维持高速增长,1990年增长速度为6%,1994年为9%,1997年为9.5%,均大大超过了同期全球GDP的增长速度。

然而,自由贸易的发展不是一帆风顺的,在实践中遇到了重重困难。尽管自由贸易从理论到政策被人们所普遍肯定,但时至今日也只有中国香港、新加坡等极少数几个国家和地区在实施完全的自由贸易政策,而其他国家,包括美国、日本这样的一流工业化国家,也都以各种借口和理由推行不同程度的贸易保护政策。这些政策包括关税壁垒和非关税壁垒。各国设置贸易壁垒的理由多种多样,但在强调国家利益这一点上却是相同的。概括起来,设置贸易壁垒的理由无非是两类:发达国家认为这是保障劳动力就业的需要,发展中国家认为这是保护民族经济的需要。虽然在自由贸易发展过程中存在一些障碍,但是各国同时也认识到促进自由贸易是符合各自长远经济发展的目标,因此各国关税政策协调的步伐一直没有停止。

二、关税政策概述

关税政策是政府为保护其国内商品市场,改善国际贸易条件,针对进出国境的商品和劳务所制定的一系列税收政策总和,是国家对外贸易政策的组成部分。一般而言,关税本身是一项经济保护手段,利用关税可以提高进口商品的成本,削弱它与本国商品的竞争能力,达到保护本国幼稚产业发展的目的。然而,在既定关税制度前提下,可以通过关税的优惠或减让,促进国与国贸易的发展,达到互惠互利的共赢目的。因此说,关税政策运用得好坏,不仅有利于国家合理利益的维护,而且可以推进国际自由贸易的发展。由于关税是一个国际性很强的问题,所以一国的关税政策不能不顾贸易国家的意愿而闭门造车,而应当与他国和国际社会充分协调,这样制定出的关税政策才能从根本上符合本国利益。

根据各国关税的运行实践,关税政策可划分为以下五种类型。

1. 高关税政策

高关税政策是指利用较高的关税税率(主要是进口关税),对本国产业进行强制性保护。发展中国家的工业化进程,在发达国家的强大竞争面前显得非常脆弱,为了维护本国工业的生存和发展,发展中国家在发展初期一般会采用保护性的高关税政策。

高关税政策的特点是多方面的:首先表现在保护对象的广泛性和全面性,不仅对弱势产品,对具有竞争力的产品同样可实行保护。其次还表现在向制造业倾斜的结构关税政策上,制造业是工业化的核心,同时又是受发达国家竞争冲击最大的部门,自然要实行重点保护,实行更高的保护性关税。20世纪70年代发展中国家对制造业的保护关税税率非常高,一般都在50%以上。

2. 自由化关税政策

自由化关税政策是自由贸易政策的重要组成部分,是以关税税率逐步下降为特征的关税政策。发达国家的关税政策已从传统的保护关税政策转向关税政策自由化。二战以后,发达国家关税税率不断降低,以美国为例,1952年,美国对制造业的平均名义关税税率为14.2%,1962年为12.5%,1971年为9.2%,东京回合后仅为5.6%,关税税率下降的趋势明显。

世界贸易组织成立后,发展中国家加快了关税政策自由化的步伐,按照乌拉圭回合谈判达成的协议,发展中国家加权平均关税税率由20.5%降为14.4%;关税水平在今后10年内削减24%。

3. 同盟关税政策

有些具有共同利益的国家为了抗衡发达国家的竞争优势,以求促进本国工业化进程,先后于20世纪60年代、70年代和80年代中后期,掀起了三次区域经济一体化的高潮,致力于建立区域性经济集团,实行优惠关税和一体化关税政策,即同盟关税政策。例如中非关税与经济同盟(1964年)、阿拉伯共同市场(1964年)、东南亚国家联盟(1967年)、安第斯条约集团(1969年)、南非关税同盟(1970年)、西非国家经济共同体(1975年)、东南非洲优惠贸易区(1981年)和南方共同市场(1991年)等。

在区域联盟内部,有的实行优惠关税政策;有的实行内部一体化关税政策,即在经济集团内部取消关税,对外部的关税则不统一;有的实行共同关税政策,在经济集团内部取消关税,同时对外实行统一关税。

4. 战略关税政策

战略关税政策是当代最新的保护主义贸易政策,是战略贸易政策的重要组成部分。其基本操作思想是,当市场处于不完全竞争的条件下,一国政府利用关税夺取外国出口商的垄断利润,帮助本国企业取得竞争优势,提高自身的福利水平。

日本是实行战略关税政策的典型国家。从20世纪50年代起,日本政府就把整个计算机主要部门,包括硬件、外围设备和软件作为国家发展的关键性部门,通产省和其他政府机构一方面利用关税和其他贸易壁垒阻止美国国际商用机器公司等企业对日本出口,另一方面又对富士、日立、日本电气公司等日本企业的产品生产和出口提供补贴。

5. 对等关税政策

对等关税政策是指一国的关税措施(如优惠关税)必须在他国采用同等条件下方生效。此关税政策的起因是20世纪70年代以后,一批新兴工业化国家或地区的崛起,其经济实力和国际竞争力在一些产业中已经明显构成了对发达国家的威胁。这时,发达国家的关税政策开始强调双边的市场开放和贸易自由化,强调贸易活动的公平、对等和互惠。

美国是当代发达国家中主要实行公平关税政策的国家。其政策有两个特点:一是名目繁多的国内立法。除了传统的反倾销法和反补贴法之外,还包括反不公平贸易法201条款;报复外国贸易障碍措施的贸易法301条款;反不公平竞争的关税法337条款。二是平等关税政策实施的广泛性。

三、关税政策的国际协调

由于国际经济发展的不平衡,各国关税政策的取向存在许多不相一致的地方,为促进国际自由贸易的发展,需要国家间进行平等的关税政策协调,或者在相关的国际组织和国际规则框架指导下协调关税政策。

(一)关税政策协调的原则

战后的科技进步使各国经济的相互依赖程度大为提高,从GATT到WTO,各国普遍大幅度降低了关税税率,这在客观上促进了世界经济一体化的深入发展,贸易自由化成为经济全球化的基本特征之一。然而,完全实现商品在世界范围内的自由流动仍存在很大的障碍,其中关税扮演了重要的角色。各国都不同程度地运用关税服务于自身的经济利益。尤其在世界经济发展不平衡的态势下,发展中国家为了谋求自身的经济发展仍将关税作为保护民族工业的重要工具。因此,有效地协调各国的关税政策,并逐渐达成关税共同减让的共识,是促进贸易自由化的现实选择。

关税政策的协调原则包括效率原则和公平原则。

1. 关税政策协调的效率原则

关税政策协调的效率原则可分为国家效率原则和国际效率原则。国家效率是指一国范围内资源的有效配置,国际效率则指世界范围内资源的有效配置。进口关税符合国家效率与否取决于一个国家的具体情况。如果一个国家征收进口税后,消费者剩余和生产者剩余净损失大于从国外获得的额外关税收入,将导致效率损失,不符合国家效率原则。反之,征收进口关税后,消费者剩余和生产者剩余净损失小于从国外获得的额外关税,将提高资源配置效率,符合国家效率原则。但进口即使有利于提高一国资源的配置效率,也会损害贸易国的经济福利,而且贸易国的福利损失一般大于征税国的福利改进,因此不符合国际效率原则。

2. 关税政策协调的公平原则

关税政策协调的公平原则包括横向公平原则和纵向公平原则。横向公平是指经济发展水平相当的国家应该保持大体相同的关税水平;纵向公平是指发达国家和发展中国家在关税水平上可以有一定差距,发展中国家的关税水平可以适当高于发达国家的关税水平。在经济全球化条件下,这一原则是 WTO 在关税减让中的主要依据。

(二) WTO 的关税政策指导

众所周知,WTO 是全球性的关税政策协调机构,它对各国关税政策取向是大幅度减让关税,最终达到国际贸易完全自由化。

关税减让谈判,应本着互惠互利原则,达成减让承诺,并且在相当一段时间里保持稳定,形成一种约束性关税,以便关税达到稳定递减,这是保证贸易自由化目标实现的重要途径。

(三) 中国关税政策的协同取向

在经济全球化和贸易自由化浪潮下,各国经济朝着相互联系、相互竞争、相互协调、相互依存的方向发展,关税减让应是各国关税政策的主要取向。

发展中国家关税政策的发展,从保护性高关税政策、区域同盟关税优惠到开放型关税政策发展的历史,充分说明在 WTO 框架下,实行自由化关税政策是发展中国家经济迅速发展,经济实力和国际竞争力空前增强的主要途径之一。

发达国家关税政策的发展,从关税政策自由化、实行战略关税政策到公平关税措施的演变,同样说明在 WTO 框架下,只有关税充分减让,才能达到国际贸易的自由化。

中国一直在贸易自由化的道路上稳步前进,其政策支撑主要是以关税减让为依托的。1992 年初中国的进口商品平均关税税率为 43%,到 2002 年初已降到 12%,2005 年底继续降至 10% 左右。各类非关税壁垒措施也在很大的范围内被取消或减弱。横向比较,中国的贸易壁垒仍然高于发展中国家的平均水平。随着中国入世问题的解决,中国的贸易自由化进程将会进一步加快,中国的市场将会对世界各国更加开放。

在此背景下,我国的关税政策取向是关税自由化。当然这有一段漫长的路要走,世界经济的变化、国际通行规则的完善和我国经济的发展前景都会影响我国的关税政策,给我国关税政策的改革提出了许多新的课题。由于我国是发展中国家,还不可能立即推行自由度很高的贸易政策,因此建立合理的关税保护方式,采用有选择的适度关税保护政策,并不违背我国实施关税自由化政策的长期目标。

第四节　全球利益视角的国际财政援助

经济全球化促进了生产要素的国际间流动,使得各国利益之间的共同点越来越多,也就是说,发展本国经济,仅仅从本国的狭隘利益去考虑,并不一定能为自己带来预期的效果,只有站在维护全球利益视角去审视本国经济,才能保证本国经济的持续发展。世界经济的均衡发展是实现经济全球化的前提,而国别经济发展水平的协调就成为稳定世界经济的主要途径。因此有关国际组织和有条件的国家政府可以利用国际财政援助的手段,去改善经济环境、推动技术进步,进而扩大自己的市场份额;而发展中国家可以将国际财政援助作为加快自身经济发展、缩小与发达国家的经济差距的重要途径。

一、国际财政援助概述

国际财政援助是指援助国或国际机构从全球经济发展角度出发,为满足受援国经济和社会发展的需要以及解决其财政困难而提供的资金或物资援助。

国际财政援助按其援助方式划分,可分为赠款和贷款两种。赠款是无偿的援助,贷款是有偿的援助。贷款援助可分为无息贷款和有息贷款,有息贷款的利率一般低于国际金融市场利率,贷款的期限也较长,一般在10年以上,而且还有较长的宽限期。

国际财政援助按其资金来源方式划分,可分为官方发展援助、其他官方资金援助和民间资金援助三种方式。

官方发展援助是发达国家或高收入发展中国家的官方机构为促进发展中国家的经济和社会发展,向发展中国家或多边机构提供的赠款或赠与比例不低于25%的优惠贷款。衡量是否属于官方发展援助的标准有三个:一是由援助国政府机构实施的援助;二是以促进发展中国家的经济发展为宗旨的援助,但不含有任何形式的军事援助及各种间接形式的援助;三是援助的条件必须是宽松的,即每笔贷款的条件必须是减让性的,其中的赠与成分必须在25%以上。

其他官方资金援助是指由援助国政府指定的专门银行或基金会向受援国银行、进口商或本国的出口商提供的、以促进援助国的商品和劳务出口为目的的资金援助。其援助手段一般是通过信贷方式进行的。当然,其他官方资金援助也属于政府性质的资金,以促进发展中国家的经济发展和改善其福利为援助的宗旨,贷款的赠与成分也必须在25%以上,它与官方资金的区别在于不是以政府的名义实施的援助。

民间资金援助是指由非营利的团体、教会组织、学术机构等提供的援助,主要是以出口信贷和直接投资的形式来实施的。

从总体上看,对援助国和受援国,国际财政援助将会产生双赢的效果,但是我们不可否认,有时也可能产生负面影响。

毫无疑问,国际财政援助均为援助国和受援国带来了积极影响。对援助国而言,提供国际财政援助,可以扩大本国的政治、经济以及文化的全球性影响,并且可以调节其国际收支差额,减少通货膨胀的压力;对受援国而言,接受国际财政援助,可以解决本国资本不足的矛盾,缓解国际收支逆差的压力,输入国外先进技术,增加就业以及财政收入。

当然,国际财政援助也可能产生一些负面影响。对援助国而言,资本输出可能会产生本币汇率和利息的波动,减少本国的就业机会和财政收入;对受援国而言,若受援形式多为信贷方式,可能会增加其外债负担,引起利率和汇率的波动,导致本国货币政策失效,如果接受了援助国的政治附加条件,那么其国家主权存在被吞噬的风险。

二、国际财政援助的组织体系

国际财政援助基本上都是通过政府间的协定或国际组织机构来组织和实施的。

(一) 联合国的财政援助系统

联合国财政援助系统是一个非常庞大而又复杂的体系,拥有30多个援助组织和机构。这些组织和机构在世界各国或地区设有众多的办事机构代表处。目前,直属联合国财政援助系统的主要组织和机构有:经济及社会理事会(含五个区域委员会)、开发计划署、人口活动基金会、儿童基金会、技术合作促进发展部、贸易与发展会议、环境规划署、粮食计划署等。其中开发计划署、人口活动基金会和儿童基金会是联合国援助系统中最主要的筹资机构。联合国财政援助系统的主要任务是向发展中国家提供无偿的资金和技术援助。

(二) 世界银行的财政援助系统

世界银行是世界银行集团的简称,共包括五个机构,即1945年设立的国际复兴开发银行、1956年设立的国际金融公司、1960年设立的国际开发协会、1965年设立的解决投资争端国际中心和1988年设立的多边投资担保机构。其中国际复兴开发银行、国际开发协会和国际金融公司属于国际援助性的国际金融机构。世界银行的宗旨是通过向成员国中的发展中国家提供资金和技术援助,以推动发展中国家提高生产力,促进发展中国家的经济发展和社会进步。国际复兴开发银行的主要任务是以低于国际金融市场的利率向发展中国家提供中长期贷款,国际开发协会则是专门从事向低收入的发展中国家提供长期的无息贷款,国际金融公司负责向发展中国家的私营部门提供贷款或直接参股投资。世界银行目前已成为世界上最大的国际财政援助性金融机构。

(三) 各国政府的国际财政援助系统

国际财政援助国一般是以发达国家为主体,但是各国的援助组织体系及目标有所差别。

1. 美国的财政援助系统

美国是当今世界经济实力最强的国家,也是历史上提供国际财政发展援助最早和数量最多的国家。1980—1999年,美国所提供的财政援助约相当于同期财政援助委员会其他成员国提供的官方财政援助总额的1/5。早在第二次世界大战初期,美国就曾利用其在政治、经济和军事上的优势,谋求通过双边财政援助来发展同其他国家的政治经济关系。1945年12月,美国与英国签署财政协定,美国以英国支持布雷顿森林协定和建立国际货币基金为条件,给英国37.56亿美元的低息贷款。1947—1952年,美国又通过马歇尔计划向西欧提供了131.5亿美元的援助。1949年以后,美国通过第四点计划将财政援助的重点转移到亚洲和非洲的发展中国家。美国政府对外提供财政援助的机构主要是国际发展合作局,下属的执行机构是国际开发署和贸易与开发计划局。

美国提供的国际财政援助一般采取赠款和贷款两种形式,一半以上的援助采取限制性采购或半限制性采购,而且贷款的偿还必须以美元支付,并常常附有改善人权和民主状况、实行市场经济等条件。

2. 日本的财政援助系统

日本在20世纪80年代后期的对外财政援助总量迅速增长,年平均已逾70亿美元。特别是日本政府制定的1988—1992年黑字回流计划,有意把贸易盈余以援助形式反馈给发展中国家。1989年日本的国际财政援助总额达到84.94亿美元,首次超过美国成为世界第一大财政援助国。从此以后,日本的对外发展援助数量基本上位居世界之首。1991—1999年,日本官方统计的国际财政援助净交付额年均都在100亿美元以上。日本国际财政援助的主要执行机构为外务省、内阁经济企划厅、通产省和大藏省等部门。

日本对外提供财政援助的主要形式有赠款、贷款和技术援助。赠款只向最不发达的发展中国家提供,一般用于帮助它们提高农业生产能力的粮食援助以及难以得到资金的开发性项目,同时也对发展中国家的教育、渔业和救灾等提供赠款。贷款分两类,一类是由日本政府向发展中国家政府提供直接贷款;另一类是由日本企业提供资金用于这些企业在发展中国家的合作项目。技术援助主要包括接受培训受援国的技术人员,派遣专家和技术人员到受援国进行技术指导及科研合作,向受援国提供设备和仪器等。

3. 德国和加拿大的财政援助系统

德国由于战后经济发展迅速,特别是东德、西德统一以后,在国际财政援助方面也表现出积极的姿态。德国国际财政援助的主要执行机构是政府的联邦经济合作部和复兴信贷银行技术合作公司等。

加拿大外交部的国际发展署是加拿大国际财政援助的主要机构,该机构负责执行大部分的国际财政援助项目,并且管理75%的官方财政援助预算,业务上与其相配合的机构有隶属加拿大政府的国际发展研究中心和出口发展公司。

三、中国与国际财政援助

在经济体制改革之前,我国基本上与国际财政援助不发生双边或多边关系,也不接受单向国际财政援助。虽然有一些单向对外财政援助,但大都是出于政治而非经济目的。在面临经济全球化的今天,我国已经向世界敞开了大门,通过接受国际财政援助,不仅可以增加我国的资本投入和引进先进的技术和管理方式,而且可以促进我国经济与世界经济的接轨,进一步推动和加快我国改革开放的步伐。

（一）国际财政援助的利用

我国利用国际财政援助的渠道主要来自外国政府和国际组织。外国政府向我国提供的财政援助分为有偿和无偿两部分。外国政府对我国的有偿援助主要是通过政府贷款进行的,在我国接受的外国政府贷款中,既有项目贷款,也有商品贷款;既有有息贷款,也有无息贷款;还有与出口信贷相结合的混合贷款。至1998年,中国利用外国政府贷款总额为353.7亿美元,涉及1 700多个项目。其中接受日本政府的贷款最多,到1998年5月31日止,日本共向我国提供了140.7亿美元的政府贷款,占我国接受外国政府贷款总额305亿美元的46.13%。

我国利用国际财政援助的另一个渠道是联合国发展系统和世界银行。自1971年我国恢复在联合国的合法席位后,我国与联合国发展系统的合作经历了逐步扩大到深入发展的过程。从1979年起,我国改变了只捐款不受援的政策,开始接受联合国发展系统的无偿财政援助。

截至1996年底,联合国发展系统各机构向中国提供了21亿多美元、共计1 000多个项目的财政援助。联合国的这些机构主要是开发计划署、粮食计划署、人口基金会、儿童基金会、世界卫生组织、教科文组织、联合国工业发展组织等。

我国利用世界银行贷款是从1981年开始的。20多年来,世界银行向我国各地,特别是贫困地区提供了大量的优惠贷款,支持当地的基础设施、教育、卫生、农村事业、减贫以及培训和技术等方面的发展。至1999年底,世界银行共向我国提供了290亿美元的贷款,其中包括约90亿美元的软贷款。

(二)国际财政援助的提供

我国对外提供国际财政援助的历史比较长,自新中国成立之初的1950年起,我国就开始向友好邻国和发展中国家提供援助,先后向朝鲜、越南、阿尔巴尼亚等社会主义国家和亚洲的一些发展中国家共约20多个国家,提供过军事援助和经济援助。

我国改革开放以后,通过对近40年对外财政援助工作经验的总结,对我国援外工作的方针和政策进行了全面和合理的调整。我国国际财政援助的方针是,既要继续加强对发展中国家的援助,又要量力而行;既要提供援助,也应接受援助。因此,我们对财政援助的布局、结构、规模、方式和重点领域进行了调整,强调援助对象应偏重于投资少、效益好和直接使受援国人民受益的中小型项目。

过去我国对外财政援助大都是采用无偿方式,从效果上看不是很理想,主要原因在于:第一,我国是发展中国家,经济实力还很薄弱,不可能长期持续地履行好每一个援助项目;第二,由于是无偿援助,势必因缺少利益机制制约而达不到预期效果。

1995年5月16日,国务院下达关于对外援助工作的有关指示,拉开了我国援外方式改革的序幕。

我国对外财政援助方式改革的具体内容包括:第一,推行援外政府贴息贷款,即是指我国政府向受援国提供带有赠与成分的优惠贷款的资金,来源于商业银行的借款,其优惠利率与银行基准利率之间的利息差额由政府的援外费补贴;第二,推动援外项目合资合作,这是援外与投资、贸易和其他方面相结合的一种国际项目的财政援助方式;第三,适当增加无偿援助,一般不再提供无息贷款。我国对外财政援助方式的改革,扩大了援助的范围,解决了援外资金不足的矛盾,提高了援助的效益。

本章小结

　　经济全球化的过程就是经济资源全球流动的过程,而经济资源的全球流动必然引发全球经济利益的重新配置,国家财政利益的流动也在所难免。因此国家财政关系的国际协调,不仅可以保障经济全球化的顺利发展,而且有利于维护各国政府的合理利益。全球自由贸易的直接障碍是各国的关税壁垒制度,所以需要通过有关国际组织和各国政府的通力合作,调整和协调各国的关税政策。生产要素的国际流动必然产生课税行为,要素税的流动将会引起国与国之间为争夺税源的"税收战争",各国政府之间进行税收制度协调,按公平与效率原则处理好国际税收关系,是维护世界经济秩序的重要方式。国别经济发展水平的差距会影响全球经济的一体化进程,特别对发展中国家而言,需要通过国际财政援助,加快自身经济发展,缩小与发达国家的经济差距。

复习思考题

1. 什么是国家财政利益?
2. 论述国家财政关系的国际协调方式。
3. 关税政策有哪些类型?关税政策国际协调的主要形式有哪些?
4. 试论国际财政援助的国际组织体系。

参考文献

[1] 洪银兴,刘建平.公共经济学.北京:经济科学出版社,2003.
[2] 高培勇.公共财政:经济学界如是说.北京:经济科学出版社,2000.
[3] R.科斯,A.阿尔钦,D.诺斯.财产权利与制度变迁.上海:上海三联书店,上海人民出版社,1994.
[4] 奥利弗·威廉姆森.企业制度与市场组织.上海:上海三联书店,上海人民出版社,1995.
[5] G.J.斯蒂格勒.产业组织与政府管制.上海:上海三联书店,上海人民出版社,1996.
[6] 约瑟夫·E.斯蒂格利茨.社会主义向何处去.长春:吉林人民出版社,1998.
[7] 丹尼斯·卡尔顿,杰弗里·佩罗夫.现代产业组织.上海:上海三联书店,上海人民出版社,1997.
[8] B.阿特金森,E.斯蒂格利茨.公共经济学.上海:上海三联书店,1992.
[9] R.A.马斯格雷夫.比较财政分析.上海:上海三联书店,1994.
[10] 哈维·S.罗森.财政学.北京:中国人民大学出版社,2000.
[11] 鲍德威,威迪逊.公共部门经济学.北京:中国人民大学出版社,2000.
[12] 尼古拉·阿克塞拉.经济政策原理——价值与技术.北京:中国人民大学出版社,2001.
[13] 加雷斯·D.迈尔斯.公共经济学.北京:中国人民大学出版社,2001.
[14] 傅殷才.凯恩斯主义经济学.北京:中国经济出版社,1995.
[15] 颜鹏飞,张彬.凯恩斯主义经济政策述评.武汉:武汉大学出版社,1997.
[16] 蒋自强.当代西方经济学流派.上海:复旦大学出版社,1996.
[17] 蒋洪等.财政学教程.上海:上海三联书店,2000.
[18] 黄天华.WTO与中国关税.上海:复旦大学出版社,2002.
[19] 邓力平.经济全球化、WTO与现代税收发展.北京:中国税务出版社,2000.
[20] 刘小川.国家税收学.南京:南京大学出版社,2002.
[21] 尚长风.公共财政政策理论与实践.南京:南京大学出版社,2005.
[22] 尚长风.公共经济学读本.北京:中国人事出版社,2005.
[23] 刘小川,王庆华.经济全球化的政府采购.北京:经济管理出版社,2001.
[24] 布坎南.自由、市场和国家.北京:北京经济出版社,1988.
[25] Leslie J.Reinhorn. Imperfect Competition, the Keynesian Cross, and Optimal Fiscal Policy. *Economics Lettles*, 1998, 58.
[26] Peter S.Heller. Aging in Asia: Challenges for Fiscal Policy. *Journal of Economics*, 1999, 10.
[27] Donalella Gatti. European Integration and Employment: A New Role for Active Fiscal

Policies? *Discussion Paper*, 2002, 497.

[28] Fabrizio Perri. The Role of Fiscal in Japan: A Quantitative Study. *Japan and the World Economy*, 2001, 13.

[29] Alan Sutherland. Fiscal Crises and Aggregate Demand: Can High Public Debt Reverse the Effects of Fiscal Policy? *Journal of Public Economics*, 1997, 65.

[30] Harvey S. Rosen, *Public Finance*, Sixth Edition. McGraw-Hill, 2002.

后 记

我们曾经于1989年在南京大学出版社出版了《现代财政学》，当时的作者为洪银兴、黄巍、李鸣。1994年在本书的基础上我又主编了《财政学》，作为自学考试教材，在中国人民大学出版社出版。参加该教材编写的还有刘小川、陆正飞、沈坤荣和黄巍等老师。1998年我们又在以前出版的教材基础上，由我主编的《现代财政学》在南京大学出版社出版，作者有刘小川、沈坤荣、陆正飞和尚长风。这本教材多次重印，发行了数万册。

2003年根据出版社的要求对教材进行了大面积的结构调整和内容翻新。在安排教材写作计划时，我们发现自1998年以来，随着我国社会主义市场经济体制建设的进一步深入，财政理论和财政体制都取得了突破性进展，其中最为突出的是关于社会主义市场经济条件下的公共财政理论和公共财政体制的建设。基于此，我们撰写本书的基本指导思想是全书贯彻公共财政的理论和体制。同时将本书的书名改为《公共财政学》。由于本书的原作者有的已调出，有的在国外，有的不再从事财政专业教学与研究，因此这次修订由我和刘小川、尚长风共同策划和完成。写作的具体分工是：洪银兴：第1至第3章，刘小川：第4、5、7、8、10、17章，尚长风：第6、9、11、12、13、14、15、16章。全书由我最后统稿。

2006年我们根据经济环境的变化和研究的深入，再次对《公共财政学》进行修订。由于有的作者调离工作岗位，这次修订由我和尚长风共同完成。

为了使《公共财政学》更能体现最新的理论和政策实践，2011年我们再次对教材进行了修订。这一次修订内容主要包括以下几个方面：增加了一些新的内容（如负外部性），尽量采用最新的数据，引入当前政府制定和执行的财政政策并进行评价与分析，等等。这次修订主要由尚长风完成，路瑶参与了本书的修订。

根据新财税制度变迁，2016年我们对《公共财政学》进行第四次修订，主要增加了中国投资领域的PPP政策、营改增政策以及近几年中外积极财政政策分析。由于统计数据更新快，且读者可以通过相关政府网站随时查询，因此本次修订没有增添教材已有表格中的数据。

本书在修订时参考了前期版本的几位原作者的观点。在此向他们表示感谢。

尤其要感谢南京大学出版社的府剑萍编辑对本书出版所付出的辛勤劳动。

洪银兴
2016年11月于南京大学

《商学院文库》已出版书目

书　名	作　者	开本	定价
现代西方经济学原理(第六版)	刘厚俊 编著	小16开	48.00
西方经济学说史(第二版)	葛扬 李晓蓉 编著	16开	46.00
现代产业经济分析(第三版)	刘志彪 安同良 编著	小16开	42.00
公共财政学(第四版)	洪银兴 尚长风 编著	16开	55.00
国际金融学(第四版)	裴平等 编著	16开	39.80
国际贸易学(第五版)	张二震 马野青 著	16开	39.00
货币银行学(第四版)	范从来 姜宁 王宇伟 主编	16开	49.80
宏观经济学教程(第三版)	沈坤荣 耿强 韩剑 主编	小16开	50.00
宏观经济学教程习题解析(第二版)	耿强 沈坤荣 主编	小16开	29.00
新制度经济学(第二版)	杨德才 编著	16开	50.00
宏观经济学学习指导(第二版)	梁东黎 编著	大32开	17.00
微观经济学(第三版)	刘东 梁东黎 编著	小16开	28.00
投资银行学(第二版)	王长江 编著	16开	39.80
国际企业:人力资源管理(第五版)	赵曙明 著	小16开	55.00
现代房地产金融学	高波 编著	16开	30.00

续表

书　名	作　者	开本	定价
供应链物流管理	郑称德　编著	16开	46.00
财务管理学导论	陈志斌　编著	小16开	38.60
财务管理学导论精要、案例与测试	陈志斌　编著	大32开	25.00
投资项目评估(第二版)	李晓蓉　编著	小16开	29.00
期货投资和期权(第二版)	赵曙东　著	16开	42.00
管理学原理(第二版)	周三多　陈传明　等 编著	小16开	29.00
管理心理学	吕　柳　编著	16开	37.00
统计学原理(修订本)	吴可杰　原著 邢西治　修订	大32开	16.00
统计学原理学习指导与习题解析	邢西治　编	大32开	14.00
市场营销	吴作民　编著	小16开	48.00
经济法律概论(第三版)	吴建斌　编著	小16开	46.00
国际商法新论(第四版)	吴建斌　著	小16开	39.80
国际商法学习指导(第二版)	吴建斌　吴兰德　编著	大32开	20.00
会计学概论(第二版修订)	杨雄胜　主编	小16开	38.50
高级财务会计	王跃堂　编著	16开	36.00
高级管理会计(第二版)	冯巧根　著	16开	48.00
财务会计(第二版)	陈丽花　主编	16开	50.00

南京大学出版社地址:南京市汉口路22号　邮编:210093
订购热线:(025)83594756　83686452